MARTINA ANDRÉ

DAS ERBE DER TEMPLER

aufbau taschenbuch

MARTINA ANDRÉ wurde 1961 in Bonn geboren. Der französisch klingende Nachname ist ein Pseudonym und stammt von ihrer Urgroßmutter, die hugenottische Wurzeln in die Familiengeschichte mit einbrachte. Sie hat mit den Romanen »Das Rätsel der Templer«, »Die Rückkehr der Templer«, »Das Geheimnis des Templers« und »Das Schicksal der Templer« vier Bestseller vorgelegt. »Das Erbe der Templer« ist die Fortsetzung der Abenteuer von Gero von Breydenbach. Martina André lebt heute mit ihrer Familie in der Nähe von Koblenz sowie in Edinburgh, das ihr zur zweiten Heimat geworden ist.
Mehr zur Autorin unter www.martinaandre.com.

Gero von Breydenbach und seine Frau warten in Norwegen sehnsüchtig auf die Geburt ihres Kindes. Doch als sie erfahren, dass Agent Jack Tanner noch immer nach den Templern fahndet, fliehen sie mit einem neuen Timeserver in letzter Minute ins Jahr 1315 auf die Burg von Geros Tante. Jack Tanner schafft es mithilfe der jungen Quantenphysikerin Mabel Mason, ihnen zu folgen. Doch beim Transfer passiert ein Unfall: Auch Mabel landet in der Vergangenheit. Völlig verstört findet sie Zuflucht bei Geros Templern und muss alles hinterfragen, woran sie je glaubte. Zu allem Übel sind ihnen die Truppen der Heiligen Inquisition auf der Spur. Hannah ist hochschwanger, und Gero sieht sich gezwungen, eine eigene Armee aufzustellen. Schafft er es, seine Lieben zu schützen, ohne das Geheimnis der Templer preiszugeben?

MARTINA ANDRÉ

DAS ERBE DER TEMPLER

ROMAN

atb aufbau taschenbuch

MIX
Papier aus verantwortungsvollen Quellen
FSC® C083411

ISBN 978-3-7466-3498-2

Aufbau Taschenbuch ist eine Marke der
Aufbau Verlag GmbH & Co. KG

1. Auflage 2020

Umschlaggestaltung und Motiv www.buerosued.de, München
Gesetzt aus der Garamond Premier Pro durch Greiner & Reichel, Köln
Druck und Binden CPI books GmbH, Leck, Germany
Printed in Germany

www.aufbau-verlag.de

INHALTSVERZEICHNIS

In liebevoller Erinnerung an Maria Mühlbauer,
die mich mit ihrer Begeisterung für historische Romane
zum Schreiben inspiriert hat …

Jesus sprach: »Ich werde euch auswählen,
einen aus tausend und zwei aus zehntausend,
und sie werden als ein einziger dastehen.«

(Thomasevangelium 23)

PROLOG

JANUAR 2156 –
AREA 51, NEUE WELT (EHEMALIGE USA)

Vertrauen ist gut

Vom gleißenden Neonlicht irritiert, schärfte Rona nach dem Transfer ihre genetisch optimierten Sinne, um in der schummrigen Umgebung jenen Mann zu erkennen, der nur wenige Meter entfernt stand und sie anstarrte, als ob sie eine Außerirdische wäre.

Im Zeitraffer scannten ihre Augen die kahlen Wände, die bläulich illuminierten Holo-Tische und das flackernde Licht.

Verdammt! War sie versehentlich in der falschen Zeit gelandet? Schließlich war ihr und ihren beiden Geschwistern schon einmal ein solcher Fehler unterlaufen. Anstatt im Jahr 1119 waren sie im Jahr 1148 gelandet. Mitten in den Kreuzzügen. Die Klinge eines Fatimiden hatte Makos Kopf unmittelbar nach ihrer Ankunft vom Körper getrennt. Immer noch hatte sie das Bild vor Augen, wie sein Hals zur Seite geknickt war wie ein gekappter Blütenstängel.

»Lion?« Es war mehr ein Flüstern, mit dem sie sich vergewissern wollte, ob es sich bei dem schlanken, weißhaarigen Mann tatsächlich um Lion Ho Chang handelte. Ihren Lehrmeister, der sie vor fünf Jahren zusammen mit den anderen in eine tausend Jahre zurückliegende Vergangenheit transferiert hatte. Die markanten Gesichtszüge, die ihn nicht einmal halb so alt aussehen ließen, wie er tatsächlich war, wirkten müde und angespannt.

»Rona?« Offenbar war auch er sich nicht sicher, ob sie diejenige war, die er erwartet hatte.

»Ja, ich bin's«, antwortete sie tonlos. Obwohl sie bei seinem Anblick eine Reihe ungewohnter Emotionen empfand, hielt ihre anerzogene Disziplin sie davon ab, sie zu zeigen. Als sie und ihre Geschwister vor fünf Jahren aufgebrochen waren, stolz darauf, seinen Auftrag erfüllen zu dürfen, hatte Rona nicht damit gerechnet, eines Tages ohne die beiden zu ihm zurückzukehren.

»Du bist es wirklich«, murmelte er vollkommen überwältigt und kam zögernd näher, um sie dann ungefragt heftig in die Arme zu schließen. Für einen Moment war ihr, als ob seine Schultern bebten. Weinte er etwa? Der meistgesuchte Rebellenführer der Neuen Welt hatte seine Gefühle normalerweise so fest unter Kontrolle wie seine Anhänger, die ohne Widerspruch seinen Befehlen folgten.

Doch als er kurz darauf ihr Gesicht musterte, offenbar weil er sicherstellen wollte, dass sie keine Erscheinung war, sah sie einen verdächtigen Glanz in seinen schmalen Augen.

»Du siehst wunderschön aus«, stammelte er und betrachtete gerührt ihre mittelalterliche Kleidung. Ein seidenes Untergewand in leuchtendem Violett und ein dunkelblauer Überwurf aus fein gesponnener Wolle. Dazu ein passender Umhang mit Kapuze und handgearbeitete Stiefel aus Ziegenleder, ebenfalls blau eingefärbt. Das alles hatte für damalige Verhältnisse ein kleines Vermögen gekostet. Arnaud hatte ihr die Sachen im Herbst 1315 in Brügge gekauft, kurz bevor sie nach Schottland übergesetzt waren. Als Templer entstammte er einer provenzalischen Adelsfamilie und hatte keine Kosten und Mühen gescheut, sie nach ihrer Heirat zu seiner Prinzessin zu erheben.

»Du siehst noch umwerfender aus als zum Zeitpunkt eures letzten Transfers«, fuhr Lion mit brüchiger Stimme fort. »Ich erinnere mich genau, wie ich dir und den anderen die passende Kleidung für das zwölfte Jahrhundert beschafft habe. Es war verdammt schwierig, jemanden zu finden, der all das Zeug anfertigen konnte. Wenn ich darüber nachdenke, kommt es mir vor, als ob es gestern gewesen wäre.« Eine einzelne Träne rann nun doch an seiner Wange entlang und tropfte zu Boden.

»Hey.« Rona berührte mit einer federleichten Geste sein noch immer glattes Gesicht. »So schlimm ist es nun auch wieder nicht. Ich lebe noch, und wie du siehst, habe ich mich erwartungsgemäß nicht sehr verändert. Zumindest körperlich«, fügte sie mit einem angedeuteten Lächeln hinzu. Sie würde ihm nicht preisgeben, wie sehr dieser Trip sie im Innersten aufgewühlt hatte.

»Es tut gut, dich wiederzusehen«, krächzte er heiser und strich ihr eine schwarze Haarsträhne aus dem Gesicht, die ihr glatt und bläulich glänzend bis zur Kinnlinie reichte. »Ich habe mich in den letzten fünf Jahren jeden einzelnen Tag gefragt, ob auch nur einer von euch eines Tages wieder vor mir stehen wird. Seit du mir bei unserem letzten Austausch von Makos Tod berichtet hast, konnte ich kaum noch schlafen. Immerzu habe ich mich gefragt, ob ich an seinem grausamen

Schicksal mitschuldig bin. Erst recht nachdem der Kontakt zu Lyn und dir abgebrochen war. Ich habe versucht, Makos DNA noch vor eurem Transfer zu erfassen und ihn damit zurückzuholen, um seinen Tod ungeschehen zu machen, aber es hat nicht funktioniert. Umso glücklicher bin ich, dass wenigstens du es am Ende zurück nach Hause geschafft hast. Obwohl ich mir vorstellen kann, welche Strapazen du durchmachen musstest«, erklärte er leise.

»Ja, es war nicht leicht«, gab Rona tonlos zurück. »Wobei ich nicht über die Umstände klagen möchte. Das Leben in vergangenen Zeiten ist in mancher Hinsicht besser als hier. Wir hatten genug zu essen, und die politische Lage war überschaubarer als in unserer Zeit. Die Überwachung durch die Herrschenden war im Vergleich zu heute geradezu lächerlich. Allerdings benötigt man auch dort verlässliche Verbündete, um zu erreichen, was man will.«

»Und wo ist Lyn?«, fragte er und kräuselte besorgt die Stirn. »Sag bitte nicht, dass sie auch getötet wurde.«

»Soweit ich weiß, geht es ihr gut«, antwortete Rona und fuhr abwesend mit einer Hand über die bläulich schimmernden Holo-Tische. »Als ich sie zuletzt sah, hatte sie sich verliebt. Das ist der Grund, warum sie nicht bei mir ist.«

»Verliebt?« Lion starrte sie ungläubig an. »Ich dachte immer, euch sei eine solche Empfindung nicht möglich?«

»Du hast uns doch selbst den Chip entfernt, der unsere Emotionen unterdrücken sollte. Also warum sollten wir uns nicht in andere Menschen verlieben können, wenn alle anderen Emotionen normal funktionieren?« Rona war versucht, über ihre Beziehung zu Arnaud zu sprechen, doch ihre innere Stimme riet ihr, es besser zu lassen. Lion würde nur unnötige Fragen stellen, und das wollte sie nicht.

»Was ist denn das für ein Mann, für den Lyn ihre Pflichten vergisst?«, fragte er mit leicht verwirrtem Blick.

»Es wird dir nicht gefallen, Lion, weil ich weiß, du stehst auf der Seite der Templer ...« Sie hielt einen Moment inne und schaute ihn durchdringend an. »Aber der Mann, für den sie sich entschieden hat, ist Assassine. Und ich vermute, sie ist glücklich mit ihm, sonst wäre sie ihm nicht gefolgt.«

»Ein ...« Lion schaute sie fassungslos an. »Assassine?«, wiederholte er mechanisch und machte ein Gesicht wie ein Vater, der erfährt, dass seine Tochter soeben mit einem Terroristen durchgebrannt ist. »Und das hast du zugelassen?«

»Sie ist erwachsen, und du warst nicht da. Fünf lange Jahre haben wir in Jerusalem auf ein Zeichen von dir gewartet. Nichts.«

Während er um eine Antwort verlegen war, sah sie sich gründlich in der fast leeren Laborhalle um, deren Böden und Wände im Gegensatz zum futuristischen Equipment ziemlich heruntergekommen wirkten. »Und wie steht es um das Ergebnis unserer Mission?« Rona wagte kaum, ihm in die Augen zu schauen, weil sie glaubte, die Antwort zu kennen. »Ist immer noch alles beim Alten? Oder gab es wenigstens ein paar Veränderungen?« Ihre Stimme klang fest, aber die Anspannung, die sie empfand, war gewaltig. Immerhin ging es um nichts Geringeres als darum, einen verheerenden Krieg zu verhindern und eine humane Gesellschaft zu ermöglichen, in der es weder Mord noch Totschlag gab, geschweige denn eine Weltherrschaft, bestehend aus internationalen Handelskonsortien, die den Planeten wie eine Horde Heuschrecken unter sich aufgeteilt hatten.

Lions versteinerte Miene bedurfte keiner weiteren Worte, und doch rang er sich zu einer ernüchternden Erklärung durch. »Die Welt wird noch immer von den gleichen machthungrigen Konzernen beherrscht wie vor eurer Abreise. Weder den Dritten Weltkrieg noch die dafür verantwortlichen Konflikte zwischen den USA und deren Gegenspieler konnten verhindert werden. Es ist, als ob Gott selbst sich gegen uns verschworen hat. Wobei ich mich frage, warum hat er uns eine solch phantastische Erfindung in die Hände gespielt, wenn man nichts damit anfangen kann?«

»Wenigstens wurdet ihr in der Zwischenzeit nicht von den Wächtern der Neuen Welt erwischt.« Rona kniff resigniert die Lippen zusammen. »Wo sind wir hier eigentlich? Zum Zeitpunkt unserer Abreise waren wir an einen geografisch festgelegten Radius von dreißig Yards gebunden. Aber wie in den schottischen Highlands sieht es hier nicht gerade aus.«

»Ich habe die Programmierung verändern können«, antwortete er unaufgeregt. »Wir sind inzwischen unabhängig von geografischen Parametern und können von jedem Punkt der Erde aus transferieren und im Gegenzug überall hin. Aktuell befinden wir uns in Nevada«, klärte er sie beinahe enthusiastisch auf. »Area 51 – zurück zu den Wurzeln sozusagen. Dieser Rückzug in die Wüste war nach unserem Desaster in Israel die einzige Möglichkeit, den Regierungstruppen zu entkommen.«

Rona war erstaunt über seine Erläuterungen, doch sie zeigte es nicht. »Wie hast du es damals geschafft, in der Wüste von Jerusalem den Angriff der Drohnen zu überleben? Lyn und ich hatten Sorge, du wärst tot.«

»Dan hat mich mit einer Rettungskapsel evakuiert, nachdem ich mich in einer Erdspalte verstecken und von dort aus Kontakt zu ihm aufnehmen konnte. Meine Verfolger dachten wohl, ich wäre in dem explodierten Hypergleiter verbrannt. Unter dem schützenden Felsen haben mich die Scanner der Drohnen nicht erfasst. Aber die Geschichte hat auf die Geheimdienste gewirkt, als hätten wir in ein Wespennest gestochen. Wir wurden überall gejagt. Unser Unterschlupf in Corpus Christi war nicht mehr sicher, und auch unsere geheimen Rebellenquartiere in den Slums von Chicago und Detroit waren nicht mehr zu halten. Unsere Anwesenheit hätte die dort lebenden Menschen gefährdet. Danach haben wir eine Weile gelebt wie Kellerasseln und uns unter jedem zur Verfügung stehenden Stein versteckt. Deshalb sind wir nach einigen Vorbereitungen hierher zurückgekehrt, wo alles so zerstört und verstrahlt ist, dass sich niemand an diesen Ort verirrt, der noch bei klarem Verstand ist. Uns ist es gelungen, einen der ehemaligen Bunker zu einer dekontaminierten Zone umzubauen. Und dort leben wir jetzt. Zu fünft. Mehr sind wir nicht mehr. Abgesehen davon, dass man unser Dasein niemandem zumuten kann, ist es zu gefährlich, mit uns hier zu leben. Wir können jederzeit entdeckt werden, und ich kann niemandem vertrauen, außer meinem engsten Stab.«

»Und wie beschafft ihr euch Lebensmittel und Trinkwasser?« Rona schaute sich noch einmal ungläubig um. »Ich meine, von irgendwas müsst ihr euch doch ernähren.«

»Wir versorgen uns über die verbliebenen Server.« Lion zuckte ungerührt mit den Schultern, als ob er sich für sein durchaus gefahrvolles Beschaffungssystem entschuldigen müsste. »Obwohl es ein ziemliches Risiko ist, transferiere ich Dan regelmäßig in einen Supermarkt der 1980er Jahre in Ohio, wo es die besten Bratwürste und deutsches Bier gibt, was den Jungs die Einöde hier ein wenig erträglicher macht.«

»Ihr klaut Bratwürste und Bier in den Achtzigern des vorletzten Jahrhunderts?« Rona schaute ihn erstaunt an. »Wenn der Transfer so einfach geworden ist, warum greifst du auf diese Weise nicht in politische Abläufe ein? Ich meine, warum mussten wir achthundert Jahre zurück ins Heilige Land und dazu noch mitten in die Kreuzzüge, wenn ihr euch direkt an den Mittagstisch des amerikanischen Präsidenten transferieren könntet? Hättest du nicht Dan oder Greg in die Zeit kurz vor dem Krieg schicken können, und den Kerl, der den Befehl zum Angriff auf den Iran gegeben hat, einfach zu Staub blasen können? Damit hätten sich doch alle unsere Probleme von ganz alleine erledigt.«

Lion schaute Rona einen Moment lang nachdenklich an. Dann seufzte er schwer. »Ob du es glaubst oder nicht, das haben wir versucht, nachdem ich die neue Programmierung zum ersten Mal eingesetzt hatte. Aber was wir auch angestellt haben, es hat nicht funktioniert. Sämtliche Versuche liefen ähnlich erfolglos ab wie die Attentate auf Diktatoren in früheren Jahren, die anscheinend alle mit dem Teufel im Bund standen, der seine Hand über sie hielt. Entweder hatten die vor Ort organisierten Waffen eine Ladehemmung, oder die ins Visier genommenen Zielobjekte konnten sich in letzter Sekunde entziehen. Im Mittelalter hätte man wahrscheinlich gesagt, es ist wie verhext. Selbst wenn uns kleinere Veränderungen in der Vergangenheit gelungen waren – wenn wir zurückkehrten, war alles beim Alten. Frag mich nicht warum, ich habe bis heute nicht herausfinden können, ob und – wenn ja – welches System dahinter steckt. Ich habe verschiedene komplexe Berechnungen angestellt, doch sie liefen alle ins Leere«, erklärte er matt. »Auch wenn ich den Mechanismus des Timeservers technisch verstanden habe, heißt das noch lange nicht, dass ich begreife, was metaphysisch dahintersteckt.«

Rona hob eine Braue und legte ihren bodenlangen Kapuzenmantel über einem Stuhl ab, weil ihr warm geworden war. »Vielleicht hat es etwas mit unserem persönlichen Ereignishorizont zu tun«, sinnierte sie leise. »In der Quantenphysik nimmt der Beobachter automatisch Einfluss auf die Geschehnisse um ihn herum. Möglicherweise lässt sich einmal erlebte Geschichte nicht ändern. Es sei denn, die Erinnerungen werden komplett gelöscht, bevor man an seinen Ausgangsort zurückkehrt. Vielleicht konntest du nichts verändern, weil es nicht Teil deiner eigenen Wirklichkeit war. Es ist, als ob ein Stück in einer Kette fehlt und sie deshalb nicht zum geschlossenen Ganzen werden kann. Hast du daran schon einmal gedacht?«

»Das würde bestätigen, dass unsere Realität von uns selbst gesteuert wird, ohne dass wir es bemerken. Daran will ich nicht glauben«, fügte er beinahe trotzig hinzu. »Denn das würde bedeuten, dass wir in unserer eigenen Simulation gefangen sind.«

»Was meine Theorie erhärten würde, dass alles vorherbestimmt ist und sich nichts ändern lässt«, bemerkte Rona vorsichtig. »Nach allem, was ich erlebt habe, glaube ich inzwischen an ein holographisches Universum, in dem alles, aber auch wirklich alles berechnet werden kann. Und im Übrigen denke ich, dass auch die Templer sich darüber bewusst waren, dass ein solches Universum ihr Schicksal bestimmt. Es gibt da diese Graffitis in den Kerkern von Chinon. Sie wurden von gefangenen Templern angefertigt. Ich bin sicher, du hast sie bei deinen Recherchen gesehen. Eigenartige Dreieckszeichnungen in einer Gitterform, die für mich eindeutig einen dreidimensionalen Raum beschreiben, der mit den passenden Berechnungen auf eine zweidimensionale Ebene heruntergebrochen werden kann. Außerdem wird in den Graffitis das Rad des Schicksals – oder auch der Zeit – dargestellt. Die Templer, die dort einsaßen, wussten anscheinend um die vorhandenen Möglichkeiten und auch, dass sie ihnen nicht helfen würden, etwas zu ändern, sonst hätten sie es längst getan.« Rona schaute ihn mit undurchsichtiger Miene an, selbst nicht mehr sicher, ob ihre Mission je Aussicht auf Erfolg gehabt hatte. »Wenn man es genau betrachtet, hätten wir uns unsere Anstrengungen sparen können. Und auch Makos Tod war vollkommen umsonst.«

»Wenn deine Überlegungen zuträfen, wäre sein Tod vorherbestimmt gewesen«, erwiderte Lion verstimmt. »Aber das glaube ich nicht. Ich bin noch immer davon überzeugt, dass es einen Weg gibt, den Ablauf der Geschichte zu ändern. Ich habe noch mal in verschütteten Archiven gewühlt«, erklärte er und schaute sie eindringlich an. »Überall findet man Hinweise, dass die Templer etwas besessen haben, das nicht von dieser Welt stammte. Ihr müsst doch irgendetwas von ihren geheimen Riten mitbekommen haben.« Lion schaute sie aus zusammengekniffenen Augen an, als ob er spürte, dass sie ihm etwas verschwieg.

»Ja«, erwiderte sie geistesgegenwärtig. »Sie hatten den CAPUT 58 Server, und zwar von uns. Und wenn man es kritisch betrachtet, wurden sie allein deshalb verfolgt und am Ende vernichtet, weil sie durch uns Einblicke in die Zukunft erhalten hatten. Ohne das Ding würde der Orden vielleicht noch existieren.«

»Das vermag ich mir nicht vorzustellen.« Lion runzelte kritisch die Stirn. »Und was war mit der Bundeslade? Du warst doch direkt auf dem Tempelberg? Im Herzen des Ordens? Hat niemand mit euch darüber geredet?«

»Die Bundeslade war auf dem Tempelberg kein Thema«, log sie eiskalt, um sich gar nicht erst in die Gefahr zu begeben, dass Lion vom eigentlichen Geheimnis des Ordens erfuhr. »Das sind alles Legenden von irgendwelchen Leuten, die sich die Entwicklung des Ordens nicht erklären konnten. Wir allein waren es, die mit unserem Wissen deren Fortschritt ermöglicht haben. Aber das auch nur für Eingeweihte, weil wir sonst unweigerlich auf einem Scheiterhaufen für Ketzer gelandet wären.«

»Ich bin sicher, die sogenannten eingeweihten Ordensbrüder haben dir etwas verschwiegen«, antwortete er skeptisch. Allem Anschein nach wollte er sich nicht der Hoffnung berauben lassen, dass trotz aller unbestrittenen Niederlagen, die er in der Ausführung seiner ehrgeizigen Pläne erlitten hatte, noch Hoffnung bestand und seine Einschätzungen am Ende zur ersehnten letzten Wahrheit über die Zusammenhänge des Universums führten.

Plötzlich hielt er inne. »Wie bist du eigentlich ins vierzehnte Jahrhundert und nach Schottland gekommen, und wer war der Mann, mit dem ich durch den Server gesprochen habe?«

Rona war bewusst, dass sie höllisch aufpassen musste, wie viel von ihren Informationen sie preisgeben konnte, ohne das eigentliche Geheimnis der Templer zu verraten. In wenigen Worten erzählte sie Lion die Geschichte ihrer Rettung im Jahr 1153.

»Nachdem der Kontakt zu dir abgebrochen war, haben wir eine Botschaft über die Funktionsweise des Servers zusammen mit der Bauanleitung eines Fusionsreaktors in eine metallische Plombe gesteckt und heimlich in das Grab eines Templers auf dem Tempelberg gelegt. Achthundert Jahre später wurde die Plombe von einem libanesischen Architekten entdeckt und an einen deutschen Quantenphysiker weitergeleitet, der die Formeln verstanden hat. Die Energie des Steins hat er – wie vorgesehen – durch die Energie des Fusionsreaktors ersetzt. Mit den entsprechenden Koordinaten, die Lyn ihren Geschichtsdateien entnommen hatte, war er in der Lage, einen Templer zu transferieren, der mehr zufällig den Radius seines Forschungsfelds gekreuzt hat. Was meine Theorie untermauern würde, dass es keine Zufälle gibt. Denn dieser Templer wusste auch, wo der Orden unseren Server versteckt hielt, und hat die Amerikaner dorthin geführt. Danach haben sie Spezialisten ins Jahr 1153 geschickt, um uns zu evakuieren. Das Ganze fand unter Leitung eines jungen dänischen Quantenphysikers statt. Die Evakuierung ging schief, weil beim Transfer versehentlich eine Handgranate explodiert ist und der Server zum Teil dadurch zerstört wurde. Der Däne hatte zwischenzeitlich einen zweiten Prototypen des 58er Servers angefertigt, dem aber der fragliche Frequenzquarz fehlte, um ihn in Betrieb nehmen zu können. Daraufhin hat er den Quarz des 58er Servers geteilt und die zweite Hälfte in den Prototypen verbaut, um uns unter seiner Leitung erneut zu evakuieren. Bei dem Versuch, uns zurückzuholen, sind wir zu einer Gruppe von mehreren Leuten, darunter auch der Templer, von dem ich sprach, ungeplant im Jahr 1315 gelandet. In der Zwischenzeit war der Orden vernichtet worden, und wir mussten auf der Flucht vor Vertretern der Heiligen Inquisition bis nach Schottland fliehen. Von dort aus konnte der Däne schließlich mit dem zweiten Server Kontakt zu dir aufnehmen.«

»Er hat den Quarz zerstört? Kein Wunder, dass nichts mehr funktioniert. War dieser Däne für die Ursprungskonstruktion des Servers verantwortlich?«

Lion schien sich ausschließlich für die technischen Details zu interessieren, was Rona gelegen kam, weil sie einiges in der Geschichte verdreht hatte.

»Nein«, sagte sie knapp. »Er war intelligent genug, den aufgefundenen Server zu bedienen und mit den daraus gewonnenen Erkenntnissen einen Nachbau anzufertigen.«

»Das bedeutet, das Quarzgestein, das ich hier gefunden habe, muss von jemand anderem stammen«, überlegte Lion nachdenklich.

»Das ist die logische Konsequenz«, bestätigte ihm Rona und vermied es tunlichst, Lion einzuweihen, wo das Gestein darüber hinaus zu finden war.

»Das heißt, wir wissen immer noch nicht, wer die Serie von Timeservern in der Area 51 versteckt, geschweige denn konstruiert hat«, stellte Lion nüchtern fest. »Aber wir wissen nun, dass die amerikanische Regierung genaustens darüber im Bilde war, was in der Zukunft geschehen würde. Und dass sie ebenso wenig dagegen unternommen haben wie die Templer.«

»Vielleicht hatten sie das gleiche Problem wie wir oder die Ordensbrüder, weil ein noch unbekannter universeller Mechanismus einen Eingriff in die Geschichte nicht zulässt.«

»Moses konnte auch das Meer teilen«, bemerkte Lion stur, »weil er von Gott die notwendige Unterstützung erhielt. Und wir können es auch schaffen, wenn wir endlich einen göttlichen Hinweis finden.«

Mit seinem Vergleich von Moses und dem Berg Horeb kam Lion besagter metaphysischer Wahrheit gefährlich nahe. Zu nahe für Ronas Geschmack. Sie dachte an die alptraumhafte Vision, die sie in der Höhle unterhalb des Berges gehabt hatte, in der Lion ihr als machthungriger Diktator erschienen war, der über Leichen ging, nachdem er mithilfe von Tanner hinter das eigentliche Geheimnis des Ordens gekommen war.

»Alle meine Berechnungen deuten darauf hin, dass es da etwas gibt, das es uns ermöglicht, nicht nur vergangene Abläufe, sondern auch die Zukunft zu verändern«, versicherte Lion ihr hartnäckig. »Mir fehlt nur noch die eine allumfassende Formel, die alles erklärt und mir die Macht verleiht, selbst in diese Abläufe eingreifen zu können. Nach allem, was ich weiß, bin ich fast sicher, dass die Templer den Schlüssel dazu in der Hand halten«, behauptete er fest. »Und ich will diesen Schlüssel haben, der allem, was existiert, zugrunde liegt«, fügte er unnachgiebig hinzu. »Er ist das Bindeglied zwischen Information und Materie. Früher nannte man es den Heiligen Gral, heute nennt man es Quantenphysik. Ich bin sicher, dass eine dazu passende Formel existiert. Nicht in Gestalt eines Kelchs, sondern in einer mathematisch berechenbaren Frequenz, die vermutlich weitaus stärker ist als die Frequenz in den Quarzen, die unseren Server antreiben. Deshalb musst du zurück zu den Templern und diesen Schlüssel finden.«

»Warum ich?«

»Ich kenne niemanden sonst, dem ich in dieser Angelegenheit vertrauen kann. Die Jungs in unserem Labor halte ich für nicht fähig genug, die historischen Zusammenhänge zu begreifen, und außerdem benötigt man einen besonders gefestigten Charakter für den Fall, dass das, was wir suchen, tatsächlich zutage tritt.«

»Ich hatte ohnehin vor, dich um einen Gefallen zu bitten«, sagte Rona, wobei sie versuchte, möglichst unaufgeregt zu klingen. »Ich möchte meine Freunde, die sich noch im Jahr 1315 in Schottland befinden, an einen sicheren Ort evakuieren. Dabei bin ich auf der Suche nach einem Platz, der uns genügend Schutz bietet, um erneute Missionen planen zu können und an dem die Inquisition keine Rolle mehr spielt. Der dänische Quantenphysiker hat sich als äußerst verlässlich erwiesen. Er könnte mich bei neuen Missionen unterstützen. Gleichzeitig bin ich sicher, dass ich ihm vertrauen kann, falls wir dem von dir erwähnten Geheimnis tatsächlich auf die Spur kommen. Deshalb würde ich gerne deine neuste Errungenschaft nutzen, um herauszufinden, ob die Kontakte des Dänen im einundzwanzigsten Jahrhundert noch bestehen. Soweit ich weiß, ist sogar ein Historiker und Waffenexperte dabei, der uns helfen könnte, das richtige Equipment zu beschaffen, das man für solche Missionen benötigt.« Rona dachte an Anselm, den sie ohnehin kontaktieren wollte. »Er war im Jahr 2005 Berater der Amerikaner.«

»Wenn du mir sagst, wo und in welcher Zeit ich diesen Mann aufspüren soll, könnte ich ihn vielleicht finden. Aber dafür benötige ich seine DNA.«

»Ich weiß nicht genau, wo er sich aufhält. Aber ich habe seine DNA in meinem Zentralspeicher gesichert, nachdem der Däne mir seine Daten zusammen mit anderen Daten von seinem Server auf mein Armband überspielt hat. Ich könnte sie auf einen deiner Server überspielen.«

Lion nickte, offenbar erfreut darüber, dass sie weiter für ihn arbeiten würde, und überließ ihr den Server, den sie kraft ihrer Gedanken bedienen konnte. Sie übertrug Anselm Steins Daten, die sie in Wahrheit nach einer persönlichen Begegnung mit ihm gespeichert hatte, in die Suchfunktion und aktivierte das von Lion erwähnte Programm. Wobei sie nicht sicher wusste, wo und wann sie Anselm genau suchen sollte. Sicherlich hatten er und Stephano bei ihrem Transfer in der geheimen Höhle auf dem Sinai garantiert eine Zeit und einen Ort gewählt, wo sie mit ihrer Homosexualität keiner Verfolgung ausgesetzt waren. Da sie sich zuletzt im Frühjahr 2005 aufgehalten hatten und nicht irgendwohin transferiert werden konnten, wo sie bereits existiert hatten, mussten sie irgendwann danach in die Zukunft zurückgekehrt sein. Rona scannte, ohne Lion um Erlaubnis zu fragen, verschiedene Zeitzonen von 2005 an aufsteigend.

»Match«, erklärte die Serverstimme, die ihrer eigenen so ähnlich war, als schließlich das Jahr 2015 auf der beleuchteten Scala auftauchte, das dem Server offenbar als geeignet erschien. »Und nun?«, fragte Rona beiläufig an Lion gerichtet, ohne sich ihre plötzliche Erregung über diesen Erfolg anmerken zu lassen.

»Du musst abwarten, bis das Programm dir die dazu passenden Geodaten liefert.«

Es dauerte einen quälenden Moment lang, bis ihr die Computerstimme, die nur in ihrem Kopf zu hören war, »Kirkenes, Norwegen, Oktober 2015« verriet. »Zeitlich letzte relevante Registrierung Oktober 2015.«

»Was bedeutet das?«, fragte Rona an Lion gewandt.

Er beugte sich dicht neben ihr über den Bildschirm. »In jedem Fall heißt es, dass der Mann, den du suchst, sich in dieser Zeit überwiegend an diesem Ort aufgehalten hat«, erklärte ihr Lion. »Aber es bedeutet auch, dass du selbst genau genommen bereits dort bist. Schau hier, siehst du die gelb leuchtende Markierung?«

Rona hob eine Braue und scrollte die Satellitenbilder näher heran. Dabei sah sie, dass Anselm sich in jener Zeit unweit der russischen Grenze niedergelassen hatte. Und wenn sie weiter in die Zukunft ging, erschienen ihre eigenen DNA-Daten auf der Liste.

»Heißt das nicht, dass ich mit mir selbst kollidiere, wenn ich mich dorthin transferiere?«, fragte sie zweifelnd.

»Nicht, wenn es sich um einen Anschlusstransfer handelt. Das neue Programm kann vorab feststellen, ob es sich um eine fortlaufende Weiterführung der Simulation deiner Materie nach dem Transfer handelt oder eine Dopplung, die für einen von euch beiden tödlich ausgehen würde. Das Sicherheitsprogramm, das uns dabei helfen soll, einen Crash mit einem Doppelgänger zu vermeiden, arbeitet schon immer nach diesem Prinzip. Mit dem Unterschied, dass wir es nun sichtbar machen können.«

»Wow!«, entfuhr es Rona, die ansonsten nicht leicht zu beeindrucken war. »Kannst du mir das Programm auf meinen Server spielen, bevor ich in die Vergangenheit zurückkehre?«

»Selbstverständlich«, murmelte Lion, der sich darauf konzentrierte, Ronas Transfer vorzubereiten. »Aber bevor du gehst, werde ich dich noch mit einem zusätzlichen Server ausstatten, damit du nicht irgendwo stecken bleibst, nur weil die Technik versagt.«

»Das ist sehr großzügig von dir«, gab ihm Rona zur Antwort, die ihr Glück kaum fassen konnte. Nun würde es ihr möglich sein, Lyn und Khaled zu finden, um sie am Ende vielleicht sogar in ihre Zeit zurückholen zu können.

KAPITEL 1

DEZEMBER 2015 –
NORWEGEN / KIRKENES / ANSELMS RANCH

Niemals allein

Es war dunkel in dem alten Gemäuer, und nur eine spärlich brennende Fackel beleuchtete das Dienstzimmer des Templer-Komturs von Bar-sur-Aube, als Gero von Breydenbach die eiskalte Stube betrat. Bruder Claudius, der ihn sonst immer aufgehalten hatte, weil er sich erst bei ihm anmelden musste, bevor er das Amtszimmer seines Kommandeurs betreten durfte, war tot, so viel wusste er noch.

Henri d'Our, der von dort aus mehr als dreißig Ordensritter und gut einhundert Bedienstete kommandierte, saß mit dem Rücken zur Tür vor einer Feuerstelle, in der nur noch kalte Asche an die ehemals lodernden Flammen erinnerte. Er stand nicht auf und wandte sich auch nicht um, als Gero wie üblich salutierte. Er saß einfach da und rührte sich nicht.

Gero dämmerte, dass er sich nicht zu ihm umdrehen konnte. Er war genauso tot wie Claudius und die übrigen Brüder, die einst diese stolze Kommandantur der Templer inmitten der Champagne bevölkert hatten. Aber Gero war nicht bereit, Henri d'Our so einfach ins Paradies ziehen zu lassen. Er wollte Antworten. Jetzt und hier. Schließlich war er sein Kommandeur gewesen, der als Mitglied des Hohen Rates der Templer mit dazu beigetragen hatte, dass es überhaupt so weit hatte kommen können.

»Und nun Beau Seigneur, wie soll es nun weitergehen?«, fragte er die stumme Silhouette des einst fast sieben Fuß großen Riesen. Dabei gab er sich keine Mühe, die Schärfe in seiner Stimme zu mildern. »Was habt Ihr Euch dabei gedacht, uns mit einer solchen Mission zu betrauen und uns dann allein damit zurückzulassen? Nichts, einfach gar nichts konnten wir erreichen. Unsere Brüder sind tot, der Orden ist vernichtet, und wenn unser Geheimnis in die falschen Hände gerät, ist die Menschheit verloren. Noch liegt der einzig wahrhafte Gral der Templer verborgen an einem sicheren Ort, aber niemand weiß, ob er nicht doch eines Tages entdeckt werden wird. Noch viel weniger, ob es nicht weitere Orte gibt, die es zu schützen gilt. Wer sind wir, dass wir uns anmaßen, über Zeit und Raum zu bestimmen, Beau Seigneur? Welcher Antichrist hat uns mit einer solchen Bürde bestraft?«

Gero wartete nicht auf eine Antwort, sondern umrundete den Stuhl, auf dem der Komtur saß. Doch als er in das fahle Gesicht seines Gegenübers blickte, überlief ihn ein kalter Schauer des Grauens. Die einst so lebhaften Augen d'Ours waren seltsam leer und glichen zwei schwarzen Höhlen, in denen das Licht längst verloschen war. Erschrocken wich Gero zurück, als sein Vorgesetzter unvermittelt zu sprechen begann.

»Gehe hin und sorge mit deinen verbliebenen Brüdern dafür, dass die Welt nicht aus den Fugen gerät. Du warst es, der für diese Aufgabe auserwählt wurde. Und du wirst es sein, der die Mission zu Ende bringt, mein Sohn. Enttäusche mich nicht.«

Schweißgebadet schreckte Gero aus einem ohnehin leichten Schlaf hoch. Während er noch mit den Geistern der Vergangenheit kämpfte, fuhr seine Hand wie von selbst zu Hannah hinüber, um sich zu vergewissern, dass seine hochschwangere Frau wie üblich neben ihm lag und es ihr und dem Kind, das sie erwartete, gutging. Sie schlief tief und fest, und er lauschte ihrer regelmäßigen Atmung. So kurz vor der Niederkunft war das nicht selbstverständlich, wie er von seiner ersten Frau wusste, die ständig über Schlaflosigkeit geklagt hatte und am Ende zusammen mit dem Kind während der Geburt verstorben war.

Noch so ein Alptraum, der ihn ständig verfolgte. Was wäre, wenn es Hannah genauso erging? Und als ob diese Sorge nicht genug wäre, plagte ihn nun auch noch Henri d'Our, der vor mehr als siebenhundert Jahren durch die Hand seines ärgsten Feindes getötet worden war und eigentlich schon längst zur Rechten des Heiligen Petrus sitzen müsste, um das Paradies zu genießen. Stattdessen fiel ihm offenbar nichts Besseres ein, als durch Geros Träume zu geistern und ihm abermals die Verantwortung für das größte Geheimnis des Ordens aufzuerlegen.

Gero atmete tief durch und schaute im Dunkeln auf die merkwürdige Uhr mit dem rot leuchtenden Zifferblatt, die ihm zu jeder Tages- und Nachtzeit versicherte, dass nichts jemals wieder so sein würde wie früher. Gedankenverloren ließ er den Blick zu dem vor sich hin knisternden Kaminfeuer schweifen. Eines der wenigen Dinge, die ihn hier in diesem eisigen Niemandsland an die Burg seiner Eltern erinnerte. Wie alles andere, was Anselm ihnen an Althergebrachtem zur Verfügung gestellt hatte, war auch das Feuer nur eine Attrappe. Anselm, dem das Anwesen gehörte, wo sie sich so gut es ging vor der Außenwelt versteckt hielten, hatte sich bei der Ausstattung der Wohnräume alle Mühe gegeben, um Gero und seine Kameraden vergessen zu lassen, dass sie im Jahr 2015 lebten – und damit siebenhundert Jahre später als in der ihnen von Gott zugedachten Zeit. Es waren Kleinigkeiten wie diese Uhr oder das elektrische Licht an der Decke, die nicht darüber hinwegtäuschen konnten, dass sie in dieser Welt nichts verloren hatten. Ob es möglich wäre, jemals wieder nach Hause zurückzukehren, war so unsicher wie das Heilige Land nach der Eroberung durch die Mamelucken. Es blieb die Frage, ob der Allmächtige überhaupt auf ihrer Seite stand und ihnen eines Tages zurückgeben würde, was sie so schmerzlich vermissten.

Mit einem leisen Seufzer erhob sich Gero von seiner durchaus bequemen Matratze und kniete sich nackt vor einen kleinen improvisierten Altar, vor dem er seine morgendliche Andacht verrichtete, wie er es als Ordensritter gewohnt war. Es war schon nach sieben, und draußen war es immer noch dunkel. »Das wird zu dieser Jahreszeit auch bis Mittag so bleiben«, hatte Anselm ihnen versichert, als sie nach einem waghalsigen Zeittransfer und einem Flug mit einem stählernen Vogel im Winter der Nordmänner gestrandet waren.

Anselm und Stephano hatten sich damals vor rund achthundert Jahren im Heiligen Land in der geheimen Höhle der Templer für das Jahr 2006 entschieden, nachdem die Wächter des Hohen Rates sie gefragt hatten, wohin sie sich wünschen würden. Nach ihrer überraschenden Ankunft in der gewünschten Zeit waren sie gemeinsam in den unwirtlichsten Teil von Norwegen gezogen, um General Lafours Schergen zu entgehen. Was bedeutete, dass Gero und seine Gefolgsleute hier erst einmal sicher waren. Niemand von ihnen konnte es sich leisten, ausgerechnet der NSA in die Hände zu fallen, wie Anselm den Geheimdienst eines der momentan mächtigsten Herrscher bezeichnete. Wie Paul ihnen berichtet hatte, war auch Jack Tanner mithilfe der geheimen Höhle der Templer in dieser Zeitebene gelandet und hatte offenbar nichts Eiligeres zu tun gehabt, als eines der größten Geheimnisse des Ordens an seinen amerikanischen Auftraggeber zu verraten. Woraufhin General Lafour, den Gero als ihren Erzfeind zu bezeichnen pflegte, eine Expedition auf den Sinai angeordnet hatte, um die geheime Höhle mit den allmächtigen Steinen zu finden. Aber allem Anschein nach war die Suche erfolglos geblieben.

Paul, der früher ebenfalls für die Amerikaner gearbeitet hatte und nun, nach seiner Suspendierung, Anselm laufend mit geheimen Informationen versorgte, war sicher, dass Lafour und Tanner Freudentänze aufführen würden, wenn sie von Gero und seinen Kameraden erfuhren, die nun ebenfalls in deren Zeit aufgetaucht waren. Allein schon, weil sie sich bei ihrer Suche nach der mystisch anmutenden Höhle auf dem Sinai ungeahnte Vorteile von deren Wissen versprachen. Aber auch, weil Tom und Rona einen funktionierenden Timeserver besaßen, der Tanner und die Templer locker ins Jahr 1153 hätte zurück transferieren können, um dort dem Geheimnis der besagten Höhle im Auftrag der amerikanischen Regierung besser auf den Grund gehen zu können.

Gero hätte am liebsten sämtliche Räder zurückgedreht. Er hasste alles, was mit diesem verteufelten CAPUT 58 in

Zusammenhang stand. Das Ding hatte sein Leben zerstört, wenn man von Hannah und dem Kind einmal absah. Aber was sollte er verdammt noch mal in dieser Welt anfangen? Nichts von dem, was er beherrschte, war hier von Bedeutung. Obwohl Anselm ihnen bereits bei ihrer Ankunft versichert hatte, dass er genug Mittel besaß, um sie bis zu ihrem Lebensende mit allem zu versorgen, was ihr Herz begehrte.

Aber das war es nicht, wofür Gero angetreten war. Und es war auch nichts, womit er seiner Frau und seiner zukünftigen Tochter imponieren konnte. Wie sollte er sich je vor seiner Familie Respekt verschaffen, wenn er zeit seines Lebens auf die Almosen eines anderen Mannes angewiesen war? Ganz abgesehen davon, dass sie wahrscheinlich niemals mehr dieses Haus verlassen konnten, weil ein geheimnisvolles, weltumspannendes Netz dafür sorgte, dass sie jederzeit und überall überwacht und erkannt werden konnten, selbst wenn sie scheinbar unbeobachtet waren. Anselm wurde nicht müde, Gero und seine Leute zu ermahnen, niemals ohne Abmeldung das Haus zu verlassen. Zumal er noch auf gefälschte Urkunden aus Russland wartete, die ihnen eine neue Identität versprachen.

Im spärlichen Licht des Feuers fixierte Gero mit stummer Verzweiflung die Heilige Mutter Gottes, die Anselm vor Kurzem im Zehnerpack an jenem seltsamen Ort bestellt hatte, den er Internet nannte. Danach hatte er sie an alle im Haus lebenden Templer verteilt, weil sie der Madonna von Bar-sur-Aube so ähnlich sah. Das Besondere an ihr war, dass sie – im Gegensatz zu den üblichen Madonnen – kein Kind auf dem Arm trug, sondern mit ausgestreckten Armen auf einer Mondsichel balancierte. Eine typische Madonna, wie sie bei den Zisterziensern und auch bei den Templern verehrt worden war. Ihr wahres Geheimnis lag darin, dass sie nicht die Mutter von Jesus darstellte, sondern seine erste und einzige Apostelin, Maria Magdalena. Jene Frau, die Christus als Erste nach der Auferstehung gesehen hatte und die um die Geheimnisse des Glaubens besser Bescheid wusste als jeder Mann. Wahrscheinlich hätte sie mit dem Wissen um die geheime Höhle auf dem Sinai und dem dort vorkommenden Gestein mit der phänomenalen Wirkung weitaus besser umgehen können als all die tapferen Männer, denen dieser Ort nur Tod und Verderben gebracht hatte.

»Heilige Maria, ich bitte dich«, murmelte Gero kaum hörbar, »zeig mir den richtigen Weg, damit ich mich meinem Auftrag würdig erweise und ihn erfolgreich zu Ende bringen kann. Hilf mir, die Zeit zurückzudrehen und die Welt in eine gerechtere zu verwandeln. Nicht nur für mich und den Orden, auch für meine Frau, die ich über alles liebe, aber besonders für unser gemeinsames Kind, das noch nicht einmal das Licht der Welt erblickt hat. Amen.« Gero bekreuzigte sich hastig und erhob sich langsam wie ein alter Mann, obwohl er noch keine dreißig war. Bevor er sich ankleidete, kehrte er noch einmal zu Hannah zurück und kroch zu ihr unter die Decke. Vorsichtig suchte er ihre Nähe und schmiegte sich an sie. Sie war sein Halt, sein Anker. Für sie wollte er leben, und für sie würde er sterben, wenn es denn nötig war. Sie schnurrte wie ein Kätzchen und kuschelte sich in seine Arme.

»Ich liebe dich«, murmelte sie kaum hörbar und legte eine Hand an seine bärtige Wange.

Gero schluckte hart, bevor sie ihm einen langen, intensiven Kuss abverlangte. Nicht zu wissen, welche Zukunft er ihr und dem Kind bieten konnte, war das Schwerste überhaupt. Aber darum allein ging es nicht. Da waren auch noch seine Ehre als Edelfreier und das Erbe seiner Tante, das er nun niemals würde antreten können. Sie und seine Eltern sorgten sich bestimmt um ihn. Was wohl aus ihnen geworden war, nachdem er sie schutzlos in einer siebenhundert Jahre entfernten Vergangenheit zurückgelassen hatte? Unerträglich. Geschweige denn, nicht zu wissen, welches Schicksal seinen Bruder ereilt hatte, von dem er annehmen musste, dass er durch die Hand seines ärgsten Feindes gestorben war. Gero stieß einen harten Seufzer aus.

»Was ist?«, flüsterte Hannah in die Dunkelheit hinein und drängte sich hingebungsvoll an seinen harten, muskulösen Körper. Sie war überglücklich, Gero unversehrt bei sich zu haben. Offenbar hatte er sich von den zurückliegenden Strapazen erholt. Keine Spur mehr davon, dass er auf Oak Island mit seinen Kameraden verschüttet worden und um Haaresbreite gestorben war. Seither empfand sie ihr Zusammensein als ein noch größeres Geschenk, obwohl auch zuvor schon unzählige Dinge passiert waren, die ihr die Einzigartigkeit ihrer Liebe und das große Glück, das sie mit ihm gefunden hatte, vor Augen geführt hatte.

»Nichts«, flüsterte er mit seiner tiefen, sanften Stimme, die sie so sehr beruhigte und im gleichen Atemzug so intensiv auf sie wirkte, dass ihr Körper erschauerte. »Es ist nichts. Schlaf noch ein wenig.«

»Belüg mich nicht«, murmelte sie, und Gero ärgerte sich beinahe darüber, welche Hartnäckigkeit sie an den Tag legen konnte, wenn sie spürte, dass er etwas vor ihr verbergen wollte. Hannah war keine willfährige Ehefrau wie seine Mutter, die seinem Vater auf ewig Gehorsam geschworen hatte. Er hatte es vom ersten Augenblick an in ihren rebellischen grünen Augen gelesen. Und es hatte ihm gefallen, wenn er ehrlich zu sich selbst war. Wie alles an ihr. Sie sah seiner ersten, verstorbenen Frau sehr ähnlich, aber ihr gelassener, überlegter Charakter, gepaart mit wilder Entschlossenheit und einer bestechenden Intelligenz, vermittelte ihm nicht das Gefühl, Lissy gegenüberzustehen, wenn er sie umarmte. Sie hatte zwar die gleichen kastanienroten Locken, aber Lissys Augen waren dunkler gewesen. Eigentlich war es unfair, die beiden miteinander zu vergleichen, nur weil sie sich optisch ähnlich waren. Schließlich war Hannah zehn Jahre älter, als Lissy gewesen war, und stammte aus einer völlig anderen Zeit.

»Ich musste an meine Eltern und meinen Bruder denken«, gestand er ihr in die Dunkelheit hinein. »Ich mache mir Sorgen um sie. Anselm hat versucht, über sämtliche noch vorhandenen Quellen herauszufinden, was ihnen nach unserem Aufbruch widerfahren sein könnte.« Er schwieg abrupt und schluckte hörbar, was Hannah auf der Stelle alarmierte. Er brach nicht leicht in Tränen aus, nur wenn ihm etwas sehr naheging.

»Warum hast du mir nichts davon erzählt?«, wollte sie nun beinahe vorwurfsvoll wissen und ergriff seine Hand, um ihm zu versichern, dass er sich jederzeit auf sie verlassen konnte.

»Ich dachte, es sei nicht so wichtig«, redete er sich heraus und legte seine Hand auf ihren hochschwangeren Bauch. »Außerdem wollte ich dich nicht unnötig aufregen.«

»Hör zu«, meinte sie und legte ihre Rechte auf seine bärtige Wange, »denkst du etwa, ich würde nicht darüber nachdenken, und das alles wäre mir vollkommen egal? Immerhin handelt es sich um meine Schwiegereltern. Ich vermisse sie genauso wie du.«

Er räusperte sich verlegen und streichelte weiter ihren Bauch. »Es bewegt sich«, sagte er und lächelte sanft, um das Thema zu wechseln.

»Das tut sie die ganze Zeit«, antwortete Hannah, wobei sie versuchte, nicht allzu ungeduldig zu klingen. Anscheinend hatte die Kleine noch immer reichlich Platz, denn sie strampelte mal wieder wie verrückt, als ob sie ahnen würde, dass ihre Eltern in Schwierigkeiten steckten. »Möchtest du mir nicht verraten, was bei Anselms erneuten Nachforschungen herausgekommen ist?«, hakte sie vorsichtig nach und küsste ihn sanft auf die breite Narbe, die seine rechte Schulter zeichnete. Eine ewige Erinnerung an den Schwertstreich eines Mamelucken, der ihn im Jahr 1302 bei einem nächtlichen Zweikampf auf der Insel Antarados beinahe das Leben gekostet hätte.

»Er …« Gero stockte und räusperte sich erneut. »Die Breidenburg wurde offenbar von den Truppen des Erzbischofs von Trier zerstört, nachdem die Bewohner enteignet und vertrieben worden waren.«

»Wann soll das gewesen sein?«, fragte Hannah tonlos und spürte, wie ihr Herz schneller schlug.

»Anselm wusste es nicht genau. Es gibt anscheinend keine Aufzeichnungen darüber. Nur eine Urkunde aus dem Jahr 1317, die besagt, dass die Burg sich nicht mehr im Besitz der Breydenbacher befindet und an Kurtrier übergeben wurde.«

»Oh Gott«, stöhnte Hannah. »Das ist ja nur zwei Jahre nach unserer Abreise. Und was tun wir jetzt? Ich meine, Rona könnte doch vielleicht helfen. Immerhin hat sie unseren Transfer von 1315 in die heutige Zeit organsiert, und mit Toms Server konnten wir euch sogar aus dem Untergrund in Oak Island herausholen. Dann müssten wir genauso gut deine Eltern hierher evakuieren können, bevor ihnen etwas zustößt.«

»Und dann?« Geros fatalistischer Blick sprach Bände. »Kannst du dir meinen Vater vorstellen, wie er hier vor dem Fernseher hockt und die Abendnachrichten sieht? Wahrscheinlich würde ihn auf der Stelle der Schlag treffen.«

»Nicht, wenn Rona ihm vorher eine von ihren Nanokapseln gäbe.«

»Und selbst wenn ihn das retten würde«, widersprach Gero ihr, »wie geht es dann weiter? Soll er mit meiner Mutter hier sitzen und Händchen halten? Er hat dreißig Jahre lang als Edelfreier und Lehnsherr gelebt. Er war das gesetzliche Oberhaupt von mehr als einhundert Familien.« Gero schüttelte energisch den Kopf. »Dann kannst du ihn auch gleich in die Hölle schicken. Glaub mir, er würde eine solche Veränderung nicht überleben. Selbst Nanokapseln könnten da nichts ausrichten.«

»Den meisten alten Leuten in dieser Zeit geht es auch nicht viel besser, aber sie leben wenigstens noch, haben eine gute medizinische Versorgung und können sich an kleinen Dingen des Daseins erfreuen«, versuchte Hannah, ihn zu beschwichtigen. »Immerhin hätten die beiden hier eine Chance, älter zu werden als in eurer Zeit.«

»Hannah!«, ereiferte er sich mit gedämpfter Stimme. »Bei allem Respekt, den ich dir und deiner Weisheit entgegenbringe, so etwas kann und will ich mir für die beiden nicht vorstellen. Außerdem gibt es auch hier Menschen, die bereits mit fünfzig sterben. Mein Vater ist fast sechzig. Und außerdem wäre damit noch immer nicht das Problem mit meinem Bruder gelöst. Ich weiß nicht einmal, ob er noch lebt, und falls ja, warum er unser Lehen gegenüber dem Erzbischof von Trier nicht verteidigt hat. Tante Margaretha und Roland von Briey wären ihm bestimmt starke Verbündete gewesen. Und überhaupt – was ist mit den beiden? Willst du sie etwa auch hierherholen? Warum dann nicht gleich das ganze Mittealter in die Neuzeit transferieren? Am besten auch noch alle Templerbrüder, damit sie gegen die heutigen Sarazenen erneut ums Heilige Land kämpfen können. Das ist eine total verrückte Idee. Abgesehen davon, dass nicht einmal wir wissen, wie wir uns am besten vor Lafour und seinen Bluthunden verstecken können.«

»Findest du das nicht ein bisschen übertrieben?« Hannah hob eine Braue. »So habe ich es doch gar nicht gemeint. Es geht mir hauptsächlich um deine Eltern. Deine Mutter hätte bestimmt keine Probleme damit, hier zu leben. Hauptsache sie hat ihre Familie um sich. Darüber hinaus könnte sie sich mit ihrer Enkelin beschäftigen. Ich weiß doch, wie sehr sie sich auf das Kind gefreut hat.«

»Ja doch, du meinst es nur gut«, brummte Gero und stieß einen weiteren missmutigen Seufzer aus. »Tom meinte, ich könne jederzeit zu meinen Leuten zurückkehren und nach dem Rechten sehen. Aber wie du weißt, fällt es mir schwer, ihm zu vertrauen. Unsere Erfahrung zeigt, dass es keinerlei Gewissheit gibt, tatsächlich in der gewünschten Zeit zu landen. Es könnte durchaus sein, dass einem die Rückkehr verweigert wird. Bisher hatten wir wahrscheinlich mehr Glück als Verstand, dass wir alle zusammen hierher fliehen konnten. Und jetzt, wo das Kind bald zur Welt kommt, werde ich euch beide nicht in der Ungewissheit zurücklassen, ob ich jemals zu euch zurückkehren kann.«

»Und was willst du stattdessen tun?«, fragte sie zaghaft in die Dämmerung hinein. »Ich kann deine Sorgen spüren und frage mich auch andauernd, wie deine Eltern damit zurechtkommen, dass sie kein Lebenszeichen von uns erhalten. Und nicht zu vergessen, dieser verdammte Hugo d'Empures, der mit Sicherheit gelogen hat, als er behauptete, deinen Bruder getötet zu haben. Ich kann verstehen, wenn du zurückgehen möchtest, um Gewissheit zu haben, dass es ihm und deinen Eltern gut geht.«

»Erst mal möchte ich, dass wir unser Kind heil auf die Welt bringen«, bestimmte er mit fester Stimme und legte sein Ohr demonstrativ auf die harte Wölbung. »Die Kleine soll wissen, wem sie andauernd gegen die Wange getreten hat und dass ihr Vater nichts weiter als ein verrückter Templer ist, der ihre Welt wahrscheinlich nie vollkommen verstehen wird«, murmelte er und küsste Hannahs gewölbten Bauchnabel. »Vielleicht wäre es besser«, sinnierte er mit einem schmerzlichen Lächeln, »wenn das arme Kind gar nicht erfährt, woher ich stamme und wer ich in Wahrheit bin. Womöglich verliert sie den Verstand, wenn sie eines Tages herausfindet, wer ihre Vorfahren sind.«

Hannah machte ein spöttisches Geräusch. »Edelfreie und die Tochter eines Templers zu sein, ist in meinen Augen besser, als die Enkelin einer namenlosen Großmutter zu sein, die mit einem Pizzabäcker nach Australien durchgebrannt ist«, fügte sie mit einer leichten Ironie in der Stimme hinzu, während sie an ihre eigene Mutter dachte. »Ich würde mir wünschen, unsere Tochter könnte auf der Breidenburg aufwachsen, als kleines Burgfräulein, dem die Troubadoure der Umgebung zu Füßen liegen«, schwärmte sie versonnen. »Und irgendwann kommt ein blendend aussehender Ritter auf einem weißen Pferd, wie bei ihrer Mutter, und hält mit einem romantischen Antrag um ihre Hand an.«

»Der müsste mich erst mal im Turnier besiegen, ansonsten wäre er die Hand meiner Tochter nicht wert«, murmelte Gero mit einem breiten Grinsen. »Und wenn sie nach dir kommt, will sie wahrscheinlich selbst das Schwert schwingen. Kann mir kaum vorstellen, dass sie sich in Näharbeiten ergibt.«

»Ich würde weiß Gott was dafür geben, wenn wir zurückkehren könnten«, flüsterte Hannah mit erstickter Stimme.

Gero schaute sie nachdenklich an. »Selbst, wenn nicht alles so fortschrittlich ist wie hier und Hugos Verbündete darauf lauern, uns endlich einen Kopf kürzer zu machen?«

»Der Fortschritt ist mir egal. Dafür stammt bei euch alles aus biologischem Anbau, und es gibt so gut wie keine Umweltverschmutzung. Je mehr ich darüber nachdenke, umso mehr Heimweh bekomme ich«, bekannte sie mit einem zweifelnden Blick. »Wenn ich all die friedlichen Orte vor mir sehe, die es in der Breidenburg und außerhalb zu erkunden gibt. Und allein die Burg mit ihren Erkern und Türmchen, die mich an ein Dornröschenschloss erinnert. Von unseren gemeinsamen Abenden in einem hölzernen Badebottich mal ganz abgesehen. Und dann erst das Essen ... frisch gebackenes Brot, handgeschöpfter Käse und nicht zu vergessen der leichte Moselwein von den hauseigenen Weinbergen aus mundgeblasenen Glasbechern, und das alles vor knisterndem Kaminfeuer. Einfach märchenhaft.«

»Danke«, murmelte er, »dass du es so wohlwollend beschreibst und die weniger schönen Tatsachen gnädiger Weise unter den Tisch fallen lässt.« Er lachte leise und küsste sie auf den Mund.

Sie vergrub ihre Hände in Geros halblangem sandblonden Haar, das seit ihrer Rückkehr aus Schottland schon wieder ein Stückchen gewachsen war und ihm nun fast bis auf die Schultern reichte. Er summte leise mit geschlossenen Augen einen gregorianischen Choral, und sie spürte, wie er sich vollends entspannte, als sie seinen hellblonden Dreitagebart kraulte. Nichts an seinem sanften Gesichtsausdruck erinnerte an den Furcht einflößenden Templerkommandeur, der er in seiner Zeit gewesen war.

»Solange ich bei dir liegen darf«, flüsterte er sanft, »ist meine Seele im Paradies, und am liebsten wäre mir, es könnte ewig so bleiben.«

Hannah wusste, was er meinte. Aber bisher war ihnen das Schicksal nicht gnädig gewesen, und es war fraglich, ob es sich in Zukunft gerechter verhalten würde. Wobei auch sie sich die Frage stellte, was eine Truppe von zehn initiierten Templern aus einer siebenhundert Jahre entfernten Vergangenheit in dieser Welt anfangen sollte. Den Heiligen Gral bewachen? Der bewachte sich im besten Fall selbst. Sie an das Internet und die Zeiten der schnellen Datenübertagung zu gewöhnen und sie zugleich vor dem Zugriff der NSA zu bewahren, würde eine schwierige Aufgabe werden und garantiert für alle Seiten frustrierend sein. Je länger sie darüber nachdachte, umso weniger war eine Lösung in Sicht. Gedanken, die ihr nicht guttaten, und sich auf das Ungeborene übertrugen.

»Gott der Herr wird uns schützen«, flüsterte Gero, der allem Anschein nach eine direkte Verbindung zu ihrem Bewusstsein hatte. »Das hat er immer getan.«

KAPITEL 2

DEZEMBER 2015 –

NORWEGEN / KIRKENES / ANSELMS RANCH

Schatten der Vergangenheit

»Manchmal wünschte ich, ich wäre noch in Bar-sur-Aube und ein gewöhnlicher Ordensritter«, schnaubte Arnaud, als er auf dem Flur Struan MacDhughaill begegnete, der allem Anschein nach genauso wenig schlafen konnte wie er selbst.

»Wem sagst du das«, knurrte der schwarzgelockte Schotte, der mit seinem Bart und den kohlschwarzen Augen, bei denen man die Pupille kaum von der Iris unterscheiden konnte, entsprechend finster wirkte. »Ich bin auf dem Weg zur Kapelle, kommst du mit?«

»Nichts lieber als das«, antwortete Arnaud und marschierte entschlossen neben dem sechs Fuß vier großen Hünen her, der ihn mehr als einen Kopf überragte. »Wie geht es Amelie?«, fragte er ihn beiläufig, während sie auf eine vollautomatisch öffnende Tür zuhielten, an die sie sich, genau wie an das Neonlicht an der Decke, inzwischen gewöhnt hatten.

»Sie ist guter Hoffnung«, sagte Struan so leise, dass Arnaud im ersten Moment glaubte, sich verhört zu haben.

»Wirklich? Sie erwartet ein Kind? Das ist ja wunderbar!«, rief er und strahlte übers ganze Gesicht, bevor sie den Andachtsraum betraten, den Anselm extra für sie eingerichtet hatte, und der, was die Ausstattung betraf, der Kapelle der Templer in Bar-sur-Aube in nichts nachstand.

Der Schotte blieb einen Moment lang vor der Tür stehen und schaute mit seinen glänzenden Kohleaugen bedeutungsvoll auf Arnaud herab, eher bekümmert als begeistert. »Wir haben so lange für ein weiteres Kind gebetet, nachdem sie das erste verloren hat, und nun hat Gott der Herr uns erhört, und ich weiß noch nicht einmal, ob ich mich freuen soll.«

»Warum denn nicht?« Arnaud warf ihm einen verständnislosen Blick zu. »Rona und ich werden nie Kinder haben, weil sie keine bekommen kann«, erklärte er mit einer leichten Verbitterung in der Stimme. »Aber im Grunde muss man als initiierter Templer schon dankbar sein, überhaupt mit der Frau, die man liebt, zusammenleben zu dürfen«, erinnerte er Struan und hob eine Braue. »Für zweit- und drittgeborene Söhne des Adels ist ein solches Glück eigentlich gar nicht vorgesehen. Also was soll's. Nimm dein Glück in die Hand und vertrau auf Gott.«

Struan seufzte gut hörbar, als sich die Tür zur Kapelle wie von Geisterhand öffnete. Acht weitere Templer hatten sich zu den Laudes eingefunden, das erste Stundengebet am Morgen. Seit sie nach ihrer Errettung auf Oak Island in der sogenannten Zukunft gelandet waren, nahmen sie ihre Pflichten nicht mehr so ernst wie in früheren Zeiten. Trotzdem gaben ihnen die Stundengebete eine gewisse Sicherheit im

Alltag, und die Kapelle war ein willkommener Treffpunkt, um über Sorgen und Nöte zu sprechen.

Drinnen spiegelte sich gedämpftes Kerzenlicht in sechs kunstvoll gearbeiteten Glasfenstern wider. Zu dritt reihten sie sich rechts und links an den Wänden des ansonsten einfach gehaltenen Kapellenbaus. Anselm hatte die kunstvoll in Blei gefassten Bildnisse der Schutzheiligen der Templer, darunter der heilige Georg und der heilige Andreas, extra aus Italien einführen lassen. Deren wahre Pracht erstrahlte erst bei Tag, wenn die Sonne hereinschien und die Farben leuchtend intensivierte. Doch so früh am Morgen herrschte draußen noch Dunkelheit, und Arnaud fragte sich an manchen Tagen, ob es in dieser abgelegenen Gegend überhaupt je richtig hell wurde.

Er begrüßte Johan van Elk, den rothaarigen Ritterbruder vom Niederrhein, dessen ehemals ebenmäßiges Gesicht von grausamen Brandnarben gezeichnet war, mit dem überkreuzten Handschlag der Templer und mit dem Bruderkuss auf den Mund, der das Vertrauen zwischen ihnen besiegeln sollte.

Wie die anderen Männer trug Johan, den sie Jo nannten, eine Jeans und ein dunkelblaues Wams, das Anselm als Sweatshirt bezeichnete und das keinerlei Aufschluss über seine gräfliche Herkunft gab.

Neben ihm stand Jacob von Sassenberg, ein dunkel gelockter deutscher Ritterbruder. Sein schmales Gesicht mit dem kurz getrimmten Bart wirkte ebenso angespannt wie die Mienen der übrigen Brüder. Wie die meisten hier schien er mit der Tatsache, in dieser Einöde gefangen zu sein und seine Umgebung nicht erkunden zu können, alles andere als glücklich zu sein. Er war nicht ängstlich, doch Oak Island hatte auch ihn verändert. Die einzige Person, die ihm regelmäßig ein Lächeln auf die Lippen zaubern konnte, war Hannah von Breydenbach. Was Gero, der überraschenderweise nicht zur Andacht erschienen war, geflissentlich ignorierte.

Arnaud begrüßte Jacob in der Tradition der Templer und klopfte ihm verständnisvoll auf den Rücken, bevor er sich Ralph, Totty und Brian zuwandte.

»Der Herr sei mit dir«, sagte er leise, als Totty sich aufgrund seiner hünenhaften Größe ein wenig zu ihm herunterbeugte und in seine dargebotene Rechte einschlug.

»Und mit dir«, erwiderte der englische Templer mit dem kurzgeschorenen rotbraunen Haar, der eigentlich Thomas of Toraldeby hieß und seine Wikingervorfahren schon allein aufgrund seiner hochgewachsenen Gestalt nicht verleugnen konnte. Vor seiner Verhaftung im Jahr 1309 war er Commander von Garway in Südengland gewesen. Danach hatte man ihn offiziell zur Buße in ein Kloster in Winchester geschickt. Von dort aus hatte er sich den Einsiedlern um Walter of Clifton angeschlossen und war aber offenbar noch bis 1338 in den Personallisten von Winchester geführt worden, wie Anselm erst kürzlich in alten Dokumenten herausgefunden hatte. Eigentlich war er ein unerschrockener Mann, doch nun wirkte er genauso verhalten und abwartend wie Ralph und Brian.

»Schwör mir bei der Seele deiner Mutter, dass der Teufel bei dieser Angelegenheit nicht mit im Bunde ist«, hatte Totty Gero abgefordert, gleich nachdem sie in ein Flugzeug gestiegen waren, das sie von Kanada nach Norwegen gebracht hatte. Arnaud hatte ihm und den beiden anderen Brüdern mehrmals zu erklären versucht, dass sie nach ihrer Ankunft nicht in der Hölle gelandet waren, sondern im Paradies, was Komfort und Verpflegung betraf, aber er war nicht sicher, ob sie ihm glaubten.

Malcolm MacDhughaill, der fast genauso aussah wie Struan, nur jünger, und Stephano de Sapin, ein schlanker, hochgewachsener, blassblonder Kerl mit wasserblauen Augen, drängten sich ebenfalls in die Kapelle. Sie alle trugen moderne Kleidung, die nichts über ihre wahre Herkunft verriet.

Stephano begrüßte Arnaud mit einem Handschlag und einem entspannten Lächeln. Er schien der Einzige von ihnen zu sein, der ihre Zweifel nicht teilte. Was vielleicht daran lag, dass er hier seine sodomitische Natur ohne Furcht ausleben konnte und sein Glück mit Anselm gefunden hatte. Seltsamerweise störte sich in dieser Zeit niemand daran, dass die beiden als Ehepaar zusammenlebten und in Sünde verkehrten, dachte Arnaud. In ihrer Zeit hätte sie das leicht den Kopf kosten können.

Malcolm schien sich über all das keine Gedanken zu machen. Der junge hünenhafte Schotte war mit knapp neunzehn während ihres Aufenthalts im Jahr 1315 in Schottland von Sir Walter of Clifton zum Templer ernannt worden. Mit der Kirche hatte der junge schwarzhaarige Wilde, wie Arnaud ihn unausgesprochen bezeichnete, ohnehin wenig zu tun. Dafür umso mehr mit den heidnischen Traditionen seiner Vorfahren. Deshalb weigerte er sich im Gegensatz zu Struan Hosen anzuziehen und bestand trotz dem draußen herrschenden Schneetreiben auf einen Kilt. Was nichts anderes war als eine fest gewebte karierte Decke, die er mit einem breiten Ledergürtel geschickt zu einem Rock und zugleich zu einem Umhang drapierte.

Struan, der seinen Bruder mit Handschlag und einem

Kuss begrüßte, war nicht so traditionell wie sein Bruder. Was vielleicht daran lag, dass er in den Jahren zuvor den Habit eines Templers getragen hatte. Außerdem hatte er, wenn auch nicht freiwillig und unter Beobachtung des amerikanischen Militärs, bereits einige Zeit in den Jahren 2004 und 2005 verbracht. Somit war ihm die Lebensart in dieser Zeit zumindest ansatzweise vertraut. Obwohl Amelie es nicht besonders schätzte, trug er meistens verwaschene blaue Baumwollhosen, die eng saßen wie eine zweite Haut und ihm irgendwie praktisch erschienen.

In früheren Zeiten hätte man sie als die Beinkleider eines verlausten Schäfers bezeichnet, der sich nichts anderes leisten konnte.

Arnaud selbst lief meistens in einem sogenannten Jogginganzug herum. Ein Kleidungstück, das ihn an die Gewänder seiner orientalischen Vorfahren erinnerte, die allerdings um einiges prachtvoller gewesen waren.

Stephano, der nicht nur ein Templer, sondern zudem ein geweihter Priester war, hatte sich schon am Altar platziert und mit dem Verlesen der Psalmen begonnen, als die Tür leise aufging und Matthäus von Bruch mit hochrotem Kopf hereinhuschte und sich pflichtschuldigst neben Malcolm niederließ, der ihm inzwischen nicht nur ein Bruder, sondern auch ein guter Freund geworden war. »Tut mir leid«, flüsterte er und ging neben dem jungen Schotten auf die Knie, um für seine Verspätung vor der Mutter Gottes Abbitte zu leisten.

Arnauds Blick fiel auf die goldblonden Locken des Vierzehnjährigen, die ihn an einen Engel erinnerten. Mattes, der im Oktober 1307 zusammen mit Gero ins Jahr 2004 transferiert worden war, gehörte trotz seiner jungen Jahre nun ebenfalls zum Kreis der Brüder. Mit zwölf war der Neffe des Templer-Kommandeurs von Bar-sur-Aube in die dortige Komturei gekommen und hatte Gero von Breydenbach als Knappe gedient. Sicher hatte er beim Eintritt in den Orden nicht damit gerechnet, je auf eine solch phantastische Reise zu gehen.

»Wo ist dein Herr?«, flüsterte Arnaud ihm zu, obwohl es dem Jungen eigentlich nicht erlaubt war, während der Messe zu sprechen.

»Bei seiner Dame«, wisperte Mattes und blickte zu Boden. Arnaud musste grinsen, weil er so etwas wie Missbilligung aus der Stimme des Jungen herauszuhören glaubte. Dabei hatte er selbst vollstes Verständnis dafür, wenn Gero lieber seine hochschwangere Frau im Auge behielt, als an der morgendlichen Andacht teilzunehmen, was als Kommandeur-Leutnant der Templer normalerweise seine Pflicht gewesen wäre.

»Was ist mit Rona?« Johan van Elk schaute Arnaud fragend an, als die Andacht nach gut einer halben Stunde beendet war.

»Sie bereitet unsere Besprechung vor«, erwiderte er und stieß einen genervten Seufzer aus. »Ihr Meister aus der Zukunft hat ihr einen weiteren CAPUT mitgegeben, den sie uns heute vorstellen will. Ich frag mich, warum sie weiterhin Kontakt zu diesem seltsamen Kerl hält. Ich halte ihn für gefährlich, seitdem ich die beiden zusammen gesehen habe, nachdem wir nach unserem Abenteuer unter dem Berg Horeb zunächst in einer noch weiter entfernten Zukunft gelandet sind. Dort war er ein brutaler Machthaber und hätte uns um Haaresbreite getötet, wenn ich kein Schwert am Gürtel gehabt und uns nicht zurück ins Languedoc gewünscht hätte. Ich könnte schwören, er gehört nicht zu den Guten, obwohl ihm angeblich etwas an der Wiederauferstehung des Ordens liegt.«

»Sie wird schon wissen, was sie tut«, bemerkte Johan nachdenklich. »Immerhin haben wir es ihr und ihrem Meister zu verdanken, dass wir unseren Verfolgern entkommen konnten.«

»Ja, das mag so sein«, pflichtete Arnaud ihm bei. »Trotzdem ist mir dieser Kerl nicht geheuer. Rona traut ihm ja selbst nicht über den Weg. Was denkst du, warum sie ihm nichts von unseren Erfahrungen auf dem Sinai berichtet hat? Ganz zu schweigen von der Höhle der Templer, die um ein Vielfaches mächtiger zu sein scheint als ein einfacher CAPUT. Dass dieser Kerl unser gesamtes Wissen missbrauchen könnte, um die Welt zu beherrschen, erscheint mir durchaus glaubhaft. Zumal ich gesehen habe, wozu er fähig ist. Das Gleiche würde ich von Tanner behaupten, der offenbar nichts Besseres zu tun hatte, als bei seiner Rückkehr in diese Zeit das Geheimnis der Templer sofort an Lafour und seine Helfer zu verraten.«

»Uns bleibt ohnehin nichts weiter übrig, als Rona und Anselm zu vertrauen«, gab Johan mit einem schmerzlichen Lächeln zurück. »Hier spielt niemand nach unseren Regeln. Daran werden wir uns gewöhnen müssen, auch wenn es schwerfällt.«

Arnaud stieß einen missmutigen Seufzer aus. »Bevor die Besprechung beginnt, muss ich noch mal in unser Apartment«, entschuldigte er sich und nickte Johan zu, bevor er auf dem langen Gang verschwand.

»Hey«, flüsterte Rona sanft, nachdem Arnaud leise zur Tür hereingekommen war und sich zu ihr hinunterbeugte, während sie an ihrem Schreibtisch saß und mit dem leuchtenden Kasten beschäftigt war, den sie Timeserver nannte. Die bläulich leuchtenden Linien auf der Oberfläche waren Arnaud nach wie vor nicht geheuer.

Zumal seine Frau die ganze Angelegenheit kraft ihrer Gedanken steuerte.

Sie unterbrach ihre Arbeit, als er hinter sie trat, und reckte sich ihm entgegen, damit er sie küsste.

»Willst du mich noch mal?«, wisperte sie, obwohl sie sich erst kurz zuvor in ihrem Bett geliebt hatten.

»Wenn noch Zeit übrig ist«, murmelte er und liebkoste mit seinen Lippen ihren schlanken Hals. »Ich kann gar nicht genug von dir bekommen.«

»Ich hab dich so vermisst«, wisperte sie und seufzte genießerisch, als er ihre schwarzes Haar zur Seite schob und zärtlich an ihrem Ohr knabberte.

»Und ich erst«, raunte er und umarmte sie fest.

»Wir haben noch zehn Minuten«, sagte sie und erhob sich von ihrem Stuhl. Dann zog sie ihn ohne Vorwarnung in Richtung Bett.

»Moment«, erwiderte Arnaud und verriegelte die Tür, bevor er sich aus seinen Kleidern schälte. Rona war schneller als er, und schließlich fielen sie nackt wie zwei balgende Raubtiere übereinander her. Auch wenn sie sonst wenig gemeinsam hatten, so war die Liebe etwas, das sie auf ewig vereinte, trotz der fast neunhundert Jahre Altersunterschied, wie er gerne mit einem Grinsen bemerkte. Arnaud nahm sie hart und besitzergreifend, um die Angst abzuschütteln, die ihn ständig beherrschte, sie eines Tages an ihren seltsamen

Meister oder einen anderen zu verlieren, dem er an Geist und Stärke unterlegen war.

Rona stöhnte erstickt auf, während er tief und drängend in ihr verweilte, und forderte ihn auf, sie noch härter und schneller zu nehmen. Ihr gemeinsamer Ritt und der überraschende gemeinsame Höhepunkt katapultierte sie beide in eine vertraute Welt, in der Arnaud sich, wenn auch nur kurz, in absoluter Glückseligkeit wähnte.

Rona erzitterte vor Erregung, als ihre Kontraktionen langsam verebbten. Sie küsste ihn wild, als er sich mit ein paar intensiven französischen Liebesschwüren behutsam aus ihr zurückzog.

»Lass uns noch zusammen duschen«, schlug sie atemlos vor und zog ihn ins Bad, nachdem sie sich mit einem Bedauern im Blick von ihm gelöst hatte. Unter dem heißen Wasserstrahl forderte Rona ihn noch einmal heraus, und Arnaud hatte weiche Knie, als sie sich hinterher mit einem lasziven Lächeln aus der Duschkabine entfernte und nur mit einem Handtuch bekleidet ihr glattes Haar föhnte.

»Jetzt müssen wir uns aber beeilen«, bemerkte sie und reichte Arnaud den Föhn. Ein Ding, das man seiner Meinung getrost schon früher hätte erfinden können. Mit einem Schulterzucken pustete er sich die Haare trocken und zog sich wieder an.

»Denkst du wirklich, wir sollten in meine Zeit zurückgehen und die Anforderungen deines Meisters befolgen?«, fragte er, während Rona den Timeserver in eine lederne Mappe steckte.

»Zunächst bin ich mal gespannt, was du und deine Kameraden von Lions Vorschlägen halten«, gab sie zweifelnd zurück. »Ich bin nicht Lafour. Ich werde niemanden zu einem

Transfer zwingen. Damit müssen schon alle einverstanden sein.«

»Hast du das deinem Meister gesagt?«

»Nein, aber ich habe meinen eigenen Kopf.«

»Weiß er das?«

»Er kann es sich denken. Aber er vertraut mir. Und solange ich ihm das Gefühl gebe, nach seinen Anweisungen zu handeln, kommt er nicht auf die Idee, es selbst zu tun.«

»Also hältst du ihn nur hin?«

»Nein, ich will herausfinden, was das Beste für uns ist. Danach werden wir entscheiden.«

Arnaud beobachtete angespannt, wie sie in ihre pragmatische Unterwäsche schlüpfte und in ihren schwarzen Overall stieg, den Anselm ihr, wie alle anderen Sachen, von irgendwoher bestellt hatte. Was Arnaud wie ein Tischleindeckdich erschien, das alle Wünsche erfüllte.

»Liebst du mich?«, flüsterte er und küsste sie noch einmal auf den Mund.

»Warum wäre ich sonst bei dir?« fragte sie und schaute ihn überrascht an.

»Warum liebst du mich?«

»Weil du der beste Liebhaber bist, den ich je hatte«, verkündete sie mit unschuldiger Kleinmädchenmiene.

»Wie viele hattest du denn?«, fragte er irritiert.

»Nur dich«, antwortete sie und schaute ihn mit ihren violettfarbenen Augen treuherzig an.

Arnaud musste lachen und umarmte sie fest. »Gnade mir Gott, dass du dich niemals für jemand anderen interessierst«, flüsterte er an ihr Ohr. »Denn dann könnte ich womöglich ernsthafte Konkurrenz bekommen.«

»Wirklich?«, fragte sie mit interessiertem Blick. »Du

machst mich neugierig.« Nun war sie es, die über Arnauds entsetzten Blick lachte.

»Komm schon, wir müssen los«, meinte sie noch immer amüsiert. »Die anderen warten schon.«

KAPITEL 3

NOVEMBER 2015 –

NORWEGEN / KIRKENES / ANSELMS RANCH

Artusrunde

Die meisten von ihnen hatten schon ihre Plätze eingenommen, als Hannah, gefolgt von Gero, den kleinen Konferenzraum betrat und Rona sie mit einem Blick in die Runde begrüßte. Sie stand vor einem großen Bildschirm, auf den sie die Ergebnisse ihrer Berechnungen projizieren konnte. Die Templer hatten sich inzwischen halbwegs an den Anblick dieser wunderlichen Bilder gewöhnt. Doch nicht alle wussten, was es damit auf sich hatte. Totty und Ralph warfen sich skeptische Blicke zu, als Rona mit ihrem Vortrag begann und das Bild eines Servers aufrief, der aussah wie ein kleiner Laptop. Ein Begriff, den sie den Brüdern auch erst hatte erklären müssen.

»Aufgrund des Frequenzquarzes wird via Gammastrahlung eine Verbindung zum Hirn aller Beteiligten des Transfers hergestellt, von denen wiederum die Person, die als Erste den Kontakt hergestellt hat, autorisiert ist, dem Gerät die entsprechenden Befehle zu erteilen. Habt ihr das bis hierher verstanden?« Mit einem angedeuteten Lächeln schaute Rona in die Runde, woraufhin alle einvernehmlich nickten. Ein Chip in ihrem Hirn, den man ihr in der Zukunft implantiert hatte, übersetzte ihren Vortrag in verschiedene Sprachen und übermittelte das Ergebnis mit einer entsprechenden Frequenz zu den Zuhörern, die zu Beginn der Unterredung einen passenden Kopfhörer angelegt hatten. Vor Ronas erstem Trip in die Vergangenheit hatte Lion zum üblichen Übersetzungsprogramm noch alte arabische Dialekte, Altfranzösisch, Mittelhochdeutsch und Altenglisch hinzugefügt. Der Clou an der Sache war, dass die Anwesenden gar nicht bemerkten, dass sie eine andere Sprache sprach als sie selbst.

»Es gibt zwei Möglichkeiten des Transfers«, erklärte sie weiter und deutete nunmehr auf eine grüne Linie, die nach unten verlief. »Das hier stellt einen Transfer in die Vergangenheit dar. Ein Prozess, der erfahrungsgemäß weniger störanfällig ist, als wenn man etwas von der Vergangenheit in die Zukunft holen möchte.«

Nun deutete sie auf eine rote Linie, die auf der dargestellten Grafik von unten nach oben in Richtung Server verlief.

»Ein solcher Transfer ist nur möglich, wenn am Ende der Linie jemand existiert, der einen aus der Vergangenheit abholt. Nach unten kann man transferieren, soweit es möglich ist. Nach oben, also in die Zukunft, funktioniert das jedoch nicht. Das Gerät ist lediglich in der Lage, Energie-Sequenzen der vorhandenen Materie in Zeitabschnitte einzufügen oder auszuschneiden, die sich nicht weiter in der Zukunft befinden als das Gerät selbst. Wobei schon die Bezeichnung oben und unten nicht ganz richtig ist, weil die Zeitebenen parallel verlaufen und damit eigentlich zeitlos sind. Die räumliche

Vorstellung von oben und unten benötigt das menschliche Gehirn jedoch, um sich in den zeitlichen Abläufen zu orientieren. Ergo empfinden wir Vergangenheit und Zukunft wie Treppenstufen, die man hoch- oder eben wieder hinuntersteigt. Dabei sind Zeitebenen mit Ofenringen zu vergleichen, die auf einem antiquarischen Herd liegen und unter denen das universelle Feuer brennt – also die Energie, die alles am Laufen hält.«

Brian hob zaghaft die Hand, weil ihn offenbar eine Frage beschäftigte.

»Ja, Brian.« Rona forderte ihn mit einer Handbewegung auf, das Wort zu ergreifen.

»Was, bitteschön, sind Ofenringe?«, fragte er irritiert.

»Oh.« Rona dachte kurz nach. »Sorry, das kannst du nicht wissen, man benutzte sie erst sechshundert Jahre nach deiner Zeit.«

Plötzlich stand Tom in der Tür. Ein dänischer Quantenphysiker Anfang dreißig, der mal wieder zu spät zum Meeting gekommen war und offenbar eine Weile unbemerkt zugehört hatte. »Wenn du schon nach Vergleichen suchst, um eine Zeitreise zu erklären, die auch absolute Laien verstehen, solltest du vielleicht lieber einen Reisigbesen als Beispiel nehmen, auf dem man durch die Zeit fliegen kann? Oder wie wäre es mit einem Steinkreis, mit dem man mir nichts, dir nichts in der gewünschten Zeit auftaucht?« Er brach in verhaltenes Gelächter aus und ließ sich neben Hannah auf einem Stuhl nieder.

Hannah versetzte ihm einen Stoß mit dem Ellbogen. »Hör endlich auf, dich über die anderen lustig zu machen«, giftete sie ihren Exverlobten zischend an. »Wie sonst soll sie es ihnen erklären?«

»Um ehrlich zu sein, ich habe es immer geliebt, wenn unsere Dozenten ihre Vorlesungen mit humorvollen Vergleichen aufgelockert haben«, gluckste er und gab Rona mit einem Augenzwinkern zu verstehen, dass sie ungeachtet seines schrägen Humors in ihren Ausführungen fortfahren sollte. »Aber vielleicht solltest du die Funktion eines Timeservers und die damit verbundene quantenphysische Programmierung bei diesem Publikum lieber auslassen«, fügte er immer noch spöttelnd hinzu. »Sonst landen wir am Ende noch bei Lebkuchenmännern und Osterhasen.«

Für einen Moment herrschte absolute Stille, und jeder im Raum verstand, was Rona gerade über Tom dachte. Die Bezeichnung »bornierter Arsch« ließ sich über ihren implantierten Chip offenbar problemlos in sämtliche Sprachen übersetzen. Das Grinsen setzte bei allen Zuhörern gleichzeitig ein. Nur nicht bei Tom.

Rona fuhr unterdessen ungerührt mit ihren Erläuterungen fort bis zu dem Punkt, an dem sie den Anwesenden erklärte, dass man mit dem neuen Server nicht mehr auf einen Transferradius von dreißig Metern angewiesen war. »Was in der Vergangenheit immer dafür gesorgt hat, dass man erst konventionell an den gewünschten Ort des Transfers reisen musste, bevor man jemanden exakt an diesem Punkt in die Vergangenheit schaffen oder herbeiholen konnte. Die neue Programmierung ermöglicht uns, diesen Vorgang von jedem Ort der Erde aus durchzuführen, ganz gleich, wohin man in die Vergangenheit reisen oder von wo man jemanden abholen möchte. Wobei noch immer die vorherige Prüfung gilt, ob das System einen Transfer zulässt, um eine Kollision von zwei Individuen zu verhindern«, erklärte Rona nüchtern und deutete auf ein neues Ortungssystem, das sich am Magnetfeld der Erde orientierte und den Transferstrahl exakt auf die Koordinaten richtete, die man zuvor ausgewählt hatte. »Außerdem kann man nach Personen suchen, die man transferieren möchte, wenn man den Transferzeitraum einschränkt und die zuvor gespeicherte DNA der Person als Grundlage für die Suche zur Verfügung hat. Allerdings beschränkt sich der Suchmodus nur auf lebende Menschen oder Tiere, die bereits mit diesem Gerät oder dieser Programmierung transferiert wurden und deren DNA dadurch gespeichert wurde.«

Ein Raunen ging durch die Runde. Hannah dachte sofort an Gero und die Sorge um seine Eltern. Wenn es möglich wäre, ihn von hier aus direkt zur Breidenburg zu transferieren, könnte er sich selbst vom Wohlergehen seiner Familie überzeugen.

»Ich schlage vor, wir machen eine kleine Pause.« Rona deutete auf das Frühstücksbüfett, das Amelie und Freya mithilfe von Stephano aufgebaut hatten.

»Wie geht's Malin?« Hannah warf Tom einen fragenden Blick zu, während er ihr demonstrativ eine Tasse Tee reichte, nachdem Gero aufgestanden war und sich leise mit Struan und Johan unterhielt.

»Nicht so gut, würde ich sagen«, antwortete er und machte tatsächlich ein besorgtes Gesicht. »Sie jammert den ganzen Tag, ich solle sie zurück in ihre Heimat bringen, weil sie hofft, dort noch Familienangehörige vorzufinden. Sie kapiert einfach nicht, dass ihre Leute bereits vor siebenhundert Jahren durch Nordmänner getötet wurden und wir nicht mal eben in die Vergangenheit reisen können, um ihre Angehörigen zu besuchen. Es ist vollkommen verrückt. Sie hat keinen blassen Schimmer, wo sie sich hier befindet. Sie wird hysterisch, wenn ich das Licht anschalte, und erst gestern habe ich sie dabei erwischt, wie sie Wasser aus der Toilette schöpfen wollte, weil sie sich scheut, den Wasserhahn aufzudrehen. Sie nennt es Hexenwerk. Heute Morgen ist sie vollkommen ausgerastet und hat mich als Sohn des Teufels beschimpft, der sich ihrer Seele bemächtigt. Nur gut, dass sie niemand dabei beobachtet, geschweige denn hört. Draußen auf der Straße hätte man sie schon längst in die Psychiatrie gesteckt. Vielleicht kann Rona sie mit der neuen Programmierung zurück in ihre Heimat transferieren«, fügte er nachdenklich hinzu.

»Du kannst sie doch nicht einfach irgendwohin schicken, ohne sicherzustellen, dass sie dort auch willkommen ist?«, gab Hannah aufgebracht zurück. »Was ist, wenn sie dort schon wieder von irgendwelchen Piraten verschleppt wird? Außerdem sind mit jedem Transfer Risiken verbunden.« Hannah nippte an ihrem Tee und sah ihn mit einem verbindlichen Blick an. »Du musst ein bisschen mehr Verständnis für sie haben. Als Gero in unsere Zeit gekommen ist, hat er auch nicht gleich verstanden, was los war.«

»Aber er hat nicht aus dem Klo getrunken, oder?«, zischte Tom und hob eine Braue.

»Nein, natürlich nicht«, gab Hannah ein wenig genervt zurück. »Aber er ist adlig, gebildet und ein Templer, und außerdem weiß er, dass es für fast alles eine nachvollziehbare wissenschaftliche Erklärung gibt, auch wenn sie ihm vielleicht noch nicht zugänglich ist. Malin dagegen ist in einem Fischerdorf im Nirgendwo geboren und aufgewachsen. Danach war sie jahrelang Sklavin eines schottischen Lairds. Wie soll sie begreifen, was hier mit ihr passiert?«

Tom strich sich nervös eine lockige Strähne aus der Stirn. »Und warum sollte ich Malins Probleme lösen? Was soll ich mit einer Frau anfangen, die denkt, ich würde sie in die Hölle schicken, nur weil ich die Heizung aufdrehe?«

»Du sprichst doch Dänisch. Nimm dir ein bisschen Zeit und erklär ihr, dass das alles seine Richtigkeit hat und sie sich nicht zu fürchten braucht. Und wenn gar nichts hilft, muss Anselm versuchen, einen vertrauenswürdigen Arzt zu finden, der sie mit Medikamenten versorgt, bis sie sich endlich beruhigt hat.«

»Ich wäre eher dafür, dass wir ihr ein bisschen Geld in die Hand drücken und sie zurück in ihre Zeit schicken«, insistierte Tom gnadenlos. »Sie wird schon zurechtkommen. Wenn du mich fragst, ist sie ziemlich berechnend.«

»Das ist vollkommen ausgeschlossen«, widersprach ihm Hannah. »Wir haben die Verantwortung für sie übernommen, als wir sie hierhergeholt haben. Sie ist kein Hund, den man an der Straße aussetzt, weil er zu viel Arbeit macht. Außerdem wird Gero bei dieser Idee nicht mitspielen.«

»Dann soll er sich doch um sie kümmern. Vielleicht will er sie als Zweitfrau. Mal sehen, wie dir das gefällt. Ich habe schließlich nicht gewollt, dass wir sie mit hierhernehmen«, stellte Tom unmissverständlich klar.

»Aber nicht Gero, denn du hast mit ihr geschlafen und ihr Hoffnungen gemacht, dass du sie heiraten wirst. Sie ist keine Puppe, die man einfach in den Schrank stellen kann, wenn man die Lust daran verloren hat.«

»Mit einer Puppe hätte ich weitaus weniger Probleme«, stellte er leise klar und schnaubte verdrossen. »Im Übrigen will sie ein Kind von mir. Als ich gesagt habe, dass das für mich nicht infrage kommt, ist sie durchgedreht. Ich kann doch unmöglich mit einer solchen Irren eine Familie gründen.«

Hannah warf ihm einen alarmierten Blick zu. »Das hast du ihr gesagt?«

»Nein, natürlich nicht«, lenkte er mit einer beschwichtigenden Geste ein.

»Hast du sie je geliebt?«

»Machst du Witze?« Tom schaute sie aufgebracht an. »Du weißt genau, *wen* ich liebe«, zischte er, leise genug, damit Gero davon nichts mitbekam. »Und daran hat sich bis heute nichts geändert. Nur weil Malin mich in einer mittelalterlichen Scheune zu unkeuschen Handlungen verführt hat, heißt das noch lange nicht, dass wir füreinander geschaffen sind.«

Im Konferenzzimmer wurde es plötzlich lauter, weil Anselm nach vorne getreten war, um etwas zu ihrer wirtschaftlichen Lage zu sagen. Der Experte für mittelalterliche Waffen war ursprünglich kein imitierter Templer gewesen. Er stammte aus derselben Zeit wie Hannah, die 2004 einen Buchladen betrieben hatte. Anselm hatte sie als Chefin seiner Schwester kennengelernt. Damals war der unbedarfte Mittelalterexperte mehr durch Zufall in einen Strudel der Ereignisse geraten und hatte sich am Ende mit Hannah und ihren Templern im Jahr 1153 in der magischen Höhle auf dem Sinai wiedergefunden. Zusammen mit Stephano, einem echten Templer aus dem vierzehnten Jahrhundert, hatte er sich entschieden, ins Jahr 2006 zurückzukehren. Heimlich waren sie nach ihrer Ankunft in die Schweiz gereist. Danach hatte Anselm gefälschte Papiere für sie beide besorgt. Von der NSA unbemerkt, hatte er sich schließlich mit Stephano nach Norwegen abgesetzt. In der Einöde des nördlichsten Zipfels, unweit der russischen Grenze, hatten die beiden mehrere leer stehende Forschungsgebäude gekauft und sie nach außen hin zu einer Art Ranch umgebaut. Wobei sie nur das Nötigste in ein paar Gewächshäusern anbauten, um sich selbst mit Obst und Gemüse zu versorgen. Dafür hatte Anselm geschäftliche Verbindungen in Russland geknüpft. Mit den Jahren hatten er und Stephano ein ziemliches Vermögen angehäuft, dessen Hintergründe bisher kein Thema gewesen waren.

»Wenn ich um ein wenig Ruhe bitten darf«, begann er und wartete geduldig ab, bis alle wieder ihre Plätze eingenommen hatten.

Hannah beobachtete ihn aufmerksam, wie er sich mit Rona unterhielt, und kam zu dem Schluss, dass er seit ihrer letzten Begegnung um einiges schlanker und durchtrainierter geworden war. Anstelle des Zopfs trug er einen modernen Kurzhaarschnitt, und auch sein Bart war nun kürzer.

»Bevor sich Rona mit uns über die Einsatzmöglichkeiten des neuen Systems berät, möchte ich einige Fragen zu unserer Finanzierung beantworten, die Arnaud mir gestellt hat. Er wollte wissen, wie wir zu unserem Vermögen gekommen sind und inwieweit ihr euch darauf verlassen könnt, dass für alle gesorgt ist. Ich habe nach unserer Rückkehr in unsere Zeit den Rat eines Schweizer Bankbeamten beherzigt und zwanzigtausend Schweizer Franken in Bitcoins investiert. Eine weise Entscheidung, wie sich später herausstellte. Zurzeit hat sich unser Vermögen auf fast eine Milliarde Schweizer Franken vergrößert, die wir auf verschiedenen Auslandskonten liegen haben. Und um Bruder Arnaud kurz klarzumachen, was das bedeutet: Es ist mehr, als der Templerorden je besessen hat.«

»Bitcoins?« Arnaud schaute ihn begriffsstutzig an, aber auch die anderen konnten mit dem Begriff nichts anfangen.

»Das ist ein virtuelles Zahlungsmittel, das im Internet gehandelt wird«, versuchte Anselm dem okzitanischen Templer zu erklären, erntete aber nur weitere Ratlosigkeit. »Keiner von euch muss sich Sorgen machen, dass uns das Geld ausgeht.« Damit überließ er Rona erneut das Wort.

Tom, der als Einziger wusste, wovon Anselm redete, stieß ein resigniertes Schnauben aus. »Warum hast du mich nicht kontaktiert, als du in unsere Zeit zurückgekehrt bist? Dann hättest du die zweihundertzwanzig Millionen Dollar, die ich von den Amis als Abfindung erhalten habe, ähnlich gewinnbringend anlegen können.«

»Du warst schon weg, als ich mit Stephano im Januar 2006 aufgetaucht bin«, erwiderte Anselm süffisant. »Außerdem hast du damals noch immer für Lafour gearbeitet. Ich hätte dir sowieso nicht vertraut.«

»Du hast … wie viel als Abfindung bekommen?« Hannahs Brauen schnellten in die Höhe, während sie Tom fassungslos anstarrte. »Zweihundertzwanzig Millionen? Dafür, dass du nur Mist gebaut hast?«

»Wahrscheinlich dafür, dass er die Klappe hält und niemandem von dem Unsinn erzählt, den er mit seinen Auftraggebern verbockt hat«, warf Gero ein und grinste schräg.

»Nur kein Neid«, erklärte Tom mit säuerlicher Miene. »Ich hatte das Geld nur ein paar Tage auf meinem Luxemburger Konto. Leider nicht lange genug, als dass der Bankdirektor mir einen roten Teppich hätte ausrollen und es gewinnbringend anlegen können. Nachdem Paul mich ins vierzehnte Jahrhundert transferiert hatte, hat sich die NSA das Geld zurückgeholt.« Er kniff die Lippen zusammen und streifte Hannah mit einem resignierten Blick. »Nun hast du hoffentlich eine Ahnung davon, wie viel du mir wert bist.«

»Wenn der große Krieg über den Planeten hereinbricht, werden uns keine Milliarden helfen«, erklärte Rona mit tonloser Stimme. »Und deshalb möchte ich gerne zum nächsten Punkt meiner Präsentation übergehen. Es geht um die Frage: Was fangen wir mit unseren neuen Möglichkeiten an?«

Sie schaute in die Runde, erhielt aber erwartungsgemäß keine Antwort, weil ihre Zuhörer lieber auf ihre archaischen Fähigkeiten vertrauten als auf futuristisches Equipment, das ihnen mehr als launisch erschien.

»Um es vorwegzunehmen«, begann sie mit gedämpfter Stimme, »es hat sich nach wie vor nichts getan, was den Ausbruch des Dritten Weltkrieges in der Zukunft verhindert hätte. Keine unserer Bemühungen hat auch nur zur leisesten Veränderung in Zeit und Raum geführt. Trotzdem will Lion nicht aufgeben und hat mich mit einer neuen Mission beauftragt. Sein Vorschlag ist, in der Zeit zurückzugehen und Entscheidungsträger des Ordens davon zu überzeugen, begangene Fehler erst gar nicht zuzulassen. Allerdings verspreche ich mir nicht viel davon, weil der Hohe Rat um zukünftige Ereignisse wusste und es trotzdem nicht geschafft hat, die Katastrophe abzuwenden. Und auch Lafour und Tanner wissen um das, was uns bevorsteht. Aber auch sie haben keine Veränderung bewirkt.« Rona machte eine kurze Pause. »Bleibt die Frage, wie wir unsere neuen Fähigkeiten stattdessen einsetzen, um den Orden am Ende doch noch zu retten.«

Ein Raunen ging durch die Reihen. Ralph of Bulford meldete sich als Erster zu Wort. »Wie wäre es denn zur Abwechslung, nicht nur hochgestellte Persönlichkeiten zu bedenken, wenn es um die Erhaltung des Ordens geht? Es gab genug arme Teufel, die bei Verhören und Folterungen schreckliche

Qualen erlitten haben. Nicht zu vergessen unzählige Brüder, die bei sinnlosen kriegerischen Auseinandersetzungen gestorben sind. Ich fände es mehr als gerecht, wenn wir die Möglichkeiten eines CAPUT für diese Brüder einsetzen. Ganz gleich, was damit in Zukunft bewirkt wird. Es wäre ein Akt der Menschlichkeit.«

Ralph erntete die überwiegende Zustimmung seiner Brüder, die sich einig waren, dass es besser wäre, für ein naheliegendes Ziel zu kämpfen als für eins, das in weiter Ferne lag.

»Wobei ich dich vorwarnen möchte«, wandte Rona ein. »Menschen, die in unserem Bewusstsein bereits verstorben sind, werden wahrscheinlich nicht transferiert werden können. Jacques de Molay zum Beispiel. Um es klar auszudrücken: Wir alle hier im Raum wissen, dass Jacques de Molay 1314 auf dem Scheiterhaufen verbrannt ist. Selbst wenn einer von uns dorthin reisen würde – was durchaus möglich wäre, da die meisten von uns damals in dieser Zeit nicht anwesend waren – und wir versuchen würden, ihn zu retten, wären unsere Bemühungen höchstwahrscheinlich zum Scheitern verurteilt, weil das Wissen um seinen Tod und die Art, wie er gestorben ist, zu elementar im universellen Gedächtnis eines jeden von uns verankert sind, um das Gegenteil annehmen zu können.«

»Das ist mir zu hoch«, wandte Hannah ein. »Ich will einen sicheren Platz für mich und meine Familie und sonst nichts.«

Tom stieß einen Seufzer aus, während alle anderen sich mehr oder weniger verwirrte Blicke zuwarfen. »Ich hatte befürchtet, dass du so etwas sagst«, bemerkte er resigniert.

»Moment mal«, mischte sich Gero ein. »Das würde ja bedeuten, wir können überhaupt nichts mehr ändern, weil wir alle wissen, dass der Orden unwiederbringlich vernichtet wurde.«

»Wir wissen, dass der Orden vernichtet wurde, ja«, bestätigte Rona. »Aber nicht, ob das unwiederbringlich ist. Wir könnten unsere Chance nutzen und mit unserem Wissen und der uns zur Verfügung stehenden Technik einen neuen Orden aufbauen und zwar, indem wir Brüder retten, von denen wir noch nicht wissen, ob sie im Namen des Ordens gestorben sind.«

»Das ist ein guter Einwand.« Arnaud nickte anerkennend. »Wenn wir resignieren und darauf verzichten, weiterhin Einfluss nehmen zu wollen, können wir erst recht nichts verhindern, geschweige denn zum Besseren wenden. Also wenn ihr mich fragt, möchte ich mich mit der Vernichtung des Ordens genauso wenig zufrieden geben wie dieser Lion. Zumindest solange noch einen Funken Hoffnung besteht, die Geschichte in unserem Sinne umschreiben zu können.« Er machte eine Pause und schaute zu Hannah, die nicht sehr überzeugt wirkte.

»Ich kann dich verstehen, dass du Sorge um die Zukunft deiner Familie hast«, sagte er verständnisvoll. »Und Freya und Amelie wird es ähnlich ergehen. Aber hier geht es um was Größeres als um uns. Ohne den CAPUT wären wir alle nicht hier. Es wäre falsch, nur an uns zu denken. Vielleicht hat dieser Lion ja recht, und wir können weitere Brüder aus den Kerkern retten oder Schlachten zu unseren Gunsten beeinflussen, wenn es uns gelingt, mit einem Transfer in die Vergangenheit rechtzeitig einzugreifen. Es sind Menschen wie du und ich, die es nicht verdient haben zu leiden. Wir könnten sie vor einem grauenvollen Tod bewahren und ganz nebenbei für eine bessere Zukunft kämpfen.«

»Ich finde, Ralph hat recht«, sagte Gero leise zu ihr. »Ich liebe dich und unser Kind mehr als mein Leben. Aber die Rettung unserer zum Tode verurteilten Kameraden ist mir ebenso wichtig. Ganz zu schweigen von der Möglichkeit, zukünftige Kriege zu verhindern.«

»Was soll ich dazu noch sagen?«, bemerkte Hannah resigniert, die sich den eingebrachten Argumenten nur schwer verschließen konnte.

»Ich bin dabei«, bekräftigte Gero und sah Rona fest in die Augen. »Und ich denke, auch meine Kameraden würden einen erneuten Versuch, den Orden zu retten, begrüßen, auch wenn wir seit unserer Erfahrung mit der Lade wissen, dass die ganze Angelegenheit komplizierter ist als gedacht.«

»Du hast vollkommen recht«, bestärkte Tom Ralphs Idee. »Es wäre sinnlos, den Kopf in den Sand zu stecken und es nicht weiter zu versuchen.«

»Solange man die Rechnung dafür nicht selbst zahlen muss«, murmelte Hannah, die bei Gero und Matthäus erlebt hatte, wie sehr eine missglückte Zeitreise das Leben der Betroffenen durcheinanderbringen konnte.

»Wir werden nichts ohne Zustimmung der Transferierten unternehmen«, versicherte ihr Rona, bevor sie den Vorschlag als beschlossen annahm.

Hannah spürte, wie ihr Herzschlag davongaloppierte. Ihr war klar, dass Gero sich einem solchen Plan nicht entziehen konnte. Nicht nur, weil er im Herzen noch immer ein Templer war, sondern auch, weil er sich sämtlichen gefallenen und gefolterten Brüdern verbunden fühlte, ganz gleich, aus welchem Jahrhundert sie stammten. Sie überlegte nicht lange, bevor sie die nächste Frage stellte.

»Und wie sieht es mit seinen Eltern aus?«, brach es aus

ihr heraus. »Wir haben heute Morgen noch darüber gesprochen, dass wir uns Sorgen machen, ihnen könnte etwas zugestoßen sein. Oder seinem Bruder. Warum finden wir nicht selbst heraus, ob er von Hugo d'Empures getötet wurde – oder noch lebt?«

»Wäre das machbar?«, fragte Gero an Rona gerichtet, wobei er sich nicht anmerken ließ, wie sehr ihn diese Überlegung aufwühlte.

»Ja, warum nicht?«, antwortete Rona mit zuversichtlicher Miene. »Allerdings müssen wir jemanden mit einem Server hinschicken, der die Daten deines Bruders an unseren Server übermittelt. Wobei der Kreis der Helfer recht klein ist. Lediglich Anselm und Stephano kämen für einen solchen Transfer infrage.« Ronas Blick ruhte auf den beiden, die ein überraschtes Gesicht machten.

»Alle anderen waren bereits in dieser Zeitzone und würden somit durch die DNA-Prüfung des Servers fallen«, erklärte sie ihnen.

»Ich gehe«, sagte Anselm spontan. »Ich war schon mal auf der Breidenburg. Außerdem kennen Geros Eltern mich, und ich weiß, wie sein Bruder aussieht. Und ich traue mir zu, den Server zu bedienen, wenn du mir eine entsprechende Einweisung gibst.«

»Das willst du tun?« Stephano schien nicht sonderlich begeistert von der Idee, seinen Liebsten dieser Höllenmaschine anzuvertrauen, wie er den Server noch immer nannte.

»Einer von uns muss ja gehen«, argumentierte Anselm stur. »Gero ist unser Freund und Bruder, und es ist klar, dass wir ihn bei dieser Sache nicht im Stich lassen können.«

»Keiner von euch muss gehen, wenn er nicht will«, erwiderte Gero entschlossen. »Jeder von uns musste Menschen zurücklassen, die er liebte und um die er sich Sorgen macht. Ich bin da keine Ausnahme.«

»Red keinen Unsinn«, widersprach ihm Anselm. »Wir wissen beide, wie schlecht es um deinen Vater stand, als du abgereist bist, und wir wissen auch, dass die Burg ohne Erben verloren ist und an den Erzbischof von Trier zurückfällt, was wir beide nicht wollen.«

»Ich gehe«, meldete sich Stephano de Sapin entschieden zu Wort. »Wenn Anselm am Ende nicht hierher zurückkehrt, haben wir ein größeres Problem. Ich habe weder seine Kontakte noch wüsste ich, wie ich das Geschäft aufrechterhalten sollte«, bekannte der blassblonde Templer bescheiden.

»Du hast keine Ahnung, wie der Server funktioniert«, erinnerte ihn Anselm, »und du warst noch nicht auf der Breidenburg.«

»Ich bin nicht blöd«, blaffte Stephano überraschend harsch zurück. »Seitdem wir hier gelandet sind, habe ich mich besser an meine Umgebung angepasst als gedacht. Ich lerne schnell, und wenn Rona mir zeigt, auf was ich achten muss, werde ich das schon hinbekommen. Und was die Breidenburg betrifft, habe ich weitaus mehr Ahnung vom Alltag und den Gegebenheiten auf einer Burg als du. Schließlich bin ich auf einem solchen Anwesen aufgewachsen und kenne es nicht nur aus kurzen Besuchen oder irgendwelchen vagen Beschreibungen.«

Anselm stieß einen langen Seufzer aus, während er dasaß wie ein begossener Pudel. »Ungern«, bemerkte er dumpf. »Aber du hast natürlich recht. Zumal ich auf meinen russischen Kontaktmann warte, der mir die bestellten Pässe für unsere Neuankömmlinge persönlich liefern will.«

»Also gut.« Rona warf Gero einen herausfordernden Blick zu. »Dein Bruder wird sozusagen unser Probetransfer sein. Wenn wir mit ihm erfolgreich sind, werden wir versuchen, die von Lion auserwählten Templer zu transferieren. Um Stephano in die angegebene Zeit transferieren zu können, benötige ich die passenden Koordinaten der Burg und den ungefähren Zeitpunkt, bevor dein Bruder auf Hugo und seine Schergen gestoßen ist. Stephano müsste entsprechend dem Jahr 1315 mit Kleidung und Waffen ausgestattet werden, aber das dürfte für Anselm ja kein Problem sein. Dann könnte es schon morgen früh losgehen.«

Stephano nickte ergeben, und auch Anselm schien sich in sein Schicksal zu fügen. Die anderen protestierten nicht, vielleicht auch, weil die Neuankömmlinge sich unter den Gefahren eines Transfers nicht viel vorstellen konnten.

KAPITEL 4

NOVEMBER 2015 –
NORWEGEN / KIRKENES / ANSELMS RANCH

Tischlein deck dich

»Ich komme mit«, entschied Hannah, als Gero sich am nächsten Morgen in die abgeschiedene Lagerhalle aufmachen wollte, um bei Stephanos Transfer in eine siebenhundert Jahre zurückliegende Vergangenheit dabei zu sein. Natürlich fühlte er sich verpflichtet, ihm während der Aktion beizustehen. Immerhin ging es dabei um die Rettung seines älteren Bruders Eberhard, und Hannah wusste, wie viel lieber Gero diese Aufgabe selbst übernommen hätte. Seine Familie war ihm heilig. Wobei Hannah nicht sicher war, ob Eberhard diese Zuneigung verdiente.

Eigentlich war Gero vier Jahre jünger als sein Bruder, aber durch den Zeitsprung hatte er gegenüber Eberhard weitere acht Jahre gut gemacht. Bei ihrem letzten Aufeinandertreffen im Herbst 1315 war Eberhard bereits neununddreißig gewesen und Gero immer noch siebenundzwanzig.

Seinem älteren Bruder war aufgefallen, dass Gero sich

trotz seiner strapaziösen Flucht über die Jahre ziemlich gut gehalten hatte. Genauso wie Hannah, die anscheinend auch nicht zu altern schien. Ganz zu schweigen von Mattes, der inzwischen zum Mann hätte gereift sein müssen, der an seinem Kinn jedoch nicht mehr als ein bisschen Flaum vorweisen konnte. Aber Eberhard war nicht der Typ, der über seinen persönlichen Horizont hinaus dachte. Er hatte Angst vor allem, was ihm fremd war. Schon allein deshalb wäre es gefährlich gewesen, ihn in ein Geheimnis wie den CAPUT einzuweihen.

»Wir sollten meinen Bruder nur dann hierherholen«, hatte Gero bei der Vorbesprechung zum geplanten Transfer zu bedenken gegeben, »wenn er schwer verletzt ist. Ansonsten sollte er vor Ort behandelt werden. Einen Transfer in die Zukunft würde er seelisch nicht verkraften. Er ist nicht wie ich. Und er war nie bei den Templern.«

Ja, Eberhard ist vollkommen anders als Gero, dachte Hannah. Nicht nur im Geiste, sondern auch optisch waren die beiden grundverschieden. Eberhard war mindestens einen Kopf kleiner als Gero. Dazu hatte er die schmalen Schultern der Mutter geerbt. Das Einzige, was ihn mit seinem hünenhaften Vater verband, waren die weißblonden Haare, die ihm lang und dünn bis auf die Schultern fielen. Vielleicht war es der Neid auf Geros imposante Erscheinung gewesen, der Eberhard dazu gebracht hatte, seinen jüngeren Bruder die meiste Zeit mit Nichtachtung zu strafen. Für ihn war Gero der ewige Zweitgeborene gewesen, der weder Anspruch auf das väterliche Erbe noch auf das Lehen hatte, das der Familie durch den Erzbischof von Trier auf Generationen hin verliehen worden war. Gero hätte, wenn es nach Eberhard gegangenen wäre, auf keinen Fall heiraten dürfen, weil er nichts besaß, das ihm und seinen Nachkommen eine Existenz hätte sichern können. Und natürlich hatte Eberhard ihm die Ehe mit ihrer Adoptivschwester übelgenommen, zumal Gero Lissy gegen den Willen des Vaters zur Frau genommen hatte.

Eberhard hatte sich damals auf die Seite des Vaters gestellt und Gero verflucht, erst recht, nachdem Lissy bei der Geburt des Kindes gestorben war. Er war geradezu erleichtert gewesen, als Gero zu den Templern gegangen war und damit der Burg und auch der Familie auf Nimmerwiedersehen den Rücken gekehrt hatte. Seine plötzliche Rückkehr hatte ihm natürlich nicht gepasst, und dann auch noch mit Hannah. Zu allem Übel hatte er sich auch noch mit seinem Vater versöhnt.

Hannah fühlte sich an die Geschichte von Kain und Abel erinnert und fragte sich, wie lange es wohl dauern würde, bis Kain den jüngeren Abel erschlug. Dabei hätte Eberhard im Zweikampf gegen Gero keine Chance gehabt. Dafür mangelte es ihm nicht an der notwendigen Hinterlist, um Gero trotzdem Schaden zuzufügen. Aber das war mehr als siebenhundert Jahre entfernt, und eigentlich hatte sie mit der Geschichte abgeschlossen. Doch nun sollte das alles wieder aufgerollt werden. Am liebsten hätte sie Gero davon abgeraten, aber was tat man nicht alles für den Mann, den man liebte.

Während Gero sich geduscht und seinen kurzen hellblonden Bart getrimmt hatte, war Hannah rasch in ihren gefütterten Jogginganzug geschlüpft. Nun stand sie in Schneestiefeln da, die Hände in den Taschen ihres weinroten Daunenanoraks vergraben, die Kapuze mit dem künstlichen Fellbesatz tief ins Gesicht gezogen. Sie wickelte sich noch einen Schal um den Hals, dann erschien ihr das Outfit warm genug, um sich in die nordnorwegischen Minusgrade zu wagen.

»Kommt nicht infrage«, beschied Gero, als er aus dem Bad kam und sie vor sich stehen sah. In seiner kompromisslosen Haltung war er ganz der souveräne Templerkommandeur, obwohl er sich in Jeans und Sweatshirt vor ihr aufbaute. Was seine imposante Erscheinung zwar betonte, aber definitiv nicht so gut zu ihm passte wie der weiße Umhang des Templerordens mit dem roten Kreuz auf der linken Schulter. Seine himmelblauen Augen nahmen dabei jene Strenge an, mit der er in früheren Zeiten seine Kameraden bei der Vergabe der Einsatzbefehle beeindruckt hatte. Von ihr selbst ganz zu schweigen, als er sie bei ihrem ersten Aufeinandertreffen genauso angesehen hatte. Mit dem Unterschied, dass seine Aufmerksamkeit nun ihrem Babybauch galt, der nun mal nicht zu übersehen war.

Sie gab sich betont unbeeindruckt und straffte die Schultern. Dabei richtete sie sich auf und erwiderte trotzig seinen bestimmenden Blick. »Ich will sehen, ob Stephanos Transfer so abläuft, wie Rona ihn angekündigt hat.«

Gero, der inzwischen in seine gefütterten Lederboots geschlüpft war, was ihn noch einige Zentimeter größer machte und ihn mit seinen breiten Schultern noch einschüchternder aussehen ließ, schüttelte entschlossen den Kopf.

»Was ist, wenn der Server verrücktspielt und explodiert? Oder wenn er dich und das Kind verstrahlt? Dass so was möglich ist, hat Tom schon des Öfteren angeführt.« Seit Tom ihn sukzessive in die Geheimnisse der Physik eingeweiht hatte, stellte er alles infrage, aber am meisten faszinierte ihn die Vorstellung unsichtbarer Strahlung, die er sich im besten Fall wie einen Heiligenschein vorstellte und im schlechtesten als den giftigen Atem des Teufels.

»Ach ja? Und was ist, wenn dir so etwas passiert?« Hannah warf ihm einen rebellischen Blick zu, der ihm klarmachte, dass sie nicht nachgeben würde.

»Hast du etwa Angst«, vermutete er mit einer unschönen Ironie in der Stimme, »ich würde mich an Stephanos Stelle zurücktransferieren lassen?«

»Blödsinn«, schimpfte sie und machte einen Schritt auf ihn zu, während er ihr die Tür versperrte. Ohne seine Erlaubnis würde sie das Zimmer nicht verlassen, so viel war klar. »Das würde der Server im Übrigen nicht zulassen, weil du mit dir selbst kollidieren würdest«, stellte sie mitleidslos fest.

»Ergo musst du dir auch keine Gedanken machen«, beschied er, nahm seine schwarze Daunenjacke vom Haken und zog sie über. Er war versucht, ohne Hannah hinauszugehen und die Tür hinter sich abzuschließen. Aber so einfach war das nicht. Hannah würde sich unglaublich aufregen, und das würde ihrem Kind nicht guttun. Also fügte er sich in sein Schicksal und gab mit einem schnaubenden Seufzer nach. Statt weiter zu protestieren, bot er ihr den Arm an, damit sie draußen auf dem eisigen Boden nicht noch versehentlich ausrutschte.

»Aber du musst mir versprechen, draußen zu bleiben, wenn Rona den Server startet«, verlangte er, während sie gemeinsam über den schneebedeckten Hof stapften, der von taghellen LED-Strahlern beleuchtet wurde, weil es vermutlich erst gegen Mittag richtig hell werden würde.

Als sie die Lagerhalle erreichten, sahen sie, dass Rona bereits eingetroffen war, und auch Tom und Anselm, der so wirkte, als hätte er die Regie übernommen. Sie begrüßten sich flüchtig per Handschlag.

Stephano trug den Wappenrock des Erzbischofs von Trier,

der ihn bei seiner Ankunft im Herbst 1315 als Angehörigen des Lehensherrn der Breydenbacher ausgeben würde. Die Uniform würde ihn vor Feindseligkeiten der Burgwachen schützen, und falls Hugo und seine Schergen aufkreuzten, würden sie ihn für einen ihrer Verbündeten halten. Anselm hatte ihn dazu mit einem Kettenhemd und einem Topfhelm ausgestattet, den er hoffentlich nicht brauchen würde. Und natürlich hatte er ihm ein erstklassiges Schwert aus seinem Fundus ausgesucht, dazu eine Jagdarmbrust, die leicht war und einen schnellen Wechsel der Pfeile ermöglichte. Eigentlich war diese Waffe erst hundert Jahre später im Gebrauch, aber es war die einzige Möglichkeit für eine angemessene Verteidigung.

Obwohl moderne Handfeuerwaffen um ein Vielfaches besser geeignet wären, kamen sie für einen Transfer nicht infrage, wie Tom nicht müde wurde zu betonen. Seit dem Unglück mit Agent Tapleton erschien es ihm zu gefährlich, moderne Schusswaffen oder gar Handgranaten mit auf einen Transfer zu geben. Wenn es zu einer pyrotechnischen Reaktion zwischen der Serverenergie und den explosiven Inhaltsstoffen moderner Waffen käme, könnte niemand mehr für die Sicherheit eines Transferierten garantieren. Tom hatte noch immer den Geruch von verbranntem Fleisch in der Nase, wenn er an das verkohlte Häufchen Mensch dachte, das von Tapleton nach der Explosion des Servers in Israel übrig geblieben war.

»Ich habe überlegt, ob es nicht besser wäre, eine stichsichere Weste drunter zu tragen«, sinnierte Anselm und fasste sich nachdenklich ans Kinn, während er Stephanos Auftritt als Ritter betrachtete.

»Ich brauche so ein Ding nicht«, beschied Stephano genervt. Ihm war die Nervosität über den bevorstehenden Transfer anzusehen. »Außerdem ist es nicht zeitgemäß. Wie sollte ich ein solches Kleidungsstück erklären, wenn mich irgendwer damit sieht?«

»Wenn alles glattläuft, wird dich sowieso keiner sehen«, fügte Rona hinzu, die bereits den Server auf einem kleinen Tischchen abgestellt hatte und mit Tom ein paar letzte Kontrolldurchläufe machte.

Beide sahen in ihren Daunenjacken aus wie Eskimos, die sich an einer unscheinbaren Zigarrenkiste zu schaffen machten. Obwohl Anselm die Halle beheizt hatte, herrschten auch in ihrem Inneren noch immer Minusgrade. Stephano warf sich ein braunes Wollcape über die Schultern und fixierte es mit einer Lederschnalle auf Höhe der Brust.

Mittlerweile waren auch die anderen Templer eingetroffen, die Anselm nach ihrer Ankunft mit modernen, winterfesten Funktionsjacken ausgestattet hatte, wodurch sie sich nicht mehr von jungen Männern des einundzwanzigsten Jahrhunderts unterschieden. Freya trug einen dunkelgrünen Daunenmantel mit einem ziemlich echt aussehenden Fuchspelz, der genauso rot war wie ihre lodernde Mähne. Schlank und größer als die Frauen in ihrer Zeit gewesen waren, sah sie aus wie ein Model. Niemand wäre bei ihrem Anblick auf die Idee gekommen, dass sie mal so etwas wie eine Nonne gewesen war. Wobei sie sich selbst lieber als Wehmutter bezeichnete, was nichts anderes als eine Hebamme war. Hannah wusste diese Gabe während ihrer stetig voranschreitenden Schwangerschaft besonders zu schätzen.

»Ich habe fünfzig Ave Maria gebetet, damit alles glattgeht«, verkündete sie mit einem aufmunternden Lächeln. Sie hatte für alle einen stärkenden Kräutersud gekocht, den sie nun aus einer Thermoskanne auf ein paar Becher verteilte.

»Wo ist Amelie?« Hannah war aufgefallen, das Struan und sein jüngerer Bruder allein zur Halle gekommen waren.

»Sie leidet unter Schwangerschaftsübelkeit«, klärte Freya sie auf und drückte ihr einen dampfenden Becher mit Pfefferminztee in die Hand. »Außerdem fürchtet sie sich vor dem Einsatz des Servers, obwohl sie weiß, dass es nichts mit Zauberei zu tun hat.«

Rona und Tom hatten inzwischen die holografische Oberfläche gestartet, und der blaugrün leuchtende Frauenkopf, der Rona und ihrer verschollenen Schwester so ähnlich sah, schwebte über der glatten Oberfläche des Servers. »Timeserver 48 erwartet weitere Instruktionen«, sagte die angenehme Frauenstimme, die nicht akustisch zu hören war, sondern direkt in den Geist der umherstehenden Männer und Frauen eindrang. Totty, Jacob, Brian und Ralph war anzusehen, wie verunsichernd sie diesen Umstand immer noch fanden.

»Es ist unheimlich, Ronas Gedanken in meinem Kopf zu hören«, meldete sich Freya zu Wort, nachdem sie den letzten Becher mit Tee ausgegeben hatte. »Ich bin nicht sicher, ob es dabei tatsächlich mit rechten Dingen zugeht. Rona weiß ja selbst nicht genau zu erklären, wie der CAPUT funktioniert.«

»Ja, geht mir auch so«, bekannte Hannah, »auch wenn ich siebenhundert Jahre später als du geboren wurde. Es ist nicht zu begreifen. Ich habe Tom für verrückt erklärt, als er mir das erste Mal etwas über seine Experimente erzählte.« Sie lächelte schwach und schaute sich flüchtig um. Gero stand bei seinen Templerbrüdern und diskutierte mit ihnen angeregt über das menschlich anmutende Profil des Servers. Kein Wunder, dass ausgerechnet ein dreidimensionales Haupt mit drei Gesichtern in so vielen Legenden des Ordens umhergeisterte. Ein paar von den Ordensbrüdern hatten den Server, den Rona und Lyn in der Vergangenheit dem Hohen Rat der Templer überlassen hatten, in Aktion gesehen. Danach hatten sie versucht, das Gesehene zu beschreiben und waren daran kläglich gescheitert.

Lediglich ein sich drehender Kopf mit drei Gesichtern war in den geheimnisvollen Geschichten übriggeblieben, die Wolfram von Eschenbach allem Anschein nach aufgegriffen hatte, um seinen Parzival zu schreiben. Dort hatte er das Haupt der Weisheit als Heiligen Gral eingeführt.

Hannah richtete ihren besorgten Blick auf Freya, die dabei war, die benutzten Tassen und Kannen in einen Korb zu schichten. »Warst du heute Morgen schon bei Malin? Tom hat mir erzählt, es geht ihr nicht gut.«

»Ja, sie ist bei ihm ausgezogen«, bestätigte Freya den offenbar weiter schwelenden Konflikt. »Ich habe ihr gestern beim Umzug in Gesas Zimmer geholfen. Sie will nicht allein sein, aber auch nicht länger mit dem Maleficus das Lager teilen, als den sie Tom neuerdings wieder bezeichnet. Wenn du mich fragst, hätten die beiden es erst gar nicht miteinander versuchen dürfen. Schlimm genug, dass sie mit hierhertransferiert wurde. Ich frage mich, wer auf die Idee gekommen ist, den beiden ein gemeinsames Zimmer zu geben.«

»Soweit ich weiß, wollte sie selbst mit ihm zusammenleben.« Hannah runzelte die Stirn. »Und wie ich Tom einschätze«, fuhr sie verhalten fort, damit er sie nicht hörte, »war er zu bequem, dieses phantastische Angebot abzulehnen.«

»Tom bringt es offenbar nicht über sich, einem Mädchen

unbequeme Wahrheiten zu sagen«, frotzelte Freya. »Für ihn war es praktisch, eine hübsche Frau wie Malin im Bett zu haben.«

»Manchmal denke ich, bei uns ist es damals ganz ähnlich gelaufen. Wenn ihm eine Frau lästig wird, lässt er sie fallen wie eine heiße Kartoffel.«

Freyas Mundwinkel hoben sich zu einem müden Lächeln. »Im Unterschied zu Malin schmachtet er dir aber noch immer hinterher. Ich kann es sehen. Und ich bin sicher, Gero kann das auch. Bin gespannt, wie lange es dauert, bis er ihn geteert und gefedert an einen Pranger stellt.«

Hannah stieß bei Toms Anblick ein missmutiges Schnauben aus. »Das macht es für mich umso schlimmer.« Sie rollte mit den Augen. »Malin tut mir wirklich leid. Sie ist erst zweiundzwanzig und hat niemanden in dieser fremden Welt, der ihr hilft, das Unfassbare zu verstehen. Ich habe versucht, ihr zu erklären, wo sie gelandet ist, indem ich mit ihr ein paar Bücher durchgegangen bin. Aber das hat ihre Panik nur noch verschärft. Sie hat mir mit bebenden Lippen erklärt, sie wolle sofort zurück. Dahin, wo sie geboren wurde und wo die Welt nicht verzaubert ist. Alles was ihr hier widerfährt, macht ihr Angst, obwohl es ihr da, wo sie herstammt, keinesfalls besser ergangen ist. Wenn Tom mehr auf sie eingehen würde, wäre sie vielleicht bereit, das Unerklärliche zu akzeptieren.«

»Vielleicht sollten wir Jacob von Sassenberg mal einspannen.« Freya deutete auf den dunkelhaarigen deutschen Templer, der sich angeregt mit Johan unterhielt.

»Ich fürchte, da wirst du kein Glück haben«, gab Hannah zurück und kniff für einen Moment die Lippen zusammen. Jacob, der bemerkt hatte, dass er von ihr beobachtet wurde, lächelte strahlend zurück.

»Ich sehe schon«, erklärte Freya und grinste sie verhalten an. »Wenn die Jungs sich alle in dich verlieben, bleibt für Malin nichts übrig. Obwohl ich mir nicht vorstellen kann, dass Gero sich Jacobs Werben um dich lange gefallen lässt.«

»Hab ich in der Sache eigentlich auch noch was zu sagen?« Hannah zuckte entnervt die Schultern. »Ich meine, ich bin hochschwanger, und wir haben weiß Gott genug andere Probleme.« Sie hatte keine Lust, das Thema zu vertiefen. Bisher hatte sie Gero keinen Anlass zur Eifersucht gegeben, und das würde auch in Zukunft so bleiben.

»Und was ist mit Gesa?«, fragte sie. »Hat wenigstens sie sich inzwischen hier eingewöhnt?«

Freya, die sich ganz nebenbei auch noch um Matthäus und dessen kleine Freundin kümmerte, nickte entspannt. »Im Gegensatz zu Malin scheint sie diesen Transfer ganz gut verkraftet zu haben.«

Die hübsche Dreizehnjährige mit den brünetten langen Haaren hatte auf der Breidenburg die Ziegen gehütet und sich dabei wohl unsterblich in Geros blondgelockten Knappen verliebt, der ein Jahr älter war als sie und als Adoptivsohn eines Adligen natürlich eine gute Partie war. Und auch Mattes hatte dem Liebreiz des Mädchens nicht widerstehen können. Seither war zwischen den beiden eine zarte Zuneigung aufgekeimt, die darin gipfelte, dass Matthäus das Mädchen im Herbst 1315 ohne Geros Einverständnis auf die Flucht vor der Gens du Roi, der Geheimpolizei des franzischen Königs, mitgenommen und damit in die ganze Misere hineingezogen hatte. Mit der Konsequenz, dass sie nun mit ihnen allen im Jahr 2015 gelandet war.

»Sie ist unheimlich neugierig und will am liebsten alles wissen und ausprobieren«, lobte Freya sie, die in dem Mädchen offenbar ein Stück von sich selbst wiederentdeckte. »Gesa hängt an Mattes' Lippen wie eine Maus an einem Stück Brot, wenn er ihr von seinen Erfahrungen in dieser Welt berichtet. Ich kann mich gut in sie hineinversetzen. Als ich zum ersten Mal hierhergekommen bin, habe ich Johan auch mit tausend Fragen gelöchert, die der arme Kerl mir nicht beantworten konnte, weil er bis dahin nichts Vergleichbares erlebt hatte.«

»Ja, die beiden sind unzertrennlich«, pflichtete Hannah ihr mit einem Lächeln bei. »Gero hat erst vor ein paar Tagen ein ernstes Wort mit Mattes gesprochen, weil er meinte, der Junge solle nicht auf die Idee kommen, mit dem Mädchen weiterzugehen, als einem Templer gewöhnlich erlaubt ist.«

»Keine Sorge, ich habe die beiden im Blick«, berichtete Freya leise. »Zu meiner Überraschung wusste sie längst darüber Bescheid, wie ein Kind entsteht. Ihre Mutter, die sich auf der Breidenburg als Magd verdingt hat, hatte sie bereits eingeweiht, wie man eine Schwangerschaft verhindert.«

»Erzähl das bloß nicht Gero«, riet Hannah ihr und rollte mit den Augen. »Obwohl er selbst etwas mit seiner Adoptivschwester angefangen hat, als sie sechzehn war, ist er bei solchen Geschichten ziemlich konservativ.«

»Keine Sorge. Ich habe Gesa gewarnt und es ihr gesagt, andernfalls können wir es nicht zulassen, dass sie mit Matthäus allein unterwegs ist.«

Während das Mädchen im Haus geblieben war, weil Gero darauf bestanden hatte, beobachtete Matthäus fasziniert Tom und Rona bei ihren Vorbereitungen. Er konnte sich wie fast jeder Junge in seinem Alter für Technik begeistern. Und er lernte rasend schnell. Bereits nach wenigen Tagen hatte er verstanden, wie man einen herkömmlichen Computer bedient. Und Hannah war sicher, dass er sich genauso schnell in die Programmierung eines Timeservers einarbeiten würde, wenn man ihm nur die notwendige Unterstützung bot.

»Alle raus hier«, sagte Rona schließlich und gab Stephano einen Wink, dass er sich nun von Anselm verabschieden sollte. Er hatte von Gero genaue Instruktionen bekommen, wo sein Bruder wahrscheinlich zu finden war. Stephano hatte zwei Nanokapseln für den Notfall dabei. Er ordnete ein letztes Mal seinen mausbraunen Umhang, der ihn von Weitem aussehen ließ wie einen Mönch. Anselm hatte ihm einen monströsen Schwertgurt gegeben mit einer dazu passenden Waffe, die in der Hand des jungen Templers ziemlich beeindruckend wirkte.

»Ich hoffe, weder das Schwert noch die Armbrust werden zum Einsatz kommen«, sagte Anselm, der mit dampfenden Atemwölkchen auf der Stelle trat, ob vor Kälte oder vor Nervosität.

Gero schob Hannah und den Jungen aus der Halle heraus, als der Server begann, den Countdown runterzuzählen. Auch die übrigen Templerbrüder mussten draußen warten. Drinnen waren jetzt nur noch Tom, der Rona assistierte, und Stephano, der kurz zuvor leise zu beten begonnen hatte.

Ein Aufstöhnen ging durch die Templerbrüder, als ein grünblaues Licht durch die Ritzen der Hallentür drang.

Jacob von Sassenberg, der unter seiner Daunenjacke einen schwarzen Overall mit Stehkragen trug, der ihn mit seinen dunklen kinnlangen Haaren und dem schwarzen Dreitagebart für Hannahs Verständnis ausgesprochen attraktiv aussehen ließ, bekreuzigte sich.

»Möge der Herr Stephanos armer Seele gnädig sein«, raunte Totty und kräuselte kritisch die Stirn.

»Wann holt Rona ihn zurück?«, wollte Hannah von Jacob wissen. Sie zitterte am ganzen Leib vor Kälte, aber auch vor Aufregung.

»Sobald er ein Lebenszeichen von sich gibt«, beantwortete er ihre Frage. »Rona meinte, man könne nicht genau vorhersehen, wann er sich meldet. Es könne ein paar Minuten dauern oder auch Stunden. Willst du meine Jacke anziehen?«, fragte er fürsorglich.

»Nein, danke dir. Ich gehe lieber ins Haus.« Hannah war sich nicht sicher, ob es klug war, zu warten, bis Stephano wieder auftauchte. Sie fror erbärmlich, und außerdem wollte sie nach Gesa und Malin schauen.

Plötzlich stand Gero vor ihr.

»Wie ist es gelaufen?«

»Er wurde transferiert.« Gero umarmte sie kurz und gab ihr einen flüchtigen Kuss. Er war mit seinen Gedanken woanders, das konnte sie sehen.

Als sie in den Gebäudetrakt kam, in dem Gesa und Malin ihre Zimmer hatten, blieb sie abrupt stehen. Gesa kam ihr entgegengelaufen, die langen braunen Locken zu einem ordentlichen Zopf geflochten. Mit beiden Händen hielt sie das knöchellange Blumenkleid gerafft, das Anselm ihr gekauft hatte. In ihren roten Stiefeletten stolperte sie Hannah regelrecht entgegen. »Herrin!«, rief sie vollkommen außer sich. »Malin ist weg! Ich habe überall nach ihr gesucht und kann sie nicht finden.«

Hannah sah, dass das Mädchen den Tränen nah war. Offenbar fühlte sie sich für die junge Dänin verantwortlich.

»Mach dir keine Gedanken«, tröstete Hannah sie und

legte ihr beruhigend den Arm um die Schultern. »Ich glaube kaum, dass Malin in dieser Kälte das Haus verlassen hat.«

»Doch!«, widersprach Gesa ihr heftig. »Ich verstehe ihre Sprache ja kaum, aber ich bin mir sicher, sie wollte nach Hause. Ich habe ja keine Ahnung, wo das ist, aber Mattes meinte, es wäre ziemlich weit weg von hier, irgendwo im Süden.«

»Warum hat er mir nicht schon früher davon erzählt?«

»Ich weiß es nicht«, erwiderte Gesa und vermied es, sie anzuschauen.

Hannah blickte sich suchend um. Inzwischen war es heller geworden. Mit geschärftem Blick scannte sie die verschiedenen Lagerhallen und den riesigen Wohnkomplex, der sich in mehrere Flachbauten unterteilte. Das Ganze war mit einem drei Meter hohen Zaun eingegrenzt und wurde mit Kameras überwacht. Hier kam niemand rein, der nicht erst von Anselm die Erlaubnis dazu erhalten hatte. Aber raus konnte man jederzeit. Schließlich war Anselms Anwesen kein Gefängnis. Hinter dem Zaun erstreckte sich eine unwirtliche Schneelandschaft, in der es kaum Bäume gab. Die in der Nähe befindliche Landstraße führte nach Kirkenes und bis zur russischen Grenze. Eine raue Gegend, in der man sich schnell verlaufen konnte. Hannah schwante, dass an der Geschichte mit der Flucht nach Süden was dran sein musste. Aber bevor sie alle in Aufruhr brachte, wollte sie sichergehen und mit Gesa selbst in dem weitläufigen Gebäudekomplex nach Malin suchen.

»Komm«, sagte sie und fasste das Mädchen bei der Schulter. »Wir sehen noch mal im Haus nach ihr. Wenn wir sie nicht finden, werde ich Gero und die anderen alarmieren.«

KAPITEL 5

OKTOBER 1315 –
DEUTSCHE LANDE / EIFEL / BREIDENBURG

Verlorene Söhne

Stephanos Herzschlag beruhigte sich nur langsam, nachdem er in die andere Wirklichkeit eingetaucht war. Sein gesamter Körper zitterte, obwohl er diese Prozedur nicht zum ersten Mal erlebte. Er war schon dreimal transferiert worden. Das erste Mal von 1307 nach 2004, das zweite Mal von 2005 nach 1153. Das dritte Mal zählte nicht, weil es nicht mit dem CAPUT passiert war, sondern in der geheimen Höhle des Ordens auf dem Sinai stattgefunden hatte. Danach war er im Jahr 2006 gelandet. Und nun hatte er sich zum vierten Mal einem solchen Risiko ausgesetzt. Er hatte von anderen erfahren, was 2005 mit Agent Tapleton passiert war. Der Transfer hatte ihn in seine Einzelteile zerlegt, weil er eine moderne Waffe dabeigehabt hatte. So etwas konnte jederzeit wieder geschehen, hatte Rona ihn fairerweise gewarnt. Auch wenn er nur ein Schwert bei sich trug. Zumal er wusste, dass sie und Tom den Vorgang eines Transfers selbst nicht zur Gänze beherrschten, weil der dahinter verborgene Mechanismus noch nicht ausreichend erforscht war. Also tat er das, was man ihm beim Orden der Templer geraten hatte, wenn er nach einem tödlichen Kampf aus einer Bewusstlosigkeit erwachte: sich umschauen, aufrichten, Gleichgewicht suchen und gegebenenfalls aufstehen, falls man unverletzt war. Die Hand dabei am Schwertknauf, um sich sofort verteidigen zu können. Glücklicherweise war es dort, wo er gelandet war, taghell. Der Himmel war zwar grau, und es sah nach Regen aus, aber Toms Berechnungen, dass es bei seiner Ankunft früher Nachmittag sein müsste, schienen zu stimmen.

Direkt vor ihm erhob sich die Breidenburg. Auch wenn er selbst das Gebäude noch nie gesehen hatte, stimmte es mit Geros Beschreibungen überein. Ein massiver Bau mit vier Stockwerken und drei imposanten Türmen. Alles hell verputzt und mit bunten Farben bemalt. Allem Anschein nach war er unterhalb der Burg gelandet, hinter den Stallungen, wie von Gero beschrieben. Die Stelle war so berechnet worden, dass man ihn nicht mitten auf den Hof transferierte, womöglich noch direkt vor die Augen der Bediensteten. Insofern hatten Rona und Tom und nicht zuletzt der CAPUT ganze Arbeit geleistet. Der leichte Wind wehte den Geruch von Fäkalien zu ihm herüber. Sein Blick fiel auf einen riesigen Misthaufen, und er erstarrte beim Anblick einer blutüberströmten Leiche. Bei näherer Betrachtung handelte es sich um einen schwarzhaarigen jungen Mann mit Locken, dem man die Ohren abgetrennt und die Kehle durchschnitten hatte. Er trug die Uniform eines reitenden Boten, mit kniehohen Stiefeln und einer Tasche, die weit offen stand.

Stephano sammelte sich und sprach ein hastiges Ave Maria, während sein Herzschlag von Neuem schneller schlug.

Heiliger Heiland, was war hier geschehen? Gero hatte ihm versichert, dass seine Leute friedliche Menschen waren und keine Raubritter. Schließlich war der deutsche Kommandeur-Leutnant selbst ein Mann von Mut und Ehre, wie die meisten Templer, die in den Jahren nach Akko in den Orden eingetreten waren. In den Jahrhunderten davor mochte es den ein oder anderen Verbrecher unter den Ordensbrüdern gegeben haben, der sogar in eine leitende Position gekommen war, aber zu Beginn des vierzehnten Jahrhunderts hatte man nur noch anständige Männer rekrutiert, die aus tadellosen Familien stammten. Also was zum Teufel war hier los?

Er schulterte seinen Lederrucksack, in dem sich der zweite Server zur Bestimmung seines Standortes und die Armbrust befanden. Mit festen und doch vorsichtigen Schritten machte er sich auf zum Palas. Er musste zunächst Geros Eltern sprechen, um herauszufinden, wo sich sein älterer Bruder befand.

Als er den Burghof erreichte, herrschte dort Aufregung. Eine Gruppe bewaffneter Burgwachen hatte sich zusammengerottet und hielt allem Anschein nach eine Besprechung ab. Mägde und Knechte standen abseits und unterhielten sich aufgebracht miteinander. Stephano verbarg sich hinter einem Mauervorsprung, um zunächst die Lage zu sondieren, bevor er sich weiter nach vorne wagte. Den Knauf seines Schwertes fest umfasst, beobachtete er eine ältere Frau. Der Beschreibung nach konnte sie Geros Mutter sein. Sie war schon älter, vielleicht Ende fünfzig, und hatte eine schlanke Gestalt. Ihre Kleidung war vornehm, und sie trug das blütenweiße Gebände einer verheirateten Frau. Sie war völlig außer sich und hielt ein weißes Leinentüchlein in der Hand, mit dem sie vergeblich versuchte, ihre Tränen zu trocknen. Hoffentlich hatte der Tote ihr nicht nahegestanden. Zwei hagere Mägde mittleren Alters waren bei ihr und redeten ununterbrochen auf sie ein. Stephano überlegte einen Moment, wie er die Frau ansprechen sollte, und vor allem, wie er ihr seine Anwesenheit erklären sollte. *Guten Tag, euer Sohn schickt mich aus der Zukunft, um seinen Bruder zu retten?* Wohl kaum, zumal Gero gesagt hatte, dass seine Mutter nichts von einem CAPUT 58 wusste. Lediglich sein Vater war eingeweiht. Er hatte als Kreuzritter im Jahre des Herrn 1291 in Akko mit den Templern gemeinsame Sache gemacht und war, was die geheimnisvollen Möglichkeiten des Kopfs anging, inzwischen vollkommen im Bilde. Deshalb wäre es klug, zunächst den Burgherrn zu kontaktieren, um ihm zu erklären, wer er war und welche Mission er zu erfüllen hatte. Aber Gero hatte auch erwähnt, dass es dem Alten bei seiner fluchtartigen Abreise nicht gut gegangen war. Stephano atmete einmal tief durch und trat mit festen Schritten auf die Frauen zu.

Eine der Mägde wich ängstlich zurück, als sie ihn bemerkte, und auch die Burgherrin wirkte erschrocken.

»Was habt Ihr hier noch zu suchen?«, herrschte sie ihn an, ohne ihm ihren Namen zu nennen, geschweige denn nach dem seinen zu fragen.

»Seid Ihr Jutta Edelfreie von Breydenbach?«, vergewisserte er sich in gebrochenem Deutsch.

»Ja, die bin ich«, erklärte sie fest. »Was wollt Ihr von mir?«

»Gero schickt mich«, erklärte er geradeheraus und schaute sich rasch noch einmal um, um sicherzustellen, dass sie keine weiteren Zuhörer hatten. »Ich bin ein Bruder des Tempels.«

»Ich glaube Euch nicht«, zischte sie abwehrend, wobei ihre grünblauen Augen zornig blitzten. »Mein Sohn war schon ewig nicht mehr hier und gilt als verschollen.«

Stephano hob eine Braue. Er wusste, dass sie log. Gero war mit Hannah, Tom und Mattes in diesem Zeitabschnitt gewesen. Später hatten sie sich mit Jacob, Johan und Freya in Köln getroffen.

»Ich weiß, dass er vor ein paar Tagen noch hier war und nach Köln wollte«, bemerkte er vorsichtig.

Die Burgherrin schnappte nach Luft. Ihre Lippen begannen zu beben, und dann brach sie in Tränen aus. »Geht zu Eurem teuflischen Inquisitor und sagt ihm, hier ist nichts mehr zu holen«, riet sie ihm mit erstickter Stimme. »Mein Gemahl ist soeben gestorben, und mein ältester Sohn und Erbe der Burg ist heute Morgen zum Burgtor hinausgeritten und seitdem nicht wieder zurückgekehrt. Wenn dieser Baltazar de Palestine ihm etwas angetan hat, werde ich Balduin von Trier höchstpersönlich dafür in die Verantwortung nehmen!«

»*Merde*«, zischte Stephano kaum hörbar und schaute sich hilflos um. Baltazar de Palestine war der falsche Name von Hugo d'Empures gewesen. Dem Mann, der im Herbst 1302 die Templer auf Antarados vor der syrischen Küste an die Mamelucken verraten hatte. Und der sich später beim französischen König Ludwig X. als neuer Inquisitor eingeschleimt hatte, mit dem Ziel, jene zu vernichten, die Zeuge seines früheren Verrats gewesen waren und ihm hätten auf die Schliche kommen können. Aber auch, um dem wahren Geheimnis des Hohen Rats der Templer auf die Spur zu kommen. Doch wegen Hugo d'Empures machte sich Stephano weniger Sorgen als um Eberhard von Breydenbach. Der teuflische Hugo war schon so gut wie tot, er wusste es nur noch nicht. Blieb zu hoffen, dass er Eberhard nicht just in diesem Moment auflauerte, um ihn zu töten. Es war Geros größte Sorge gewesen, dass sein Bruder durch sein Verschulden zu Tode kam. Wenn er nun erfuhr, dass sein Vater vor lauter Aufregung gestorben war, würde er sich erst recht schuldig fühlen. Stephano musste es also gelingen, wenigstens Geros Bruder zu retten. Doch ihm blieb nicht mehr viel Zeit.

»Mein aufrichtiges Beileid, Madame«, beeilte er sich zu sagen. »Ich gehöre nicht zu Balthazars Leuten. Ich schwöre es bei der Seele meiner lieben Mutter. Ich bin einer von Geros Brüdern und einzig und allein hier, um Eberhard in seinem Namen vor den Machenschaften eines gewissen Balthazar de Palestine zu schützen«, erklärte er mit eindringlicher Stimme.

»Traut ihm nicht«, mischte sich nun eine der Mägde ein. »Er trägt das Wappen des Erzbischofs.«

»Ich verstehe«, erwiderte Stephano nach einem kurzen Moment des Nachdenkens. Erst jetzt wurde ihm klar, wo das Problem lag. Der Erzbischof hatte sich mit den Franzosen verbündet und es Balthazar de Palestine überhaupt erst möglich gemacht, die Breidenburg zu betreten.

Verdammt, wie sollte er Geros Mutter klarmachen, dass er mit diesem Schuft nichts zu tun hatte?

»Hört mir bitte zu, Madame«, versuchte er es noch einmal. »Ich spreche die Wahrheit. Mein Name ist Stephano de Sapin, Sohn des verstorbenen Grafen Emanuel de Sapin aus der Nähe von Reims«, stellte er sich höflich auf Französisch vor und verbeugte sich tief.

»Und wieso tragt Ihr die Uniform eines erzbischöflichen Söldners?«, Vollkommen verwirrt musterten sie ihn noch einmal von oben bis unten.

»Das ist allein zur Tarnung, damit ich unseren Feinden nicht geradewegs in die Arme laufe. Gero schickt mich, weil er aus bekannten Gründen selbst nicht hierher zurückkehren kann. Ich soll Eberhard ausfindig machen und ihn vor diesem franzischen Inquisitor warnen.«

»Selbst wenn es so wäre«, gab die Burgherrin mit tränenerstickter Stimme zurück, »warum seid Ihr nicht früher erschienen? Nun ist es zu spät. Dieser Kerl ist der Satan in Person. Er hat mitten auf dem Burghof einen jungen Boten abgeschlachtet, weil der ihm nicht sagen konnte, wer ihn beauftragt hatte, Gero eine Nachricht zu überbringen. Richard hat daraufhin der Schlag getroffen.« Sie schaute mit rotgeweinten Augen zu ihm auf, dabei glitt ihr verstörter Blick noch einmal über seinen Wappenrock, der ihrem Vertrauen in ihn wohl noch immer im Wege stand.

Stephano überlegte fieberhaft, wie er sie von der Aufrichtigkeit seiner Mission überzeugen sollte. Mittlerweile hatten sich hinter ihm einige Knechte mit Dreschflegeln und ein paar Wachmänner mit Schwertern versammelt. Allem Anschein nach hatten sie ihren Wortwechsel mitbekommen. Wenn Geros Mutter den falschen Befehl gab, würde er am Ende im besten Fall geteert und gefedert selbst auf dem Misthaufen landen.

»Gute Frau«, flehte er, »fragt mich irgendetwas, das nur Euer Sohn wissen kann, damit ich Euch beweisen kann, dass ich nicht mit diesen Teufeln im Bunde bin.«

Die Burgherrin schaute ihn von oben bis unten an. »Worauf freut er sich am meisten?«

Stephano überlegte nicht lange. »Auf seinen Nachwuchs, der – so der Allmächtige will – Anfang Januar das Licht der Welt erblicken wird.«

Er sah, wie sie schluckte, und bemerkte die erstaunten Gesichter der Mägde.

»Also gut«, meinte die Burgherrin schließlich und sah zu einer Bank aus verwittertem Holz, die neben dem Eingang zum Palas stand. »Setzen wir uns, dann werde ich Euch sagen, was Ihr wissen wollt.«

Stephano war sofort bei ihr, um sie zu stützen, und mit einem tiefen Seufzer ließ sie sich nieder.

»Eberhard ist zusammen mit einem Wachmann in den Norden geritten, um Gero zu finden und ihn zu warnen. Vor ein oder zwei Stunden hat er mit einem Offizier unserer Wachen den Hof verlassen. Aber ich würde Euch raten, vorsichtig zu sein. Es ist anzunehmen, dass de Palestine und seine Kettenhunde von der Gens du Roi den gleichen Weg genommen haben. Diesem selbsternannten Inquisitor ist wirklich alles zuzutrauen. Und wenn Ihr tatsächlich auf Eberhard trefft, sagt ihm, was hier zu Hause geschehen ist. Er muss sofort zurückkehren. Nicht nur, um unverzüglich sein Erbe anzutreten, auch um mit mir zu beraten, wie es nun weitergehen soll.« Wieder brach sie in Tränen aus. Stephano war geneigt, sie in den Arm zu nehmen, um ihr Trost zu spenden. Sie erinnerte ihn an seine eigene Mutter, die verwitwet war und bei seinem ältesten Bruder Raimond auf dem gräflichen Anwesen in Reims lebte und sich wahrscheinlich genau solche Sorgen auch um ihn machte.

»Könntet Ihr mir ein Pferd leihen?«, fragte er geradeheraus.

Die Burgherrin trocknete ihre Tränen und schaute ihn verständnislos an. »Wie seid Ihr denn hierhergekommen?«, fragte sie mit verschnupfter Stimme. »Doch nicht etwa zu Fuß?«

»Das ist eine längere Geschichte«, sagte er ausweichend. »Die kann Euch Gero erzählen, wenn er zu Euch zurückgekehrt ist.«

Hoffnung schimmerte in ihren blauen Augen. »Wird das je geschehen?«, fragte sie leise.

»So Gott will«, bestätigte Stephano, darum bemüht, der Frau einen zuversichtlichen Eindruck zu vermitteln. »Wenn ich ihm erzähle, was hier geschehen ist, wird er so rasch wie möglich zu Euch zurückkehren wollen. Aber zuerst muss ich meinen Auftrag erfüllen.«

»Hannes!«, rief sie einem der umstehenden Knechte zu. »Gib dem Mann ein gesatteltes Pferd. Und lasst ihn unbehelligt ziehen.«

»Die Heilige Jungfrau wird es Euch danken!« Stephano fiel auf die Knie und küsste ihre Hand. Als er zu ihr aufblickte, konnte er in ihrer Miene den Zweifel ablesen, ob sie das Richtige tat. Aber auch die Hoffnung, Gero eines Tages wiederzusehen.

Kaum aufgesessen, gab Stephano dem Schimmel die Sporen. Er war als Templer im Fährtenlesen geschult. Als er den Haupthandelsweg nach Norden erreichte, der hinter der Burg zur Grafschaft von Manderscheid führte, entdeckte er im aufgeweichten Waldboden die Hufabdrücke beschlagener Pferde. Sie sahen aus, als wären sie tatsächlich noch keine zwei Stunden alt.

Er heizte dem Hengst ordentlich ein und folgte den Spuren in einen finsteren Eichenwald. Doch ohne Vorwarnung scheute das Tier plötzlich und bäumte sich auf. Stephano, der als Templer nahezu jedes Pferd in den Griff bekommen konnte, beruhigte das Tier, und als er nach unten auf den Wegesrand schaute, bemerkte er die Leiche eines getöteten

Mannes. Ein stattlicher Kerl, der die Uniform der Breydenbacher trug. Ein fingerdicker Armbrustpfeil ragte aus seiner Brust, und an seinen weit geöffneten toten Augen labten sich bereits die Fliegen. Aber es war nicht Eberhard. Der Tote war groß und kräftig, beinahe fettleibig. Eberhard dagegen war Geros Beschreibungen zufolge drahtig und schmal. Auch sollte Eberhards dünnes, weißblondes Haar ihm bis auf die Schultern reichen. Möglicherweise handelte es sich bei dem Toten um den Söldner, der ihn begleitet hatte. Dass der Mann auf diese Weise gestorben war, verhieß nichts Gutes. Die Spuren von mindestes zehn Pferden um die Leiche herum verrieten, dass sich schon andere mit seinen sterblichen Überresten beschäftigt hatten, aber offenbar nicht daran interessiert gewesen waren, ihm ein christliches Begräbnis zukommen zu lassen.

Stephano entschloss sich, die Armbrust aus dem Rucksack zu nehmen. Er musste von nun an besonders achtsam vorgehen, denn die Spuren waren noch frisch.

Als er ihnen weiter durch den dichten Wald folgte, fand er sich in einiger Entfernung unvermittelt nahe einer Lichtung wieder, wo die Meute tatsächlich haltgemacht hatte. Um unbemerkt näher heran zu kommen, glitt er lautlos aus dem Sattel und band die Zügel seines Wallachs an einen Ast. Danach schlich mitsamt seinem Rucksack und der gespannten Armbrust in der Hand durchs Unterholz. Langsam, indem er jeden Schritt bedachte und die Äste der Sträucher behutsam zur Seite bog, um nur ja kein Geräusch zu machen. Als er schließlich hinter einem mannshohen Strauch angekommen war, der ihm einigermaßen Sichtschutz bot, reckte er den Hals über die Äste hinaus, um besser sehen zu können, was da dahinter geschah.

In etwa zwanzig Metern Entfernung saß Eberhard von Breydenbach offenbar schwer verletzt und vollkommen erschöpft an einen riesigen Baum gelehnt. Um ihn herum standen einige Männer in schwarzbraunen Uniformen. Kein Zweifel, es waren Schergen der Gens du Roi. Den Anblick der Geheimpolizei der franzischen Könige würde Stephano niemals vergessen. Schließlich waren es Guillaume de Nogarets Häscher gewesen, die ihn und seine verbliebenen Kameraden aus Bar-sur-Aube entführt und in einen Kerker der Festung von Chinon geworfen hatten. Einen grausamen Ort, der die Bezeichnung Hölle verdiente. Diese Männer kannten keine Gnade, wenn es darum ging, ihre Opfer zu Tode zu foltern. Stephano war sicher, dass der Tote auf dem Misthaufen auf deren Rechnung ging.

Nun redeten sie ununterbrochen auf Geros Bruder ein, der sich allem Anschein nach nicht aufrichten konnte.

»Wohin denn so eilig?«, wollte einer der Kerle wissen, der das schwarze Gewand eines Inquisitors trug. Dem aschblonden Haar und den blauen Augen nach zu urteilen handelte es sich bei ihm um Hugo d'Empures oder Baltazar de Palestine, wie er sich Geros Mutter vorgestellt hatte. Während er verschlagen grinste, zeigte er seine makellos weißen Zähne. Gero hatte recht mit seinen Beschreibungen. Er war ein ausnehmender Schönling, bei dem sich blendendes Aussehen und abgrundtiefe Bosheit zu einem unseligen Reigen vereinten. Eberhard hatte Schweiß auf der Stirn stehen. Oder war es der Regen, der schon seit geraumer Zeit auf sie herniederprasselte?

»Seid Ihr auf der Suche nach Eurem Bruder?«, fragte Balthazar ihn provozierend.

»Mitnichten«, versuchte Eberhard sein Glück. »Ich

überbringe dem Herrn von Manderscheid eine Nachricht. Mein Vater ist leidend, wie Ihr wisst, und meine Mutter will den Grafen um den Beistand des dortigen Medicus bitten.«

»Sehr überzeugend«, lobte ihn der Inquisitor zynisch und lachte amüsiert. »Trotzdem wüsste ich gerne, warum Euer unseliger Begleiter versucht hat, Eure Magd zu ertränken? Denn diese Antwort würde sicher auch Eure Mutter interessieren.«

Stephano glaubte für einen Moment, sich verhört zu haben. Wieso sollte Eberhard den Mord an einer hauseigenen Magd anordnen?

Aber Eberhards Mundwinkel zuckten verräterisch, und seine gleichgültige Miene wirkte ein wenig bemüht, während er heftig den Kopf schüttelte. »Ich weiß nicht, wovon Ihr sprecht.«

Balthazar schnippte mit dem Finger, und aus dem Hintergrund schleppten zwei Männer eine leichenblasse Frau herbei, die mit ihren langen nassen Haaren und den schweren, von Nässe triefenden Kleidern aussah wie eine ersäufte Katze. Sie hatte ein rotes Mal am Hals, als hätte jemand sie heftig gewürgt. Stephano schärfte seinen Blick, weil die Frau ihm irgendwie bekannt vorkam. Obwohl die Frau blaue Augen hatte, sah sie beinahe aus wie Gesa. Möglicherweise war die Frau ihre Mutter?

»Sag ihm, was du uns gesagt hast«, befahl ihr Balthazar harsch.

Die blauen Lippen der Frau bebten, und im ersten Moment machte es den Eindruck, als würde sie kein Wort herausbringen, doch dann sprach sie heiser und krächzend.

»Gerard von Breydenbach kam am Gedenktag der Enthauptung Johannes des Täufers wie durch ein Wunder nach all den Jahren der Abwesenheit auf die Burg. Er trug orientalische Kleider und hatte eine schwangere Frau an seiner Seite, die genauso fremdartig gewandet war wie er selbst. Es hieß, sie hätten geheiratet. Die Frau stammte nicht von hier, denn manchmal verwendete sie seltsame Worte, die ich noch nie zuvor gehört hatte. Und sämtliche Mägde im Haus haben sich über ihre merkwürdigen Ideen gewundert. Wir mussten von da an das Wasser kochen, bevor wir es tranken, und ebenso die Milch, die wir den Kindern und den Wöchnerinnen gaben«, wisperte sie heiser. »Vor ein paar Tagen hieß es, dass der junge Herr die Burg und den Titel seiner Tante beerben sollte.«

Während sie die Worte mühsam hervorpresste, starrte Eberhard sie die ganze Zeit über an, als ob sie dem Wahnsinn verfallen wäre. Stephano wusste, dass die Frau zumindest in Teilen die Wahrheit sagte, und er konnte sich denken, dass Geros Bruder nicht unbedingt erfreut darüber war.

»Vor zwei Tagen sind der junge Herr und sein Bruder von einem Ausritt aus dem Wald zurückgekehrt«, fuhr sie fort und deutete auf Eberhard. »Sie hatten Lothar dabei, dessen Leiche sie auf seinem Pferd festgebunden hatten. Der Maleficus befand sich zu dieser Zeit noch auf der Burg. Ich habe ihn selbst noch am gleichen Abend im Waschhaus gesehen. Also kann er Lothar unmöglich getötet haben, es sei denn, sein Zauber reichte über die Burg hinaus. Danach herrschte eine ziemliche Aufregung, und der junge Herr ist mit seiner Frau und seinem Knappen über Nacht plötzlich verschwunden. Ich habe gesehen, wie der Maleficus mit ihnen geritten ist. Danach war meine Tochter plötzlich verschwunden. Ich bin mir sicher, dass sie meine Gesa mit sich genommen haben.«

Also doch, dachte sich Stephano, wobei er fast grinsen

musste, weil die Frau mit dem Maleficus wahrscheinlich Tom meinte.

»Schluss mit dem Gequatsche«, fuhr Balthazar sie derb an. »Ich will wissen, was dein Geliebter vor seinem Tod erzählt hat.«

»Lothar …«, begann sie von Neuem mit gesenktem Blick, »… hat mir von einer merkwürdigen Kiste erzählt, die der Maleficus bei sich hatte und die blau leuchtete, als er sie berührt hat. Doch es ist ihm gelungen, das Teufelsding zu zerstören. Erst hat der junge Herr den Maleficus ins Hungerloch werfen lassen, doch dann hat dessen Frau dafür gesorgt, dass er in die Freiheit entlassen wurde. Ich weiß das alles von meiner Tochter, die ich dabei erwischt habe, wie sie mit dem Knappen und der jungen Herrin aus dem Gefangenenloch gekommen ist. Das Balg hat ganz aufgeregt erzählt, im Gefangenenloch säße ein mächtiger Zauberer, und ich dürfe mit niemandem darüber sprechen. Von da an hatte ich keinen Zweifel mehr, dass der junge Herr und seine Frau mit dem Teufel im Bunde stehen.« Sie bekreuzigte sich hastig. »Und es gibt noch andere Beweise für ihre satanischen Kräfte. Jeder, der den Knappen und seinen Herren gekannt hat, behauptete, sie seien seit ihrem Verschwinden vor acht Jahren keinen Tag älter geworden. Auch die Frau nicht, die schon einmal im Jahre des Herrn 1307 auf der Burg war. Sie hüten ein dunkles Geheimnis. Ich bin mir sicher, das ist der Grund, warum Lothar sterben musste. Er wusste etwas, das niemand sonst wissen durfte. Das ist auch der Grund, warum ich ertränkt werden sollte. Und auch meine Tochter wird dafür mit ihrem Leben bezahlt haben.«

Unvermittelt brach sie in Tränen aus und begann röchelnd zu husten.

Hat sie nicht, dachte Stephano. Allerdings fürchtete er um das Leben dieser Frau. Die Männer, denen sie die intimsten Geheimnisse der Breydenbacher und auch die der Templer preisgab, gehörten zu den gefährlichsten Raubtieren überhaupt. Lautlos ging er in die Knie und spannte die Armbrust für alle Fälle.

»Was hast du dazu zu sagen?« Balthazar de Palestine betrachtete Eberhard von oben herab wie ein besonders widerwärtiges Insekt.

»Sie ist verrückt, das sagte ich doch.«

»Wirst du mir nun endlich die Wahrheit sagen? Weil ich dir ansonsten die Eier abschneiden und sie dir in den Mund stopfen lasse!« Balthazar bedachte ihn mit einem scheinheiligen Lächeln.

Geros Bruder gab sich betont gelassen, doch Stephano konnte ihm ansehen, wie er in Panik geriet.

»Was wollt Ihr von mir hören?«, fragte er schnaubend.

»Ich will wissen, wo sich dein Bruder aufhält.«

»Ich weiß es nicht«, log Eberhard, offenbar bereit, für Gero zu sterben.

»Was hat es mit dem Maleficus auf sich?«

»Auch darüber weiß ich nichts. Ich habe den Mann nie zuvor gesehen und wusste nicht, dass er sich in unserem Kerker befindet. Als Oswin in Trier davon berichtete, habe ich zum ersten Mal von der Geschichte gehört und dachte, es wäre das Geschwätz eines Säufers, der seinen Verstand verloren hat!«

»Lupus«, rief Balthazar mit gelangweiltem Gesicht. »Tu, was ich ihm angedroht habe.«

Stephano war versucht, Hugo d'Empures zu erschießen, doch dann würde er sich unvermittelt mit zwanzig Schergen der Gens du Roi konfrontiert sehen. Also wartete er noch und sah zu, wie Eberhard sich nach Kräften wehrte, als zwei der Schergen ihn ergriffen und ihm die Hose herunterrissen. Seltsamerweise schrie er nicht, als einer der Männer mit seinen Plattenhandschuhen seinen Hoden in die Hand nahm und ihn erbarmungslos quetschte.

»Schneid sie ihm ab!«, forderte Balthazar de Palestine.

Jetzt wird es interessant, ob er seine Drohung tatsächlich wahr macht, dachte Stephano, dessen Herz hart gegen die Rippen hämmerte, weil er kurz davor war, sich einzumischen.

»Nein!« Eberhard schrie wie am Spieß, als der Kerl seinen Dolch zückte und tatsächlich Ernst zu machen drohte. »Ich sagte es bereits, verdammt, ich weiß es nicht!«, kreischte er mit hoher Stimme. »Mein Bruder hat mit mir nicht darüber gesprochen, und wie ich ihn kenne, auch mit sonst niemandem.« Plötzlich riss er die Augen auf. »Moment!«, schrie er wie von Sinnen. »Versucht es doch in Köln. Kam von dort nicht der Bote, der ihm eine Nachricht überbringen wollte? Vielleicht findet Ihr ihn dort. Ich habe keine Ahnung, wo er sich aufhalten könnte. Wirklich nicht!«

»Da du nicht willens bist, uns die Wahrheit zu sagen, und die Schlampe, die wir aus der Lieser gefischt haben, nichts weiter dazu beitragen kann, wird mir gar nichts anderes übrigbleiben, als in Köln nach ihm zu suchen«, murmelte Balthazar de Palestine verärgert und stieg auf sein Pferd.

Eberhard wollte gerade aufatmen, als Hugo sich noch einmal umdrehte und seinen Begleitern mit ausdrucksloser Miene zunickte. »Tötet sie. Alle beide.«

Während Balthazar alias Hugo mit seinem übrigen Tross davonritt, sah Stephano mit Entsetzen, wie einer der zurückgebliebenen Geheimagenten Gesas Mutter unvermittelt von hinten packte und ihr mit einer raschen Bewegung die Kehle durchschnitt. Die Frau röchelte kurz und verdrehte die Augen. Dunkles Blut rann über ihren Körper, während sie leblos zur Seite sackte. Ihr Mörder ließ sie achtlos zu Boden fallen wie einen Kadaver, der ihn nicht länger etwas anging. Als der zweite Scherge sich daranmachte, Eberhard eine ähnliche Behandlung zuteilwerden zu lassen, reagierte Stephano wie in Trance, hob die Armbrust und traf den Mann aus hundert Fuß Entfernung mitten in die Stirn. Dort blieb der filigrane Zain einfach stecken, und sein Opfer ging wie ein geschlachteter Ochse in die Knie und kippte schließlich vornüber, wo er mit verdrehten Augen auf dem Bauch liegen blieb. Sein Kamerad zückte das Schwert, überlegte es sich aber anders, und anstatt nach dem Schützen zu fahnden, suchte er lieber das Weite. Inzwischen hatte Stephano nachgeladen und verfehlte den Mann nur knapp. Er schwang sich in den Sattel und galoppierte in die gleiche Richtung, in die Hugo d'Empures mit seinen Leuten verschwunden war.

Stephano zögerte keinen Moment und rannte quer über die Lichtung zu Eberhard, der ihn anglotzte, als ob er ein Gesandter der Hölle wäre. Er hatte sich das Schwert des toten Söldners der Gens du Roi geschnappt und bedrohte Stephano im Sitzen. »Wer bist du?«, fauchte er ihn an.

»Dein Bruder schickt mich«, antwortete Stephano wahrheitsgemäß, wobei er sich denken konnte, dass der Kerl ihn wahrscheinlich für irre hielt. »Er hat mir aufgetragen, dich vor Balthazar de Palestine zu schützen.«

»Reichlich spät, würde ich sagen«, gab sein Gegenüber mit wutverzerrter Miene zurück, wobei sein panischer Blick auf seine Beine gerichtet war. Dann wandte er sich wieder Stephano zu und grinste zynisch. »Ist mir neu, dass er mit bischöflichen Söldnern paktiert.«

»Das ist nur Tarnung«, gab Stephano hastig zurück, während er in seinem Rucksack nach den Wunderpillen kramte, die Rona ihm mitgegeben hatte. »Was ist mit deinen Beinen? Kannst du nicht laufen?« Eberhard brach in irres Gelächter aus.

»Wonach sieht's denn aus, du Schwachkopf?«, fragte er, als er wieder zu Atem gekommen war. »Ich kann meinen gesamten Unterleib nicht mehr spüren«, schrie er mit plötzlich einsetzender Verzweiflung. »Ich werde hier verrecken, und daran kannst auch du nichts mehr ändern. Selbst wenn du der Erzengel Gabriel wärst.«

»Ich bin Erzengel Stephano«, gab Stephano mehr als entnervt zurück, »und wenn du leben willst, schluckst du jetzt verdammt noch mal diese Pille.«

Ehe Eberhard von Breydenbach sich versah, hatte Stephano ihn in eine Art Würgegriff genommen und drückte ihm die Kapsel in den Mund, weil er sicher war, dass Geros Bruder das Ding niemals freiwillig schlucken würde.

Eberhard stieß einen gurgelnden Fluch aus, und Stephano spürte plötzlich einen rasenden Schmerz in seiner linken Seite. Völlig überrumpelt griff er sich an die Stelle unterhalb des Rippenbogens, und als er seine Hand betrachtete, war sie voller Blut.

Geistesgegenwärtig rollte er sich weg und schob sich selbst die Kapsel in den Mund, die er zum Glück noch in seinen Händen gehalten hatte. Während der Schmerz schlimmer wurde und schwarze Punkte vor seinen Augen tanzten, ließ er die Kapsel, wie von Rona angewiesen, unter der Zunge zerplatzen.

Danach dauerte es nur einen Herzschlag, bis der Schmerz nachließ und er wieder zu Kräften kam. Sofort sprang er auf, um den Abstand zu Eberhard zu vergrößern. Zugleich hielt er ihm abwehrend sein Schwert entgegen.

»Warum hast du das gemacht, du elender Hurensohn?«, fluchte er und holte die zweite Kapsel aus seinem Brustbeutel.

»Du bist ein Maleficus!«, schrie Geros Bruder außer sich vor Furcht, wobei er immer noch das blutige Messer in Händen hielt, mit dem er Stephano allem Anschein nach hatte ins Jenseits befördern wollen.

Zu allem Übel hatte sein Gebrüll ihre Feinde alarmiert, die noch nicht weit genug fort gewesen waren.

»Und du ein Idiot!«, zischte Stephano ihm zu und präsentierte ihm die verheilte Stelle seines Bauches, wo das Messer hineingefahren war.

»Wirf dein Messer weg, wenn du leben willst, und nimm diese verdammte Pille, die ich auch genommen habe!«, brüllte er ihn an. »Du hast Glück, ich hab noch eine zweite dabei.«

Eberhard schien zu begreifen, dass diese Aufforderung seine letzte Chance war. Widerwillig nahm er die Kapsel in den Mund.

»Drauf beißen und abwarten!«, befahl ihm Stephano hart.

Es dauerte einen Moment, bis Eberhard vor Verwunderung die Augen aufriss und fassungslos seine Zehen bewegte.

»Mach nicht lange rum, verdammt«, herrschte ihn Stephano an. »Sieh zu, dass du wegkommst und zwar schnell. Hinter der Lichtung steht ein Pferd. Nimm es und reite so rasch wie möglich nach Hause. Dein Vater ist tot, und deine Mutter braucht dich jetzt dringend!«

Eberhard rappelte sich auf und taumelte rückwärts über

die Lichtung. Schließlich drehte er sich um und rannte, was das Zeug hielt.

Stephano fand gerade noch Zeit, den Server zu aktivieren und dem bläulich schimmernden Haupt den Befehl zu erteilen, mit ihm dorthin zurückzukehren, wo er hergekommen war. Es dauerte einen quälenden Moment, bis er aus dem Jahr 2015 die Bestätigung zum Transfer erhielt. Die Reiter waren inzwischen näher gekommen, und er konnte bereits ihre angespannten Gesichter erkennen.

Während die Umgebung in einem blauen Lichtblitz verschwand, sah er gerade noch die aufgerissenen Augen von Balthazar de Palestine, der selbst noch einmal zurückgekehrt war, um nachzusehen, warum seine Schergen so lange auf sich warten ließen.

Er musste gesehen haben, wie Stephano in einem blauen Licht verschwand, und wenn es nach Geros Erzählungen ging, hatte er ihn allem Anschein nach mit Eberhard verwechselt.

KAPITEL 6

NOVEMBER 2015 –
NORWEGEN / KIRKENES / ANSELMS RANCH

Verlorene Töchter

Gero fiel ein Stein vom Herzen, als die Tür zur Lagerhalle aufging und Rona kurz ihren Kopf herausstreckte.

»Ihr könnt reinkommen«, verkündete sie, als ob nichts geschehen wäre. »Wir konnten Stephano problemlos zurückholen. Er sieht zwar ein wenig zerrupft aus, ist aber dank der Nano-Kapsel unverletzt.«

»Du kannst mir erzählen, was du willst«, raunte Totty seinem Kameraden Ralph of Bulford zu, »ich werde das Gefühl nicht los, dass doch der Teufel bei der Sache seine Hände im Spiel hat.«

»Ich stimme dir zu«, murmelte Ralph, der wie der ehemalige Templerkommandeur von Garway nur teilweise in die Geheimnisse des Ordens eingeweiht war und von der Existenz des CAPUT bis zu seiner Rettung in Oak Island lediglich in Legenden gehört hatte.

»Das lässt sich alles mathematisch erklären«, raunte Gero

ihnen zu. »Tom und Rona haben euch doch zur Genüge über die Funktionsweise des Hauptes aufgeklärt.«

»Die beiden verstehen ja selbst nicht, was sie da tun«, ereiferte sich Ralph. »Sonst würden ja nicht ständig solche unvorhersehbaren Pannen passieren.«

Während die restlichen Templer, unter ihnen auch Struan und Malcolm, gemeinsam die Lagerhalle betraten, verdrängte Gero sämtliche Gedanken an Tom und seine widersprüchlichen Talente. Sein Augenmerk lag auf Stephano de Sapin, der noch immer völlig erschöpft auf dem eiskalten Betonboden hockte und von Rona bereits mit heißem Tee aus einer Thermoskanne versorgt worden war. Sein Wams war samt Kettenhemd in der Mitte des Leibes zerrissen und nass von Blut, was Gero mehr als beunruhigte. Schließlich war der Bruder allein seinetwegen in die Vergangenheit zurückgekehrt. Voller unguter Ahnungen beschleunigte er seine Schritte und kniete neben ihm nieder. »Was ist passiert?«, fragte er aufgebracht. »Geht's dir auch wirklich gut?«

»Ich bin in Ordnung«, raunte Stephano und schaute zu Rona, die nicht weniger besorgt die Stirn runzelte. »Aber ohne Ronas Wunderpillen wäre ich nun im Paradies oder in der Hölle, je nachdem, wie der Allmächtige meinen Einsatz bewerten würde«, fügte er mit einem schmerzlichen Lachen hinzu. »Du wirst es nicht glauben«, führte er ein wenig atemlos aus und suchte Geros verunsicherten Blick. »Dein Bruder hat auf mich eingestochen, nachdem ich ihn vor Hugo d'Empures Schergen gerettet habe. Sie wollten ihm gerade die Eier abschneiden, als ich einen von ihnen mit der Armbrust ins Jenseits geschickt habe. Anscheinend dachte er, ich wollte ihn mit der Nano-Kapsel vergiften.«

»Dieser elende Idiot«, zischte Gero und spürte Wut in

sich aufsteigen. »Der Kerl ist zu gar nichts zu gebrauchen. Einfältig und dumm. Ich entschuldige mich für ihn und stehe tief in deiner Schuld. Aber sag, was ist danach geschehen?«

»Dank der Pillen haben wir es beide überlebt. Er konnte wieder laufen und hat sich davongemacht. Aber anstatt sich zu freuen, hat er mich als Maleficus beschimpft. Ich habe ihn nach Hause gescheucht. Als Hugo kurz darauf wie aus dem Nichts mit seinen Schergen der Gens du Roi noch mal aufgetaucht ist, um nach seinen verschwundenen Leuten zu schauen, hab ich den Server aktiviert. Wahrscheinlich dachte er, dass Eberhard in dem Licht verschwunden ist.«

»Der heiligen Jungfrau sei Dank«, murmelte Gero und bekreuzigte sich.

»Noch mal Glück gehabt«, raunte Anselm, der sich nun neben Stephano hockte und darauf bestand, dass er zumindest sein Kettenhemd und das Wams darunter auszog, um zu sehen, ob wirklich alles in Ordnung war. »An der Stelle, wo die Spitze des Dolches in ihn gefahren ist, hat es die Glieder des Kettenhemdes gesprengt«, murmelte er. »Wir müssen an dieser Stelle unbedingt die Legierung der Eisenringe verstärken.« Prüfend strich er über sein deutlich definiertes Sixpack. Er war blutverschmiert, aber unverletzt.

Während Stephano ihn zweideutig angrinste, fand Anselm die ganze Geschichte weit weniger amüsant.

»Hab ich nicht gesagt, du sollst eine Schutzweste anziehen?«, schimpfte er völlig außer sich.

»Es ist doch alles gut gegangen«, widersprach Stephano genervt. Trotz seiner zur Schau getragenen Coolness zitterte er.

Gero überging die angespannte Stimmung und kam zu seiner eigentlichen Frage. »Hast du etwas über meine Eltern in

Erfahrung bringen können?« Er hatte Mühe, seine Fassung zu bewahren, aber er musste es wissen.

Stephano senkte den Blick, was ihm Warnung genug hätte sein sollen. Dann begann er stockend die ganze Geschichte zu erzählen. Von Hugo d'Empures und dem jungen Boten aus Köln, dem der abtrünnige Templer mitten auf dem Burghof die Kehle durchgeschnitten hatte. Und wie Geros Vater, kaum waren Hugo und seine Schergen verschwunden, Eberhard befohlen hatte, Gero zu folgen, um ihn zu warnen.

»Am Ende war das wohl alles ein bisschen zu viel für deinen alten Herrn«, schloss Stephano kaum hörbar, und plötzlich war es still um sie herum. »Dein Vater ist leider verstorben. Er war schon tot, als ich hinzukam. Ich konnte nichts für ihn tun.«

Gero spürte, wie ihm das Blut aus den Gliedern fuhr und ihm schwindlig wurde. »Wie?«

»Ich denke mal, ihn hat der Schlag getroffen, nachdem Hugo d'Empures auf eurer Burg gewütet hat wie ein Schlächter. Dazu die Leiche des jungen Boten ... Ich muss nicht sagen, dass deine Mutter wegen all dieser Vorkommnisse völlig am Ende war. Aber immerhin hat sie noch Eberhard. Ich gehe davon aus, dass er nun die Geschäfte deines Vaters übernimmt und ihr eine Stütze ist.«

Gero saß einen Moment wie betäubt da. »In Gottes Namen ...«, flüsterte er, während sein Blick ins Leere ging. »Wie soll ich das nur Hannah beibringen?«

»Das tut mir leid«, murmelte Anselm und fasste ihn bei der Schulter.

Gero schluckte. Sein Bruder hatte die Sache mit Hugo d'Empures also überlebt. Aber die Sorgen um die Burg und seine Mutter waren damit nicht weniger geworden.

»Da ist noch etwas, das ich dir sagen muss«, fügte Stephano leise hinzu.

»Was?« Gero kniff die Lider zusammen. Er hatte weiß Gott genug Hiobsbotschaften gehört und wusste nicht, wie er mit einer weiteren umgehen sollte.

»Ich habe mit eigenen Augen gesehen, wie ein Söldner der Gens du Roi Gesas Mutter die Kehle durchschnitten hat. Zuvor war ich Zeuge, wie sie behauptet hat, dein Bruder habe seinem Adjutanten den Befehl erteilt, sie zu töten, weil sie zu viel wusste. Dir hat sie angelastet, du hättest einen Maleficus auf die Burg gebracht. Lothar hat ihr offenbar noch vor seinem Tod von einem blau leuchtenden Kästchen erzählt. Hugo hat sie ausgequetscht wie eine Zitrone und sie dann töten lassen. Jetzt weißt du auch, warum er so scharf darauf war, uns ohne seine Begleiter von der Gens du Roi zu stellen. Er wollte das Geheimnis der Templer für sich allein.«

»Wenigstens ist ihm das nicht gelungen«, schnaubte Gero mit versteinerter Miene. »Wie um Himmels willen sollen wir Gesa beibringen, dass ihre Mutter gestorben ist?«

»Am besten sagst du ihr gar nichts«, riet ihm Anselm. »Es ändert nichts, und die Kleine würde das garantiert nicht verkraften.«

»Es ist nicht deine Schuld«, versuchte Johan, ihn zu beruhigen.

»Und im Übrigen kannst du jetzt auch nichts mehr ändern«, fügte Arnaud beschwichtigend hinzu.

»Vielleicht hättest du es ihm besser nicht gesagt«, murmelte Anselm an Stephano gerichtet.

»Ich konnte ihn doch nicht im Ungewissen lassen«, rechtfertigte sich Stephano und zog dankbar die Daunenjacke über, die Totty ihm reichte.

»Es ist gut, dass du es mir gesagt hast«, murmelte Gero und stemmte sich wie ein alter Mann auf die Füße. Danach half er Stephano auf die Beine, der einen Moment benötigte, bis er sein Gleichgewicht gefunden hatte.

»Eher solltet ihr Hannah nichts von dieser Geschichte erzählen«, mischte sich Tom nun ungefragt ein. Er hatte erst zum Ende hin mitbekommen, worum es ging, nachdem Rona ihm das Gespräch zwischen den Templern, das vorwiegend in Altfranzösisch geführt worden war, übersetzt hatte. »In ihrem Zustand ist es nicht gut, wenn sie sich aufregt.«

»Was du nicht sagst«, giftete Gero ihn an. Trotz aller Einsicht verspürte er den dringenden Wunsch, auf der Stelle siebenhundert Jahre zurückzureisen, um auf der Burg seiner Eltern nach dem Rechten zu sehen. Außerdem hätte er gerne seinen Vater angemessen zu Grabe getragen und seiner Mutter beigestanden, die ihn nun mehr als je zuvor brauchte. Doch er konnte Hannah und das Kind in dieser Zeit nicht allein zurücklassen und sich selbst dem Risiko aussetzen, vielleicht nicht mehr zu ihnen zurückzukehren. Und mitnehmen konnte er sie erst recht nicht.

»Immerhin wissen wir jetzt, dass der Server einwandfrei funktioniert«, bemerkte Tom ohne jeden Funken von Empathie in der Stimme.

»Ich kann mir vorstellen, dass das nicht leicht für dich ist«, sagte Rona leise zu Gero und klopfte ihm auf die Schulter, als sie gemeinsam die Halle verließen und sich auf den Weg zurück zum Haupthaus machten. »Obwohl ich selbst nicht weiß, wie es sich anfühlt, Eltern zu haben.«

»Danke«, erwiderte Gero mit belegter Stimme. »Leider habe ich nicht die geringste Ahnung, wie ich all das Hannah beibringen soll.«

»Sag ihr die Wahrheit«, empfahl ihm Rona. »Sie ist ziemlich feinfühlig und wird merken, wenn du ihr etwas verschweigst. Und sie ist stark genug, damit fertig zu werden. Wer weiß«, fügte sie hoffnungsvoll hinzu, »vielleicht ergibt sich ja eine Möglichkeit, dass wir dich für eine Weile nach Hause schicken können, damit du dich selbst von der Situation vor Ort überzeugen kannst.«

»Glaubst du, das wäre möglich?« Gero schaute sie hoffnungsvoll an.

»Ich bin selbst überrascht, wie gut der neue Server funktioniert«, sagte Rona, als Anselm ein Treffen im Konferenzraum vorschlug, um die weitere Vorgehensweise zu besprechen. »Wenn weitere Transfers genauso gut laufen, können wir Lions Vorstellungen mühelos abarbeiten.«

»Ich muss das mit Hannah besprechen«, sagte Gero heiser, »wie alles andere auch. Ich habe keine Ahnung, wie sie darauf reagieren wird.«

Umso alarmierter war er, als ihm Hannah auf dem Weg zum Haus unvermittelt entgegengestürmt kam.

»Ist Stephano zurück?«, rief sie atemlos. Direkt hinter ihr war Freya, die ein nicht weniger besorgtes Gesicht machte.

»Ja, es ist alles in Ordnung«, log Johan und warf Gero einen wissenden Blick zu.

»Dafür ist Malin verschwunden«, riefen beide Frauen wie aus einem Mund.

»Verschwunden?«, Struan zog seine schwarzen Brauen missmutig zusammen, was ihn ziemlich grimmig aussehen ließ. Der hünenhafte, schwarzhaarige Highlander hatte die junge Dänin eine Weile als Leibeigene auf seiner schottischen Burg beschäftigt. Es fiel ihm schwer, seine archaischen Vorstellungen von den Pflichten einer Bediensteten abzulegen.

»Sie kann nicht einfach verschwinden«, stellte er energisch klar, »ohne von mir die Erlaubnis dafür erhalten zu haben. Auf unserer Burg hätte sie dafür zehn Schläge mit einer Weidenrute kassiert.«

Freya stöhnte genervt auf. »Verschone uns mit deinen rückständigen Gesetzen. So ein Transfer in die Zukunft bringt nämlich nicht nur Nachteile mit sich. Hier brennen keine Scheiterhaufen mehr, und die Bediensteten haben gewisse Rechte. Das gilt auch für Malin«, setzte sie den verdutzten Schotten mit einem rebellischen Aufblitzen in ihren olivgrünen Augen in Kenntnis. »Viel schlimmer ist, was ihr dort draußen alles zustoßen könnte, weil sie die alltäglichen Gefahren nicht kennt. Weder das Klima noch die Gegend sind ihr vertraut. Sie könnte innerhalb kürzester Zeit erfrieren.«

»Wer sagt denn, dass sie rausgegangen ist? Vielleicht ist sie ja irgendwo im Haus?«, meldete sich Arnaud zu Wort. »Das Gelände ist ziemlich riesig, und neben dem Haupthaus gibt es einige Nebengebäude und Stallungen. Außerdem ist das Anwesen von einem drei Meter hohen Zaun umgeben. Wie sollte sie den überwunden haben?«

»Sie war ja nicht angekettet, oder?« Brian of Locton schien ebenso wie Struan noch seinen mittelalterlichen Vorstellungen verhaftet.

»Nein, gewiss nicht«, mischte sich Anselm ein. »Hier wird niemand eingesperrt. Allerdings sind draußen auf dem Gelände Überwachungskameras installiert. Wenn Malin die Ranch verlassen hat, können wir das in der Aufzeichnung sehen.« Er setzte seinen Weg zum Konferenzzimmer fort, und die anderen folgten ihm. Anselm fuhr einen der Laptops hoch, als sie dort angekommen waren und aktivierte die gespeicherten Videoaufzeichnungen der letzten zwei Stunden.

Er ließ die einzelnen Sequenzen vor- und zurückspulen und ignorierte währenddessen die erstaunten Blicke seiner Freunde, die mit dieser Art von Technik alles andere als vertraut waren. Vielmehr konzentrierte er sich auf eine schlanke, kleine Gestalt, die, eingehüllt in eine graue Wolldecke, entschlossen das elektronisch gesicherte Tor zur Ausfahrt öffnete, bevor sie aus dem Lichtkegel der Halogenscheinwerfer im Dunkel der angrenzenden Landstraße verschwand.

»Verdammt«, murmelte er, bevor er sich aufrichtete und in die fragenden Gesichter der Brüder starrte.

»Wir müssen sie suchen«, sagte er dumpf. »Sie könnte erfrieren, wenn sie zu lange dort draußen herumirrt«, erläuterte er den anderen tonlos. »Falls sie Glück hat und vorher von jemandem aufgelesen wird und der sie in ein Krankenhaus steckt oder gar zur nächsten Polizeiwache bringt, haben wir noch ganz andere Probleme, weil ich noch keine Papiere für sie habe.«

»Außerdem weiß keiner, auf was für Ideen sie kommt, um ihr Ziel zu erreichen«, fügte Tom mit düsterer Miene hinzu. »Sie redet seit Tagen von nichts anderem mehr, als in ihre Heimat zurückkehren zu wollen. Dabei scheint sie nicht zu begreifen, dass dieses Zuhause siebenhundert Jahre zurückliegt und dabei gut tausend Kilometer entfernt ist.«

»Könnte man sie nicht mit dem CAPUT in ihre frühere Heimat zurückbefördern?« Jacob von Sassenberg, der keine Probleme hatte, sich in die neuen Errungenschaften hineinzudenken, warf Rona einen fragenden Blick zu.

»Natürlich wäre das möglich«, bestätigte Rona seine Überlegung. »Aber ich bin mir nicht sicher, ob wir Malin damit einen Gefallen tun würden. Offenbar wurde ihre gesamte Familie ausgelöscht, nachdem sie von Nordmännern überfallen worden war. Ich kann mir deshalb nicht vorstellen, wie es ihr unter diesen Umständen dort besser ergehen könnte als hier.«

»Ihr tut ja gerade so, als hätte Malin bei uns in der Hölle gelebt.« Malcolm, ein junger Schotte, war im Gegensatz zu Struan ein ziemlicher Hitzkopf, wenn es um die Verteidigung seiner Ehre ging. »Niemand auf unserer Burg hat ihr je etwas zuleide getan. Wobei sie sich nicht zu schade war, es mit jedem dahergelaufenen Ziegenhirten zu treiben. Sie hat es faustdick hinter den Ohren. Wenn sie etwas will, dann bekommt sie es auch.«

»Was spielt das denn jetzt für eine Rolle?«, ereiferte sich Hannah. »Im Gegensatz zu eurer Zeit kennt sie sich hier überhaupt nicht aus. Wir müssen sie suchen, und zwar sofort.«

»Hannah hat recht. Es bringt nichts, wenn wir hier herumspekulieren«, beschied Gero. »Lasst uns aufbrechen und sie suchen, bevor ihr etwas Schlimmeres zustößt.«

Kurz darauf startete Anselm seinen Hummer, in dem sechs Leute Platz hatten. Neben Gero und Johan hatte er Struan, Arnaud und Tom gebeten, sich an der Suche zu beteiligen.

Während Anselm den Geländewagen über die vereiste Piste steuerte, hielten die anderen Ausschau, ob sie irgendwo eine Gestalt mit einer Wolldecke ausfindig machen konnten, die in der weißen Wildnis umherirrte. Dabei kam ihnen zugute, dass der Himmel inzwischen vollkommen aufgeklart hatte und die Sonne die vereiste Landschaft in eine spiegelnde, glatte Oberfläche verwandelte.

»Ich kann mir nicht vorstellen, dass sie einen anderen Weg als die Straße genommen hat«, mutmaßte Arnaud beim Anblick der endlosen Weite. »Sie mag ein bisschen verrückt sein, aber sie ist bestimmt nicht lebensmüde.«

»Da wäre ich mir nicht so sicher«, unkte Tom und drückte damit zusätzlich auf die Stimmung.

»Wenn sie so niedergeschlagen war, warum hast du dann nicht schon vorher etwas gesagt?«, fuhr Gero ihn an, der Toms rüden Umgang mit dem Mädchen schon mehrmals kritisiert hatte.

»Woher soll ich denn wissen, dass sie ihre Drohungen wahr macht?«, versuchte Tom, der auf dem Beifahrersitz saß, sich zu verteidigen.

»Hört auf zu streiten«, mahnte Anselm die beiden. »Das bringt uns nicht weiter.«

Nach gut einem Kilometer hielt er den Wagen an, und die vier Templer stiegen aus, um den Straßenrand nach Fußabdrücken abzusuchen. Was in dem brettharten Schnee nicht so einfach war wie gedacht. Zumal Malin ein Leichtgewicht war.

»Ich hab ihre Spur gefunden«, verkündete Struan, der unvermittelt auf einen zierlichen Fußabdruck am Rande der Straße gestoßen war.

»Ist noch keine Stunde her«, raunte er, während er auf dem Boden hockte und eine abgesplitterte Eiskruste aus dem Abdruck in seinen Fingerspitzen zerrieb.

»Dann lasst uns weiterfahren«, forderte Anselm sie auf. »So weit kann sie noch nicht gekommen sein.«

Aber schon nach knapp zwei Kilometern erwartete sie ein Stau aus einheimischen Kleinfahrzeugen und norwegischen LKWs, die hier gewöhnlich auf der Strecke in Richtung russischer Grenze vorbeidonnerten.

»Hab ich nicht gelesen, dass die USA und Europa ein Handelsembargo gegen die Russen beschlossen haben?«, erkundigte sich Tom, der emsig damit beschäftigt war, die politischen Geschehnisse der letzten zehn Jahre aufzuarbeiten, um sich auf den neusten Stand zu bringen.

»Ja, das hast du richtig gelesen«, bestätigte ihm Anselm, der das Radio eingeschaltet hatte, um den Verkehrssender von Kirkenes reinzubekommen. »Aber die Norweger hier oben halten sich nicht an die vereinbarten Maßnahmen, die Europa und die USA gegen Russland beschlossen haben. Und schon gar nicht hält es die Russen davon ab, in Kirkenes einzukaufen. Kleiner Grenzverkehr nennt sich das. Auf diese Weise komme ich an meine gefälschten Dokumente, um daraus verdammt echt aussehende Pässe zu produzieren.«

»Hast du keine Angst, erwischt zu werden?«, wollte Tom nun wissen.

Anselm brach in schallendes Gelächter aus. »Das sagt ausgerechnet jemand, dem geltendes Recht jahrelang vollkommen egal war, während er mit den Amis zweifelhafte Experimente durchgeführt hat? Mit unbekanntem Risiko für alle Beteiligten und darüber hinaus.« Er schnaubte verächtlich. »Von menschenrechtlichen Überlegungen ganz zu schweigen.«

»Bei dem, was wir gemacht haben, gibt es kein Recht und Gesetz«, verteidigte sich Tom. »Es bewegt sich außerhalb jeder Norm, weil es offiziell nicht existiert und somit niemanden gibt, der eine Norm dafür festlegen könnte.«

»Das bedeutet noch lange nicht, dass es in Ordnung ist, solche Experimente ohne Rücksicht auf die davon betroffenen Menschen durchzuführen. Hättet ihr es gelassen, säßen wir jetzt nicht in der Scheiße.«

»Wo er recht hat, hat er recht«, pflichtete Arnaud ihm bei.

Tom drehte sich verärgert zu ihm um. »Ohne unsere Experimente wärt ihr alle in irgendeinem finsteren Kerker verreckt und hättet zudem eure Frauen nicht kennengelernt«, entgegnete er mit einem gewissen Triumph in der Stimme.

»Ich kannte Amelie schon vor deinen Machenschaften«, verteidigte sich Struan mit rauer Stimme.

»Dann sei froh, dass dein Orden aufgelöst wurde«, schoss Tom zurück, »sonst wären eure Probleme um einiges größer gewesen als jetzt.«

Bevor noch irgendwer etwas hinzufügen konnte, drehte Anselm das Radio lauter.

»›Auf der Landstraße nach Kirkenes hat es soeben einen Verkehrsunfall mit Personenschaden gegeben‹«, sagte die Nachrichtensprecherin mit gewichtigem Ton. Offenbar geschah ein solches Unglück nicht alle Tage. »›Nach dem momentanen Ermittlungsstand ist eine junge Frau ohne Vorwarnung über die Straße gelaufen und wurde von einem LKW erfasst. Sie war sofort tot. Da die Frau keinerlei Ausweisdokumente bei sich hatte, wird die Bevölkerung um Mithilfe gebeten, damit ihre Identität geklärt werden kann. Wer vermisst seit heute Morgen eine junge Frau mit brünetten hüftlangen Haaren, die in eine graue Decke gehüllt war? Sie trug einen knöchellangen braunen Wollrock und eine helle Schlupfbluse aus grob gewebtem Leinen, dazu braune Lederstiefel. Zurzeit laufen die Aufräumarbeiten. Setzen Sie sich bitte unverzüglich mit der örtlichen Polizeidienststelle in Verbindung, wenn Sie Hinweise zum Unfallhergang oder zur Identität der verunfallten Person geben können.‹«

Anselm übersetzte den anderen, was die Radiosprecherin gesagt hatte.

Für einen Moment herrschte gespenstische Stille.

»Denkst du, was ich denke?«, murmelte Arnaud und warf Gero einen alarmierten Blick zu.

»Wir sollten für sie beten.« Gero blickte abwechselnd in die versteinerten Gesichter seiner Kameraden.

»Ich kenne einen Schleichweg, auf dem wir schneller zum Unfallort kommen«, sagte Anselm, ohne auf Arnauds Verdacht einzugehen.

Sie fuhren keine fünf Minuten über einen holprigen Weg, bis sie die Unfallstelle endlich erreichten. Ohne zu zögern sprangen sie aus dem Wagen und liefen auf einen Pulk von Menschen zu, der sich um einen Krankenwagen und einige Polizisten gebildet hatte. Inzwischen war auch ein Leichenwagen vor Ort, dessen schwarze Farbe geradezu bedrohlich wirkte.

Gero, der als Erster an der Unfallstelle angekommen war, bahnte sich seinen Weg durch die Schaulustigen. Als er unvermittelt in Malins wächsernes Gesicht blickte, deren Schädel zertrümmert war, schluckte er hart. Am liebsten hätte er sich abgewandt, doch diesen letzten Blick war er ihr schuldig. Ihr lebloser Körper wurde gerade von zwei Männern in schwarzen Overalls in einen silbernen Sack umgebettet. Man ließ die Leiche unter einem Reißverschluss verschwinden, als ob sie ein totes Tier wäre.

Geros Herz schlug schwer gegen die Brust, als Anselm endlich neben ihm auftauchte und ihn fragend anschaute. »Sie ist es«, murmelte er, nicht fähig, den anderen in die Augen zu schauen. »Sollen wir ihnen sagen, dass sie zu uns gehört? Ich meine, sie hat zumindest ein christliches Begräbnis verdient.«

»Besser nicht«, raunte Anselm, der beunruhigt registrierte, dass bereits ein Fernsehteam vor Ort war und ein

Reporter die Umstehenden interviewte. Tom ging ohne zu überlegen auf den nächststehenden Passanten zu. »Was ist hier los?«, fragte er mit gespielt ahnungslosem Gesicht.

Der Mann, ein korpulenter Mittvierziger, der seiner Arbeitskleidung nach zu urteilen zum örtlichen Fischereiverband gehörte, hatte keine Skrupel, die Geschehnisse die ganze Zeit über mit seinem Smartphone zu filmen. Ein Kameramann des Fernsehteams hielt auf den Mann drauf, während er Tom erzählte, was er gesehen hatte.

»Ich war direkt hinter dem russischen LKW, als es passiert ist. Ich habe beobachtet, wie er angehalten hat und die Kleine zu ihm in den Wagen gestiegen ist. Nach etwa fünf Minuten Fahrt hat er scharf abgebremst, die Kleine hat die Tür aufgerissen und ist fluchtartig aus dem noch rollenden Lastwagen gesprungen. Danach ist sie, ohne sich umzusehen, auf die Straße gerannt und wurde von einem entgegenkommenden LKW erfasst. Wenn Sie mich fragen, war sie sofort tot.«

Inzwischen hatte die Polizei damit begonnen, die umherstehenden Passanten zu fragen, ob sie etwas beobachtet hatten.

»Die Kleine sah komisch aus«, bemerkte eine jüngere Frau, die mit ihrem Jeep kurz danach eingetroffen war und die Leiche noch auf der Straße hatte liegen sehen. »Wie eine von diesen Fantasy-Fans. Sie wissen schon, wie man sie von mittelalterlichen Rollenspielen kennt. Sie trug ein langes Kapuzencape und ein knöchellanges Kleid und ein paar Stiefel, die aussahen wie selbstgenäht. Nichts, was man anziehen würde, wenn man hier draußen zu Fuß unterwegs ist.«

Gero starrte noch immer auf den Leichenwagen, dessen Kofferraumtür sperrangelweit offen stand. Die Männer hatten den silbernen Sack in einer metallischen Kiste verstaut und warteten auf Anweisungen der Polizisten. Er fragte sich, wo man ihre Leiche hinbringen würde und wie er Hannah beibringen sollte, was mit Malin geschehen war.

Beiläufig beobachtete er ein paar Mädchen, die in etwa im gleichen Alter waren wie sie. Sie waren aus einem großen schwarzen Wagen ausgestiegen und sahen auffällig zu ihm herüber. Sie kicherten und unterhielten sich aufgekratzt, als ob nichts geschehen wäre. Dabei hielten sie ständig ihre Mobiltelefone hoch.

Während die Polizisten mit den umstehenden Passanten sprachen, kam auch einer von ihnen zu Tom und stellte ihm ein paar Fragen. Er wollte wissen, ob sie irgendetwas gesehen oder das Opfer gekannt hätten. Tom schüttelte abwehrend den Kopf.

»Wir sind zufällig hier vorbeigekommen«, antwortete er hastig, »und nur ausgestiegen, um zu sehen, was passiert ist.«

»Wenn Sie kein Angehöriger oder direkter Zeuge sind«, mahnte ihn der Polizist mit ungeduldiger Miene, »darf ich Ihnen leider keine Auskunft geben. Fahren Sie bitte weiter.«

Tom kniff die Lippen zusammen. Das Mädchen war tot und würde auch nicht wieder lebendig werden, wenn Anselm oder er sich Vorwürfe machten.

Anselm gab ihm ein Zeichen, dass sie möglichst unauffällig in seinen Hummer steigen sollten. Nachdem sie alle wieder im Wagen saßen, herrschte für einen Moment eisige Stille.

»Merde«, entfuhr es Arnaud, während er wie die anderen auch mit einem bitteren Zug um den Mund dem Leichenwagen hinterherblickte, der sich ohne viel Aufhebens vom Unfallort entfernte. Einer der Polizisten telefonierte, während der andere dem Fernsehteam ein Interview gab. Auch

ein Krankenwagen war inzwischen eingetroffen und kümmerte sich um den Fahrer des LKWs, der Malin überfahren hatte und offenbar unter Schock stand.

»Lasst uns abhauen«, mahnte Anselm mit brüchiger Stimme. »Wenn die Polizei uns nach Papieren fragt, sind wir aufgeschmissen.«

»Muss ich mich jetzt schuldig fühlen?«, fragte Tom tonlos, als Anselm den Wagen startete.

»Vielleicht hättest du die Kleine dort lassen sollen, wo sie war«, murmelte Gero.

»Es war nicht meine Entscheidung, sie mitzunehmen«, wehrte sich Tom aufgebracht.

»Aber zum Vögeln war sie dir gut genug«, knurrte Struan, der sich höchst selten in solche Gespräche einmischte. Auch er fühlte sich für Malin verantwortlich. Nicht nur, weil sie Leibeigene auf der Burg seines Vaters gewesen war, auch weil sie Amelie erfolgreich dabei geholfen hatte, sich dort einzuleben. Doch seit sie ihr Herz an diesen Maleficus verschenkt hatte, war sie noch widerspenstiger gewesen als ohnehin schon.

»Hört auf zu streiten«, mahnte sie Johan, der Malin gemocht hatte, auch wenn sie auf ihre Art ein wenig verrückt gewesen war. »Das bringt sie nicht zurück.«

»Sie ist tot«, raunte Arnaud. »Und das in unser aller Bewusstsein«, fügte er hinzu und spielte damit auf Ronas Theorien an, dass das Bewusstsein und die Erinnerung offenbar einen Einfluss auf den Verlauf ihres Schicksals hatten. »Demnach können wir sie nicht zurückholen.«

»Du bist gar nicht so dumm, wie ich dachte«, erwiderte Tom mit ausdrucklosem Gesicht. »Anscheinend hast du das Prinzip unserer Zeitreisen tatsächlich begriffen.«

Gero, der auf dem Rücksitz neben ihm saß, gab seinen Reflexen nach, die schneller waren als sein Verstand.

»Scheiße!«, brüllte Tom und hielt sich die Nase, aus der Blut tropfte. »Du Idiot! Drehst du vollkommen durch?«

Während Anselm den Wagen scharf abbremste und rechts ranfuhr, um zu sehen, was hinter ihm passiert war, wandte Gero sich teilnahmslos zur Seite und schaute zum Fenster hinaus in die trostlose Schneelandschaft. Beiläufig lockerte er seine Faust, die von dem Schlag ein wenig schmerzte. »Das war Quantenphysik«, behauptete er tonlos. »Meine Linke hat nur ausgeführt, was unserem allseits geschätzten Maleficus vorherbestimmt war. Nicht mehr und nicht weniger.«

»Könnt ihr euch nicht wenigstens in Anbetracht einer solchen Lage zusammennehmen?« Anselm rollte mit den Augen. »Wenn Tom eine gebrochene Nase hat, muss ich zu allem Übel auch noch mit ihm ins Krankenhaus.«

»Dann kannst du ja gleich nach den sterblichen Überresten von Malin Ausschau halten«, schlug Struan pragmatisch vor. »Ich bin dafür, dass wir uns ihren Leichnam beschaffen, um ihn an einem gesegneten Ort zu begraben.«

»Das ist zu gefährlich«, erwiderte Anselm. »Wir können es uns nicht leisten, ohne Papiere beim Diebstahl einer Leiche erwischt zu werden. Dass ich mit euch in einer Polizeikontrolle landen könnte, ist schon riskant genug.«

»Und warum kommt ein Einsatz mit dem Caput nicht infrage?«, wollte Johan nun noch einmal wissen. »Ich meine, wir haben es doch noch gar nicht versucht?« Johan hatte Altfranzösisch gesprochen. Eine Sprache, die Tom aufgrund seiner rudimentären Französischkenntnisse nur unzureichend verstand. Aber er konnte sich erschließen, worum es ging. Mit näselnder Stimme erklärte er Johan: »Ich glaube nicht, dass wir Malin noch retten können. Erst recht, nachdem sie nun gestorben ist, auch wenn ihre Leiche nicht mehr das gleiche Energiemuster aufweist wie der lebendige Körper. Ihr habt doch gehört, was Rona gesagt hat. Der Server bestimmt, ob ein Transfer möglich ist oder nicht. Die dahinter befindlichen Mechanismen sind uns leider bis heute nicht klar. Es hat was mit universeller Energie zu tun und folgt eigenen Gesetzen, deren Entschlüsselung uns bisher noch nicht gelungen ist. Es ist wie Gott«, fügte er ironisch hinzu. »Nicht berechenbar. Noch nicht jedenfalls.«

»Und gerade deshalb könnten wir es wenigstens wagen«, widersprach Gero ihm mit grimmiger Stimme. »Ich meine, was haben wir schon zu verlieren? Vielleicht können wir den Unfall auf diese Weise ungeschehen machen.«

Tom schnaubte entnervt und ersparte sich einen Kommentar. »Hast du vielleicht ein Taschentuch?«, fragte er Anselm, während er mit Daumen und Zeigefinger seine blutenden Nasenlöcher zudrückte.

Anselm warf ihm eine Packung Papiertaschentücher aus dem Handschuhfach zu. »Ich werde Rona fragen, ob ein Transferversuch erfolgversprechend ist, sobald wir zu Hause sind.«

KAPITEL 7

NOVEMBER 2015 – USA / MARYLAND,
»CRYPTO CITY«, HAUPTQUARTIER DER NSA,
FORT GEORGE G. MEADE

Neue Besen

Zehn Jahre hatte Jack Tanner auf diesen Moment gewartet und am Ende nicht mehr daran geglaubt, ihn überhaupt noch erleben zu dürfen. Dabei hatte er eigentlich schon alles erlebt, was andere sich noch nicht einmal in ihren kühnsten Träumen vorstellen konnten. Dumm nur, dass er mit niemandem darüber sprechen durfte. Mit fast niemandem, wenn man von General Alexander Lafour einmal absah, seinem ehemaligen Boss in der NSA, der nicht nur seine Karriere befördert hatte, sondern in gewisser Weise noch immer sein Vorgesetzter war. Mit ihm verbanden ihn weit mehr als ein paar, wenn auch spektakuläre, Geheimnisse. Er war der sicherheitstechnische Leiter des Unternehmens C. A. P. U. T., obwohl das Projekt inzwischen eingestellt worden war und Lafour sich vor ein paar Jahren wegen eines Hinterwandinfarkts offiziell in den Ruhestand verabschiedet hatte. Vier Stents und eine ganze

Batterie von Medikamenten sorgten seitdem dafür, dass er trotz schlechter Prognosen am Leben blieb. Jack leitete inzwischen ein NSA-Überwachungsteam, das sich offiziell auf die weltweite Suche von Menschen spezialisiert hatte, die als vermisst gemeldet worden waren oder die sich auf der Flucht vor dem Gesetz befanden. Niemand von seinen neuen Mitarbeitern war in das Projekt C. A. P. U. T. eingeweiht oder ahnte auch nur etwas von dessen Existenz. Und so waren Lafour und er die Einzigen, die wussten, womit sich die Suche hauptsächlich beschäftigte. Ein außergewöhnliches Programm, das von optimierten Quantenrechnern ausgeführt wurde, ermöglichte es binnen Sekunden, das Profil von gesuchten Personen im Internet abzugleichen und deren biometrischen Parameter zuzuordnen. Wobei nicht nur die offiziellen Datenbanken bei Facebook, Twitter und Instagram durchsucht wurden. Auch das gesamte Darknet gehörte zum Operationsfeld, und ausländische Datenbanken in China, Indien, Russland und im gesamten arabischen Raum wurden auf diese Weise regelmäßig gecheckt. Seit der Gründung des Teams vor neun Jahren hatte man einige Erfolge verbuchen können. Ein paar arabische Topterroristen, international gesuchte Kinderschänder und die Tochter eines Milliardärs, die von der osteuropäischen Drogenmafia entführt worden war und die man als exklusive Prostituierte im Darknet angeboten hatte. Doch das, was man tatsächlich gesucht hatte, war bisher nicht zum Vorschein gekommen.

Bis heute. Um exakt ein Uhr mitteleuropäischer Zeit hatte Mabel Mason – die alle nur Schneewittchen nannten wegen ihrer hüftlangen lackschwarzen Haare und ihrer Wahnsinnsfigur – einmal mehr ihre virtuosen Fähigkeiten im Einsatz von Quantenrechnern unter Beweis gestellt und Jack eine verschlüsselte Eilmeldung auf sein dienstliches Smartphone geschickt.

»Bingo« hatte dort nur gestanden. Jack hatte eine Weile ungläubig auf auf ihren porzellanfarbenen Teint, die dunklen Augen und den knallrot geschminkten Schmollmund gestarrt, weil ihr Profil automatisch zusammen mit der Nachricht übermittelt wurde. Dann hatte er sich gesammelt, und bei einem Rückruf hatte Mabel ihm die herausgefilterten Fotos der fraglichen Personen direkt aufs Handy übermittelt. Während er das markante Gesicht des sandblonden Templers betrachtete, das mit seinen ernsten Zügen, den himmelblauen Augen und dem kurz getrimmten hellblonden Bart allen Schönheitsidealen eines männlichen Filmstars entsprach, musste er fast lachen.

Instagram. Niemals hätte er erwartet, dass ihre lange Suche erfolgreich sein würde. Schon gar nicht auf den vereisten Pisten von Norwegen. Knapp sechstausend Kilometer von Maryland entfernt hatten ein paar durchgedrehte junge Hühner nichts Besseres zu tun gehabt, als Handyfotos von fremden Männern zu schießen. Eine von ihnen hatte die Bilder anschließend auf ihren Instagram-Account hochgeladen und mit einem Kommentar versehen: »Butter meinen Hintern und nenn mich Keks, wenn das mal nicht Christian Checkworth mit seinen Bodyguards auf dem Weg zu einem geheimen Dreh ist …«

Damit hatte sie fast dreihundert Likes kassiert, und über den Hashtag *ChCh* war das Foto weiterverbreitet worden.

Nein, Mädchen, dachte Jack Tanner und genoss noch einen Moment seinen Triumph. *Dieser Kerl ist weitaus mehr wert als jeder Filmstar. Es ist ein Templer aus dem vierzehnten Jahrhundert. Eine lebende Legende, die, wenn wir ihn erst ge-*

schnappt haben, deine Welt total auf den Kopf stellen wird. Die Gesichtserkennungsprogramme der NSA hatten weitaus zuverlässiger reagiert und den Namen des Mannes unverzüglich ausgespuckt, nachdem sein Gesicht im Netz aufgetaucht war. Oder vielmehr die Nummer, mit der man seinen Namen verschlüsselt hatte. Und er war nicht der Einzige, der auf der Liste der Gesuchten stand. So wie es aussah, war die gesamte Bande zurückgekehrt. Stevendahl, Stein, van Elk, MacDhughaill, de Mirepaux und nicht zuletzt Gero von Breydenbach. Welche Hölle sie auch immer ausgespuckt hatte, niemand von ihnen hatte es für nötig gehalten, sich bei ihren amerikanischen Auftraggebern zu melden. Im Gegenteil, anscheinend führten sie in einer der abgelegensten Gegenden der Welt ein gemütliches Leben, das sie mit Absicht unter Verschluss hielten. Was neben ihrer unerklärlichen Rückkehr ein zusätzlicher Beweis dafür war, dass sie etwas zu verheimlichen hatten. Doch damit würde schon bald Schluss sein.

Er musste unverzüglich den Alten informieren, wie er General Alexander Lafour nannte, der noch immer die besseren Verbindungen zum Militär hatte. Denn hier reichte es nicht, die Kavallerie zu schicken, hier brauchte es ein Team von Experten, die nicht nur lautlos, sondern besonders gründlich operierten und keinerlei Spuren hinterließen. Wobei er sich bereits überlegte, wie er diese bahnbrechende Neuigkeit dem General möglichst schonend beibringen konnte.

Lafour und er telefonierten ab und an. Wobei Daisy, Lafours sehr viel jüngere Ehefrau, stets darauf bestand, dass Nachrichten, die ihren Mann in Aufregung versetzen könnten, von Jack vorab angekündigt wurden. Dann konnte sie ihm wenigstens rechtzeitig eine Beruhigungspille verabreichen. Darauf hatte der Arzt, der Lafour wegen der bestehenden Herzprobleme behandelte, bestanden. Jack hatte keine Ahnung, wie er beginnen sollte, als Lafours Ehefrau sich mit der Souveränität einer geübten Krisenmanagerin am Telefon meldete. Möglicherweise würde das, was er dem General zu sagen hatte, seinen gesamten Vorrat an Beruhigungspillen benötigen.

»Es geht ihm nicht gut«, eröffnete ihm Daisy am Telefon, als er ihr den besagten Code Red bestätigte. »Am besten kommen Sie vorbei und berichten ihm persönlich, was geschehen ist. Bis dahin habe ich ihn ruhiggestellt und Doktor Kerr verständigt, damit er sein Monitoring justieren kann. Alexander hat seit zwei Wochen einen neuen Herzschrittmacher, dessen Funktion via Satellit überwacht wird. Über ein GPS-Signal kann sein Militärarzt weltweit verfolgen, ob es ihm gut geht oder nicht und gegebenenfalls aus der Ferne nachjustieren.«

»Solange der Doktor nicht mithören kann, soll es mir recht sein«, brummte Jack, dem die Herzgeschichte seines Chefs inzwischen gehörig auf den Wecker ging. Er fragte sich, warum das Oberkommando überhaupt noch an Lafour festhielt und den Posten des Sicherheitsbeauftragten im Projekt C. A. P. U. T. nicht einfach ihm übertrug. Wenn die Meldungen über die Templer stimmten, wäre Lafour ohnehin nicht in der Lage, den damit verbundenen Stress zu bewältigen. Außerdem hatte Jack die geheime Exkursion ins Sinai-Gebirge ebenfalls ganz allein geleitet. Er hatte die Special Agents ausgesucht und die speziell ausgebildeten Navy Seals koordiniert. Dass er am Ende erfolglos geblieben war und die geheime Höhle der Templer nicht gefunden hatte, war dabei nicht sein Verschulden, sondern schlicht und ergreifend Pech gewesen. Doch nun taten sich neue Möglichkeiten auf. Und wenn es einen Gott gab, der ihn liebte, würden sie das Geheimnis mithilfe der aufgefundenen Personen endlich aufspüren, und danach wäre die Welt eine andere.

Etwa zwei Stunden später lenkte Jack seinen Tesla in die mit Kies ausgestreute Einfahrt von Lafours Villa. Einem pompösen Backsteinbau aus der Lincoln-Ära, aufwendig renoviert und mit uraltem Baumbestand. In dem geschichtsträchtigen Haus, das etwa zehn Meilen entfernt von der NSA-Einsatzzentrale lag, hatten Mitte des neunzehnten Jahrhunderts berühmte Generäle der Nordstaaten residiert und ihre militärischen Einsatzpläne für den Amerikanischen Bürgerkrieg geschmiedet.

Lafours Frau, eine schlanke Blondine im dunkelblauen Kostüm, die für ihren Mann eine Karriere als Rechtsanwältin in einer renommierten Anwaltskanzlei aufgegeben hatte, war nicht nur zwanzig Jahre jünger als der General, sondern auch eindeutig attraktiver. Als sie Jack mit einem souveränen Lächeln an der Haustür begrüßte, fragte er sich nicht zum ersten Mal, warum sie den korpulenten Mittsechziger vor gut zehn Jahren zum Mann genommen hatte. Wahrscheinlich war es sein Geld, das sie gelockt hatte. Nachdem das Unternehmen C. A. P. U. T. gegründet worden war und nur wenige Auserwählte einen Zugang dazu bekommen hatten, waren deren Gehälter in exorbitante Höhen geschnellt. Eigentlich hätte keiner von ihnen je wieder arbeiten müssen. Doch ein solcher Job war mit Geld nicht zu bezahlen. Es war wie eine Sucht, wenn man einmal für C. A. P. U. T. tätig gewesen war. Und es war umso schmerzlicher gewesen, als die Experimente aus verschiedenen Gründen urplötzlich von der Regierung gestoppt worden waren. Während Daisy Duck, wie Jack sie insgeheim wegen ihrer üppigen Lippen nannte, die Tür aufhielt und ihn mit ihrer erotisch klingenden Stimme hereinbat, fragte sich Jack, ob sie vielleicht Interesse an einem Seitensprung hätte. Er war überzeugt davon, dass sie und Lafour keinen Sex miteinander hatten. Eine Frau wie Daisy hätte sich selbst auf der Stelle zur Witwe gemacht, wenn sie den kränklichen General zu unkeuschen Handlungen verführt hätte. Ihr runder Hintern, der sich vor Jack deutlich unter dem engen Bleistiftrock abzeichnete, während sie in das Büro des Generals stöckelte, heizte seine Phantasien zusätzlich an. Er selbst hatte seit Jahren keine vernünftige Beziehung mehr gehabt, was in seinem Job ohnehin so gut wie unmöglich war.

»Dein Besuch ist da, Honeybear«, säuselte sie, nachdem sie ihren schulterlangen Blondschopf in Lafours Büro gesteckt hatte und mit einem aufgesetzten Lächeln künstlich für gute Laune sorgte.

Honeybear, o Mann, dachte Jack und verkniff sich ein Grinsen. Honeybear war zeit seines Lebens ein harter Knochen gewesen, der seine Widersacher ohne Gnade in die Mangel genommen hatte. Waterboarding, Elektroschocks und Wahrheitsserum waren für ihn gängige Mittel gewesen, um zu bekommen, was er wollte. Aber davon wusste Frau Staatsanwältin wahrscheinlich nichts oder wollte es gar nicht wissen.

Unterdessen sprang Lafours kakaobrauner Setter auf, der bis dahin neben seinem Herrchen auf einer Decke geschlummert hatte, und beschnupperte Jack ausgiebig.

»Das ist Washington«, erklärte Lafour Jack mit einem leisen Lächeln. »Daisy hat ihn vor ein paar Wochen aus dem Tierheim geholt.« Er blinzelte seiner besseren Hälfte vertraulich zu. »Sie ist ganz verrückt nach ihm.«

»Er ist mein Baby«, erklärte Daisy mit einem verführerischen Lächeln, wobei nicht ganz klar war, ob sie den Hund oder den General meinte. »Mittlerweile mag ich ihn auch«, erklärte Lafour mit einem süffisanten Unterton in der Stimme. »Auch wenn ich, seitdem er bei uns ist, nicht mehr die Hauptrolle spiele. Es ist erstaunlich, wie schnell man sich an ein solches Tier gewöhnen kann.«

Jack kraulte dem offensichtlichen Kind-Ersatz pflichtgemäß den Kopf und fand ein paar lobende Worte für sein glänzendes Fell und seine schlanke Gestalt, bevor der Hund das Interesse verlor und sich wieder auf seinem angestammten Platz zusammenrollte.

»Es ist schön, dich zu sehen, Jack«, brummte Lafour, nachdem seine Frau sich zurückgezogen hatte. »Setz dich, Commander«, befahl er ihm mit einem weiteren Augenzwinkern.

»Ich hoffe, es geht dir gut«, begann Jack seinen Bericht eher harmlos.

»Hör auf, um den heißen Brei herumzureden, Jack«, fuhr ihn der General unwirsch an, der ihm anstatt in Uniform nun im Freizeitlook und mit Strickjacke gegenübersaß wie ein alter Mann, der nur noch selten unter Menschen kam. Eigentlich wirkte er auf Jack wie ein Häufchen Elend, weil er seit seinem Infarkt mindestens vierzig Kilo abgenommen hatte. »Ich weiß, du hättest dich niemals persönlich in mein privates Altersheim aufgemacht, wenn nicht etwas Außergewöhnliches passiert wäre.«

Jack räusperte sich und beugte sich in seinem Clubsessel aus braunem Rindsleder ein wenig vor, dann schaute er Lafour fest in die Augen. »Sie sind wieder da. Die gesamte Bande – und vielleicht noch einige mehr.«

»Wo?«, fragte Lafour tonlos. Er war bleich geworden.

»Kirkenes. Nordnorwegen.«

»Wieso ausgerechnet dort?« Der General runzelte die Stirn. »Haben sie etwa Kontakt zu den Russen?«

»Keine Ahnung«, antwortete Jack, der sich darüber noch keine Gedanken gemacht hatte.

»Hast du schon irgendwas unternommen?«, setzte Lafour nach.

»Natürlich nicht, Alex«, erwiderte Jack. »Ich wollte erst dein Urteil abwarten, bevor ich irgendwelche Befehle erteile. Ich wollte es dir überlassen, den Generalstab oder den Präsidenten zu informieren. Schließlich ist das eine Sache von nationalem Interesse, und zugleich bedarf es höchster Geheimhaltung.«

»Keine Frage«, murmelte der General und machte ein Gesicht, als ob er scharf nachdenken musste. Dabei war eigentlich schon alles klar: Er würde die Navy Seals hinschicken, um die Gesuchten zu fassen. Danach würde man sie mit amerikanischen Papieren ausstatten, nur für den Notfall, und sie mit einem Learjet der NSA außer Landes schaffen. Im Hauptquartier in Maryland würde man sie in Einzelhaft stecken und einem ausgiebigen Verhör unterziehen.

»Wer ist alles dabei?« Lafour schaute Tanner herausfordernd an.

»Ich sagte doch«, wiederholte Jack, »es ist die gesamte Truppe. Stein, von Breydenbach, MacDhughaill, van Elk, de Mirepaux und Stevendahl. Es war Gero von Breydenbach, der den Scan ausgelöst hat. Irgendein paar junge Hühner haben mitten auf der Straße Fotos von ihm gemacht und sie dann auf Instagram hochgeladen. Sie hielten ihn wohl für einen amerikanischen Filmstar, der inkognito unterwegs war. Seine Begleiter waren im Hintergrund zu sehen.« Jack rollte mit den Augen. »Es war reiner Zufall. Wir hatten Glück, mehr nicht. Ich bin überzeugt davon, dass er und seine Brüder nicht allein unterwegs sind. Sie haben garantiert ihre Frauen dabei. Wenn Mirepaux mit von der Partie ist, könnte vielleicht auch eine der Frauen aus der Zukunft hierher transferiert worden sein. Vielleicht hat sie Kontakt zu ihren Auftraggebern, und deshalb haben sie es hierhergeschafft.«

»Hat Colbach nicht behauptet, er habe Stevendahl ins Jahr 1315 transferiert?«

»Ja, das hat er.«

»Denkst du, er hat gelogen?«

»Ich weiß es nicht. Ich weiß nur, dass weder Stevendahl noch die anderen in den letzten zehn Jahren weltweit irgendwo in Erscheinung getreten sind.«

»Was ist mit Colbach? Wurde er schon befragt?«

»Nein. Ich fürchtete, er könnte die anderen warnen. Ich habe sofort bei unseren Kollegen in Ramstein angerufen. Wir lassen ihn und seine Familie seit heute Mittag überwachen.«

Die Tür ging auf, und Daisy kam mit dem Kaffee herein. »Koffeinfrei. Etwas anderes haben wir gar nicht mehr im Haus.«

Während sie, ganz die treusorgende Ehefrau, die weißen Porzellantassen mit dem dampfenden Gebräu füllte, hielt es Jack kaum noch in seinem Sessel. Er war nicht hergekommen, um endlos lange zu beraten. Er wollte los, etwas bewirken, bevor es zu spät war.

Lafour nahm einen Schluck, und komplimentierte seine Staatsanwältin mit einem zuckersüßen Lächeln, das er nur bei ihr aufsetzte und das Jack ein bisschen wahnsinnig erschien, nach draußen. Kaum war sie weg, sprang er unerwartet vital auf und ging zum Bücherregal.

»Verzeih mir«, murmelte er verschwörerisch. »Ich bin ein bisschen aufgeregt und benötige ein stärkeres Beruhigungsmittel, von dem Daisy nichts zu wissen braucht.«

Jack unterdrückte einen nervösen Seufzer. Er saß sprichwörtlich auf heißen Kohlen und wünschte sich nichts sehnlicher, als dass Lafour endlich eine Entscheidung traf und die entsprechenden Stellen informierte, die Jack zu seiner Unterstützung benötigte.

Aber anstatt den Präsidenten anzurufen, zog Lafour eine historische Abhandlung über die Ritterorden und ihre Organisationsformen im Mittelalter aus dem Bücherregal und fuhr mit einer Hand in die entstandene Lücke hinein. Jack war nicht sonderlich überrascht, als er nach längerem Tasten eine bauchige Flasche zum Vorschein brachte. Nur das Alter des Whiskys überraschte ihn.

»Ein Bowmore 1957«, erklärte Lafour und präsentierte ihm mit einem bedeutungsvollen Blick das unscheinbare Etikett. »Hundertzwanzigtausend Dollar. Einen solchen Tropfen nimmt man natürlich nicht alle Tage zu sich. Aber dies ist doch wohl ein besonderer Anlass, oder willst du das etwa bestreiten, Jack?«

»Nein«, erwiderte er und verkniff sich ein Grinsen, als Lafour sich von dem Whisky etwas in seinen Kaffee schüttete und dann noch einmal die Flasche hob. »Du willst doch sicher auch einen?«

»Danke, nein«, beeilte sich Jack zu sagen, für dessen Verständnis es erst etwas zu feiern gab, wenn er die betreffenden Personen festgesetzt hatte und sie zum Verhör in seinem Labor in Maryland saßen. »Ich bin ohne Fahrer hier«, begründete er seine Abstinenz.

Während Lafour genüsslich seinen Kaffee schlürfte (die Flasche hatte er pflichtschuldigst wieder hinter dem Bücherregal verschwinden lassen), rutschte Jack ungeduldig auf seinem Sessel herum.

»Ich lasse dir freie Hand«, sagte Lafour, nachdem er einen weiteren Schluck genommen hatte. »Schick ein Seal-Kommando hin. Aber sag den Leuten, sie sollen mit äußerster Vorsicht vorgehen und keinesfalls ohne Rücksprache die russische Grenze überqueren. Schließlich wollen wir den Dritten Weltkrieg verhindern und ihn nicht am Ende mit einer solchen Aktion auslösen.«

»Selbstverständlich, Alex«, versicherte Jack ihm. »Ich tue alles, was nötig ist, und halte dich auf dem Laufenden.«

»Das will ich hoffen«, erwiderte Lafour. Er räusperte sich. Dabei blickte er einen Moment zur Seite, als ob er sich konzentrieren müsste. »Sag unseren Leuten, wenn sie Tom Stevendahl erwischen, sollen sie pfleglich mit ihm umgehen. Vielleicht brauchen wir ihn noch. Wir benötigen dringend seine Aussage darüber, wie es ihnen allen ohne Server gelingen konnte, in die heutige Zeit zurückzukehren. Außerdem will ich, dass du Colbach mobilisierst. Er ist der Einzige, der sich mit dem C. A. P. U. T.-Rechner auskennt. Wir können uns keine weiteren Fehler erlauben.«

»Aber da wäre noch Mabel Mason …«, brachte Jack ihre neue, äußerst engagierte Quantenphysikerin ins Spiel. »Wäre es nicht an der Zeit, sie endlich in unsere alten Experimente einzuweihen?«

»Warte noch damit, bis ihr Stevendahl erwischt habt. Dann setz die Kleine auf ihn an. Mit ihrer attraktiven Erscheinung wird sie ihn leicht um den Finger wickeln. Ich bin sicher, unser dänisches Superhirn wird ihr nach kürzester Zeit aus der Hand fressen und ihr alles beibringen, was sie benötigt, um ihn vollständig ersetzen zu können.«

»Dafür müssen wir ihn und die anderen erst einmal haben«, sagte Jack düster.

»Wir schicken die Seals, die werden das schon zu unserer Zufriedenheit erledigen. Wer in der Lage ist, den meistgesuchten Terroristen der Welt aus dem Bett zu scheuchen, dem dürften ein verpeilter Wissenschaftler und ein paar ungehobelte Templer garantiert keine Probleme bereiten.«

»Ich werde alles tun, was möglich ist«, versprach Jack und schaute Lafour eindringlich in die Augen. »Schließlich habe ich selbst ein Interesse daran, diese sagenumwobene Höhle mit ihrem magischen Inhalt wiederzufinden.«

KAPITEL 8

NOVEMBER 2015 –

NORWEGEN / KIRKENES / ANSELMS RANCH

Späte Einsichten

Nachdem sie den Hummer auf der weitläufigen verschneiten Fläche vor Anselms Haupthaus geparkt hatten, kamen Hannah und Freya ihnen aus dem dreistöckigen Gebäude entgegengehastet.

»Es gab einen Unfall«, erklärte Anselm mit leiser Stimme, wobei er den Blick abwandte, weil er fürchtete, dass darin das ganze Drama zu lesen war. »Lasst uns ins Haus gehen, dann erzähle ich den Rest.«

»Was ist mit Malin? Ist sie im Krankenhaus?« Hannah, die sich mit Anselms spärlicher Einlassung nicht zufriedengeben wollte, warf einen Blick auf Tom, der aussah, als ob er an einem Boxkampf teilgenommen hatte. Seine Nase war blutverschmiert und geschwollen. »Du meine Güte, was ist denn mit dir passiert?« Er hatte sich zwei Tampons aus Taschentüchern gedreht und in die Nasenlöcher gestopft und den Kopf in den Nacken gelegt.

Sie starrte Gero an, der einen unschuldigen Blick aufsetzte, was ihr verdächtig genug erschien. »Wart ihr an dem Unfall beteiligt?«

»Nein«, brummte er nur und blieb ihr weitere Antworten schuldig.

Hannah runzelte die Stirn und fasste ihn am Arm. »Nun lass mich doch nicht so im Ungewissen. Was ist da draußen passiert?«

»Später«, meinte er rau. Die Art, wie er sie stumm an sich drückte und sie anschaute, als ob jeden Moment die Welt untergehen könnte, machte ihr Angst. So sah er nur aus, wenn etwas ganz und gar nicht in Ordnung war.

Nicht nur Gero sah vollkommen niedergeschlagen aus. Auch die anderen vermittelten den Eindruck, als hätten sie soeben einen Kampf auf Leben und Tod verloren. Hannah schmiegte ihre Hand in Geros, das Einzige, was sie im Moment tun konnte, um ihm Halt zu geben.

Anselm führte sie alle direkt in die eigens eingerichtete Kapelle. Auf dem Weg sammelte er alle anderen ein, die im Haus auf ihre Rückkehr gewartet hatten. Im Andachtsraum angekommen, forderte er sie auf, sich hinzusetzen, und wartete einen Moment, bis Ruhe eingekehrt war. Erst danach zündete er eine Kerze an, die auf einem massiven silbernen Leuchter auf dem Altar stand und eine milde lächelnde Mutter Gottes illuminierte, die auf einer Mondsichel balancierte. Schließlich schaute er mit verbitterter Miene in die angespannten Gesichter und berichtete mit gedämpfter Stimme, was geschehen war. Ein Raunen ging durch die Anwesenden, hier und da auch ein Aufschluchzen bei den Frauen. Keine von ihnen konnte Malins Tod begreifen. Gesa hatte zu weinen begonnen.

Hannah klammerte sich an Geros Arm, nicht fähig, einen klaren Gedanken zu fassen. Anselm Ausführungen hatten sie sprachlos gemacht. Die Frage beschäftigte sie, ob sie das Unglück nicht hätte verhindern können, wenn sie sich intensiver um Malin gekümmert hätte.

Auch Rona hatte aufmerksam zugehört. Sie war am Eingang zur Kapelle stehen geblieben und schien in Gedanken versunken.

»Ist es nicht möglich, einen Transfer zu versuchen?«, fragte Johan in die Stille hinein und sprach damit aus, was wohl die meisten von ihnen dachten. »Wir könnten den Unfall vielleicht ungeschehen machen, indem wir in der Vergangenheit nach ihr suchen und sie hierher transferieren, bevor sie das Gelände verlässt.«

Rona kniff die Lippen zusammen. »Ich glaube nicht, dass das funktioniert. Ihre DNA-Sequenzen habe ich noch in Toms Server gespeichert, aber ich müsste sie kurz vor ihrem Tod erfassen und hierher transferieren. Aber der Erfassungskorridor ist ziemlich eng, weil sie nicht zweimal existieren kann.«

»Wenn sie tot ist, ändert sich die energetische Struktur ihres Körpers, was eine doppelte Anwesenheit durchaus möglich macht, da die energetischen Strukturen eines toten Menschen anders schwingen als die eines lebendigen«, warf Tom unvermutet ein. Mit einem Mal war er erstaunlich bemüht, vielleicht um seinen Fehler, sich nicht um Malin gekümmert zu haben, wieder gut zu machen.

»Es fällt mir schwer, mir vorzustellen, dass das funktioniert«, gab Anselm zu bedenken. »Aber wir alle wünschen uns nichts mehr, als ihren Tod ungeschehen zu machen. Deshalb sollten wir alles versuchen, was möglich ist.«

Wenig später startete Rona den Server in der Halle, in der schon Stephano transferiert worden war. Tom assistierte ihr, während die anderen angespannt draußen warteten.

Nach einigen erfolglosen Versuchen gab Rona mit einem genervten Seufzer auf.

»Ich hatte es befürchtet«, murmelte sie mit einem gequälten Lächeln. »Es funktioniert nicht. Ich bekomme kein ausreichendes Signal, um ihren Körper erfassen zu können und kann somit die transferierte Materie nicht in die vorhandenen Strukturen einfügen.«

Tom warf ihr einen verunsicherten Blick zu. Es war das erste Mal, dass er mit den geänderten Programmfunktionen arbeitete.

»Das bedeutet, du kannst Malins Energie in der Suchfunktion des Gerätes sehen, aber nicht scannen?«

»Genau, siehst du hier?« Rona deutete auf einen rot leuchtenden Punkt in der blaugrünen Grafik, die ein Netz aus verschlungenen Dreiecksmustern zeigte, das die fließend ineinander übergehenden Zeitebenen darstellte und die darin eingebundenen Objekte, die man wie Filmsequenzen ausschneiden konnte. Mit dem Unterschied, dass sie damit auch aus den nachfolgenden Sequenzen verschwanden. »Aber du siehst, der Cut wird nicht in den Transferspeicher verschoben und kann somit nicht in unsere Ebene geliefert werden. Ich kann dir nicht genau sagen, warum es nicht funktioniert«, gab sie unumwunden zu. »Ich fürchte nur, meine Theorie verfolgt den richtigen Ansatz. Seit wir in der Höhle der Templer auf dem Sinai waren, bin ich mir sogar ziemlich sicher, dass wir, du und ich, als Beobachter Teil des Vorgangs sind. Schrödingers Katze ist tot, wenn man erwartet, dass die Katze tot ist. Sie hat nur eine Chance zu überleben, wenn die Beobachter des Experiments die unumstößliche Gewissheit in sich tragen, dass sie überlebt hat, sobald sie die Box öffnen.«

»Das bedeutet in der Konsequenz«, führte Tom ihre Überlegungen weiter aus, »der alte Templer in Schottland hatte recht. Die Realität wird vom unmittelbaren Beobachter in einem erheblichen Maß beeinflusst. Wenn seine Überzeugung, dass die Dinge sich in eine gewisse Richtung entwickeln, stark genug ist, passt die Realität sich an. Das bedeutet, wenn wir beide unterbewusst davon überzeugt wären, Malin transferieren zu können, könnte es klappen.«

»So einfach ist es leider nicht«, widersprach Rona und brach den Transferversuch mit einem resignierten Seufzer ab. »Die Kontrolle über unser eigenes Bewusstsein ist offenbar nicht stark genug, um in die uns umgebenden Prozesse eingreifen zu können. Die Einflussnahme läuft über eine zweite Ebene, an die man nur rankommt, wenn der Verstand abgeschaltet ist und man trotzdem wach und klar bleibt. Das können nur Menschen, die über eine Art absoluter Geisteskontrolle verfügen. Was noch nicht mal mir gelingt, obwohl an unseren Hirnen verdammt viel herummanipuliert wurde. Selbst Lion hat nicht die leiseste Ahnung davon, auf welcher Grundlage das Universum Raum und Zeit organsiert. Seit ich Bekanntschaft mit der Höhle der Templer gemacht habe, weiß ich, dass wir etwas ganz Großem auf der Spur sind, das momentan noch jenseits unserer Vorstellungskraft liegt. Aber das könnte sich ändern, wenn wir den Schlüssel dazu finden.«

»Vielleicht hättest du Lion doch von unseren Erlebnissen in Schottland erzählen sollen? Möglicherweise hätte er Schlüsse daraus ziehen und sie experimentell umsetzen können? So wie du über ihn sprichst, ist er doch in erster Linie ein Wissenschaftler und macht das alles nur, um der Welt und den Menschen nützlich zu sein.«

»Es geht hier nicht um den Server, Tom, und ein paar Zeitreisen, von denen bisher niemand weiß, ob sie die Geschehnisse verändern können«, entgegnete sie beinahe andächtig. »Es geht um weit mehr als das. Es geht um uneingeschränkte Macht. Wer eine größere Menge des Gesteins besitzt, kann als Einzelner mehr Einfluss auf das Weltgeschehen nehmen als alle Armeen zuvor. Mit dessen Strahlung umgeht man die Kontrollinstanzen des menschlichen Bewusstseins und kann mit seiner ungezügelten Vorstellungskraft direkt auf die Realität Einfluss nehmen. Wobei es verheerend sein kann, wenn man seinen oberflächlichen Vorstellungen unkontrolliert freien Lauf lässt. Das ist der Grund, warum die Templer diese Kraft nicht genutzt haben. Sie ist brandgefährlich. Du hast es selbst erlebt, als Sir Walter uns mit der Bundeslade konfrontiert hat und die passende Geschichte dazu auf Lager hatte. Ich traue niemandem zu, nicht mal Lion, auf Dauer der Versuchung widerstehen zu können, diese Macht allein für sich selbst nutzen zu wollen. Diese hochkomplexe Möglichkeit der Einflussnahme in quantenphysische Abläufe des Universums in den Händen von jemandem, der keine Ahnung hat, könnte die Welt, so wie wir sie kennen, am Ende komplett zerstören.«

»Ich weiß, wovon du sprichst«, bemerkte er nachdenklich. »Ich habe diese Erfahrung selbst gemacht, als ich in den schottischen Highlands das Kreuz und zugleich Malin angefasst habe. Ich habe die Nordmänner in Malins Erinnerung, die sie als wilde Barbaren verschleppt haben, direkt vor mir gesehen. Wie sie auf uns einstürmten und uns bedrohten.

Am Ende lag eine materialisierte Streitaxt neben mir, die sich anscheinend durch unsere gemeinsame Vorstellung in Verbindung mit dem Kreuz materialisiert hatte und als Beweis des ganzen Zaubers übriggeblieben war. Die Templer würden das wahrscheinlich einen Akt Gottes nennen. Aber ich werde erst an einen solchen Gott glauben, wenn feststeht, dass diese Abläufe nicht berechenbar sind.«

»Hat es funktioniert?« Hannah kam ihnen in der tief stehenden Nachmittagssonne mit einer angespannten Miene entgegen, nachdem Rona und Tom unverrichteter Dinge aus der Lagerhalle aufgetaucht waren.

Sie und die anderen hatten draußen in der Kälte ausgeharrt, mit der Hoffnung, dass Malin am Ende heil und unversehrt transferiert werden konnte. Doch Tom musste sie enttäuschen. »Nein«, verkündete er knapp, und ihm war anzusehen, dass er diesen Umstand tatsächlich zutiefst bedauerte.

»Wir haben getan, was wir konnten«, pflichtete Rona ihm bei, den Server in der Hand, als ob es sich nur um einen gewöhnlichen Laptop handelte.

»Warum war es nicht möglich?« Nicht nur Freya war die Enttäuschung anzusehen.

»Wir können es nur vermuten«, erklärte Rona. »Ich weiß nicht, ob es euch hilft, wenn ich meine Theorien wiederhole. Realität scheint eine sehr individuelle Sache zu sein, die über unser individuelles Bewusstsein an das universelle Bewusstsein gekoppelt ist. Möglicherweise ist das Universum, in dem wir leben, in Wahrheit nur eine Illusion, der wir alle erliegen. Und wir sind nicht imstande, diese Illusion zu lenken, solange wir nicht die Mittel dazu haben, sie direkt zu beeinflussen. Vielleicht war es das, was uns die ersten Templer in der Höhle auf dem Sinai verständlich machen wollten.«

»Diese endlosen Erklärungsversuche ohne Sinn und Verstand bringen uns ohnehin nicht weiter«, rief Ralph of Bulford ärgerlich. »Gott will es nicht, so einfach ist das. Ohne seinen Willen geschieht nichts auf Erden. Wann kapiert ihr das endlich?«

»Amen«, näselte Tom in die verzweifelte Stille hinein.

»Wir sollten hineingehen und für Malin beten«, schlug Gero vor.

»Ich verstehe das alles nicht«, bekannte Totty ehrlich und kratzte sich seinen rotbraunen Schopf.

»Das musst du auch gar nicht«, mischte Ralph of Bulford sich ein und fuhr mit einem verschwörerischen Unterton fort. »In meinen Augen ist es sowieso alles Teufelswerk, auf das der Orden sich gar nicht hätte einlassen dürfen. Ich muss unentwegt an Sir Walter denken. Er hat für das Wissen um das Geheimnis mit dem Tod bezahlt, und auch wir wären beinahe draufgegangen. Ich sag euch was, alles was mit der Bundeslade und dem geheimnisvollen Gestein zu tun hat, bringt nur Tod und Verdammnis. Und wenn ihr mich fragt, war allein das der Grund, warum der Orden vernichtet wurde. Also lasst endlich die Finger davon, in drei Teufels Namen!«

»Die verdammte Maschine hat unser Leben gerettet«, verteidigte Arnaud den Server. »Und nur weil wir die Hintergründe nicht verstehen, heißt das noch lange nicht, dass sie grundsätzlich schlecht ist.« Wahrscheinlich ist es wie mit den Offenbarungen in der Heiligen Schrift«, bemerkte Arnaud mit einem fatalistischen Unterton. »Man versteht sie erst, wenn man nicht mehr auf dieser Welt ist, sondern in einer jenseitigen.«

»Du meinst, wir sollten besser alle sterben, um die Hintergründe zu verstehen?«, ätzte Ralph mit einem zynischen Grinsen.

»Hört endlich auf zu streiten!«, entfuhr es Amelie mit tränenerstickter Stimme. »Malin könnte noch leben, wenn ihr euch nicht nur mit diesen verdammten Maschinen beschäftigt hättet, sondern mit den Menschen, die sie hierhergebracht hat. Im Übrigen bin ich diese ständigen Hiobsbotschaften leid. Wann werden wir endlich ein normales Leben führen können, ohne ständig von Tod und Teufel bedroht zu sein?«

»Ich fürchte«, antwortete ihr Brian of Locton mit einem schmerzlichen Lächeln, »um das zu vermeiden, hättest du dir keinen Templer als Ehemann aussuchen dürfen. Ich kann mich jedenfalls nicht erinnern, dass es jemals ruhig und gemütlich war, seit ich dem Orden beigetreten bin.«

»Ich glaube, wir sollten uns erst mal alle ein wenig ausruhen«, schlug Anselm vor. »Spätestens nach dem Abendessen werden wir darüber beraten, wie wir an Malins Leiche herankommen und wo wir sie christlich beerdigen können.«

»Ich kann nicht fassen, dass Malin tot sein soll«, wisperte Hannah, nachdem Gero am Abend zu ihr ins Appartement zurückgekehrt war. Er und die anderen Templer hatten sich mit Anselm nach der Vesper noch einmal in der Kapelle zum Gebet getroffen und überlegt, wie sie an Malins Leiche herankommen sollten, um sie in geweihter Erde zu begraben.

»Wir sind noch zu keinem Ergebnis gekommen«, erklärte er resigniert, während er sich seiner Jacke und seiner Stiefel entledigte. »Anselm meinte, wir müssen erst mal herausfinden, wo sich die Leiche befindet. Und da die Offiziellen sie nicht freiwillig und ohne Fragen zu stellen herausrücken, muss ein anderer Weg gefunden werden. Wie wir genau an die Sache rangehen können, will Anselm morgen früh mit uns besprechen«, erklärte ihr Gero tonlos. Er sah erschöpft aus, obwohl er sich gefasst gab. »Es ist das Letzte, was wir für sie tun können«, murmelte er und seufzte schwer.

»Es tut mir so leid«, wisperte Hannah und umarmte ihn fest.

»Mir auch«, raunte er und küsste sie auf den Scheitel.

Nach dem sie geduscht hatte, zog Hannah ihr Nachthemd an und setzte sich abwartend aufs Bett. Gero kniete in Unterwäsche vor einer kunstvoll geschnitzten Madonna auf einem kleinen Altar und verrichtete sein übliches Nachtgebet. Hannah beobachtete ihn, während er seine lateinischen Verse murmelte, und dachte, wie viel mehr Trost er in seinem Glauben fand als sie selbst.

Als ob er ihre Zweifel gespürt hätte, bekreuzigte er sich, stand auf und setzte sich zu ihr. Sanft ergriff er ihre Hände und suchte mit seinen himmelblauen Augen ihren Blick. »Ich liebe dich«, hauchte er und küsste sie auf die Stirn.

»Malins Tod macht mich vollkommen fertig«, bekannte sie leise. »Ich kann an nichts anderes mehr denken.«

Erst jetzt ließ sie ihren Tränen freien Lauf.

»Wenn du mit mir darüber reden willst, nur zu.« Er nahm sie in die Arme und drückte sie sanft. »Ich fühle mich auch nicht besser.«

»Zu wissen, dass sie auf diese schreckliche Weise gestorben ist und sie womöglich noch nicht mal angemessen beerdigen zu können, macht mich ganz krank.« Mit einer fahrigen Bewegung wischte sich Hannah eine Träne von der

Wange und strich eine Haarsträhne hinters Ohr, die sich aus ihrem kastanienroten Pferdeschwanz gelöst hatte.

Gero schaute auf sie herab und schluckte hart, nicht sicher, ob sein Mitgefühl nicht alles noch viel schlimmer machen würde.

»Ich hatte gehofft, dass Rona mit dem Transfer Erfolg haben würde, nicht nur wegen Malin, sondern auch wegen meinem Vater«, bekannte er leise. »Aber Gott hat sich anscheinend etwas dabei gedacht, dass man Tote nicht einfach wieder zum Leben erwecken kann.«

»Der Tod deines Vaters erscheint mir ebenfalls wie ein nicht enden wollender Alptraum. Vor allem die grausamen Umstände«, wisperte sie. »Ich mag mir nicht vorstellen, dass Gott so etwas will. Schließlich hat er auch uns beide zusammengebracht. Obwohl das unter normalen Umständen nicht möglich gewesen wäre«, argumentierte sie verbissen. »Und trotzdem ist es passiert. Warum also soll es nicht möglich sein, den Tod eines Menschen mit einem Transfer zu verhindern?«

»Weil es selbst dabei anscheinend ein paar unumstößliche Gesetze gibt. Ob sie von Gott gemacht sind oder vom Teufel, sei einmal dahingestellt ...«

»Aber Sir Walter und das Kreuz ...«, stammelte sie. »Hat er nicht immer behauptet, das Kreuz könne Tote zum Leben erwecken?«

»Aber nur, wenn sie noch nicht lange tot sind und auch nur dann, wenn derjenige, der das Kreuz in Händen hält, seinen Geist insoweit beherrscht, dass er mit seiner Vorstellungskraft die Realität zu beeinflussen vermag, ohne durch die Strahlung des Steins zu verbrennen. Außerdem haben wir kein Kreuz. Es hatte seinen Grund, warum wir die Lade mitsamt ihrem Inhalt so tief unter der Erde verscharrt haben, damit selbst in tausend Jahren niemand davon Kenntnis erlangt. Es hat keinen Zweck, Hannah«, fügte er mit rauer Stimme hinzu, »zu versuchen, Gott ins Handwerk zu pfuschen. Der Mensch ist dafür nicht geschaffen. Ihm fehlen der Verstand, all das zu begreifen, und der Geist, diese unerklärliche Welt zu beherrschen. Am Ende läuft es immer auf das Gleiche hinaus: Niemand kann sagen, warum Gott unsere Geschicke in die eine oder andere Richtung lenkt. Bis wir es vielleicht eines Tages erfahren, hat der Verlauf unseres Schicksals nur eine Bedeutung, weil wir ihm eine verleihen. Nicht mehr und nicht weniger.«

»Und welche Bedeutung hat all das, was bisher geschehen ist, für dich?«

Gero schaute ihr tief in die lindgrünen Augen, die ihn noch immer faszinierten wie bei ihrer ersten Begegnung, als sie ihn im Herbst 2004 in einem Hospital ihrer Zeit besucht hatte, während er festgeschnallt und völlig verzweifelt in diesem fremdartigen Bett lag und fürchtete, sein Leben sei vorbei. Damals hatte er nicht gewusst, ob ihr aufrechter Blick hielt, was er versprach. Ob er ihr trauen konnte, nachdem sie ihm zur Flucht aus dem Hospital verholfen hatte. Inzwischen hegte er daran nicht mehr den geringsten Zweifel.

»Für mich hat alles, was bisher geschehen ist, nur eine Bedeutung«, murmelte er mit sanfter Stimme und küsste sie zärtlich. »Ohne Gottes Wille wären wir uns nicht über den Weg gelaufen. Ich wäre als einsamer, verbitterter Templer gestorben, und du hättest dich wahrscheinlich noch immer über Toms rücksichtsloses Verhalten gegrämt.«

»Wie hätten wir uns auch begegnen sollen?«, bemerkte sie nachdenklich. »Zwischen uns lag eine Kluft von siebenhundert Jahren. Seit wir uns kennen, habe ich manches Mal darüber nachgedacht, wie traurig es ist, dass man all die vielen wunderbaren Menschen, die in anderen Epochen gelebt haben, niemals treffen wird.«

»Umso sicherer bin ich mir«, fügte er mit einem wehmütigen Lächeln hinzu, »dass alles, was uns widerfahren ist, von Gott gewollt war und wir füreinander bestimmt sind. Ich bin ihm dankbar, dass er mich auserwählt hat, dir ein guter Mann und unserem Kind ein guter Vater zu sein. Ganz gleich, in welcher Zeit wir uns befinden. Das ist mir heute im Angesicht von Malins Tod einmal mehr bewusst geworden.«

Obwohl Hannah hundeelend zumute war, zog sie Geros Kopf zu sich herab und küsste ihn, wobei sie noch immer mit den Tränen kämpfte. Doch diesmal nicht aus Trauer, sondern aus Rührung. Sie wollte es ihm nicht schwerer machen, als es ohnehin schon war. Stattdessen legte sie, wie um sich selbst zu beruhigen, ihre Hand auf ihren Babybauch, der beinahe ihr hellblaues Nachthemd sprengte.

Gero legte seine viel größere Hand auf ihre, und gemeinsam spürten sie das neue Leben, das sich mit kleinen Tritten bemerkbar machte.

»Ganz gleich, was noch geschieht«, murmelte Gero und streichelte die enorme Wölbung. »Dort drin wächst unsere gemeinsame Zukunft heran. Sie zu behüten und ihr all unsere Liebe zu schenken, ist alles, was zählt.«

Bis zur Geburt des Kindes würden noch gut vier Wochen vergehen, aber gefühlt waren es nur noch wenige Tage, so prall und hart wirkte ihr Bauch. Gero senkte seinen Kopf und küsste zärtlich Hannahs Nabel.

Sie stieß einen lang gezogenen Seufzer aus und kraulte sein dichtes blondes Haar, was ihn ebenso zu entspannen schien wie sie selbst.

»Am besten legen wir uns schlafen«, riet er ihr, als er sich wieder aufrichtete und ihr liebevoll in die Augen schaute. »Der Tag war ziemlich anstrengend. Ich kann mir gut vorstellen, wie sehr dich das alles mitnimmt. Aber es ist nicht gut für dich und für das Kind, wenn du dich zu sehr grämst und andauernd grübelst.« Bevor sie protestieren konnte, war er schon dabei, die Decke aufzuschlagen und ihr die Kissen zurechtzurücken. »Es liegt alles in Gottes Hand. Wir sollten ihm vertrauen, dass er unser Leben am Ende in die richtigen Bahnen lenkt.«

Während sie auf der Matratze zur Seite rutschte, damit er sich später neben sie legen konnte, stand Gero auf und ging ins Bad. Kurz danach kam er vollkommen nackt wieder zum Vorschein. Er löschte das elektrische Licht und stieg zu ihr ins Bett. Nachdem er sie ordentlich zugedeckt hatte, zog er sie unter der Daunendecke in seine Arme. Sie bettete ihren Kopf auf seinem ausgestreckten Arm und schaute ihn im spärlichen Licht des Feuers eindringlich an. »Tom hätte besser auf Malin aufpassen müssen. Wir alle hätten besser auf sie aufpassen müssen.«

»Tom kann nichts dafür«, widersprach er ihr und schaute sie ernst an. »Obwohl er nicht zu meinen Favoriten gehört und ich ihm beinahe das Nasenbein gebrochen hätte, weil ich so wütend auf ihn war. Aber das hatte andere Gründe.«

»Jetzt überraschst du mich aber.« Hannah hatte Mühe, ruhig zu bleiben. Sie verstand inzwischen genug Mittelhochdeutsch und hatte daher verfolgen können, wie Johan zu Freya gesagt hatte, dass der Anblick des toten Mädchens Tom offenbar nicht sehr berührt hatte. »Je länger ich ihm zuhöre, umso weniger begreife ich, wie ich mich so in ihm täuschen konnte.«

»Die Sache mit Malin hat nichts mit Tom zu tun«, begann Gero von Neuem und schaute ihr geradewegs in die Augen. »Malin gehörte hier nicht hin. Nicht in diese Zeit und nicht an diesen Ort. Sie war todunglücklich, und Tom konnte weder verstehen, was in ihr vorging, noch ihr Unglück verhindern. Er war genauso überfordert wie das Mädchen. Die Veränderungen, mit denen Malin sich auseinandersetzen musste, waren so groß, dass ihre Seele sie nicht zu bewältigen wusste. Ich bin ja selbst fast verzweifelt, nachdem ich damals in deiner Zeit gelandet bin und feststellen musste, dass alles anders ist, als ich es kannte. Wenn du mich nicht wie selbstverständlich bei dir aufgenommen und mir alles mit einer Engelsgeduld erklärt hättest, wäre ich sicherlich verzweifelt. Wie hätte Malin das schaffen sollen? Ohne einen Menschen, der sie liebte und für den es sich lohnte, all das auf sich zu nehmen? Hinzu kommt, dass sie kein Templer war. Unsereins war ja schon mit einigen Mysterien vertraut oder zumindest aufgeschlossen dafür. Aber für Malin war das alles unbegreiflich. Dass sie von diesem großen Wagen überfahren wurde, sagt doch schon alles. Sie hatte kein Gespür für die Gefahren, die hier lauern. Niemand hätte sie auf Dauer zu schützen vermocht. Dafür hättest du sie einsperren müssen wie ein wildes Tier, das es gewohnt ist, draußen in der Wildnis zu leben, und das eingeht, wenn du es in einen Käfig sperrst. Oder wie eine wilde Pflanze, die im heimischen Garten einfach nicht gedeihen will.«

»Was willst du mir damit sagen?«, fragte Hannah, die plötzlich wachsam geworden war und in seinen blauen Augen eine Antwort suchte. »Soll das heißen, dass es dir genauso ergeht und du hier nicht bleiben willst?« Sie verschluckte sich fast vor Angst, während sie spürte, wie ihr

Herz schneller schlug. »Rona hat es ja bereits angedeutet. Sie überlegt, euch wieder in die Vergangenheit zu schicken, um noch einmal den Versuch zu unternehmen, den Templerorden zu retten. Wobei ich nicht glauben kann, dass das gelingt. Der Orden ist genauso tot wie Malin.«

»Das mag sein«, erwiderte Gero mit einem bitteren Ausdruck in der Stimme. »Aber um ehrlich zu sein, möchte ich die Hoffnung nicht aufgeben, solange noch eine winzige Chance besteht, die Geschichte neu zu schreiben. Und ich denke daran, dass wir vielleicht ein paar tapfere Männer und Frauen vor dem Scheiterhaufen oder der Folterkammer retten können. Wem Gott eine solche Aufgabe zuerkennt, den wird er auch mit aller Macht unterstützen.«

Hannah fiel es schwer, ihre Enttäuschung zu verbergen. »Ich habe mir schon gedacht, dass du bereitwillig dabei sein wirst. Ganz egal, was mit mir und dem Kind wird. Denkst du vielleicht am Ende, ich sitze gerne hier in dieser eisigen Einöde, und warte, bis du von deinen Abenteuern zurückkehrst? Oder auch nicht? Denn man weiß ja nie, wie der Server sich entscheidet. Ob eine Rückkehr von wo auch immer überhaupt möglich ist. Ganz abgesehen davon, dass du bei diversen Kämpfen und Auseinandersetzungen getötet werden könntest.«

Gero wusste, dass sie recht hatte und dass er ihr mit seiner Überzeugung, weiter für die Rettung des Ordens kämpfen zu wollen, Angst machte. Ihre feinen Gesichtszüge wirkten im flackernden Kaminfeuer mit einem Mal wie versteinert.

»Nein, nein, nein«, versicherte er ihr mit sanfter Stimme und streichelte ihre Wange, wie um ihre Anspannung zu lösen. »Um nichts in der Welt will ich von dir und dem Kind getrennt sein.« Ohne Vorwarnung verstärkte er seinen Griff.

»Ich würde dich doch nicht einfach zurücklassen, zumal wir bald zu dritt sind?«

»Ich kenne dich gut genug, um zu wissen, dass du deine Kameraden nicht im Stich lassen würdest, wenn Rona einen Einsatz in der Vergangenheit mit euch plant, um den Orden oder deine Brüder zu retten.«

»Wahrscheinlich hast du recht«, murmelte er und wich ihrem fragenden Blick aus. »Aber im Moment gibt es weder konkrete Pläne, noch haben wir darüber gesprochen, wie ein solcher Einsatz aussehen sollte. Wenn überhaupt, werden wir das mit Rona gemeinsam entscheiden. Sie ist nicht General Lafour und kann uns weder zu einem solchen Schritt zwingen noch uns irgendwelche Befehle erteilen.«

»Aber wenn ein Transfer auch nur einen deiner Kameraden retten könnte, wärst du auf jeden Fall mit dabei.«

»Was willst du denn hören?«, raunte er resigniert. »Dass ich die Idee, noch einen Versuch zu unternehmen, irrsinnig finde? Ja, es ist auf eine Weise irrsinnig. Aber ich hätte es für genauso irrsinnig befunden, wenn man mir im Sommer 1307 prophezeit hätte, eine Frau aus der Zukunft zu heiraten, mit ihr ein Kind zu haben und im Jahr 2015 zu leben.«

»Aber wenn der Orden gerettet würde, wärst du wieder ein Tempelritter mit allen Konsequenzen, das heißt, du müsstest dich an die Regeln halten, und die verbieten dir nun mal, eine Frau zu haben.«

Während Hannah, unzufrieden über den Verlauf der Diskussion, die Stirn runzelte, versuchte Gero, sie mit einem Lächeln zu besänftigen.

»Es weiß doch noch niemand, ob uns eine solche Veränderung überhaupt gelingen kann. Vorher will ich mir keine Sorgen darüber machen, und das solltest du auch nicht.«

Er spürte, wie sich Hannah in seinen Armen ein wenig entspannte und das Kind in ihrem Bauch zu treten begann, als ob es ihm sagen wollte, dass er lieber das Thema wechseln sollte.

»Kaum lege ich meine Hände auf deinen Leib, tritt sie nach mir«, beschwerte er sich mit einem leisen Lachen. »Offenbar hält sie nicht allzu viel von ihrem Vater.«

»Sie wird dich noch abgöttischer lieben als ich, aber sie wird kein Verständnis dafür haben, wenn du ohne Rücksicht auf sie dein Leben aufs Spiel setzt«, versicherte Hannah ihm und schaute ihn ernst an. »Ich will nicht, dass sie ohne Vater aufwächst, und schon gar nicht ohne einen wie dich.«

»Ich weiß«, murmelte er. »Ich bin auch mein halbes Leben ohne Vater aufgewachsen, weil er meistens unterwegs war, um irgendwelche Lehenspflichten zu erfüllen. Meine Mutter blieb jedes Mal allein mit uns Kindern zurück, verbunden mit der Frage, ob man sich überhaupt lebend wiedersieht. Sie hat andauernd in der Kapelle gesessen und gebetet. Manchmal kam sie mit rotgeweinten Augen zum Abendessen, und Elisabeth und ich haben es nicht gewagt, nach dem Grund zu fragen. Ob sie vielleicht eine schlechte Nachricht über den Verbleib unseres Vaters erhalten hatte. Dann waren wir froh, dass wir einander hatten und uns gegenseitig Mut zusprechen konnten.«

Hannah horchte auf. Er sprach selten von seiner ersten Frau, die noch ganz jung im Kindbett gestorben war. Aber sie wusste aus seinen wenigen Erzählungen, dass sie sich bereits als Kinder gekannt hatten, weil seine Eltern das Mädchen mit acht Jahren adoptiert hatten. Damals war er zwölf gewesen, als sein Vater die Kleine von seinem verlorenen Kreuzzug aus Akko mitgebracht hatte. Schon auf den ersten Blick hatte Gero sie ins Herz geschlossen. Sie war von Jugend an seine große Liebe gewesen, und Hannah fragte sich, ob sie je an diese Liebe heranreichen konnte. Als hätte er ihre Gedanken erraten, küsste er sie gerade in diesem Moment auf den Mund. »Ich will dir keine unnötigen Sorgen bereiten«, flüsterte er nach einem lang anhaltenden süßen Kuss, der sie für einen Moment alle Probleme vergessen ließ. »Ich liebe dich mehr als mein Leben, und ich werde nichts tun, ohne es mit dir abgesprochen zu haben.«

KAPITEL 9

NOVEMBER 2015 – LUXEMBURG / KIRCHBERG / HAUS VON PAUL COLBACH

Schatten der Vergangenheit

»Schatz, denk bitte an deine Sporttasche, wenn du nach draußen gehst«, mahnte Karen Baxter-Colbach ihre Tochter Charlotte, die sie wie jeden Morgen zur Schule ins Zentrum von Luxemburg Stadt fuhr. Paul Colbach – IT-Experte mit außergewöhnlichen Fähigkeiten, den Karen als Kollegen bei der NSA schätzen und lieben gelernt hatte – und sie waren nunmehr seit fast neun Jahren Eltern dieses kleinen rothaarigen Engels, der es faustdick hinter den Ohren hatte und im Mittelpunkt ihres Lebens stand.

Karen hatte neben Paul als Biologin und Ärztin für das Unternehmen C. A. P. U. T. gearbeitet, das sich mit einem geheimen Zeitreiseprogramm beschäftigte und eine Truppe von Templern aus dem vierzehnten Jahrhundert ins Jahr 2004 transferiert hatte. Danach hatte man sie zurück ins zwölfte Jahrhundert geschickt, von wo man sie aufgrund eines folgenschweren Unfalls nicht mehr in die Zukunft zurückholen konnte. Aus diesem Grund, und weil damals ein NSA-Agent zu Tode gekommen war, hatte man die Experimente eingestellt und das Personal mit entsprechenden Abfindungen entlassen. Auch Paul und Karen hatte es getroffen. Worüber sie im Grunde nicht unglücklich waren, weil sie mit dieser Sache nichts mehr zu tun haben wollten. Zu kompliziert war das Ganze und voller unberechenbarer Gefahren. Außerdem war Karen mit Mitte vierzig überraschend schwanger geworden und genoss seitdem das Leben als Mutter in vollen Zügen. Trotzdem lastete manchmal noch der Schatten der Vergangenheit auf ihnen, vor allem seit Kate wusste, dass Paul wieder damit begonnen hatte, sich mit dem unseligen C. A. P. U. T.-Thema zu beschäftigen. Sie verstand nicht besonders viel von Informatik – schon gar nicht, wenn ein Quantenrechner im Spiel war –, und außerdem wusste sie um die Gefahr, von ihren alten Auftraggebern abgehört zu werden. Erst recht, seit sie von Vianden nach Kirchberg gezogen waren, wo sie eine geräumige Villa bezogen hatten. Paul hatte das Haus zwar auf Wanzen untersucht, aber sie waren beide erfahren genug, zu wissen, dass es auch andere Techniken gab, die ein Abhören innerhalb ihrer vier Wände möglich machten. Deshalb hatten sie inzwischen eine Art Geheimsprache entwickelt, wenn sie sich über Dinge unterhielten, die kein anderer wissen sollte. Außerdem hatte Paul in seinem Keller eine Art abhörsicheres Büro eingerichtet, von wo aus er seine Ausflüge in diverse NSA-Dateien und ins Darknet unternahm und die Machenschaften seiner früheren Kollegen regelmäßig überwachte.

Karen wollte nicht daran denken, dass er dabei jederzeit entdeckt werden konnte und was das für ihre Sicherheit bedeutete. Schließlich hatte man ihn schon einmal verhört und sie und das Kind als Druckmittel benutzt, um ihn zu einer

Aussage zu zwingen. Damals hatte er Tom Stevendahl dazu verholfen, ins Jahr 1315 zu reisen. Doch dann war Tom nicht mehr aufgetaucht und im wahrsten Sinne des Wortes Gras über die Sache gewachsen. Das war nun beinahe zehn Jahre her. Karen hoffte, dass Paul inzwischen vernünftiger geworden war.

»Was liegt heute an?«, fragte er mit einem Lächeln, als er unvermittelt im Hausflur erschien und sich in Richtung Küche aufmachte, um sich einen Cappuccino zu holen, den er dringend benötigte, bevor er die Abwesenheit seiner Familie nutzte, um endlich zurück in sein Büro gehen zu können.

»Wir haben heute Ballettprobe, Papa«, säuselte Charlotte und umarmte ihren Vater spontan. Das zierliche rothaarige Mädchen hatte nur die Haarfarbe ihres Vaters geerbt. Ansonsten sah sie ihrer schönen Mama zum Verwechseln ähnlich, wofür Paul jeden Tag dem Universum dankte, wenn die beiden mit ihm am Frühstückstisch saßen und er sie voller Stolz beobachtete. »Ich dachte, du würdest mal mitkommen und dir die Probe ansehen. Eltern sind ausdrücklich erlaubt. Wir üben für *Schwanensee*. Ich hätte dir gern gezeigt, was ich schon kann.«

Paul stieß einen Seufzer aus und erwiderte Charlottes Umarmung zärtlich. »Ich wäre gerne dabei gewesen«, vertröstete er sie. »Aber ich habe heute noch was Wichtiges zu erledigen.«

Karen verdrehte die Augen. »Und ich dachte, du bist offiziell von all deinen Aufgaben suspendiert. Was um Himmels willen kann so wichtig sein?«

»Die Aufführung ist am nächsten Samstag, Papa«, mischte Charlotte sich quengelnd ein. »Wenn du dann auch nicht da bist, gehe ich nicht mehr zum Ballett.«

Nun war es Paul, der mit den Augen rollte.

»Wer sagt denn, dass ich nicht dabei sein werde? Natürlich werde ich euch begleiten«, versicherte er seiner Tochter mit Nachdruck. Wobei sein Augenmerk auf Karen lag.

»Seit du wieder mit dieser Sache beschäftigt bist«, drückte sie sich kryptisch aus, »kommst du mir vollkommen verändert vor. Für nichts hast du mehr Zeit.«

»›Wann wird die Ruhe der Toten eintreten und an welchem Tage wird die neue Welt kommen?‹«, zitierte Paul unvermittelt das Thomas-Evangelium. »›Aber Jesus sagte zu ihnen: Diese Welt, die ihr erwartet, ist längst gekommen, aber ihr erkennt sie nicht.‹«

Während Karen bleich wurde, setzte Charlotte eine verständnislose Miene auf. »Was hat Jesus mit meiner Ballettaufführung zu tun?«

»Schatz«, Karen schob sie hastig zur Tür, »Papa hat nur einen Scherz gemacht.«

»Mit Jesus macht man keine Scherze, das habe ich erst letzte Woche im Kommunionsunterricht gelernt«, bemerkte Charlotte mit strenger Miene. »Ach übrigens, die nächste Katecheten-Stunde wurde auf Donnerstag verschoben.«

Während für Charlotte das Thema damit beendet war und sie mit ihrem Schulrucksack und der Sporttasche nach draußen zum Wagen lief, blieb Karen noch einem Moment zurück und sah Paul eindringlich an. »Also das war der Grund für dein tagelanges Verschwinden vor drei Wochen? Sie sind wieder da? Und du hast sie gefunden?«

Paul nickte stumm und schürte damit ihre schlimmsten Befürchtungen.

»Wer ist alles dabei, und wie konnten sie hierher zurückkommen?«

Er schaute ihr regungslos in die Augen. »Das kann ich dir nicht sagen, Karen, und das weißt du auch.«

»Tom?« Sie schaute ihn durchdringend an.

Paul kniff die Lippen zusammen und nickte stumm.

»Du hast mich belogen. Du warst nicht fischen.« Ihre Stimme klang bitter.

»Was hätte ich denn machen sollen?«, verteidigte er sich mit einer hilflosen Geste. »Dich mit in die Sachen hineinziehen?«

»Du hättest es lassen sollen!«, giftete sie ihn regelrecht an. »Anscheinend hast du vergessen«, fügte sie mit bebender Stimme hinzu, »dass du eine Frau und ein Kind hast, die ohne dich nicht leben können.«

»Herrgott noch mal«, entfuhr es Paul. »Jetzt dramatisier die Geschichte doch nicht. Du tust ja gerade so, als ob ich schon so gut wie tot wäre. Dabei ist überhaupt nichts geschehen. Und es wird auch nichts geschehen. Vertrau mir.«

»Das würde ich gerne«, gab sie mit heiserer Stimme zurück. »Aber ich weiß genau, wie sehr du an der ganzen Sache hängst und dass ein Anruf ausreicht, um dich aus deinem Dornröschenschlaf zu erwecken. Allem Anschein nach ist genau das passiert. Und ich war so naiv und dachte, wir hätten das Thema endlich abgeschlossen.«

Paul war schon halb in der Küche, wandte sich aber noch mal zu ihr um. »Du weißt so gut wie ich, dass das nicht möglich ist. Zumal, wenn Freunde Hilfe brauchen. Ich habe einmal den Fehler gemacht und sie im Stich gelassen. Das passiert mir kein zweites Mal.«

Karen verkniff sich einen Kommentar. Es hatte keinen Sinn, mit Paul über sein Verhältnis zu Tom Stevendahl zu sprechen. Dem war es allem Anschein nach gelungen, aus irgendeiner undefinierbaren Hölle, die Hunderte Jahre zurücklag, in die Gegenwart zurückzukehren. Obwohl sie allesamt Kollegen im Unternehmen C. A. P. U. T. gewesen waren und Paul sie über Toms letzten Transfer ins Jahr 1315 informiert hatte, erschien ihr die ganze Geschichte noch immer wie ein Alptraum. Damals hatte Paul sie aus der Sache heraushalten wollen und war allein mit Tom zur Ruine der Breidenburg aufgebrochen.

Eine weise Entscheidung, war er doch gleich nach Toms augenscheinlich geglücktem Transfer in die Vergangenheit von der NSA festgenommen worden. Man hatte ihn tagelang verhört, und Kate war beinahe gestorben vor Sorge, weil sie wusste, wie ihre Auftraggeber mit Verdächtigen umgingen, die gegen sie kollaborierten. Sie selbst hatte man nur beiläufig befragt. Dabei war sie es gewesen, die bei einem Aufenthalt in Maryland gesehen hatte, dass Jack Tanner ohne Pauls oder Toms Unterstützung aus dem zwölften Jahrhundert in die Gegenwart zurückgekehrt war und damit ohne Server mal eben siebenhundert Jahre überwunden hatte. Eine sensationelle Geschichte, die weder Paul noch Karen hatten erklären können, und auch Tom Stevendahl war ratlos gewesen.

Aufgrund seiner genialen IT-Kenntnisse hatte sich Paul Zutritt zu geheimen NSA-Rechnern verschafft, die er zuvor zum Teil mitbetreut hatte. Schnell stellte sich heraus, dass Jack Tanner selbst nicht wusste, wie er zurück ins Jahr 2005 gekommen war. Er hatte zu Protokoll gegeben, im Jahre 1153 in einer geheimen Höhle der Templer gewesen zu sein und dass er von dort aus direkt in seine amerikanische Heimat transferiert worden war. Aber eine Erklärung, wie so etwas möglich gewesen war – ohne Server –, konnte er nicht liefern.

Je länger Karen darüber nachdachte, umso wütender wurde sie. Nach seiner Rückkehr aus Norwegen, wo er sich angeblich mit einem alten Freund für ein paar Tage zum Hochseeangeln verabredet hatte, war er euphorisch gewesen. Fast wie ein kleines Kind, dem man ein besonderes Geschenk gemacht hatte. Im Nachhinein wurde ihr klar, warum er so guter Laune gewesen war. Irgendwer von der früheren Truppe hatte wie auch immer Kontakt zu ihm aufgenommen und ihn allem Anschein nach über deren geglückten Transfer ins Jahr 2015 informiert. Leider war er nicht ins Detail gegangen. Aber ganz gleich, wie es ihnen gelungen war, sie hoffte inständig, dass er nicht Teil dieser Aktion gewesen war und dass die Amerikaner ihm nicht auf die Schliche kamen. Trotz ihrer hitzigen Diskussion verabschiedete sie sich von Paul mit einem Kuss. Das tat sie immer, wenn sie das Haus verließ und er zurückblieb.

»Mach dir keine unnötigen Sorgen«, flüsterte er, als sie sich trennten und sie zur Haustür ging, um Charlotte zum Ballett zu bringen.

Ihre Hände zitterten, als sie das Lenkrad ihres neuen SUVs umfasste, während die Kleine aufgeregt auf ihrem Kindersitz hin und her hopste. Am liebsten hätte Karen sich eine Zigarette angezündet. Doch erstens hatte sie keine und zweitens wäre das mit dem Kind im Auto ohnehin nicht möglich gewesen. Stattdessen biss sie die Zähne zusammen und lenkte den Wagen die lange Allee entlang, die zur Stadtautobahn führte.

Ein Blick in den Rückspiegel ließ sie erstarren. Ein schwarzer Lexus folgte ihr in einigem Abstand. Die Person, die ihn lenkte, sah beinahe aus wie Tanner. Eigentlich sahen alle NSA-Agenten aus wie Tanner. Groß, drahtig, kurz rasierter

Militärschnitt und eine nachtschwarze Sonnenbrille, selbst wenn der Himmel von Wolken bedeckt war. Der Mann auf dem Beifahrersitz sah dementsprechend aus wie sein Klon.

Sie wurde verfolgt, das spürte sie. Agenten der NSA witterte sie auch ohne solch eindeutige Hinweise noch hundert Meilen gegen den Wind. Schließlich hatte sie mehr als zehn Jahre für den amerikanischen Geheimdienst gearbeitet und unter anderem eine Reihe von wirksamen Wahrheitsseren entwickelt. Falls jemand auf die Idee käme, ihr oder Paul etwas davon zu verabreichen, wären sie geliefert.

Paul war beinahe froh, als seine Frau und Charlotte endlich das Haus verlassen hatten. Seine Ruhe war nur gespielt gewesen, aber den Kaffee hatte er dringend gebraucht, um sich besser konzentrieren zu können. Er musste jetzt nachdenken.

Erst am frühen Morgen, während Karen und Charlotte noch geschlafen hatten, war er auf ein Überwachungsprogramm der NSA gestoßen, das weltweit nach äußerlichen Merkmalen von vermissten Personen suchte und dabei sämtliche Datenbanken durchkämmte, die sich aus öffentlichen und nicht öffentlichen Fotodateien bedienten. Als plötzlich ein ziemlich klar erkennbares Porträtbild von Gero von Breydenbach aufpoppte, war Paul beinahe das Herz stehengeblieben. Geros Blick war ernst, fast traurig gewesen. Während Paul weiter recherchierte, wo das Bild aufgenommen worden war, war er auf die Seite einer jungen Frau gestoßen, die das Foto auf Instagram gepostet hatte.

Das hatte in der weltweiten Überwachung durch die NSA eine komplexe Maschinerie in Gang gesetzt, die Paul nur allzu gut kannte. Die Bilder von Gero und seinen Kameraden waren beinahe automatisch ins Visier von Tanners Fahndern geraten. Jack hatte wahrscheinlich die letzten zehn Jahre darauf gewartet, dass so etwas passierte. Zumal das Foto ganz aktuell war. An den Nummernschildern der umstehenden Autos war schließlich zu erkennen, dass es in Norwegen aufgenommen worden war.

Unter den gegebenen Umständen war es für Paul doppelt gefährlich, zu Anselm Stein Kontakt aufzunehmen. Obwohl sie bei ihrem letzten Treffen vor drei Wochen vereinbart hatten, in Verbindung zu bleiben, und er ihn jederzeit über eine sichere Leitung erreichen konnte. Trotz der Gefahr, durch Tanners Leute entdeckt zu werden, musste Paul die anderen warnen. Und dabei durfte er keine Zeit mehr verlieren.

Die konzertierte Aktion von NSA und Navy Seals lief schon seit einer guten Stunde, und er wusste nicht, wie viel Zeit ihm noch blieb, bis Tanner und seine Kollegen auch vor seiner Tür standen. Spätestens dann musste er alle Spuren beseitigt haben. Er dachte an Karen und an Charlotte. Aber auch an Hannah und das Kind. Was zum Teufel sollte aus den beiden werden, wenn die NSA wie beabsichtigt zuschlagen und sie allesamt festsetzen würde? Sie würden Gero und die anderen Templer einem unerbittlichen Verhör unterziehen, und es war wenig wahrscheinlich, dass man sie je wieder in die Freiheit entließ. Sie wussten zu viel.

Nachdem er den lauwarmen Kaffee mit drei Schlucken heruntergestürzt hatte, eilte er mit raschen Schritten die Treppe ins Kellergeschoß hinunter, zum sogenannten Panic-Room, einem fensterlosen Zimmer hinter einer verklinkerten Backsteinmauer, den er zu seinem Büro ausgebaut hatte. Die Tür schob sich, nachdem er einen geheimen Code in sein Handy eingegeben hatte, lautlos zur Seite. Niemand, der nicht eingeweiht war, konnte vermuten, dass sich hinter der Wand ein weiterer Raum befand. Nachdem er den Raum betreten hatte, fuhr die Wand hinter ihm wieder zu und die Fugen verschränkten sich nahtlos ineinander. Nicht mal Karen hatte Zutritt zu seinem Allerheiligsten, wie er es nannte, und sie wollte es auch nicht. Von hier aus stellte er sämtliche Verbindungen ins Internet her, ohne dass eine Rückverfolgung möglich war. Außerdem bewahrte er neben seinem Schreibtisch in einem Tresor einige in flüssigem Stickstoff gekühlte Quantenkartuschen auf, in denen das letzte Update von Toms Server gespeichert war. Nachdem er die Tür hinter sich mit einem weiteren Tasten-Code hermetisch verriegelt hatte, begab er sich zu seinem Rechner und stellte eine nicht nachvollziehbare Verbindung ins Internet her. Dann wählte er mit klopfendem Herzen Anselms Notfallnummer. Der Mittelalterexperte, der inzwischen von den echten Templern als einer der Ihren akzeptiert worden war, würde sich etwas einfallen lassen müssen. Vielleicht konnte er mit seinen Freunden nach Russland fliehen, wie seinerzeit Snowden, dessen Schicksal nach wie vor ungewiss war.

All das ging Paul durch den Kopf, nachdem er die geheime Verbindung gewählt hätte. Es dauerte eine gefühlte Ewigkeit, bis Anselm abhob.

»Hallo«, sagte seine vertraute Stimme am anderen Ende der Leitung. Obwohl sie tief und männlich klang, wirkte sie verunsichert und zaghaft. »Wer ist da?«

»Ich bin es, Paul«, sagte er fest. »Es gibt einen Code Red«, fügte er tonlos hinzu und bediente sich damit eines gewöhnlichen Militärjargons, der für außergewöhnliche Katastrophen reserviert war.

»Was willst du mir damit sagen?«

»Wir haben hier gerade schon genug Aufregung. Malin hatte einen Unfall, sie wurde von einem Laster überfahren. Sie ist tot.«

»Scheiße«, entfuhr es Paul. »Dann war das der Grund, warum Geros Gesicht im Internet aufgetaucht ist.«

»Internet?« Anselm schien nicht zu begreifen.

»Er wurde von irgendeinem verrückten Teenager fotografiert und das Foto auf Instagram veröffentlicht. Im Hintergrund kann man zudem Johan, Struan und Arnaud erkennen. Auch Tom ist auf dem Foto zu sehen.«

»Und das bedeutet?« Anselms Stimme klang plötzlich gehetzt.

»Dass die NSA euch aufgespürt hat. In spätestens vier Stunden werdet ihr Besuch bekommen«, erklärte Paul mit zitternder Stimme. »Ihr müsst sofort verschwinden, am besten über die russische Grenze.«

»Wie soll ich das denn machen?«, erwiderte Anselm hektisch. »Ich habe noch keine Papiere für die anderen. Ich kann mir die Jungs und Mädels nicht einfach unter den Arm klemmen und verschwinden. Die Russen stellen genau die gleichen Fragen wie die Amis!«

»Du musst es versuchen!«, forderte ihn Paul eindringlich auf. »Lafour hat die Navy Seals mobilisiert. Du weißt, was sie mit diesem arabischen Terroristen angestellt haben. Die kennen keine Gnade, und wenn irgendeiner von euch auch nur den leisesten Widerstand leistet, knallen sie euch ab wie die Hasen.«

»Hannah steht kurz vor der Geburt des Kindes, und Amelie ist ebenfalls schwanger«, erklärte Anselm dumpf, als ob das irgendetwas an ihrer verzweifelten Lage ändern würde.

»Zwei Gründe mehr, sich schnellstens davonzumachen«, argumentierte Paul ungeduldig.

»Okay.« Anselm ließ sich nicht anmerken, wie sehr ihn diese Nachricht schockierte. Aber Paul konnte sich denken, in welcher Not er sich befand. »Danke, dass du uns gewarnt hast. Ich werde mit Rona sprechen. Sie hat uns von ihrem Trip in die Zukunft einen weiteren Server mitgebracht, der völlig neue Möglichkeiten bietet. Vielleicht kann uns das helfen.«

»Welche neuen Möglichkeiten?«, fragte Paul überrascht.

»Sie kann es dir selbst erklären, wenn wir uns das nächste Mal wiedersehen«, würgte Anselm ihn ab. »Ich muss los, wir haben keine Zeit zu verlieren. Wir hören voneinander, sobald wir in Sicherheit sind. Mach's gut und pass auf dich und deine Familie auf.«

Das Gespräch brach abrupt ab.

»Grüß Tom von mir«, murmelte Paul noch, obwohl ihm niemand mehr zuhörte. »Sag ihm, dass ich ihn vermisse ...«

Im Hintergrund vibrierte ein Mobiltelefon, und Paul schrak zusammen, bevor er es aus der Hosentasche zog. Es gab nur zwei Menschen, die diese Nummer kannten. Seine Frau und Tom Stevendahl.

»Hallo?« Für einen winzigen Moment hatte er gehofft, dass es Tom sein könnte. Aber es war Karen.

»Ich habe Charlotte beim Ballett abgeliefert und bin danach schnell in die Reinigung, weil ich da was abholen wollte.«

»Ja, und?«, unterbrach er sie ungeduldig, weil sie ihn wegen solcher Banalitäten über seine geheime Nummer anrief.

»Ich bin mir ziemlich sicher, dass man jemanden auf uns angesetzt hat. Und ich habe nicht den geringsten Zweifel: Es sind Lafours Leute.«

Paul schluckte, nicht fähig, etwas zu antworten.

»Paul?«

»Mach dir keine unnötigen Sorgen«, stammelte er, weil ihm nichts anderes einfiel.

»Ich habe Angst!«, wisperte sie. »Jetzt fängt das alles wieder von vorne an. Weißt du noch, als sie mich 2005 als Geisel genommen haben? Ich hoffe für uns alle, dass du keinerlei Dummheiten begangen hast und Jack und seine Leute dich dabei beobachtet haben!«

Paul schluckte den Kloß in seinem Hals hinunter.

»Ich sagte doch, mach dir keine Sorgen«, zischte er. »Hol die Kleine von der Schule ab und fahr zu deiner Freundin. Am besten jetzt gleich. Frag, ob du bei ihr übernachten kannst. Ich halte hier solange die Stellung und warte ab, was passiert. Morgen früh melde ich mich bei dir und sage dir, ob die Luft rein ist.«

»Wie bitte?«, schrie Karen nun fast ins Handy. »Bist du von allen guten Geistern verlassen? Wie soll ich Charlotte erklären, dass sie in der Schule früher Schluss machen und auf ihre Ballettprobe verzichten muss? Ganz zu schweigen von Marie, die denken wird, ich bin nicht ganz bei Trost, wenn ich bei ihr übernachten will, obwohl wir nur ein paar Straßen weit weg wohnen.«

»Sag ihr, wir hatten Streit, denk dir irgendwas aus.«

»Du bist verrückt«, kreischte sie. »Was soll Charlotte von der Sache denken? Sie ist kein Kleinkind mehr und wird Fragen stellen.«

»Verdammt noch mal, Karen!«, polterte Paul nun los.

»Es ist eine reine Vorsichtsmaßnahme. Spätestens morgen wissen wir mehr. Ich liebe euch beide, und nun tu bitte, was ich dir sage.«

Karen beendete abrupt das Gespräch. Keine Frage, sie war stinksauer. Und das nicht nur, weil er sie mit seiner angeblichen Hochseefischerei in Norwegen eiskalt belogen hatte.

Paul schwenkte seine Überwachungskameras per Joystick so, dass er Einstellungen von allen Seiten seines Hauses auf den Bildschirm bekam. Doch da draußen war nichts zu sehen außer dem stetigen Regen, der wie Bindfäden auf die Straße prasselte.

Hastig stand er auf und ging raus in den Keller. Seinen geheimen Kommunikationsraum ließ er hinter der Schiebewand verschwinden. Während er nach oben in den Hausflur ging, befielen ihn erste Zweifel. Hatte man seine Kontakte zu Anselm Stein bemerkt? Seine Kollegen bei der NSA waren schließlich auch nicht auf den Kopf gefallen, obwohl es niemanden mit seinen Fähigkeiten gegeben hatte. Oder handelte es sich nur um eine routinemäßige Überprüfung, mit der er jederzeit rechnen musste?

KAPITEL 10

NOVEMBER 2015 –
NORWEGEN / KIRKENES / ANSELMS RANCH

Teufelswerk

Hannah fuhr hoch, als am Morgen plötzlich jemand an die Tür polterte. Ein Blick auf die Uhr verriet ihr, dass sie verschlafen hatten.

»Mein Gott«, murmelte sie, »es ist schon nach neun. Wir haben das Frühessen verpasst und die Messe.« Sie hatte am Abend den Wecker abgestellt. Sie war erst spät in der Nacht eingeschlafen, weil sie aus dem Grübeln nicht herausgekommen war. Gero, der entgegen seiner sonstigen Gewohnheiten ebenfalls länger geschlafen hatte, setzte sich auf und rief: »Die Tür ist auf, was ist los?« Es war Anselm, und er sah ziemlich gehetzt aus, als er seinen Kopf zu ihnen hereinsteckte.

»Ihr müsst sofort in den Konferenzraum kommen«, sagte er düster. »Paul hat mich gerade auf unserer geheimen Leitung angerufen, wir befinden uns in extremer Gefahr. Offenbar hat die NSA unser Versteck ausfindig machen können.

Paul hat heute früh eine Mail abgefangen, in der Jack Tanner die Navy Seals beauftragt hat, dieses Gebäude zu stürmen. Sie sind bereits auf dem Weg hierher. Wir haben maximal zwei Stunden, um zu verschwinden. Zieht euch an und packt nur zusammen, was ihr unbedingt braucht.« Dann war er wieder verschwunden, um die anderen zu warnen.

»Die NSA?«, stammelte Hannah entgeistert und kämpfte sich schwerfällig aus den Kissen.

Gero ging kurz ins Bad und war schon fast in den Kleidern, als Hannah taumelnd ihren Weg zur Toilette antrat. Nachdem sie sich notdürftig gewaschen und gekämmt hatte, zog sie frische Unterwäsche an und das Wollkleid von gestern. Gero war schon in Jeans und Stiefeln und steckte sich das blau karierte Flanellhemd in die Hose. Damit es schneller ging, hielt er Hannah die braunen Lederboots hin und half ihr beim Schnüren, als ob sie ein kleines Mädchen wäre. Dann fasste er sie bei der Hand und eilte mit ihr Anselm hinterher, der mit schnellen Schritten den beleuchteten Korridor entlanglief und an die Türen klopfte. Draußen war es noch dunkel.

»Was hat das zu bedeuten?«, rief Hannah ihm hinterher, als sie ihn fast eingeholt hatten.

»Ich weiß es noch nicht«, antwortete er gehetzt. »Rona und ich suchen bereits nach Lösungen.«

»Ich habe beim besten Willen keine Ahnung, wohin wir in so kurzer Zeit verschwinden sollen, ohne von Jack Tanner und seinen Leuten geschnappt zu werden. Was das bedeutet, kannst du dir vielleicht vorstellen. Sie werden uns alle irgendwo verschwinden lassen, von wo wir nicht mehr ans Tageslicht kommen.«

»Was ist geschehen?«, fragte Struan, der ihnen nun mit Amelie zum Konferenzzimmer folgte. Er trug einen dicken Norwegerpullover und Jeans, dazu klobige Lederstiefel, die ihn noch größer wirken ließen, als er ohnehin schon war. Er zerrte seine viel kleinere Frau regelrecht hinter sich her. In ihrem hellbauen Wollkleid, dass ihr bis auf die flachen Lederstiefel reichte, wirkte Amelie mit ihren hüftlangen hellblonden Locken wie ein verirrter Engel. In ihren schönen braunen Augen spiegelte sich die gleiche Verunsicherung wie bei Hannah und Freya, die mit Johan hinzugekommen war und im Gehen ihre rote Lockenmähne zu einem praktischen Zopf zusammenband. Anstatt einer Jeans trug sie ein langes olivfarbenes Kleid.

»Paul hat mich kontaktiert«, klärte Anselm seine Freunde hastig auf. »Jack Tanner und seine Leute sind wohl seit den frühen Morgenstunden auf dem Weg hierher, und ich gehe nicht davon aus, dass sie mit uns ein Kaffeekränzchen veranstalten wollen. Wenn Paul sich nicht täuscht, werden sie spätestens um dreizehn Uhr hier sein. Uns bleibt also nicht viel Zeit, um zu verschwinden.«

»Mon Dieu!«, stieß Amelie in Panik hervor, die Jack Tanner nicht nur von ihrem letzten Trip ins zwölfte Jahrhundert in unangenehmer Erinnerung hatte, sondern auch von ihrem Aufenthalt in einer amerikanischen Militärbasis vor gut zehn Jahren. »Und was jetzt? Sag nicht, er bringt seine gesamte Armee mit?«

»Gut möglich«, sagte Anselm nur und wandte sich zur nächsten Tür, an die er wie wild hämmerte.

Hannah spürte, wie das Kind in ihrem Inneren gegen den plötzlichen Stress rebellierte.

Freya war sofort bei ihr, um sie beruhigen, während Anselm die restlichen Templer und auch Mattes, Gesa und Tom einsammelte, um ihnen die wenig erfreuliche Nachricht zu übermitteln, dass ihr Versteck ab sofort nicht mehr sicher war. Rona wartete bereits in dem geräumigen Konferenzraum auf sie und hatte den Server vor sich stehen.

Brüder wie Ralf, Totty oder Malcolm konnten mit dem Begriff NSA nichts anfangen, deshalb erklärte ihnen Anselm zunächst noch einmal, mit wem sie es hier zu tun hatten.

»Wir könnten gegen sie kämpfen«, schlug Malcolm pragmatisch vor. Der junge, einen Meter neunzig große Schotte war wie sein älterer Bruder schon rein äußerlich eine Kampfmaschine. Er war es gewohnt, ein riesiges schottisches Breitschwert zu führen, das man mit beiden Händen halten musste, um zu kämpfen. In seiner Zeit war er sicher keinem Streit aus dem Weg gegangen, schon gar nicht, wenn er von einem Widersacher herausgefordert wurde.

Hannah versuchte, sich vorzustellen, wie er sich das T-Shirt vom Leib riss und mit seinem muskelbepackten Oberkörper, in Jeans und Stiefeln mit einem sogenannten Claymore bewaffnet, gegen Tanner und seine Leute anstürmte – und dabei unter einer Salve von Maschinengewehrkugeln brutal den Kürzeren zog.

»Gegen die Waffen dieser Leute kommst du nicht an«, belehrte ihn Struan mit dem üblichen stoischen Unterton in seiner tiefen Reibeisenstimme. Er wusste bereits, über welche Möglichkeiten die Soldaten in der Gegenwart verfügten. »Es sei denn, Anselm stattet uns mit gleichwertigen Waffen und Schutzpanzern aus, damit wir uns adäquat gegen sie verteidigen können«, fügte er mit einem verräterischen Glanz in seinen fast nachtschwarzen Augen hinzu.

»Da muss ich euch leider enttäuschen«, erwiderte Anselm ernst, als er die Hoffnung in den Augen der übrigen Templer bemerkte, die wie Malcolm neu hinzugekommen waren und so gut wie nichts von dieser Welt wussten. »Erstens besitze ich weder Gewehre noch Pistolen, und zweitens würde die Ausbildung an einer solchen Waffe viel zu lange dauern. Und drittens haben wir hier zwei schwangere Frauen und zwei Jugendliche, die ich nicht in einem Blutbad sterben sehen will.« Sein Blick streifte die dreizehnjährige Gesa, die sich ängstlich an Matthäus klammerte, der sie mehr als einen Kopf überragte und schüchtern einen Arm um das Mädchen gelegt hatte, wie um sie vor dem Unerklärlichen zu beschützen.

Die Kleine sah nach Malins Tod ohnehin ziemlich mitgenommen aus. Malin hatte sich Gesa gegenüber fast mütterlich verhalten. Anselm mochte sich nicht ausmalen, wie es dem Mädchen gehen würde, wenn sie erführe, dass man ihrer tatsächlichen Mutter die Kehle durchgeschnitten hatte.

»Die Lage ist ziemlich ernst«, konstatierte er von Neuem und vergewisserte sich mit einem Rundumblick der Aufmerksamkeit aller Anwesenden. »Paul Colbach hat mich angerufen und mich vor einem Zugriff von Lafours Leuten gewarnt. Wobei das Ganze inzwischen wohl weniger eine Aktion der amerikanischen Regierung ist. Offenbar hat Lafour sich nach seiner Pensionierung verselbstständigt und eine eigene Task Force in Sachen Timeserver aufgebaut, die ihre ganz eigenen Ziele verfolgt. Jack Tanner führt seither eine kleine Truppe von Experten an und hat vermutlich sein ganz eigenes Interesse, uns aufzuspüren. Wie einige von euch vielleicht wissen, hat er vor zehn Jahren eine erfolglose Expedition auf den Sinai geleitet, um das letzte Geheimnis der Templer aufzuspüren. Jedoch ohne Erfolg. Er wusste zwar um die Koordinaten der Höhle, aber er konnte sie trotz allem nicht ausfindig machen.«

»Wie konnte Jack Tanner nach zehn Jahren erfolgloser Suche wissen, dass wir uns in dieser Einöde aufhalten?«, fragte Gero erstaunt.

»Hast du an der Unfallstelle gestern Mittag zufällig bemerkt, ob euch jemand fotografiert hat?«, fragte Anselm ein wenig provokant.

»Ich habe ein paar junge Frauen beobachtet, ja«, gab Gero unumwunden zu, wobei er einen kurzen Blick zu Hannah warf, die ihn irritiert anschaute. »Sie haben mir zugelächelt und ihre tragbaren Telefone hochgehalten. Ich habe mich gefragt, was dieser Unsinn soll.«

»Das wird's gewesen sein«, verkündete Anselm mit einer leichten Verbitterung in der Stimme, während er einen Laptop hochfuhr und ihnen ein paar äußerst gelungene Schnappschüsse zeigte, die Geros attraktives Gesicht zeigten. Im Hintergrund waren seine Begleiter zu sehen.

»Teufelswerk«, brummte Ralph of Bulford, und Brian of Locton stimmte ihm nickend zu.

»Ich fasse es nicht«, stöhnte Hannah und warf Gero einen entsetzten Blick zu.

Jacob von Sassenberg hingegen war fasziniert von den präzisen Aufnahmen. »Heilige Maria«, bemerkte er staunend, »Bilder wie aus dem richtigen Leben. Ich wünschte mir, so was hätte es bei uns schon gegeben.«

»Sei froh, dass ihr davon verschont geblieben seid«, knurrte Anselm. »Schau dir an, was eine solche Aufnahme anrichten kann. Das Bild wurde von Tausenden Menschen gesehen. Und genau das wird es sein, was Tanner und seine Bluthunde auf den Plan gerufen hat.«

Jacob ging noch näher an den Bildschirm heran und betrachtete eindringlich Geros markante Züge.

»Ich möchte wetten, dass Tanners Leute danach gesucht haben«, sagte Tom grimmig. »Wir hätten vorsichtiger sein müssen.«

»Seid froh, dass wir nicht in meiner Zeit unterwegs sind«, erklärte Rona mit einem Achselzucken. »Dagegen ist eure Überwachung löchrig wie ein grobmaschiges Netz.«

»Und wie wollt ihr ihnen entkommen, wenn sie alles sehen können?«, fragte Totty ein wenig naiv.

»Wir können lediglich in eine andere Zeit verschwinden«, klärte ihn Rona schonungslos auf.

»Was hast du vor?«, fragte Tom alarmiert.

»Ich habe zusammen mit Anselm nachgedacht, und wir halten es für die beste Alternative, dorthin zurückzukehren, wo wir hergekommen sind.«

»Ihr wollt nach Schottland?« Toms Miene zeigte deutlich, wie ungeheuerlich er diese Überlegung fand. »Dort wurden wir an jeder Ecke verfolgt«, erwiderte er aufgebracht. »Skelette in Körben und wahnsinnige Despoten inklusive. Warum können wir uns keine andere Zeitebene aussuchen? Die Goldenen Zwanziger zum Beispiel?«

»Weil wir dort auch wieder ganz von vorne anfangen müssten und mit Meldesystemen und Registrierungen zu kämpfen hätten.«

»Und was habt ihr euch stattdessen überlegt?« Tom schaute sie mit aufgerissenen Augen an.

»Burg Waldenstein«, gab Anselm zur Antwort, während sein Blick auf Gero ruhte, der erstaunt die Brauen hochriss.

»Habt ihr das gut überlegt?«, wollte er mit einem Blick auf Hannah wissen, deren Miene vor Schreck erstarrt war.

»Ich habe an Roland gedacht, der ein perfekter Schwertmeister war, und an deine Erzählungen von deiner Tante, die dich gerne zum Grafen gemacht hätte. Was nicht ist, kann ja noch werden, und wenn du dann Herr über eine solche gewaltige Burg bist, wird wohl kaum jemand wagen, dich anzugreifen. Oder liege ich da falsch?«

»Deine Überlegungen sind nicht falsch, aber ...«

»Was ist, wenn dich Truppen des Erzbischofs von Trier erneut festnehmen wollen?«, rief Hannah vollkommen außer sich dazwischen.

»Die Waldensteiner paktieren naturgemäß mit den Lichtenbergern«, argumentierte Anselm gelassen. »Und die Lichtenberger haben keinen Pakt mit dem Erzbischof von Trier. Im Gegenteil. Sie sind nicht besonders gut auf den Klerus zu sprechen, weil sie schon mehrmals mit Metz und Trier im Konflikt standen. Also ist von dort eher Unterstützung zu erwarten als Feindschaft.«

»Wir benötigen ein ruhiges, sicheres Plätzchen, um ungestört unsere Experimente fortführen zu können«, erklärte Rona ohne jede Aufregung. »Waldenstein würde noch aus anderen Gründen passen. Unsere Templer wären wieder zu Hause und könnten ihre Familien wiedersehen. Ich weiß, wie viel das einigen von euch bedeuten würde. Bleibt die eine Frage, was Gero dazu sagt und ob er glaubt, dass wir auf der Burg seiner Tante willkommen sind.«

Gero zögerte nicht lange, und man sah ihm an, wie sehr ihn dieser Gedanke begeisterte. »Sie wird uns in jedem Fall unterstützen, weil sie glücklich sein wird, uns wiederzusehen. Aber wir sollten sie nicht in unsere Geheimnisse einweihen. Ich glaube nicht, dass sie das verstehen würde. Deshalb wäre es besser, wenn wir uns nicht direkt auf den Burghof transferieren, sondern irgendwohin, wo uns niemand beobachten kann.«

»Also«, sagte Rona und schaute fragend in die Runde. »Sollen wir abstimmen? Allzu viel Zeit bleibt uns nicht, bis Tanner mit seinen Leuten hier aufschlägt.«

»Das bedeutet, wir werden niemanden zurücklassen?«, vergewisserte sich Hannah noch einmal.

»Ja«, antwortete Rona nüchtern.

»Und was ist mit dir?« Tom schaute sie verwirrt an.

»Ich komme mit«, erklärte sie ihm, als wäre es selbstverständlich.

»Aber du hast niemanden, der dich transferiert. Jemanden, der die Tür schließt sozusagen.«

»Doch, es gibt ein sogenanntes ›Close the door‹-System«, erklärte sie ihm. »Der Server kann so programmiert werden, dass er sich mit seinem Anwender zusammen in die Vergangenheit transferiert.«

»Und wer bleibt dann hier, um uns zurückzuholen?« Hannah schaute sie unsicher an.

»Niemand«, beantwortete Tom ihre Frage. »Wir müssen uns auf ein Leben im finsteren Mittelalter einstellen. Noch dazu in der vollkommenen Abhängigkeit vom hier anwesenden Burgherrn. Ich hoffe, man kann mir meine Begeisterung ansehen«, murmelte er unwillig.

»Du wirst schon nicht verhungern«, erklärte Gero mit einem mitleidigen Blick. »Meine Tante verfügt über mehr Ländereien, als du dir vorstellen kannst.«

»Die Frage ist doch aber«, unkte Tom weiter, »ob sie uns etwas davon abgibt.«

»Wir haben jede Menge eigene Mittel«, versuchte Anselm einzulenken. »Stephano und ich haben zwanzig Kilo

Gold in unseren Tresoren gehortet, das müsste fürs Erste reichen, um Geros Tante nicht auf der Tasche zu liegen. Ich hatte heimlich immer mit einem solchen Fall gerechnet und für Notfälle vorgesorgt.«

»Außerdem könnte ich zur Not noch Lion kontaktieren, damit er uns in die Zukunft zurückholt«, fügte Rona zur allgemeinen Beruhigung hinzu.

»Warum reist er eigentlich nicht selbst?«, wollte Tom wissen.

»Weil er ein Rebellenführer ist und seine Schäfchen nicht gerne im Stich lässt«, erklärte Rona. »Außer ihm ist niemand in der Lage, die Organisation vor Angriffen durch die Neue Welt zu schützen.«

»Und warum kann Tom nicht hierbleiben und mit seinem zweiten Server die Stellung halten?«

Gero warf seinem Konkurrenten einen nachdenklichen Blick zu.

»Dass ausgerechnet du diese Frage stellst, war mir klar«, blaffte Tom ihn an. »Keine Sorge, ich werde dein trautes Idyll mit deiner zukünftigen Gräfin schon nicht stören. Aber hierzubleiben wäre für mich genauso gefährlich wie für jeden von euch. Wenn Tanner mich mit dem Server erwischt, war's das. Nicht nur, weil ich nicht so hartgesotten bin wie ein Templer und bereitwillig alles ausplaudern würde, schon bevor man mir die Folterinstrumente nur zeigt. Nein – mir bliebe gar keine andere Wahl, weil man in dieser Zeit nicht mehr foltert, sondern die Delinquenten mit Drogen vollpumpt und ihre Birne damit so zerschießt, dass sie hinterher nicht mal mehr ihren Namen buchstabieren können. Ganz zu schweigen von dem Umstand, dass sie mit dem Server, sobald er in ihre Hände fällt, Kontakt zu Ronas Boss aufnehmen könnten, mit all den Horrorszenarien, die sie bei eurem letzten Trip schon vorab gesehen hat.«

»Und was passiert mit Malins sterblichen Überresten?«, wandte Amelie ein. »Ich dachte, sie sollte ein Begräbnis bekommen?«

Ein allgemeines Raunen ging durch den Raum und hinterließ betretene Gesichter.

»Tut mir leid«, gestand Gero stellvertretend für alle, »daran hat in der Aufregung niemand mehr gedacht.«

Tom warf Amelie einen verständnislosen Blick zu. »Glaubst du ernsthaft, wie haben noch Zeit, Malins Leiche zu suchen? Wir können froh sein, wenn wir unseren eigenen Hintern rechtzeitig hier wegbewegen, um nicht selbst zu Leichen zu werden. Aber ich kann dich beruhigen, Kirkenes hat einen wunderhübschen christlichen Friedhof. Ich bin sicher, dass sie dort ihre letzte Ruhe finden wird.«

Für einen Moment war es totenstill.

»Was?«, blökte er in die Runde. »Hab ich irgendwas Falsches gesagt?«

»Manchmal kommt es darauf an, wie man etwas sagt«, belehrte ihn Hannah.

Tom zuckte die Achseln. »Und ich dachte, es geht darum, dass wir den Amerikanern nicht in die Hände fallen?«

»Ja, du hast recht«, pflichtete Rona ihm bei und wandte sich mit einem ernsten Blick an die Runde. »Wir können es uns nicht leisten, noch einen Ausflug in die Stadt zu unternehmen, um Malins Leiche zu sichern. Ich stimme Tom zu. In dieser Zeit ist es üblich, Menschen zu beerdigen. Niemand wird liegen gelassen und von Krähen zerhackt oder von Wölfen verschleppt. Also macht euch keine Sorgen um Malin, jemand wird sich um sie kümmern.«

»Worauf warten wir dann noch?«, mahnte Anselm, der anscheinend jede weitere Diskussion zu dem Thema für überflüssig hielt. »Wir müssen noch alles packen, was Tanner auch nur den leisesten Hinweis geben könnte, wohin und wie wir verschwunden sind. Also beeilt euch, damit Rona möglichst bald mit dem Einscannen in den Server beginnen kann.«

Hannah war plötzlich bleich geworden und presste ihre Hände auf ihren Babybauch.

»Ist dir nicht wohl?«, fragte Gero fürsorglich, der sie nicht aus den Augen gelassen hatte. Er konnte sich denken, was für einen Schock eine solche Entscheidung für sie bedeuten musste.

»Alles gut«, log sie und lächelte ein wenig gequält. »Ich freue mich darauf, deine Mutter wiederzusehen. Ich hoffe nur, dass alles gut geht.«

»Es hat bisher reibungslos funktioniert, und es wird auch dieses Mal klappen«, versuchte Rona, sie zu beruhigen. »Das Ungeborene ist kerngesund, wie der letzte Scan mit meinem Armband gezeigt hat. Und mit der Impfkapsel, die ihr nach meiner Rückkehr alle von mir bekommen habt, seid ihr gegen sämtliche ansteckende Krankheiten dieser Zeit geschützt. Das gilt auch für euren Nachwuchs. Und bei todbringenden Verletzungen habe ich noch Nanoblocker im Gepäck.«

»Danke, dass du mich daran erinnerst.« Hannah schaute zu Gero auf, der einen Arm um ihre Schulter gelegt hatte und sie sanft an sich drückte.

»Ich liebe dich«, flüsterte sie. »Ganz gleich, wo wir landen.«

»Danke«, raunte er voller Rührung und gab ihr einen innigen Kuss.

»Also gut«, sagte Rona sachlich und schaute fragend in die Runde. »Das heißt, dass wir uns in spätestens zwei Stunden abmarschbereit in der ersten Halle treffen?«

Alle nickten und hatten die Notwendigkeit dieser Maßnahme offenbar erkannt.

»Wir werden es schaffen«, ermutigte Anselm sie. Ihm war klar, dass er nun mit einem Schlag alles verlor, was er sich in jahrelanger Kleinarbeit aufgebaut hatte. »Stephano wird euch mit passender Kleidung und Waffen versorgen. Glücklicherweise haben wir genug von dem Zeug auf Lager. Ich kümmere mich solange um unsere monetäre Ausstattung.«

KAPITEL 11

OKTOBER 1315 –

DEUTSCHE LANDE / EIFEL / BREIDENBURG

Vaterlos

Eberhard rannte durch den dichten Buchenwald. Er war voller Euphorie, weil er seine Beine wieder spürte. Durch die überstandene Lähmung kam ihm die Kraft in seinen Oberschenkeln doppelt so stark vor wie zuvor. Er war erleichtert, weil er dieser Hölle entkommen war, obwohl er noch immer nicht begriff, warum er so viel Glück gehabt hatte. Er sprang auf das grasende Pferd, dessen Zügel sein teuflischer Retter an einen Ast gebunden hatte. Obwohl der Hengst ihn kannte, scheute er heftig, als Eberhard hart im Sattel landete und die Zügel an sich riss. Das Tier bäumte sich mit einem erstickten Wiehern auf, als er ihm die Sporen gab und es in die entgegensetzte Richtung seiner Peiniger lenkte.

In einem halsbrecherischen Tempo preschte er den Hang hinab, obwohl die Erde mit nassem Laub bedeckt war und das Pferd mehrmals ausrutschte. Während das Tier zuverlässig den Weg nach Hause suchte und sich auf die Straße Richtung Manderscheid zubewegte, flogen Eberhard Gedankenfetzen und Bilder durch den Kopf, die ihm noch einmal das ganze Elend der vorangegangenen Geschehnisse vor Augen führten, denen er nur mit knapper Not entkommen war. Wie um Himmels willen sollte er das alles seiner Mutter erklären? Und stimmte es, was dieser Teufel gesagt hatte? War sein Vater wirklich tot? Das Ganze erschien ihm wie ein einziger Wahnsinn, dessen Ursprung direkt aus der Hölle kam. Und wenn er darüber nachdachte, war es allein die Schuld seines Bruders gewesen, der all das Unglück über sie gebracht hatte. Warum war er überhaupt nach Hause zurückgekehrt? Warum, verdammt, hatte er sich mit seiner Frau nicht irgendwo anders eingenistet? Und dann hatte er zu allem Übel auch noch einen Maleficus angeschleppt, der allem Anschein nach etwas mit seiner Frau gehabt hatte. Wer wusste es schon? Vielleicht war das Kind, das sie im Leib trug, gar nicht von Gero, sondern die Brut des Teufels. Vielleicht hatte der franzische König recht gehabt, als er die Templer verfolgen ließ. Es gab nicht wenige, die behaupteten, der Orden habe mit finsteren Mächten im Bunde gestanden. Und ja – nach Geros Rückkehr waren so viele merkwürdige Dinge passiert, dass Eberhard inzwischen sicher war, dass auch sein Bruder mit dem Teufel im Bunde stand. Allein deshalb war es ihm gelungen, ihre Eltern mit honigsüßen Worten zu täuschen und sie für seine dämonischen Machenschaften einzuspannen. Sein Vater könnte noch leben, wenn Gero nicht zurückgekehrt wäre und ihn so schrecklich aufgeregt hätte. Wut stieg in ihm auf, als er von Weitem die Burg seines Vaters erblickte, die ruhig und erhaben wirkte mit ihren drei Türmen und dem Palas, der aus der Mitte der Wehrmauern herausragte. Ein herrschaftliches Anwesen, das wie ein helles Juwel aus einem

Meer von rostroten Blättern herausragte, die nach dem Regen in der durchbrechenden Nachmittagssonne wie schieres Kupfer glänzten.

Bevor er auf den Weg zur Burg zuhielt, zügelte er noch einmal seinen Hengst und schaute sich gründlich um. Von Trier her über der Mosel dräuten neue Regenwolken über Äcker und Felder, auf denen die Leibeigenen seines Vaters noch immer die spärliche Ernte einholten. Ein frischer Wind blies ihm das hellblonde Haar ins Gesicht. Weit und breit war niemand zu sehen, der ihm hätte gefährlich werden können. Also trieb er den Schimmel noch einmal an, mit der drängenden Frage, was in der Zwischenzeit auf der Burg geschehen war. Denn schließlich musste der zweite Maleficus, der ihm das Leben gerettet hatte und behauptete, seinen Bruder zu kennen, dort gewesen sein. Wie sonst hätte er vom Tod seines Vaters berichten können, und wer hätte ihm das Pferd geben sollen? Von der plötzlichen Sorge getrieben, dass der Mann seinen Eltern etwas angetan haben könnte, gab er dem Pferd nochmals die Sporen und preschte durch das offen stehende Burgtor an den erstaunten Wachen vorbei.

»Was ist hier eigentlich los?«, brüllte er den erstbesten Wachmann an, der ihm pflichtschuldig entgegeneilte, um ihm das verschwitzte Tier abzunehmen. »Seid ihr von allen guten Geistern verlassen, das Burgtor einfach offen stehen zu lassen und dann noch nicht einmal eine doppelte Bewachung auf den Zinnen anzuordnen? Was, wenn plötzlich wieder so ein Schwachkopf vor dem Tor steht wie dieser verdammte Inquisitor, mit einer ganzen Meute von Totschlägern, die sich nichts daraus machen, Frauen und Kindern die Kehle durchzuschneiden?«

»Verzeiht, mein Herr«, beeilte sich der Wachhabende zu

sagen. »Es tut mir leid, das sagen zu müssen, aber Euer Vater ist heute Morgen verstorben, kurz nachdem Ihr die Burg verlassen habt. Wir wissen alle nicht, wo uns der Kopf steht.«

Eberhard holte aus, und schneller als der Soldat diese Geste verstanden hatte, verpasste er ihm eine Ohrfeige, die ihn benommen zurücktaumeln ließ.

Blut spritzte aus seiner Nase, und für einen Moment sah er seinen neuen Lehnsherrn fassungslos an, bevor er sich mit hochrotem Gesicht und tropfender Nase verbeugte.

»Ich hoffe, du weißt nun, wo dein Kopf steht. Und sollte sonst noch jemand hier Probleme mit seinem Kopf haben, werde ich ihm abhelfen, indem ich ihn davon erlöse.«

Der Soldat zog sich unterwürfig zurück und stammelte etwas, das Eberhard nicht verstand. Ein paar andere Bedienstete standen wie zu Salzsäulen erstarrt im Hof und glotzten ihn an, als ob er der Teufel persönlich wäre.

»Was?«, schrie er mit einem furiosen Blick. »Habt ihr nichts zu tun? Ab heute weht hier ein noch schärferer Wind, lasst euch das gesagt sein.« Während die Knechte und Mägde eilig weitergingen, eilte Eberhard auf den Palas zu. Der Himmel hatte sich komplett zugezogen, und von Ferne war ein Donnergrollen zu hören. Die perfekte Kulisse für ein hausgemachtes Drama. Derweil stürmte er die Wendeltreppe zum zweiten Stock hinauf, dort wo die Kemenate seiner Mutter zu finden war. Er war sicher, dass man seinen Vater bereits in der Kapelle aufgebahrt hatte, doch bevor er dort um den Alten trauern würde, wollte er hören, was seine Mutter dazu zu sagen hatte.

Jutta von Breydenbach lag wider Erwarten im Bett. Sie trug eine weiße Haube auf dem Kopf, die genauso bleich war wie ihr Gesicht. Ihre Kammerfrauen hatten sie bis zum Kinn in eine purpurfarbene Daunendecke gehüllt, die perfekt zu ihren verweinten Augen und der rot geschnäuzten Nasenspitze passte. Am Hausaltar auf der Kommode brannten fünf Kerzen, und es roch nach einer ganzen Wagenladung voll Weihrauch, den wahrscheinlich der übereifrige Hauskaplan entzündet hatte.

Irgendwer hatte den Kamin eingeheizt und es dabei ziemlich übertrieben, denn es war so heiß, dass Eberhard sofort ins Schwitzen geriet. »Macht doch mal das Fenster auf, verdammt«, fluchte er. »Hier ist ja eine Luft wie in einer Leichenkammer.«

Fünf Mägde, darunter zwei Heilerinnen, verstopften die kleine Stube. Vier von den Frauen drehten sich abrupt zu ihm um. Die alte Gertrudis, die seit über zwanzig Jahren ihren Dienst auf der Burg als Hebamme und Kräuterkundige versah, ließ sich indes nicht beirren und flößte seiner Mutter mit Bedacht einen dampfenden Sud ein, dessen merkwürdiger Geruch das gesamte Zimmer erfüllte.

Mit Unverständnis begegnete Eberhard den panischen Blicken der übrigen Frauen. »Was glotzt ihr denn so?«

»Gott steh mir bei!«, wisperte seine Mutter kaum verständlich, als Gertrudis endlich den Becher abgesetzt hatte. Sie starrte ihren ältesten Sohn mit ungewohnt großen, glänzenden Pupillen an, was ihm mehr als seltsam erschien. »Heilige Mutter Gottes«, lallte sie weiter. »Mein lieber Junge, du bist doch nicht etwa verletzt?«

Als er an sich runterschaute, wurde ihm klar, warum sie eine solche Frage stellte. Sein Wams war von oben bis unten mit Blut besudelt. Das war ihm bei seiner überstürzten Flucht nicht aufgefallen.

»Nein«, antwortete er unwirsch. »Das ist nicht meins.«

»Wessen Blut ist es dann?«, nuschelte sie, als ob sie betrunken wäre. »Aber nicht Geros? Hast du ihn wenigstens noch erreicht?«

»Kannst du eigentlich auch mal an was anderes denken als an meinen vermaledeiten Bruder?«, polterte er und fuhr mit wütendem Blick zu den Mägden herum. »Was flößt ihr meiner Mutter da überhaupt ein?«

»Einen Sud zur Beruhigung«, erklärte ihm die alte Gertrudis, wobei sie ihm nicht in die Augen schaute.

Seine Mutter blinzelte ihn unterdessen mit schweren Lidern an und streckte ihm sichtlich geschwächt die Arme entgegen.

»Alles ist gut, Mutter«, setzte er von Neuem an und machte eine beschwichtigende Geste, doch dann wandte er sich wieder den Mägden zu. »Was in Herrgotts Namen ist in dem Sud?«, fragte er fordernd. »Meine Mutter steht ja völlig neben sich!« Er streckte die Hand nach dem Trunk aus, und nachdem Gertrudis ihm den Becher eher widerwillig übergeben hatte, schnupperte er daran. »Ich hätte es mir denken können. Orientalischer Hanf. Wo zum Teufel habt ihr das Zeug her? Sind wir hier etwa bei den Assassinen?«

Mit grimmigem Blick schaute er in die schuldbewussten Gesichter der Frauen, die ihm eine Antwort schuldig blieben.

»Das war eine Frage!«, blaffte er sie an.

»Es ist ein magisches Kraut, das Euer Vater vor mehr als zwanzig Jahren in getrockneter Form aus Akko mitgebracht hat und das wir nur im Notfall verwenden dürfen«, gestand ihm die alte Magd. »Er hat mir mal erzählt, dass die Ritter das gemahlene Pulver im Wein zu sich genommen oder in Pfeifen geraucht haben, bevor sie gegen die Sarazenen in die Schlacht zogen, um ihre Aufregung zu dämpfen. Ich dachte, wir könnten Eurer Mutter damit helfen, ein wenig zur Ruhe zu kommen.«

»Und ich dachte, der Glaube an Gott hätte die Ritter gestärkt«, ereiferte Eberhard sich und verdrehte die Augen. »Kein Wunder, dass wir Akko verloren haben. Außerdem ist das nichts für Frauen«, kritisierte er weiter und ignorierte die verwirrten Blicke der Mägde, als er sich den Becher an die Lippen setzte und den restlichen Sud in einem Schluck hinunterstürzte.

»Aber …« Gertrudis Protest kam zu spät.

»Raus hier, alle raus!«, brüllte er mit einer wedelnden Geste, als wollte er eine Schar Gänse zur Tür hinausscheuchen. »Ich muss mit meiner Mutter unter vier Augen sprechen.«

Nachdem die Frauen sich widerwillig verabschiedet hatten, setzte er sich zu seiner Mutter ans Bett und ergriff ihre kalten Hände. Sie sah furchtbar aus. Wahrscheinlich würde er in Kürze Vollwaise sein.

»Hast du Gero warnen können?«, fragte sie mit brüchiger Stimme, und wenn er nicht soeben den Beruhigungstrunk zu sich genommen hätte, wäre ihm wahrscheinlich endgültig der Kragen geplatzt.

»Was denkst du denn?«, fragte er stattdessen. »Dass ich ein fliegendes Pferd besitze?«

»Das heißt, du konntest ihn nicht mehr einholen?«, fragte sie ängstlich.

»Nein«, sagte er hart. »Und um genau zu sein, kannst du dich glücklich schätzen, dass ich noch lebe und nun wie von Vater gewünscht mein Erbe antreten kann. Baltazar de Palestine hat mir noch vor Manderscheid aufgelauert und hätte mich um Haaresbreite ins Jenseits befördert. Ruttger musste stattdessen dran glauben, und nicht nur er. Auch Gesas Mutter haben seine Schergen die Kehle durchgeschnitten. Frag mich nicht, was sie mitten im Wald zu suchen hatte, aber sie hat vor ihrem Tod noch einmal gegen uns ausgesagt und dafür am Ende mit ihrem Leben bezahlt, weil sie auch für ihn eine unliebsame Zeugin war.«

»Heilige Jungfrau, steh mir bei«, flüsterte seine Mutter. »Wie sollen wir das ihrem Mann und ihren Kindern beibringen? Und was ist mit dir? Geht es dir gut? Und wessen Blut klebt nun an deinem Wams?«

»Ja, mir geht es blendend, wie man ohne Zweifel sieht«, erwiderte er mit einem zynischen Unterton in der Stimme. »Und das hier ist das Blut meines Retters, der allem Anschein nach ein Maleficus ist. Denn er hat nicht nur einen tiefen Messerstich ohne Folgen überlebt, sondern mich zugleich wieder gesund gemacht. Er war es auch, der mir vom Tod meines Vaters berichtet hat. Und da er eines unserer Pferde bei sich hatte, heißt das, er war hier. Also, wer war der Mann, dem du so blind vertraut hast?«

Seine Mutter protestierte schwach. »Er glaubte, du wärst in Gefahr und er müsse dich warnen. Er wusste alles über deinen Bruder. Sogar, dass Hannah nach dem Weihnachtsfest ein Kind erwartet.«

»Woher kann er das alles wissen?« Eberhard warf seiner Mutter einen misstrauischen Blick zu. »Ich bin sicher, er ist ein Maleficus, so wie der Kerl, der plötzlich hier aufgetaucht ist und von dem Hannah behauptete, sie würde ihn kennen.«

»Das will ich mir nicht vorstellen«, protestierte die Burgherrin. »Beide waren so nett und zuvorkommend. Und so wie es aussieht, hat einer von ihnen dir aus großer Not geholfen und möglicherweise selbst dabei sein Leben gelassen. Oder warum klebt sein Blut an deinem Wams?«

»Ob du es glaubst oder nicht, nachdem er verletzt wurde, hat er eine Pille geschluckt und war so putzmunter wie ein junges Eichhörnchen. Mir hat er die gleiche Pille gegeben, und ich konnte wieder laufen, obwohl ich zuvor von meinem Hengst gestürzt war und meine Beine gelähmt waren.«

»Aber das ist doch ein großes Wunder, für das wir Gott danken sollten«, sagte seine Mutter mit feuchtglänzenden Augen und drückte seine Hand.

Eberhard kniff die Lippen zusammen und schüttelte den Kopf. »Wenn du mich fragst, ist das eine verdammte Teufelei. Und dass Gero und seine Templer ihre Hände im Spiel haben, macht es nicht besser. Tatsache ist, dass er und seine Zugehörigkeit zum Templerorden nur Unglück über unsere Familie gebracht haben. Ohne ihn hätte uns kein seelenloser Inquisitor heimgesucht, und Vater würde noch leben.«

»Das kannst du so nicht sagen«, widersprach ihm seine Mutter. »Gero wollte nie zum Orden. Erst der Tod von Elisabeth hat ihn dazu gebracht, sich den Templern anzuschließen, und das auch nur, weil Vater ihn durch sein eigenes Gelübde von Akko dazu gezwungen hat.«

»Ja, das verhängnisvolle Gelübde!«, erregte Eberhard sich von Neuem. »Ohne dieses Gelübde wäre Vater vielleicht nicht lebend zu uns zurückgekehrt«, behauptete er kühn. »Dafür muss man eben Opfer bringen. Und Gero hätte ohnehin keine Chance gehabt, etwas anderes zu tun, als einem Orden beizutreten, ganz gleich welchem. Er ist nur der Zweitgeborene, das scheinst du zu vergessen. Er hätte überhaupt nicht heiraten dürfen, schon gar nicht unsere Schwester, auch wenn sie nur von euch angenommen war. Aber mein kleiner Bruder fügt sich nicht in sein Schicksal. Nein, er muss immer seinen dicken Schädel durchsetzen und bekommt von dir und Tante Margaretha noch Beifall dafür. Gero hier, Gero da. Wahrscheinlich waren es seine himmelblauen Augen, die euch Weibern den Kopf verdreht haben. Wie sonst ist so viel Nachsicht zu erklären?«

»Eberhard, du vergisst dich«, rügte ihn seine Mutter mit entrüstetem Blick. »Vater ist noch nicht unter der Erde, und du führst dich auf, als ob du weder Herz noch Verstand hättest. Wie kannst du nur so mit mir reden? Man könnte ja meinen, du hättest alles vergessen, was Vater und ich für dich getan haben. Ich habe immer auf deiner Seite gestanden, wenn Vater sich darüber aufgeregt hat, dass du noch keine Frau nach Hause gebracht hast. Wahrscheinlich hat er sich um dich mehr Sorgen gemacht als um deinen Bruder. Schließlich benötigen wir einen Erben, um das Lehen in der nächsten Generation weiterführen zu können.«

»Und den hätte euch Gero nun geliefert. Wunderbar. Ein verfolgter Templer, der gegen sein Gelübde verstößt und auch gleich noch wegen Mordes an franzischen Soldaten gesucht wird. Was für eine himmlische Voraussetzung, um den Erzbischof zu überzeugen, uns das Lehen auch auf die nächste Generation zu verlängern.«

Eberhard schüttelte in stummer Verzweiflung den Kopf. Auch wenn er im Moment noch nicht wusste, wie er einen Erben heranschaffen sollte, weil er mit Frauen nichts anfangen konnte und Enno von Waldeck, mit dem er regelmäßig das Lager teilte, ihm bestimmt keinen Sohn schenken würde, hieß das noch lange nicht, dass er das Problem nicht anderweitig aus der Welt schaffen konnte. Und wenn er das Balg einer Magd als seinen Bastard ausgab.

Unvermittelt brach seine Mutter in Tränen aus. »Ist dein Groll gegen Gero der Grund, warum du nicht weitergeritten bist, um ihn zu suchen?«, schluchzte sie. »Wenn dieser Balthazar so grausam ist, Gezas Mutter die Kehle durchzuschneiden, was wird er erst Gero und Hannah antun, wenn er sie findet?«

»Großer Gott«, entfuhr es Eberhard, der nun endgültig die Fassung verlor, »jetzt fängst du auch noch an zu heulen. Und das nicht wegen mir, der nur knapp mit dem Leben davongekommen ist, oder wegen Vater, der leblos in der Kapelle liegt. Nein, wegen deines heißgeliebten Jüngsten, der dir sowieso immer lieber war als alle anderen. Den du gehätschelt hast, und das, obwohl er mit einem Schlag alles zerstört hat, was Vater mühsam für uns aufgebaut hat. Durch seine Flucht hierher hat er uns alle in große Gefahr gebracht. Und anstatt ihm das einmal klar zu machen und ihn fortzuschicken, damit er irgendwo anders sein Glück findet, sollte er zum Dank für seine Rücksichtslosigkeit auch noch zum Grafensohn gemacht werden.« Eberhards Stimme überschlug sich fast. »Ich, der euch niemals Sorgen gemacht hat und von den Quartalsabrechnungen bis zur Führung der Burgwachen alle Aufgaben brav übernimmt, werde durch die Rücksichtslosigkeit meines Bruder beinahe um den Titel gebracht, und er soll am Ende noch über mir stehen? Nicht ich habe den Verstand verloren, sondern Ihr.«

Während er seine Mutter giftig anblinzelte, setzte sie sich mühselig auf und blickte ihm ernst in die Augen.

»Wie redest du mit mir?«, fragte sie bestürzt.

»So wie es die Situation erfordert«, erwiderte er kühl.

»Wie kannst du nur so grausam sein?«, fragte sie mit erstickter Stimme.

»Ich sage doch nur, wie es ist. Und warum regst du dich auf? Er hat doch sein Glück gefunden, auch wenn man nicht weiß, ob das Kind, das Hannah unter dem Herzen trägt, sein eigenes ist oder von ihrem Maleficus stammt, der sie, so wie es scheint, in aussichtsloser Minne verehrt. Aber immerhin wärmt sie das Bett meines Bruders, ganz gleich, wo es steht. Auf eine solche Frau könnte ich gerne verzichten.«

»Eberhard!« Seine Mutter funkelte ihn wütend an. »Besser als keine Frau nach Hause zu bringen und sich stattdessen in deinem Alter mit irgendwelchen fragwürdigen Burschen herumzutreiben«, mahnte sie ihn mit einem rätselhaften Blick, der alles Mögliche bedeuten konnte. »Und dass du Gero nun seine Familie neidest, macht die Sache nicht besser. Obwohl du alles bekommen hast und er so gut wie nichts. Er tat mir so leid, als wir Elisabeth verloren haben. Als Templer hat er später sein Leben aufs Spiel gesetzt und muss sich nun diesen furchtbaren Anschuldigungen stellen, die vollkommen haltlos sind.«

»Er ist nur der Zweitgeborene, verdammt. Und ob er und seine Templer unschuldig sind, wage ich, nach allem, was ich gehört und gesehen habe, zu bezweifeln«, erinnerte Eberhard sie unnötigerweise. »Nun, wo ich hier das Kommando habe, wird er keinen Fuß mehr auf diese Burg setzen, sollte er sich je wieder hierherwagen, so wahr ich hier sitze. Er ist mit dem Teufel im Bunde, auch wenn du das nicht wahrhaben willst.«

»Ist das dein letztes Wort?«, fragte seine Mutter tonlos und starrte ihm beinahe beschwörend in die Augen.

»Ich wüsste nicht, was es noch zu sagen gibt«, gab er stoisch zurück. »Zumal wir ihn ohnehin nie wiedersehen werden.«

»Wenn das so ist«, verkündete Jutta von Breydenbach schmallippig, »werde ich ab sofort nicht mehr meine schützende Hand über dich halten. Sieh zu, wie du mit deinem Erbe zurechtkommst. Ich für meinen Teil habe hier nichts mehr zu suchen und werde gehen.«

»Was soll das heißen?«, fragte Eberhard irritiert.

»Das soll heißen, dass ich ab morgen zu meiner Schwester nach Waldenstein ziehe. Ich werde meine engsten Mägde mitnehmen und deren Familien. Und auch den Leichnam deines Vaters. Er würde sich im Grabe umdrehen, wenn er wüsste, wie du über Gero denkst und wie du mich behandelst.«

Eberhard nickte ergeben. »Dann geh in Gottes Namen. Vielleicht ist es ja besser so.«

In Wahrheit malte er sich bereits aus, wie es wäre, wenn er Enno von Waldeck zukünftig in seinen eigenen Gemächern empfangen könnte, wann immer es ihm beliebte. Ohne jegliche Scham und Kontrolle durch seine Mutter. Endlich frei sein und tun und lassen können, was er wollte. Herrlich.

KAPITEL 12

NOVEMBER 2015 –
NORWEGEN / KIRKENES / ANSELMS RANCH

Reise ins Ungewisse

»Es fühlt sich gut an, endlich wieder eine Waffe zu tragen«, bemerkte Gero gegenüber Struan, als sie sich zur Übergabe ihrer Messer und Schwerter in Anselms Waffenkammer trafen, die sich in einem kleinen Lagerhaus befand, das mit einem hohen Elektrozaun ähnlich gut gesichert war wie die Waffenkammer der Templer von Bar-sur-Aube.

Mit einem singenden Geräusch steckte er das kunstvoll geschmiedete Schwert in die verzierte Lederscheide, die er rechts an einem geschickt um die Hüften geschlungenen Ledergürtel trug. Ein stabiler Anderthalbhänder mit einer rasiermesserscharfen Klinge, die er als Hieb- und Stichwaffe einsetzen konnte. Sein Vater hatte ihm das kostbare Schwert aus italienischem Stahl zum Ritterschlag geschenkt hat. »Ich sehe es als eine Fügung des Himmels, dass mein Schwert unsere Odysseen bis hierhin unbeschädigt überstanden hat, und hoffe, es bringt mir auch weiterhin Glück.«

Struan und Malcolm, die ihre beiden riesigen Claymore-Schwerter in einer eigens dafür gefertigten Schwertscheide mit einem Kreuzgurt auf dem Rücken trugen, schienen nicht sonderlich beeindruckt. Ihre Waffen gehörten in Schottland zur Standardausrüstung eine Clanchiefs. Gero war selbst dabei gewesen, als Struan bei einem Angriff auf ihrer Flucht in die deutschen Landen einen franzischen Soldaten aus dem Stand in zwei Hälften zerlegt hatte.

»Schade um all das gute Zeug«, meinte Malcolm nur und deutete auf die Holzkisten mit den Morgensternen und Äxten, die Anselm zuvor übers Internet an begeisterte Historienfans zumeist nach Russland verkauft hatte und die nun vergeblich auf einen neuen Besitzer warten würden.

»All das hier müssen wir zurücklassen, dabei hätte man eine ganze Armee damit ausrüsten können.«

»Wir werden versuchen, so viel wie möglich davon mitzunehmen«, erklärte ihm Anselm, der als Mittelalterexperte, Heraldiker und Waffennarr über das erforderliche Wissen verfügte, um einschätzen zu können, dass diese Waffen in Malcolms Zeit ein Vermögen gekostet hätten.

Schwer beladen machten sie sich zur Lagerhalle auf, von wo aus der Transfer stattfinden sollte. Zuvor hatte Anselm ihnen bereits passende Kleider zur Verfügung gestellt, die sie mit Lederhosen, Unterwams und Kettenhemden sowie den passenden Stiefeln in mittelalterliche Edelmänner verwandelten.

»Es ist ein gutes Gefühl, wieder nach Hause zu kommen«, gestand Jacob von Sassenberg, während er sich mit Gero und den übrigen Templern zu den Stallungen aufmachte, um dort Geros silbergrauen Percheron abzuholen, der schon zwei Transfers überstanden hatte und auch mit auf die Reise gehen sollte. Auch wenn es für das Tier ein Risiko war, brachte er es nicht über sich, ihn zurückzulassen.

»Ich gebe zu«, gestand Jacob, »mir ist ein wenig mulmig zumute, wenn ich an den CAPUT und seine Fähigkeiten denke. Glaubt ihr, wir kommen wirklich dort an, wo wir hinwollen?« Wie Brian, Totty und Ralph hatte Jacob bisher nur einen Transfer mitgemacht und war misstrauisch.

»Vertraue dem Allmächtigen, Bruder« versuchte Gero, ihn zu beruhigen. »Wir haben das nun schon in allen Variationen durchgemacht und sind immer dort gelandet, wo wir hinwollten. Das Einzige, was passieren kann, ist, dass das Ding dich nicht haben will. Dann musst du hierbleiben, und das wäre eine echte Katastrophe.«

»Um ehrlich zu sein, kann ich verstehen, was in Malin vorgegangen sein muss«, erklärte Totty und senkte Blick. »Dies ist nicht meine Welt und wird es nie werden. Das habe ich an jedem Tag, den ich hier verbracht habe, in meinem Herzen gespürt. Ich bin sicher, dass ich hier auf Dauer nicht glücklich geworden wäre.«

»Mir geht es nicht anders«, erklärte Gero leise und rollte das Tor zur Halle zur Seite. »Ich würde es Hannah gegenüber nur ungern zugeben, aber im Grunde kann ich es kaum erwarten, von hier zu verschwinden und wieder in meine gewohnte Umgebung einzutauchen, die mir jene Sicherheit gibt, die ich in dieser Welt so schmerzlich vermisse. Selbst wenn es weiterhin gefährlich ist in unserer Welt und ich Hannah keine Garantie auf ein unbehelligtes Leben geben kann, ist es doch ein Zuhause, das den Namen verdient. Ganz abgesehen von all den Gefahren, die hier lauern und für uns kaum berechenbar sind. Ganz gleich, wie lange wir hier leben würden. Es bliebe kompliziert.«

»Genaugenommen haben wir diesen Gefahren nicht das Geringste entgegenzusetzen«, meldete sich Johan zu Wort. »Mich hat das schon beim letzten Mal, als wir in dieser Zeit gestrandet sind, hilflos gemacht, besonders Freya gegenüber. Ich fühlte mich in ihrer Gegenwart zum halben Kerl degradiert, weil ich weder in der Lage war, sie mit meiner eigenen Hände Arbeit zu ernähren, noch sie zu beschützen.«

»Wenn wir wieder heimischen Boden unter den Füßen haben, wird sich das alles schlagartig ändern«, versprach Gero ihnen. »Zusammen mit den Söldnern, die auf Waldenstein für Recht und Ordnung sorgen, können wir uns eine kleine Armee aufbauen. Und wenn ich erst als neuer Graf den Schutz der Herren von Lichtenberg erlange, werden wir ohnehin unangreifbar sein und können Balduin von Trier und eventuellen Gesandten des franzischen Königs zeigen, wo ihre Grenzen liegen.«

»Du hast recht«, pflichtete Arnaud ihm bei. »Auch wenn ich Rona und ihre absonderlichen Fähigkeiten bewundere. Aber in der Zukunft fühle ich mich wie ein Fisch auf dem Trockenen.«

»Damit stehst du nicht allein da«, raunte Ralph of Bulford, dem die ganzen Geschichten der anderen nicht geheuer waren. Zumal er selbst erlebt hatte, was die Steinplatten in der Bundeslade zu bewirken vermochten. »Ich wünschte, der Orden hätte damals auf seine Grabungen am Tempelberg verzichtet und die Bundeslade wäre geblieben, wo sie war. Dann hätte die Bruderschaft wie alle anderen auch unbehelligt fortbestanden.«

»Du vergisst, dass der Orden für nichts anderes gegründet wurde«, erinnerte Totty ihn. »Zumindest, wenn man Sir Walter Glauben schenken kann.«

»Wenn man wenigstens die richtigen Lehren aus all diesen Erkenntnissen gezogen hätte«, brummte Struan. »Dann wäre es gar nicht erst zu einer Verfolgung der Templer gekommen. War doch klar, dass man ein solches Geheimnis nicht hüten kann, wenn man die Früchte daraus ernten will. Denn gerade die waren es doch, die Neider auf den Plan gerufen haben.«

Totty stimmte ihm zu. »Der Mensch ist für ein solches Mysterium nicht geschaffen. Durch die Reise in die Zukunft ist mein Verstand durcheinandergeraten. Ich habe jegliches Zeitgefühl verloren und weiß nicht mal, welche Jahreszeit gerade ist oder welcher Wochentag. Nichts sehne ich mir mehr herbei, als endlich wieder Ordnung in meinem Leben zu haben.«

»Wobei ich befürchte«, gab Gero zu bedenken, »dass es mit unserer Ordnung unter Ronas Leitung auch nicht leichter werden wird. Falls es ihr tatsächlich gelingt, uns zur Rettung von Kameraden in eine noch weiter zurückliegende Vergangenheit zu transferieren, könnte noch einiges mehr durcheinandergeraten.«

»Willst du das überhaupt?« Struan schaute Gero nachdenklich an. »Ich denke dabei an Hannah, sie wird nicht begeistert sein, wenn du dich schon wieder in Gefahr begibst. Ich weiß noch, welchen Aufstand Amelie gemacht hat, als wir nach Chinon aufgebrochen sind, um d'Our und die anderen zu retten. Am Ende hat sie ihr Kind verloren, und ich wäre fast gestorben.«

»Hattest du eine Wahl?«, fragte Gero ernst.

»Nein«, gestand Struan und schüttelte seinen nachtschwarzen Schopf. »Ich würde es wieder tun.«

»Immerhin wären Stephano und ich nicht hier, wenn ihr

uns nicht aus dem Kerker geholt hättet. Aber es gibt noch jemanden, dem wir unser Überleben zu verdanken haben. Stell dir vor, Tom wäre nicht gekommen und hätte uns aus dem Donjon in Chinon gerettet«, fügte Arnaud mit Schaudern hinzu. »Weißt du noch, wie schlecht es Struan in diesem höllischen Kerker ging? Ihm beim Sterben zuzusehen, wie er vor meinen Augen langsam verblutete, war das Übelste, was ich je erlebt habe. Also ich kann von CAPUT nur Gutes berichten. Wobei es schade ist, dass wir nirgends hinkönnen, wo wir selbst schon gewesen sind. Wäre doch prima, wenn wir uns selbst aus dem Kerker in Chinon retten könnten. Ich würde zu gern das Gesicht von Guy de Gislingham sehen, wenn ich ihm plötzlich in doppelter Ausführung gegenüberstehe und ihn von zwei Seiten fertig mache.«

»Darauf kann ich gern verzichten«, brummte Struan. »Ich kann mich kaum noch an die Folter durch den englischen Bruder erinnern. Bereits bei der Auspeitschung habe ich so viel Blut gelassen, dass ich mein Bewusstsein verloren habe. Davon, dass sie mir auf der Streckbank den Lendenwirbel gebrochen haben, weiß ich gar nichts mehr.«

»Du warst ja auch vollkommen weggetreten«, erinnerte sich Johan. »Freya hat versucht, dich mit gutem Zureden am Leben zu halten, und du hast gedacht, sie wäre Amelie und hast dich bei ihr entschuldigt, dass du in Gislinghams Fänge geraten bist.«

Struan stieß ein missmutiges Knurren aus. »Ich bin froh, dass der Kerl in der Hölle schmort, und möchte mir nicht vorstellen, dass es dem CAPUT gelingen könnte, ihn wiederzubeleben.«

Gero antwortete nur mit einem undefinierbaren Seufzer und öffnete das Gatter, hinter dem Atlas bereits ungeduldig mit den Hufen scharrte. Der treue Hengst schien zu spüren, dass irgendwas anders war, und ließ sich bereitwillig das Halfter anziehen. Danach legte Gero ihm den soliden Rittersattel auf, den Anselm ihm nach ihrer Ankunft geschenkt hatte.

»Wo ist eigentlich Mattes?«, fragte Johan, der das Boxengatter aufhielt. »Wäre das nicht seine Aufgabe gewesen?«

»Du vergisst, er ist kein Knappe mehr«, erinnerte ihn Gero und rieb Atlas behutsam über die Nüstern. »Sir Walter hat ihn zum Templer initiiert.«

»Gerade deshalb müsste er doch hier bei uns sein«, bemerkte Jacob erstaunt.

»Er ist bei Gesa«, erklärte Gero mit einem milden Lächeln. »Sie hat sonst niemanden, und er hilft ihr beim Packen. Wobei er darauf achtet, dass sie nichts mitnimmt, was nicht in unsere Zeit gehört.«

»Er könnte nicht nur äußerlich dein Sohn sein«, amüsierte sich Arnaud. »Er hat auch sonst viel von dir.«

Anselm schaute demonstrativ auf die Uhr, als sie mit dem Pferd die Halle erreichten, von wo aus der Transfer stattfinden sollte. Zusammen mit Stephano hatte er vier Säcke mit Goldbarren und Silberblöcken gepackt.

Gero ließ seinen erstaunten Blick über die Goldsäcke wandern, die Anselm ihnen so großzügig zur Verfügung stellte.

»Gut, dass du so klug warst und nicht alles der Bank überlassen hast«, lobte er ihn. »Ich habe meinem Vater gleich nach der Verhaftungswelle im Orden dazu geraten, sein Gold und Silber von den Templerbanken abzuziehen. Glücklicherweise hat er meinen Rat befolgt, ansonsten hätte er Balduin von Trier nicht mal mehr die Abgaben zahlen können.«

Anselm grinste freudlos. »Seit Stephano und ich vor fast

zehn Jahren hierher zurückgekehrt sind, habe ich eigentlich täglich mit einer Entdeckung durch die NSA gerechnet. Mich wundert ohnehin, dass es so lange gedauert hat, bis sie uns auf die Spur gekommen sind. Für den Fall der Fälle hatte ich immer einen Koffer mit gefälschten Papieren und eine Gold- und Silberreserve im Haus. Dass wir sie gebrauchen würden, um zurück ins Mittelalter zu gehen, hätte ich nicht vermutet.«

»Wenigstens ist dir dort alles vertraut«, bemerkte Gero zuversichtlich.

Er wusste, dass Anselm nichts lieber gewesen wäre, als in Geros Zeit geboren worden zu sein. Obwohl sein Enthusiasmus ihm nach den schockierenden Erlebnissen, die ihnen während ihrer Zeit im Jahr 1153 im Heiligen Land widerfahren waren, ein wenig abhandengekommen war. Was jedoch nichts daran änderte, dass er ihre Sprache und sogar die Langue d'Oil beherrschte, also Altfranzösisch, wie man in Hannahs Zeit dazu sagte. Dazu war er an allen gängigen Waffen ausgebildet, die ein Ritter im Kampf beherrschen musste. Was ihn, neben Stephano de Sapin, der ebenfalls ein initiierter Templer war, zu einem voll einsetzbaren Kämpfer machte. »Meine Tante und Roland werden sich freuen, wenn sie plötzlich eine so schlagkräftige Verstärkung bekommen«, fügte Gero zuversichtlich hinzu.

»Ich bin neugierig, wie es ist, auf seinen alten Schwertmeister zu treffen«, erwiderte Anselm und lächelte schwach. »Er hat mir beigebracht, dass Eleganz im Schwertkampf kein Kriterium ist, sondern wie man mit besonders schmutzigen Methoden garantiert überlebt.«

Inzwischen hatten sich alle in der Halle versammelt. Rona hatte bereits den Server gestartet und besprach mit Gero den genauen Standort der Burg. Irgendwo im Dreiländereck Luxemburg, Deutschland und Frankreich, auf der Karte ein weißer Fleck, der als vererbbares Lehen zu den Landgrafen von Lichtenberg gehörte, deren Rang mit dem eines Fürsten gleichzusetzen war.

»Ich habe die Freigabe ab dem fünfzehnten Dezember bekommen. Es ist exakt der Tag, als wir euch von Oak Island gerettet haben«, murmelte sie und fügte per Gedankenbefehl noch ausstehende mathematische Parameter hinzu.

Es war immer noch nicht richtig hell draußen, und von der Küste, die nicht weit entfernt war, pfiff ein eisiger Wind. Kein Wunder, waren sie doch keine vier Wochen von der Polarnacht entfernt.

Die Frauen trugen allesamt lange Gewänder, dazu wärmende Kapuzenumhänge und Stiefel. Die Kleidung war mehr pragmatisch als modisch. Hannah und die anderen hatten entschieden, kein Risiko einzugehen, falls sie nicht dort landeten, wo sie hinwollten, sondern irgendwo in der Wildnis.

»Ihr seht zum Anbeißen aus«, schwärmte Arnaud mit einem smarten Lächeln, das ihn selbst in den schwierigsten Situationen nicht im Stich ließ.

»Danke«, erwiderte Freya tonlos. »Es zeichnet dich aus, Arnaud, dass du noch in dunkelster Stunde einen Sinn für Humor hast.«

»Seit er verheiratet ist, hat er sich komplett verändert«, kommentierte Stephano de Sapin Arnauds vermeintliche Vorzüge mit einem schrägen Grinsen. »Du hättest ihn früher im Orden erleben sollen. Damals war er bei Weitem nicht so charmant.«

»Du weißt doch, Steph«, gab Arnaud mit einem Augenzwinkern zurück, »jeder Mensch kann sich ändern, wenn er den richtigen Lehrmeister hat.«

Anselm, der nun hinzugekommen war, räusperte sich. »Rona wird uns jetzt zusammen mit Tom erklären, wie der Transfer ablaufen soll.«

Nach dieser kleinen Ankündigung schaute Rona in die Runde und vergewisserte sich der Aufmerksamkeit aller.

»Für jene, die noch nicht so viel Erfahrung mit der Funktionsweise des Timeservers haben, erkläre ich nun noch mal den Ablauf. Wir werden gleich einen nach dem anderen ins Jahr 1315 transferieren. Wir werden am sechzehnten Dezember in der Berechnung des Julianischen Kalenders dort landen. Also einen Tag, nachdem ihr von Oak Island verschwunden seid. Unser Zielgebiet ist die Umgebung von Burg Waldenstein, die oberhalb des Moseltals auf einem Felsvorsprung in Fließrichtung auf der rechten Seite des Flusses liegt. Gero hat ein kleines Waldgebiet unweit der Burg ausgesucht, wo wir aller Wahrscheinlichkeit nach nicht mit Zuschauern rechnen müssen. Ich habe den Transfer auf den späten Nachmittag programmiert, was bedeutet, dass es an der Ankunftsstelle aller Voraussicht nach dämmern wird, aber noch genug Sicht herrscht, um mühelos zur Burg zu finden. Bis dorthin sind es etwa tausendfünfhundert Meter Fußmarsch durch ebenes Gelände.«

Die meisten nickten, nur Gesa starrte sie mit angstgeweiteten Augen an. Aber bevor Rona noch mal neu ansetzen musste, war Mattes bei ihr und redete leise auf sie ein. Was auch immer der Junge in ihr Ohr geflüstert hatte, es schien sie zu beruhigen.

»Ich werden nun mit dem Scan beginnen und uns dann

alle zeitgleich transferieren.« Während Rona den Scanvorgang startete, erschien auf der flachen Oberfläche des Servers grünlich-blauer Energienebel, der das inzwischen allen bekannte Frauengesicht zum Vorschein brachte, das Rona so ähnlich sah.

Arnaud war als Erster an der Reihe. Er küsste Rona auf den Mund und bekreuzigte sich rasch, bevor er seine Hand in den irisierenden Nebel legte und kurz darauf von einem elektronischen Dreiecksnetz überzogen wurde, das ihn vollkommen einhüllte. Jacob, Brian, Totty und Ralph verfolgten mit versteinerten Mienen, wie Gero, Hannah und die anderen vortraten, um es ihm gleichzutun.

Doch zuerst war Geros Hengst an der Reihe. Gero hatte dem massigen Tier die Augen verbunden und dirigierte seine empfindliche Nase in den Nebel. Obwohl Atlas nichts sehen konnte, schrak er ein wenig zurück, als seine Nüstern in das irisierende Energiefeld eintauchten. Fasziniert beobachteten die anderen, wie der muskulöse Körper des Pferdes von einem leuchtenden blaugrünen Netz aus unzähligen Dreiecken überzogen wurde, das sich zu einem leuchtenden Schein verdichtete.

»Ich hoffe, wir überstehen den Transfer genauso gut wie beim letzten Mal«, murmelte Totty, der eigentlich kein ängstlicher Typ war. Auch Malcolm wirkte trotz seiner jugendlichen Unbekümmertheit angespannt. Sein Bruder dagegen nahm die ganze Geschichte wie üblich mit stoischer Gelassenheit. Struan war schon mehrmals in eine andere Zeit transferiert worden und hatte es ohne Nebenwirkungen überstanden.

Gero umarmte Hannah, und Mattes hatte Gesa im Arm, nachdem sie ihren genetischen Code in den neuen Server hatten einscannen lassen, um gemeinsam diese wagemutige Reise anzutreten. Auch sie wurden von dem Netzmuster überzogen und schließlich komplett eingehüllt. Nachdem Rona sich selbst eingescannt hatte, berührte sie die Waffenkisten und die Säcke mit den Goldbarren.

Währenddessen lief der Countdown, der nicht abgebrochen werden konnte, wenn der Transfer einmal gestartet war.

Nachdem die Silhouetten der anderen sich Zug um Zug aufgelöst hatten, war sie die Letzte, die mitsamt dem Server die Reise antreten sollte, doch während der Prozess noch lief, wurde sie von einem hellen Licht geblendet. Bevor sie selbst ihre Auflösung spürte, sah sie, wie martialisch bewaffnete Söldner die Lagerhalle stürmten und das Feuer auf sie eröffneten. Doch bevor die Maschinenpistolensalven ihr Ziel erreichten, verschwand ihre Gestalt in einem blaugrünen Feuerwerk.

KAPITEL 13

NOVEMBER 2015 –
NORWEGEN / KIRKENES / ANSELMS RANCH

Wer zu spät kommt …

Lieutenant C. R. Cobbler und seine Jungs waren erfahrene Navy Seals, denen keiner so leicht was vormachen konnte. Die acht Soldaten hatten sich ausnahmslos ranghohe Auszeichnungen an verschiedenen Krisenherden der Welt verdient, die neben einem respektablen Budweiser ihre weißen Ausgehuniformen zierten, jedes Mal wenn sie – so Gott es wollte – unversehrt in die Heimat zurückkehrten. Trotzdem beschlich Cobbler bei der Erstürmung des abgelegenen Gebäudekomplexes inmitten der eisigen Tundra von Nordnorwegen ein ungutes Gefühl, das ihn dazu brachte, seine Kameraden zur Vorsicht zu mahnen. Seltsamerweise hatte der NSA-Agent, der ihren Einsatz bei ihrer Führungsebene angefordert hatte, nichts darüber verlauten lassen, um welchen Feind es sich hier genau handelte. Nur, dass es eine Geschichte von nationaler Bedeutung sei und man die Gefangenen pfleglich behandeln solle. Besonders die Frauen, die wahrscheinlich keinerlei Widerstand leisten würden. Bei den Männern müsse man auf Überraschungen gefasst sein. Alles ausgebildete Kämpfer mit entsprechendem Potential. Wobei angeblich nicht zu erwarten war, dass sie Faustfeuerwaffen oder Gewehre trugen. Eher Dolche und Schwerter, mit denen sie allerdings virtuos umgehen konnten.

»Was ist das hier?«, brummte Sergeant Yaeger, als sie sich in der Dämmerung in gebückter Haltung und bis an die Zähne bewaffnet dem mehr als drei Meter hohen Zaun näherten. »Ein Ausbildungszentrum für Samurai oder was?«

»Die Typen auf den Fotos, die man uns mitgegeben hat, waren durchtrainiert und sahen europäisch aus«, murmelte Fran Manetti. »Wobei drei von ihnen aus dem arabischen Raum stammen könnten. Schwarze Haare, schwarze Bärte. Dunkle Augen.«

»Ich frage mich, was das für Kerle sein sollen«, setzte Yaeger, den alle nur Yag nannten, mit einem ungeduldigen Aufstöhnen nach, während er ein paar Atemwölkchen in die Luft blies. Es war kalt, lausig kalt, und der Wind, der über sie hinwegfegte, ließ den Atem gefrieren. Die Kälte drang durch Handschuhe und Jacken, während sie auf das Go zum Zugriff warteten.

»Wir haben soeben Bewegung festgestellt«, meldete die Basis, die den dreistöckigen Wohngebäudekomplex und die Lagerhallen via Satellit auf Infrarotquellen durchleuchten ließ. »Eine größere Personengruppe hat sich vom Haupthaus und mehreren Nebengebäuden in Richtung Halle 1 fortbewegt. So wie es aussieht, hatten sie ein Pferd dabei.«

»Ein Pferd«, murmelte Cobbler ungläubig, während er Sichtkontakt zu seinen Kameraden aufnahm, die sich nicht weniger zu wundern schienen.

»Schauen Sie noch mal genau nach«, mischte sich nun ihr Auftraggeber per Funk ein. Jack Tanner war der leitende NSA-Agent, der ihnen die Pläne fürs Haus und ein Satellitenfoto zugeleitet hatte. »Heute Morgen stand noch ein Hummer auf dem Hof.«

Jack war eine halbe Stunde zuvor mit einem Militärtransporter auf dem Kirkenes International Airport gelandet. In Begleitung von Mabel Mason, einer jungen Quantenphysikerin, die unter anderem einen Doktor in Informatik besaß, hatte er auf einem Parkplatz vor dem Flughafen einen Dienstwagen vom amerikanischen Konsulat übernommen.

Während er mit Mabel auf die Fernstraße nach Südwesten einbog, erteilte er den Navy Seals entsprechende Befehle. Die Ranch, auf der er ihre Zielpersonen vermutete, lag fünfundzwanzig Autominuten vom Flughafen entfernt. Zumindest wenn die Straße nicht vereist war wie im Moment.

»Irgendwas scheint in dieser Halle vorzugehen«, antwortete Cobbler mit einiger Verzögerung. »Jedenfalls sind die Leute nicht mehr rausgekommen.«

»Worauf wartet ihr denn so lange?«, fluchte Tanner am anderen Ende des Mobiltelefons. »Zugriff, verdammt nochmal!«

»Wir haben Befehl von ganz oben, dass wir zunächst einmal sicherstellen sollen, ob es sich auch um die richtigen Leute handelt«, gab Cobbler stur zurück. »Immerhin operieren wir hier außerhalb unserer Kompetenzen, und die Infrarotkamera hat achtzehn Personen gezählt. In ihrer Meldung war von maximal zehn Leuten die Rede, mehr als angekündigt.«

»Als wenn sechs Seals nicht mit achtzehn Leuten fertig würden«, ereiferte sich Jack. »Ich höre andauernd, ihr seid solche Helden, die sich überall lautlos Terrain verschaffen und sämtliche Top-Terroristen aus den Betten schießen?«

»Das gilt bei Leuten, bei denen es nicht drauf ankommt, ob wir sie tot oder lebendig fassen«, stellte Cobbler in einem Tonfall klar, der genauso frostig war wie die Umgebungstemperatur.

»Der Militärattaché in Trondheim meinte, es wäre ziemlich ungünstig, wenn bei dem Einsatz Menschen zu Schaden kämen, bei denen sich hinterher herausstellt, dass sie die norwegische Staatsangehörigkeit besitzen. Ähnlich verhält es sich mit Russen. Auch da möchte man anscheinend keine diplomatischen Verwicklungen riskieren.«

»Cobbler, verdammt, sind Sie noch ganz bei Trost?«, schimpfte Jack und trat so sehr aufs Gas, dass Mabel sich mit einer Hand im Sitz festkrallte, während sie mit der anderen das Tablet festhielt, das sie auf den Knien balancierte. Auf dem leuchtenden Bildschirm rief sie ständig die neusten Informationen aus den Polizeidatenbanken von Kirkenes ab, in die sie sich mühelos eingehackt hatte.

»Sie sollen die Leute festnehmen!«, schrie Jack regelrecht in die Freisprechanlage seines Mobiltelefons. »Und zwar sofort!«

Cobbler stieß ein leises Schnauben aus. Was bildeten sich diese NSA-Typen eigentlich ein? Als ob sie exklusiv nur ihnen zur Verfügung stünden.

»Los, los, los, Jungs!«, zischte Cobbler in sein Helmmikrofon. »Wir gehen näher ran, und wenn wir wissen, was dort drin für eine Party abgeht, werden wir den Laden auftragsgemäß hochnehmen, verstanden?«

»S1 verstanden«, meldete sich die erste Stimme über den Kopfhörer, der noch vier andere folgten. Sie näherten sich mit ihren Helmkameras und Maschinenpistolen im Anschlag in gebückter Haltung der Halle.

Von draußen war so gut wie nichts zu hören, und während Fran Manneti einen Wink gab, sich neben dem Eingang zu positionieren und zu horchen, was dort drin vor sich ging, rückte er selbst mit seinen restlichen Kameraden näher ran.

Jack trat derweil weiter aufs Gas. »Hast du schon rausfinden können, wer die Tote bei dem gestrigen Unfall war?« Mabel ging ein paar Fotos aus dem Datenbestand der Polizei in Kirkenes durch. Mit gerunzelter Stirn betrachtete sie das bleiche Gesicht des toten Mädchens mit den hüftlangen brünetten Haaren, laut Bericht war sie in ihrem Alter. »Die Frau sieht älter aus, als sie ist«, kommentierte sie nachdenklich. »Aber vielleicht liegt es an den Hämatomen im Gesicht. Angeblich wurde sie von einem schwedischen LKW-Fahrer mitgenommen. So wie er sagt, hat die Frau Dänisch gesprochen und wollte plötzlich aussteigen, nachdem ihr klar wurde, dass er nach Norden fuhr. Der Mann konnte gerade noch bremsen, dann ist sie einfach rausgesprungen und ohne zu gucken auf die andere Straßenseite gelaufen. Dabei wurde sie von einem entgegenkommenden russischen Laster überrollt. Sie hatte keinen Pass dabei, und bis zum Abend gab es keinerlei Vermisstenmeldung, obwohl die Geschichte im Regionalfernsehen gesendet wurde. Das einzig Auffällige an ihr war, dass sie mittelalterlich anmutende Kleidung trug«, erklärte Mabel mit Blick auf den Bericht, der soeben auf dem Bildschirm aufgepoppt war. »Aber da ist noch etwas Seltsames. Außer den Verletzungen, die eindeutig durch den Unfall verursacht worden sind, wurden in ihrer Gebärmutter ausgeprägte Vernarbungen gefunden, die eindeutig zu Unfruchtbarkeit geführt haben. Es sieht ganz danach aus, als habe man die junge Frau mit einem scharfen Gegenstand unfachmännisch ausgeschabt.«

Als Jack nicht reagierte, schaute Mabel verstört auf und runzelte die Stirn. »Vielleicht ein unsachgemäßer Schwangerschaftsabbruch?«

»Es würde zu dem passen, was ich vermute«, brummte Jack einsilbig.

»Was vermutest du denn?«, wollte Mabel wissen und hob eine Braue, während Jack mit Schwung die nächste Kurve nahm und beinahe mit einem Fischlaster zusammengeprallt wäre. Es folgte ein lang gezogenes wütendes Hupen.

»Das erkläre ich dir später«, antwortete er mit einer unwirschen Geste. »Erst mal sollen die Seals mir den gewünschten Erfolg vermelden.«

Doch zunächst mussten Cobbler und seine Leute einen günstigen Zeitpunkt finden, um zuzuschlagen.

»Ich sehe ein blaugrünes Licht, das unter dem Hallentor hervorleuchtet«, meldete Fran pflichtschuldigst, nachdem ihm das unstete Flackern aufgefallen war, das sich unter einem schmalen Spalt den Weg nach draußen suchte. »Vielleicht schweißen die da drinnen irgendetwas?«, flüsterte er ratlos ins Mikro hinein.

»Verdammt noch mal!«, plärrte Tanner, der den Funkverkehr mitgehört hatte. »Zugriff, sofort! Ich sagte es doch!«

»Erst will ich wissen, was die dort drinnen tun!«, forderte Cobbler.

»Ja, was denken Sie denn, Lieutenant?«, rief Tanner so laut, dass Mabel sich auf der Beifahrerseite ihr linkes Ohr zuhielt. »Den Teufel anbeten, was sonst?«

Cobbler war nicht der Einzige, der sich fragte, ob sie in die Dreharbeiten zu einer neuen Akte-X-Folge geraten waren.

»Okay«, sagte er leise, »fertigmachen für den Zugriff.« Inzwischen waren sie alle so weit herangerückt, dass sie gemeinsam zuschlagen konnten. Fran hatte eine Blendgranate entsichert, und Sergeant Yaeger war bereit, das Rolltor zur Seite zu ziehen, während die anderen mit ihren Waffen in gebückter Haltung verharrten, um sofort zu feuern, falls sie auf Gegenwehr stießen.

»Go! Go! Go!«, befahl Cobbler seinen Männern mit gedämpfter Stimme, und Yag zog mit einer einzigen kraftvollen Bewegung das Rolltor zur Seite. Zeitgleich zündete Fran die Blendgranate.

Während sich der erste Rauch verzog, starrten sie gemeinschaftlich auf eine Frau, die sich in einem leuchtenden grünblauen Geflecht aus winzigen Dreiecken aufzulösen begann. Völlig schockiert von diesem Anblick beschloss Manetti zu feuern. Doch bevor Cobbler ihm Einhalt gebot, war die Gestalt verschwunden, und zurückblieb eine menschenleere Lagerhalle, in der nur der Wind zu hören war, der erbarmungslos um die Mauern pfiff.

Jack, der weiterhin wie ein Lebensmüder fuhr und sich noch auf der Anfahrt kurz hinter Kirkenes befand, drückte aufs Gas. Sein blauer Volvo schoss wie eine Rakete durch die Nacht, was Mabel Mason dazu veranlasste, einen Kommentar abzugeben. »Ich will ja nichts sagen, aber wo immer wir auch hinfahren, ich würde gerne in einem Stück ankommen.«

»Anscheinend kommen wir sowieso zu spät«, knurrte Jack in ihre Richtung und nahm den Fuß vom Gas. »Die Party scheint bereits ohne uns gelaufen zu sein.«

Per Handy hatte Jack die Freigabe erhalten, den Wagen auf dem Hof der Ranch abstellen zu dürfen, nachdem der Zugriffsversuch sprichwörtlich ins Leere gelaufen war.

Der Soldat, der ihm diese Mitteilung gemacht hatte, eilte im zunehmenden Tageslicht mit raschen Schritten auf sie zu, kaum dass Jack den Volvo zum Stehen gebracht hatte und Mabel und er ausgestiegen waren. Bei näherer Betrachtung erinnerte er Jack mit seinem Kampfanzug, der Schutzweste und dem Titanhelm an einen modernen Ritter.

»Lieutenant Cobbler«, stellte er sich vor und reichte Mabel mit einem sparsamen Lächeln die Hand, nachdem er seine Helmkamera wie ein Visier hochgeklappt hatte. Seine hellblauen Augen, die breiten Schultern, das kantige Gesicht und der hellblonde Stoppelbart erinnerten Jack an Gero von Breydenbach. Als Cobbler sich Jack zuwandte, erlosch das Lächeln in seinem Gesicht.

»Wir müssen reden«, meinte er streng. »Meine Leute wollen wissen, was wir in der Halle gesehen haben.« Plötzlich tauchten von überall Seals in schwarzen Overalls auf, martialisch ausgerüstet mit Maschinenpistolen im Anschlag und gruppierten sich schweigend um ihren Anführer.

»Können wir das vielleicht zunächst unter vier Augen besprechen?«, fragte Jack, der sich denken konnte, dass irgendetwas Außergewöhnliches vorgefallen war, so wie Cobbler und seine Männer ihn anstarrten. »Ich schlage vor, wir beide gehen in die Halle, und Sie erklären mir, warum unsere Zielpersonen allem Anschein nach entkommen konnten.« Jack lächelte freundlich, doch das war nur oberflächlich gemeint. Unterschwellig dachte er fieberhaft darüber nach, wie er Cobbler für den missglückten Zugriff verantwortlich machen konnte.

Während Cobbler seinen Männern mit undurchsichtiger Miene erklärte, dass sie sich noch einen Augenblick gedulden und währenddessen Agent Mason Gesellschaft leisten sollten, entschuldigte Jack sich bei ihr.

»Ich werde dich später aufklären, wenn Cobbler und seine Leute abgezogen sind«, flüsterte er.

Mabel nickte ein wenig irritiert und zog sich die mit Kunstpelz besetzte Kapuze ihres Schneeoveralls tiefer ins Gesicht.

Jack entging nicht, wie Cobblers Leute Mabel anstarrten, deren knallroter Lippenstift in ihrem bleichen Puppengesicht leuchtete wie eine sündige Offenbarung im eisigen Schnee. Mit ihrer Figur und den langen schwarzen Haaren, die unter ihrer Kapuze hervor über ihre üppigen Brüste fielen, verkörperte sie mit Sicherheit nicht das, was sich die breite Masse unter einer Quantenphysikerin vorstellte.

»Wir sind gleich wieder da«, versprach Jack und marschierte mit dem Anführer der Seals in die Halle.

»Was war das hier?«, fragte Cobbler. Das Rolltor stand weit offen und gab nichts davon preis, was hier vor wenigen Minuten abgelaufen war.

Jack gab sich ahnungslos. »Was meinen Sie?«

»Ich bin sicher, Agent Tanner, Sie wissen, wovon ich rede«, erwiderte Cobbler aufgebracht. »Schließlich haben Sie ziemlich hektisch einen sofortigen Zugriff befohlen, als ich von bläulich flackernden Lichtern sprach.«

»Ich habe nicht die geringste Ahnung, was Sie meinen«, blaffte Jack zurück. »Mein Anliegen war es, die Leute festzunehmen, deshalb habe ich den Zugriff befohlen. Haben Sie eine Ahnung, wie sie entkommen konnten?«

»Sie haben sich förmlich in Luft aufgelöst«, erklärte ihm

Cobbler beinahe anklagend mit erhobener Stimme. »Mindestens fünfzehn Menschen und ein Pferd. Als meine Jungs und ich hier reingestürmt sind, haben wir lediglich noch eine Frau mit asiatisch anmutenden Gesichtszügen gesehen. Ihr Körper bestand nur noch aus einer blaugrün leuchtenden Netzstruktur. Sergeant Manetti hat auf sie geschossen, sie aber anscheinend nicht mehr erwischt. In der nächsten Sekunde war sie komplett verschwunden. Einfach so. Wie in einer Zaubershow.«

»Oh«, meinte Jack nur, der sofort wusste, was genau vorgefallen war. »Das nenne ich ausgesprochenes Pech.«

»Pech?« Cobbler starte ihn fassungslos an. »Ist das alles, was Sie mir dazu sagen wollen?«

»Hören Sie, Lieutenant«, begann Jack gefährlich leise. »Das hier ist ein Auftrag, der die nationale Sicherheit der Vereinigten Staaten betrifft. Top Secret. Ich muss Ihnen nicht sagen, was das zu bedeuten hat. Wenn Sie Ihren Job nicht riskieren wollen, halten Sie die Klappe und Ihre Kameraden auch. Da draußen wird Ihnen sowieso niemand glauben, wenn Sie von blauen Lichtern faseln. Also lassen Sie es. Verstanden?«

»Und was schreibe ich in meinen Bericht?« Cobbler schaute ihn geradezu flehend an.

»Lassen Sie das meine Sorge sein«, erlöste ihn Jack. »Die NSA wird ein offizielles Dankesschreiben an Ihre Vorgesetzten verfassen und mitteilen, dass der dazu passende Bericht aus Geheimhaltungsgründen unter Verschluss bleiben muss. Reicht Ihnen das?«

»Dienstlich ja«, antwortete Cobbler mit versteinerter Miene. »Persönlich nicht. Oder glauben Sie ernsthaft, meine Leute werden das alles einfach so hinnehmen? Sie wissen schließlich, was sie gesehen haben.«

»Ich rate Ihnen dringend davon ab, persönliche Nachforschungen zu betreiben, Cobbler«, riet Jack ihm mit düsterer Stimme. »Das hier ist für Leute wie Sie zehn Nummern zu hoch.« Jack setzte eine Miene auf, als ob nichts geschehen wäre. »Gab's sonst noch irgendwelche Auffälligkeiten?«

»Im Haus haben wir ein paar geöffnete Tresore gefunden«, führte Cobbler tonlos aus. »Leider alle leer. Alles deutet darauf hin, dass die Zielpersonen das Objekt mitsamt allen Wertgegenständen verlassen haben.«

»Danke für den Einsatz, Lieutenant Cobbler«, brummte Jack. »Machen Sie Feierabend und packen Sie Ihre Sachen zusammen, ab jetzt übernimmt die NSA.«

Wortlos ging er mit Cobbler zu den Navy Seals zurück, wo Mabel auf sie wartete.

Erst als die Seals abgezogen waren, riss Jack sich mehr als genervt seine fellbesetzte Kapuze vom Kopf, um sich einen besseren Überblick zu verschaffen. Eine schwarze Armeemütze bewahrte seine Ohren in dem eisigen Wind, der über den weitläufigen Hof fegte, vor Erfrierungen.

»Was war denn hier los?«, fragte Mabel ein wenig verunsichert. »Die Typen wirkten völlig verstört. Einer von denen fragte, ob ich irgendwas von blauen Lichtern wüsste. Ich hatte keine Ahnung, was er von mir wollte. Denkst du, es stimmt, was manche Journalisten berichten, und Soldaten wie Cobbler stehen bei ihren Einsätzen unter Drogen? Irgendwelche Aufputschmittel?«

»Nein, glaub ich nicht«, erwiderte Jack, der dem armen Cobbler nicht auch noch ein Drogenproblem andichten wollte.

»Du sieht aber auch nicht gerade glücklich aus«, bemerkte

Mabel mit einem schrägen Seitenblick. »Was ist denn aus deinen Zielpersonen geworden?«

»Ich habe mich innerlich auf sämtliche Szenarien vorbereitet«, murmelte er mehr zu sich selbst, während sein Blick zum Wohnkomplex wanderte, in dem Cobbler und seine Leute das Licht angelassen hatten, »nur nicht darauf, dass die Vögel bereits Bescheid wussten und ausgeflogen sind.«

»Denkst du, es gab einen Maulwurf?«, fragte Mabel.

»Ich bin mir ziemlich sicher und habe die Kollegen bereits auf ihn angesetzt.«

»Wer ist es?«, fragte Mabel erschrocken. »Doch hoffentlich niemand, den ich kenne?«

»Nein«, beruhigte sie Jack. »Der Typ ist schon länger im Ruhestand.«

»Ein alter Mann?«

»Nein, jemand, der lange Jahre für uns gearbeitet hat, am Ende aber nicht mehr vertrauenswürdig erschien.«

»Und wie sind die Leute entkommen? Gab es einen unterirdischen Gang?«

»Ich sagte doch, ich erkläre es dir später«, erwiderte Jack ungeduldig und gab die Richtung vor.

Hier also hat sich Anselm Stein versteckt, dachte er grimmig, als er zusammen mit Mabel noch einmal die Hallen inspizierte. Erste Ermittlungen hatten ergeben, dass er sich unter einem anderen Namen einen Onlinehandel mit mittelalterlichen Waffen und Kleidung aufgebaut hatte. Allem Anschein nach hatte er sich direkt nach seiner Rückkehr vor ungefähr zehn Jahren zusammen mit Stephano de Sapin ein völlig neues Leben aufgebaut. Zusätzlich hatte er wohl mit Bitcoins gehandelt und für die Gewinne brav seine Steuern gezahlt. Wahrscheinlich, um von den norwegischen Behörden nicht weiter behelligt zu werden. Zudem hatte er allem Anschein nach Sachwerte gehortet, was Jack nicht weiter verwunderte. Wer daran interessiert war, nicht von amerikanischen Geheimdiensten entdeckt zu werden, sicherte sich ab für den Fall, dass Konten gesperrt wurden oder flüssige Mittel rasch zur Verfügung stehen mussten, falls man zu einer überhasteten Flucht gezwungen war.

Zusammen mit Mabel ging er zum Wohnhaus. Es konnte nicht mehr lange dauern, bis das Ermittlerteam auftauchte, das ihn bei seiner Arbeit unterstützte. Verlässliche Leute, die er selbst ausgesucht hatte, die aber von seiner Vergangenheit so wenig wussten wie Mabel, mit der er in einem kleinen Hotel in Kirkenes übernachten würde. Morgen Nachmittag würden sie wieder nach Maryland zurückfliegen.

»Wonach suchen wir überhaupt?«, fragte Mabel. Ihre ungewöhnlich naive Frage erregte ihn unterschwellig. Ihr unschuldiger Blick war geradezu süß. Aber es wäre dumm gewesen, zu glauben, dass er sich irgendwelche Chancen bei ihr ausrechnen konnte. Sie war mindestens zwanzig Jahre jünger als er. Aber vielleicht konnte er sie ja mit seinem Wissen beeindrucken. Er betrachtete sie mit einem wölfischen Lächeln und leckte sich über die Lippen, während er ihre volle Aufmerksamkeit genoss.

»Nach dem letzten Geheimnis der Templer«, antwortete er mit getragener Stimme. Woraufhin sie in schallendes Gelächter ausbrach. Prustend hielt sie sich den Bauch, und als sie wieder zu Atem kam, schaute sie ihn grinsend an. »War es das, warum der Navy Seal mich nach blauen Lichtern gefragt hat? Ich dachte schon, es geht um außerirdisches Leben auf der Erde.« Wieder lachte sie und zeigte dabei ihre schönen weißen Zähne.

Es ärgerte ihn, dass sie ihn offensichtlich nicht ernst nahm. »Das ist kein Blödsinn, sondern Top Secret und unterliegt somit der höchsten Geheimhaltungsstufe der Vereinigten Staaten«, konterte er hart und humorlos.

»Oh«, murmelte sie und schaute verunsichert zu ihm auf. »Und ich dachte schon, es ist etwas wirklich Wichtiges.«

KAPITEL 14

DEZEMBER 1315 –
DEUTSCHE LANDE / MOSEL / BURG WALDENSTEIN

Verbündete

»Wir sind zu Hause«, raunte Gero und schaute sich rasch um, wie um sich zu vergewissern, dass er sich nicht getäuscht hatte.

Obwohl die dicht bewaldete Umgebung alles andere als vertrauenerweckend wirkte, huschte ein glückliches Lächeln über seine Lippen, als er bemerkte, dass alle den Transfer heil überstanden hatten.

»Alles in Ordnung?«, fragte er und schaute Hannah aus seinen himmelblauen Augen erwartungsvoll an.

Ihr erster Gedanke hatte ihrem Kind gegolten, und sie spürte einen Moment lang in sich hinein, ob es sich bewegte.

»Ja«, hauchte sie, »die Kleine und ich haben den Transfer gut überstanden.«

Die Erleichterung war Gero anzusehen. »Der Heiligen Jungfrau sei Dank.«

Hannah verspürte eine ebensolche Dankbarkeit, während

sie sich von Gero löste und nach den anderen umschaute, die sich auch erst einmal orientierten und sicherstellten, dass niemand von ihnen zurückgeblieben war oder irgendeinen Schaden genommen hatte.

So wie es aussah, waren sie in einem kleinen Waldstück gelandet, das aus uralten Eichen bestand. Die Erde war aufgewühlt, vermutlich von gierigen Schweinenasen, die hier nach Eicheln und Trüffeln gesucht hatten, und nun von einer leichten Eiskruste überzogen. Zwischen den Bäumen lag pudriger Schnee wie Zucker auf einem Kuchen.

Auf den abgegrasten Wiesen, die zu einer Anhöhe führten, lag ein wenig mehr Schnee. Es roch nach reinem Sauerstoff, vermischt mit dem Rauch von verbranntem Holz. Ein Geruch, der das Mittelalter für Hannah charakterisierte, wo zu dieser Jahreszeit nicht nur mit Holz geheizt, sondern auch gekocht und geschmiedet wurde.

Mit einem triumphierenden Lächeln deutete Gero auf eine Anhöhe, wo der Aufbau eines Turnierplatzes zu sehen war. Darüber wehte ein ausgeblichenes Banner. Ein schwarzer Löwe auf rotem Grund im oberen Teil und darunter die braune Silhouette einer Festung auf einem schwarzen Fels über einem blauen Fluss. Das Wappen derer von Lichtenberg zu Waldenstein, einer pfälzischen Nebenlinie der elsässischen Landgrafen von Lichtenberg. »Siehst du dort oben? Da habe ich als fünfzehnjähriger Knappe das erste Mal einen Angriff auf einem Kaltblüter geübt.«

Hannah wusste nicht, ob sie sich für ihn freuen sollte oder ob sie Angst hatte, weil ihnen nun wieder ein völlig anderes Leben bevorstand.

Dass Gero keine solchen Bedenken hegte, sah sie an seiner entschlossenen Haltung.

Hannah schloss für einen Moment die Augen, um sich zu sammeln, und spürte Geros Kuss auf den Lippen. »Ich liebe dich«, flüsterte er.

»Ich dich auch«, wisperte sie, und schon stand sie allein in der Kälte und zog das dicke Wollcape enger um ihre Schultern.

»Ich muss mich rasch um Atlas kümmern«, rief er ihr zu und stieß einen Pfiff aus, um seinen Hengst zu rufen, während er Mattes und Gesa entgegenging, die wie zwei verirrte Kinder in fester Umarmung mitten auf einer Wiese verharrten.

Zwischen den uralten knorrigen Bäumen, die ihre dicken, blattlosen Äste wie Fangarme in die Umgebung streckten, sah sie Anselm und Stephano, die sich umarmten, glücklich, den Transfer heil überstanden zu haben.

Auch die anderen lagen sich in den Armen, selbst Struan und sein Bruder Malcolm, die Amelie in ihre Mitte genommen hatten. Tom stand irgendwie verloren da und starrte mit einem undurchsichtigen Blick in eine bestimmte Richtung, ohne ein Wort zu sagen.

»Geht's dir nicht gut?«, erkundigte sich Hannah besorgt. Er war völlig bleich im Gesicht, und sie überlegte, ob er sich je in dieser Zeit zurechtfinden würde. Sein Blick hin zu einem hölzernen Aufbau sprach Bände.

»Gehe ich recht in der Annahme, dass das ein Galgen ist?« Seine Stimme war voller Ironie, während er beinahe mechanisch auf ein massives Holzgestell neben einer uralten Eiche deutete.

»Ich fürchte, ja«, flüsterte Hannah und erschauerte, nicht wegen der Kälte, sondern in der Gewissheit, dass die Rechtsauffasung dieser Zeit eine entschieden andere war und dass Tom damit nicht zurechtkommen würde.

»Ich wusste es«, stöhnte er und schüttelte verzweifelt den Kopf. »Wie konnte ich mich nur auf einen solchen Transfer einlassen?«

»Ich glaube, wir hatten verdammt viel Glück«, stellte Rona, die inzwischen zu ihnen gestoßen war, nüchtern fest, während sie im Stehen die Daten auf ihrem Timeserver kontrollierte. »Dezember 1315«, bestätigte sie.

Arnaud stand hinter ihr und schaute ihr über die Schulter, obwohl er nicht viel Ahnung hatte, was sie da tat.

»Warum, was war los?« Anselm, der sich bereits mit Stephano daran gemacht hatte, die Kisten und die Säcke zusammenzustellen, deren Tranfer ebenfalls funktioniert hatte, schaute alarmiert auf.

»Während ich als Letzte sozusagen die Tür zugemacht habe, tauchten plötzlich schwer bewaffnete Söldner auf und haben das Feuer auf mich eröffnet. Da ich bereits vollkommen materialisiert war, konnten sie mich nicht verletzen. Ich will nicht daran denken, wie es ausgegangen wäre, wenn sie zehn Sekunden früher aufgetaucht wären und den Server getroffen hätten.«

»Shit«, fluchte Tom und sah mit einem Mal ziemlich erschrocken aus. »Das waren garantiert Tanner und seine Leute. Ich kann mir kaum vorstellen, dass sie die Geschichte auf sich beruhen lassen.«

»Was sollen sie denn tun?«, warf Anselm dazwischen. »Rona hat den CAPUT 58, der zurzeit in einem Hochsicherheitstrakt der NSA in Maryland steht, gegen eine Atrappe ausgetauscht und das Original repariert nach Heisternach in die geheimen Katakomben geschafft, damit ihr den kompletten Server vorfindet, wenn ihr im Herbst 2004 dort aufschlagt. Außer Paul gibt es darüber hinaus niemanden, der ihnen das fehlende Wissen zum Bau eines neuen Servers vermitteln könnte. Und selbst, wenn sie ihn dazu zwingen würden – ihm fehlen die passenden Steine. Also brauchen wir nichts zu befürchten.«

Freya, die unvermittelt neben Hannah stand, legte unaufgefordert ihre Hände auf Hannahs Bauch und tastete ihn mit Bedacht ab.

Nachdem das Kleine, offenbar aus seiner vorübergehenden Starre erwacht, munter strampelte, nahm sie die Hand beruhigt wieder fort und lächelte zufrieden.

»Wir sollten zusehen, dass wir zur Burg kommen, bevor es dunkel wird«, empfahl Gero, der mit Atlas am Zügel hinzugekommen war. »Ich schlage vor, wir packen die Säcke auf seinen Rücken, und von den Kisten nimmt jeder Mann eine auf die Schulter. Wo ist Gesa?«, fragte er und runzelte die Stirn.

»Sie wollte sich dahinten erleichtern«, gab ihm Mattes zur Antwort und deutete auf ein immergrünes Gebüsch an einem gurgelnden Bachlauf.

»Gesa!«, rief Gero laut. Keine Antwort. »Lauf und sieh nach, wo sie bleibt«, befahl er Mattes, der sich gleich auf den Weg machte.

Ein gellender Schrei ließ Hannah zusammenfahren. Ihr war nicht klar, ob er aus Gesas Kehle oder von Mattes gekommen war. Fast zeitgleich zogen die Männer ihre Schwerter.

»Anselm, Stephano, passt auf die Frauen auf«, rief Gero, bevor er mit den anderen losstürmte.

Als sie an eine kleine Biegung des Baches gelangten, standen sich Mattes und ein Wegelagerer gegenüber. Der Junge bedrohte den Mann mit seinem Schwert, und der abgehalfterte Kerl in dem löchrigen Wollumhang hatte Gesa von hinten gepackt und hielt ihr ein Messer an die Kehle.

»Lass die Kleine sofort gehen, oder du wirst wünschen, dass deine Mutter dich nicht geboren hat«, brüllte Gero ihn an.

»Ich will nichts von ihr«, versicherte der hagere Kerl mit zittriger Stimme und stieß Gesa von sich weg. Mattes war sofort da und zog sie an sich. Sie zitterte am ganzen Leib und hatte angefangen zu weinen.

»Mir war nur daran gelegen, dass sie mich nicht verrät.«

»Ach, und deshalb wolltest du ihr die Kehle durchschneiden?«, knurrte Gero.

»Nein, nein«, beteuerte der Mann und warf einen raschen Blick nach hinten, doch da war nur die nackte Felswand.

»Was seid ihr für Vögel?«, wollte Gero wissen. »Und sag mir jetzt nicht, dass du alleine bist, dafür gibt es hier zu viele Spuren.«

»Wir sind Wanderarbeiter«, stotterte der Mann.

»Und wo sind die anderen?«

»Die haben das Weite gesucht.«

»Wegen eines Mädchens?«

»Nein, Herr.« Er wich Geros prüfendem Blick aus.

»Warum dann?«

»Weil sie dachten, ihr wärt Söldner von Waldenstein.«

»Sind wir auch«, vemeldete Gero mit einem gewissen Stolz in der Stimme. »Was ist so schlimm daran?«

»Er hat uns gesehen«, rief Gesa mit piepsiger Stimme dazwischen. »Ich habe gehört, wie sie darüber geredet haben, während ich hinter dem Strauch gepinkelt habe. Und dann haben sie mich entdeckt und wollten nicht, dass ich sie an Euch verrate.«

»Und was machen wir jetzt mit dem Kerl?«, wollte Ralph of Bulford wissen.

»Lass ihn ziehen, Ralph«, gab Gero mit gespielter Gelassenheit zurück. »Ich habe heute meinen guten Tag und kein Interesse daran, wegen eines solchen Dummkopfs Blut zu vergießen.« Mit einem finsteren Blick nickte er in Richtung des Fremden. »Sieh zu, dass du zusammen mit deinen Kumpanen verschwindest. Und kommt nicht auf die Idee, auf Waldenstein nach Arbeit zu fragen. Dort seid ihr nicht willkommen. Und solltet wir uns noch mal begegnen, habt ihr beim nächsten Mal nicht so viel Glück.«

»Wer seid Ihr?«, wollte der Mann in unterwürfigem Ton wissen.

»Der neue Graf von Lichtenberg zu Waldenstein«, nahm Arnaud die Antwort vorweg und grinste dreist. Während Gero die Augen verdrehte, packte der Kerl hastig seine Sachen zusammen und rannte in die hereinbrechende Dunkelheit.

»Denkst du, er hat den Transfer beobachtet?« Johan warf Gero einen besorgten Blick zu.

»Und wenn schon«, erwiderte Gero. »Was hätten wir mit ihm machen sollen? Ihn töten, am besten noch vor den Augen der Kleinen? Wohl kaum. Und du hast ja gesehen, dass er nicht alleine war. Vertrauen wir drauf, dass ihm im Zweifel ohnehin niemand glaubt.«

Geros nächster Blick galt Gesa, die zitternd in Mattes' Armen kauerte.

»Geht's dir gut?«, fragte Gero so sanft wie möglich.

»Ja«, wisperte sie. »Danke, Herr, dass Ihr mein Leben gerettet habt.«

»Bedank dich bei Mattes.«

»Bei mir?« Matthäus schaute ihn erstaunt an. »Ich hab doch gar nichts gemacht?«

»Eben«, konterte Gero ärgerlich. »Das nächste Mal passt du gefälligst auf das Mädchen auf. Ganz gleich, was sie tut oder sagt, verstanden?«

»Ja, Herr«, stotterte Matthäus und nahm Gesa bei der Hand, um sie zurück zu den anderen zu führen.

»Was war denn los?« Hannah kam ihnen besorgt entgegen, als sie zum Ankunftsplatz zurückkehrten.

Gero erzählte ihr, was geschehen war, darum bemüht, sie nicht unnötig aufzuregen.

»Das sind Taugenichtse, die in der Nähe der Burg lungern, um zu betteln.«

Hannah seufzte tief. »Wir können von Glück sagen, dass Gesa sich bemerkbar gemacht hat.«

Tom räusperte sich und warf Gero einen kritischen Blick zu. »Hat der Typ uns gesehen? Wir hatten schon mal Ärger, weil ich beim Transfer von irgendeinem Geisteskranken beobachtet wurde.«

»Und wenn schon«, gab Gero betont gelassen zurück. »Darüber will ich mir jetzt keine Gedanken machen. Es ist kalt, und wir müssen mit den Frauen schnellstens ins Warme.«

Zu Fuß ging es eine Anhöhe hinauf, von wo aus die schwarze Silhouette von Burg Waldenstein sich malerisch vor dem purpurfarbenen Abendrot abhob wie ein überdimensional großer Scherenschnitt.

Offensichtlich war Burg Waldenstein um einiges repräsentativer als die Breidenburg. Von Gero wusste sie nur, dass die Gräfin deutlich vermögender war als sein Vater und über exzellente Verbindungen zu den deutschen Adelshäusern verfügte.

»Nicht schlecht«, bemerkte Totty anerkennend, als sie schließlich die Kuppe des Hügels überwunden hatten und sich plötzlich mit der geradezu riesig anmutenden Festung konfrontiert sahen, die vor ihnen in fünfhundert Metern Entfernung auf einem Felsvorsprung lag und deren Umgebung von hell lodernden Feuerkörben erhellt wurde.

Vier mächtige Rundtürme flankierten die bis zu zehn Meter hohen Zinnen, hinter denen sich der Wehrgang befand, der ebenfalls von Feuerkörben beleuchtet war.

Das Burgtor war erwartungsgemäß geschlossen. Um diese Jahreszeit kehrte spätestestens um fünf Uhr Ruhe in die Burg ein, man ging früher schlafen als im Sommer.

»Glaubst du wirklich, dass wir hier willkommen sind?« In Amelies zweifelndem Blick lag eine tiefere Verunsicherung. Nicht alle Adelshäuser öffneten ihre Türen, nur weil Verwandschaft davor stand.

»Natürlich«, gab Gero ihr mit einem Lächeln zu verstehen.

»Wenn es der Gräfin gut geht und nach unserer Abreise nichts Außergewöhnliches passiert ist, bin ich überzeugt davon, dass dieser Ort die richtige Wahl war«, bemerkte Hannah mit Blick auf Gero, der offenbar keinerlei Zweifel hegte, hier willkommen zu sein. Sie kannte die Burg nur aus Erzählungen, aber nun klopfte ihr Herz voller Erwartung, als sie den menschenleeren Pfad hinunter zum Burggraben gingen.

Beim Näherkommen sah sie, dass das gesamte Gebäude aus mächtigen, glatt behauenen Basaltsteinen erbaut worden war, was ihr den Beinamen »Die schwarze Burg« eingbracht hatte.

»Das Gestein verleiht den gewaltigen Mauern eine gewisse Uneinnehmbarkeit«, erklärte Gero beiläufig. »Die Mauern halten Angriffen mit Brandmunition mühelos stand«, berichtete er stolz, während sie die Burg aus einiger Entfernung betrachteten.

Hannah dachte an die Gräfin, die für ihr Alter noch ziemlich temperamentvoll und vor allem durchsetzungsfähig war. Im Gegensatz zu Roland von Briey, ihrem Burgvogt, der optisch zwar einschüchternd wie ein Bär wirkte, aber im Gegensatz zu seiner Geliebten vom Gemüt her eher ein Lämmchen war. Er hatte, anders als die Gräfin, die ziemlich dominant sein konnte, Hannahs volle Sympathie. Sie war ihm das erste Mal im Herbst 1307 auf der Breidenburg begegnet, als er Geros Vater bei den Quartalsabrechnungen unterstützt hatte. Damals hatte er ihre lebensgefährliche Reise nach Frankreich mit geplant und Anselm auf seinen ersten Einsatz als Ritter vorbereitet. Anselm und Hannah hatten sich ihm damals als Geschwister vorgestellt und Roland nichts von ihrer wahren Herkunft erzählt. Ein Umstand, den es zu berücksichtigen galt, wenn sie die Gräfin und ihren Vogt nicht irritieren wollten. Auch bei ihrem zweiten Besuch auf der Breidenburg vor gut zwei Monaten hatten Gero und Hannah weder Roland noch die Gräfin in ihre unglaublichen Erlebnisse eingeweiht. Einzig Geros Vater war über das Geheimnis der Templer unterrichtet gewesen, weil er bereits bei seinem Aufenthalt in Akko in den Jahren 1290 und 1291 als Unterstützer des Templerordens mit in einen Teil des Geheimnisses eingeweiht gewesen war. Er hatte eine geheime Depesche des Großmeisters der Templer vor dem Zugriff der Mamelucken bewahrt und dabei seine rechte Hand verloren. Graf Gerhard von Lichtenberg zu Waldenstein, Geros Onkel und der Ehemann von Gräfin Margarethe, war bei dieser Aktion von einem Mamelucken geköpft worden, als er seinem Schwager zu Hilfe eilen wollte. Schon alleine deshalb würde niemand in der Familie dieses Ereignis vergessen. Was aber nicht bedeutete, dass Geros Vater je über die wahren Hintergründe der Aktion mit dem Rest der Familie gesprochen hatte. Erst als Gero auf der Flucht vor den Verfolgern des Templerordens seine Hilfe benötigt hatte, hatte er gegenüber Gero und seinen Kameraden sein Schweigen gebrochen und zugegeben, dass er zumindest rudimentär in das Geheimnis des CAPUT eingeweiht gewesen war. Jedoch ohne seine wahre Natur zu kennen.

»Geht's dir gut?« Gero, der wohl bemerkt hatte, wie sich Hannah in ihren Gedanken verloren hatte, ergriff ihre Hand und strich ihr beim Gehen eine Haarsträhne aus dem Gesicht. Sein besorgter und zugleich liebevoller Blick gab ihr die nötige Zuversicht, dass alles gut werden würde, ganz gleich, was noch kam. Hauptsache, sie waren zusammen. Trotzdem konnte sie ihre Aufregung nicht verbergen und horchte in sich hinein, ob es dem Baby wirklich gut ging. Als ein Füßchen von innen gegen ihre Rippen trat, drückte sie beruhigend Geros Hand auf die Stelle. »Mach dir keine Sorgen, mit uns ist alles in Ordnung.« Er nickte erleichtert und inspizierte die Umgebung mit den Weinbergen, von denen man bei Tag einen uneingeschränkten Blick ins Moseltal hatte.

Während sie sich den gewaltigen Burgmauern näherten, ging der Mond langsam über den Hügeln auf und tauchte die Umgebung in ein silbernes Licht. Ein magischer Moment, der alle Anwesenden zu verzaubern schien.

Jedenfalls sagte niemand etwas, obwohl tausend Fragen im Raum standen. Nur das Knirschen ihrer Stiefel war zu hören.

»Ich komme mir vor, als ob ich mit Parzival und seinem Gefolge in die Gralsburg Munsalvaesche einziehe«, bemerkte Hannah mit einem gewissen Galgenhumor, um die Anspannung zu überwinden.

»Zumindest könnte Roland problemlos die Rolle des Anfortas übernehmen«, murmelte Gero, der das Epos aus dem zwölften Jahrhundert um König Artus und den Heiligen Gral natürlich auch schon gelesen hatte. »Als geläuterter Liebhaber der Gräfin passt er gut ins Bild, wobei ich nicht hoffe, dass inzwischen irgendjemand auf die Idee gekommen ist, ihn – wie im Roman – wegen des unerlaubten Minnedienstes mit einer vergifteten Lanze zu bestrafen.«

»An schönen Damen mangelt es uns jedenfalls nicht«, fügte Johan hinzu und gab Freya einen flüchtigen Kuss. Als Sohn eines Grafen hatte auch er, wie die anderen Templer, in seiner Jugend Eschenbach, von der Aue und Chrétien de Troyes gelesen.

»Und auch die Magier sind nicht fern«, witzelte Arnaud mit Blick auf Tom und Rona.

»Wer hätte das gedacht«, bemerkte Struan mit einem Schnauben, »dass wir selbst einmal die Hauptrolle in unserer eigenen Gralsgeschichte übernehmen. Eschenbach würde sich im Grab umdrehen, wenn er wüsste, was ihm entgangen ist.«

»Um ehrlich zu sein«, fügte Gero leise hinzu, »kommt es mir im Nachhinein vor, als ob er von unserem CAPUT gewusst hätte. Wenn ich über den Inhalt seiner Bücher nachdenke, finde ich verblüffende Gemeinsamkeiten mit seiner Tischlein-deck-dich-Geschichte und Ronas Erzählungen, dass ihr Meister sich über CAPUT Bier und Würstchen aus anderen Epochen beschafft.«

»Nun, zuerst einmal sollten wir uns die Gralsburg sichern. Im Moment habe ich noch nicht den Eindruck, als ob wir hier willkommen sind«, bemerkte Hannah mit Blick auf das Respekt einflößende Empfangskomitee, das sich gut sichtbar mit Armbrüsten bewaffnet auf dem oberen Wehrgang der Burg postiert hatte.

»Wer da!«, donnerte eine wohlbekannte Stimme von oben herab. Rolands Auftritt verfehlte seine Wirkung nicht, denn alle blieben abrupt stehen.

Gero war der Einzige, der sich traute, einen Schritt nach vorn zu machen. »Ich bin's, Gero! Ich habe Hannah und einige meiner Ordensbrüder dabei. Wir bitten herzlich um Aufnahme.«

Oben auf den Zinnen bewegten sich die Wachen, und kurz darauf nahm man das Rasseln von Ketten wahr. Roland hatte seinen Männern befohlen, trotz der späten Stunde das schwere Falltor zu öffnen.

Flankiert von mindestens zwanzig schwer bewaffneten Söldnern trat er ihnen auf der über dem breiten Burggraben herabgelassene Holzbrücke entgegen. Anscheinend, um sich selbst davon zu überzeugen, dass Gero auch der war, für den er sich ausgab. Doch es war Hannah, die er zuerst unter den wild flackernden Fackeln seiner Soldaten ins Auge fasste. Ein wenig verunsichert lächelte sie ihn an. Als sie sah, wie er vor Verblüffung die Augen aufriss, konnte sie nicht anders, als ihm entgegenzulaufen, und obwohl er ein tödlich scharfes Schwert in der Hand hielt, fiel sie ihm hemmungslos um den Hals.

»O Roland«, rief sie. Ihr Herz machte einen Satz vor Freude, als sie dem völlig überraschten Burgvogt einen schmatzenden Kuss auf die bärtige Wange drückte. »Ich bin so froh, dass du lebst und offensichtlich gesund und munter bist«, fügte sie aufgeregt hinzu und ohne darüber nachzudenken, dass Soldaten um sie herumstanden, bereit, sie ohne Zögern ins Jenseits zu schicken, wenn sie ihrem Herrn auch nur ein Haar gekrümmt hätte. Doch Roland verzog sein zugewachsenes Räubergesicht zu einem glücklichen Lachen. Im gleichen Moment kam ein kleiner weißer Hund angelaufen und bellte wie wild. Er ignorierte die Männer vollkommen und sprang kläffend an Hannah hoch, als ob er sie schon ewig kennen würde. Während Roland sich Gero und seinen Gefolgsleuten zuwandte, nahm Hannah das Hündchen auf den Arm und kraulte ihm liebevoll den Kopf.

»Ist der süß«, rief Amelie, die mit Freya hinzugekommen war und tätschelte dem Hündchen den Kopf.

»Na, das nenn ich doch mal einen netten Empfang«, sagte Anselm und grinste erleichtert. Auch Stephano und die übrigen Brüder atmeten sichtbar auf, dass ihre Ankunft wider Erwarten so problemlos verlaufen war.

Roland und Gero lagen sich einen Moment lang stumm in den Armen, bevor der grauhaarige Burgvogt, der genauso groß und breit war wie Gero, sich aufrichtete und versuchte, einen Überblick über die Neuankömmlinge zu erlangen.

»Kommt erst mal rein«, sagte er nur und gab seinen Söldnern den Befehl, die Männer und Frauen unbehelligt passieren zu lassen. Während sie über die Brücke gingen, begrüßte er Anselm per Handschlag. »Es ist schön, dich wiederzusehen, Bruder. Wo zum Teufel«, entfuhr es ihm, noch immer irritiert von ihrer unerwarteten Ankunft, »habt ihr die ganze Zeit gesteckt? Wir haben uns unglaubliche Sorgen um euch gemacht. Niemand wusste, wo ihr abgeblieben seid, und jetzt steht Gero mit einer halben Armee vor unserer Tür. Ich kann es kaum glauben.«

»Wir haben uns nach unserer Abreise mit anderen geächteten Brüdern in Köln gesammelt«, kam Gero Rolands nächster Frage zuvor und warf einen wissenden Blick auf seine Brüder.

»Und was ist mit dem Inquisitor, der euch verfolgt hat?«

»Baltazar de Palestine oder Hugo d'Empures, wie er in Wahrheit hieß, hat seinen Wahn, uns festsetzen zu wollen, mit dem Leben bezahlt«, erklärte Gero kühl. »Er kann niemandem mehr etwas antun.«

»Das hört sich gut an«, meinte Roland zufrieden. »Das musst du unbedingt deiner Mutter erzählen, damit sie wieder ruhig schlafen kann.«

»Ist sie hier?«, fragte Gero ehrlich irritiert.

»Ja.«

»Eberhard auch?«

»Nein.« Roland schüttelte energisch den Kopf.

Als sie gemeinsam den Burghof betraten, sah Gero den Wagen seiner Mutter vor den Stallungen stehen. Roland war seinen Blicken gefolgt, und seine Miene verdüsterte sich, als er an Gero herantrat und ihn für einen Moment zur Seite nahm. »Dein Vater ...«, begann er vorsichtig. »Weißt du es schon?«

»Ja«, antwortete Gero und schluckte hart. Plötzlich sah er sich mit dem Umstand konfrontiert, dass Stephanos Bericht über den Tod seines Vaters mit Rolands Aussage in die Realität gerückt wurde. Und nicht nur das. Ihm war zudem Rolands herzlicher Empfang und Hannahs Wiedersehensfreude nahe gegangen. Dazu kamen all die schrecklichen Erinnerungen an den Tod seiner Frau. Vor allen Dingen hatte der kleine Hund seine Erinnerungen an diesen furchtbaren Tag sofort wieder lebendig gemacht. Es konnte unmöglich dasselbe Tier sein, das er einst Lissy geschenkt hatte. Aber es sah ihm verdammt ähnlich. Der kleine Hund war damals nicht von Lissys Seite gewichen, nicht einmal bei der Geburt ihres ersten Kindes. Nachdem er ihn aus Lissys Kammer hinausgeworfen hatte, als es um Leben und Tod gegangen war, hatte der Hund noch Tage nach ihrem Tod jaulend auf ihrem Bett gelegen. Das vergangene Leid und die Angst waren in Gero mit einem Mal so präsent, als ob all das nur vor Stunden geschehen wäre.

»Woran ist mein Vater gestorben?«, wollte er schweren Herzens von Roland wissen, obwohl ihm die Umstände weitgehend bekannt waren. Roland hatte inzwischen Hannah und die anderen gebeten, einem herbeieilenden Diener ins Haupthaus zu folgen, damit sie möglichst rasch ins Warme kamen und zunächst mit einer Suppe und warmem Bier versorgt werden würden.

»Er hatte einen Herzanfall, und am Ende hat ihn der Schlag getroffen. Ich habe deinen Vater immer als hartgesottenen Kerl wahrgenommen, aber irgendwie muss ihn die Gesandtschaft eures Lehensherrn, die nach eurer Flucht mit diesem seltsamen Inquisitor aufgetaucht ist und nach dir gesucht hat, schrecklich aufgeregt haben. Deine Mutter erzählte von einem jungen Boten aus Köln, der dir von irgendjemandem, den er selbst nicht kannte, eine Nachricht überbringen wollte und dem dieser Inquisitor vor aller Augen die Kehle durchgeschnitten hat. Und das nur, weil er ihm den Namen seines Auftraggebers nicht nennen konnte. Das hat deinen Vater wohl so sehr in Rage gebracht, dass er sich gar nicht mehr beruhigen konnte. Richard war ein harter Knochen, wenn es darum ging, im Kampf jemanden töten zu müssen. Aber er konnte sich vergessen, wenn in seiner Gegenwart irgendjemand ohne Sinn und Verstand niedergemetzelt wurde. Normalerweise ging er in solchen Momenten dazwischen ohne Rücksicht auf sein eigenes Leben. Nicht umsonst hat er in Akko seine Hand verloren, als er Lissys Eltern zu Hilfe geeilt war. Deine Mutter meinte, er habe sich wohl ziemliche Sorgen um dich gemacht und sich andauernd gefragt, wie deine Chancen wohl stünden, wenn du von solchen Teufeln gejagt und womöglich gestellt würdest. Deshalb hat er Eberhard hinter dir hergeschickt, und der ist erst mal nicht mehr zurückgekehrt. Das hat ihn wohl so sehr aus der Fassung gebracht, dass sein Herz nicht mehr mitgemacht hat.«

»Es ist alles meine Schuld«, murmelte Gero und schlug die Hände vors Gesicht. Während er noch mit seinen Gefühlen kämpfte, legte Roland ihm eine Hand auf die Schulter.

»Komm, Junge«, raunte er. »Fang jetzt nicht an und mach dir am Ende noch Vorwürfe wegen des Todes deines Vaters. Wir wissen beide, dass du dir dieses Schicksal nicht selbst ausgesucht hast. Dein Vater hat einen unseligen Beitrag dazu geleistet, dass du zu den Templern gegangen bist. Du hättest genauso gut längst Margarethas Erbe antreten können, wenn der alte Fuchs nicht so stur gewesen wäre. Umso mehr wird das alte Mädchen sich freuen, dich wohlbehalten mit deiner Frau und deinen Kameraden wiederzusehen. Und in einem kannst du sicher sein: Diesen Burghof wird kein Trierer Söldner und auch kein königlicher Franzmann, der dir auf den Fersen sein sollte, je lebend betreten. Du und deine Freunde seid hier sicher. Und wie ich gesehen habe, ist deine mitgebrachte Verstärkung nicht zu verachten. Wenn das alles ehemalige Kameraden sind, würde ich mir noch nicht mal vor den Truppen des deutschen Königs in die Hose machen. Nicht zu vergessen, dass wir unter dem Schutz von Johann I. von Lichtenberg stehen. Also hör auf zu grübeln und schau nach vorn. Hannah braucht dich jetzt, und auch deine Mutter.«

Gero schluckte den Kloß hinunter, der ihm unvermittelt die Kehle versperrt hatte. »Danke, Roland. Wer dich zum Freund hat, kann über fast alles hinwegkommen«, raunte er und umarmte den Freund fest.

KAPITEL 15

NOVEMBER 2015 –
NORWEGEN / KIRKENES / ANSELMS RANCH

Aufklärungsarbeit

Mabel schien irritiert, und ihr Lachen verstummte so rasch, wie es gekommen war. »Tut mir leid, ich hoffe, du nimmst mir nicht übel, wenn es mir schwerfällt, dir eine solche Geschichte zu glauben«, sagte sie plötzlich ernüchtert und hob eine Braue.

Dass sie seine Glaubwürdigkeit und damit seine Autorität hinterfragte, brachte Jack auf die Palme. Dachte sie etwa, er sei ein Idiot, der sich das alles nur ausdachte? Aber gut, Mabel war keine Soldatin. Sie war Wissenschaftlerin und hatte ihre Graduierungen mit Auszeichnung absolviert. Mir ihrem Job gehörte sie nicht zu den Leuten, die blind etwas glaubten, nur weil es irgendwer behauptete, selbst wenn dieser Jemand ihr Boss war. In ihrer Welt benötigte man für jegliche Aussagen Beweise, erst recht, wenn sich dahinter eine wissenschaftliche Sensation verbarg. Bereits mit sechsundzwanzig hatte sie sich auf eine Forschungsstelle in einem militärischen

Labor in Maryland beworben. Dort wurde nicht nur zur Abwehr von biologischen und chemischen Waffen geforscht, sondern auch zu artifizieller Intelligenz. Mabel, die eine beeindruckende Vita besaß, schien durchaus von militärischen Abläufen fasziniert zu sein, aber sie zeigte weder den geringsten Respekt vor Hierarchien noch war sie gewillt, militärische Entscheidungen zu akzeptieren, die ihr nicht logisch erschienen.

»Bevor du denkst, dass ich mich über dich lustig mache«, fügte Jack mit einem resignierten Lächeln hinzu, »sollten wir hineingehen und uns aufwärmen. Denn das, was ich dir zu erzählen habe, wird etwas Zeit in Anspruch nehmen. Ob du den Job bekommst, den General Lafour und ich für dich vorgesehen haben, hängt davon ab, ob du meinen Ausführungen folgen kannst.«

»Ich mache mich nicht über dich lustig«, beeilte sie sich zu sagen. »Aber was du da erzählst, ist ja weiß Gott keine alltägliche Story.«

Jack ging einfach an ihr vorbei auf den Eingang des Hauses zu, dessen Tür die ganze Zeit offen gestanden hatte.

»General Lafour?«, rief sie, während sie ihm hinterhereilte. »Ist der nicht längst pensioniert?«

Jack blieb auf dem Treppenabsatz stehen, drehte sich aber nicht zu ihr um.

»Ja und nein«, sagte er und ging ins Haus. »Er leitet eine geheime Spezialeinheit, die vor etwas mehr als zehn Jahren gegründet wurde und nun einen neuen Mitarbeiter – oder Mitarbeiterin – sucht, der oder die in etwa deine Qualitäten vorweisen kann.«

»Geheime Spezialeinheit?« Ihre Stimme klang aufgeregt, und Jack wusste, dass er sie fast am Haken hatte. Er wandte sich zu ihr um und blickte ihr tief in die Augen. »Falls du an dem Job interessiert bist und die Einzelheiten wissen willst, solltest du mir folgen, damit wir uns da drin ein gemütliches Plätzchen suchen und ich dich bis in den hinterletzten Winkel in die Geheimnisse des CAPUT 58 einweihen kann.«

»Jack«, mahnte sie ihn mit tadelnder Miene. »Du hast aber nichts anderes mit mir vor, oder? Denn dann müsste ich dich leider enttäuschen. Ich stehe grundsätzlich nicht auf Typen, die wesentlich älter sind als ich.«

Jack spürte, wie ihm vor Überraschung die Gesichtszüge entgleisten.

»Äh ... wirklich schmeichelhaft«, stammelte er. »Da du es sowieso vorziehst, mir nicht zu glauben, macht ein Dementi wohl keinen Sinn?«

»Nein, so war das nicht gemeint«, beeilte sie sich zu sagen. »Ich dachte nur, es ist besser, wir stellen das vorher klar.«

»Das beruhigt mich ungemein«, erwiderte er mit einigem Sarkasmus in der Stimme, aus der seine Enttäuschung mühelos herauszuhören war. »Können wir uns nun wieder dienstlichen Themen zuwenden?«

»Aber natürlich«, erwiderte sie ein wenig verlegen, während sie ihm ohne weiteren Protest in den ersten Stock folgte, wo der Besitzer der Ranch offenbar einen kostspieligen Umbau vorgenommen hatte. Mit großen Fenstern und viel Holz und einem rustikalen Innenputz, der Jack an die weiß getünchten Burgen im Gaza vor rund achthundert Jahren erinnerte.

Oben angekommen schaltete er das Licht ein und ging mit Mabel über einen langen Flur, während er im Vorbeigehen die einzelnen Räume inspizierte. Allem Anschein nach handelte es sich um schlicht eingerichtete Apartments, wie Cobbler bereits erwähnt hatte, mit einem Schlafzimmer für zwei und einem kleinen En-Suite-Bad, in denen zum Teil noch Licht brannte. Die Betten waren nicht gemacht, und die Kleiderschränke standen offen. Jack blieb stehen und schaute für einen Moment auf die Kleiderbügel und die darauf befindlichen Sachen. Eine bunte Mischung aus moderner und mittelalterlicher Frauenkleidung, die in Teilen auf dem Boden verstreut lag. Es sah ganz danach aus, als ob deren Besitzerin fluchtartig das Terrain verlassen hatte. Was Jacks Vermutungen, dass es sich bei dem Fluchtmittel um einen Timeserver gehandelt hatte, zusätzlich erhärtete. In dem sicheren Gefühl, dass es hier irgendwo einen größeren Aufenthaltsraum geben musste, ging er voran, bis er auf einen nachgebauten Rittersaal stieß, in dem nicht nur ein langer Eichenholztisch mit etlichen Stühlen stand, sondern auch eine Art Wohnzimmer angegliedert war, bei dem Anselm Stein sich ohne Zweifel an dem mittelalterlich anmutenden Nachbau orientiert hatte, den ihnen die NSA in Deutschland zehn Jahre zuvor als vorübergehende Behausung überlassen hatte.

»O mein Gott«, begeisterte sich Mabel und hielt sich angesichts des mannshohen Kamins, neben dem passend gehackte Eichenholzstücke gestapelt lagen, beide Hände vor den Mund. Ihr verwunderter Blick wanderte über die beiden üppigen Ledersofas aus samtigem Nubukleder und die darüber verteilten karierten Decken, die der ganzen Pracht eine unerwartete schottische Note gaben.

Jack ignorierte ihre Fassungslosigkeit und legte ein paar Holzstücke auf die offene Feuerstelle. Anschließend nahm er aus einem beistehenden Korb das dafür benötigte Anfeuerungsmaterial und drapierte es um das Holz. Den Rest erledigte er mit einem modernen Feuerzeug, das er stets bei sich trug, obwohl er vor Jahren mit dem Rauchen aufgehört hatte. Die respektable Flamme wärmte den archaisch wirkenden Nachbau eines mittelalterlichen Burgzimmers nicht nur, sondern illuminierte ihn passend zur Geschichte, in die er Mabel einzuweihen gedachte.

»Setz dich«, forderte er sie auf und ging zu einer Anrichte aus Eichenholz, wo er ein paar saubere Whiskygläser nebst einer verkorkten Flasche entdeckt hatte. Ein sündhaft teurer Direktimport aus den schottischen Highlands. Er goss sich etwas davon ein und hob das Glas. »Auch einen?«, fragte er mit einem linkischen Lächeln, während ihm durch den Kopf ging, dass Alkohol ihr vielleicht dabei helfen würde, seine ungewöhnlichen Offenbarungen vorurteilsfrei hinzunehmen.

»Nein, ich trinke nicht«, antwortete sie unbeeindruckt. »Gibt es hier irgendwo einen Kühlschrank, wo sich vielleicht eine Dose San Pellegrino mit Blutorangegeschmack findet?«

Jack sah sich suchend um und entdeckte tatsächlich so etwas wie eine Minibar, die sich in sattem Rot zwischen zwei uralte Holztruhen schmiegte. Mit zwei Schritten war er dort und öffnete die Tür. »Tut mir leid, die Farbe täuscht«, bemerkte er mit einem bedauernden Schulterzucken. »Keine Blutorangenlimonade. Aber Diätcola wäre im Angebot.« Während Mabel gnädig nickte, stellte sich Jack die Frage, wer von den Templern Diätcola getrunken hatte. Ziegenmilch wäre wohl passender gewesen.

Mabel nahm dankend die Dose entgegen und öffnete sie mit einem Zischen. Dann nahm sie einen großen Schluck und seufzte zufrieden. »Uh, das tut gut.« Mit einem Aufstöhnen schaute sie ihn von unten herauf mit einem geradezu lasziven Augenaufschlag an, der mit Sicherheit nichts zu bedeuten hatte. Was ihm schmerzlich ins Gedächtnis rief, dass sie ihm ihr Verhältnis zueinander unmissverständlich klar gemacht hatte.

»Trinkst du grundsätzlich keinen Alkohol?« Er nippte an seinem Whisky, nicht sicher, ob er sich neben sie setzen sollte, und schaute sie herausfordernd an.

»Selten«, erwiderte sie. »Ist nicht gut für die Gehirnzellen, und in Situationen wie diesen bevorzuge ich einen klaren Kopf.«

Jack goss er sich einen weiteren Whisky ein, denn im Gegensatz zu Mabel funktionierte sein Verstand mitunter besser, wenn er etwas getrunken hatte. Danach ließ er sich in einen der weichen Ledersessel fallen, während sie auf dem Sofa hockte. »Nur die wenigstens in der NSA kennen das Unternehmen C. A. P. U. T.«, begann er zögernd und suchte ihren neugierigen Blick. »Es wurde vor rund dreizehn Jahren gegründet und hat damals erstaunliche Arbeit geleistet. General Lafour hat seinerzeit die sicherheitstechnische Leitung übernommen und den Kontakt zum Präsidentenbüro und zum Senat unterhalten. Es gab zwei Gründerväter, die beide heute nicht mehr im Unternehmen sind. Professor Dr. Hagen, ein Deutscher, und Dr. Tom Stevendahl, ein Däne. Der eine ist tot, der andere verschwunden. Das heißt ... es sieht ganz so aus, als ob Stevendahl zwischenzeitlich wieder aufgetaucht wäre. Um es kurz zu machen: Wir benötigen einen Nachfolger – oder eine Nachfolgerin für diesen Mann, die sein Wissen und seine Fähigkeiten ersetzt. Bisher haben wir etliche Wissenschaftler im Auge gehabt, aber niemanden gefunden, der so gut aufgestellt war wie du. Darüber hinaus muss der infrage kommende Kandidat vertrauenswürdig genug sein, um Geheiminformationen für sich zu behalten.« Er grinste charmant in ihre Richtung, doch sie verstand immer noch nicht, was er ihr mit alldem sagen wollte.

»Ich könnte mich geehrt fühlen«, erwiderte sie mit einer lapidaren Handbewegung. »Wenn ich eine Ahnung hätte, was C. A. P. U. T. ist und wie meine Aufgabe dort aussehen soll. Und vor allem, ob noch eine Gehaltssteigerung drin ist gegenüber dem, was ich bisher bekomme.«

Jack wäre beinahe in Gelächter ausgebrochen, während er ihren fordernden Gesichtsausdruck beobachtete und sich vorstellte, wie er sich verändern würde, wenn er die Summe nannte, die sie als technische Projektleiterin bei C. A. P. U. T. erwartete. Vorausgesetzt, sie lieferte die entsprechenden Ergebnisse.

»Ich kann dir versichern, der Job wird exorbitant gut bezahlt«, gab er mit einem breiten Grinsen zurück. »Du würdest um einiges mehr verdienen als der amerikanische Präsident. Allerdings verpflichtest du dich bei der Annahme des Angebots über das übliche Maß hinaus zu absoluter Verschwiegenheit. Wir sind nur eine winzige Truppe. Der General, ein paar Spezialisten in der Datenverarbeitung und ich. Selbst bei der Auswahl der Sicherheitskräfte sind wir mehr als anspruchsvoll. Es gibt nur eine Handvoll Männer, die uns bei unseren Unternehmungen schützen. Und auch das nur aus der Ferne. Niemand von denen weiß, was genau er schützt. Bei uns besteht eine strikte Trennung zwischen den einzelnen Aufgabengebieten. Jeder weiß nur das, was er für seine Aufgabe benötigt. Über den Forschungsstand des Projekts wissen im Grunde nur der General und ich Bescheid. Und der Präsident der Vereinigten Staaten. Aber sein Interesse ist ziemlich abgeflaut, seit sich herausgestellt hat, dass die Experimente nicht automatisch wiederholbar und von unberechenbaren Risiken gezeichnet sind. Im Grunde sind wir, was unseren Kontakt zu ihm betrifft, gerade offline. Ohne einen Projektleiter aus dem Bereich Quantenphysik sind wir so gut wie handlungsunfähig und können das Projekt nicht weiterführen. Wir haben eine Menge Leute vorsprechen lassen, doch niemand war in der Lage, das Unternehmen selbstständig voranzutreiben. Den meisten fehlte es an innovativen Ideen, oder sie erschienen uns nicht verschwiegen genug.«

»Wer kann noch verschwiegener sein als jemand, der die Geheimhaltungserklärung der NSA unterschrieben hat?« Mabel rollte in sichtlichem Unverständnis die Augen.

»Die Mitarbeiter von C. A. P. U. T.«, erwiderte Jack gnadenlos, in der Gewissheit, dass sie ihn schon noch fragen würde, was das zu bedeuten hatte.

»Und was ist dieses C. A. P. U. T. nun bitteschön?« Ihre Stimme klang reichlich genervt.

»Wenn ich es dir verrate, ist es, als ob du einen Vertrag unterzeichnest, der dich bis zu deinem Tod binden wird und dein bisheriges Leben komplett auf den Kopf stellt. Ist dir das klar?«

»Du liebe Güte, das klingt ja abgefahren. Ich stimme uneingeschränkt zu, und ich will das Geld.« Ihre whiskyfarbenen Augen leuchteten angriffslustig im Schein des flackernden Feuers.

»Zeitreisen«, erwiderte er beinahe flüsternd. In Mabels entschlossener Mimik trat eine kleine, kaum merkliche Veränderung.

»Sorry«, meinte sie und schüttelte den Kopf. »Schon wieder so ein Fake. Du willst mir doch nicht erzählen, dass ...«

Jack blickte ihr weiter stur in die Augen.

»Nein …« Mabel rang mit sich. »Du willst mich auf den Arm nehmen. So was ist nicht möglich.« Ihr Blick war immer noch zweifelnd, aber zugleich wissbegierig, als Jack die Münze aus der Tasche zog, die er seit jenen Tagen, als er im zwölften Jahrhundert für kurze Zeit ein Templer gewesen war, als Talisman immer bei sich trug. Mit einem lauten Klack legte er sie auf den polierten Eichenholztisch.

»Was ist das?«, fragte Mabel und hob den Kopf.

»Eine Münze aus dem Jahr 1151. Geprägt im Heiligen Land.«

»Na und?«, antwortete sie rebellisch. »Was ist daran so besonders? Eine solche Münze kann einem jeder renommierte Numismatiker besorgen.«

»Diese nicht«, behauptete Jack ohne einen Funken Zweifel in der Stimme. »Schau sie dir genauer an. Abgesehen davon, dass sie wie neu aussieht, zeigt sie das Konterfei von König Balduin III. auf der einen Seite und das seiner Mutter, Königin Melisende, auf der anderen. Die beiden waren sich nicht grün, musst du wissen, und konnten sich lange Zeit nicht einigen, wer das Heilige Land regiert. Deshalb haben findige Münzpräger beide Köpfe auf die Münze geschlagen. Aber diese seltene Einigkeit hat nicht lange angehalten. 1152 hat Balduin sich durchgesetzt, die Regentschaft vollends übernommen und diese Münzen einziehen lassen. Ich nehme mal an, hauptsächlich, um seiner Mutter zu schaden, die er gegen ihren Willen aufs Altenteil geschoben hat. Was aber nicht dazu führte, dass sie sich fortan aus seinen politischen Aktionen rausgehalten hat. Im Gegenteil.«

Mabel schaute ihn misstrauisch an. »Woher weißt du das alles? Hört sich ja beinahe an, als ob du dabei gewesen wärst.«

»Ich war dabei«, behauptete er, ohne mit der Wimper zu zucken, und hielt selbstbewusst ihrem skeptischen Blick stand.

»Du machst Witze, oder?« Mabels Gesichtsausdruck war nun nicht mehr neugierig, sondern verstimmt, weil sie sich nicht ernst genommen fühlte.

»Nein, sicher nicht«, erwiderte er nun mit unverrückbarer Entschlossenheit. »Ich besitze zwar einen gewissen Hang zu Humor, aber nicht, wenn es um die Rettung der Menschheit geht. Die Zukunft Amerikas steht auf dem Spiel. Es wird einen Dritten Weltkrieg geben, und wir können den zu erwartenden Schaden nur abwenden, wenn wir die notwendigen Informationen besitzen, um rechtzeitig den politischen Kurs zu wechseln. Was nach unseren Berechnungen weitaus früher geschehen muss als zum jetzigen Zeitpunkt, um sicher gehen zu können, dass es auch funktioniert.«

Mabel schien nun tatsächlich beeindruckt zu sein.

»Und wie bist du dorthin gekommen?« Ihr Blick war immer noch zweifelnd. »Ich meine, in die Vergangenheit?«

»Mit einem sogenannten Timeserver.« Jack nahm keine Rücksicht auf Mabels ungläubigen Blick, während er in die Einzelheiten ging und ihr in wenigen Sätzen die Funktionsweise des CAPUT 58 erklärte, soweit er dazu in der Lage war. »Es handelt sich um einen Quantenlaptop von der Größe einer Zigarrenkiste«, führte er aus, »der mit einem speziellen Frequenzquarz die universelle Umgebungsenergie anzapfen kann, um die enormen Kräfte, die ein solcher Transfer benötigt, zu bündeln und in die passenden Kanäle zu leiten.«

»Und wo stammt dieser ... Timeserver ... her?« Mabel wirkte zunehmend fasziniert, aber noch nicht überzeugt.

»Das Gerät wurde in einer unterirdischen Katakombe unterhalb einer Klosterruine in Deutschland gefunden. Nach unseren ersten Ermittlungen gehörte es einst dem Templerorden. Der es natürlich nicht selbst konstruiert hatte, weil man zu jener Zeit natürlich nicht über die technischen Voraussetzungen verfügte, ein solches Gerät zu bauen. Nachdem wir mit dem Ding eine Zeitreise ins Jahr 1153 durchgeführt haben, hatte ich die Ehre, im damaligen Jerusalem die ursprünglichen Besitzerinnen kennenzulernen. Zwei junge Frauen in deinem Alter, die – so unglaublich es klingt – aus dem Jahr 2151 stammten. Und um es vorwegzunehmen, auch sie hatten das Gerät nicht selbst geschaffen. Ihr Vorgesetzter, ein Wissenschaftler und Rebell, der das alte Amerika wiederherstellen wollte, das durch den Dritten Weltkrieg fast vollkommen vernichtet worden war, hatte mehrere Server in der zerstörten Area 51 gefunden. Nachdem er sich mit dem Mechanismus der Geräte vertraut gemacht und sie repariert hatte, transferierte er die beiden Frauen ins Jahr 1148, um den Templerorden zu warnen, damit er seiner Vernichtung am 13. Oktober 1307 entgehen konnte. Er war davon ausgegangen, dass die Rettung des Ordens sämtliche Weltkriege verhindert und damit Frieden auf Erden geschaffen hätte, bis in alle Ewigkeit. Bei ihrem Transfer im Jahr 2151 sind die beiden Frauen von Kampfdrohnen der sogenannten Neuen Welt angegriffen worden. Anscheinend wurden dabei Module des Servers überhitzt, die einen Transfer zwar nicht mehr verhindert haben, aber die Verbindung in die Zukunft wurde empfindlich gestört. Was bedeutete, dass ihr Auftraggeber sie nicht mehr orten und zurückholen konnte. In ihrer Not hatten die beiden, nachdem sie bei den Templern in Jerusalem Unterschlupf gefunden hatten, eine

Art Messenger-Kapsel konstruiert und einen handgeschriebenen Hilferuf mit technischen Daten hineingesteckt. Dann haben sie die Kapsel heimlich ins Grab eines Templers gelegt, in der Hoffnung, dass sie in der Zukunft von jemandem gefunden wird, der sie in ihre Zeit zurückholen konnte. Rund achthundertfünfzig Jahre später fand schließlich ein libanesischer Architekt bei archäologischen Grabungen am Tempelberg zufällig die Kapsel mit den ihm verwirrend erscheinenden mathematischen Formeln samt den dazugehörigen Erläuterungen zum Bau einer Anlage, die Zeitreisen ermöglichte. In seiner Ahnungslosigkeit hat er das Ganze an seinen Bruder in Deutschland weitergeleitet, der wiederum zufällig mit Professor Dietmar Hagen befreundet war. Einem deutschen Quantenphysiker, der sofort das Potential dieses uralten Schreibens erkannt hat. Hagen nahm daraufhin Kontakt zur amerikanischen Regierung auf, weil er nur dort die notwendigen finanziellen Mittel vermutete, die der Bau eines Fusionsreaktors verschlingen würde, den er zum Betrieb einer entsprechenden Anlage benötigte, die den vergleichsweise winzigen Timeserver ersetzen konnte. Nachdem er dann auch die Freigabe zum Bau der Anlage erhalten hatte, wurde das Geheimprojekt C. A. P. U. T. gegründet. Center of Accelerated Particles in Universe and Time. Wobei Hagen gegenüber seinen amerikanischen Sponsoren zunächst nichts von der aufgefundenen Kapsel erwähnt hat und die Idee zur darin beschriebenen Zeitmaschine und dem Bau des Fusionsreaktors gegenüber dem amerikanischen Präsidenten als seine eigene verkauft hat. Die Versuchsanlage wurde danach unter strikter Geheimhaltung in einem ehemaligen unterirdischen Atombunker der amerikanischen Streitkräfte in Deutschland realisiert. Wobei Hagen zu dieser Zeit lediglich in der Lage war, etwas aus der Vergangenheit herbeizuholen und nicht dorthin zu transferieren. Bei einem ungenehmigten Experiment hat er dann ausgerechnet einen Templer aus dem Jahr 1307 transferiert, der uns zu dem Server in diesem Kloster geführt hat, den die beiden verschollenen Frauen bei ihrer Rettung den Templern überlassen hatten. Und so hat sich der Kreis geschlossen.«

Mabel hatte vor lauter Aufregung rote Wangen bekommen. »Das ist ja ...«, stammelte sie, »... der reine Wahnsinn. Und woher hatte Hagen den Stein?«, fragte sie und zeigte damit, dass sie aufgepasst hatte.

»Hagen hatte keinen Stein«, erklärte Jack und fragte sich für einen Moment selbst, warum das so gewesen war. »Zu dem Zeitpunkt, als die Frauen die verschlossene Nachricht in dem Grab abgelegt hatten, wussten sie noch nicht, dass der im Server verwendete Frequenzquarz etwas mit den Templern zu tun haben könnte. In dem Bewusstsein, dass es nicht einfach sein würde, einen solchen Stein zu finden, haben sie in ihrer Bauanleitung die Informationen für einen rudimentären Fusionsreaktor geliefert, der die Energie des Steins faktisch ersetzen kann. Jedoch nicht so perfekt und zielgerichtet wie ein Frequenzquarz von entsprechender Güte. Der Reaktor lieferte stellvertretend für den fehlenden Frequenzquarz das unfassbar riesige Energiepotential, das für einen Transfer durch die Zeiten benötigt wird. Dummerweise ist Hagen die Anlage um die Ohren geflogen, als er den Templer unerlaubt transferiert hat. Der Fusionsreaktor wurde dabei irreparabel zerstört. Von daher erschien es beinahe schon als göttliche Fügung, dass wir auf den erheblich kleineren Server in diesem Kloster gestoßen sind. Erst recht, als die Maschine uns danach in die Lage versetzt hat, einen Transfer ins zwölfte Jahrhundert zu realisieren, wo wir dann, wie gesagt, auf die beiden Frauen gestoßen sind. Tragischerweise hat sich bei diesem letzten Transfer vor zehn Jahren ein weiterer Unfall ereignet«, erklärte Jack seiner staunenden Kollegin, die seine Erläuterungen mit leicht geöffnetem Mund in sich aufsaugte und ihn dabei mit großen Augen fassungslos anstarrte.

»Zuvor hatten wir eine Truppe von imitierten Templern aus dem vierzehnten Jahrhundert ins Jahr 2004 transferiert und sie damit vor Verfolgung und Tod gerettet. Später haben sie sich bereit erklärt, mit uns ins zwölfte Jahrhundert zu reisen, um uns dort bei der Suche nach den beiden vermissten Frauen aus der Zukunft zu unterstützen. Agent Tapleton hatte verbotenerweise eine Handgranate bei sich, als er als Letzter der Gruppe transferiert werden sollte. Durch den beginnenden Transfer wurde der Sprengstoff überhitzt, und das Ding ist hochgegangen. Tapleton war sofort tot, und der Frequenzquarz im Timeserver wurde durch die Explosion teilweise beschädigt. Danach war zwar noch eine Reise in die Vergangenheit möglich, aber man konnte niemanden mehr zurückholen.«

»Und wie konntest du zurückkehren?« Mabel war wie gebannt.

»Zunächst saß ich mit den Templern, die uns begleitet hatten, in dieser Zeit fest.«

»Und was war mit den Frauen? Habt ihr sie dort gefunden?«

»Ja, haben wir. Und dazu haben wir eine Menge anderer unglaublicher Dinge erlebt, aber das zu erzählen würde noch Tage dauern. Am Ende unserer Odyssee sind wir in einer geheimnisvollen Höhle gelandet, die vom Hohen Rat der

Templer bewacht wurde. Eine Art interner Geheimorganisation des Ordens. Die gesamte Höhle war mit exakt jenem Quarzgestein ausgekleidet, das im Server verbaut war. Angeblich hat die damit verbundene Strahlung einen Einfluss auf die Gammastrahlung des Gehirns. Menschen, die damit in Berührung kommen, sind in der Lage, ihre eigene Realität und die anderer kraft ihres Vorstellungsvermögens zu verändern. Wobei uns bis heute nicht klar ist, wie das genau funktioniert.«

»Manche Wissenschaftler glauben«, sinnierte Mabel laut, »dass die Welt in Wahrheit nur eine Art Simulation ist. Wenn es zutrifft, dass man unter bestimmten Umständen kraft seiner Gedanken auf die Realität Einfluss nehmen kann, ist es, als ob man die gesamte Programmierung verändert. Es wäre ein Beweis dafür, dass an dieser Theorie etwas dran ist. Die Folgen erscheinen mir jedoch ziemlich unberechenbar, wenn man keine Ahnung hat, wie diese Programmierung genau funktioniert.«

»Was die Sache umso gefährlicher macht«, stimmte Jack ihr zu, obwohl er nicht viel über diese Simulationstheorie wusste. »Daher wurde zur Zeit der Templer der Zutritt zur besagten Höhle von einem speziellen Wächter bewacht, der nur Befugten Einlass gewährte. Dort angekommen, sollten wir uns auf Befehl eines eingeweihten Templers konzentrieren und uns zu einem Ort unserer Wahl wünschen. Ich habe nicht lange nachgedacht und mich zu meinem Vater nach Texas ins Jahr 2005 gewünscht. Kurze Zeit später fand ich mich auf dessen Ranch wieder. Ich hatte ihn jahrelang nicht gesehen. Nachdem ich mich einigermaßen von diesem Schock erholt hatte, habe ich unser Hauptquartier in Maryland angerufen und Kontakt zu Lafour aufgenommen, der ebenso erschüttert von meiner Geschichte war wie ich selbst. Der Timeserver, den wir genutzt hatten, war noch immer defekt. Niemand hatte eine Ahnung, wo wir einen vergleichbaren Stein herbekommen sollten, den es anscheinend nur in der Höhle der Templer gab. In Absprache mit Lafour habe ich umgehend eine Expedition auf dem Sinai durchgeführt und am Berg Horeb nach besagter Höhle gesucht.«

»Aber du hast nichts gefunden«, nahm Mabel sein Ergebnis vorweg. »Sonst säßen wir nicht hier und würden nach Antworten suchen, stimmt's?«

»Ja, du hast recht. Unsere Suche war vergeblich«, gab Jack resigniert zurück. »Und das, obwohl wir modernste Satellitentechnik eingesetzt hatten und Kernbohrungen im Sinai-Gebirge vorgenommen haben. Kurz darauf ist unser leitender Quantenphysiker Tom Stevendahl verschwunden. Stevendahl fühlte sich anscheinend schuldig am Verschwinden seiner Ex. Seine Ex-Verlobte hatte sich zusammen mit ein paar anderen Leuten, die ebenfalls von der Geschichte betroffen waren, unter vorgehaltener Pistole einen weiteren Transfer ins zwölfte Jahrhundert erzwungen. Sie hatte sich in diesen Templer verliebt, der die ganze Geschichte ins Rollen gebracht hat, und konnte es nicht ertragen, dass er womöglich nicht mehr zurückkehrte. Sie und ihre Freunde, darunter der Besitzer dieses Anwesens, sind tatsächlich im zwölften Jahrhundert angekommen. Ich habe sie mit eigenen Augen gesehen. Aber diese Leute sind nach dem Abenteuer in der Höhle nicht in unsere Zeit zurückgekehrt. Deshalb hat er sich – ohne die Erlaubnis von C. A. P. U. T. einzuholen – von seinem Freund und Ex-Kollegen Paul Colbach mit dem defekten Server ins vierzehnte Jahrhundert transferieren lassen, um dort nach seiner Ex-Freundin zu suchen.

»Ist das nicht unglaublich mutig?« Mabel schaute ihn mit großen Augen an. »Ich meine, er wusste ja schließlich nicht genau, was ihn dort erwartet. Oder habe ich da was falsch verstanden?«

»Eher ziemlich verrückt, wenn du mich fragst, wo er doch keine Chance auf Rückkehr hatte.« Jack hob eine Braue und grinste schwach. »Aber das Beste kommt noch: Vor drei Tagen ist Stevendahl unvermittelt wieder in unserer Zeit aufgetaucht. Die Instagram-Posts, die bei euch aufgelaufen sind, belegen das. Und er war nicht allein. Die Männer auf den Fotos sind jene Templer aus dem beginnenden vierzehnten Jahrhundert, die unsere Mission begleitet haben. Und nun frage ich mich, wo waren sie solange und wie haben sie es geschafft, in unsere Zeit zurückzukehren, denn Stevendahl war ja damals in unserer Templerhöhle gar nicht dabei. Also muss ihm auf andere Weise der Weg zurück in unsere Zeit gelungen sein.«

»Was ist mit Colbach? Könnte der ihn nicht zurückgeholt haben?«

»Ausgeschlossen.« Jack stieß einen entnervten Seufzer aus. »Unser ehemaliger Chef-Programmierer hat, nachdem wir ihn nach dem illegalen Transfer von Stevendahl entsprechend in die Mangel genommen haben, aus freien Stücken allem abgeschworen, was mit C. A. P. U. T. zu tun hat. Außerdem hatte er keinerlei Zugang zum Server, der zudem noch immer defekt ist.«

Jack kniff die Lippen zusammen und nahm noch einen Schluck Whisky. Inzwischen hatte sich der Inhalt der Flasche merklich reduziert.

Mabel lehnte sich mit einem Seufzer zurück und schlug die Hände vors Gesicht. »Heiliger Heiland«, flüsterte sie, obwohl sie nicht gläubig war. »Und wie soll ich das nun alles verarbeiten?« Sie blickte auf und schaute ihn nachdenklich an. »Du hast mein physikalisches Weltbild mit einem einzigen Schlag komplett zerstört. Und mir zugleich Möglichkeiten eröffnet, von denen ich in diesem Leben nicht mal zu träumen gewagt hätte. Wie geht es denn nun weiter?« Ihre Augen glänzten, und ihre Wangen leuchteten vor Tatendrang.

»Ich wollte diese Leute hier und heute festnehmen lassen und hatte gehofft, dir danach Tom Stevendahl vorstellen zu können, dessen Aufgaben du zukünftig übernehmen sollst. Doch nun sind sie auf die gleiche geheimnisvolle Weise verschwunden wie in der Templerhöhle. Mit dem Unterschied, dass sich hier keine Höhle befindet mit dieser besonderen Art von Gestein, das die physikalischen Gesetze außer Kraft setzt. Cobbler und seine Leute haben beobachtet, wie eine asiatisch aussehende Frau in einem blauen Licht verschwand. Das erklärt einiges.«

»Kein Wunder, wenn der Lieutenant und seine Leute an ihrem eigenen Verstand zweifeln«, meinte Mabel lakonisch. »Und du hast den armen Kerl ohne jegliche Erklärung abserviert. Er kann einem echt leidtun.«

»Ich hätte ihn und seine Männer ja schlecht einweihen können«, rechtfertigte sich Jack. »Aber die Informationen, die sie mir mehr oder weniger zufällig gegeben haben, waren wertvoll. Ich bin sicher, dass die Frau, die sie gesehen haben, Rona war. Sie ist eine der beiden Schwestern aus der Zukunft. Das blaue Leuchten weist auf den Einsatz eines Timeservers hin. Ich will wissen, wie sie hierhergekommen sind und wie sie es angestellt haben, wieder zu verschwinden. Und vor allem wohin.«

Mabel stutzte einen Moment und schaute ihn fragend an. »Wie muss ich mir diese Templer eigentlich vorstellen? Sind sie wirklich so abgefahren, wie sie in den Legenden geschildert werden?«

»Naja, die meisten sind ziemlich durchtrainiert. Das müsste dir auf den Bildern eigentlich aufgefallen sein. Ist ja auch kein Wunder bei dem täglichen Einsatzpensum. Bei denen ging's zu wie in der Fremdenlegion.« Jack kniff die Lippen zusammen, dann nahm er noch einen Schluck Whisky, bevor er fortfuhr. »Militärisch straff organisiert rekrutierten sie ihre Mitglieder von überall her. Neben ihren verschiedenen Muttersprachen beherrschten alle Französisch. Das war Pflicht. Wenn man mal davon absieht, dass sie irgendwann Besuch aus dem zweiundzwanzigsten Jahrhundert hatten, waren sie eigentlich erschreckend normal.«

Mabel kräuselte nachdenklich die Stirn. »Ich denke mal, diese Typen wissen mehr über ihr Geheimnis, als sie euch preisgegeben haben. Man muss sich ohnehin wundern, dass sie ihr Mysterium mit euch geteilt haben. Vielleicht hatten sie einen zweiten Server?«, überlegte Mabel. »An Stevendahls Stelle hätte ich in jedem Fall versucht, ein vergleichbares Modell zu konstruieren, nachdem seine Ex nicht wieder aufgetaucht ist. Vielleicht hatte er heimlich einen zweiten Prototypen geschaffen, und ihm fehlte nur der Stein? Vielleicht war es ja gar nicht die Sehnsucht nach dieser Frau, die ihn angetrieben hat, ein solches Wagnis einzugehen. Vielleicht war es die Suche nach geeignetem Material? Und wo hätte er es sonst finden können als bei diesem Templer?«

»Du bist ganz schön clever«, murmelte Jack und nickte ihr anerkennend zu. »Ich frage mich gerade, warum ich nicht selbst darauf gekommen bin.«

Mabel senkte verlegen den Blick. »Ich denke nur folgerichtig, mehr nicht.«

»Ich will, dass du dir den alten Quantenserver einmal ansiehst, wenn wir nach Maryland zurückgekehrt sind. Vielleicht kannst du ein paar Ideen entwickeln, wie man das Ding wieder zum Laufen bringt.«

»Ich kann es kaum erwarten«, flüsterte sie mit einem hintergründigen Lächeln.

KAPITEL 16

DEZEMBER 1315 –

DEUTSCHE LANDE / MOSEL / BURG WALDENSTEIN

Parzival

Gemeinsam gingen Gero und Roland über den von brennenden Feuerkörben beleuchteten Hof, in dem außer ein paar patrouillierenden Söldnern und einem Pferdeknecht niemand zu sehen war. Der Burgvogt beauftragte einen seiner Wachmänner, die Neuankömmlinge zum Palas zu bringen und die Mägde anzuweisen, sie mit warmen Getränken zu versorgen. Und sie sollten die Gräfin aus ihrer Kemenate herbeiholen und ihr sagen, dass überraschend ihr Lieblingsneffe und Erbe mitsamt einem kleinen Gefolge eingetroffen war, von dem sie schon befürchtet hatte, es könnte ihm etwas zugestoßen sein.

»Wo habt ihr denn eure Gäule gelassen?« Roland warf Gero einen fragenden Blick zu. Offenbar war ihm erst jetzt aufgefallen, dass er lediglich seinen treuen Percheron dabeihatte. »Ihr seid doch nicht etwa zu Fuß bis hierhergekommen? Wobei ...«, er zögerte einen Moment, »... sich mir die

Frage stellt, wo ihr überhaupt hergekommen seid. Ihr seht kein bisschen schmutzig oder abgekämpft aus. Wenn es nicht so unglaublich wäre, würde ich denken, ihr seid vom Himmel gefallen?« Ein tiefes, sympathisches Lachen rollte aus seiner breiten Brust, das aber seine Verunsicherung nicht verbergen konnte.

»Seid ihr mit einem Schiff gekommen? Noch ist die Mosel ja zum Glück nicht zugefroren, und die Treidelgespanne arbeiten, solange es hell ist.«

»Äh ... ja«, gab Gero mit einem undurchsichtigen Lächeln zurück. »Wir mussten fast alles zurücklassen. Falls meine Tante nichts dagegen hat, müsstest du mir ein paar eurer Pferde verkaufen oder mir helfen, auf dem nächsten Markt ein paar anständige Gäule zu finden. Ich habe genug Geld dabei, damit wir uns die passenden Tiere leisten können. Außerdem können wir mit dem Geld Getreide und Fleisch zukaufen und damit eure Vorräte aufbessern.«

»Mach dir keine Gedanken um unseren Bestand«, versicherte ihm Roland. »Durch den anhaltenden Regen im Sommer hatten wir zwar etliche Ernteausfälle, aber es ist längst nicht so schlimm wie im Norden, wo die ärmeren Leute, wie ich hörte, reihenweise verhungern. Außerdem haben wir noch genug Wild in den Wäldern, mit dem wir nicht nur die Burg versorgen, sondern auch unsere Bauern und Leibeigenen, falls es noch knapper werden sollte. Pferde haben wir ebenfalls mehr als genug. Ganz in der Nähe befindet sich ein Hof, der in unserem Auftrag franzisches und bayrisches Kaltblut für Turniere und den Kampf auf dem offenen Feld züchtet. Wir beliefern damit Johan von Lichtenberg und auch verschiedene Burgherren in der Umgebung. Es sind auch Zelter für die Damen dabei. Ihr müsst nur sagen, was ihr benötigt, und ihr könnt die Tiere morgen am Tag aussuchen.«

»Danke Roland. Ich wusste, dass ich hier mit meinen Leuten richtig bin.«

»Als ob das je infrage gestanden hätte. Schließlich gehört dir hier so gut wie alles, wenn du es willst.« Roland verdrehte die Augen und schlug ihm mit seiner Pranke fest auf die Schulter. Dann brachte er ihn zum Rittersaal, wo die anderen bereits auf sie warteten.

Gero nahm dankbar einen Krug gewärmtes Bier entgegen, den ihm ein Diener in stummer Unterwürfigkeit auf einem Tablett unter die Nase hielt. Dann setzte er sich neben Hannah, die mit den anderen an dem langen Tisch Platz genommen hatte, an dem die Gräfin gewöhnlich ihre Gäste empfing. Auf eigenen Wunsch hatte man ihr und Amelie einen Becher heiße Milch serviert, während Freya einen dampfenden Rotwein vor sich stehen hatte. Weitere Diener eilten herbei und stellten Bier, Wein und Wasser in Karaffen bereit. Dazu frisch gebackene Brotfladen aus dunklem Mehl, in handliche Scheiben geschnitten. Ein weiterer Diener eilte herbei und verteilte kleine Keramiktöpfchen auf den Tischen, die bis zum Rand mit gewürztem Gänseschmalz gefüllt waren, wie Roland ihnen erklärte, das man mit einem beigefügten Messer aufs Brot streichen konnte. Dazu gab es geräucherten Lachs und franzischen Käse auf verschiedenen Holzplatten, von denen sich jeder bedienen konnte. Würste und Schinken gab es nicht, wie Arnaud beiläufig bemerkte, weil die Fastenzeit vor Weihnachten bereits begonnen hatte.

Doch anstatt zuzugreifen, verharrten alle in einer Art Lauerstellung.

»Auf wen warten wir?«, wollte Tom wissen, dem unvermittelt der Magen knurrte.

»Auf die Gräfin, denke ich«, beantwortete Hannah seine Frage. Fast im gleichen Moment flog die Tür zum Haupttrakt auf, und die Köpfe aller Anwesenden schnellten herum. Ein wenig fassungslos starrten alle die zierliche Frau an, die mit wehendem Haar in einem bodenlangen grüngoldenen Seidenkleid in die Halle stürmte.

Hannah erkannte die Gräfin sofort, die – wie sie noch von deren letztem Besuch auf der Breidenburg wusste – für ihre theatralischen Auftritte bekannt war. Ein Grund, warum Geros Vater ihre Besuche möglichst gemieden hatte. Der andere Grund war, dass sie kein gutes Haar an Geros altem Herren gelassen hatte, vor allem wegen seiner groben Art gegenüber ihrer Schwester, von der sie meinte, sie hätte lieber ins Kloster gehen sollen, als dieses Scheusal zu heiraten. Wobei es Richard von Breydenbach zeit seines Lebens nicht erlaubt war, sie zurechtzuweisen, weil sie ihm im Rang überlegen war. Was ihn natürlich immer geärgert hatte.

Ihr langen rotblonden Locken, die von weißen Silberfäden durchwirkt waren, trug sie offen wie ein junges Mädchen, nur mit einem Goldreif gebändigt. Ihre blaugrünen Augen hielten intensiv Ausschau nach einer ganz bestimmten Person, wie ein Raubvogel auf der Jagd nach einem Kaninchen. Erst als sie ihr Ziel entdeckt hatte, wurde ihr Blick weicher.

»Gero!«, rief sie mit einer Intensität, als ob es um Leben und Tod ginge, während sie ihren Neffen, der sich nun erhob, mit ihren blaugrünen Augen fixierte, aus denen ihr ungezügeltes Temperament sprühte. Dann stürmte sie auf ihn zu wie eine Verdurstende und umarmte ihn so fest, dass er nach

Atem rang. Die Art, wie sie es tat, ließ darauf schließen, wie sehr sie ihn vermisst hatte und wie sehr sie ihn liebte. Hannah sah, wie ihre Schultern bebten, als er sie im Gegenzug sachte an sich drückte. Sie weinte, was Hannah sich bisher bei dieser Frau nicht hatte vorstellen können. Gero schloss die Augen und seufzte wie ein verlorener Sohn, der endlich nach Hause zurückgekehrt war. Dabei ignorierte er die Blicke der anderen, als die Gräfin sein bärtiges Gesicht in die Hände nahm und ihn hemmungslos abküsste.

»Dem Herrgott sei Dank«, wisperte sie, als sie endlich innehielt und ihm mit einer Eindringlichkeit in die Augen blickte, die Hannah als beängstigend empfand. Doch bevor er etwas erwidern konnte, wischte sich die Gräfin mit dem Handrücken die Tränen fort und fasste sich augenblicklich. Dann setzte sie sich neben ihn auf die andere Seite der Bank und hakte sich bei ihm unter, nachdem er ebenfalls wieder Platz genommen hatte. Sie nickte Hannah nur kurz und wohlwollend zu, als ob sie lediglich schmückendes Beiwerk wäre, dem man keine besondere Beachtung schenken musste. Hannah senkte dennoch respektvoll den Kopf, um der Gräfin die erwartete Hochachtung zu zollen, was ihr augenscheinlich nicht entging, denn sie lächelte milde zurück.

»Schön, dich zu sehen, meine Liebe, und dass du und dein Kind sämtliche Strapazen gut überstanden habt.«

»Wo ist meine Mutter?« Gero warf der Gräfin einen besorgten Blick zu. »Ich habe ihren Wagen draußen gesehen, und Roland hat mir erzählt, dass sie nun auf Waldenstein wohnt und auch das Vater hier beerdigt worden ist«, sagte er. »Was ist vorgefallen, dass so etwas geschehen konnte?«

»Gemach, Junge«, lenkte die Gräfin ein, und nun schaute sie auch Hannah direkt ins Gesicht. »Eure Mutter hat Entsetzliches mitmachen müssen und ist ganz krank vor Sorge um Euch.« Sie ließ offen, an wen diese Beschwerde adressiert war. »Sie ist oben in ihrer Kemenate und liegt meistens im Bett. Ihre Trauer wegen der vorangegangenen Ereignisse hat ihr jegliche Kraft genommen. Umso glücklicher wird sie sein, wenn sie euch beide wieder in die Arme schließen kann.«

»Wann kann ich sie sehen?«, fragte Gero nervös.

»Wenn wir mit dem Essen fertig sind und du mir erzählt hast, wer deine Freunde sind und was genau euch hierher verschlagen hat.«

Damit schien in ihren Augen die Geschichte fürs Erste erledigt zu sein. »Lasst uns für die Rückkehr meines Neffen beten, Bruder Hilarius«, sagte sie laut und gab dem Kaplan in der braunen Mönchskutte, der mit ihr hereingekommen war und am Ende des Tisches saß, ein Handzeichen. Woraufhin er ein lateinisches Tischgebet anstimmte, in das alle Anwesenden einfielen. Mit Ausnahme von Hannah und Tom, und auch Rona beteiligte sich nicht. Indes hatte Anselm zumindest eine Idee vom Text, und murmelte etwas vor sich hin. Alle anderen Templer schienen voll im Bilde zu sein und beteten mit lauter Stimme inbrünstig mit.

Als Bruder Hilarius sein Gebet beendet hatte, wünschte die Gräfin allen einen guten Appetit. Danach langten alle kräftig zu. Offensichtlich nicht nur, um ihren Hunger zu stillen, sondern auch um die Anspannung loszuwerden, die sie noch immer verspürten.

Lediglich die Gräfin schien es nicht eilig zu haben. Sie nahm einen Schluck gesüßten Wein und wandte sich Gero zu, der eine Schale mit Haferbrei löffelte, den ein Diener ihm auf Wunsch aus einem dampfenden Kessel serviert hatte und den er sich trotz der Fastenzeit mit etwas Honig gesüßt hatte.

Hannah hatte sich ein Brot mit weißem Käse belegt, den sie bereits von ihrem letzten Aufenthalt kannte, und Gero war froh, dass ihr Appetit offenbar schlagartig zurückgekehrt war.

»Was genau ist meinem Vater zugestoßen?«, wollte Gero nun von der Gräfin wissen.

»Ich habe seinen Leichnam von meinem Medikus untersuchen lassen«, gestand die Gräfin leise. »Deinen Vater hat wahrscheinlich der Schlag getroffen, oder es war das Herz – so genau wissen wir es nicht. In jedem Fall hat er sich furchtbar aufgeregt, so viel steht fest.«

Hannah wusste, dass Richard von Breydenbach und seine Schwägerin einander feindlich gesinnt waren, und doch schien sie ihn zu bedauern. »Er ist kurz nach eurer Abreise von uns gegangen«, fuhr die Gräfin mit gedämpfter Stimme fort, wobei ihr nicht anzusehen war, ob sie um ihn trauerte.

»Ich weiß«, sagte Gero leise und ließ offen, woher er diese Information hatte. »Ich hätte nicht nach Hause kommen sollen. Vielleicht würde er dann noch leben«, fügte er mit einem bekümmerten Blick hinzu.

»Es war nicht deine Schuld, falls du das meinst«, widersprach ihm die Gräfin bestimmt. »Er war ohnehin geschwächt. Das rücksichtslose Vorgehen seines Lehensherrn hat ihm den Rest gegeben. Wie dessen Söldner mit dem franzischen Inquisitor in eure Burg eingefallen sind und vor seinen Augen den unglücklichen Boten getötet haben, hat ihm das Herz gebrochen«, flüsterte sie ungewohnt verständnisvoll. »Ich hasse Balduin von Trier. Er ist kein Kirchenmann, er ist ein Teufel, der mit Teufeln paktiert.«

»Und doch ist es meine Schuld«, widersprach Gero ihr kaum hörbar. »Ohne mich wäre diese unselige Geschichte gar nicht ins Rollen gekommen.«

»Zur Hölle!«, zischte sie unfein, und ihre verbitterte Miene verdüsterte sich zu einer kompromisslosen Anklage. »Dann hättest du am Ende deiner Mutter das Herz gebrochen. Du hattest keine andere Wahl, egal, wofür du dich entschieden hättest.«

»Das sagt sich so leicht«, murmelte Gero und dachte daran, dass er tausend Optionen gehabt hatte, die Dinge zum Besseren zu wenden, von denen weder seine Tante noch seine Mutter etwas ahnten.

»Warum bist du nicht zu mir gekommen?«, fragte die Gräfin und verzog ihr feingeschnittenes Gesicht zu einer schmerzlichen Grimasse. »Das wäre doch der einfachste Weg gewesen, als Eberhard dir gesagt hatte, dass du von diesem grässlichen Inquisitor verfolgt wirst.«

»Ich wollte nicht noch mehr Leute in die Sache hineinziehen«, erklärte er ihr. »Und außerdem sind wir dem Inquisitor bis über das Meer nach Schottland gefolgt und haben ihm und einem Teil seiner Bande den Garaus gemacht.«

»Was? So weit?«, fragte sie zweifelnd. »Das bedeutet aber auch, ihr habt nicht alle erwischt?«

»Ich bin ein Templer, Tante«, murmelte er mit gesenktem Blick. »Kein hinterhältiger Mörder. Ich töte nur im offenen Kampf. Wer entkommt, den lasse ich laufen.«

»Na, wenn das mal kein Fehler war«, meinte sie zu seiner Überraschung und schaute ihn mit ihren blaugrünen Augen durchdringend an wie eine Katze auf Mäusejagd. »Wenn du mich fragst, hättet ihr das besser nur unter Männern ausgemacht und wärt stattdessen ein wenig gründlicher vorgegangen.« Ihr nächster Blick galt Hannah, die, ohne ein Wort zu sagen, an ihrer warmen Milch nippte. »Hast du denn gar nicht an deine Frau und das Kind gedacht, das sie unter dem Herzen trägt? Wie kann man nur so unvernünftig sein und sie auf eine solche Odyssee mitnehmen?« Erst jetzt bemerkte sie Matthäus und das Mädchen, die nebendran saßen und hungrig ihren Haferbrei löffelten. Die Kleine hatte sich an den Jungen gekauert.

»Und was ist mit dem Jungen? Ihn hättest du zusammen mit deiner Frau zu uns bringen können, bevor du es mit diesen hinterhältigen Teufeln aufnahmst.«

»Ich hatte Sorge, dass sie in die Hände des Inquisitors fallen, und habe ihren Schutz lieber selbst übernommen. Außerdem ist ja alles gut gegangen, und nun sind wir hier«, rechtfertigte Gero sich. »Wir sind hierher zurückgekehrt und alle wohlauf, wie du siehst.«

»Wenn es tatsächlich so wäre, hättest du nicht einen halben Hofstaat dabei, oder sehe ich das falsch? In Wahrheit ist die ganze Geschichte noch nicht vorbei.«

»Nein«, gab er zähneknirschend zu. »Aber wir können nicht ewig davonlaufen, und ich dachte mir, im Schutz der Grafen von Lichtenberg können wir uns vielleicht so viel Respekt verschaffen, dass man uns endlich in Ruhe lässt.« Seine Tante schaffte es, dass er sich in einem Atemzug wieder genauso fühlte wie mit knapp zwanzig, als er um seinen ersten Einsatz in Rolands Söldnertruppe hatte betteln müssen.

»Und die Kleine, die wie eine Maus am Brot an der Schulter deines Knappen klebt? Ist das nicht die Tochter von Juttas Hausmagd?«

»Ja, das ist sie«, antwortete Gero sichtlich genervt.

»Jutta sagte mir, dass ihre Mutter ...«

»Können wir nicht später darüber reden? Unter vier Augen?«, unterbrach er die Gräfin, was selten geschah. »Dann erzähle ich Euch genauer, warum ich diese Entscheidung getroffen habe, mich dem Inquisitor zu stellen, und wie die Geschichte ausgegangen ist.« Dass er dabei das meiste weglassen würde, war Gero klar. Aber dennoch musste er den Wissensdurst der Gräfin befriedigen, und zwar so umfangreich, dass keine Fragen offenblieben.

Die Gräfin hatte wohl verstanden, dass er in Gesas Gegenwart nicht über den Tod ihrer Mutter sprechen wollte. Dennoch schien sie mit dem Ergebnis seiner Ausführungen nicht zufrieden.

»Ich muss wissen, ob ich zusammen mit meinen Freunden Euren Schutz erbitten darf?« Er schaute sie fragend an und senkte demütig sein Haupt.

»Gewiss, mein Junge«, erwiderte sie und richtete sich auf. Selbst im Sitzen war sie um einiges kleiner als er und schaute mit sichtlicher Zuneigung zu ihm auf. »Aber alles hat seinen Preis.«

»Wir haben genug Gold und Silber dabei, um unseren Teil zu unserer Versorgung beisteuern zu können. Außerdem verfügen meine Gefährten über ausreichend Kampferfahrung, um eure Söldner unterstützen zu können«, beeilte er sich zu sagen. »Es reicht völlig, wenn wir uns hinter Euren trutzigen Wehrmauern verschanzen dürfen, falls es zu einem Angriff kommen sollte. Verteidigen können wir uns dann schon selbst.«

»Es geht nicht ums Geld«, sagte sie mit einem hintergründigen Lächeln.

»Nicht?«, fragte Gero verdutzt. »Um was geht es dann?«

»Um dich«, erklärte sie fest, stand auf und tippte ihm hart auf die Brust. »Diesmal gehörst du mir und verschwindest nicht einfach von heute auf morgen im Nirgendwo. Spätestens am Neujahrstag will ich, dass du per Urkunde die Grafenwürde erhältst.«

Ihr Blick war unnachgiebig, und während Gero sich anstandshalber ebenfalls erhob, weil sie auch aufgestanden war, war es plötzlich so still im Saal, dass man eine Stecknadel hätte fallen hören können. Sie erhob ihr Glas, in dem der hauseigene Rotwein funkelte, und wandte sich mit triumphierender Miene an ihre Gäste und ihre Bediensteten, von denen um diese Zeit nur einige wenige in der Halle anwesend waren.

»Ich erhebe mein Glas auf den zukünftigen Grafen Gerard Gero von Lichtenberg zu Waldenstein!« Sie prostete ihm zu, woraufhin er höflich seinen Krug hob und ihr pflichtschuldigst in die Augen schaute.

»Wirst du diesmal dein Erbe antreten?«

»Aber ja, Tante, von Herzen«, beeilte er sich zu sagen und stellte seinen Krug zur Seite. Dann senkte er den Kopf, um ihre Hand und den Ring zu küssen, der ihr kraft ihres Titels von den Herren von Lichtenberg verliehen worden war.

Johan klatschte als Erster Beifall, und die anderen stimmten mit ein. Roland, der mit einem Krug Bier neben dem lodernden Kamin stand, prostete Gero lächelnd zu.

Nur Tom hatte sich als Einziger nicht gerührt, aber in der Menge war das wahrscheinlich nur Gero aufgefallen. Und Hannah, die zwar lächelte, der aber gleichzeitig tausend Fragen ins Gesicht geschrieben standen, was sich mit seiner neuen Aufgabe wohl alles ändern würde. Vor allem für sie selbst und für ihr gemeinsames Kind.

»Ich will, dass du nicht nur die Geschäfte, sondern auch die volle Verantwortung für unsere Verteidigung übernimmst«, betonte die Gräfin zu allem Übel und schürte damit Hannahs Befürchtungen nur noch mehr. »Roland und unsere Truppen können ein bisschen Unterstützung dringend gebrauchen.«

Sie machte eine beschwichtigende Geste, dass sich alle setzen und weiter essen und trinken sollten. Dann legte sie eine Hand auf Geros Unterarm und bedeutete ihm, er solle sich setzen, während auch sie selbst wieder neben ihm Platz nahm.

»Gibt es ein konkretes Problem?« Gero runzelte die Stirn. »Ich meine, unabhängig von unserer Anwesenheit.«

»Ich fürchte, ja«, gab sie mit einem Seufzer zurück. »Wobei es diesmal nicht dein Vater ist, der uns Schwierigkeiten bereiten könnte, sondern dein Bruder. Wie du ja weißt, hat er deine Mutter ohne Gnade aus dem Haus getrieben. Dass dein Vater aus diesem Grund nicht in den Katakomben eurer Stammburg beigesetzt werden konnte, ist eine nicht wieder gut zu machende Sünde. Er würde sich im Grabe umdrehen, wenn er wüsste, zu was Eberhard fähig ist. Dein Bruder war so aufsässig, dass er sogar auf sie losgegangen ist. Ihr blieb nichts anderes übrig als zu gehen. Und Eberhard hat nichts getan, um sie aufzuhalten. Wie erwartet hat er es vorgezogen, Richards Beerdigung fernzubleiben, obwohl dein Vater so viel für ihn getan hat.«

Gero spürte, wie ihm der Zorn in die Glieder stieg. »Hat er Mutter geschlagen?«, fragte er gefährlich leise.

»Nein.« Die Gräfin schüttelte den Kopf. »Das hat er nicht gewagt. Aber er hat dir an all den schrecklichen Vorkommnissen auf der Burg die Schuld gegeben und paktiert nun mit Balduin von Trier. Das war auch der Hauptgrund, warum deine Mutter bei uns Zuflucht gesucht hat. Sie konnte es nicht ertragen, dass Eberhard sich gegen dich stellt und sogar bereit ist, dich an Balduin zu verraten, sobald er deiner habhaft wird.«

»Das hat er gesagt?« Gero spürte, wie ein unbändiger Zorn in ihm aufstieg.

»Es ist zu befürchten, dass er gegen dich intrigiert, sobald er erfährt, wo du dich aufhältst. Also mach dich darauf gefasst, im Zweifel gegen deinen eigenen Bruder kämpfen zu müssen. Er hat dich schon immer beneidet, obwohl er selbst nach franzischem Erbrecht alles bekommen hat und du nichts. Aber er war schon als Kind listig genug, um immer seinen Vorteil zu erhalten. Deshalb mochte ich dich und deine bescheidene Art umso lieber.«

Gero spürte, wie die Anspannung in ihm stieg.

»Meinen Bruder als Widersacher zu haben ist ja nichts Neues«, erklärte er mit einem Seufzer und wechselte einen kurzen Blick mit Hannah, die ihn fragend anschaute. »Aber dass ich schon wieder Unschuldige in diese Auseinandersetzungen hineinziehe, ist ein Unglück.«

»Wir werden zu dir stehen, ganz gleich, wer dir ans Leder will«, versicherte ihm Johan, der wie die anderen die ganze Zeit über schweigend zugehört hatte. Er schaute auffordernd in die Runde und erntete allgemeine Zustimmung.

»Deine Feinde sind auch unsere Feinde«, bestätigte Struan ihm.

»Sind das alles Brüder des Tempels?« Die Gräfin betrachtete interessiert die muskulösen bärtigen Männer. Sie konnte ihnen mühelos ansehen, dass sie kampferfahren waren und mit den Schwertern, die sie am Gürtel trugen, auch umzugehen wussten. Ihr Blick blieb an Tom hängen. »Der gehört aber nicht dazu«, meinte sie beinahe spöttisch. »Ist er ein Schreiber?«

»Er ist ein Gelehrter, der sich mit den Mysterien des Alls beschäftigt«, antwortete Gero mit einem schrägen Lächeln. Er hielt es für besser, wenn er möglichst bei der Wahrheit blieb. Außerdem beabsichtigte er, für Tom und Rona um eine abgelegene Kammer zu bitten, damit sie unbeobachtet den Server zum Einsatz bringen konnten.

»Ein Gelehrter?« Margaretha sah ihn verunsichert an. »An welchen Universitäten hat er denn studiert?«

»An verschiedenen.« Gero blieb mit Absicht vage. »Er ist ein alter Freund von Hannah. Er ist unterwegs zu uns gestoßen und versteht sich vor allem auf Alchemie, Astronomie und Mathematik. Außerdem ist er in der Lage, bengalisches Feuer herzustellen.«

»Oh«, machte die Gräfin und warf Tom einen interessierten Blick zu. »Solche Fähigkeiten kann man immer gebrauchen. Vor allem, wenn man eine Verteidigungslinie gegen die Dummheit seiner eigenen Verwandtschaft aufbauen muss.«

»Er hat noch mehr Ideen auf Lager«, bestätigte Gero Toms Nützlichkeit und hoffte, dass er recht haben würde. Im Moment machte er eher einen gelangweilten Eindruck, weil sein Mittelhochdeutsch nicht ausreichend war, um ihrer Unterhaltung problemlos folgen zu können …

»Und wer ist die Frau, die er bei sich hat?«, fragte die Gräfin ungeniert weiter und betrachtete Rona. »Sie sieht ziemlich fremd aus, als ob sie geradewegs aus dem Land der Mongolen käme.«

»Das ist Rona. Ihre Vorfahren stammen aus Catay, dort, wo man Seidenraupen züchtet und seltsame Früchte und

Gewürze erntet. Sie verfügt über ähnliche Fähigkeiten wie der Magier, dem sie gelegentlich zur Hand geht. Im Gegensatz zu ihm beherrscht sie neben der unseren mehrere Sprachen.«

»Eine Frau?« Die Gräfin schaute Rona, die im Gegensatz zu Tom ihrer Unterhaltung gefolgt war, ungläubig an. »Das ist wahrlich bemerkenswert.«

»Na ja, liebste Tante«, entgegnete Gero mit einem milden Lächeln, »Ihr steht ja, was Klugheit und Eure Weitsicht betrifft, auch über den meisten Männern. Warum solltet Ihr ein Einzelfall sein?«

Die Gräfin lächelte sichtlich geschmeichelt. »Sind die beiden ein ...«, sie zögerte einen Moment und hob eine ihrer feingeschnittenen Brauen, »Paar?«

»Äh ... nein«, erwiderte Gero und sah beiläufig, wie Hannah die Augen rollte und ihre Mundwinkel zuckten. »Rona ist mit Arnaud verheiratet«, fügte er so gelassen wie möglich hinzu und deutete auf seinen braungelockten Kameraden, der ehrerbietig sein Haupt senkte, als ihn der Blick der Gräfin traf. »Er ist ein Templerbruder aus dem Languedoc und entstammt dem uralten Adelsgeschlecht derer von Mirepaux. Seine Großmutter kommt aus dem Morgenland.«

Die Gräfin hörte aufmerksam zu und schien es plötzlich zu genießen, dass Gero ihr jeden seiner Freunde und auch deren Frauen persönlich vorstellte.

»Ihr seid mir alle herzlich willkommen«, verkündete sie freimütig in die Runde der Neuankömmlinge hinein. »Fühlt euch hier wie zu Hause. Ich werde sogleich dafür sorgen, dass meine Diener euch passende Kammern zuweisen. Das Frühessen wird bei Sonnenaufgang hier in der Halle serviert. Ebenso wie das Mittagsmahl, wenn die Sonne am höchsten steht. Und nach der Vespermesse bei Einbruch der Dämmerung gibt es ein Abendmahl. Zudem läutet der Küchenjunge gewöhnlich die große Glocke im Hof, damit niemand eine Mahlzeit verpasst. Die Kapelle ist jedem frei zugänglich, und dreimal am Tag wird eine Andacht gehalten. Alle unterbrechen ihre Arbeiten und finden sich zum Essen hier in der Halle ein. Bruder Hilarius ist unser Hauskaplan und nimmt uns jeden Samstag die Beichte ab. Wenn ihr weitere Fragen habt, haltet euch an Gero. Er kennt sich hier bestens aus.« Sie zwinkerte ihm zu, und er antwortete mit einem zufriedenen Lächeln.

Während die anderen aufstanden, um sich von Roland und einem Hausdiener ihre Zimmer zeigen zu lassen, hielt die Gräfin Gero und Hannah zurück.

»Ich bin sicher, Gero, du möchtest zuerst deine Mutter sehen, bevor du mit Hannah eine Kammer beziehst.«

»Ja«, bestätigte er ihr knapp und kniff die Lippen zusammen, um sich nicht anmerken zu lassen, wie sehr ihn das Schicksal seiner Mutter beschäftigte.

Geros Hand umschloss Hannahs so fest, als ob er bei ihr Halt suchen wollte, während sie der Gräfin gemeinsam über die breite Wendeltreppe aus hellem Granit folgten, die in den zweiten Stock führte, wo Jutta von Breydenbach direkt neben dem Schlafgemach ihrer Schwester logierte. Hannah fiel auf, dass das kleine weiße Hündchen ihnen hechelnd folgte, obwohl es Mühe mit den hohen Stufen hatte.

»Warte einen Moment«, sagte sie und löste sich aus Geros Griff. Mit einem Lächeln bückte sie sich zu dem Hund hinab.

»Der ist ja süß. So einen hätte ich auch immer gerne gehabt. Na, da bist du ja schon wieder«, redete sie zärtlich auf das kleine hechelnde Kerlchen ein. Er schmiegte sein lockiges Köpfchen zutraulich in ihre Hände und hatte offenbar nichts dagegen, von ihr auf den Arm genommen zu werden. Sie hob ihn hoch.

»Deine Beinchen sind ja auch viel zu kurz, um so eine steile Treppe hinaufzulaufen.«

»Lass den Hund, wo er ist«, empfahl Gero ihr beinahe barsch. »Der ist zu schwer für dich.«

Hannah schaute ihn verwundert an, während er sich anschickte, vorbei an kostbaren orientalischen Wandteppichen und Familienwappen weiter in den zweiten Stock zu gehen.

»Wo liegt meine Mutter?«, fragte er ungeduldig und schaute missbilligend auf Hannah herab.

Es schien ihm nicht zu gefallen, dass sie noch immer mit dem Hund spielte, der ihnen bereitwillig nachlief.

Nicht nur Hannah wunderte sich über Geros rüdes Verhalten, auch die Gräfin schien erstaunt zu sein.

»Das ist nicht Harko, falls du das meinst«, stellte die Burgherrin mit Blick auf den Hund klar, der immer noch schwanzwedelnd an Hannah hochsprang, als ob er sie schon ewig kennen würde, in dem sichtlichen Verlangen, weiter von ihr gekrault zu werden.

»Harko ist vor drei Jahren gestorben. Er ist ein Nachfahre aus der Zucht einer Freundin. Sein Name ist Parzival.«

»Wie passend«, raunte Gero und rollte mit den Augen.

Nachdem die Gräfin vorangegangen war, um die Tür zur Kemenate seiner Mutter zu öffnen, hielt Hannah ihn am Arm zurück und schaute ihn fragend an. »Kannst du mir mal verraten, was los ist? So kenn ich dich ja gar nicht.«

Gero atmete tief durch, bevor er zu seiner Antwort ansetzte. »Wahrscheinlich bin ich nur nervös, weil ich gleich meiner Mutter gegenüberstehe und nicht weiß, wie ich sie trösten soll. Deshalb habe ich grade keinen Sinn für kleine niedliche Hunde.«

Hannah schüttelte unmerklich den Kopf. Dann nahm sie Hund trotz Geros Einwand auf den Arm und drückte ihn an sich, bevor sie der Gräfin in das Zimmer seiner Mutter folgten.

»Vielleicht muntert der kleine Kerl deine Mutter ein bisschen auf«, wisperte sie.

»Glaub ich nicht«, murmelte er und nahm ihr den Hund ab, um ihn unsanft vor der Tür abzusetzen. »Ich möchte ihn lieber draußen lassen.«

Hannah schüttelte verständnislos den Kopf, beschloss aber, sich nicht mit ihm zu streiten, denn sie konnte seine Anspannung beinahe körperlich spüren. Nachdem sie die Kemenate betreten hatten, sah Hannah sich unauffällig um. Die gesamte Kammer war von Kerzen erhellt und duftete nach Bienenwachs, Rosenwasser und getrocknetem Lavendel, was in Hannah sofort Erinnerungen weckte. Auf der Breidenburg hatte es immer nach Rosenwasser geduftet, weil es das Lieblingsparfüm der Hausherren gewesen war. Im Kamin brannte ein helles Feuer, und zwei Mägde waren damit beschäftigt, sich um die Schwester der Gräfin zu kümmern.

Jutta von Breydenbach lag klein und schmal in einem monströsen Baldachinbett aus rötlichem Kirschholz, dessen vier Pfosten kunstvoll mit geschnitzten Rosen verziert waren. Die bunten Wandmalereien – üppige Blütengirlanden mit schlüpfrig anmutenden Stängeln und Knospen – standen in krassem Kontrast zu einem züchtigen Hausaltar, der die Mutter Gottes mit dem Kinde zeigte und mit Herbstblumen in Glasvasen geschmückt war. Es roch stark nach Weihrauch und direkt neben dem Bett hing ein Weihwasserkessel an der Wand, in dem Kräuter schwammen. Seit ihrem letzten Besuch in dieser Zeit wusste Hannah, dass dieses Wasser nicht nur dazu gedacht war, sich zu segnen, sondern in erster Linie, um die Hände zu reinigen. Und so tat sie es Gero und der Gräfin gleich, tauchte ihre Hände in das Wasser und trocknete sie mit einem bereitliegenden Leinentuch, bevor sie ans Bett trat.

Die Gräfin hatte die Mägde mit einem Kopfnicken hinausgeschickt, damit sie sich in Ruhe unterhalten konnten.

Jutta von Breydenbach schlief, und Hannah verspürte einen Stich im Herzen, als sie Geros Mutter so eingefallen und blass in den schneeweißen Kissen liegen sah. Ihr dunkelblondes Haar hatte sie wie üblich unter einem blütenweißen Gebände verborgen, das ihr Gesicht umrahmte wie ein Heiligenschein und sie noch bleicher erscheinen ließ als ohnehin schon.

Die Gräfin drückte sanft ihren Arm, und als sie die Augen öffnete, trat sie einen Schritt zurück, damit sie Gero, der sich ein wenig über sie gebeugt hatte und ihre Hand hielt, sehen konnte.

Hannah konnte die Veränderung in Juttas blauen Augen sofort erkennen. Es war, als ob man stumpfgewordene Edelsteine zum Leuchten brachte.

»Gero«, wisperte sie und blinzelte ihn ungläubig an. »Bist du es wirklich?«

»Ja, Mutter, ich bin es«, sagte er leise und beugte sich zu ihr hinunter. Sie hob ihre Hand und streckte sie ihm entgegen. Ihre mageren Finger wühlten sich in sein dichtes Haar, das er ein wenig länger trug als noch zu Templerzeiten. Auch den hellblonden Bart hatte er sich, wie seine anderen Brüder, wieder einen Fingerbreit wachsen lassen, wie es im Orden üblich gewesen war. Beim letzten Besuch in dieser Zeit, der tatsächlich erst knapp acht Wochen zurücklag, war er noch glatt rasiert gewesen, damit er nicht als Templer erkannt wurde. Während Gero seiner Mutter einen innigen Kuss auf die Wange drückte, traten Hannah Tränen in die Augen. Was hatte diese Familie schon alles mitmachen müssen. Und das nur, weil sie ungewollt zwischen die geheimen Fronten der Templer geraten war. Gut, dass Jutta von alldem allenfalls etwas ahnte.

Ihr nächster Blick galt Hannah. »Oh, mein Kind«, wisperte sie, »du bist auch hier.« Nun brach sie in Tränen aus. Gero löste sich von seiner Mutter und nahm Hannah bei der Hand, damit sie sich an Juttas Bett setzte. In ihren leuchtenden Augen war das pure Glück zu erkennen, während sie Hannahs unverkennbare Wölbung musterte, die sich unter ihrem hellblauen Gewand abzeichnete.

»Ach, ich habe euch so vermisst«, flüsterte Jutta unter Tränen und berührte ganz zart Hannahs Rundung. »Ich hoffe, das Kleine ist wohlauf.«

»Dem Nachwuchs geht es prächtig. Und es freut sich schon, seine Großmutter zu sehen. Wir haben dich auch vermisst«, antwortet Hannah. Jutta hatte ihr jene Geborgenheit vermittelt, zu der ihre eigene Mutter nicht fähig gewesen war. Sie hatte ihren Vater kurz vor Hannahs fünfzehnten Geburtstag verlassen und war mit einem italienischen Pizzabäcker nach Australien durchgebrannt. Hannahs Vater hatte sie der Obhut seiner Mutter überlassen und sich auf seinen Job als Radartechniker bei der Bundeswehr konzentriert. Noch vor ihrem achtzehnten Geburtstag war er an Leukämie verstorben, und sie hatte eine Weile bei ihrer Großmutter gelebt, bis auch sie verstarb. Hannah hatte ihr Haus und etwas

Geld geerbt, war aber ansonsten ganz auf sich allein gestellt gewesen.

Geros Familie war mit ihrer Vorstellung von Ehre und klaren Ansprüchen an die Mitglieder dagegen das volle Kontrastprogramm und ein Ersatz für das, was sie nie gehabt hatte. Eine Familie, die sich um einen kümmerte, der es wichtig war, was aus einem wurde und welchen Weg man ging. Was mitunter auch anstrengend sein konnte, wenn das eigene Leben von anderen Familienmitgliedern und gesellschaftlichen Zwängen in eine Richtung diktiert wurde, die für einen selbst nicht infrage kam. Aber im Grunde war man nie allein. Immerzu kümmerte sich jemand. Jutta von Breydenbach hatte Hannah bei ihrem letzten Besuch aufgenommen wie eine Glucke, die ein verwaistes Küken unter ihre Fittiche nimmt. Sie hatten beide davon profitiert. Jutta hatte ihren geliebten Sohn endlich glücklich sehen dürfen, und Hannah hatte eine Mutter gehabt, die sie sich – wenn manchmal auch ein bisschen übertrieben – um sie kümmerte.

»Ich habe jeden Tag zur Heiligen Jungfrau gebetet, dass wir uns wiedersehen«, flüsterte sie andächtig. »Aber ich habe nicht geglaubt, dass meine Gebete erhört werden.« In stummer Begeisterung legte sie ihre Hand auf Hannahs Rundung. Als ob das Kind die Verbindung spürte, begann es genau in diesem Moment heftig zu treten. Jutta schossen abermals die Tränen in die Augen, und auch Hannah konnte ihre Rührung nicht länger zurückhalten. Schließlich lagen sie einander in den Armen und schluchzten gemeinsam die Anspannung und die Sorgen der vergangenen Wochen aus sich heraus.

Gero saß mit versteinerter Miene neben den beiden Frauen und kniff die Lippen zusammen, während die Gräfin neben ihm stand und eine Hand auf seine Schulter legte. Anscheinend kämpfte auch sie mit den Tränen, aber wie Gero würde sie sich die Blöße nicht geben, sie vor seiner Mutter zuzulassen.

Während Gero nach ihrem kurzen Austausch noch eine Weile bei seiner Mutter blieb, damit sie ihm berichten konnte, was in den vergangenen Wochen auf der Breidenburg geschehen war, ging Hannah mit der Gräfin hinaus, um die beiden allein zu lassen.

Draußen wartete Parzival mit wedelndem Schwänzchen auf sie. Hannah bückte sich zu ihm hinab. Während sich der kleine Kerl auf dem bunten Orientteppich rollte und ihre Zuwendungen genoss, schaute Hannah zur Gräfin auf, die das Ganze nachdenklich betrachtete.

Hannah erkannte die Gunst der Stunde und stellte die Frage, die sie die ganze Zeit umgetrieben hatte. »Warum hat Gero so abweisend auf den Hund reagiert?«

Die Gräfin schreckte regelrecht auf und schaute sie mit aufgerissenen Augen an.

»Der Vater des Hündchens, Harko …«, erklärte sie leise, »war dabei, als Elisabeth unter einer missglückten Geburt in Geros Armen gestorben ist. Er hatte ihn Elisabeth ein Jahr vor ihrem Tod zu Weihnachten geschenkt. Der Hund und sie waren ein Herz und eine Seele.« Es klang wie eine Entschuldigung.

Hannah wurde mit einem Schlag klar, was der Hund in Gero ausgelöst haben musste. Er hatte ihr zwar vom tragischen Tod seiner Frau erzählt, aber nie diesen Hund erwähnt.

»Ich habe nie damit gerechnet, dass er eines Tages noch einmal mit einer schwangeren Frau hierherkommt und der

Hund zum Problem werden könnte. Deshalb habe ich mir nichts dabei gedacht, ihn zu behalten.« Sie schwieg abrupt und starrte Hannah ein wenig hilflos an.

»Und jetzt hat Gero Sorge, uns könnte es noch einmal so ergehen wie damals«, vollendete Hannah den begonnenen Gedanken.

Die Gräfin nickte bedrückt. »Ich fürchte, ja. Ich habe ihn selten so aufgewühlt erlebt.«

Hannah rollte mit den Augen. »Und ich dachte immer, er wäre nicht abergläubisch.«

Die Gräfin zuckte ratlos mit den Schultern.

»Ich kann ihn schon verstehen«, sagte Hannah und nahm den Hund auf den Arm. Während sie seinen Kopf kraulte, lächelte sie zuversichtlich. »Aber diesmal wird alles gut gehen«, sagte sie entschlossen. »Das Kind und ich werden nicht sterben. Nicht wahr, Parzival? Wir schaffen das. Schließlich bewachen wir beide ab heute gemeinsam den Heiligen Gral.«

Die Gräfin lächelte gerührt. Natürlich konnte sie die Doppeldeutigkeit dieser Bemerkung nicht erfassen. Hannah stellte sich die Frage, wie sie wohl reagieren würde, wenn sie – wie auch immer – jemals die ganze Wahrheit über ihre neuen Gäste erfuhr.

KAPITEL 17

NOVEMBER 2015 – USA / MARYLAND,
»CRYPTO CITY«, HAUPTQUARTIER DER NSA,
FORT GEORGE G. MEADE

Legenden

Mabel konnte ihr Glück kaum fassen, als sie den CAPUT 58 in einem eigens für sie neu eingerichteten Labor vor sich stehen hatte. Die kleine Kiste war alles, wovon sie ihr ganzes Leben geträumt hatte, auch wenn sie im Moment nicht funktionierte. Jack stand hinter ihr und beobachtete sie mit Argussaugen, als sie den sogenannten Energiekristall entfernte und ihn unter ein fünfhunderttausend Dollar teures Elektronenmikroskop legte.

Sie runzelte die Stirn, sagte aber nichts und unterzog den Stein einer genaueren Betrachtung. Anschließend unterzog sie ihn einer Massenspektrometrie, um herauszufinden, aus welchem Material er bestand.

Jack verspürte eine gewisse Unzufriedenheit, weil sie ihn nicht einweihte und ihn wie einen dummen Jungen dastehen ließ, obwohl er hier der Boss war.

Nachdem sie eine umfangreiche Auswertung vorgenommen hatte, druckte sie die Ergebnisse wortlos aus, während Jack sich lediglich mit dem Anblick ihres Hinterns beschäftigte, nachdem sie den Laborkittel ausgezogen hatte und nur noch ihre verboten engen Jeans und ein knappes, viel zu tief ausgeschnittenes T-Shirt trug.

»Was ist?«, fragte er nervös, wohl wissend, dass er damit offenbarte, null Ahnung von ihren wissenschaftlichen Untersuchungen zu haben.

»Glaubst du, du könntest das Ding wieder hinbekommen?«, fragte er und kam sich mit einem Mal reichlich unwissend vor. Aber er war schließlich ein Soldat und kein Forscher. Und auch, wenn er seinen Job mehr als nur liebte, weil er ein leidenschaftlicher Schnüffler war, konnte er seine Qualitäten wohl nicht mit denen von Mabel vergleichen, die mit Sicherheit einen höheren IQ hatte als er selbst. Obwohl er Tom Stevendahl mehr als einmal über die Schulter geschaut hatte, wusste er immer noch nicht, wie der Server tatsächlich funktionierte. Der Däne hatte mit Begriffen wie Strings, morphologische Gravitationsfelder, energetische Netzstrukturen auf molekularer Ebene, quantenoptische Schwingungsmuster und Gammafrequenzen im universellen Raum um sich geworfen. Begriffe, die in Jacks Studium an der Militärakademie nicht die geringste Rolle gespielt hatten.

Mabel Mason hatte damit augenscheinlich keine Probleme. Sie hatte sich tapfer durch die elektronischen Aufzeichnungen gekämpft, die von Stevendahls Experimenten übrig geblieben waren, und war danach ohne Scheu an die Untersuchung des CAPUT 58 gegangen.

»Jack«, begann sie vorsichtig und schaute ihn ernst an, »ich muss dir etwas sagen, was dich nicht freuen wird.«

»Bin ganz Ohr«, antwortete er angespannt.

»Setz dich«, forderte sie ihn auf und deutete auf einen Konferenztisch, wo sie einige ihrer Untersuchungsergebnisse gestapelt hatte. Sie setzte sich ihm gegenüber und machte ein Gesicht, als ob jemand gestorben wäre.

»Da ich inzwischen sicher bin, dass du mir keine Märchengeschichte aufgetischt hast«, fuhr sie zögernd fort, »muss es jemand anderen geben, der euch verarscht hat.«

»Was?« Jack schaute sie irritiert an.

»Der Stein ist kein Quarz, schon gar kein Frequenzquarz. Es handelt sich um einen schlichten weißen Bergkristall, den irgendwer in tausend Stücke zertrümmert und dann ein passendes Bruchstück in den Energiewandler eingebaut hat. Ich hätte ja gerne ausprobiert, wie man den Server hochfährt, aber mit diesem Ding tut sich gar nichts. Kann auch gar nicht sein. Es schwingt nicht, wenn man den Laser darauf ausrichtet, weder quantenphysisch noch überhaupt. Sagtest du nicht, der Server steht normalerweise in einem gut einsehbaren Glaskasten und wird Tag und Nacht mit einem hochkomplexen Lasersystem gesichert?«

»Ja, das sagte ich«, entfuhr es Jack empört. »Und darüber hinaus wird das Areal, in dem er steht, Tag und Nacht mit Kameras aus verschiedenen Perspektiven überwacht, und der Einzige, der weiß, wie das Ding funktioniert, steht unter ständiger Beobachtung.«

»Colbach?«, fragte sie neugierig.

»Genau der«, antwortete Jack und stieß einen gereizten Seufzer aus. »Aber ich wüsste nicht, wie er das angestellt haben sollte.«

»Stimmt.« Mabel schaute ihn ratlos an. »Oder spielt er nebenbei Spiderman?«

»Wohl kaum«, gab Jack genervt zurück.

»Wo speichert ihr die Aufzeichnungen der Überwachungskameras?«

»In einem Zentralspeicher der NSA. Die Ergebnisse werden dort dauerhaft gesichert. Das Ding steht ebenfalls in einem Hochsicherheitstrakt. Da kommt niemand dran, der nicht befugt dazu wäre.«

»Na dann. Worauf wartest du noch? Lass uns die Aufzeichnungen ansehen.«

»Das sind mehrere Jahre an Material«, protestierte er.

»Dann schauen wir uns eben nur die Bewegungsaktivitäten an«, schlug sie vor. »Die einzelnen Sequenzen kann man mit einem speziellen Programm herausfiltern. Die dürften ja nicht so zahlreich sein.«

»Aber es gab keinen Alarm«, fügte er überflüssigerweise hinzu.

»Im Zweifel sehen wir eben nur Techniker, die Ersatzteile austauschen oder einen Server überprüfen«, ermunterte sie ihn.

»Also gut«, gab er sich geschlagen und begab sich mit ihr in den passenden Sektor, der im Keller des Gebäudes untergebracht war. Dafür mussten sie mehrere Sicherheitsschleusen passieren, bei denen Jack seine stahlblaue Pupille einem unbarmherzigen Iris-Erkennungsscanner präsentierte.

Erst danach öffnete sich ihnen ein hermetisch abgeriegeltes Reich. Wobei sie nur in die Räumlichkeiten der Systemadministratoren vordrangen und nicht dorthin, wo die eigentlichen Datenspeicher standen. Denn dort sorgten Absauganlagen für eine staubfreie Atmosphäre, und man hatte nur Zutritt, wenn man sich zuvor mit weißen Overalls und Hauben, die man über Haare und Schuhe zog, präparierte.

Der Leiter der Abteilung, Geoffrey Henderson, empfing sie mit einem dünnen Lächeln.

»Hey, Henderson«, begrüßte ihn Jack und streckte die Hand zur Begrüßung aus. Er hatte ihn sofort wiedererkannt, obwohl seine blonden Dreadlocks inzwischen einer Halbglatze gewichen waren. Vor über zehn Jahren war er für die Überwachung der Quantenrechner in Professor Dietmar Hagens Labor in Deutschland zuständig gewesen. Dort hatte er zusammen mit ein paar anderen Kollegen dessen Experimente in einer geheimen Bunkeranlage der amerikanischen Streitkräfte in der IT-Überwachung unterstützt. Im Zuge der Ermittlungen nach dem Unfall, der die gesamte Anlage zerstört und am Ende einen lebendigen Templer mitsamt seinem Knappen zu Tage gebracht hatte, war Jack dem damals noch jungen Computerfreak vorgestellt worden und hatte ihn mehrfach verhört.

Entsprechend linkisch erwiderte Henderson seinen Gruß, ahnte er doch, dass es nichts Gutes zu bedeuten hatte, wenn plötzlich der Ermittlungsdienst der NSA vor der Tür stand.

»Geht es etwa immer noch um C.A.P.U.T.?«, wollte er mit einem müden Lächeln wissen. »Ich dachte, das Projekt gilt als abgeschlossen, und der aufgefundene Server sei nur noch museumsreif?«, fragte er ein wenig provozierend.

»Wir sind hier, um zu überprüfen, ob Ihre Jungs anständige Arbeit leisten«, schoss Jack mit einem ironischen Grinsen zurück. »Ich erinnere mich, dass damals auch niemand etwas davon mitbekommen hat, dass plötzlich zwei Menschen transferiert wurden, obwohl die Überwachungstechnik einwandfrei funktioniert hat. Da haben Sie richtig Glück gehabt, Geoffrey, dass man Ihnen danach noch einen so verantwortungsvollen Posten anvertraut hat. Meinen Sie nicht?«

Hendersons Miene gefror augenblicklich zu Eis. Nichtsdestotrotz führte er sie artig zu einem seiner Administratoren. Ein pickliger Asiate kaum älter als zwanzig forschte in den digitalen Kameraaufzeichnungen unter Mabels Anweisung nach den gesuchten Sequenzen.

»Fahr mal zurück«, forderte Jack den jungen Mann auf, nachdem sie an besagter Stelle angelangt waren, wo der Server für einen Sekundenbruchteil in einem blaugrünen Lichtblitz verschwand, um fast zeitgleich wiederaufzutauchen. Mabel forderte den Angestellten auf, den ganzen Ablauf noch mal in extrem langsamer Einstellung zu zeigen, und siehe da, eine offenbar weibliche Person in einem hautengen schwarzen Overall tauchte für eine Sekunde auf, durchbrach lautlos das Sicherheitssystem und tauschte den Server aus. Dann verschwand sie mit dem alten Timeserver in einem blaugrün leuchtenden Nebel und war verschwunden.

»Fuck!«, entfuhr es Jack, und seine Handfläche knallte so laut auf den Schreibtisch, dass Henderson und sein Admin zusammenzuckten. Er hatte genug gesehen, um sich einen Reim auf das merkwürdige Schauspiel zu machen.

»Was war das?«, mischte sich Henderson, der lautlos hinzugetreten war, verunsichert ein.

»Nichts«, erwiderte Jack. »Im Namen der Regierung konfisziere ich die Aufzeichnung für unsere Ermittlungen. Schneiden Sie die Sequenz aus der Datei heraus und ziehen Sie sie auf eine Sicherungskartusche, die ich Ihnen gegen meine Unterschrift abnehmen werde. Dass Sie sich damit verpflichten, keine weiteren Kopien zu behalten, muss ich Ihnen nicht sagen. Außerdem konfisziere ich den Server.«

»Geht in Ordnung«, antwortete Henderson dumpf und gab seinem Administrator einen entsprechenden Befehl.

»Scheiße«, entfuhr es Jack, nachdem sie wenig später in Mabels Labor zurückgekehrt waren und die Sequenz mit dem verschwundenen und wieder aufgetauchten Timeserver auf ihrem eigenen Computer abspielten.

»Wer war diese Frau, und was hat das zu bedeuten?« Mabel warf ihm einen entgeisterten Blick zu. Man konnte ihr ansehen, dass ihr die ganze Geschichte nicht geheuer war.

»Ich schätze mal, das war Rona Superschlau. Eine der Frauen aus der Zukunft. Sieht aus wie ein Model, ist stark wie sieben Typen und versteht mehr von Quantenphysik und Zeitreisen als wir beide zusammen. Irgendwie muss es ihr gelungen sein, an die Standortdaten des Servers zu kommen. Dann hat sie sich wahrscheinlich aus der Zukunft dorthin transferiert und das Teil einfach ausgetauscht.« Er kniff die Lippen zusammen und sah Mabel mit großen Augen an. »Fragt sich nur, wie sie das gemacht hat und was sie mit dem Ding anfangen will. Schließlich muss sie ja irgendwie dort hineingekommen sein. Das bedeutet nicht nur, dass sie schon vorher im Besitz eines weiteren Servers war, sondern auch, dass sie sich nicht mehr an einen dreißig Meter großen Radius halten muss, um sich irgendwohin zu transferieren. Andernfalls hätte sie zuvor leibhaftig in unseren Sicherheitsbereich eindringen müssen.«

»Woher willst du wissen, ob dieser Sicherheitsbereich in der Zeit, in der sie gestartet ist, überhaupt noch existiert?«

Mabel hob eine Braue, und Jack fühlte sich mal wieder vorgeführt.

»Und was die Frage nach dem Warum betrifft: Vielleicht war der Server doch nicht so zerstört wie angenommen, und sie wollte einfach sicherstellen, dass ihr von hier aus niemand in die Vergangenheit folgen kann – oder du zu wem auch immer Kontakt aufnimmst? Ich habe dich doch richtig verstanden, dass man mit einem intakten Server Kontakt in andere Zeiten aufnehmen kann, wenn dort ebenfalls ein Server vorhanden ist?« Mabel schaute ihn aufmerksam an.

»Ja, so ist es, und was du sagst, klingt wie immer logisch«, gab Jack mit einem genervten Brummen zurück. »Das bedeutet, sie hat aus der Zukunft operiert, und sie arbeitet nicht allein. Nur von dort konnte sie jemand in die Vergangenheit transferieren, und nur von dort aus konnte dieser Jemand sie wieder zurückholen. Eine einzelne Person kann nicht mit einem Server oberhalb des eigenen Ereignishorizonts operieren, unterhalb schon. Wenn man in die Zukunft will, benötigt man jemanden, der dort ebenfalls mit einem Server sitzt und einen holt. Jedenfalls war es damals so.«

»Könnte diese Frau nicht auch für das Verschwinden jener Leute verantwortlich sein, nach denen du gesucht hast?«

»Natürlich könnte sie das«, murmelte Jack und fühlte sich plötzlich unwohl in seiner Haut. »Aber soweit ich mich erinnere, muss das Programm die genetischen Daten dieser Personen einlesen und überprüft damit zunächst, ob man in der anvisierten Zeit nicht schon vorhanden ist. In solchen Fällen wird die Freigabe für den Transfer angeblich verwehrt, weil man mit sich selbst kollidieren würde.«

»Das nenne ich einen ausgefeilten Mechanismus.« Mabel war sichtlich beeindruckt. »Wäre es nämlich nicht so, könnte ein Paradoxon entstehen. Der Enkel könnte seinen Großvater umbringen und wäre nie geboren worden, und wenn er nicht geboren wird, kann er nie in die Vergangenheit reisen und den Großvater umbringen. Also ist alles wieder beim Alten.«

»Und was ist, wenn nicht der Enkel zurückreist und den

Großvater umbringt, sondern die Großmutter dafür sorgt, dass er im Jenseits landet, indem sie ihm zum Beispiel Gift in den Kaffee kippt?«

»Wenn ich dich richtig verstanden habe, kann sie das nicht. Sie bekäme keine Freigabe für den Transfer, weil sie in dieser Epoche bereits selbst anwesend wäre. Es sei denn, sie wäre schon tot. Wobei ich nicht weiß, ob ein toter Körper das gleiche Energiemuster aufweist wie ein lebender.« Mabel schaute ihn nachdenklich an. »Wie war es denn bei dir, als du in der Vergangenheit unterwegs warst? Habt ihr irgendetwas verändern können?«

»Offensichtlich nicht.« Jack kniff die Lippen zusammen. »Ansonsten stünden wir beide jetzt nicht hier, und die Welt wäre eine bessere. Aber das ist es auch gar nicht, wonach wir hauptsächlich suchen. Wenn wir eine ausreichend große Menge des Gesteins finden, benötigen wir keinen Server mehr. Wir können allein kraft unserer Gedanken Einfluss auf die gegenwärtige Realität und damit auf die Zukunft nehmen. Und zwar genauso, wie wir es wollen ...«

Jack setzte sich rittlings auf einen Bürostuhl und schaute Mabel direkt in die Augen. »Nach meiner unerwarteten Rückkehr in meine Zeit und dem Erlebnis am Berg Horeb drängte sich Lafour und mir der Verdacht auf, dass die Steintafeln des Moses, die er laut Bibel von Gott bekommen hat, in Wahrheit aus dem Inneren des Berges stammten. Sie versetzten den guten Moses womöglich in die Lage, allein mit seiner Vorstellungkraft, die durch die Gammastrahlung des Gesteins entsprechend verstärkt wurde, auf dem Meer eine Art Tsunami zu erzeugen und darin die nachfolgenden Ägypter mit der nachher einsetzenden Flut zu ertränken.«

»Das klingt ziemlich abgefahren«, murmelte Mabel. »Findest du nicht?«

»Es klingt nicht nur so, es *ist* abgefahren. Ich habe das alles noch immer nicht richtig begriffen. Aber eins ist mir seitdem klar: Wer den Stein hat, hat die Macht.«

»Was ist aus den anderen Leuten geworden, dir mit dir in die Vergangenheit transferiert wurden und mit dir in der Höhle waren? Glaubst du, sie sind alle dort gelandet, wo sie sich hin gewünscht haben?«

»Ich weiß nur so viel, dass einige von ihnen nun unvermutet in Norwegen aufgetaucht sind. Aber jetzt sind sie wieder verschwunden, und ich halte es für gefährlich, sie sich selbst zu überlassen. Denn sie wissen mindestens so viel wie ich. Wenn sie wollten, könnten sie vermutlich ohne große Probleme die Weltherrschaft an sich reißen.«

»Und wenn es so wäre, warum haben sie es noch nicht getan?« Mabel, die ihm gegenüber an einem Laborschrank lehnte, sah ihn unverwandt an.

»Was weiß ich?«, knurrte Jack, dem ihre logische Fragestellung mitunter auf den Geist ging, weil er darauf meistens keine passenden Antworten hatte. »In jedem Fall hat Rona augenscheinlich kein Interesse daran, dass uns das wahre Geheimnis der Templer in die Hände fällt. Mit ihrer Aktion hat sie uns den Weg zurück in die Vergangenheit in jedem Fall gründlich verbaut.«

»Wir könnten den Server reaktivieren«, schlug Mabel vor. »Das Gehäuse und die Steckverbindungen sind offensichtlich intakt. Auch der holographische Bildschirm macht einen passablen Eindruck, keine Risse, keine Kratzer, und die Elektronik scheint auch in Ordnung zu sein. Anscheinend wollte diese Rona euch gegenüber den Eindruck erwecken, dass es sich um das echte Gerät handelt. Und damit keine Zweifel aufkommen, hat sie einen Prototypen gleicher Bauweise verwendet. Was für uns in jedem Fall ein Vorteil ist, wenn wir einen qualitativ gleichwertigen Nachbau erschaffen wollen.«

»Wie sollen wir das denn bewerkstelligen?« Jack schaute sie ahnungslos an. »Wir haben nichts, was das Ding zum Laufen bringen könnte. Keinen Frequenzquarz, und so wie es aussieht wurde das Programm in den Quanten-Kartuschen ebenfalls gelöscht.«

»Hast du nicht gesagt, dieser Paul Colbach in Luxemburg kannte sich mit dem Server bestens aus, weil er sich intensiv in das Programm eingearbeitet hat?«

Jack schnaubte verdrossen. »Colbach wird uns nie und nimmer helfen. Er stand noch nie auf unserer Seite.«

»Gibt es nichts, mit dem man ihn dazu überreden könnte, seine Meinung zu ändern?« Mabels Gesichtsausdruck hatte sich verändert. Plötzlich erkannte Jack darin den fast verbissenen Ehrgeiz, etwas ganz Großem auf der Spur zu sein.

»Doch«, murmelte er kryptisch. »Er ist mit Karen Baxter verheiratet. Sie war Biologin bei C. A. P. U. T. Sie haben eine achtjährige Tochter, die in Luxemburg, wo sie eine alte Villa bewohnen, auf eine Privatschule geht.«

»Denkst du, seine Frau könnte ihn überreden, bei uns mitzumachen?«, fragte Mabel aufgekratzt.

»Nein, das denke ich nicht«, erwiderte Jack mit einem sarkastischen Grinsen. »Wir haben sie schon einmal als Druckmittel benutzt, um Colbach zu einer wahrheitsgemäßen Aussage zu zwingen. Keine Ahnung, ob es ein weiteres Mal funktioniert.«

Mabel runzelte kritisch die Stirn. »Aber ihr habt nicht vor, der Frau und dem Kind etwas anzutun, oder?«

»Wo denkst du hin?«, log er aalglatt. »Aber wir könnten ihnen ein paar Unannehmlichkeiten bereiten, die Colbach dazu bringen würden, uns bei unseren Ermittlungen zu unterstützen.«

»Ich bin absolut sicher, dass Colbach über ein Backup des Server-Programms verfügt. So was lässt sich kein Programmierer seiner Klasse entgehen. Wer weiß, vielleicht hat er sogar heimlich weitere Forschungen betrieben. Ich würde so etwas tun, wenn ich die Gelegenheit dazu hätte.«

»Du könntest recht haben«, pflichtete Jack ihr nachdenklich bei. »In einem Verhör hat er damals bestätigt, dass Stevendahl heimlich einen weiteren Prototyp angefertigt hat und angeblich auf seiner Reise zurück ins Mittelalter mitgenommen hat.«

»Genau das meinte ich«, gab Mabel mit einem triumphierenden Lächeln zurück. »Ich an eurer Stelle würde Colbach einer erneuten Überprüfung unterziehen. Er weiß garantiert mehr, als er zugeben will.«

»Dann haben wir aber noch immer keinen gammastrahlenden Stein, der die ganze Geschichte wieder ins Rollen bringt«, stellte Jack mit säuerlicher Miene fest.

»Lass das nur meine Sorge sein.« Mabel zwinkerte ihm aufmunternd zu. »Ich werde meine Kontakte ins Darknet aktivieren. Da stößt du mitunter auf noch abgefahrenere Stories als die der Templer. Dort findet sich garantiert ein selbsternannter Experte, der mir den heiligen Gralsbecher auf einem goldenen Tablett serviert. Gegen eine entsprechende Summe versteht sich. Regel du die Geschichte mit Colbach, und ich kümmere mich um den Stein.«

KAPITEL 18

NOVEMBER 2015 – LUXEMBURG / KIRCHBERG

Vermächtnisse

Paul rechnete mit einer Festnahme, und er wusste, dass die NSA nicht zimperlich vorging, wenn sie extra eine Truppe von Navy Seals losschickte, um jemanden dingfest zu machen. Er war sich nicht sicher, ob er sich einfach hinsetzen und warten sollte oder ob eine Begegnung mit General Lafours Schweißhunden draußen auf der Straße vor Zeugen günstiger wäre. Vielleicht gingen sie dann pfleglicher mit ihm um. Wobei es schon gut war, dass er keine Waffe trug. So was konnte leicht zu Missverständnissen führen.

Während er seinen Blick auf die Regentropfen fixierte, die an der Fensterscheibe in der Küche herunterliefen, überlegte er fieberhaft, wie er von Neuem seine Unschuld beweisen sollte. Eine Unschuld, die keine war, das wusste niemand besser als er. Er fragte sich, ob diese neuerliche Aktion seiner früheren Arbeitgeber mit der Geschichte in Norwegen zusammenhing und man ihm auf die Schliche gekommen war. Tom hatte ihm am Morgen noch eine verschlüsselte Message geschickt, die er sogleich wieder gelöscht hatte. Demnach hatte Rona zusammen mit dem Rest der Truppe die Entscheidung getroffen, ins Jahr 1315 zu gehen. Genaugenommen Anfang Dezember. Aber Tom hatte nicht gesagt, wohin genau sie geflüchtet waren, obwohl Paul es sich denken konnte. Außerdem hatte Tom ihm verraten, dass Rona den CAPUT 58 Server gegen ein baugleiches Modell ohne Funktion ausgetauscht hatte. Den tatsächlichen Server hatte sie ins Jahr 2003 in den Katakomben von Heisterbach versteckt, damit er von Gero und Tom dort gefunden werden konnte, wenn sie im Herbst 2004 dort ankamen und nach ihm suchen würden.

Doch der Preis für diese Aktion war hoch. Sie hatten beide Server, die ihnen noch zur Verfügung standen, mitnehmen müssen. Das hieß, es gab kein Zurück. Und niemand wusste genau, was sie zu Beginn des vierzehnten Jahrhunderts erwartete.

Der einzige Mensch, der sie von dort evakuieren konnte, war Ronas geheimnisvoller Meister, der in einer noch viel weiter entfernten Zukunft saß und seine ganz eigenen Pläne verfolgte. Aber Rona misstraute diesem Mann. Sie hatte ihn nicht in alle Geschehnisse eingeweiht, die sie auf ihrer Odyssee durch die Zeit erlebt hatten. Somit würde niemand zur Verfügung stehen, der sie im Ernstfall zurückholen konnte.

Paul hielt die Spannung, die sein Herz rasen ließ, kaum noch aus. Er wäre auch gerne geflohen. Irgendwohin, wo ihn diese ganze Scheiße nicht länger verfolgen würde. Doch er hatte Frau und Kind, und denen fühlte er sich mehr verpflichtet als einem undurchsichtigen Zeitreiseprogramm, dessen Auswirkungen für niemanden absehbar waren. Bisher hatten die Experimente nicht dazu geführt, dass die Welt sich zum Guten veränderte. Eher das Gegenteil war der Fall. Das Klima ging vor die Hunde, die Weltbevölkerung explodierte, und die Menschen schlugen sich in religiöser Uneinigkeit noch immer die Köpfe ein. Mit normalem Menschenverstand waren diese Probleme wohl nicht mehr zu lösen. Und der Messias, der Wunder vollbrachte und alldem ein gnädiges Ende bereiten sollte, ließ leider immer noch auf sich warten.

Einen solchen hätte Paul nun auch gerne an seiner Seite gehabt, als er sah, wie im strömenden Regen drei schwarze Limousinen mit französischem Kennzeichen vor seiner Villa vorfuhren, deren Reifen im Kies knirschten, als sie direkt vor seinem Hauseingang zum Stehen kamen.

Er hatte bei der Auswahl seines Hauses bewusst auf hohe Mauern und eine Umzäunung verzichtet, um bei den Nachbarn keine Aufmerksamkeit zu erregen, doch nun hätte er sich gewünscht, in einer Festung zu leben mit einer ganzen Armee von tödlichen Bogenschützen, die seine ungebetenen Besucher auf Abstand hielten.

So ging er einfach in die Küche und stellte den Kaffeeautomaten an, als ob nichts wäre. Schließlich musste er seinen ungebetenen Besuchern eine Tasse Kaffee anbieten. Wobei er hoffte, dass sie ihm wenigstens die dargebotene Überraschung abkauften. Ob es danach zu Heißgetränken und Erfrischungen kam, würde man sehen.

Als es läutete, ging er in Hausschuhen an die Tür, weil er nicht den Eindruck erwecken wollte, jemanden zu erwarten.

Paul fiel es nicht schwer, überrascht zu wirken, als er Jack Tanner persönlich in die stahlblauen Augen blickte. Sie hatten sich schon seit Ewigkeiten nicht mehr gesehen, und der smarte NSA-Agent mit dem schwindenden Haar schaute von oben auf ihn herab, als ob es die selbstverständlichste Sache der Welt wäre, dass er mit drei weiteren Herren in schwarzen Mänteln bei ihm auftauchte.

»Jack«, sagte Paul nur und versuchte, ein entspanntes Gesicht zu machen. »Schön, dich zu sehen. Willst du reinkommen und einen Kaffee mit mir trinken?« Während Paul sich an einem aufmunternden Lächeln versuchte, verdunkelten sich Tanners Gesichtszüge.

»Wie du dir denken kannst«, stellte er unmissverständlich klar, »bin ich nicht den weiten Weg von Maryland zum Kaffeetrinken gekommen. Trotzdem möchte ich dich bitten, keine Schwierigkeiten zu machen und mich und meine Agents in dein Haus zu lassen.«

Dies war keine Bitte, das erkannte Paul sofort, als einer der breitschultrigen Männer mit einem bunten Gegenstand zwischen den Fingern zu jonglieren begann, in dem Paul das plüschige Mini-Einhorn seiner Tochter erkannte. Ohne das Tierchen ging Charlotte nirgendwohin.

Pauls freundlicher Gesichtsausdruck veränderte sich augenblicklich zu einer zornigen Grimasse.

»Was habt ihr mit meiner Tochter gemacht?«, zischte er gefährlich leise. Am liebsten hätte er Tanner die Waffe entrissen, die er garantiert unter seinem sportlich saloppen Jackett trug. Doch dann hätte Charlotte vermutlich auf der Stelle ihren Vater verloren, denn die anderen drei waren wahrscheinlich nicht weniger bewaffnet als Jack.

»Karen und der Kleinen geht es gut«, beeilte sich Jack zu sagen, der sich denken konnte, zu was Paul fähig sein würde, wenn man den beiden etwas angetan hätte.

»Sie sind bereits auf dem Weg zur Airbase. Von dort aus geht es nach Maryland, und du wirst sie begleiten.«

»Das ist Freiheitsberaubung«, murmelte Paul außer sich vor Wut. »Wer hat das angeordnet? Lafour?«

»Ich bin neuerdings der Boss«, teilte ihm Jack nicht ohne Genugtuung mit. »Wir haben ein neues Team aufgestellt und benötigen nun mal deine Hilfe. Da ich nicht davon ausgehen konnte, dass du uns freiwillig unterstützt, musste ich leider zu drastischeren Maßnahmen greifen.«

Paul versuchte vergeblich, sich zu beruhigen. Immerhin würde er Karen und Charlotte bald sehen, und wie es mit ihnen weiterging, hing davon ab, ob er kooperierte. Er konnte nur ahnen, was Jack mit dieser Entführung bezweckte.

»Und was sagst du?« Jack schaute ihn schräg von der Seite an, während seine Männer einfach in die Küche gegangen waren und sich an seinem Kaffeeautomaten bedienten.

»Was soll ich zu was sagen?«, fauchte Paul ungewollt verächtlich. »Was bleibt mir denn anderes übrig, als zuzustimmen? Obwohl ich null Ahnung habe, was du von mir willst.«

»Das wirst du schon früh genug erfahren«, knurrte Jack und nahm einem seiner Lakaien einen Becher mit heißem Kaffee aus der Hand.

Während Paul noch immer fassungslos auf das Einhorn starrte, nickte Jack seinen Männern zu. »Durchsucht das Haus«, sagte er kühl.

»Was fällt euch ein?«, protestierte Paul, der kurz davor war, zu explodieren, weil er einer solchen Vorgehensweise nicht das Geringste entgegenzusetzen hatte.

»Wir wollen uns nur ein bisschen umsehen«, entschuldigte Jack seinen Überfall.

Doch offenbar waren seine Leute nicht clever genug, den Kellerraum zu finden, von wo aus Paul die Überwachung der NSA organsierte.

»Nichts«, sagte einer der bulligen Kerle wenig später und schüttelte bedauernd den Kopf. »Da unten sind nur Bücherregale und ein Spielzimmer voller Barbiepuppen.«

Dass Jack mit dieser Information nicht zufrieden war, war ihm leicht anzusehen.

»Falls ihr meinen Laptop sucht«, kam Paul ihm mit einem harmlosen Lächeln entgegen, »der steht im Wohnzimmer.« Er versuchte, sich seinen Triumph nicht anmerken zu lassen, als einer von Jacks Begleitern tatsächlich seinem Rat folgte und den völlig unverdächtigen Laptop zum Vorschein brachte, auf dem er lediglich die Gute-Nacht-Geschichten für seine Tochter speicherte. Beinahe hätte er lachen müssen, als er sah, wie einer der Kerle den Laptop wie zur Beweissicherung in eine schwarze Tasche steckte.

»Darf ich mir noch ein paar Sachen packen?«, fragte er möglichst unschuldig.

»Nur zu«, ermunterte ihn Jack und grinste schräg. »Du hast ja sicher nichts dagegen, wenn wir uns noch ein wenig umsehen?«

»Nein.« In dem sicheren Gefühl, dass Jack und seine Meute nichts finden würden, rannte Paul in den ersten Stock, um sich wenigstens ein bisschen Waschzeug und frische Unterwäsche mitzunehmen.

Als er zurückkehrte, hatten Jacks Leute sämtliche Zimmer durchwühlt und alle Schränke geöffnet. Überall lagen Bücher und Papiere herum. Darunter alte Fotos von Charlotte und ganze Aktenordner mit Versicherungsabschlüssen, Unterlagen vom Hauskauf. Und Bankunterlagen, wobei er das meiste davon in einem Tresor seiner Hausbank verwahrte.

»Müsst ihr eigentlich so viel Unordnung machen?« Paul warf Jack einen verständnislosen Blick zu.

Der grinste schräg. »Falls jemand während deiner Abwesenheit ins Haus einbricht, sieht es wenigstens so aus, als ob die Einbrecher schon dagewesen wären«, antwortete er, ohne mit der Wimper zu zucken.

»Kann ich wenigstens unserer Haushaltshilfe auf Band sprechen, dass wir unerwartet verreist sind?« Paul wollte sich nicht vorstellen, was Madame Rouslain dachte, wenn sie am Montag kam und eine solches Chaos vorfand. »Sie hat einen Schlüssel«, fügte er zur Erklärung hinzu. »Am Ende denkt sie noch, uns ist etwas zugestoßen.«

»Von mir aus«, erwiderte Jack mit einem genervten Schulterzucken. »Sag ihr, sie braucht in nächster Zeit nicht mehr zu kommen.«

»Aber sie ist fest angestellt!«, protestierte Paul.

»Sag ihr, das Gehalt läuft weiter, sie soll sich keine Sorgen machen und den Schlüssel in den Briefkasten werfen und sich dabei nicht wundern, wenn fremde Männer im Haus sind, die deinen Keller renovieren.«

Paul hielt begriffsstutzig inne. »Keller renovieren?«

Erst als Jack den Koffer mit dem Gefahrengutzeichen von Stickstoff in die Höhe hielt, begriff er. Dieser Hund hatte sich auf welche Weise auch immer Zutritt zu seinem geheimen Labor verschafft und die Kopie der Quantenkartusche des Timeservers aufgespürt, die in Stickstoff gekühlt aufbewahrt wurde.

»Ich bin nicht so dumm, wie du offenbar denkst, Paul«, konstatierte Jack. »Meine Leute werden sicher noch ein paar Tage damit beschäftigt sein, deine Datenbanken auszuwerten und alles nach Maryland zu übermitteln. Bis dahin hast du Zeit genug, dir eine Erklärung für all das zurechtzulegen.«

Ich bin erledigt, dachte Paul, als er in einem der schwarzen Vans die Grenze von Luxemburg nach Deutschland überquerte. Stumm sah er die verregnete Mosellandschaft an sich vorbeiziehen, während der Konvoi mit überhöhter Geschwindigkeit in Richtung Air Base fuhr.

Dort angekommen, brachten Tanners Leute ihn bis zu einem abgelegenen Rollfeld, wo eine kleine Regierungsmaschine auf sie wartete.

Im Getöse an- und abfliegender Kampfjets traf er kurz auf Karen und Charlotte, als sie – wie er selbst – aus einem Van stiegen, der die ganze Zeit über hinter ihnen her gefahren war.

Karen ließ sich von ihren bulligen Bewachern nicht beeindrucken. Sie rannte ihm mit Tränen in den Augen entgegen und fiel ihm um den Hals.

»Was ist hier los, Paul?«, stammelte sie mit tränenerstickter Stimme. »Warum das alles, und wo bringen sie uns hin?«

»Ich ... es tut mir leid, Karen. Es wird alles wieder gut, das verspreche ich dir!« Er küsste sie flüchtig, während sein Blick auf Charlotte lag, die völlig verstört beim Wagen stand und von einem der Agenten zurückgehalten wurde, damit sie nicht zu ihren Eltern lief.

Paul tat es in der Seele weh, seine Tochter so hilflos dastehen zu sehen, wie sie ihren Schulrucksack an sich drückte, den verzweifelten Blick abwechselnd auf ihn und Karen gerichtet.

Karen, die inzwischen Abstand von ihm genommen hatte, sah ihn irritiert an. Als er ihr eine Antwort schuldig blieb, stand plötzlich Tanner hinter ihr.

»Na los, Paul, erzähl deiner Familie, warum wir zusammen einen kleinen Ausflug nach Maryland unternehmen.«

Während Paul eisern schwieg, sah Karen ihn noch drängender an. »Was wird hier gespielt?«, fragte sie kühl.

Paul nahm einen tiefen Atemzug und räusperte sich. »Ich hatte Kontakt zu Anselm Stein«, bekannte er schließlich und senkte den Blick.

»Wann?« Karen, die sofort zu begreifen schien, dass er – wie von ihr befürchtet – aufgeflogen war, schüttelte ihre blonde Mähne, die ihr bis auf die Schultern reichte, und schaute ihn an, als ob er den Verstand verloren hätte. Sie war sich darüber im Klaren, dass sie nicht zugeben durfte, etwas geahnt, geschweige denn gewusst zu haben, sonst waren sie beide dran. Und das wäre gar nicht gut für Charlotte, weil sie dann sehr lange auf beide Eltern würde verzichten müssen.

»Gestern«, gestand Paul und schaute schuldbewusst zu ihr auf.

»Gestern?« Karens fassungsloser Blick wechselte von Paul zu Tanner und zurück. »Aber ...«, stammelte sie.

Tanner grinste süffisant. »Du dachtest, Stein und seine Kameraden seien im zwölften Jahrhundert verschollen, hab ich recht?« Kate nickte verwirrt.

»Dann hätten wir das schon mal geklärt«, verkündete Tanner mit einer zufriedenen Miene. »Wenigstens einer in der Familie scheint vernünftig geblieben zu sein und hat sich an Abmachungen gehalten, die wir bei eurer Zurruhesetzung vereinbart haben. Schließlich habt ihr beide dafür eine millionenschwere Abfindung erhalten.«

Paul sah, wie sich Karens Gesichtszüge veränderten und sie ihn mit einem Blick anschaute, der schlimmer war als jede Anklage. Sie musste diese Regung nicht spielen. Sie war tatsächlich abgrundtief enttäuscht von ihm, weil er nicht auf ihren Rat gehört und sich erneut auf ein solches Risiko eingelassen hatte. Daran würde nun auch seine Entschuldigung nichts mehr ändern.

»Warum?«, fragte sie mit brüchiger Stimme und schaute ihn mit einem verzweifelten Blick an, der schlimmer war als jeder Vorwurf.

»Es tut nun nichts mehr zur Sache«, erklärte Paul mit gepresster Stimme. »Sie sind zurückgekehrt«, fügte er leise hinzu, obwohl sie es längst wusste. »Anselm hat zu mir Kontakt aufgenommen, weil Tom mit mir sprechen wollte. Ich konnte dem nicht widerstehen, nach allem, was wir gemeinsam erlebt hatten. Außerdem wollte ich wissen, wie er und Anselm es geschafft haben zurückzukehren. Wie gesagt, es tut mir leid.«

»Für Entschuldigungen ist es nun zu spät«, sagte Karen gereizt. »Und das weiß niemand besser als du. Ich werde dich verlassen. Das hättest du uns nicht antun dürfen.«

»Tut mir leid, das traute Glück stören zu müssen«, verkündete Tanner mit geheuchelter Anteilnahme, »aber wir werden in Kürze starten.«

»Und was haben du und Lafour mit uns vor?«, wollte Karen wissen, wobei sie überraschend abgeklärt wirkte.

»Wir werden dich und das Kind an einen sicheren Ort bringen«, verkündete Tanner, als ob ihre Entführung die normalste Sache der Welt wäre. »Dort werden du und deine Tochter solange bleiben, bis dein Mann seine Mission erfüllt hat, die in Maryland auf ihn wartet. Mach dir keine Gedanken um eure Tochter, sie wird die besten Privatlehrer haben, und auch dir wird es an nichts fehlen, Karen. Allerdings werdet ihr wegen Hochverrat angeklagt, wenn Paul nicht kooperiert, und die Kleine kommt zwangsläufig für die Dauer der

Haft in eine Pflegefamilie. Ich hoffe, wir haben uns richtig verstanden?«

Während Karen mechanisch nickte, hatte Paul das Gefühl, der Kloß in seinem Hals würde zu einem Ballon anschwellen. »Das könnt ihr nicht machen.«

»Du weißt besser als jeder andere, was wir alles können«, erwiderte Tanner mit einem gelangweilten Schulterzucken. Ohne ein weiteres Wort ergriffen seine Agenten Pauls Schultern und drängten ihn in Richtung der Maschine. Karen und die Kleine folgten, wurden aber in den hinteren Teil der Maschine verfrachtet, während Paul unter Bewachung vorne in der Nähe des Cockpits Platz nehmen musste.

Als die Maschine nach sieben Stunden Flug in Maryland bei hereinbrechender Dunkelheit landete, hatte er keine Gelegenheit, sich von seiner Familie zu verabschieden, weil er erst nach draußen gebracht wurde, nachdem Karen und Charlotte in einer schwarzen Limousine davon gefahren waren.

»Was habt ihr mit ihnen vor?«, fragte er panisch an Tanner gerichtet.

»Mach dir keine Sorgen, Paul«, meinte er mit einer beschwichtigenden Geste. »Wenn du kooperierst, geschieht ihnen nichts, und wir werden euch drei unbehelligt nach Hause bringen, sobald du erledigt hast, was wir von dir verlangen.«

Paul wurde abermals in einen schwarzen Van gesetzt und direkt zur Base nach Fort Meade gefahren. Dort führte Tanner ihn direkt in ein unterirdisches Labor, in dem Karen vor Jahren ihre Lehrgänge über nationale Sicherheit absolviert hatte.

Nun hatte man daraus einen geschlossenen Trakt gemacht,

in dem unter anderem der von den Templern so bezeichnete CAPUT 58 aufbewahrt wurde.

Tanner ließ Paul in einen abgeschlossenen Verhörraum bringen, in dem ein Tisch, drei Stühle und ein Monitor standen.

»Setz dich«, sagte er barsch, nachdem er Paul zuvor unter strengsten Auflagen den Besuch einer Toilette ohne Fenster und Schächte zugesagt hatte.

Paul wusste, dass er diesmal schlechte Karten haben würde, wenn er seine Peiniger nicht schon im Vorfeld davon überzeugte, kooperieren zu wollen. Zumal er davon ausgehen musste, dass Tanner eigene Leute beschäftigte, die seine gelöschten Computerprotokolle im Nachhinein auslesen oder die seine Wege in einem parallelen Netz nachvollziehen konnten, über das er mit Anselm in letzter Zeit regelmäßig in Kontakt getreten war. Außerdem würde Tanner nicht davor zurückschrecken, Drogen einzusetzen, die Paul so geschwätzig machen würden wie seine ständig plappernde Schwiegermutter. Er war gespannt, wer den Part des Folterknechts übernehmen würde, der ihm die »Instrumente« zeigte, falls er sich weigerte, freiwillig alles preiszugeben, was in den letzten Wochen geschehen war.

Umso überraschter war er, als plötzlich eine zierliche junge Frau mit pechschwarzen Haaren, die ihr fast bis auf den Hintern reichten, zur Tür hereinkam und ihn neugierig betrachtete. Sie trug enge schwarze Jeans, die in knöchelhohen schwarzen Stiefeln mit hohem Absatz steckte. Dazu einen engen dunkelroten Pulli, der ihre unübersehbare Oberweite zur Geltung brachte. Dessen Farbe harmonierte mit ihrem roten Lippenstift, der ihrem mädchenhaften Schmollmund einen sinnlichen Schimmer verlieh.

»Darf ich vorstellen?«, fragte Tanner, dem nicht entgangen war, wie Paul die Frau anstarrte. »Das ist Mabel Mason. Sie hat ihren Doktor in Quantenphysik und Informatik am MIT gemacht. Lafour und ich sehen in ihr nicht nur eine würdige Nachfolgerin für Tom Stevendahl, sondern in Zukunft soll sie zusätzlich deine Aufgaben übernehmen.«

Paul schluckte, bevor er sich sammelte und zu einer Antwort ansetzte, während die Frau ihm mit einem kühlen Lächeln zunickte.

»Ich verstehe das nicht, Jack«, begann Paul so ruhig wie möglich. »Wenn sie so intelligent ist, dass sie Tom und mich ersetzen kann, wieso braucht ihr dann mich?«

»Weil, wie du wahrscheinlich weißt, deine Freunde aus der Zukunft uns einen unbrauchbaren Timeserver hinterlassen haben. Mabel war so frei und hat sich mit der eigentlich unbrauchbaren Kiste ein wenig beschäftigt. Dabei ist ihr aufgefallen, dass die Infrastruktur des Gerätes nach wie vor funktionsfähig ist. Anscheinend hat man uns nicht für ganz blöd gehalten und wollte wenigstens einen weitestgehend intakten Server vortäuschen. Was uns nun nur noch fehlt, sind ein passendes Programm und der besagte Frequenzquarz, von dem abhängt, ob eine Reise durch die Zeit möglich wird. Mabel hatte den genialen Einfall, in deiner direkten Umgebung nach einer Quantenkartusche zu suchen, auf der ein Update des Timeservers 58 gespeichert ist. Und wie wir gestern feststellen durften, hat sie damit voll ins Schwarze getroffen.«

»Und selbst wenn es so ist«, antwortete Paul, »dann fehlt nach wie vor das Wichtigste: der Stein. Und wenn ihr denkt, ich könnte euch damit dienen, muss ich euch leider enttäuschen. Ich besitze weder einen solchen Stein noch weiß ich, wo sich einer befinden könnte. Ihr könnt mir so viele Drogen reinjagen, wie ihr wollt, es wird nichts helfen.«

»Kein Sorge«, mischte sich nun Mabel ein und überraschte Paul mit ihrer hellen Stimme. »Ich habe zufällig gute Kontakte ins Darknet, die einem so gut wie alles besorgen können. Selbst der abgebrochene Fingernagel von Maria Magdalena inklusive einer DNA-Verifizierung wäre kein Problem, sofern man bereit ist, das nötige Kleingeld auf den Tisch zu legen.«

»Was nicht automatisch bedeutet, dass man auch bekommt, wofür man zahlt«, gab Paul ein wenig spöttisch zu bedenken.

Mabel lächelte schwach und griff in ihre Hosentasche. Schließlich brachte sie relativ unkonventionell eine kleine Titan-Box zum Vorschein, auf der ein Gefahrgutzeichen angebracht war, das auf radioaktive Aktivitäten hinwies. Sie stellte die Box auf den Tisch und öffnete sie mit spitzen Fingern, sorgsam darauf bedacht, den erdnussgroßen, grünlich leuchtenden Edelstein, der darin auf einem samtschwarzen Bett thronte, nicht zu berühren.

»Ist das ...?«, stammelte Paul fassungslos, der selbst aus eineinhalb Metern Entfernung die unsichtbare Kraft spürte, die von dem Stein ausging.

»Ein Frequenzquarz mit der passenden Gammastrahlung«, beendete Tanner den Satz.

»Und wer hat ihn euch verkauft?« Paul wollte nicht begreifen, dass es so einfach sein sollte, an einen solchen Stein zu kommen. Warum war Tom und ihm nie eingefallen, nach einer solchen Quelle zu suchen?

»Ein Händler aus Äthiopien hat ihn mir angeboten, nachdem ich genauer beschrieben hatte, wonach ich suchte«, erklärte Mabel mit einem Schulterzucken. »Offenbar sind die Templer und ihr Hoher Rat sogar bis nach Afrika gereist, um ein sicheres Versteck für ihre Schätze zu suchen. Der Kerl meinte sogar, er hätte noch mehr davon. Wir haben gleich ein Team von Spezialisten hingeschickt und sein gesamtes Lager räumen lassen. Dabei ist uns ein kleiner Kasten mit noch weiteren Steinen, alle in der gleichen Größe, in die Hände gefallen. Wir könnten also problemlos weitere Server bestücken, sofern es uns gelingt, weitere Geräte zu bauen. Doch dafür benötige ich Ihre Hilfe, Paul. Werden Sie so freundlich sein und mich anleiten, wie man einen solchen Server programmiert?« Ihre Stimme war sanft, doch der Ausdruck ihrer bernsteinfarbenen Augen hatte etwas von einer Raubkatze.

KAPITEL 19

DEZEMBER 1315 –
DEUTSCHE LANDE / MOSEL / BURG WALDENSTEIN

Gottes Geheimnisse

Die nächsten Tage vergingen damit, dass Gero und seine Freunde sich auf Waldenstein einrichteten. Die alleinstehenden Männer bezogen einige leer stehende Kammern im ersten Stock, und die Paare wurden im zweiten und im dritten Stockwerk in komfortableren Zimmern untergebracht.

Während Struan sich von den neuen Räumlichkeiten nur wenig beeindrucken ließ, war Amelie ganz außer sich vor Freude über den offensichtlichen Luxus und den atemberaubenden Blick über das Moseltal, weil die Landschaft sie an ihre Heimat in Bar-sur-Aube erinnerte. Was wiederum den Wunsch in ihr entfachte, ihren Vater wiederzusehen.

»Wir können nicht einfach dorthin reisen«, versuchte Struan ihr so verständnisvoll wie möglich zu erklären und nahm sie in den Arm. »Niemand weiß, ob die Haftbefehle, die der franzische König gegen uns erlassen hat, noch Bestand haben.«

»Aber König Philipp IV. ist längst tot«, protestierte Amelie und rümpfte trotzig ihre Nase, während sie Struan in die nachtschwarzen Augen blickte, mit denen er liebevoll auf sie herabschaute.

»Sein Sohn Ludwig X. ist aber leider immer noch an der Regierung«, versuchte er, ihr die politischen Zusammenhänge zu erklären, von denen er wusste, dass sie sich nicht sonderlich dafür interessierte. »Und obwohl er, wenn das Wissen aus der Zukunft zutrifft, nur noch bis Mitte des Jahres leben wird, weiß niemand, ob er augenblicklich nicht nach uns suchen lässt. Schließlich haben wir nicht wenige seiner Söldner und seinen Inquisitor getötet. Also sei bitte vernünftig und gedulde dich noch ein wenig, bis sich der Nebel der Ungewissheit verzogen hat.«

»Wie du meinst.« Amelie seufzte ergeben. »Was bleibt mir anderes übrig. Ich kann ja schlecht meinen Mann opfern, nur um meinen Vater zu sehen.«

»Johan hat auch schon darüber nachgedacht, seiner Familie in Flandern eine Nachricht zukommen zu lassen, in der er ihnen schreibt, dass es ihm und Freya gut geht«, erklärte Struan mit gerunzelter Stirn. »Aber er verzichtet aus ähnlichen Gründen darauf. Eine wie auch immer geartete Depesche könnte in die falschen Hände geraten und unsere Verfolger womöglich auf uns aufmerksam machen.«

»Freya hat ja keine Familie mehr«, entgegnete Amelie. »Bei ihr ist es egal.« Amelie zuckte mit den Schultern und sortierte ein paar Kleider in die Truhen, die sie aus Anselms Fundus mitgebracht hatten.

»Die beiden sind übrigens nebenan eingezogen und haben ein Fenster zum Hof. Von dort aus können sie das Burgtor einsehen und wissen immer, wer kommt und wer geht«, sagte sie. »Wenigstens können wir unser seltsames Schicksal mit jemandem teilen.«

»Ich finde, so schlimm ist es gar nicht.« Struan, der seine Waffen inspizierte, versuchte sich an einem aufmunternden Lächeln. »Malcolm ist ja auch noch da und die anderen – wenn man es genau betrachtet, sind wir eine große Familie.«

In einem anderen Zimmer den langen Gang hinunter waren Anselm und Stephano untergebracht, gleich daneben Rona und Arnaud.

Gero und Hannah wohnten zwei Türen weiter im ehemaligen Eheschlafzimmer der Gräfin, das sie aus Trauer um ihren Mann vor mehr als zwanzig Jahren aufgegeben hatte und das seither nicht mehr bewohnt worden war. Doch nun war es ihr gerade gut genug, um den zukünftigen Grafen von Lichtenberg zu Waldenstein nebst Gemahlin zu beherbergen.

»Ich finde es wunderschön hier«, schwärmte Hannah nach der ersten Nacht mit Gero in einem traumhaften Himmelbett aus massiver Eiche, dessen vier Pfosten mit filigran geschnitzten Motiven aus dem Paradiesgarten versehen waren. Gero schien das alles nicht zu interessieren. Er lag hinter ihr, dicht an sie gedrängt und liebte sie in einem gemächlichen Rhythmus.

»O ist das gut«, murmelte Hannah und machte ein schnurrendes Geräusch. Ihr verhangener Blick streifte die bunten Malereien an den Wänden mit ihren phallusartigen Stempeln in bunten Farben, die fordernd aus den sorgsam gezeichneten erotisierenden Blütenkelche herausragten. Eine eindeutige Aufforderung an die Liebenden, sich ein Beispiel an der Natur zu nehmen und ihren Sehnsüchten freien Lauf zu lassen. »Und das alles unter dem blutroten Baldachin mit dem Wappen derer von Waldenstein, das mich stets an meine

Plichten als zukünftige Gräfin erinnert«, murmelte sie und kam Gero verlangend entgegen, während er sie langsam, aber sicher zum Höhepunkt führte. »Wahrscheinlich will deine Tante uns auf diese Weise dazu animieren, fleißig einen Waldensteiner nach dem anderen zu zeugen.«

»Wie soll uns das gelingen«, raunte er und hielt einen Moment inne, »wenn du dich anstatt auf mich auf die Wände und den Baldachin konzentrierst.«

»Vielleicht hilft mir das, den Eintritt ins Paradies ein wenig hinauszuzögern?« Hannah musste schon wieder kichern.

»Wenn du so weitermachst, kann ich mich nicht mehr beherrschen«, sagte er und massierte gefühlvoll ihre vollen Brüste.

Sie schloss die Augen und konzentrierte sich auf seine schneller werdenden Bewegungen. Als sie gemeinsam den Höhepunkt erreichten, gab sie einen erstickten Laut von sich. Nach einem Moment des Innehaltens wandte sie sich mit klopfendem Herzen zu ihm um und ließ sich ausgiebig von ihm küssen.

»Ich liebe dich mehr als mein Leben«, murmelte er an ihre Lippen.

»Ich dich auch«, hauchte sie. »Und ich möchte nirgendwo lieber mit dir sein.«

Zwei Stockwerke tiefer teilte Mattes sein Zimmer mit Malcolm, mit dem er sich gut verstand, obwohl der junge Schotte kein Deutsch verstand und sein Franzisch verbesserungswürdig war. Noch vor dem Frühessen spielten sie rasch eine Partie Schach, weil Mattes dem Schotten am Abend zuvor eine Revanche schuldig geblieben war.

»Ist Gesa dein Liebchen?«, wollte Malcolm wissen, während er nach vorne gebeugt, die Hände in seiner schwarzbraunen Mähne vergraben, über den nächsten Zug grübelte.

Mattes dachte einen Moment lang nach und kam zu dem Schluss, dass er selbst nicht genau wusste, ob sie mehr als nur seine Freundin war. Nach ihrer Ankunft hatte man sie beim Gesinde untergebracht, was ihnen beiden nicht passte, weil sie im Haushalt mithelfen musste und sie kaum noch Zeit hatte, ihn zu treffen.

»So würde ich es nicht nennen«, erwiderte Mattes und spürte, wie er errötete. »Sie ist eine Freundin.«

»Das habe ich von unserer Waschmagd in Schottland auch immer behauptet«, meinte Malcolm mit einem hintergründigen Grinsen. »Aber wenn sie mein Bett gewärmt hat, war sie mein Liebchen.«

»Muss man dafür nicht verheiratet sein?«, fragte Mattes mit gebührender Strenge im Blick. »Ich kann mir nicht vorstellen, mit Gesa das Lager zu teilen, ohne vor Gott Mann und Frau zu sein.«

Malcolm brach in schallendes Gelächter aus. »Ich hätte sie gar nicht heiraten können«, bekannte er glucksend. »Weil sie schon mit unserem Schmied verheiratet war. Sie war um einiges älter als ich und hatte bereits drei Kinder und hat beim vierten behauptet, es wäre von mir. Ich hatte Glück, dass ihr Mann nicht dahintergekommen ist, sonst säße ich jetzt nicht hier.«

»Ich will auf keinen Fall Kinder haben, bevor ich verheiratet bin«, sagte Mattes und forderte mit seiner Dame Malcolms König heraus. »Schach.«

Malcolm attackierte ihn hinterhältig mit seinem Pferd und nahm ihm die Dame. »Tut mir leid«, sagte er mit einem entschuldigenden Achselzucken. »Das Mädchen gehört mir.«

»Schachmatt«, triumphierte Mattes mit einem überlegenen Blitzen in den blauen Augen.

Es dauerte einen Moment, bis Malcolm begriffen hatte, dass der Läufer mitsamt dem Turm ab sofort eine tödliche Bedrohung für seinen König darstellte.

»Cac«, entfuhr es ihm unfein.

»Tja«, meinte Mattes und kratzte sich mit einem listigen Grinsen den blonden Lockenkopf. »Manchmal muss man eben eine Dame opfern, um den König zu stürzen.«

Lediglich Tom hatte im dritten Stock ganz für sich allein ein geräumiges Turmzimmer bezogen. Dort bewachte er wie ein Drache in seiner Höhle die beiden Timeserver, die Rona mit hierhergebracht hatte. Während er mehr oder weniger die Aussicht auf das spärlich besiedelte Moseltal genoss, fragte er sich, was er hier eigentlich verloren hatte. Hannah kümmerte sich kaum um ihn, und Gero hätte ihn am liebsten zum Teufel gejagt. Auch mit Anselm verband ihn nicht besonders viel. Er ging voll in dieser archaischen Lebensweise auf und war in dieser Zeit offenbar besser aufgehoben als in seiner eigenen. Alle anderen waren Tom in ihren Interessen und ihrer Lebensweise so fern wie der nächste Planet.

Außer Rona gab es sowieso niemanden, mit dem er sich adäquat hätte unterhalten können. Ohne sie und die Aussicht darauf, womöglich irgendwann mit ihrem Boss in der Zukunft in Kontakt treten zu können, hätte er sich schon längst aus dem nächsten Fenster gestürzt. Aber unter den gegebenen Umständen blieb ihm nichts anderes übrig, als gute Miene zum bösen Spiel zu machen.

»Hier hatte mein Onkel früher seine Bibliothek«, hatte ihm Gero am Tag zuvor erklärt, während sie Toms neue

Bleibe gemeinsam mit Rona besichtigt hatten. Den Geruch nach Moder und kalter Asche, die sauber aus der gemauerten Feuerstelle herausgefegt worden war, empfand Tom als Zumutung. Unter diesen Umständen zu leben und zu arbeiten würde für ihn eine echte Herausforderung bedeuten.

Gero, dem Toms unzufriedene Miene offenbar nicht entgangen war, hatte sogleich einen Diener losgeschickt, der Feuerholz für den offenen Kamin geholt und es fachmännisch entzündet hatte. Danach war das Zimmer zwar ein wenig wärmer, aber der Geruch nach verbranntem Holz, der ihn auf ewig ans Mittelalter erinnern würde, war dadurch nicht weniger geworden.

Während Gero in seinen Erläuterungen fortgefahren war, hatte er hinter einer unscheinbaren Holzvertäfelung einen geheimen Tresor aus Eisen zum Vorschein gebracht, den man ins Mauerwerk eingelassen und mit einem komplizierten Schließmechanismus versehen hatte, für den es nur zwei passende Schlüssel gab. Einen davon hatte Gero Tom überlassen, den anderen für sich selbst behalten.

»Hoffentlich kommen wir an die Server schnell genug ran, falls wir sie dringend benötigen«, hatte Tom mit einem zweifelnden Blick hinzugefügt, nachdem sie die beiden flachen unscheinbaren Titankisten in einem Regal des verborgenen Schranks abgestellt und die Türen wieder verschlossen hatten. Um das Versteck perfekt zu machen, hatte Gero ihn aufgefordert, sein archaisches Baldachinbett vor die Wand zu schieben.

Obwohl das Leben auf dieser Burg für Tom eine Herausforderung war und es auch bleiben würde, solange er dort leben musste, beschloss er am Morgen nach dem Frühstück, hinaus auf den Burghof zu gehen und Gero und seinen Kameraden bei dem allmorgendlichen Schwertkampftraining zuzuschauen. Es war kalt und neblig, und irgendwer hatte die vereiste Schneeschicht, die den gesamten Hof bedeckte, mit Sand und frischer Asche aus den offenen Feuerstellen ausgestreut, damit die Männer mit ihren nietenbeschlagenen Stiefelsohlen nicht ausrutschten.

Zu beobachten, wie Gero und seine Kameraden sich gegenseitig mit echten Schwertern auf dem Hof attackierten, faszinierte ihn einerseits, andererseits konnte er nicht nachvollziehen, warum sie ein solches Risiko eingingen.

»Ich verstehe nicht, dass ihr nassgeschwitzt in dieser Kälte herumturnt und dann auch noch mit echten Waffen«, kommentierte er aus sicherem Abstand. »Ihr holt euch noch den Tod. Ich erinnere daran, dass Rona nur eine begrenzte Anzahl an Nanokapseln zur Verfügung steht und wir auch nicht genügend Antibiotika dabeihaben, um auf ewig damit auskommen zu können.«

»Wenn du deinem Gegner voraussein willst«, erwiderte Gero schwer atmend und parierte geschickt Jacob von Sassenbergs nächsten Schlag, »kannst du darauf keine Rücksicht nehmen. Du musst tagtäglich üben, und zwar unter echten Bedingungen. Holzschwerter sind was für die Knappenausbildung, aber nicht für kampferfahrene Krieger. Und schließlich sind wir nicht hierhergekommen, um die Annehmlichkeiten eines gesicherten Burglebens zu genießen, sondern auch, um uns im Ernstfall zu verteidigen und Roland und seine Männer nach Kräften zu unterstützen.«

Am Sonntag nach ihrer Ankunft besuchte Gero gemeinsam mit seinen Freunden die Frühmesse, an der sogar Tom teilgenommen hatte, was ihn ehrlich verwunderte. Wusste er doch, dass der Däne weder an Gott noch an irgendetwas anderes glaubte. Auch Rona hatte sich angeschlossen, wohl um die Gräfin nicht zu enttäuschen, aber vor allem wegen Arnaud, der ihre Anwesenheit schätzte.

Danach ging Gero mit Hannah und seiner Mutter, die erstaunlich rasch wieder zu Kräften gekommen war, noch vor dem Frühessen an das Grab seines Vaters.

Draußen war es klirrend kalt, und nachdem sich der Nebel langsam gelichtet hatte, brachen die ersten Sonnenstrahlen hervor und tauchten den kleinen Friedhof hinter der Kapelle in ein mystisches Licht.

Während sie vor dem frisch behauenen Granitstein haltmachten, hielt Gero stumm seine Mutter im Arm, als diese unvermittelt in Tränen ausbrach. Hannah, die sich bei ihr untergehakt hatte, schluckte ebenfalls, als Gero leise die lateinischen Worte auf dem Grabstein ins Deutsche übersetzte.

Hier ruht Richard Georg Walther Bernhard, Edelfreier von und zu Breydenbach. Lehensnehmer des Erzbischoves von Trevere, Herr über die Gemarkung Breydenbache, Kreuzritter im Heiligen Land im Jahre des Herrn 1290/91 – Möge Gott der Herr mit ihm sein, hier und in alle Ewigkeit. Amen.

Gero war schon vorher dort gewesen, um im stillen Gedenken von seinem Vater Abschied zu nehmen. Sie waren längst nicht immer einer Meinung gewesen. Und es hatte sogar eine Zeit gegeben, in der er seinen Vater gehasst hatte. Aber seit sie gemeinsam das Geheimnis der Templer gehütet hatten, war ihr Verhältnis zueinander besser geworden. Deshalb dankte er Gott dem Herrn im Stillen, dass er ein Einsehen gehabt hatte und es noch vor Richards Tod zu einer Versöhnung gekommen war.

Daneben stand der Grabstein von Geros Onkel, Graf Gerhard von Lichtenberg zu Waldenstein, auf dem ein ähnlicher Spruch geschrieben stand. Mit dem Unterschied, dass er sein Leben in Ausübung seiner Christenpflicht als Kreuzritter im Jahre 1291 im Heiligen Land verloren hatte.

»Nun sind sie im Himmel wieder vereint«, murmelte Geros Mutter, die Hannahs Blicken gefolgt war. »Ich kann es noch gar nicht begreifen«, wisperte sie, »dass er nicht mehr ist.« Sie schluchzte erneut auf und wischte sich anschließend eine Träne aus den Augen. »Weißt du«, sagte sie und schaute unvermittelt zu Gero auf, »ich habe mich schon immer gefragt, warum lässt uns der liebe Gott das Rad der Zeit nicht zurückdrehen und alle Dinge, die unser Leben ruiniert haben, einfach ungeschehen machen? Warum sind wir Gefangene im Ablauf der Geschehnisse und müssen alles aushalten, was das Schicksal uns abverlangt?«

Hannah sah, wie Gero erstarrte, nicht sicher, was er darauf antworten sollte. Er wechselte einen raschen Blick mit ihr und räusperte sich kaum hörbar.

»Weißt du, Mutter«, begann er unsicher. »Vielleicht denkt Gott sich etwas dabei, wenn er uns nicht in alle Geheimnisse seines Wirkens einweiht. Manchmal ist es möglicherweise nicht gut, alles zu wissen und alles zu können, auch wenn man es noch so gerne möchte.« Er stockte und schaute noch einmal Hannah in die Augen. »Weil man die Dinge nicht nur zum Guten verändern würde, wenn man es könnte.«

Jutta von Breydenbach lächelte sanft und klopfte ihm verständnisvoll auf die Schulter. »Du bist so weise, mein Sohn. Wenn ich nicht wüsste, dass du diese Weisheit bei den Templern erlangt hast, würde ich denken, du stammst nicht aus unserer Familie. Aber auf der anderen Seite hast du so viel von deinem Vater, dass ich ihn in jedem Schritt von dir sehe. Natürlich nur die guten Seiten«, fügte sie beinahe entschuldigend hinzu.

Als sie über den verschneiten Hof zurückgingen zur großen Halle, wo das Frühessen auf sie wartete, kam ihnen Rona aus dem Haupteingang in einem leuchtend blauen Surcot mit einem farblich passenden Wollumhang entgegen, der das intensive Veilchenblau ihrer Augen unterstrich.

»Verzeiht«, sagte sie und verbeugte sich formvollendet vor Geros Mutter. »Darf ich Euren Sohn für einen Moment entführen? Ich habe etwas mit ihm zu besprechen, was einer dringenden Klärung bedarf.«

Während Jutta pikiert eine ihrer schön geschwungenen Brauen hob und würdevoll nickte, meinte Hannah an Gero gerichtet: »Ich geleite deine Mutter in die Halle, lasst euch ruhig Zeit.«

Kaum waren Gero und Rona in Richtung Wachstuben abgebogen, um mit Roland über einen Versammlungsraum zu sprechen, wie Gero ihr am Morgen angekündigt hatte, fasste Jutta sie am Arm.

»Die Frau ist mir unheimlich«, wisperte sie mit einem unheilschwangeren Blick. »Kennst du sie näher? Sie sieht aus, Gott der Herr möge es mir verzeihen«, sagte sie und bekreuzigte sich rasch, »wie eine Zauberin aus einem bösen Feenreich. Ich habe gesehen, dass Gesa Angst vor ihr hat. Sie macht immer einen großen Bogen um sie, wenn sie sich in der Halle begegnen. Und abgesehen davon, sehe ich es nicht gerne, wenn fremde Frauen einem verheirateten Mann sagen, dass er ihnen zu folgen hat.«

Hannah unterdrückte ein Schmunzeln. »Mach dir keine unnötigen Gedanken, Mutter. Ich kenne die Frau gut genug, um zu wissen, dass sie ihrem Mann die Treue hält. Und auch bei Gero hege ich keinerlei Zweifel. Rona ist ziemlich begabt. Sie spricht mehrere Sprachen und kennt sich mit Waffen aus. Das ist der Grund, warum die Männer sie des Öfteren zu Rate ziehen. Im Übrigen habe ich nichts dagegen, wenn Gero mit anderen Frauen spricht. Ich vertraue ihm, und er vertraut mir«, fügte sie mit einem beruhigenden Lächeln hinzu.

»Du hast meinen Sohn sehr verändert«, sagte Jutta, während sie in den Burgsaal traten, wo es von dienstbereiten Mägden und Knappen nur so wimmelte, die alle damit beschäftigt waren, das Frühessen aufzutragen. »Bei Lissy war er immer derjenige, der den Ton angegeben hat. Obwohl sie natürlich wusste, wie sie ihn mit Leichtigkeit um den Finger wickeln konnte. Aber bei euch beiden ist alles anders. Er respektiert dich, als ob du ihm ebenbürtig wärst. Ja, als ob du über ihm stehen würdest.«

»Ich stehe nicht über ihm«, beschwichtigte Hannah ihre Schwiegermutter. »Wir stehen uns als gleichberechtigte Menschen gegenüber. Im Übrigen werden wir Frauen bei den Brüdern des Tempels ausnahmslos als gleichwertig akzeptiert. Bei allem, was wir zusammen erlebt haben, möchte ich mir auch gar nicht vorstellen, dass es anders wäre.«

»Das ist schön.« Jutta hielt einen Moment inne und sah Hannah mit ihren erstaunlich klaren Augen geradezu bewundernd an. »Es ist nicht so, als ob ich mit Richard unzufrieden gewesen wäre. Aber er konnte manchmal sehr grob sein, besonders mit seinen Söhnen, und ich hatte wenig Möglichkeiten, ihm zu widersprechen. Trotzdem habe ich ihn geliebt. Ich glaube, Gero hat mir das manchmal übelgenommen. Und er hatte recht. Ich hätte mich mehr für ihn und seine Ideale einsetzen sollen, auch wenn ich Richard damit erzürnt hätte. Aber in meiner Erziehung war es nicht erlaubt, sich gegen den Willen seines Gemahls aufzulehnen. Im Nachhinein denke ich, ich hätte Gero bei seinem Wunsch, nicht zu den Templern zu gehen, mehr unterstützen sollen. Ich hätte Richard sagen müssen, dass ich es auch nicht will ... Damit hätte ich Gero und Elisabeth sicher viel Leid erspart.«

Sie kniff die Lippen zusammen, während sie sich nach einem passenden Platz an den Tischen und Bänken in der großen Halle umschaute. Während die meisten Bediensteten ihrer Arbeit nachgingen, saßen einige dort und nahmen nach der Messe ihr zweites Frühessen ein.

»Ich glaube nicht, dass Gero heute noch so denkt«, versuchte Hannah, sie zu beschwichtigen, und folgte ihr an einen Tisch direkt am Fenster, der für die Burgherrin und ihr Gefolge reserviert war. »Wir haben uns einmal darüber unterhalten, und er hat gemeint, alles sei Gottes Wille und für alles, was er an Unglück ertragen musste, habe er mehr Gutes bekommen, als er sich zu erträumen wagte. Und schließlich erwarten wir bald unser gemeinsames Kind, auf das er sich aufrichtig freut«, antwortete Hannah mit einem warmen Gefühl in der Brust.

Jutta bedeutete ihr, sich auf eine der Bänke zu setzen, und ließ sich neben ihr nieder. »Gero ist ein guter Mann«, murmelte sie mit dem verklärten Blick einer Mutter, die ihren Sohn abgöttisch liebte.

»Gero ist der beste Mann, den ich mir vorstellen kann«, bestätigte Hannah. »Wenn du mich fragst, würde ich unserer Tochter eines Tages einen Mann wie ihn wünschen.«

»Eure Tochter?« Jutta schaute sie mehr als überrascht an,

während sie gleichzeitig Ausschau nach ihrer Schwester hielt, die sich nach der Messe entschuldigt hatte. »Woher weißt du, dass es eine Tochter wird?«

Hannah hätte sich am liebsten auf die Zunge gebissen. Sie konnte schlecht sagen, dass sie ein Ultraschallbild bei sich trug. »Als werdende Mutter spürt man so etwas«, antwortete sie mit einem zurückhaltenden Lächeln. »Sag nur, du hast nicht gewusst, dass du Söhne bekommst?«

»Ich hatte zunächst zwei Töchter, bevor Gott der Allmächtige mir Gero und Eberhard geschenkt hat«, erklärte sie mit traurigem Blick. »Die beiden Mädchen sind bereits in jungen Jahren an einem Fieber gestorben. Ich hätte mir eigentlich weitere Töchter gewünscht und habe nicht damit gerechnet, dass Gott der Herr mir noch zwei Söhne schenkt. Man kann es ohnehin nicht beeinflussen. Also lassen wir uns überraschen.«

Jutta bestellte bei einer Magd heiße Milch und Honigbrot. Danach fasste sie Hannah unvermittelt am Arm und schaute ihr verbindlich in die Augen.

»Ich habe noch eine Frage«, sagte sie in einem verschwörerischen Ton und neigte ihren Kopf zu Hannah, damit sie nicht belauscht werden konnten. Ihr Blick ruhte auf Tom, der am anderen Ende des Tisches in seinem warmen Gerstenbrei herumstocherte. »Was hat es mit dir und diesem Mann auf sich? Du sagtest damals, als ihr bei uns auf der Burg wart, er sei ein Freund ... ähm ...«

»Ja und?« Hannah schaute sie forschend an.

Jutta schluckte nervös. »Hat er dir jemals mehr bedeutet als das?«

Hannah hob eine Braue, bemüht, nicht allzu irritiert zu wirken. »Ich weiß nicht, ob Gero es dir erzählt hat, aber Tom und ich waren eine Weile verlobt. Aber das ist schon ewig her. Er hat die Verlobung damals gelöst. Warum fragst du?«

»Wenn er nichts mehr für dich übrighat, warum ist er dann damals auf die Breidenburg gekommen, und nun ist er schon wieder hier?«

»Er hat sich uns damals angeschlossen, als wir vor dem Inquisitor fliehen mussten, weil er uns zur Seite stehen wollte. Er hat die gleichen Feinde wie wir und kann nirgend woanders hin«, erklärte Hannah möglichst unaufgeregt. »Du kennst doch Gero, er lässt niemanden im Stich. Schon gar nicht, wenn er glaubt, in dessen Schuld zu stehen.«

Hannah war nicht entgangen, dass ihre Schwiegermutter mit ihren Antworten anscheinend nicht zufrieden war. Irgendetwas nagte an ihr.

»Reicht es dir nicht, wenn ich dir versichere, dass er mir nicht mehr als ein Freund ist?« Hannah schaute sie herausfordernd an.

»Eberhard hat behauptet, er sei ein Maleficus und mit dem Teufel im Bunde«, antwortete Jutta mit ernstem Gesicht. »Außerdem hat er gesagt, er hätte beobachtet, wie er dir den Hof macht. Ist das wahr?«

»Weder das eine noch das andere stimmt«, wies Hannah ihren Einwand entschieden zurück. »Erstens hat Eberhard keine Ahnung, wovon er redet. Und du weißt doch selbst, dass er uns nicht wohlgesinnt ist. Zweitens ist Tom kein Maleficus, sondern hat die Mathematik und den Verlauf der Gestirne studiert. Und drittens habe ich mich mit ihm ausgesprochen. Zwischen uns ist alles geklärt. Außerdem ... was soll er noch wollen? Ich bin mit Gero verheiratet und erwarte sein Kind.« Um die Situation zu überspielen, nahm sie eins von den süßen Honigbrötchen, die eine Magd soeben in einem Korb serviert hatte, und tunkte es in die heiße Milch, die sie dazugestellt hatte.

»Ich hoffe, dein Freund sieht das genauso.« Jutta, die immer noch nicht ganz zufrieden wirkte, senkte hastig den Kopf, als Tom, der gerade von seinem Brei aufsah und sich offenbar beobachtet fühlte, ihnen mehr höflich als freundlich zunickte. Nachdem er aufgestanden und außer Reichweite war, schaute Jutta sie verschwörerisch an. »Hauptsache, er hält sich zurück und verzaubert dich nicht«, warf sie nachdenklich ein. »Das würde Gero sich bestimmt nicht gefallen lassen.«

Hannah schluckte ihren Bissen hinunter und vermied einen Seufzer. Es war zwecklos, ihre Schwiegermutter eines Besseren zu belehren. Ebenso zwecklos wie darauf zu hoffen, dass Eberhard einsichtig wurde.

»Glaub mir, Tom hat im Moment vollkommen andere Sorgen.« Hannah versuchte sich an einem zuversichtlichen Lächeln.

»Was denn für andere Sorgen?« Jutta schien irritiert zu sein.

»Er arbeitet an einer neuen Erfindung und kommt nicht voran.«

»Erfindung?« Jutta hob verwundert die Brauen.

Hannah, die für einen Moment um eine Antwort verlegen war, zuckte mit den Schultern. »Er arbeitet an einem Fahrrad?«

»Ein Fahrrad?« Ihre Schwiegermutter kräuselte ratlos die Stirn. »Was soll das sein?«

Hannah grinste in einem Anfall von plötzlichem Übermut. »Ein Ding mit zwei Rädern und einer Stange dazwischen, auf die man sich setzen und dann damit herumfahren kann.«

»Mit Verlaub, meine Liebe«, erwiderte Jutta und lächelte irritiert. »Jetzt willst du mich aber auf den Arm nehmen. Wie soll das denn gehen, fahren mit nur zwei Rädern? Solange er sich mit einem solchen Blödsinn beschäftigt«, amüsierte sie sich und seufzte zufrieden, offenbar froh, dass ihre Befürchtungen sich in Luft aufgelöst hatten, »kann er wenigstens niemandem gefährlich werden.«

»Kann ich euch irgendwie helfen?« Roland schaute überrascht auf, als Gero und Rona in der Morgensonne über den verschneiten Hof auf ihn zu marschierten. Er konnte sich nur schwer daran gewöhnen, dass Gero und die anwesenden Tempelritter diese Frau mit dem fremdartigen Aussehen als eine der Ihren akzeptierten.

»Wir müssen mit dir reden«, eröffnete ihm Gero mit einem ernsten Blick. »Wir benötigen eine größere Kammer, wo wir ungestört unsere Kapitelsitzungen abhalten können. Um es genau zu sagen, eine Kammer, die man abschließen kann und wo uns garantiert niemand stört.«

»Kapitelsitzungen?« Roland schaute Gero fragend an und warf dann Rona einen verstörten Blick zu. »Bedeutet das, ihr wollt auf Waldenstein so etwas wie einen neuen Orden gründen?«

»Darauf läuft es vielleicht hinaus. Wir sind immer noch Templer, und ich würde lügen, wenn ich sagte, wir hätten gänzlich unsere Verpflichtungen abgelegt, nur weil wir nicht mehr wie Mönche leben.«

»Welche Verpflichtungen meinst du denn?«, fragte Roland erstaunt und schaute sich nach allen Seiten um, um auszuschließen, dass sie in dem Gewölbe unterhalb des Wehrgangs ungebetene Zuhörer hatten.

»Wir haben uns entschlossen, nach versprengten Brüdern zu suchen und mit ihnen eine Art Widerstand gegen immer noch existierende Feinde der Templer zu gründen. Wir wollten ihnen zunächst Schutz vor weiterer Verfolgung bieten und ihnen helfen, sich ein neues Leben aufzubauen. Es gibt dort draußen immer noch Tausende ehemalige Brüder des Tempels, vorwiegend aus Franzien, die mittellos umherirren und nicht wissen, wie sie wieder auf die Füße kommen sollen, ohne weiterhin von der Heiligen Inquisition verfolgt zu werden. Meine Brüder und ich möchten solchen Männern einen sicheren Hafen bieten. Doch dafür benötigen wir zunächst einmal eine Basis, wo wir ungestört über unsere Vorgehensweise beraten können. Später kommen noch Unterkünfte hinzu, in denen wir die Männer, die sich uns anschließen wollen, unterstützen und vorübergehend unterbringen können.«

»Hast du das schon mit deiner Tante besprochen?« Roland schaute ihn zweifelnd an. »Nicht, dass du denkst, ich hätte etwas dagegen, aber ... ein solches Vorgehen bedarf einer strikten Geheimhaltung. Das bedeutet, die Leute benötigen gefälschte Papiere, wenn du sie hier aufnehmen willst.«

»Ich weiß«, sagte Gero. »Deshalb frage ich ja nach abschließbaren Räumlichkeiten, und für alles andere haben wir Anselm. Er ist der beste Fälscher, den ich kenne.«

»Ich könnte einen Trakt im Ostflügel räumen lassen, unterhalb der Kapelle. Dort befinden sich keine Fenster, sondern lediglich ein paar Lüftungsschächte. Bisher stand dort nur Gerümpel.«

»Ist das dort, wo sich im Falle einer Belagerung einer der Geheimgänge nach draußen befindet?«

»Genau«, bestätigte ihm Roland. »Wenn ihr abhauen

wollt, kommt ihr mitten im Weinberg raus.« Während er nichtsahnend grinste, glaubte Gero an ein Wunder, war es doch genau das, was sie in die Lage versetzen würde, die Burg unbemerkt zu verlassen und wieder zu betreten.

»Perfekt«, sagte er und klopfte seinem Schwertmeister kameradschaftlich auf die Schulter. »Wir können beim Aufräumen helfen, dann geht es schneller.«

»Einverstanden«, gab Roland mit einem Nicken zurück. »Aber ich will, dass du vorher noch mit Margaretha sprichst. Du kennst sie ja, sie will immer zu allem gefragt werden.«

»Mache ich.« Die Gräfin würde sicher das kleinste Problem sein, dachte Gero. Viel schwieriger würde es sein, ihre Aktivitäten, die sie von dort aus planten, vor ihrer Neugier und vor ungebetenen Schnüfflern zu verbergen.

Als sie wenig später in der großen Halle eintrafen, hatten die Bediensteten bereits das Frühessen vorbereitet. Da ab dem elften November bis Weihnachten Fastenzeit herrschte, fielen die Rationen Mitte Dezember um einiges bescheidener aus. Trotzdem hatte die Gräfin nicht an Haferbrei, Eierspeisen und Haferbrötchen gespart.

Roland sorgte mit einem Wink dafür, dass reichlich warmes Bier verteilt wurde. Nachdem sich alle gesetzt hatten, ergriff die Gräfin das Wort, um den Morgengruß und das damit verbundene Gebet zu sprechen. Als sie fertig war, lächelte sie milde und signalisierte den Anwesenden mit einem Wink, dass ihre Ansprache noch nicht beendet war.

Während Geros Templerbrüder zusammen mit Rona und Tom am Ende des Tisches saßen, hatte er selbst zwischen seiner Mutter und Hannah Platz genommen und hob erstaunt den Kopf, als die Gräfin unvermittelt seinen Namen aufrief und ihn bat, sich zu erheben. Dabei entrollte sie ein Pergament, an dem ein Wachssiegel hing, und begann mit feierlicher Stimme vorzulesen: »Ich, Landgraf Johann III. von Lichtenberg, verleihe dem Edelfreien Gerard Richard Wilhelm Nepomuk von Breydenbach die Grafenwürde mit dem damit verbundenen erblichen Titel Graf von Lichtenberg zu Waldenstein als Erbe von Graf Gerhard von Lichtenberg zu Waldenstein und seiner Gemahlin Gräfin Margaretha von Lichtenberg zu Waldenstein, geborene von und zu Elz.«

»Nepomuk?«, formte Hannah mit ihren Lippen und grinste breit.

Gero ging nicht darauf ein und warf seiner Tante einen verwirrten Blick zu. Hatte es nicht geheißen, er musste selbst zur Burg Lichtenberg reiten, um sich seinen Grafentitel im Rahmen einer feierlichen Zeremonie dort übertragen zu lassen?

Margaretha ergriff von Neuem das Wort. »Graf Johann III. und sein Neffe Johan II. haben immer noch genug mit der Erbfolge von Johan I. zu tun. Sein plötzlicher Tod im August hat die Grafschaft in ein regelrechtes Desaster gestürzt. Daher planen sie im Frühjahr einen Besuch auf Waldenstein, und wir werden zu ihren Ehren ein Turnier veranstalten. Dabei können wir ihnen dann, so Gott will, auch gleich schon die nächste Generation der Waldensteiner vorführen. Dann holen wir die Feierlichkeiten nach, die an einem Tag wie diesem sicherlich angebracht wären. Aber mir war es zunächst wichtiger, Onkel Gerhards Titel so schnell wie möglich an dich weiterzugeben. Zumal es Menschen gibt, die uns dabei Schwierigkeiten hätten machen können. Ich denke an Balduin von Trier und seine Verbündeten. Deshalb habe ich gleich nach eurer Ankunft einen Boten losgeschickt, der mein Anliegen den Lichtenbergern unterbreitet hat. Und gestern kam die Antwort. Also«, forderte sie Gero und alle anderen in der Halle mit gewichtiger Miene auf und machte eine Andeutung, dass alle von ihren Bänken aufstehen sollten, »erhebet euren Krug auf den neuen Grafen von Lichtenberg zu Waldenstein, auf die Landgrafen von Lichtenberg und die Linie Lichtenberg zu Waldenstein, deren Vorstand ab heute mein geliebter Neffe übernehmen wird.«

Ein wenig befangen schaute Gero in die Runde, als unter den etwa achtzig Anwesenden zunächst ein tosender Applaus aufbrandete. Während sie ihn hochleben ließen, ergriff er Hannahs Hand und zog sie zu sich heran. Sie war fast einen Kopf kleiner als er, und er beugte sich zu ihr hinunter, um sie vor aller Augen innig zu küssen. Erst dann erhob er selbst den Krug und riss ihren Arm in die Höhe, während er rief: »Ein dreifaches Hoch auf die neue Gräfin von Lichtenberg zu Waldenstein!«

Noch einmal brandete Jubel auf, und Hannah spürte, wie ihre Wangen vor Aufregung glühten. Als Gero die Glückwünsche seiner Tante und seiner Mutter entgegennahm und sie küsste, war Hannah sich mit einem Mal der Tragweite dieser Ernennung bewusst. Mit einem solchen Titel würde Gero weitaus mehr Respekt genießen und war nicht mehr so leicht zu verfolgen oder zu inhaftieren wie zuvor.

Einzig Tom konnte sich der allgemeinen Freude nicht so recht anschließen. Er saß da mit einem verkniffenen Gesicht und starrte sie missmutig an. Offenbar grübelte er darüber nach, welche Rolle er zukünftig am Hof der Waldensteiner einnehmen sollte.

Nach dem Frühessen entschuldigte sich Gero bei Hannah. »Ich muss einige Dokumente unterzeichnen«, erklärte er ihr und zwinkerte ihr noch einmal zu, bevor er mit der Gräfin in Richtung Schreibstube verschwand, die sie im Erdgeschoss unterhielt.

Hannah wurde das Gefühl nicht los, sich um Tom kümmern zu müssen, als sie sah, wie er allein in einem Erker stand und gedankenverloren aus den bleiverglasten Fenstern auf den verschneiten Berghof schaute.

»Was ist los mit dir?«, begann sie, während sie ihn vorsichtig am Arm berührte. »Du machst mir nicht den Eindruck, als ob du dich für uns freuen würdest?«

»Tut mir leid, Hannah, mir kommt das alles vor wie in einem schlechten Film.« Tom schüttelte verständnislos den Kopf. »Der Ritter auf dem weißen Pferd wird zum Grafen ernannt und macht dich zu seiner Gräfin. Fehlt nur noch, dass du dir ein Krönchen aufsetzt. Ich frage mich, ob ich nur hierhergekommen bin, um mir das anzusehen?«

»Du bist hierhergekommen, weil dir nichts anderes übrig blieb und weil es die beste Lösung war. Alles andere wäre viel zu unberechenbar und gefährlich gewesen. Hast du überhaupt eine Ahnung, was das für Gero und uns alle bedeutet?«, erwiderte sie kühl. »Als Graf hat er wesentlich mehr Möglichkeiten, uns vor möglichen Verfolgern zu schützen.«

»Und was habe ich davon?«

»Du kannst immer nur an dich denken, oder?«

»Ja, ich will wissen, wie es weitergeht und nicht in Geros Hofstaat den Narren spielen, geschweige denn den Maleficus«, zischte Tom gereizt. »Unter diesen Umständen wäre ich wohl besser geblieben, wo ich war.«

»Jetzt halt mal den Ball flach, Tom«, protestierte Hannah. »Was soll *ich* denn sagen? Ich hätte mein Kind auch lieber in einer modernen Klinik zur Welt gebracht anstatt in einer Burgkammer. Aber letztendlich blieb uns nichts anderes übrig. Oder hattest du vielleicht eine bessere Idee?«

»Du hast doch genau das bekommen, was du wolltest, mit allem Für und Wider. Ich dagegen sitze hier und warte auf bessere Zeiten. Die, so wie es aussieht, nicht kommen werden.« Er schnaubte unzufrieden und schaute dann ein paar jungen Mägden hinterher, die, kaum dass sie an ihm vorbeigelaufen waren, anfingen zu kichern.

»Diese Leute hier sind so gnadenlos einfältig«, schimpfte er. »Es ist kaum auszuhalten, abgesehen davon, dass ich sie so gut wie nicht verstehe.«

»Und sie dich auch nicht, was vielleicht ganz gut ist.« Hannah verdrehte die Augen und wandte sich ab. »Du entschuldigst mich. Ich benötige eine Auszeit. Ich habe in letzter Zeit ständig Rückenschmerzen. Ich fürchte, es dauert nicht mehr lange, bis die kleine Lady ihr Nest verlassen will.«

»Im Gegensatz zu mir hast du dann wenigstens eine Aufgabe. Ich hingegen warte immer noch darauf, dass Rona mir mehr Einblick in ihr Wissen über den Server gibt und endlich damit rausrückt, was genau sie damit zu tun gedenkt.«

»Wie ich sie kenne«, gab Hannah mit einem Seufzer zurück, »wird sie in den nächsten Tagen eine Versammlung einberufen und uns alle umfassend in ihre Pläne einweihen. Allerdings wünschte ich mir, sie und Gero würden sich endlich von dem Gedanken verabschieden, den Orden durch diverse Zeitreisen wieder herstellen zu wollen. Nach allem, was wir erlebt haben, bin ich inzwischen sicher, dass irgendwer da oben nicht will, dass wir die Geschichte verändern.«

»Du klingst ja schon wie dein Mann, mit dem Unterschied, dass er genau umgekehrt einen Schuh daraus macht. Er und seine Kameraden glauben noch immer, Gott hätte ihnen das Geheimnis der Templer offenbart, um das Ruder noch mal herumzureißen und den Orden zu retten.«

»Und was glaubst du?«, fragte sie und blickte ihm ernst in die Augen.

»Warum sind wir hier, und was hat all das mit dem CAPUT zu tun?«

»Ich glaube, dass wir tatsächlich etwas ganz Großem auf der Spur sind. Und das allein hält mich halbwegs bei Laune. Allerdings würde ich es nicht als göttlich bezeichnen. Einzig die Bezeichnung Heiliger Gral lasse ich gelten. Allerdings nicht der Templer, sondern der Physiker. Wahrscheinlich wäre es jedem meiner Kollegen jegliches Risiko wert, herauszufinden, was sich in letzter Konsequenz hinter dem Geheimnis des CAPUT verbirgt. Denn das ist es, was ich jeden Fall noch herausfinden will. Und wenn es mithilfe der Templer geschieht, soll es mir auch recht sein.«

Hannah kniff die Lippen zusammen und schnaubte verärgert. »Also wenn ich es richtig verstehe, verfolgt hier jeder seine eigenen Interessen.«

»Gut erkannt«, erwiderte Tom und ließ sie ohne weiteren Kommentar einfach stehen, während er sich zurück in seine Drachenhöhle aufmachte.

Auf dem Weg zurück dachte Gero noch einmal darüber nach, wie viele Pergamente er mit seinem neuen Namen *Graf Gerard von Lichtenberg zu Waldenstein* unterzeichnet hatte, die allesamt mit einem Boten zu den Herren von Lichtenberg zurückgehen würden und ihn zukünftig in vielerlei Hinsicht in die Pflicht nahmen. Seine Tante hatte ihm zudem das Du angeboten, weil sie ihm ab heute ebenbürtig war. Wobei es nicht nur das Lehen war, das er von ihr übernommen hatte und das sie ab diesem Tag zu gleichwertigen Partnern machte, sondern auch die Notwenigkeit, im Kriegsfall für die Lichtenberger zu kämpfen und – falls ein entsprechendes päpstliches Dekret herausgegeben wurde – mit ihnen in einen Kreuzzug zu ziehen. Auch wenn davon im Moment nicht die Rede sein konnte, gab es Dutzende weitere Verpflichtungen, die Hannah ganz gewiss nicht begrüßen würde. Eine Frage war, wie sie mit seiner Rolle als Richter klarkommen würde, wenn er sein erstes Todesurteil zu fällen hatte. Schließlich stand der Galgen, den Tom auf dem Weg hierher so lautstark kritisiert hatte, nicht umsonst auf dem Hügel hinter der Burg.

Als er in der großen Halle nach ihr suchte, sagte ihm Freya, dass Hannah sich in ihre Kammer zurückgezogen hatte.

»Geht's ihr nicht gut?«, fragte er besorgt.

»Doch«, beruhigte ihn Freya, die mit der Kräuterfrau die Vorräte für den Winter durchging. »Das Übliche, was alle Frauen in ihrem Zustand haben. Es dauert nicht mehr lange, und da nehmen die Unpässlichkeiten eben zu«, erklärte sie, wohl um ihn vorzuwarnen.

Gero eilte in den zweiten Stock und klopfte kurz, woraufhin ein helles Kläffen ertönte. Als er die Tür öffnete, sprang ihm Parzival entgegen.

»Was macht denn der Köter schon wieder hier?«, beschwerte er sich bei Hannah, die mit dem Tierchen ihren Spaß zu haben schien. »Ich dachte, ich hätte deutlich genug gemacht, dass ich es nicht gutheiße, wenn der Hund sich in unserem Schlafgemach aufhält, geschweige denn in unserem Bett.«

»Du tust ja gerade so, als ob der kleine Kerl der Teufel persönlich wäre«, amüsierte sich Hannah und wälzte sich mit dem quirligen Fellknäuel in den Kissen, wobei sie ihn immer wieder mit einem kleinen Holzlöffel neckte, in den er mit Freude seine spitzen Zähnchen schlug und seinen Besitz knurrend verteidigte, während sie an dem Löffel zog.

»Wir müssen reden«, sagte Gero ernst. Hannah schaute überrascht auf und ließ den Löffel fahren, woraufhin der Hund vom Bett sprang und seine Beute in Sicherheit brachte.

Gero setzte sich aufs Bett und ergriff ihre Hand.

»Hast du dich umgezogen?« Ein wenig erstaunt fuhr sie mit der Hand über seinen dunkelblauen Wappenrock aus festgesponnener Wolle, auf dem nun das kunstvoll gestickte Wappen der Waldensteiner prangte.

»Ja.« Er senkte für einen Moment den Blick. »Meine Tante meinte, ab heute solle ich den Offizierswappenrock der Waldensteiner tragen. Damit habe ich Roland als Oberhaupt der Schutztruppen offiziell abgelöst.«

»Und, wie hat er es aufgefasst?«, fragte Hannah mit einigem Zweifel im Blick.

»Er hat mir gratuliert und sich für mich gefreut. Schließlich ist er auch nicht mehr der Jüngste. Ich denke, er ist ganz froh, seine Verantwortung mit mir teilen zu können.«

»Du siehst verdammt gut aus in deiner neuen Uniform«, schmeichelte ihm Hannah und strich ihm noch einmal bewundernd über die Brust. Dabei reckte sie sich ihm entgegen und forderte einen Kuss.

Gero wurde sogleich wieder ernst.

»Rona hat uns heute Abend zu einer Besprechung in unseren neuen Versammlungsräumen unterhalb der Kapelle zusammengerufen. Wir wollen über das sprechen, was wir für die Zukunft planen.«

»Ah ...« Hannah reagierte mit einem flüchtigen Lächeln. »Die Artusrunde kommt zusammen, um über den Einsatz des Heiligen Grals zu beraten.«

Gero bemerkte, wie sie die Lippen zusammenkniff. »Du gehörst auch zu dieser Runde.«

»Aber ich habe bei der Sache nicht viel zu entscheiden«, erwiderte sie mit einer leichten Verbitterung um die Mundwinkel. »Schließlich bin ich keine Templerin und habe nicht die geringste Ahnung, was die Wiederbelebung des Ordens für mich und uns als Familie bedeuten würde. Ein erneuter Transfer in eine andere Zeit könnte alles verändern, hast du daran schon einmal gedacht?«

»Ich weiß doch selbst nicht, was ich davon halten soll«, erwiderte Gero, dessen Blick sich merklich verfinsterte. »Ich weiß nur, dass ich mich nach wie vor meinen Brüdern verpflichtet fühle, und wenn ich auch nur einen vor Folter und Tod retten kann, werde ich das tun. Aber ich mache nichts ohne deine Zustimmung«, versicherte er ihr. »Das habe ich versprochen.«

»Und ich kann dir nichts abschlagen, wenn es dir wichtig ist.«

»Warum kommst du nicht einfach mit?«, schlug er vor.

Hannah blickte ihm lange in die Augen. Dabei wurde er sich einmal mehr ihrer Schönheit bewusst und welches Glück er empfand, mit ihr hierher zurückgekehrt zu sein.

»Okay«, sagte sie schließlich. »Ich komme mit und lasse mich überraschen. »Und jetzt küss mich noch einmal. Solange du noch bei mir bist und uns niemand stört.«

KAPITEL 20

NOVEMBER 2015 – USA / MARYLAND,
»CRYPTO CITY«, HAUPTQUARTIER DER NSA,
FORT GEORGE G. MEADE

Unbequeme Wahrheiten

»Wir kennen uns lange genug, um nicht um den heißen Brei herumzureden«, begann Tanner und ging zur Tür, wo er ein Tablett mit Kaffee und Keksen entgegennahm, das er auf den Tisch stellte, der ihn und Miss Mabel wie eine Demarkationslinie von Paul trennte.

Mabel Mason hatte auf einem Bürostuhl Platz genommen und startete von dort auf eine Präsentation, die auf einem Wandbildschirm hinter ihr auftauchte und in der sie noch einmal die bisherigen Stationen des Unternehmens C. A. P. U. T. aufrief.

Während Tanner Paul einen Kaffee vor die Nase stellte und ihm Milch und Zucker anbot, machte sich Mabel daran, auf einem Laptop die wichtigen Fragen zu notieren.

Eigentlich sah alles ganz harmlos aus. Zwischendurch nippte sie an ihrem Kaffee und biss arglos in einen Schokoladenkeks, den sie erst nach längerer Begutachtung aus dem Berg von Keksen willkürlich herausgezogen hatte. Was eigentlich so viel bedeutete, wie dass der Verzehr der Kekse unbedenklich war.

Paul wollte nicht albern sein und trank entgegen seinem Misstrauen einen Schluck, der ihn sogleich mit neuen Lebensgeistern erfüllte. Dazu aß er ebenfalls einen Keks, oder auch zwei. Sein Magen rebellierte vor Hunger, weil er während des Flugs nur ein Sandwich und eine Cola gehabt hatte.

»Ich benötige eine genaue Aufstellung aller benutzten Quanten-Module«, erklärte Mabel und sah ihn nicht an, während sie auf ihrem Laptop herumtippte. »Und ich muss wissen, wie Stevendahl die Programmierung kopiert und für sein neues Gerät übernommen hat.« Als keine Antwort kam, blickte sie kurz zu ihm auf.

Paul saß noch immer auf dem Stuhl, aber er war in sich zusammengesackt. Seine Augen waren verklärt, und sein Gesicht sah aus, als befinde er sich in Trance.

»Das ging aber schnell«, meinte Mabel einigermaßen überrascht, während Tanner bereits die Gegensprechanlage eingeschaltet hatte und darum bat, mit dem abgesprochenen Procedere zu beginnen.

Zwei starke Marines kamen herein und betteten Paul Colbach auf eine hereingebrachte Liege, und eine junge Ärztin legte ihm eine Infusion, die ihn zumindest teilweise aus dem Reich der Träume zurückholte.

»Paul, können Sie mich hören?«, fragte Mabel, nachdem die Ärztin gegangen war.

»Ja«, nuschelte Paul mit schwerer Zunge. »Was habt ihr mit mir gemacht?«

»Das ist nur eine kleine Hilfe zur Wahrheitsfindung«, informierte ihn Tanner mit einem beiläufigen Grinsen.

Er rückte sich seinen Stuhl zurecht, sodass er dicht neben Paul saß, und schaute ihn unverwandt an. »Und nun erzähl mir noch mal, wie Tom und seine Freunde ins Jahr 2015 nach Norwegen gelangen konnten.«

Paul hatte keine Chance, sich gegen seine innere Stimme zu wehren, die bereitwillig damit begann, all sein Wissen auszuplaudern. Er erzählte von Rona und ihrer Rückkehr aus der Zukunft und von Gero und einigen seiner Kameraden, die sie unter Einsatz eines weiteren Servers aus der Zukunft aus dem Jahr 1315 ins Jahr 2015 nach Norwegen transferiert hatte.

»Und wo waren Breydenbach und seine Templer im Jahr 1315?«, wollte Tanner mit der beruhigenden Stimme eines Beichtvaters wissen.

»In Schottland«, murmelte Paul mit halbgeschlossenen Lidern.

»In Schottland?«, fragte Jack verwundert. »Was haben sie dort gemacht?«

»Es hatte ... irgendetwas mit dem ... Geheimnis der Templer zu tun«, stammelte Paul.

»Welches Geheimnis meinst du? Das in der Höhle?«

»Nein, keine Höhle ...«

»Was denn dann? Das mit den Steinen?«

»Hm ...«

»Was ist mit den Steinen? Hatten sie noch mehr von den Steinen?«

»Hm ...«

»Und wo waren diese Steine?«

»In Schottland ...«

»Wo in Schottland?«

»Nicht mehr in Schottland ...«

»Nicht mehr? Wo dann?«

»Kanada ...«

»Kanada?«

»Oak Island ...«

»Das ist der reinste Schwachsinn«, urteilte Jack verärgert. »Jeder Idiot weiß, dass auf dieser Insel schon seit Jahrhunderten vergeblich nach einem Templerschatz gesucht wird – ohne Ergebnis.«

»Denkst du, er phantasiert?« Mabel schaute Jack schräg von der Seite an.

»Mit dieser Droge hat er eigentlich keine Ausweichmöglichkeiten«, versicherte ihr Jack. »Er kann nicht lügen, aber er kann Dinge erzählen, die ihm suggeriert worden sind oder die er sich selbst suggeriert hat.« Er wandte sich wieder Paul zu. »Weißt du von dem Serveraustausch?«

»Welcher Server?«, fragte Paul mit belegter Stimme.

»Na, der 58er, oder gab es noch andere Server?«

»Aus der Zukunft. Und Tom hat einen gebaut«, murmelte Paul.

»Er hat einen gebaut?« Jack war erstaunt. »Woher hatte er den Stein?«

»Aus dem Kelch von Askalon. Aber das ist euch doch alles längst bekannt.«

»Ja, stimmt, das Ding aus der Asservatenkammer«, murmelte Tanner. »Ziemlich berechnend von unseren Templerbrüdern, den Wert dieses Artefakts zu verschweigen.«

»Zum Zeitpunkt des letzten Transfers ins Jahr 1153 wusste noch keiner, dass der Stein im Kelch eine solche Macht besaß. Das haben wir erst nach deiner Rückkehr gecheckt«, murmelte Paul. »Selbst schuld, wenn du nicht draufgekommen bist.«

»Eins zu null für dich, Sportsfreund«, gab Tanner säuerlich zurück. »Aber ihr hättet das Ding ja auch in den CAPUT 58 verbauen können.«

»Ja«, meinte Paul nur und schaffte es mühsam, die Tatsache zu verschweigen, dass sie genau das getan hatten.

»Weißt du, wohin Tom und die anderen verschwunden sind?«

»1315«, murmelte Paul. »Geros Heimat …«

»Die Breidenburg?«

»Hm …«

»Haben sie die Steine mitgenommen?«, fragte Jack streng und meinte damit die Frequenzquarze, die Rona aus der Zukunft mitgebracht hatte.

»Mitgenommen?«, murmelte Paul. »Alles mitgenommen …«

»Was haben sie mitgenommen?«

»Toms Server …«

»O mein Gott, ist das nervig«, fluchte Jack und fasste sich an den Kopf.

»Na immerhin wissen wir nun, wo sie sind«, wandte Mabel mit einem optimistischen Blick ein. »Wenn er mir zeigt, wie ich die Kiste zum Laufen bringe, könnte einer von uns hin und nachschauen, ob sie tatsächlich dort angekommen sind.«

»Nette Idee«, erwiderte Jack mit einem gequälten Lächeln. »Aber offenbar hast du nicht die geringste Ahnung, was einen in dieser Zeit erwartet.«

»Wieso?«, fragte sie mit leuchtenden Augen, sichtlich angetan von der Möglichkeit, in eine andere Zeit reisen zu können. »Ist es so schrecklich dort?«

»Ich kann nur für Israel sprechen und die Zeit um 1153. Zu dieser Zeit gab es dort frei herumlaufende Raubkatzen und marodierende Banden, gegen die Ali Baba und die vierzig Räuber ein Kindergarten sind. Im vierzehnten Jahrhundert war ich noch nicht. Aber was ich von Anselm Stein gehört habe und aus meinen Beobachtungen nach der Rückkehr der Templer aus Chinon im Jahr 1307 weiß, war es auch zu dieser Zeit kein Zuckerschlecken, dort zu leben. Immerhin wurden Menschen zu Tode gefoltert, öffentlich enthauptet, verbrannt oder mal eben lebendig eingemauert.«

»Nun ja«, meinte Mabel mit einem Schulterzucken. »Je nachdem, wo man heute hinkommt, kann einem das auch noch passieren. Oder denkst du ernsthaft, eine Todesspritze wäre humaner?«

»Das kommt ganz darauf an, warum jemand hingerichtet wird«, widersprach ihr Jack. »Im Mittelalter geschah das alles vollkommen willkürlich, zum Beispiel für Ketzerei. Oder wenn du einen Apfel geklaut hast und an den falschen Richter geraten bist. Das kann doch heute niemand mehr nachvollziehen.«

»Und wer geht zurück?«, fragte sie provozierend. »Einer von uns muss ja dort hin, sonst kommen wir nicht an die nötigen Informationen.«

Jack rollte die Schultern. »Ich werde reisen«, antwortete er mit einem entschiedenen Blick, der keinerlei Widerspruch duldete. »Aber erst einmal müssen wir den Server zum Laufen bringen, und dann sehen wir weiter.«

Paul hatte einen absoluten Brummschädel, als er etwa eine Stunde später endgültig aus seiner Trance erwachte. Er lag auf einer Pritsche in einer Einzelzelle und blinzelte in das kalte Neonlicht an der Decke. Vergeblich versuchte er, sich zu erinnern, was genau er Jack Tanner erzählt hatte. Da ihm das nicht gelingen wollte, ging er den umgekehrten Weg und versuchte, sich stattdessen zu erinnern, was er alles von sich gegeben haben konnte. Nicht allzu viel, glücklicherweise. Wobei er Rona erwähnt hatte, die Jack persönlich kannte, weil sie wie er und die anderen vor rund achthundert Jahren in der Höhle auf dem Sinai dabei gewesen war. Darüber hinaus hatte er Oak Island erwähnt, aber Tanner hatte ihm allem Anschein nach nicht geglaubt. Und so war es nicht mehr dazu gekommen, dass er über die Rettung der übrigen Templer berichten konnte. Auch dass er längst um den Austausch des Servers durch Rona im Hochsicherheitstrakt wusste, hatte er allem Anschein nach nicht zum Besten gegeben.

Während er versuchte, sich noch genauer daran zu erinnern, was er genau gesagt hatte, öffnete sich die Zellentür mit einem Summen, und Mabel Mason stand vor ihm. Sie war in Begleitung von zwei Soldaten und trug ein Tablett in Händen. Darauf ein frisches Baguette, eine gute Flasche Bordeaux und ein französischer Weichkäse, dessen Duft sofort den ganzen Raum erfüllte.

»Wollen Sie mich jetzt endgültig umbringen, weil ich Ihnen nicht mehr nützlich bin?«, fragte er misstrauisch.

»Hier wird niemand umgebracht. Das ist nur ein kleiner Snack, der nach dem Schock hoffentlich Ihre Lebensgeister wieder wecken wird«, versicherte sie ihm. »Vertrauen Sie mir.«

»Das habe ich schon einmal bei Kaffee und Keksen getan«, knurrte er. »Und außerdem bin ich histamin-intolerant. Ich kann so was weder trinken noch essen, ohne einen allergischen Schock zu bekommen.«

»Für jemanden, der so nah an der Grenze zu Frankreich lebt, ist das sicher eine Katastrophe«, bemerkte Mabel mit aufgesetztem Bedauern.

»Außerdem sollten Sie aufpassen, welche Medikamente Sie mir spritzen, falls Ihr Interesse an meiner Leistungsfähigkeit fortbestehen sollte«, klärte Paul sie mit einem gleichgültigen Blick auf.

»Dann nehmen Sie wenigstens das Baguette und einen Schluck Wasser«, riet ihm Mabel. »Ich werde mich umgehend um histaminfreien Ersatz bemühen. Wenn Sie so freundlich sind, mir eine Liste mit Lebensmittel zu schreiben, die Sie vertragen?«

»Was wollen Sie noch? Ich habe Ihnen doch alles gesagt.«

»Nicht, wie wir den Server zum Laufen bringen. Und deshalb möchte ich Sie bitten, mir in mein Labor zu folgen.«

Paul gab sich einen Ruck und wankte widerwillig hinter ihr her. Was hätte er auch anderes tun sollen, dachte er, als er durch die langen, von Neonröhren erhellten Flure schlich wie ein Suchtkranker nach seinem Schuss. Begleitet von zwei schwer bewaffneten Gorillas der NSA dachte er unaufhörlich an Karen und die Kleine. Würde er sie je wiedersehen? Außer seiner Familie hatte er nichts zu verlieren. Das wusste Tanner, und deshalb konnte er damit rechnen, dass er kooperierte, sofern es ihm möglich war. Wobei Jack ihm nicht verraten hatte, was genau er mit einem neuen Server bezweckte. Obwohl Paul es sich fast denken konnte. Rona hatte nach ihrem Aufenthalt in der Templerhöhle eine unschöne Vision gehabt, wie Anselm ihm erzählt hatte. Darin hatte Tanner mit einer größeren Menge an Gestein aus der Höhle die Weltherrschaft erlangt und war zum Vorbild von Ronas Meister Lion aufgestiegen, der seinen Platz in der Zukunft als Diktator, der die gesamte Welt beherrschte, übernommen hatte. Selbst wenn das alles nur ein böser Traum gewesen sein sollte, erschien es Paul nicht erstrebenswert, Jack Tanner in den Besitz einer größeren Menge des Frequenzquarzes zu bringen.

Der Ursprungsort dieses magischen Gesteins hatte einst auf dem Sinai gelegen, direkt gegenüber dem Katharinen-Kloster. Ein so gewaltiges Vorkommen, dass dessen Auswirkungen auch Zeitreisen ohne Server ermöglichten. Ansonsten wären Tanner und die anderen nicht mehr zurück ins Jahr 2005 gelangt. Möglicherweise hatten die Tafeln des Moses tatsächlich aus diesem Gestein bestanden, und wegen der Strahlung hatte man sie mit einer Lade, die innen ganz mit Gold ausgekleidet war, nach außen hin abzuschirmen versucht. Paul dachte darüber nach, wie viel Wahrheit an dieser biblischen Legende war und dass er froh sein konnte, in Tanners Verhör dazu nicht befragt worden zu sein.

Nach seiner Rückkehr aus dem zwölften Jahrhundert hatte Jack Tanner zusammen mit General Lafour vergeblich versucht, die Höhle aus dem Jahr 1153 in der Moderne wiederzufinden. Paul war überzeugt davon, dass er deshalb noch einmal versuchen würde, Kontakt zu den Templern aufzunehmen.

Als Paul wenig später zusammen mit Mabel das Labor betrat, blieben die beiden Wachen draußen stehen und bezogen mit versteinerten Gesichtern Position. Drinnen war er mit Mabel allein und staunte nicht schlecht, als er sah, dass die Kopie des Timeprojectservers 58 bereits unter einer fahrbaren Plexiglaskuppel auf sie wartete. Daneben lag ein gelbgrüner Frequenzquarz von der Größe einer Erdnuss in einer durchsichtigen Plombe, deren Umhüllung wahrscheinlich aus Bleiglas bestand, um die Strahlung nicht nach außen dringen zu lassen.

»Haben Sie ein solches Teil schon einmal berührt oder sind ihm zu nahe gekommen?«, fragte Mabel, als sie sah, wie fasziniert er den Stein anstarrte.

»Ja«, meinte er mit rauer Stimme. »Als ich Tom geholfen habe, den nachgebauten Timeserver mit dem Frequenzquarz aus dem Kelch von Askalon zu bestücken. Wir haben ihn geteilt. Erstaunlicherweise hat er trotzdem noch funktioniert.«

»Und was haben Sie empfunden, als Sie ihn berührt haben?« Mabel schaute ihn neugierig an.

»Ich habe den Stein immer nur mit einer Pinzette gehalten und vermieden, ihm zu nahe zu kommen«, erwiderte Paul, der sich denken konnte, dass eine Wissenschaftlerin wie Mabel Mason sich längst näher mit dem Material beschäftigt hatte.

»Ich wollte nur aus Ihrem Mund hören, wie es sich anfühlt, wenn etwas vollkommen von einem Besitz ergreift und das eigene Bewusstsein beeinflusst, indem es für Sekunden die eigene Wirklichkeit verändert und Halluzinationen von einer Echtheit erschafft, die so atemberaubend ist, dass sie jegliche ›Augmented Reality‹ in den Schatten stellt. Wobei man berücksichtigen muss, dass es sich nur um ein vergleichsweise kleines Stück Quarz handelt. Wie viel größer wäre der Einfluss, wenn man ein noch größeres Stück besitzen würde?«

»Ah, daher weht der Wind«, meinte Paul nur. »Und nun denkt Jack, wenn er ein großes Stück vom Kuchen ergattern könnte, wäre seine Macht umso größer?«

Mabel lächelte geheimnisvoll. »Ich glaube, zunächst geht

es darum, diesem kleinen Schätzchen eine Bedeutung zu geben, die über eine Halluzination hinausreicht.«

»Was hat Jack vor?«, fragte Paul direkt. »Will er zurück ins zwölfte Jahrhundert und nach der Höhle suchen? Falls ja, kann ich nur warnen. Ich bin nicht sicher, ob man ein größeres Stück von diesem Gestein mit einem Server transportieren kann. Schließlich interagiert das Gerät mit einem winzigen Teil dieses Materials. Niemand weiß, welche Auswirkungen der Transport eines größeren Anteils des Quarzgesteins auf einen Transfer haben könnte.«

»Deshalb will Jack auch nicht ins zwölfte, sondern ins vierzehnte Jahrhundert, um Gero von Breydenbach aufzuspüren, damit er ihm verrät, wo die Templer weitere Depots dieses Gesteins angelegt haben. Er ist der festen Überzeugung, dass es noch mehrere Orte gibt, an denen die Templer ihre Schätze verborgen haben – und dass es sich dabei nicht um Gold handelt, sondern eben um dieses Gestein, das in größeren Mengen die Gesetze der Physik außer Kraft setzen und dem Nutzer die Möglichkeit geben kann, direkt Einfluss auf die Realität zu nehmen. Außerdem müssen wir nichts transferieren. Wenn er weiß, wo das Material verborgen ist, muss ich ihn nur zurückholen, und er kann sich im Hier und Jetzt bedienen.«

Paul schluckte hart. Also das war Jack Tanners wahres Anliegen. Er war nicht daran interessiert, den Templerorden zu retten. Er wollte die Weltherrschaft erringen – und zwar für sich alleine.

»Ich hoffe, Sie haben wenigstens eine Ahnung davon, was Sie da vorhaben«, erwiderte Paul mit belegter Stimme. »Die Sache könnte ins Auge gehen, wenn Sie mich fragen.«

»Ich bin in erster Linie Wissenschaftlerin«, erklärte Mabel ohne jedes Pathos. »Ich will wissen, wie die Welt funktioniert. Wer sie regiert, ist mir ziemlich egal, solange er mich nicht davon abhält zu forschen.«

Paul überlegte einen Moment. Dann schüttelte er den Kopf. »Ich kann das nicht, Mabel. Was Sie da vorhaben, könnte die gesamte Welt zerstören.«

»Sie können es sich aber nicht aussuchen«, erwiderte sie stur. »Denken Sie an Ihre Frau und Ihre Tochter. Ihre Welt gegen meine. Wenn Sie nicht tun, was wir verlangen, wird Ihre Welt zerstört sein, bevor wir mit meiner beginnen. Haben Sie das verstanden?«

»Ja«, erwiderte Paul knapp.

»Und?« Mabel schaute ihn mit ihren bernsteinfarbenen Augen herausfordernd an.

»Okay«, sagte er und seufzte schwer. »Sie haben mich in der Hand. Was muss ich tun?«

Paul sollte die Quantenkartusche so programmieren, dass sie sich dem Energielevel des Servers anpasste und ihn automatisch hochfuhr, wenn der Stein zum Einsatz kam. Dann half er Mabel dabei, den Stein auf die entsprechende Größe anzupassen und in die Vorrichtung des Servers einzubauen.

Mabel zuckte zurück, als der Stein bläulich grün zu leuchten begann und der Schutzmechanismus des Servers automatisch aufklappte und die glatte Oberfläche freilegte.

»Timeprojectserver 68 meldet sich zum Dienst«, verkündete eine angenehme Frauenstimme, die sich in ihren Gedanken manifestierte, während sich über der glatten Oberfläche ein asiatischer Frauenkopf erhob, der sich aus Millionen von Lichtpunkten zusammensetzte.

Paul befahl dem Gerät, einen Probelauf durchzuführen, woraufhin sich verschiedene Amplituden erhoben, die sich in einer wellenförmigen Bewegung aufbauten. Er war selbst erstaunt, dass es so einfach gewesen war, und starrte fasziniert auf das Schauspiel. Dann konfigurierte er kraft seiner Gedanken die DNA-Abfrage des jeweiligen Zeitreisenden und die Einstellung der GEO-Daten. Paul besaß nur eine Programmierung der alten Generation und konnte nicht ortsunabhängig transferieren, wie es Rona mit den Geräten der neueren Generation inzwischen möglich war. Ihm stand lediglich ein Transferradius von dreißig Metern zur Verfügung. Allerdings würde Paul einen Teufel tun, Mabel und Jack von den Möglichkeiten der neuen Servergeneration zu berichten.

Falls Jack also zur Breidenburg zurückreisen wollte, musste er mit dem Gerät im Koffer nach Deutschland fliegen und dort vom US-amerikanischen Militärflughafen Spangdahlem aus zur Breidenburg fahren, von der nach mehr als siebenhundert Jahren nur noch ein Schutthaufen übrig war.

»Funktioniert es?«, wollte Mabel wissen und schaute ihn aufgeregt an.

Inzwischen war die rotierende Hand auf der Bildfläche erschienen und forderte, dass der jeweilige Proband seine eigene Hand in den blaugrünen Energienebel legte.

»Sie können es gerne ausprobieren«, empfahl ihr Paul nicht ohne Hintergedanken.

»Und was geschieht dann?«

»Erst mal nichts«, erklärte Paul wahrheitsgemäß. »Das Gerät speichert Ihre DNA, und wenn Sie reisen wollen, überprüft es, ob Sie in der angegebenen Zeitepoche schon vorhanden sind. Was einen Transfer in diese Zeitebene verhindern würde, weil Sie sich nicht selbst begegnen können.«

»Was würde dann geschehen?«, fragte Mabel ein wenig atemlos.

»Die exakt gleiche Energieform, die dazukommt, würde automatisch paralysiert. Damit verhindert das System allem Anschein nach Paradoxien. Hat aber zur Folge, dass eine der beiden Energieformen im quantenmechanischen Netz des Universums nicht weitergeführt wird. Das Prinzip dieses Mechanismus basiert darauf, dass energetische Muster aus dem Zeitstrom ausgeschnitten werden können, was zur Folge hat, dass nachfolgende Muster zusammenbrechen. Das Gerät scheint zu berechnen, ob die Energiewelle fortgesetzt werden muss oder nicht.«

»Das würde bedeuten, die Kiste weiß vorab, ob der Transfer im zeitlichen Ablauf enthalten ist oder nicht?«

»Wir vermuten, dass alle Aktionen, die wir mit dem Server betreiben, Teil eines übergeordneten universellen Plans sind. Auch wenn wir es zurzeit nicht beweisen können.« Paul sah die Verwirrung in ihren Augen, aber auch die unverhohlene Neugier, herausfinden zu wollen, was hinter alldem steckte.

Ohne lange darüber nachzudenken, streckte sie die Hand aus und legte sie in den rotierenden Nebel.

»DNA wurde gesichert«, verkündete die sanfte Frauenstimme. »Zeitebene festlegen.« Nun erschienen von Neuem pulsierende Wellen, die sich nach einer Weile beruhigten und sich zu einem plastischen Zeitstrahl verdichteten, der automatisch sämtliche je vorhandenen Kalenderparameter synchronisierte und in eine gemeinsame physikalische Größe umwandelte. Denn Zeit richtete sich gewöhnlich nicht nach Kalendern, sondern hatte etwas mit universellen Gegebenheiten zu tun, die sich für den menschlichen Beobachter nur rein optisch nach dem Stand der Gestirne richteten. In Wahrheit war Zeit nichts anderes als Frequenz, die im vorliegenden Fall von einem einzigartigen Frequenzquarz gemessen und auf die gängigen menschlichen Rechensysteme umgerechnet wurde, damit der Transfer sekundengenau in die angegebene Zeitebene erfolgen konnte.

»Nun könnten wir ein Datum und die Tageszeit festlegen«, erklärte ihr Paul gelassen. Er hätte sie mit nur einem Befehl in irgendein Niemandsland vor tausend Jahren transferieren können. Aber er hatte Skrupel, sie einer uramerikanischen Wildnis auszuliefern, von der niemand in ihrer Zeit wusste, wer damals dort gehaust hatte.

»Was macht ihr da?« Eine scharfe Stimme zerriss die beinahe andächtige Stille.

Jack war unvermittelt im Labor aufgetaucht und sah, wie weit der Transfer, den Paul in Gang gesetzt hatte, schon fortgeschritten war. Auch wenn er nicht besonders viel von der Technik verstand, konnte auch er die Gedanken des Servers »hören«.

»Bist du noch ganz bei Trost?«, fuhr er Paul an. »Mach das Ding aus! Ein einziger Befehl, und sie ist weg!«

Mabel wich erschrocken zurück und wechselte einen verunsicherten Blick mit Jack und Paul.

»Was hat das zu bedeuten?«, fragte sie misstrauisch.

»Es bedeutet, dass er dich ohne Weiteres hätte verschwinden lassen können«, blaffte Tanner.

»Ich wollte ihr nur zeigen, wie der Mechanismus funktioniert«, verteidigte sich Paul. »Ich hätte sie garantiert nicht einfach irgendwohin transferiert. Ich bin kein Unmensch, Jack. Im Gegensatz zu dir, der mich und meine Familie in Geiselhaft hält, nur um zu seinem Ziel zu kommen.«

»Wie soll ich dir jemals vertrauen, Paul?«, fragte Tanner mit einem beunruhigten Blick.

»Am besten gar nicht«, schoss Paul zurück und wandte sich ab. »Allerdings«, mit einem zynischen Lächeln drehte er sich erneut zu Jack um, »wenn du den Schatz der Templer heben willst, wirst du mir zwangsläufig vertrauen müssen.«

»Das bedeutet also, du hast die Kiste tatsächlich zum Laufen gebracht?« Jack fixierte ihn mit einem düsteren Blick.

»Könnte man so sagen«, erklärte Paul und grinste bescheiden.

»Dann will ich, dass du Mabel in die komplette Programmierung einweist. Ich setze mich in der Zwischenzeit mit unserem Personalbüro in Verbindung und buche drei Flüge nach Deutschland. Spätestens übermorgen sollten wir auf dem Gelände der Breidenburg stehen und meinen Transfer realisieren.«

KAPITEL 21

DEZEMBER 1315 –

DEUTSCHE LANDE / MOSEL / BURG WALDENSTEIN

Tafelrunde

Nach der Vesper schlenderte Mattes zusammen mit Malcolm über den vereisten Burghof, der in der hereinbrechenden Dunkelheit von Fackeln und Feuerkörben erleuchtet war. Zusammen mit dem jungen Schotten folgte er den anderen Templerbrüdern, die sich bei Sonnenuntergang in der Katakombe unterhalb der Kapelle zu einer Kapitelsitzung verabredet hatten. Nur Mitglieder des Ordens durften daran teilnehmen. Auch Rona, Freya, Amelie und Hannah waren dazu eingeladen. Nur Gesa nicht.

»Sie gehört nicht zum Kreis der Eingeweihten«, hatte Gero beschieden, als Mattes gefragt hatte. »Außerdem versteht sie das alles nicht, und ich verbiete dir, ihr auch nur ein Wort von dem zu sagen, was wir in der Katakombe besprechen.«

Mattes hatte gehorsam genickt. Obwohl er es nicht wirklich verstand, schließlich war Gesa schon zweimal mit einem

CAPUT in eine andere Zeit gereist, und Gero hatte ihr bereits bei Strafe verboten, über ihre Erlebnisse zu reden. Sie hatte nicht viel von der Zukunft mitbekommen, weil sie nur wenige Tage auf Anselms Ranch gewesen war. Aber die Bücher in der Bibliothek hatten gereicht, um sie in atemloses Erstaunen zu versetzen. Ganz zu schweigen von einem Computer, den Mattes ihr vorgeführt hatte, und einem Fernseher, der in der Küche gestanden hatte. Jammerschade, dass sie nicht nach draußen gedurft hatten. Er hätte ihr gerne einen der bunten Einkaufsläden gezeigt, selbst wenn das natürlich zu weiteren Fragen geführt hätte.

Während er darüber nachdachte, ob er jemals wieder die Gelegenheit haben würde, ein Schokoladeneis oder einen Hamburger mit Kartoffelstäbchen zu genießen, die es in der hiesigen Zeit schlichtweg nicht gab, sah er, wie Gesa ihm hinter einem Holzverschlag auflauerte.

Während sich ihre Blicke trafen, ruderte sie mit ihren Armen, auf dass er möglichst schnell zu ihr kommen sollte.

»Du entschuldigst mich kurz bei den anderen«, sagte er zu Malcolm, der den kleinen Austausch zwischen ihm und dem Mädchen mitbekommen hatte und wissend grinste, »ich komme gleich nach, es dauert nicht lange.«

»Klar«, meinte der junge Schotte nur. »Aber vergiss über dein Liebchen nicht gleich die ganze Versammlung, hörst du?«

»Nein, gewiss nicht«, raunte Mattes und stahl sich davon.

Gesa zog ihn hinter den Verschlag, kaum dass er bei ihr angelangt war, und fiel ihm atemlos um den Hals.

»Was gibt's denn so Dringendes?«, fragte er und befreite sich sanft aus ihrer Umklammerung.

»Ich muss mit dir reden«, sagte sie mit bebenden Lippen. »Ich bekomme dich vor lauter Arbeit ja kaum noch zu Gesicht. Du musst mir helfen.«

»Wobei?«, fragte er irritiert.

»Ich will nach Hause.«

»Dein Zuhause ist hier, bei mir«, erwiderte er mit sanfter Stimme und schaute ihr tief in die nussbraunen Augen. Sie war um einiges kleiner als er, und ihre zierliche Gestalt weckte seinen Beschützerinstinkt.

»Ist es nicht«, fauchte sie unerwartet aggressiv. »Du bist ein Tempelritter und ein Edelfreier dazu. Ich hingegen werde immer eine Magd bleiben. Ich werde niemals deine Frau sein, weil ich dir nicht ebenbürtig bin. Ganz gleich, was noch kommt ... Und deshalb will ich zurück.«

Mattes schaute sie ernst an. »Wer erzählt solchen Blödsinn?« Er konnte sich denken, dass diese Einsicht nicht auf Gesas Mist gewachsen war.

»Hilda, die Magd, die der Mutter unseres Herrn zur Hand geht. Sie hat früher auf der Breidenburg gearbeitet und mir auch erzählt, dass meine Mutter aus den Diensten der Herrin entlassen wurde, weil sie angeblich die Familie unseres Herrn verraten hat. Anscheinend ist sie seither verschwunden. Und dieser schreckliche Inquisitor, der mir in Schottland ein Messer an die Kehle gehalten hat, behauptete damals, sie getötet zu haben. Und auch wenn dein Herr ihm keinen Glauben geschenkt hat, mache ich mir große Sorgen. Mein Vater und meine Geschwister leben noch auf der Breidenburg. Ich muss ihnen helfen, meine Mutter zu finden.«

»Unsinn«, sagte Mattes. »Ich kann mir nicht vorstellen, dass deine Mutter die Familie im Stich lässt. Vielleicht ist sie zu Verwandten gereist? Außerdem hätte die Mutter unseres

Herrn eine solche Angelegenheit nicht einfach auf sich beruhen lassen und meinem Herrn bei unserer Rückkehr davon erzählt. Wahrscheinlich will diese Hilda dich nur loswerden.«

»Selbst, wenn es so wäre«, stammelte Gesa, die ins Grübeln geraten war. »Ich habe Heimweh nach meinen Geschwistern. Ich muss sie sehen. Kannst du nicht mit mir zur Breidenburg reiten, damit ich endlich weiß, ob alles in Ordnung ist?«

»Ich fürchte, unser Herr ist damit nicht einverstanden«, murmelte er mit einem Blick in Richtung Kapelle.

»Aber du hast gesagt, dass du mich liebst«, bettelte sie. »Und warum sollte er etwas dagegen haben? Auf der Breidenburg weiß doch niemand, dass wir in der Zukunft ...«

»Sch!«, machte Mattes und hielt ihr den Mund zu. »Genau deshalb können wir nicht dorthin. Weil deine Mutter oder dein Vater sonst fragen würden, wo du die ganze Zeit gewesen bist. Die Wahrheit könnte uns in ernste Schwierigkeiten bringen. Also warte noch ein Weilchen, bis du nicht mehr so geschwätzig bist.«

»Ich und geschwätzig?« Empört schaute sie zu ihm auf. »Das ist ja ein wunderbares Kompliment. Endlich weiß ich, was du wirklich von mir denkst. Weißt du was?«, schnappte sie und tippte mit spitzem Zeigefinger hart auf seine Brust. »Hilda hat recht. Du bist auch nur ein eingebildeter Galan wie alle anderen Edelleute. Du hältst unsereins für einfältig und allenfalls gut genug fürs Putzen und für andere Dinge, die ich nicht in den Mund nehmen will. Gut, dass du dein wahres Gesicht gezeigt hast.«

»Aber«, protestierte Mattes mit einer hilflosen Miene, »habe ich dich jemals bedrängt? Du warst es doch, die mich unbedingt küssen wollte!«

»Das war ein Fehler«, sagte sie. »Mit uns ist es vorbei. Ich hätte erwartet, dass du meine Not verstehst, und nicht, dass du mich für geschwätzig erklärst.«

Bevor Mattes auch nur noch ein Wort der Verteidigung anbringen konnte, hatte sie ihre langen Röcke gerafft und war in ihren neuen Lederstiefeln über den Hof davongeeilt. Mit hoch erhobenem Haupt verschwand sie im Eingang des Palas.

Er wäre ihr gerne hinterhergelaufen, doch dann wäre er zu spät zur ersten Kapitelversammlung gekommen, und das hätte kein gutes Bild auf seine Verlässlichkeit als Tempelritter geworfen.

Gero wartete schon ungeduldig, weil Mattes noch fehlte. »Wo bleibst du denn?«, herrschte er den Jungen an, der als Letzter die schmale Steintreppe hinuntergelaufen kam und sich auf den einzig freien Platz neben Malcolm setzte.

»Tut mir leid«, murmelte er. »Gesa hat mich aufgehalten. Sie wollte etwas wissen, was ich ihr nicht beantworten konnte. Ich würde gerne mit dir darüber sprechen, wenn wir hier fertig sind.«

»Von mir aus«, gab Gero ungeduldig zurück und schloss die Tür, um sich anschließend neben Hannah zu setzen.

Der kleine Raum war alles andere als gemütlich. Die nackten grauen Mauern erinnerten Gero an die Katakomben der Templerkirche von Nicosia, obwohl diese natürlich viel größer gewesen waren. Aber hier unten war es ähnlich stickig, zumal sie die Lüftungsschächte mit Lumpen verhangen hatten, damit sie niemand beobachten konnte. An den Wänden flackerten Pechfackeln, deren Rauch auf dem Mauerwerk bereits Rußspuren hinterlassen hatte.

Aber sonst war alles aufgeräumt und der Boden gefegt. Am Nachmittag hatte Gero mit Anselm, Johan, Struan und Stephano das Gerümpel entfernt und ein paar alte Kirchenbänke im Kreis aufgestellt. In der Mitte stand eine massive Holztruhe, und darauf hatte Rona einen der Server gestellt, damit alle sehen konnten, was auf dessen Oberfläche geschah.

Rona räusperte sich, bevor sie jeden Einzelnen in der Runde mit einem eindringlichen Blick bedachte. »Wie ihr inzwischen alle wisst, haben wir mit den beiden neuen Timeservern gewaltige Möglichkeiten, und gleichzeitig lauern dort draußen unberechenbare Gefahren, denen es zu begegnen gilt. Lion, mein Mittelsmann in der Zukunft, hat mir einige Berechnungen an die Hand gegeben, von denen er meinte, sie könnten uns helfen, eine Zukunft wie die unsrige zu verhindern. Er hat dafür künstliche Intelligenz bemüht, will heißen, es gibt ein Computerprogramm in meiner Zeit, was genauestens berechnet, was geschieht, wenn man diesen oder jenen Baustein in der Geschichte verändert. Und er kam dabei zu dem Schluss, dass es durchaus möglich sein könnte, die Abläufe der Geschichte zu beeinflussen, wenn man in die passenden Zeitzonen zurückreist und durch direkten Einfluss das Schicksal bestimmter Personen oder zeitliche Abläufe verändert.«

»Aber das ist bisher nicht gelungen«, widersprach ihr Hannah. »Und außerdem wüsste ich gerne, was in einem solchen Fall mit mir und meinem Kind passiert. Verschwinden wir dann einfach? Ich meine, wenn der Orden nicht vernichtet wird, wird Gero nicht in die Zukunft reisen, und wir lernen uns nicht kennen. Und das würde allen anderen hier genauso ergehen.«

»Ja, sie hat recht. Was ist, wenn wir alle verschwinden?«, gab Freya zu bedenken, die Johans Hand ergriffen hatte und so fest drückte, dass ihre Knöchel weiß hervortraten. »So glücklich wir auch darüber sind, dass du und dein Meister unser gemeinsames Leben gerettet habt, umso unverständlicher ist es mir, das alles aufs Spiel setzen zu wollen.«

Offenbar waren die Frauen einer Meinung, was einen erneuten Transfer betraf.

»Ich kann verstehen«, begann Amelie und schaute ein wenig unsicher zu Struan auf, »dass es den Männern wichtig ist, den Orden zu retten und damit womöglich die gesamte Menschheit. Aber ich bin nun auch guter Hoffnung und mache mir Sorgen um mein ungeborenes Kind. Was ist, wenn wir diesen Wandel nicht überleben?«

»Vielleicht werdet ihr als jemand anderer wiedergeboren«, sinnierte Ralph of Bulford vorschnell.

»Und das sagst du als Tempelritter?«, fuhr Freya ihn unerwartet scharf an. »Der du als Bruder auf den Jüngsten Tag und die Wiederauferstehung unseres Herrn geschworen hast?«

»Hab ich nicht«, sagte er und grinste schwach. »Bei unserem Orden lief das alles ein wenig anders. Vielleicht hat dein Mann versäumt, dich darüber aufzuklären. Wir huldigen der Mutter Gottes als Sinnbild für die Weisheit der Sophia. Alles kommt aus ihrem Schoß und wird dort eines Tages wieder hingehen. Das bedeutet, alles ist ständig einem Wandel unterlegen und wird sich erneuern.«

»Damit beruhigst du mich aber nicht«, erklärte Hannah aufgebracht. »Hier geht es nicht um dich oder mich. Hier geht es um unsere ungeborenen Kinder. Ich werde nichts zustimmen, was deren Leben gefährdet.«

Ihr aufgebrachter Blick lag auf Gero, der sich plötzlich in der Pflicht sah, auch etwas dazu zu sagen. »Ich schlage vor, wir beruhigen uns erst einmal alle«, meinte er mit einer beschwichtigenden Geste. »Unsere Erlebnisse waren ziemlich beeindruckend, doch soweit ich es beurteilen kann, konnten wir bisher noch nichts verändern. Es sah eher so aus, als ob die bereits geschriebene Geschichte unsere bescheidene Einflussnahme mit in ihre Abläufe eingeplant hätte. Deshalb schlage ich vor, warten wir erst einmal ab, was Rona uns zu sagen hat, und dann entscheiden wir.«

»Ich hatte ohnehin vor«, sprach Rona weiter, nachdem wieder Ruhe eingekehrt war, »zunächst nach meiner Schwester zu suchen. Wie ihr alle wisst, ist das mit dem neuen Programm, das ich aus der Zukunft mitgebracht habe, durchaus möglich. Ich vermute, dass sie mit Khaled in die Zeit vor seiner Geburt gereist ist, um seinen Vater vor einem Attentat zu warnen, bei dem er ermordet wurde. Sie hatte mich, noch bevor wir von der Höhle der Templer erfahren haben, darum gebeten, ihr dabei zu helfen, falls wir jemals wieder in den Besitz eines intakten Servers gelangen würden. Damals hat sie etwas von 1118 oder 1119 erzählt, wohin sie mit Khaled zurückreisen wollte. Also lange bevor die kriegerischen Auseinandersetzungen zwischen dem Königreich Jerusalem und den Fatimiden begonnen haben. Deshalb gehe ich davon aus, dass sie sich mit Khaled in diese Zeit gewünscht hat. Also zehn Jahre vor dessen Geburt. Dabei wusste sie um das Risiko. Wenn Khaled nicht mit seinem eigenen Ich konfrontiert werden will, muss er vor seiner eigenen Geburt wieder verschwinden. Aber sie haben keinen Server. Also muss ich das mit unserem neuen Server erledigen.«

»Warum hast du Lion nicht um Hilfe gebeten?«, wollte Tom wissen. »Er scheint doch die besten Arbeitsbedingungen zu haben.«

»Weil ich nicht wollte, dass er von der Höhle der Templer erfährt. Du hast doch selbst gesehen, was eine größere Menge des Frequenzquarzes anrichten kann.«

»Das heißt, du willst ganz allein dorthin?«, fragte Hannah in ungläubigem Staunen.

»Ich werde niemandem einen Transfer zumuten, zu dem er oder sie nicht freiwillig bereit ist«, sagte sie mit fester Stimme.

»Und wie soll das vonstattengehen?« Tom schaute sie zweifelnd an.

»Du wirst mich mit meinem Server transferieren, weil ich bei dem Gerät sicher sein kann, dass die Suchfunktion sauber arbeitet«, erklärte sie. »Wir nehmen deinen Server mit, damit wir in Kontakt treten können, wenn ich wieder zu euch zurückkehren möchte. Sobald ich mit Khaled und Lyn hierher zurückgekehrt bin, sehen wir weiter.«

»Warum versuchst du nicht, sie hierher zu transferieren?«, fragte Hannah, die nicht begriffen hatte, warum Rona ein solches Risiko einging, selbst in die Vergangenheit zu reisen, wenn sie doch eine Suchfunktion zur Verfügung hatte, die ihr genau sagen konnte, wo die beiden sich aufhielten.

»Weil ich in den neuen Programmen Khaleds DNA nicht gespeichert habe. Um personenbezogen transferieren zu können, benötige ich die exakte DNA-Sequenz, die ich nur vor Ort einscannen kann. Deshalb muss ich persönlich dorthin.«

Während Hannah noch zweifelte, ob eine solche Mission so einfach durchführbar war, wie es sich anhörte, sprachen Tom und Rona bereits über die notwendigen Maßnahmen.

Tom schien Feuer und Flamme zu sein. »Ich werde das schon hinbekommen«, meinte er gelassen. »Schließlich habe ich bereits selbst einen Server konstruiert und weiß, wie die Dinger funktionieren.«

Gero und Struan warfen sich zweifelnde Blicke zu. Tom wusste eine Menge Dinge, aber er war kein Heiliger und konnte keine Wunder vollbringen. Für Geros Verständnis war er eher ein Magier mit eingeschränkten Möglichkeiten. Und er war bekannt dafür, dass ihm ständig irgendwelche Fehler unterliefen. Doch solange sie nicht selbst auf Toms Fähigkeiten angewiesen waren und Rona sich damit einverstanden erklärte, von ihm transferiert zu werden, würden Gero und seine Kameraden nicht protestieren.

Arnaud, dem die Zweifel seiner Brüder nicht entgangen waren, machte sich Sorgen um seine Frau.

»Brauchst du Begleitschutz?«, fragte er Rona mit ernstem Blick. »Auch wenn ich weiß, dass du ein tapferes, wehrhaftes Mädchen bist, behagt es mir nicht, dich ungeschützt in eine weiter entfernte Vergangenheit zu schicken.«

»Danke, Arnaud«, sagte Rona und zwinkerte ihm liebevoll zu. »Wenn die anderen nichts dagegen haben, nehme ich dich gerne als meinen Begleitschutz mit. Vielleicht sollten wir nicht mehr allzu lange damit warten. Schließlich dauert es nur Minuten, uns zu transferieren und wieder zurückzuholen. Man muss zuvor nur Zeiten und Orte korrekt einprogrammieren.«

»Ich bin bereit«, erklärte Tom mit einem triumphierenden Lächeln. »Nur wäre es mir lieber, wenn hier nicht so viele Leute herumstehen. Ich bin immer noch von der Geschichte mit Tapleton traumatisiert.«

»Außerdem solltet ihr euch mit etwas Proviant eindecken

und an die Nanokapseln denken«, mahnte sie Anselm, der sich noch gut daran erinnern konnte, wie er mit den Frauen und Mattes nach einem verbotenen Transfer unvermittelt an der Küste des Heiligen Landes aufgeschlagen war und sie sich zunächst einmal mit dem Nötigsten hatten versorgen müssen.

Gleich danach hatten sie mit einem Zug fatimidischer Räuber einen unfreiwilligen Trip in die Wüste unternommen, bei dem es ihnen an allem gemangelt hatte.

»Ich habe meinen Rucksack immer dabei«, erklärte Rona und deutete auf einen unscheinbaren Lederrucksack unter dem Tisch. Dort ist alles drin, was man für einen Notfall benötigt. Fünf Nanokapseln inklusive. Die restlichen fünfzehn befinden sich in einer Schatulle in unserem Zimmer, die ich unter einer lockeren Bohle am Fußende des Betts versteckt habe.« Sie warf Gero einen entschuldigenden Blick zu. »Nimm's nicht persönlich, ich wollte lediglich die Dienstboten der Gräfin nicht in Verlegenheit bringen. Und außerdem sind die Dinger unsere Lebensversicherung. Falls es bei unserer Rückkehr Probleme geben sollte, was ich nicht glaube, möchte ich, dass ihr die Kapseln auf euch verteilt. Demnach würde jeder von euch eine Kapsel erhalten, die ihr euch für den absoluten Notfall aufspart.«

»Ich dachte, ihr seid gleich wieder da?«, beschwerte sich Totty, der überhaupt nichts verstand.

»Sind wir auch«, erklärte Arnaud ein wenig entnervt. Man sah ihm an, dass auch er sich diesen Transfer lieber erspart hätte. Zumal er mit Khaled immer auf Kriegsfuß gestanden hatte.

»Dann erkläre ich die Kapitelsitzung für beendet.« Gero wandte sich mit ernstem Blick an die übrigen Teilnehmer.

»Wie versammeln uns aufs Neue, wenn Rona und Arnaud zusammen mit den anderen beiden zu uns zurückgekehrt sind und wir womöglich neue Erkenntnisse haben, was unsere Einflussmöglichkeiten auf bereits geschehene Zeitabläufe betrifft.«

Gero begleitete Hannah nach draußen, wo die übrigen Frauen bereits auf sie warteten. Er gab ihr einen flüchtigen Kuss und verabschiedete sich mit einem »Schlaf gut«.

»Warum kommst du nicht mit?«, fragte sie wenig begeistert. »Du kannst Tom und Rona sowieso nicht helfen.«

»Als der neue Burgherr stehe ich in der Verantwortung für alles, was auf dem Anwesen passiert«, erklärte er ihr mit einem sanften, aber bestimmten Blick. »Deshalb will ich dabei sein, wenn Tom seine Experimente durchführt.«

»Lass dich bloß nirgendwohin transferieren.« Hannah schluckte nervös. »Um ehrlich zu sein, regt mich das alles schrecklich auf. Ich traue Tom und seinen Fähigkeiten nicht. Seit dieser Geschichte in Israel reagiere ich allergisch auf jegliche Transfers und erst recht, wenn er sie allein durchführt.«

Gero stieß einen tiefen Seufzer aus und legte ihr einen Arm um die Schulter. »Komm, ich bringe dich noch zum Palas, und wenn wir nachher fertig sind, komme ich sofort zu dir und erzähle dir, wie es gelaufen ist.«

»Das musst du nicht. Ich finde allein zurück, und außerdem sind Freya und Amelie bei mir.«

Plötzlich standen Struan und Johan neben ihm und schauten ihn fragend an.

»Was sollen wir machen?«, fragte Struan mit seiner dunklen Reibeisenstimme in die abendliche Schneekälte hinein, die ihn bei jedem Atemzug helle Dampfwölkchen ausstoßen ließ. »Willst du den Maleficus bei seiner schwierigen Aufgabe sich selbst überlassen?«

»Nein«, erwiderte Gero kopfschüttelnd. »Ich schlage vor, die Frauen gehen zu Bett, und wir schieben Wache, bis Rona und die anderen wieder aufgetaucht sind.«

»Falls Khaled und Lyn hier erscheinen, müssen wir uns ohnehin überlegen«, erinnerte ihn Anselm, der unvermittelt hinzugekommen war, »wie wir Roland und der Gräfin die plötzliche Anwesenheit der beiden erklären. Schließlich ist das Burgtor schon geschlossen, und sie können nicht fliegen.«

»Stimmt«, murmelte Gero und fuhr sich mit einer Hand nervös übers Gesicht. »Daran habe ich überhaupt nicht gedacht.«

»Darüber können wir später beraten«, riet Jacob von Sassenberg, der hinzugetreten war, ihm und bedachte Hannah mit einem aufmunternden Lächeln. »Bring erst mal dein Mädchen zu Bett. Ich finde, sie sieht ziemlich müde aus und kann ein wenig Beistand gebrauchen«, meinte er und zwinkerte Hannah aufmunternd zu, bevor er sich mit einem Wink verabschiedete und zurück in die Katakomben ging.

Hannah ließ sich von Gero bereitwillig abführen, zumal Johan und Struan es mit ihren Frauen genauso machten.

Gero hielt Hannah noch immer fest im Arm, als er ihr vor ihrem Schlafzimmer einen Kuss auf die Lippen drückte. »Mach dir keine Sorgen«, beschwichtigte er sie. »Ich habe nicht vor, mich Rona und Arnaud anzuschließen.«

»Das will ich hoffen«, erwiderte sie mit einem Seufzer und sah ihm nach, bis er am Treppenabsatz verschwunden war.

Auf dem Weg nach unten lief Gero ausgerechnet seiner

Mutter in die Arme. Sie hatte ein langes Nachthemd und einen blauseidenen Hausmantel an und hielt einen silbernen Kerzenleuchter in der Hand.

Gero trug eine Fackel in der Linken, die er am Treppenaufgang aus einer Halterung genommen hatte.

»Ich dachte schon, du wärst ein Geist«, bemerkte er mit einem halbherzigen Lächeln und blieb für einen Moment stehen. Es passte ihm überhaupt nicht, wie sie ihn anschaute. Geradeso, als ob er etwas verbrochen hätte. Was sie natürlich sofort bemerkte.

»Und deine Tante und ich fragen uns, was du und deine Freunde in den Katakomben unter der Kapelle treiben. Was gibt es denn so Geheimnisvolles, das niemand sonst wissen darf?«

»Mutter«, begann er mit einem Hauch von Unmut in der Stimme, »obwohl der Orden vernichtet wurde, sind wir noch immer Templer. Daran ändert selbst die Tatsache nichts, dass ein Teil von uns inzwischen verheiratet ist und wir nicht mehr als Ordensbrüder in einer Komturei leben. Und dazu gehören nun mal geheime Kapitelversammlungen, in denen wir über das entscheiden, was an Aufgaben anliegt und was uns immer noch wichtig ist. Deshalb möchte ich dich bitten, über diesen Umstand zu schweigen, damit niemand auf die Idee kommt, uns auszuspionieren.«

»Solange ihr keine Leichen im Keller habt, soll es mir egal sein«, erwiderte sie unübersehbar besorgt. »Ich erinnere mich nur ungern daran, was die Schergen unseres Lehensherrn dir alles vorgeworfen haben. Wenn es danach ginge, hättest du eine halbe Armee auf dem Gewissen.«

Das habe ich ohnehin, hätte er beinahe gesagt und erinnerte sich unangenehm an die getöteten Söldner der Gens du Roi, die er zusammen mit seinem Bruder in einem Weiher im Saalholzforst versenkt hatte. Bei dem Gedanken, dass Eberhard ihn ohne zu zögern ans Messer liefern konnte, lief ihm ein kalter Schauer über den Rücken. Wobei sein Bruder sich dann etwas hätte ausdenken müssen, warum er ihn nicht schon früher verraten hatte.

Er gab seiner Mutter einen flüchtigen Kuss und eilte nach draußen über den Hof, wo sich außer den üblichen Burgwachen kaum jemand aufhielt.

Mit der Fackel ging er über einen Seiteneingang hinunter in die Katakomben. Dort hatten die anderen schon auf ihn gewartet. Darunter Johan und Struan, die vor ihm zurückgekehrt waren. Lediglich Mattes, der noch mal nach Gesa sehen wollte, war bereits vor den Frauen zum Palas gegangen.

»Und was hast du nun vor?« Gero fixierte Rona mit einem interessierten Blick. Sie hatte für einen Moment ihre Augen geschlossen, deren violette Farbe wie nicht von dieser Welt wirkte. Offenbar hatte sie einen geistigen Kontakt zu ihrem Server aufgebaut. Auch Jacob, Totty und Malcolm verfolgten voller Faszination, was sie dort tat. Ralph zog wie üblich eine skeptische Grimasse, während Arnaud die Anspannung anzusehen war.

Anselm hatte in aller Eile die Waffen der beiden auf Vollständigkeit überprüft und ihnen jeweils einen weiteren Kapuzenumhang besorgt. Da man nie wissen konnte, wo man nach einem Transfer landete und wie dort Wetter und Gelände beschaffen waren. Dazu hatte er sie mit ausreichend Gold und Silber versorgt.

»Warum müsst ihr eigentlich keine Choräle mehr singen, um das Haupt zu öffnen?«, wollte Anselm von Rona wissen, als sie die Vorbereitungen zum Transfer für abgeschlossen erklärte.

»Weil Lion und ich das Passwort mit dem letzten Update aus der Programmierung rausgenommen haben«, gab sie wie selbstverständlich zurück. »Stattdessen habe ich eine individuelle Sicherung eingebaut, die auf das energetische Muster des jeweiligen Besitzers ausgerichtet ist. Außer Tom und mir kann niemand den Server starten.«

»Das ist wahrscheinlich auch besser so«, meinte Johan mit einem kritischen Blick auf den neuen CAPUT, der dem alten glich wie ein Ei dem anderen. »Falls das Ding mal in die falschen Hände gerät.«

»Wie kannst du das bewirken?« Jacob von Sassenberg schaute gespannt zu, wie Rona allein kraft ihrer Gedanken die Bildoberfläche des Gerätes manipulierte.

»Ich würde es dir gerne genauer beschreiben«, antworte sie ihm mit einem entschuldigenden Lächeln. »Aber das würde jetzt wirklich zu weit führen. Ich versuche, es dir zu erklären, wenn wir wieder zurückgekehrt sind. Einverstanden?«

»Geht in Ordnung«, gab Jacob mit einem Lächeln zurück und beließ es dabei. Ihm und den anderen Brüdern war inzwischen längst klar, dass es zumindest vordergründig eine technische Erklärung für sämtliche Abläufe des CAPUT gab, aber die Erläuterungen dazu mehr als kompliziert waren.

»Ich versuche, über die Energie meiner Gedanken das DNA-Profil meiner Schwester zu finden«, erklärte Rona allen Anwesenden mit geduldiger Stimme, während die blaugrün leuchtenden Balkendiagramme, die sich über dem flachen Bildschirm aufgebaut hatten, sich in ihrer Wellenfunktion beschleunigten. »Ich habe die Koordinaten von

Damaskus eingegeben und den Zeitraum zwischen 1117 und 1119«, fügte Rona hinzu. »Dazu die DNA meiner Schwester, die mit meiner fast identisch ist.«

Es dauerte eine Weile, bis der Suchmodus einen Treffer gelandet hatte.

»Und es ist doch Zauberei«, flüsterte Ralph of Bulford den beiden Schotten und seinen beiden englischen Brüdern zu, die wie er das Geschehen aus einem sicheren Abstand und mit überkreuzten Armen verfolgten.

»Ich hab sie gefunden.« Rona lächelte zufrieden, von ihren Fähigkeiten der neuen Programmierung offenbar selbst beeindruckt. In ihrem Gesicht zeigte sich eine unverkennbare Erleichterung.

»Damaskus, Oktober 1119. Ich kann das energetische Feld, in dem sie sich befindet, bis auf einen Radius von fünfzig Metern einkreisen.« Rona schaute triumphierend auf und wandte sich an Tom. »Ich will, dass du Arnaud und mich dorthin transferierst«, sagte sie. »Wir müssen die Koordinaten nur noch auf deinen Server synchronisieren, dann kann es losgehen.«

Gero ging zusammen mit Anselm und den übrigen Brüdern auf Abstand, als Arnaud und Rona nach einigen weiteren Vorbereitungen von einem blaugrün aufleuchtenden Netz überzogen wurden und schließlich in einem kurzen Lichtblitz verschwanden.

Danach herrschte Totenstille. Ralph, Totty und Brian bekreuzigten sich und murmelten ein rasches Gebet, wie um sich von den merkwürdigen Vorgängen zu reinigen. Struan und Malcolm starrten schweigend auf den leeren Platz, während Gero und Johan sich zweifelnde Blicke zuwarfen. Anselm atmete hörbar aus.

Nur einen Moment später war Tom damit beschäftigt, erneut mit Rona Kontakt aufzunehmen. Unermüdlich gab er ihre Daten ein, doch der Kommunikator blieb stumm.

»Stimmt was nicht?« Anselm schien als Erster bemerkt zu haben, dass die Dinge nicht so liefen, wie Tom es sich vorgestellt hatte.

Während Struan angespannt seine Schultern kreiste, starrte Gero auf die Bildschirmoberfläche von Toms Server, auf dem die blaugrün schimmernden Wellenlinien nun wie wild ausschlugen. Tom verfiel in Hektik und sprach die Befehle, die er dem Gerät gab, laut aus, obwohl das gar nicht nötig gewesen wäre. Aber was er auch versuchte – Rona und Arnaud blieben verschwunden.

»Was ist?«, fragte Johan aufgebracht. »Ich dachte, sie melden sich und sind dann gleich wieder da?«

»Das dachte ich auch«, erwiderte Tom gereizt und versuchte noch immer, das Programm neu zu starten. »Ich bekomme keinen Kontakt. Keine Ahnung, was ich falsch mache.«

»Bei der Mutter Gottes und allen Heiligen«, rief Gero und streckte die Hände zum Himmel. »Warum habe ich so was erwartet?«

»Vielleicht klappt es ja deshalb nicht«, blaffte Tom ihn an. »Weil du es erwartest. Vielleicht erwartet ihr ja alle, dass das hier scheitert. Dann ist es natürlich kein Wunder, wenn die beiden verschwunden bleiben.«

»Sei nicht albern«, fuhr Anselm ihn von der Seite an. »Technik funktioniert nur dann nicht, wenn der Mensch, der dahinter steht, nicht damit umgehen kann. Wie wäre es, wenn du dir ein bisschen mehr Mühe gibst?«

»Das kann nur jemand sagen, der mit Technik so gut wie

gar nichts zu tun hat«, herrschte Tom ihn an und sah dabei ziemlich verzweifelt aus.

Struan und Johan wechselten ein paar düstere Blicke, und die anderen fingen nun laut an zu beten, was Tom erst recht nervös machte. In hektischer Betriebsamkeit fuhr er den Server mehrmals hoch und runter. Doch es nützte nichts, Rona und Arnaud blieben verschwunden und meldeten sich auch nicht.

»Kannst du sie nicht suchen?«, fragte Jacob von Sassenberg unbedarft.

»Nein!«, fuhr Tom ihn mit wütendem Blick an. »Ich habe bereits alles versucht, was Rona mir beigebracht hat. Es funktioniert nicht, verdammte Scheiße, kapiert das doch!«

»Kannst du mir mal erzählen, wie wir das den anderen erklären sollen?«, fragte Gero schließlich mit einem ratlosen Blick.

»Verdammt, ihr habt Sorgen!«, zischte Tom sichtlich erschüttert. »Ich werde hier übernachten. Für den Fall, dass sie sich doch noch ankündigen und ich sie mit der einprogrammierten Suchkonstante erwische.«

»Ich bleibe auch hier«, sagte Gero und nickte Tom mit ausdrucksloser Miene zu. »Ich besorge ein paar Strohsäcke und Decken.«

»Ich helfe dir«, erklärte Anselm mit ruhiger Stimme. »Es hat keinen Sinn, sich über Gebühr verrückt zu machen. Ich bin sicher, die tauchen schon bald wieder auf.«

»Wir leisten euch Gesellschaft«, erklärte Struan, und die übrigen Templer stimmten mit einem Nicken zu.

»Am besten bringt ihr ein Fässchen Rotwein mit«, schlug Johan mit einem resignierten Blick vor.

»Oder Bier«, fügte Totty mit einem müden Lächeln

hinzu. »Dann sitzen wir wenigstens nicht auf dem Trockenen, falls sich die ganze Geschichte länger hinzieht.«

Wenig später rückten Gero, Struan und Malcolm mit Strohsäcken und Wolldecken und zwei Fässern Bier und ausreichend Krügen an.

»Ich sagte doch, das ist alles Teufelszeug«, murrte Ralph, der sich als Erster zur Beruhigung ein Bier genehmigte.

Totty nahm einen gut gefüllten Krug entgegen und prostete seinem englischen Bruder zu. »Und ich kann nun erst recht verstehen, warum Sir Walter den Inhalt der Lade so tief wie möglich vergraben wollte.«

Tom saß wie paralysiert in einer Ecke und starrte in stummer Verzweiflung den Server an.

»Hoffentlich leben sie noch«, sagte Brian mit kalkweißem Gesicht. »Was, wenn uns auf unserer Reise hierher das Gleiche passiert wäre?«

»Keiner sagt, dass sie tot sind«, erwiderte Gero entschlossen, während er Anselm dabei half, mehr Wein und Bier in Krüge zu füllen. »Wir waren nach dem Transfer ins Heilige Land auch vermisst und sind wieder aufgetaucht.«

»Aber nur mit Gottes Hilfe«, gaben Johan und Struan aus einem Mund zu bedenken. »Wer weiß, was geschehen wäre, wenn uns der Hohe Rat der Templer keinen Einlass in seine Höhle gewährt hätte? Immerhin waren die Fatimiden uns zu Hunderten auf den Fersen. Wir wären nicht lebend aus dieser Wüste rausgekommen.«

»Ganz zu schweigen von dem Desaster auf Oak Island«, erinnerte ihn Totty und nahm einen Schluck von seinem Bier.

»Du vergisst, dass es unser Maleficus war, der uns gerettet hat«, erinnerte ihn ausgerechnet Gero, der Tom einen mitleidigen Seitenblick schenkte. Er ging zu ihm hin und hielt ihm einen Krug mit Bier hin, den Tom mehr oder weniger widerwillig annahm.

»Macht mich nur fertig«, murmelte er und schaute mit wirren Augen zu Gero und den anderen auf. »Denkt ihr etwa, mir macht das nichts aus? Die einzige Person in diesem Scheißladen, mit der ich mich halbwegs normal unterhalten konnte, ist weg – einfach verschwunden. Wenn sie nicht wiederkommt, bin ich geliefert. Oder glaubt ihr ernsthaft, ich hatte vor, hier bis an mein Lebensende zu bleiben? Ich hatte gehofft, dass Rona irgendwann Kontakt in die Zukunft aufnimmt und mich mit zurück in die Zivilisation nimmt.«

»Du hast doch noch mich«, versuchte Anselm, ihn aufzumuntern.

»Du bist längst zu ihnen übergelaufen«, raunte Tom und bedachte ihn und die übrigen Templer mit einem fatalistischen Blick. »Du weißt es nur noch nicht.«

»Uns bleibt ohnehin nichts anderes übrig, als abzuwarten«, beendete Gero die Diskussion, während er einen kräftigen Schluck Bier nahm und sich überlegte, wie er es wärmen konnte. Inzwischen war ihnen die Kälte in sämtliche Glieder gekrochen. Es gab keinen Kamin, weil der Abzug fehlte, und die einzige Wärme ging von ein paar Pechfackeln aus, die in Halterungen an den kahlen Wänden befestigt waren. Er warf Tom, der sichtlich zu frieren begonnen hatte, eine Decke hin und ließ sich selbst auf einem Strohsack nieder. Was die anderen dazu brachte, es ihm gleichzutun.

»Was sagen wir unseren Frauen, wenn die beiden nicht wieder auftauchen?« Johan warf Gero einen ratlosen Blick zu.

»Die Wahrheit, was sonst?« Gero nahm einen weiteren Schluck. »Es hat keinen Sinn, sie zu belügen.«

»Und was willst du der Gräfin erzählen?«, brummte Struan in seinen Becher hinein. »Sie ist eine wachsame Frau.«

»Wir warten bis morgen früh. Wenn die beiden bis dahin immer noch nicht aufgetaucht sind, werden wir ihnen irgendwas Plausibles erzählen müssen. Wer weiß«, murmelte Gero und bedachte Tom, der sich in eine Schafwolldecke eingewickelt hatte, mit einem stoischen Blick, »vielleicht haben wir ja Glück, und unser Maleficus vollbringt bis dahin ein Wunder.«

KAPITEL 22

NOVEMBER 2015 –
DEUTSCHLAND / EIFEL / US AIRBASE SPANGDAHLEM

Machtspiele

Zweifelnd schaute Paul sich um, während er Jack Tanner und Mabel Mason am frühen Nachmittag mit einem kleinen Koffer über das Rollfeld der Airbase Spangdahlem folgte, wo sie soeben mit einem Learjet der NSA gelandet waren. Es hatte geregnet, und die Umgebung versank in einem kalten, undurchdringlichen Nebel. Unwillkürlich erinnerte er sich daran, wie er mit Tom vor zehn Jahren hier verhört worden war. Damals noch in Gegenwart von Professor Hagen, der die ganze Geschichte ins Rollen gebracht hatte.

Seitdem war eine Menge passiert. Hagen war längst tot und General Lafour pensioniert. Trotzdem hatte man ihm die Aufsicht über das Projekt C. A. P. U. T. überlassen. Wahrscheinlich, weil dort ohnehin nichts mehr lief. Was dazu geführt hatte, dass Tanner und er über Jahre hinweg ihr eigenes Ding gemacht hatten. Und das allem Anschein nach an der amerikanischen Regierung vorbei. Was jedoch schwer nachweisbar sein würde, da der General noch immer über gewisse Vollmachten verfügte, die einem Regierungsbetrug Tür und Tor öffneten. Glücklicherweise waren sie trotz ihrer bestehenden Befugnisse beide nicht in der Lage gewesen, den verbliebenen Timeserver zu nutzen und damit in ein bestehendes Zeitkontinuum einzugreifen, von dessen Funktion sie beide nicht die geringste Ahnung hatten.

Mehr als zehn Jahre lang waren ihnen die Hände gebunden gewesen, weil ihnen niemand zur Verfügung stand, der die wissenschaftliche Leitung bei einem erneuten Aufleben des Projektes hätte übernehmen können. Doch nun hatten sie Mabel Mason an Land gezogen, die keine Probleme damit zu haben schien, auch komplizierte quantenphysische Prozesse zu verstehen und entsprechende Experimente umzusetzen. Trotzdem hatte sie aufgrund ihrer Jugend und ihrer Unerfahrenheit keinen Schimmer von der Tragweite ihrer Rolle. Etwas, das die ganze Angelegenheit mehr als gefährlich machte.

Paul erinnerte sich an ein Gespräch, dass sie kurz vor ihrem Abflug nach Deutschland in Abwesenheit von Jack geführt hatten.

»Wissen Sie überhaupt, was Sie hier tun?«, hatte er sie gefragt, weil er herausfinden wollte, ob sie sich überhaupt schon Gedanken über mögliche Konsequenzen ihres Einsatzes gemacht hatte.

»Selbstverständlich.« Ihr Tonfall klang ein wenig beleidigt. »Schließlich habe ich den letzten Tagen genau aufgepasst, wie der Server funktioniert und was er kann.«

»Ich meinte das nicht technisch«, verbesserte sich Paul. »Sondern moralisch. Immerhin könnte am Ausgang Ihrer

Experimente das Schicksal von Milliarden von Menschenleben hängen.«

»Ich dachte, man hat mich engagiert, um den Dritten Weltkrieg zu verhindern«, erwiderte sie mit Unverständnis im Blick. »Was könnte moralischer sein als das?«

»Ich glaube nicht, dass das der Hauptgrund unserer Mission ist.« Paul lächelte lakonisch. »Ich denke eher, dass es sich um eine One-Man-Show von Jack Tanner handelt, die ihm dazu verhelfen soll, den Schatz der Templer ganz allein zu heben.«

Mabel runzelte die Stirn und schien plötzlich ins Grübeln gekommen zu sein, aber sie sagte nichts, sondern schaute ihn nur fragend an.

»Was bringt Sie zu dieser Annahme?«

»Ich beobachte Sie beide nun schon mehrere Tage, und mir kommt es vor, als ob weder das Pentagon noch der Präsident von Ihren Machenschaften unterrichtet sind. Oder haben Sie dazu irgendwelche Protokolle gelesen oder waren am Ende noch selbst mit dabei?«

Während Mabel sich das lange schwarze Haar aus dem Gesicht strich und verwirrt zu ihm aufschaute, ohne eine Antwort zu geben, fühlte Paul sich in seiner Annahme bestätigt.

»Ich weiß nur, dass Tanner im Auftrag von General Lafour handelt, der einen direkten Kontakt ins Weiße Haus hat.«

»Und? Hat er denen auch erzählt, was genau Sie hier treiben?«

»Das alles ist top-secret, wie Sie sich vorstellen können. Soweit ich weiß, werden entsprechende Berichte erst an offizielle Stellen übermittelt, wenn Ergebnisse vorliegen. Ich finde daran nichts Ungewöhnliches. Es ist Wissenschaft.

Und das bedeutet, bevor man seine Erfolge verbreitet, sollte man sicher sein, dass man die Experimente ohne Probleme wiederholen kann. Wer würde schon eine Dissertation veröffentlichen, wenn er nicht in der Lage ist, sie zu verteidigen?«

»Sie vergessen, dass das hier keine Doktorarbeit und Jack schon einmal mit einem Timeserver in die Vergangenheit gereist ist. Wir müssen nichts mehr beweisen. Das Pentagon war über diese Vorgänge informiert.«

»Ja, ich weiß.« Mabel schien nicht ganz klar zu sein, worauf er hinauswollte. »Aber die Art und Weise, wie er zurückgekehrt ist, ließ sich nicht verifizieren. Außerdem war der Ursprungsserver danach so gut wie zerstört. Daher wurden die Forschungen als zu gefährlich eingestuft und eingestellt. Nun haben wir neue Möglichkeiten. Und bevor wir diese präsentieren, müssen wir sicher sein, dass sie was taugen. So einfach ist das.«

Paul war nach diesem Gespräch sicher, dass Mabel von Tanner und Lafour nur benutzt wurde, genauso wie er selbst. Stumm beobachtete er, wie Jack Tanner, noch bevor sie in einem der Flughafengebäude angekommen waren, sein Mobiltelefon zückte und jemanden anrief, der sie abholen und zu einem Hotel auf der Air Base bringen würde.

Wie er ihm auf dem Flug nach Deutschland noch einmal versichert hatte, wollte er sich tatsächlich mutterseelenallein ins vierzehnte Jahrhundert transferieren lassen. Für einen solchen Einsatz hatte er schon vor Jahren einen Kurs in Mittelhochdeutsch und Altfranzösisch absolviert und sich, bevor sie hierhergeflogen waren, bei einem Experten für mittelalterliche Kleidung mit Kettenhemd, Helm, Schild und Waffen ausrüsten lassen. Außerdem hatte er sich wertvolle historische Goldmünzen aus der Zeit um 1315 beschafft und über einen Mittelsmann ein Kaltblutpferd mit passender Ausstattung gekauft, das morgen Mittag mit einem Transporter zur Breidenburg gebracht werden würde.

Paul warf Jack Tanner einen verständnislosen Blick zu, nachdem sie in der Empfangshalle des Hotels ihre Schlüssel entgegengenommen hatten.

»Selbst wenn alles klappt«, gab er Tanner auf dem Weg in den zweiten Stock wiederholt zu bedenken, »glaubst du ernsthaft, Gero von Breydenbach würde dir dabei helfen, die letzten Geheimnisse der Templer zu entschlüsseln?«

»Nicht hier«, zischte Tanner. »Alles Weitere sollten wir in meinem Apartment besprechen.«

Gemeinsam gingen sie mit Mabel schließlich über einen hell erleuchteten Korridor, der sie zu den drei nebeneinanderliegenden Apartments führte. Jack schloss die Nummer 12 mit seiner Chipkarte auf und bat die beiden, ihm in das blitzsaubere, schlicht, aber modern eingerichtete Zimmer zu folgen. Während Mabel den Server, den sie in einer sicheren Laptoptasche transportiert hatte, auspackte und auf einen Esstisch stellte, öffnete Tanner einen großen Reisekoffer, den sein Fahrer heraufgebracht und vor seinem Bett abgestellt hatte. Darin befanden sich diverse mittelalterliche Gewänder, die ihn im Handumdrehen in einen deutschen Edelmann des beginnenden vierzehnten Jahrhunderts verwandelten.

»Du hättest dir erst einmal die Haare wachsen lassen sollen«, meinte Paul, während er auf Tanners militärischen Kurzhaarschnitt deutete. »Nicht, dass man dich am Ende noch für einen Templer hält.«

»Wäre das tatsächlich ein Problem?« Mabel schaute ihn überrascht an.

»Zumindest war es eines direkt nach der Verfolgung um 1307. Aber auch noch Jahre danach machten sich Männer mit kurzem Haar und Bart in bestimmten Gegenden verdächtig, ehemalige Templer zu sein«, klärte Paul sie auf.

Tanner hob eine Braue. »Wohl kaum noch sieben Jahre nach der Vernichtung des Ordens«, sagte er und öffnete einen weiteren Koffer, der aus Metall bestand und ein Sicherheitsschloss hatte, das er mit seinem Fingerabdruck öffnete.

Unter den aufmerksamen Blicken von Paul und Mabel brachte er seine Pistole samt Schulterholster zum Vorschein und legte beides auf den Tisch. Eine SFP9 von Heckler & Koch. Dazu mehrere Magazine mit je zwanzig Patronen.

»Sieht ganz so aus, als hätte dich Tapletons Tod nichts gelehrt«, mahnte ihn Paul, der sich noch gut an die Explosion vor zehn Jahren erinnern konnte.

»Denkst du tatsächlich, daran hätte ich nicht gedacht? Du wirst mir die Sachen hinterherschicken«, erklärte Tanner ohne Regung. »Außerdem hatte ich damals auch eine Handfeuerwaffe dabei, und es ist nichts passiert«, fügte er mit einem gereizten Lächeln hinzu. »Du glaubst doch nicht ernsthaft, dass ich mich auf einen solchen Trip begebe, ohne bewaffnet zu sein? Und außerdem werde ich Tag und Nacht eine schusssichere Weste tragen.«

»Hast du auch Tabletten gegen Durchfall dabei?« Paul hob eine Braue. Er hielt Tanner für verrückt.

»Ich bin gegen alles Mögliche geimpft«, erklärte Tanner und wandte sich noch einmal seinem Kleiderkoffer zu. »War es nicht Karen, die damals behauptet hat, dass unsere Immunabwehr die eines Kreuzritters um Längen schlägt? Allein schon, weil unsere Genetik siebenhundert Jahre mehr an Abwehrerfahrung hat.«

»Warum willst du überhaupt dorthin?«, bohrte Paul weiter. »Wenn du noch Fragen zu den Templern und ihren Geheimnissen hast, könnten wir doch eher versuchen, André de Montbard hierher zu transferieren. Er könnte dir sicher Auskunft geben«, versuchte Paul, ihn abzulenken.

»Wenn Montbard Interesse daran gehabt hätte, uns in die Geheimnisse der Templer einzuweihen, hätte er uns bestimmt nicht sang- und klanglos nach Hause geschickt«, entgegnete Tanner zähneknirschend.

»Wobei ich mich ohnehin frage, warum kluge Köpfe wie er den Untergang des Ordens überhaupt zugelassen und sich nicht selbst gerettet haben.«

»Vielleicht wollten sie es nicht, oder sie konnten es nicht?«, sagte Mabel. »Immerhin wussten diejenigen, die etwas zu sagen hatten, Bescheid über das, was auf sie zukommen würde, wenn ich eure Ausführungen richtig verstanden habe. Irgendetwas muss sie also davon abgehalten haben, ihre Macht zu gebrauchen. Aber immerhin haben sie Jack und seine Kameraden im zwölften Jahrhundert in das Geheimnis der Höhle eingeweiht.«

»Was ist denn das für eine Einweihung, wenn man jemandem auf eine nicht nachvollziehbare Weise ins Jahr 2005 verhilft?«, spöttelte Paul. »Soweit ich weiß, hat niemand, der auf diese Weise transferiert wurde, auch nur einen blassen Schimmer, wie dieser Trick funktioniert hat. Jedenfalls haben weder Anselm Stein noch seine Freunde mir etwas darüber berichtet.«

»Das ist es, was die Geschichte so interessant macht«, erwiderte Mabel. »Ich will wissen, welche quantenphysischen

Mechanismen dahinterstecken. Unbedingt. Wenn es Jack gelingt, einen von den Templern zu erwischen und zum Reden zu bringen, wissen wir vielleicht mehr.«

»Sie hat recht«, erklärte Tanner und holte ein prunkvoll geschmiedetes Schwert aus seiner Tasche, die noch weitere Überraschungen bereithielt, wie eine Feldflasche und ein Notfallkid. Er hatte an alles gedacht. Sogar, dass er sich im Ernstfall selbst eine Wunde vernähen könnte.

Während Paul sich erschöpft in einen Sessel fallen ließ, packte Tanner einen Laptop aus und klappte ihn auf.

»Willst du sehen, wie es deiner Familie geht?« lockte er Paul und startete eine Videoübertragung.

Paul schlug das Herz bis zum Hals, als er Karen vor sich sah, die ihre gemeinsame Tochter auf dem Schoß hatte.

»Da ist ja Papa!«, rief die Kleine, und Paul wäre um Haaresbreite in Tränen ausgebrochen, als sie ihn sehnsuchtsvoll anlächelte.

»Wo seid ihr?«, fragte er hilflos und schaute Karen in die blauen Augen, die sich sofort mit Tränen füllten. »Behandelt man euch gut?«

»Wir sind in Maryland«, erklärte sie ihm mit erstickter Stimme. »Im Haus von General Lafour, wir stehen unter strikter Bewachung. Er hat gesagt, wenn du tust, was Jack von dir verlangt, wird alles wieder gut. Das machst du doch, oder?«

»Natürlich«, beeilte sich Paul zu sagen. »Ich tue alles, was er von mir verlangt. Ich werde bald wieder bei euch sein.«

»Sie sind ein braver Junge«, erklang eine männliche Stimme aus dem Hintergrund. Die Kleine hüpfte von Karens Schoß und streichelte einen kakaobraunen Setter, der schwanzwedelnd neben ihr stand.

»Das ist Washington«, erklärte sie begeistert. »Der ist total süß. Wenn wir wieder zu Hause sind, möchte ich auch einen Hund.«

Neben Karen erschien, unerwartet schlank, General Lafour und bedachte seine beiden Geiseln mit einem widerlichen Grinsen.

»Nun, da hören Sie, wo Ihre zukünftigen Prioritäten liegen«, erinnerte er Paul unnötigerweise. »Doch zuvor werden Sie uns einen kleinen Gefallen tun. Ich habe absichtlich auf die übliche Begleitung durch Seals und unsere eigenen Leute verzichtet«, sagte er. »Ich weiß, dass Sie vernünftig sind und Jack und Miss Mason nicht im Stich lassen werden. Schließlich wissen wir alle, was auf dem Spiel steht.« Während sein Blick wie zur Untermauerung seiner Argumente auf Charlotte ruhte, legte er seine Hand vertraulich auf Karens Schulter. »Schließlich konnten wir uns immer auf Sie beide verlassen, nicht wahr?«

Paul nickte stumm. Am liebsten hätte er Lafour einen Faustschlag mitten ins Gesicht verpasst.

»Wo bist du?«, fragte Karen noch. Während er zu einer Antwort ansetzte, kappte Tanner die Leitung.

»Genug geflirtet«, sagte er nur. »Ich bin dafür, dass wir uns alle noch ein wenig ausruhen. Morgen früh um acht kommt der Viehtransporter zur Breidenburg. Das heißt, Aufstehen um sechs. Frühstück um sieben und dann Abfahrt. Den Transfer habe ich nach Absprache mit Mabel für neun Uhr angesetzt. Vorausgesetzt, wir haben keine Zuschauer. Aber das dürfte in einer solch abgelegenen Gegend eher unwahrscheinlich sein. Danach transferiert ihr mich drei Wochen danach an gleicher Stelle zurück. Sollte das nicht funktionieren, geht ihr wochenweise vor. Irgendwann werde ich dort stehen und zum Rücktransfer bereit sein.«

Paul nickte nur. In Wahrheit dachte er, dass Tanners Vorstoß das reinste Himmelfahrtskommando war. Er machte sich Sorgen um Karen und seine Tochter, falls es ihm nicht gelingen würde, Tanner lebend zurückzuholen.

KAPITEL 23

DEZEMBER 1315 –
DEUTSCHE LANDE / MOSEL / BURG WALDENSTEIN

Gottes Wille

Hannah schrak aus einem Alptraum hoch und blinzelte verwirrt in die Dämmerung, während ihr Herz hämmerte und das Kind in ihrem Leib strampelte.

Das Bild des eiskalten Kerkers, in dem sie sich in ihrem Traum befunden hatte, hallte immer noch in ihr nach. Auf dem Boden hatte ein Mann gelegen, mit zerrissener Kleidung, die sandblonden Haare blutverkrustet. Als er zu ihr aufgesehen hatte, war ihr Herz stehengeblieben. Es war Gero. Abgemagert und schwer verletzt lag er im Sterben.

Panisch fuhr sie im Bett herum, um sich seiner Gegenwart zu versichern, doch da war niemand.

Verdammt, dachte sie und erinnerte sich daran, dass Rona in den Katakomben ein Zeitreiseexperiment geplant hatte und Gero zusammen mit seinen Kameraden dort abwarten wollte, bis sie und Arnaud wieder zurückgekehrt waren. Im besten Fall mit Ronas Schwester Lyn und Khaled, dem Assassinen, den Hannah noch aus ihrem Trip ins zwölfte Jahrhundert kannte.

Dass Gero nicht wie verabredet zur ihr ins Bett gekommen war, wertete sie als kein gutes Zeichen. Von Panik erfüllt stand sie auf und ging barfuß zum Fenster.

Es war eiskalt, das Feuer im Kamin war erloschen, und auch die Kerzen waren heruntergebrannt. Draußen war es gespenstisch still, und ein hastiger Blick aus dem Burgfenster zeigte ihr, dass es geregnet hatte und der Schnee, der noch am Tag zuvor alles mit einer pudrig weißen Decke überzogen hatte, komplett verschwunden war und überall ein tristes Grau hinterlassen hatte.

Der aufsteigende Nebel hatte die Umgebung der Burg mit einem undurchdringlichen Schleier umhüllt, der nicht mehr als fünfzig Meter Sicht zuließ. Ein paar Krähen schwangen sich krächzend zum Palas hinauf und landeten schließlich auf einer knorrigen Eiche, die unterhalb des Steilhangs, auf dem die gewaltige Festung thronte, aus dem Felsen herausragte.

Hannah hätte gerne gewusst, wie spät es war. Doch auf der Burg gab es keine Uhren. Alles richtete sich hier nach dem Tageslicht. Im Winter blieb man morgens einfach länger im Bett.

Aber Hannah wollte nicht warten. Sie schnappte sich den weichen rosafarbenen Hausmantel, den die Gräfin ihr neben anderer Kleidung geschenkt hatte.

Entschlossen schlüpfte sie in ihre beigefarbenen Filzsocken und die karamellfarbenen Lederstiefel, die sie für die Reise von Anselm erhalten hatte, und machte sich auf, um nach Gero zu suchen. Manchmal betete er um diese Zeit bereits mit den anderen in der Kapelle.

Während sie einen Fuß nach draußen auf den langen Flur setzte, kam Parzival aus einer dunklen Ecke hervorgeschossen und stand schwanzwedelnd vor ihr. Beruhigt stellte sie fest, dass der Gang mit brennenden Fackeln beleuchtet war. Also war wenigstens schon jemand auf und kümmerte sich ums Feuer.

Sie nahm das weiße Fellbündel hoch und schmiegte das warme Tierchen an ihre Brust.

Der Hund schleckte ihr über Hals und Kinn und hechelte freudig. Offenbar gefiel es ihm, dass sich jemand um ihn kümmerte. Mit dem Hund auf dem Arm lief sie die breite Treppe hinab zum Empfangssaal. Während sie nach Gero oder der Gräfin Ausschau hielt, rannte sie unvermittelt in Mattes hinein.

»Hey, hast du Gero gesehen?«, fragte sie den verdattert aussehenden Jungen. Im Gegensatz zu ihr war er vollständig angezogen. Inzwischen trug auch er den Wappenrock der Breydenbacher. Seltsamerweise hatte er sein Kettenhemd angelegt und ein Schwert und einen Kampfdolch am Gürtel, den er wohl von Roland aus der Waffenkammer erhalten hatte.

»Ziehst du in den Krieg, oder was ist los?«, fragte Hannah ihn mit einem halbherzigen Lächeln. Sie mochte es nicht, wenn der Junge mit kaum vierzehn bewaffnet herumlief wie ein erwachsener Mann. Aber Gero hatte offensichtlich nichts dagegen.

»Ich suche Gesa«, erklärte Mattes sichtlich nervös.

»Und dazu benötigst du einen Dolch und ein Schwert?« Hannah kraulte den Hund, der langsam auf ihrem Arm unruhig wurde.

Mattes rollte mit den Augen. »Ich habe sie überall gesucht«, meinte er mit Unruhe im Blick. »Niemand kann mir sagen, wo sie abgeblieben ist. Sie hat die Nacht nicht in ihrer Schlafkammer verbracht, und ich mache mir Sorgen, dass ihr etwas zugestoßen sein könnte.«

»Da sind wir schon zwei«, erklärte Hannah und ließ das Hündchen zu Boden, das nach draußen auf den Hof rannte. »Gero hat die Nacht auch nicht in seinem Bett verbracht. Ich schlage vor, wir suchen ihn und erzählen ihm die Sache mit Gesa. Hast du eine Ahnung, wo er steckt?«

»Ich weiß es nicht«, sagte Mattes mit ernstem Gesicht. »Irgendwas ist heute Nacht passiert. Ich habe Freya in der Küche getroffen, und Johan und Struan haben allem Anschein nach auch nicht in ihren Betten geschlafen. Vielleicht haben sie mit Gero die Nacht in den Katakomben verbracht?«

Nun wurde es Hannah noch mulmiger zumute. »Komm, lass uns nachsehen«, forderte sie den Jungen auf.

Gemeinsam eilten sie über den weitläufigen Hof, und während Hannah unfreiwillig den Rauch des frisch entzündeten Schmiedefeuers inhalierte und zu husten begann, dachte sie darüber nach, ob bei dem Transfer womöglich etwas schiefgegangen war? Aber was? Je näher sie den Katakomben kamen, umso härter pochte ihr Herz.

Atemlos hämmerte sie an das mit Eisennieten versehene Eichenholzportal.

»Wer da?«, rief eine vertraute Stimme, die sie sogleich beruhigte. Es war Gero, der ihnen öffnete. Mit einem Blick nach allen Seiten zog er sie in den kleinen Flur und schloss die Tür hinter ihnen.

Drinnen war es genauso kalt wie draußen, und Hannah zog sich den Hausmantel enger um die Schultern, während sie Gero und Mattes ins Innere der Katakombe folgte.

»Was ist passiert?«, wollte sie wissen, weil sie Gero auf den ersten Blick angesehen hatte, dass es einem Grund gab, warum sie die Nacht hatte alleine verbringen müssen.

»Rona und Arnaud sind nicht wie verabredet zurückgekehrt«, beantwortete Tom ihre Frage, der mit den anderen Templern an einem Tisch um zwei brennende Fackeln kauerte.

Hannah brauchte einen Moment, um zu begreifen, was das bedeutete.

»Ist ja nicht das erste Mal, dass etwas schiefgeht«, entfuhr es ihr aufgebracht. »Aber es muss ja auch nicht bedeuten, dass sie gar nicht mehr zurückkehren«, versuchte sie sich selbst zu beruhigen. »Vielleicht ist ihnen ja was dazwischengekommen. Ich meine, es gibt tausend Möglichkeiten.«

»Du kapierst es nicht«, empörte sich Tom. »Zeit ist relativ. Selbst wenn sie dort, wo sie sind, hundert Jahre verbringen, können sie hier auf dieser Ebene in nur einer Sekunde zurückkehren. Und wir hatten den Server auf eine rasche Rückkehr eingestellt.«

»Kannst du sie denn nicht über dieses Interaktionsmodul erreichen, das eine Kommunikation zwischen den Zeiten möglich macht? In Schottland haben wir doch auch mit diesem Teil gearbeitet. Rona hat damit ihren Meister angefunkt. Im Notfall könntest du doch versuchen, ihn zu erreichen. Vielleicht kann er uns helfen, sie zu finden. Außerdem bietet er die einzige Brücke in unsere Zukunft.«

»Rona hat ausdrücklich gesagt, dass sie nicht will, dass wir ihn kontaktieren«, erklärte Tom stur. »Also halte ich mich erst mal daran. Aber ich weiß nicht, was ich tun werde, wenn sie noch länger verschwunden bleiben.«

Hannah blickte zweifelnd in die bärtigen Gesichter von

Gero und seinen Kameraden, die ihr ebenso ratlos erschienen wie sie selbst.

»Ich schlage vor, ihr geht erst mal zum Frühessen«, sagte sie mit fester Stimme, ohne genau zu wissen, woher sie diese Stärke nahm. Natürlich machte sie sich Sorgen. Aber Rona erschien ihr erfahren genug, um ein Risiko dieser Dimension einschätzen zu können. Dabei war Hannah tatsächlich erleichtert, dass sie nicht auf die Idee gekommen war, außer Arnaud noch andere Templer mitzunehmen. Wahrscheinlich war das Thema Transfer somit fürs Erste erledigt, und sie musste sich keine Sorgen machen, dass in nächster Zeit weitere Experimente anstanden.

»Vielleicht verlagerst du dein Cape Canaveral in dein Turmzimmer im Palas«, empfahl sie Tom. »Dort gibt es wenigstens einen Kamin, den man dauerhaft befeuern kann. Außerdem könnten wir dir was zu essen bringen, und du hast eine Toilette auf der Etage, das macht deinen Einsatz bestimmt angenehmer.«

»Hast du auch schon eine Idee, wie wir der Gräfin und Roland beibringen sollen, dass Rona und Arnaud verschwunden sind?« Gero blickte sie fragend an, offenbar überrascht von ihrem unaufgeregten Umgang mit dieser besorgniserregenden Situation.

Hannah musste nicht lange überlegen. »Sag ihnen, dass die beiden sich entschlossen haben, nach Ronas Schwester zu suchen, von der sie schon ewig nichts mehr gehört haben. Das ist nicht gelogen. Sie haben die Burg am Morgen verlassen, um ein Schiff zu nehmen, das Richtung Frankreich fährt.«

»Da haben wir ja Glück, dass die Mosel noch nicht zugefroren ist«, bemerkte Jacob von Sassenberg mit einem Augenzwinkern.

»Ich muss was essen«, warf Struan dazwischen, der wohl den Duft des frischen Brotes wahrgenommen hatte, der verführerisch durch die Luftschächte zu ihnen drang.

»Hannah hat recht, es ist sinnlos, hier ewig zu warten«, beschloss Gero mit Blick auf Tom, der alles andere als entspannt wirkte. »Lass uns reingehen und nach dem Frühessen beraten, wie wir weiter verfahren. Ich erkläre es der Gräfin, falls sie nach den beiden fragen sollte.«

Kaum hatten sie die Katakomben verlassen, stand Mattes vor ihm und bat ihn draußen auf dem Hof um eine kurze Unterredung. Auch Hannah war stehen geblieben.

»Hast du wirklich überall nach ihr gesucht?«, meinte Gero ernst, nachdem Mattes ihm erklärt hatte, dass er Gesa nirgendwo hatte finden können. Für einen Moment ließ er seinen Blick über das gewaltige Anwesen schweifen. »Du weißt, die Burg ist riesig und hat unzählige Gesindequartiere.«

»Ich habe jeden der vier Türme erklommen«, versicherte ihm Mattes, »und ich war in jedem der drei Gesindehäuser. Nichts. Aber Gesa hat mir etwas erzählt, das mich beunruhigt hat, und ich würde gerne wissen, ob es wahr ist?«

»Was?« Gero zog seine Brauen zusammen.

»Hilda, eine Magd, die deiner Mutter dient, hat behauptet, Gesas Mutter sei aus ihrem Dienst auf der Breidenburg entlassen worden und spurlos verschwunden. Ich habe gesagt, dass kann nicht möglich sein, unsere Herrin hätte so etwas niemals zugelassen und dir bestimmt davon berichtet.«

»Wie kommt sie darauf?« Hannah runzelte die Stirn.

Gero spürte, wie ihm ein Schauer über den Rücken lief.

»Es ist wahr«, gestand er den beiden tonlos. »Gesas

Mutter ist tot. Hugos Schergen haben ihr die Kehle durchgeschnitten. Stephano hat es bei seinem Transfer selbst gesehen. Aber er konnte ihr nicht helfen.«

»Was?« Hannah starrte ihn fassungslos an.

Auch Mattes war mit einem Mal ganz weiß im Gesicht, was seine Sommersprossen noch deutlicher zum Vorschein brachte.

»Warum hast du uns davon nichts erzählt?«, fragte Hannah scharf.

»Weil ich euch nicht beunruhigen wollte«, erklärte Gero mit gesenktem Blick. »Die Frau war tot. Was hätte es für einen Sinn gehabt, in der Zukunft darüber zu sprechen? Und als wir zur Rückkehr hierher gezwungen waren, habe ich mir selbstverständlich überlegt, wie ich mit dieser Nachricht umgehen soll. Aber ich habe es nicht über mich gebracht, Gesa über den Tod ihrer Mutter aufzuklären, und wenn ich es euch erzählt hätte, wäret ihr dem Mädchen nicht unbelastet gegenübergetreten, obwohl euch keine Schuld trifft.«

»Das stimmt nicht«, widersprach Mattes, und plötzlich schossen Tränen in seine himmelblauen Augen, die denen von Gero so ähnlich waren.

»Es ist meine Schuld, dass ich auf Gesas Werben eingegangen bin und sie zu meiner Freundin gemacht habe. Wenn ich mich abweisend verhalten hätte, wäre sie niemals Zeugin von Toms Kerkerhaft geworden und hätte nichts von seinem Zauber mitbekommen. Denn das war doch der Grund, warum wir sie mit auf die Flucht nach Köln und später nach Schottland genommen haben.«

»Wenn du so weit gehen willst«, antwortete Gero tonlos, »ist es meine Schuld. Schließlich wurde ich von Hugo d'Empures gejagt und nicht ihr.«

»Es ist niemandes Schuld«, sagte Hannah forsch. »Wenn überhaupt, ist es die Schuld dieses selbsternannten Inquisitors und seiner Bande. Wäre er nicht auf der Breidenburg aufgetaucht, würde Gesas Mutter noch leben.«

»Und was sollen wir jetzt machen?«, fragte Mattes verzweifelt. »Gesa ist bestimmt davongelaufen, um zur Breidenburg zu kommen.«

»Ich werde sofort aufbrechen und sie suchen«, sagte Gero und pfiff nach einem Knappen, der noch jünger war als Mattes und ihm ein Pferd satteln sollte. »Weit kann sie ja noch nicht sein. Wir können nicht zulassen, dass sie Eberhard in die Arme läuft. Von ihr würde er nicht nur erfahren, dass wir hier sind – auch würde er sie ausquetschen, wo wir waren. Das wäre nicht gut«, murmelte er und starrte in den grauen Himmel.

»Aber du wirst nicht alleine reiten?«, fragte Hannah vorsichtshalber.

»Nein«, beruhigte er sie und gab ihr einen Kuss. »Roland und ein paar unserer Leute werden mich begleiten.«

»Was ist hier eigentlich los?«, fragte die Gräfin aufgebracht, als Gero in den Rittersaal kam und seine Männer flüsternd über Gesas Verschwinden aufklärte. Seine Kameraden waren sofort bereit, ihn bei der Suche zu unterstützen. Doch Gero entschied, dass die Hälfte der Mannschaft zurückbleiben sollte, um auf Tom und seinen Server aufzupassen.

»Wir müssen Gesa suchen«, klärte er seine Tante auf. »Rona und Arnaud haben sich heute früh aufgemacht, Ronas Schwester zu besuchen. Es sieht ganz danach aus, als ob Gesa den beiden gefolgt ist«, fügte er geistesgegenwärtig und ohne jede Regung im Gesicht hinzu.

»Dann ist sie doch in guten Händen«, antwortete die Gräfin und sah das Problem damit als erledigt an. Schließlich kam es nicht selten vor, dass die Herrschaft auf Reisen eine Dienstmagd oder einen Knecht mitnahm, um auch unterwegs adäquat versorgt zu werden.

»Du hast mich nicht verstanden, Tante«, begann Gero noch einmal, um Fassung bemüht. »Gesa gehört zum Gesinde der Breidenburg und hatte keine Erlaubnis, sich zu entfernen. Ich vermute, sie will nach Hause zu ihrer Familie. Aber dort würde sie Eberhard geradewegs in die Arme laufen, und nach allem, was Mutter mir über seine Ausfälle erzählt hat und auch du, halte ich es nicht für günstig, wenn er weiß, dass wir hier sind. Ich brauche noch eine Weile, um zusammen mit Roland eine annehmbare Verteidigungslinie aufzustellen, falls mein Bruder mithilfe der erzbischöflichen Truppen daran denken sollte, uns anzugreifen.«

Margaretha von Lichtenberg zu Waldenstein schien zu begreifen, worauf Gero hinauswollte. »Du bist nun der Graf«, meinte sie mit einem gönnerhaften Lächeln, »also entscheidest du, was zu tun ist. Dann wünsche ich euch viel Glück, dass ihr Gesa findet. Roland soll dir unsere Schweißhunde mitgeben, damit sie die Fährte des Mädchens aufnehmen. Allzu weit kann sie ja noch nicht gekommen sein.«

Obwohl es Gero widerstrebte, die Kleine mit Hunden zu jagen, war er froh, als Roland sich der Suche anschloss. Mit hechelnden Zungen trabten die sechs grauen Wolfshunde neben den Pferden her, sobald sie zusammen mit Mattes, Johan, Struan, Jacob und Malcolm die Burg verlassen hatten. Anselm war mit den übrigen Brüdern bei Tom geblieben, der noch immer darauf zu hoffen schien, dass sich Rona und Arnaud bald zurückmeldeten.

Während Gero und seine Freunde auf ihren Pferden in wärmende schwarze Kapuzenumhänge eingepackt, die das Wappen der Waldensteiner trugen, die steinigen Serpentinen zum Moselufer hinunterritten, lichtete sich der Nebel, und die Sonne trat hinter den Wolken hervor. Ihre Strahlen verwandelten den tiefblauen Fluss in ein glitzerndes Band, das bis zum Horizont reichte und dort zwischen den vollkommen abgeholzten Hügeln verschwand.

»Denkst du wirklich, sie wird versuchen, ein Schiff zu nehmen?«, fragte Malcolm mit Blick auf die Treidelgespanne, die unten am Fluss gut sichtbar noch unterwegs waren.

»Eigentlich dürfte sie kein Geld haben«, brummte Roland, der es gewohnt war, dass seine Bediensteten für Kost und Logis arbeiteten und nur einmal im Jahr an Weihnachten eine kleine Summe ausbezahlt bekamen.

»Ich habe ihr eine Turnose geschenkt«, beichtete Mattes kleinlaut. »Ich habe sie von Anselm bekommen und dachte, ich kann mir sowieso nichts dafür kaufen, und Gesa fand sie so hübsch.«

»Eine Turnose?« Roland hob eine Braue. »Sag nur, es war auch noch eine aus Gold?«

Mattes kniff die Lippen zusammen, was Rolands Frage zu bestätigen schien.

»Ich fass es nicht«, murmelte Gero. »Wie kannst du ihr so viel Geld schenken? Was ist, wenn man sie für eine Diebin hält und sie eingesperrt und gehängt wird?«

»Daran habe ich nicht gedacht«, entschuldigte sich Mattes. »Erstens habe ich nicht damit gerechnet, dass sie die Burg verlässt. Und zweitens dachte ich, sie hebt sie auf, zum Andenken an mich.«

»Nach allem, was du mir über euer letztes Treffen erzählt

hast«, fügte Malcolm mit einem schmerzlichen Lächeln hinzu, »hat sich das mit dem Andenken wohl erledigt. Und da ihre Familie ihr näher steht als du, wird sie alles versuchen, um nach Hause zu kommen. Notfalls auch mit deiner Turnose.«

»Das spricht für eine Schiffsreise«, fügte Jacob hinzu, der sich aus seiner Zeit als Templer in Mainz in der Gegend gut auskannte.

»Hoffentlich fällt sie keinem Räuber in die Hände«, warf Roland ein und machte damit für Mattes alles noch schlimmer.

Unten am Ufer trafen sie auf einen alten Fährmann, der in seiner Hütte am Kaminfeuer kauerte und warmes Bier trank. Sein trüber Blick war panisch, als er die hechelnden Hunde bemerkte, die aufgeregt das kleine Zimmer durchstöberten und laut anschlugen.

»Sie war hier«, bemerkte Roland mit grimmigem Blick und marschierte entschlossen auf den geduckt dastehenden Fährmann zu. Angesichts mehrerer schwarz gekleideter Männer, die den Hunden gefolgt waren und sich nun breitschultrig vor ihm aufstellten wie Vertreter der heiligen Inquisition, sank er noch mehr in sich zusammen.

»Seid gegrüßt, edle Herren«, beeilte er sich zu sagen und schaute unterwürfig zu ihnen auf. »Was kann ich für Euch tun?«

»Erkennst du mich nicht, Peter?«, fragte Roland und trat noch näher zu ihm. »Ich bin Roland, der Burgvogt deiner Herrin«, sagte er laut.

»Ah! Ja, ich erkenne Euch«, beeilte sich der grauhaarige Alte zu sagen. Er sah ziemlich klapprig aus in seinen heruntergekommenen Kleidern und fror allem Anschein nach, trotz des Feuers und einer zerschlissenen Wolldecke, in die er sich eingewickelt hatte. »Im Dunkeln sehe ich so schlecht«, rechtfertigte er sich, »lasst uns vors Haus gehen, in der Sonne geht es besser.«

»Ich frag mich, wie du es schaffst, die Leute von einem Ufer zum anderen zu bringen, wenn du derart schlecht siehst«, raunte Roland und bedeutete den anderen, sie sollten dem Fährmann nach draußen folgen.

Dort schien er wenigstens die Gesichter der Männer zu erkennen.

»Das ist der neue Graf von Lichtenberg zu Waldenstein«, stellte er Gero mit getragener Stimme vor. »Also dein neuer Herr. Er ist Gräfin Margarethas Nachfolger.«

»Ist sie tot?« Der Fährmann machte ein entsetztes Gesicht, doch Roland beschwichtigte ihn sofort. »Nein, sie hat lediglich ein Stück ihrer Verantwortung an ihren Sohn abgegeben.«

»Aber sie hatte doch gar keine Kinder?«, meinte der Fährmann mit einem verschlagenen Blick.

»Er ist ihr Neffe, sie hat ihn als Sohn angenommen«, klärte Roland den begriffsstutzigen Alten auf.

»Seid Ihr deshalb gekommen?«, wollte er nun wissen und betrachtete Gero mit einem linkischen Blick.

»Wir suchen ein Mädchen, das sich noch vor Kurzem in deiner Hütte aufgehalten haben muss.«

»Schon möglich«, bekannte der Alte. »Wie sieht sie denn aus?«

»Sie geht mir ungefähr bis zur Brust und ist dreizehn Jahre alt. Sie hat langes dunkles Haar, was sie aber wahrscheinlich unter einer grauen Haube verbirgt, und sie trägt die übliche Kleidung einer Bediensteten. Ihre Augen sind von einem hellen Braun. Sie ist ein hübsches Kind. Sie besitzt fein gearbeitete Schuhe, die ihr die Gräfin zum Geschenk gemacht hat.«

»Und warum ist sie dann weggelaufen, wenn ihre Herrin so großzügig ist?«

»Sie hatte Heimweh nach ihrer Mutter«, erklärte Gero wahrheitsgemäß.

»Immer diese Dienstboten«, raunte der Fährmann und täuschte Bedauern vor. »Man kann so gut zu ihnen sein, wie man will, sie bleiben meist undankbar und lassen einen im Stich, wenn es drauf ankommt. Aber warum reitet Ihr nicht einfach zu ihrer Mutter und holt sie dort wieder ab?«

»Schwätz nicht und sag mir lieber, ob du sie heute Morgen hier gesehen hast«, fuhr ihn Roland an. »Schließlich möchtest du weiter hier arbeiten, auch wenn deine Fahrgäste ob deiner Kurzsichtigkeit nicht wissen, ob sie tatsächlich am anderen Ufer ankommen.«

»Ja, sie war hier«, gab der Fährmann nun endlich zu. »Sie hat mich gefragt, ob ich einen Fuhrmann kenne, der sie mitnehmen kann. Ich habe sie gefragt, wo sie hinwill, und sie hat gesagt, dass sie nach Trier will und von dort aus nach Wittlich. Ich habe ihr gesagt, sie solle auf einem Handelsschiff fragen, das ein paar Meter weiter für die Nacht am Ufer festgemacht hatte und sich auf dem Weg nach Köln befand. Ein Kahn voller junger Burschen, die sie freudig bei sich aufgenommen haben. Keine Ahnung, was sie als Lohn von ihr verlangt haben. Aber ein Mädchen wie sie wird schon wissen, wie man solchen Kerlen zu Diensten ist.«

Als der Fährmann schmutzig grinste, wurde Mattes übel vor Angst.

»Seid ihr sicher, dass sie mit denen mitgefahren ist?«, fragte er atemlos und war mit einem Mal noch bleicher.

»So sicher wie das Amen in der Kirche. Aber der Kahn ist mindestens schon drei Stunden weg. Und die Mosel hat im Moment Hochwasser und fließt um einiges schneller als sonst. Außerdem legen sie vor Trier nicht mehr an. Also dann müsstet Ihr schon bis in die Stadt reiten, um sie zu erwischen.«

»Heilige Mutter Gottes!«, entfuhr es Gero, der wutentbrannt schnaubte. »Das hat uns gerade noch gefehlt!«

»Was ist denn mit der Kleinen?«, wollte der Fährmann wissen. »So wertvoll kann sie doch nicht sein, dass ihr sieben gestandene Recken mit einem Rudel Wolfshunde hinterherjagen. Oder hat sie besondere Qualitäten, die man ihr nicht ansieht?«

»Halt dein dreckiges Maul«, herrschte Mattes den Mann an. »Sonst stopfe ich es dir!«

»Oh, bei dem jungen Herrn scheine ich ins Schwarze getroffen zu haben«, bemerkte der Fährmann mit einem schleimigen Grinsen.

»Geh besser zurück in deine Kate und vergiss, dass wir hier waren«, fuhr Roland ihn an. Den anderen gab er einen Wink, dass sie aufsitzen sollten. Niemand von ihnen hatte ein Interesse daran, weitere Pläne in Gegenwart des Alten zu diskutieren.

Nachdem sie ein Stück am Ufer entlanggeritten waren, gab Gero das Zeichen zum Halt und wandte sich den anderen zu.

»Es hat keinen Sinn, Gesa weiter zu verfolgen«, bemerkte er mit einem grimmigen Blick. »Ich habe nachgedacht. Selbst wenn wir sie einfangen, wird sie wissen wollen, was mit ihrer Mutter geschehen ist. Und wenn wir es ihr sagen, wird sie erst recht nach Hause zu ihrem Vater und ihren Geschwistern wollen. Und da diese nach wie vor auf der Breidenburg leben, macht es keinen Sinn, dorthin zu reiten und die Kleine zu überreden, zu uns zurückzukehren. Ihr Vater wird es nicht erlauben, ganz gleich, wie wir argumentieren, und auch sie selbst wird es nicht wollen, weil sie uns nicht mehr vertraut.«

»Und was ist, wenn wir ihr folgen und sie entführen?«, fragte Mattes reichlich naiv.

»Und dafür eine Fehde in Kauf nehmen?« Gero warf ihm einen verständnislosen Blick zu.

»Wir könnten Eberhard besiegen und die Burg einnehmen.«

»Mit neun Rittern?« Gero schaute ihn zweifelnd an.

»Elf, wenn du Anselm und mich mitzählst«, gab Mattes trotzig zurück und warf sich demonstrativ in die Brust. »Als Templer muss man ohnehin gegen drei Gegner gleichzeitig bestehen, also wären wir mehr als dreißig Ritter.«

»Abgesehen davon, dass weder du noch Anselm fähig sind, gegen drei Gegner gleichzeitig zu kämpfen«, gab ihm Gero beinahe belustigt zu verstehen, »verfügt die Breidenburg über mehr als fünfzig kampferfahrene Söldner, gegen die wir im Zweifel antreten müssten. Viele davon kenne ich persönlich, und ich möchte mir nicht vorstellen, auch nur einem von ihnen wegen Gesa, von der du noch nicht einmal weißt, ob sie zu uns zurückkehren möchte, ein Schwert in die Brust zu rammen. Also wählen wir das kleinere Übel und hoffen, dass Gesas Sehnsucht nach dir groß genug ist, damit sie ihren Fehler erkennt und freiwillig zu dir zurückkehrt.«

»Und was ist, wenn sie Eberhard die Wahrheit erzählt, wo wir waren und wo wir hergekommen sind? Was ist, wenn dein Bruder damit zum Bischof läuft und uns alle zu Ketzern erklären lässt?«

»Das wird er ohnehin tun, ganz gleich, was sie erzählt.«

»Was meinst du damit?«, fragte Roland, der hellhörig geworden war. »Wenn sie die Wahrheit erzählt?«

»Ich, äh …« Mattes war plötzlich rot angelaufen und krallte seine Hand in die braune Mähne seines Pferdes. Dabei vermied er es, Gero in die Augen zu schauen, der mit sichtlich angespannter Miene auf seinem Hengst verharrte. Auch die anderen Templer sagten kein Wort.

»Was um des Teufels Willen wird hier gespielt?«, polterte Roland und nahm nun doch Gero in die Pflicht. »Dass du mir etwas verschweigst, weiß ich, seit du auf der Breidenburg mit Amelie im Arm vor meinen Augen verschwunden bist. Ich wollte dich nie fragen, was das zu bedeuten hatte, weil dein Vater meinte, das gehe mich nichts an. Aber nun ist er tot, und die Geheimniskrämerei geht so nicht weiter. Denkst du, ich wäre blöd und merke nicht, dass mit euch was nicht stimmt? Ihr taucht einfach aus dem Nichts auf, ohne Pferde und nennenswertes Gepäck. Bis auf ein paar Säcke mit Gold und Silber, von denen niemand weiß, wo sie herkommen. Wo seid ihr die ganze Zeit gewesen? Was habt ihr getan, dass die Heilige Inquisition euch noch immer auf den Fersen ist? Den Heiligen Gral gestohlen oder ein Depot der Templer ausgehoben? Und warum sind Arnaud und diese Frau so plötzlich verschwunden?«

Gero rollte seine Schultern, als ob ihm das Kettenhemd zu eng wäre, und rang sichtbar um eine Erklärung.

»Und lüg mich nicht an!«, warnte ihn Roland mit blitzenden Augen. »Ich habe dein Leben gerettet, als du dir bei dem Kampf im Steinbruch gegen Bruno von Esch vor Angst in die Hosen gepisst hast. Ich habe dich nach bestem Wissen und Gewissen ausgebildet und dich damit auf dein Leben als Templer vorbereitet. Ich habe es nicht verdient, dass du mir den Respekt verweigerst und mich weiter zum Narren hältst.«

Gero stieß einen Seufzer aus und starrte für einen Moment auf das grünlich schimmernde Wasser der Mosel, die auf der anderen Seite des Treidelweges munter an ihnen vorbeiströmte. Während er noch überlegte, wie er beginnen sollte, spürte er, wie Rolands Blick ungeduldiger wurde.

»Wenn ich es dir erzähle«, begann er vorsichtig, »will ich, dass du bei deiner reinen Seele schwörst, mich und die anderen nicht als ungläubige Ketzer zu verurteilen und mit niemandem darüber zu sprechen. Noch nicht einmal mit Margaretha. Hab ich dein Wort?«

Roland schaute unsicher in die versteinerten Gesichter der Templer, die Geros Forderungen mit ihren strengen Blicken zu untermauern schienen.

»Auf was willst du hinaus?«, fragte er verdattert.

»Wenn ich es dir sage, bist du einer von uns«, fügte Gero tonlos hinzu. »Das bedeutet, selbst unter grausamster Folter darfst du nicht darüber sprechen.«

»Ich wollte schon immer ein Templer sein«, bekannte Roland mit einem flüchtigen Lächeln. »Also verspreche ich dir und den anderen, was ihr verlangt.«

»Es ist kein Spaß, Roland, sondern bitterer Ernst. Viele von uns sind dafür gestorben und werden es noch. Deshalb brauche ich dein heiliges Wort.«

»Das hast du«, sagte Roland feierlich, anscheinend fest davon überzeugt, dass es so schlimm nicht sein konnte.

Gero schaute sich um und gab Roland einen Wink, er solle ihm auf eine Sandbank direkt an der Mosel folgen. Vorher bat er seine Brüder, dafür zu sorgen, dass sie nicht gestört wurden.

Als Gero mit seiner Geschichte fertig war, starrte der Burgvogt ihn aus seinen braunen Augen an, als ob er den Verstand verloren hätte. Dabei hatte er ihm noch nicht einmal die ganze Wahrheit erzählt, zum Beispiel wo sie die Bundeslade samt ihrem Inhalt versteckt hatten. Lediglich, dass der Orden in deren Geheimnisse eingeweiht war, hatte er zugegeben. Aber die Geschichte mit dem Server und Ronas und Hannahs Herkunft reichte vollkommen, um Roland in einen Strudel von Gedanken zu stoßen, wie man an seinem abwesenden Blick erkennen konnte.

»Geht's dir gut?«, fragte Gero vorsichtshalber und fasste ihn an der Schulter, um sich selbst davon zu überzeugen, dass er sich ohne Probleme im Sattel halten konnte.

»Ja, ja«, stammelte Roland und fuhr sich verstört mit seiner Rechten über Gesicht und Bart. Dann riss er Mund und Augen auf wie ein Ertrinkender, der soeben aus dem Wasser aufgetaucht war, und schnappte nach Luft. Zitternd deutete er auf Geros Kameraden, die in einiger Entfernung mitten auf dem Treidelpfad auf ihre Rückkehr warteten. »Und sie alle wissen davon?«, fragte er, wie um sich noch einmal zu vergewissern, dass Gero ihm keinen Bären aufgebunden hatte.

»Wie ich dir sagte«, gab Gero so gelassen wie möglich zurück. »Wir waren gemeinsam im Jahre des Herrn 2015 und sind auch gemeinsam hierher geflüchtet. Und nun sind wir auf deinen Schutz angewiesen und auf deine Verschwiegenheit.«

»Und Hannah ist …«, wieder schaute er ihn ungläubig an. »Aus der Zukunft?«

»Ja«, sagte Gero nur. »Genauso wie Tom und Anselm.«

»Anselm ist nicht ihr Bruder, oder?«

Gero schüttelte den Kopf. »Anselm ist ein guter Freund, mehr nicht.«

»Und was ist mit Tom?«

»Er war mit Hannah verlobt, aber sie haben sich entzweit, bevor es zu einer Heirat kommen konnte. Allerdings war sich Tom nicht zu schade, um Mattes und mich in ihrem Haus zu verstecken, nachdem er uns unbeabsichtigt in seine Zeit geholt hat. So habe ich sie kennengelernt, wofür ich Gott dem Herrn danke.«

»Wenn ich nicht todsicher wüsste, dass du ein reines Herz hast und einen messerscharfen Verstand, würde ich dir nicht glauben. Aber so ...«, sagte Roland und bekreuzigte sich ehrfurchtsvoll. »Und trotz allem gibt es einen Gott, Junge, der um einiges größer ist als all das und der unser Schicksal bestimmt. Es ist gewiss kein Zufall, dass Hannah deiner Lissy so ähnlich sieht. Und schon gar nicht, dass ihr euch auf diese Weise gefunden habt. Vielleicht ist es Lissys unsterbliche Seele, die in Hannah wiedergeboren wurde. Hast du daran schon einmal gedacht?« Rolands Augen leuchteten regelrecht, und als er sich Gero zuwandte, waren sie mit Tränen gefüllt.

»Ja, vielleicht hast du recht«, flüsterte Gero und schluckte verlegen. »Ich habe Gott schon mehr als einmal gedankt, dass er sie mir zur Frau gegeben hat.«

»Willst du es nicht doch Margaretha erzählen?«

»Auf gar keinen Fall«, beschied Gero. »Ich will nicht, dass sie sich in ihrem Alter noch ängstigt. Meine Mutter weiß ebenfalls nichts von diesen Hintergründen. Außerdem ist jeder in Gefahr, der zu viel weiß. Der Einzige, der etwas wusste, war mein Vater. Und vermutlich Onkel Gerhard. Die beiden hatten schon während ihrer Zeit in Akko etwas vom eigentlichen Geheimnis der Templer mitbekommen und, wie dir vielleicht bekannt ist, versucht, eine geheimnisvolle Tasche zu retten, in der sich wichtige Aufzeichnungen befunden haben. Es waren verschlüsselte Unterlagen über das Versteck des CAPUT 58 und weiterer Schätze, von denen damals noch nicht einmal die höchsten Würdenträger des Ordens etwas ahnten. Nur die Mitglieder des Hohen Rates der Templer hatten vollständigen Zugriff.«

»Das bedeutet, dein ganzes Leben und das deiner Familie wurde von diesem Geheimnis beeinflusst und ihr Schicksal dadurch besiegelt. Ganz gleich, ob es sich um Lissy handelte, deren Eltern nicht gestorben wären, wenn diese vermaledeite Tasche nicht im Spiel gewesen wäre. Und auch nicht Margarethas Mann, der wegen der Tasche enthauptet wurde. Dein Vater hätte seine Hand nicht verloren, und du wärst niemals zu den Templern gegangen.«

»Wenn du es so siehst, könntest du recht haben«, meinte Gero trocken. »Ich wäre wahrscheinlich in den Zisterzienserorden in Hemmenrode eingetreten und hätte zur Ehre des Herrn Gemüse gepflanzt. Lissy wäre kein Thema gewesen, und auch von Hannah hätte ich nie etwas erfahren.«

»Dann erkennst du also an, dass der Verlauf der Dinge ein von Gott bestimmtes Schicksal sein muss, aus dem es kein Entrinnen gibt?«

»Unser letzter Kommandeur, Sir Walter of Clifton, den wir in Schottland begleitet haben, sagte etwas Ähnliches. Alles scheint vorherbestimmt zu sein, und doch besteht allem Anschein nach die Möglichkeit, dass wir es ändern können, wenn wir die richtigen Instrumente dafür besitzen. Aber niemand kann uns sagen, ob wir am Ende glücklicher sind.«

»Wenn alles so ist, wie du mir erzählt hast«, sagte Roland mit zitternder Stimme, »schwebt ihr alle in höchster Gefahr. Wenn Gesa deinem Bruder auch nur einen Hauch davon berichtet, wird Eberhard versuchen, sich mit Leuten zu verbünden, die ein Interesse am Geheimnis der Templer haben. Sie werden dich und deine Männer jagen, bis ihr alles vor ihnen ausgebreitet habt und ihnen den Weg zu jener Macht zeigt, der ihr selbst bisher erfolgreich widerstanden habt.« Plötzlich wurde Roland unruhig. »Du musst die Kleine abfangen, bevor sie die Burg erreicht.«

»Und dann?« Gero kniff die Lippen zusammen. »Soll ich sie lebenslang einsperren?«

»Aber was ist, wenn sie alles verrät?«

»Wenn ich jetzt zur Breidenburg reite, gefährde ich jeden, der mir über die Landesgrenze nach Trier folgt«, erklärte Gero erstaunlich ruhig. »Der Erzbischof und seine Schergen warten wahrscheinlich nur darauf, mich zu schnappen. Das kann ich meinen Kameraden nicht zumuten und auch Hannah nicht. Wenn ich mich mit meinem Bruder anlegen will und damit mit dem Erzbischof und seinen Truppen, müssen wir bestens gerüstet sein. Ein paar Templer reichen da nicht aus.«

Roland nickte verständig. »Dann lass uns nach Hause reiten und mit den Vorbereitungen beginnen. Denn ich schwöre dir, Eberhard wird deine Ernennung zum Grafen nicht auf sich sitzen lassen.«

KAPITEL 24

NOVEMBER 2015 –
DEUTSCHLAND / EIFEL / US AIRBASE SPANGDAHLEM

Sprung ins Nichts

Jack hatte seine Gründe, warum er allein auf seine Mission ins vierzehnte Jahrhundert gehen wollte. Das, was er dort zu finden hoffte, war zu brisant, um es mit jemandem zu teilen. Nicht einmal General Lafour und Mabel Mason waren letztlich in seine wahren Absichten eingeweiht. Sie lieferten lediglich die notwendige Unterstützung. Falls sein Unternehmen gelingen sollte, würde er das Geheimnis der Templer in Sicherheit bringen, bevor er dem Präsidenten der Vereinigten Staaten und seinen Geheimdiensten darüber Rechenschaft ablegen musste.

Offiziell ging es lediglich darum, herauszufinden, welche physikalischen Mechanismen seiner Rückkehr aus der Vergangenheit zugrunde lagen und wie man sie zur Wiederbelebung des Unternehmens C. A. P. U. T. nutzen konnte. So war es mit dem General abgesprochen.

»Was ist, wenn tatsächlich Gott hinter alldem steckt«,

hatte Lafour ihn beinahe ehrfürchtig gefragt, »und diese verdammten Templer dir dazu verhelfen, das Paradies zu finden?«

»Dann kannst du es gerne geschenkt haben«, hatte Jack lakonisch geantwortet. Er hatte eine Ahnung vom Paradies, seit er vor fast achthundert Jahren auf dem Sinai in die Höhle der Templer geraten war. Aber hängende Gärten und singende Vögel, die er dort vorgefunden hatte, waren ihm nur als Ablenkung erschienen und nicht das gewesen, worum es dort eigentlich ging. Lafour mochte das anders sehen, aber er war es auch, der trotz seiner gesundheitlichen Einschränkungen jeden Sonntag eine katholische Messe besuchte.

Jack glaubte allein an die Macht, die dem Besitzer dieses Geheimnisses zu uneingeschränkter Einflussnahme verhelfen würde. Ganz gleich, wer oder was für diese Macht verantwortlich war. Und nur wer die Macht besaß, konnte die Welt beherrschen. Und so wie es aussah, hatte der Hohe Rat des Templerordens sich diese Macht zu eigen gemacht. Wusste der Teufel, warum seine Würdenträger dieses Wissen nicht genutzt hatten, um sich selbst vor dem Untergang zu retten.

Wortlos stieg er zu Mabel und Paul in den Van, den er eigens für diese Zwecke bei den Kollegen der NSA in Frankfurt organisiert hatte. Im Kofferraum stand eine Kiste mit den Sachen, die er für diesen Trip benötigte. Neben seinen Waffen die Tasche mit seiner mittelalterlichen Kleidung, die er erst anziehen würde, wenn sie bei der Ruine der Breidenburg angekommen waren. Lafour hatte ihm noch zwei finster dreinblickende Bodyguards organisiert, die den Befehl hatten, ihnen mit einem Van zu folgen, aber auf Abstand zu bleiben, sobald sie die Ruine der Breidenburg erreicht hatten. Dort sollten sie unten an der Straße auf Pauls und Mabels

Rückkehr warten und nur einschreiten, falls Jack oder Mabel sie um Hilfe baten. Von Paul war keine Rede gewesen, und er wähnte es als unausgesprochenes Misstrauen, was der General ihm gegenüber hegte. Demnach waren die beiden nur zur Verstärkung da, falls er irgendwelchen Mist baute.

Zwanzig Minuten später fuhren sie unweit eines kleinen rauschenden Nebenflusses der Mosel einen Waldweg hinauf, der zu den Überresten der Breidenburg führte. Es war Anfang November, und ein Regenguss hatte auf dem mit Basaltkiesel befestigten Weg unzählige Pfützen hinterlassen, aus denen das Wasser zu den Fenstern des Wagens hochspritzte, während Mabel das Fahrzeug über den unebenen Untergrund lenkte. Die beiden Begleitfahrzeuge mit den vier Navy Seals, die ihnen zur Sicherheit bis kurz vor die Ruine gefolgt waren, mussten auf Tanners Befehl hin vor der Einfahrt zum Burghügel zurückbleiben. Sie würden dort auf dem Seitenstreifen parken und auf ihre Rückkehr warten. Nachdem Mabel den Wagen unter den herbstlichen Buchen auf einem mit Kies ausgestreuten Parkplatz direkt unterhalb der Ruine abstellte, brach die Sonne zwischen den kahlen Astkronen hervor und tauchte den menschenleeren Wald in mystisch anmutende Nebelschwaden, die zwischen den Bäumen aufstiegen wie neugierige Geister.

Nachdem sie ausgestiegen waren, sah Mabel sich gründlich um. Ihr Blick blieb an den Grundmauern der ehemals mächtigen Burg hängen und befeuerte ihre Phantasie, wie das Gebäude wohl vor Hunderten von Jahren ausgesehen haben mochte. Jack griff derweil ungerührt zum Mobiltelefon, um sich zu erkundigen, wo der Pferdetransporter blieb.

Paul kümmerte sich inzwischen um den Koffer mit dem

Server und marschierte schon mal in Richtung der Katakomben, wo er Tom zuletzt abgesetzt hatte. Da er mit Tom nach seiner Rückkehr in die hiesige Zeit gesprochen hatte, wusste er, dass es keine gute Idee gewesen wäre, Tanner direkt in den Katakomben zu transferieren.

Zugleich war von ferne ein Motorengeräusch zu hören. Der Pferdetransporter kämpfte sich mühselig durch den weichen Untergrund seinen Weg zum Parkplatz hoch.

Es war der Pferdetransporter. Der Händler stieg aus und grüßte kurz, offensichtlich verwundert über den Ort, an dem er das Tier abliefern sollte.

Aber er stellte keine Fragen, nachdem Tanner ihn bezahlt hatte und er dafür einen prachtvollen schwarzen Friesen in Empfang nahm.

»Mein Gott, ist der schön«, schwärmte Mabel und strich dem schnaubenden Tier über die weichen Nüstern.

»Ohne ein repräsentatives Pferd nimmt dich im Mittelalter niemand ernst«, klärte Jack sie auf, nachdem der Viehhändler davongefahren war.

Jack hatte passend zu seiner Kleidung extra eine bläulich schimmernde Schabracke fürs Pferd gekauft und einen dazu passenden Sattel mit Vorderzwiesel.

»Kannst du überhaupt reiten?«, fragte Mabel.

»Mein Vater betreibt schon in vierter Generation eine Pferdezucht«, klärte Jack sie nüchtern auf. »Ich bin sozusagen im Sattel geboren. Außerdem bin ich mit den Templern beim Angriff auf Askalon dabei gewesen. Ich weiß also, was es heißt, als Ritter auf einem Pferd zu sitzen und gleichzeitig eine Lanze oder ein Schwert in der Hand zu halten.«

Mabel schaute ihm interessiert zu, während er das Pferd aufzäumte und ihm die Schabracke überzog und den Sattel auflegte und mit den Gurten festzurrte, bevor er selbst in seine mittelalterliche Kostümierung stieg. Sie beobachtete fasziniert seine Verwandlung und dachte zugleich, dass sie so gut wie nichts über ihn wusste, schon gar nicht über seinen Aufenthalt im zwölften Jahrhundert.

Paul, den das alles nicht sonderlich interessierte, erkundete derweil die Umgebung, weil er zum einen sicherstellen wollte, dass niemand sonst in der Nähe war, wenn sie den Transfer starteten, und zum anderen, weil er den richtigen Platz finden musste, wo Jack mitsamt seinem Gaul landen sollte. Von Geros Beschreibungen wusste er, dass die Burg auf einem Felsen erbaut worden war und mit ihrer Südwestseite ziemlich nah an einer Abbruchkante gelegen hatte, von der man heute nicht mehr viel sah, weil der Schutt der Jahrhunderte die Stelle weit weniger steil hinterlassen hatte. »Es ist besser, wenn wir dich etwa fünfzig Yards unterhalb der Burg transferieren«, riet er Tanner. »Ich weiß zufällig, dass es dort eine Stelle gibt, die in der Vergangenheit von halbhohen Bäumen bewachsen war und den Fluchtausgang der Burg verdeckte. Der Platz ist perfekt, damit du in der Vergangenheit während des Transfers keine ungebetenen Beobachter hast.«

»Ja, gute Idee«, stimmte Jack ihm zu, der nur mit einem Ohr zugehört hatte.

»Ich glaube, hier sind wir richtig«, rief Paul nach einer Weile von einem dicht bewaldeten Hügel hinab in Richtung des Vans.

»Okay, wir kommen dorthin«, bestätigte ihm Jack und überprüfte noch einmal sein komplettes Equipment.

»Hast du alles?«, fragte Mabel zur Sicherheit noch einmal nach wie eine Mutter, die ihren Sohn auf einen Klassenausflug schickte.

»Ja«, bestätigte Jack und zählte im Geiste noch einmal auf, was sich alles in seinem Lederrucksack befand. Kartenmaterial, ein Kompass, ein Sturmfeuerzeug, Verbandmaterial, Antibiotika, etwas gegen Durchfall, Tabletten, um Wasser zu reinigen, eine unauffällige Isomatte, eine Wolldecke, ein gewachstes Regencape aus gesponnener Biowolle, ein paar Unterhosen moderner Machart, auf die er nicht hatte verzichten wollen, und eine Einsatzpackung mit Proviant, die ihm über die ersten beiden Tage hinweghelfen würde, bis er die Lage sondiert hatte. Im Geiste ging er noch einmal seine Waffen durch, die er am Körper trug. Einen neu geschmiedeten Anderthalbhänder. Einen Messergürtel, mit drei verschiedenen Dolchen. Darunter trug er eine unauffällige Stichweste, die aussah wie das Unterwams eines echten Ritters und darüber ein speziell angefertigtes Kettenhemd, dessen Glieder aus Titan bestanden und weitaus stabiler waren als die eines mittelalterlichen Gegenstücks. Die Sicherheit, für den Ernstfall seine Pistole dabei zu haben, beruhigte ihn allerdings mehr als alles andere.

»Gut«, bestimmte Paul, der sich nahe der Mauer auf einen flachen Gesteinsbrocken gesetzt hatte, und fuhr den Server hoch. Mabel, die neben ihm hockte, schaute interessiert zu, wie er souverän die verschiedenen Programme aufrief, ohne auch nur ein einziges Wort zu sagen. Während man im einundzwanzigsten Jahrhundert noch mit Sprachbefehlen gearbeitet hatte, wurden die Kommandos im zweiundzwanzigsten Jahrhundert von Gedanken abgelöst.

»In welcher Reihenfolge sollen wir vorgehen?«, fragte Paul mit Blick auf Jack, der mit dem scharrenden Pferd vor ihm stand.

»Was für eine Frage«, bemerkte Tanner sichtlich nervös.

»Zuerst transferierst du mich mitsamt meinem Rucksack, dann das Pferd und zuletzt meine Waffe.«

»Okay«, meinte Paul und startete das Programm für den Scan. »Vielleicht sollten wir zuerst die Pistole und die Magazine transferieren«, schlug er vor. »Falls etwas schiefgeht, bist du nicht davon betroffen.«

»Was soll schon passieren?«, erwiderte Jack genervt. »Bei unserem letzten Transfer hatte ich auch eine Pistole dabei. Tapleton hatte dagegen mehrere Handgranaten dabei. Dass die hochgehen könnten, war ja fast schon vorhersehbar. Vielleicht hat er aus lauter Nervosität den Splint gezogen, wer weiß das schon. Aber ich halte es für Dummheit, moderne Waffen in diese Zeit zu transferieren, ohne sie beaufsichtigt zu wissen.«

Paul teilte diese Meinung nicht, aber gut – er hatte hier ohnehin nichts zu sagen. Mabel hatte keine Erfahrung mit Waffen im Mittelalter, und für sie war Tanner der Boss, dem sie nicht zu widersprechen wagte. Zumindest was die militärischen Entscheidungen betraf.

»Wie du willst«, entgegnete Paul knapp, der einzig darum betete, Tanner heil wieder ins Hier und Jetzt zurücktransferieren zu können, weil er andernfalls um die Sicherheit seiner eigenen Familie fürchten musste. Abgemacht war, Tanner in drei Versuchsintervallen an exakt diesen Ort zurückzuholen. Drei Tage später, drei Wochen später oder drei Monate später. Je nachdem, wie rasch es ihm gelingen würde, Gero von Breydenbach aufzuspüren und ihm oder Rona, in deren Begleitung er sich höchstwahrscheinlich befand, das Geheimnis ihres letzten Transfers zu entlocken.

Paul nahm gedanklichen Kontakt zu dem sprechenden Frauenkopf auf, der sich nun als holografisches Bild auf der

Serveroberfläche zeigte und dessen geräuschlose Erläuterungen in die Gedanken aller Anwesenden eindrangen.

Als die blaugrüne Hand auf der Oberfläche des Servers erschien, forderte Mabel ihren Boss auf, seine Hand hineinzulegen, was er ohne zu zögern befolgte.

Mabel beobachtete fasziniert, wie der irisierende blaugrüne Nebel in ein zusammenhängendes Netz aus kleinen, blaugrün leuchtenden Dreiecken überging, die sich zunehmend auf Jacks Körperoberfläche ausbreiteten, bis sie seine Gestalt vollkommen umspannten.

»Geh ein bisschen zurück«, warnte Paul seine unerfahrene Begleiterin, denn im nächsten Moment leuchtete ein blaugrüner Blitz auf, in dem sich Jack Tanner regelrecht in Luft auflöste.

Mabel stieß einen erstickten Schrei aus und hielt sich sogleich die Hand vor den Mund. Ihr panischer Blick lag auf Paul, der wie immer versuchte, Ruhe zu bewahren.

»O mein Gott«, rief sie. »Er ist weg, er ist tatsächlich weg!«

»Ja, das ist er«, antwortete Paul so ruhig wie möglich. »Bleibt zu hoffen, dass er dort angekommen ist, wo er hinwollte«, murmelte er mehr zu sich selbst. »Und jetzt schicken wir das Pferd hinterher. Wenn du mir bitte assistieren würdest.«

Mit zitternden Händen führte Mabel den schwarzen Hengst an den Server heran. Ihre Aufregung übertrug sich auf das sensible Tier, das erregt wieherte und mit dem Kopf auf und nieder schlug.

»Du musst ihn festhalten, verdammt noch mal«, fluchte Paul, der sich mit dem Server bereits in der Eingabephase befand. Die Stimme in seinem Kopf forderte ihn auf, einen Teil des biologischen Subjekts mit dem Nebel in Berührung zu bringen. Doch der Hengst scheute, und Mabel hatte Mühe, ihn zu beruhigen.

»Ich habe selbst ein Pferd«, erklärte sie Paul. »Es sind äußerst sensible Tiere. Vielleicht sollten wir ihm die Augen verbinden?«

»Womit denn? Die Vorbereitung auf den Transfer läuft doch schon.«

Mabel zog kurz entschlossen ihren Wollschal vom Hals.

»Ruhig«, murmelte sie mit sanfter Stimme und verband dem Tier, das auf ihre einfühlsamen Worte reagierte, geschickt die Augen. Danach führte sie ihn an die Oberfläche des Servers heran und tauchte das weiche Maul in den blaugrünlich schimmernden Energienebel.

In ihren Gedanken zählte der Server runter, und sie sah, wie das Netz den Körper des Tieres überzog. Eigenartigerweise breitete er sich auch über ihren Arm und ihre Schulter aus. Doch bevor sie Paul darauf aufmerksam machen konnte, der sich auf die plötzlich ausschlagenden Amplituden auf dem Bildschirm konzentrierte, war sie komplett von der schillernden Netzstruktur überzogen.

»Ist das so richtig?«, fragte sie und warf Paul einen verunsicherten Blick zu. Als er aufschaute, sah sie die plötzliche Panik in seinen Augen.

»Nein, verdammt!«, rief er entgeistert.

Das Letzte, was sie sah, war ein blaugrüner Blitz, der sie und das Pferd komplett einhüllte, bevor sie ein merkwürdiges Gefühl der Schwerelosigkeit ergriff.

»Mabel!«, hörte Paul sich selbst brüllen. Doch es war zu spät. Die junge Frau hatte sich samt Pferd in nichts aufgelöst.

Hektisch versuchte er, zu analysieren, warum es so weit kommen konnte. Irgendwas in der Programmierung schien schiefgelaufen zu sein. Dann erinnerte er sich daran, dass er ihr im Labor in Maryland den Scanvorgang demonstriert hatte und offenbar zu weit gegangen war. Normalerweise hätte sich der Server rückversichert, sofern ihre DNA noch unbekannt gewesen wäre. Doch unter den gegebenen Umständen hatte das Gerät ihre DNA-Struktur bereits erfasst und sie nun automatisch in den Transfermodus übertragen, weil sie in Verbindung mit dem zu transferierenden Objekt gestanden hatte.

Hektisch rief er einen Rückholmodus auf, der den unverzüglichen Rücktransfer der beiden einleitete. Doch das Gerät reagierte nicht, als er die DNA-Muster der beiden aufrief. Mit hämmerndem Herzen gab er noch einmal die passenden Geo-Daten ein und übertrug die Daten des Transfers gedanklich in ein entsprechendes Fenster. Doch die freundliche Stimme gab ihm zu verstehen, dass seine Eingaben nicht mit dem Standort der zu transferierenden Personen übereinstimmten. Vielleicht hatten sie sich zu weit vom eingegebenen Radius wegbewegt. Alles, was sich nicht in einem Scanradius von dreißig Metern befand, wurde bei der automatischen Erfassung nicht mehr berücksichtigt. Paul verfluchte sich selbst, dass er Rona nicht nach einer Kopie der neusten Programmierung gefragt hatte, die unabhängig von den Geo-Daten eine Suchfunktion besaß, mit der man in vergangenen Zeitebenen nach bereits eingegebenen DNA-Sequenzen suchen konnte.

Für einen Moment war er überfragt, was er als Nächstes tun sollte. Deshalb beschloss er, noch einmal im Programm zurückzugehen, um zu versuchen, Jack wenigstens noch die Waffe zukommen zu lassen. Selbst wenn ein solches Vorgehen gewisse Gefahren barg. Falls die beiden gleich zu Beginn ihrer unplanmäßigen Ankunft in Schwierigkeiten geraten waren, konnte er sich wenigstens zur Wehr setzen. Die Programmierung für den Transfer der Handfeuerwaffe war kein Problem. Beides war bereits eingescannt, und der Transferradius erfasste mühelos die vor ihm liegenden Gegenstände.

Paul beobachtete atemlos, wie das blaugrüne Netz die Pistole und die Munition überzog. Während das Energienetz sich zu der bekannten Dreieckstruktur verdichtete, wurde Paul von einem plötzlichen Blitz geblendet. Gleichzeitig zerriss ein ohrenbetäubender Knall die Stille des Waldes und hallte von den Bäumen wider. Ohne darüber nachzudenken, war Paul in Deckung gegangen und lag bäuchlings auf dem Boden. Hustend kämpfte er sich auf die Beine und untersuchte sich hastig auf Verletzungen. So wie es aussah, hatte er verdammtes Glück gehabt. Die Munition war explodiert und hatte ein Loch von der Größe einer Walnuss in die Bildschirmoberfläche des Servers gerissen. Das Display war gesplittert. Grauer Rauch erhob sich über der Unglücksstelle, und es roch unangenehm nach verschmorten Kabeln. Die Pistole war zur Unkenntlichkeit geschmolzen.

»Nicht schon wieder«, murmelte Paul und spürte, wie sich ihm der Magen umdrehte. Erst als er näher kam, war er sich der fehlenden Signale bewusst, die der Server noch kurz zuvor in seinem Kopf von sich gegeben hatte.

Nun war das Ding so tot wie eine Mumie im alten Ägypten.

»Verdammter Dreck!«, fluchte er und war geneigt, den Server vom Felsen zu treten. Doch er hielt sich zurück.

»Nachdenken, Paul, du musst nachdenken«, sagte er zu sich selbst.

Er würde die Navy Seals in ihrem Van unten an der Straße informieren müssen. Aber was zum Teufel sollte er ihnen sagen? Als Erstes musste er den General anrufen und ihm klarmachen, dass er keine Schuld an dieser Misere trug. Und er würde ihm eine Lösung anbieten müssen. Schweren Herzens nahm er sein Mobiltelefon und wählte eine Nummer in Maryland. Dort war es mitten in der Nacht.

»Sie sprechen mit Daisy Lafour«, sagte eine überrascht klingende Frauenstimme.

»Hier ist ...« Er räusperte sich. »Paul Colbach. Kann ich bitte den General sprechen? Es ist dringend.«

»Wissen Sie, wie spät es ist, Mr. Colbach?«

»Ja, das weiß ich, ich rufe aus Deutschland an, hier ist es bereits Vormittag. Tut mir leid, wenn ich Sie geweckt habe, es ist dringend.«

»Ganz gleich, wie dringend es ist, Sie müssen mit mir vorliebnehmen. Ich entscheide, was wichtig ist und was nicht. In akuten Fällen, die ihn zu sehr aufregen könnten, benötigt der General erst seine Beruhigungsspritze.«

»Na dann legen Sie für mich auch gleich eine griffbereit«, murmelte Paul gefährlich leise.

»Was wollen Sie damit sagen?«

»Dass das, was ich den General vorzutragen habe, eine Sache von nationaler Bedeutung ist. Code Red, wenn Sie verstehen, was ich meine. Und nun holen Sie mir verdammt noch mal den General an den Apparat, oder ich rufe persönlich beim Präsidenten der Vereinigten Staaten an. Ich kann mir kaum vorstellen, dass Ihrem Mann das recht wäre.« Seine Stimme war von Wort zu Wort lauter geworden.

Auf der anderen Seite herrschte für einen Moment betretene Stille, dann hörte er ein leises »Wie Sie wünschen«.

Paul atmete erleichtert auf, als die Stimme des Generals erklang. Im Moment war er der einzige Mensch, der zwischen ihm und seiner Familie stand. Wenn auch nur der Hauch eines Verdachts aufkam, dass er Tanner und Mason absichtlich hatte verschwinden lassen und danach den Server mutwillig zerstört hatte, war er erledigt. Und Karen und seine Tochter mit ihm.

»Nein, ich habe die beiden nicht absichtlich ins Verderben transferiert«, versicherte er Lafour, nachdem er ihm erklärt hatte, was vorgefallen war. »Ich habe Jack dringend davon abgeraten, eine Waffe mitzunehmen, aber er hat darauf bestanden.«

»Habe ich Sie richtig verstanden?«, knurrte Lafour. »Sie haben die Waffe erst transferiert, nachdem Miss Mabel versehentlich in den Transferradius geraten ist?«

»Ja«, gab Paul mit resignierter Stimme zu. »Ich dachte, bis ich herausgefunden habe, wie ich beide zurückholen kann, wäre es besser, wenn Jack bewaffnet ist. Deshalb habe ich ihm die Waffe hinterhergeschickt. Es tut mir aufrichtig leid, das müssen Sie mir glauben.«

»Bedauerlicherweise kann ich mir dafür nichts kaufen. Und der Deal war, dass Sie Ihre Familie wiedersehen, wenn Sie mir Tanner heil nach Hause zurückbringen. Nun ist zu allem Übel auch noch das Mädchen verschwunden. Lassen Sie sich was einfallen, damit die beiden wieder auftauchen.«

»Ich kann den Server reparieren, Sir«, versicherte Paul in seiner Verzweiflung. »Ich muss nur das zerstörte Gehäuse rekonstruieren, die Programmierung überprüfen und einen neuen Frequenzquarz einbauen. Mabel hatte noch ein paar Steinchen in Reserve mitgenommen. Also wäre das Problem so gut wie gelöst. Die Programmierung der Quantenkartusche kann ich in meinem Labor in Luxemburg erneuern. Ich habe eine dafür vorgesehene Einrichtung in meinem Keller, falls mir die NSA nicht alles ausgeräumt hat.«

»Ich werde dafür sorgen, dass alles wieder an seinen Platz gelangt«, versprach ihm Lafour. »Bleiben Sie, wo Sie sind, ich werde dafür sorgen, dass jemand Sie abholt und nach Luxemburg in Ihre Villa bringt. In Ihrem Zustand können Sie unmöglich fahren.«

»Danke, Sir«, sagte Paul und kniff die Lippen zusammen. Was so freundlich klang, war in Wahrheit eine Kampfansage. Der General würde ihn keine Sekunde aus den Augen lassen. Und nur, wenn er es schaffte, die beiden NSA-Agenten wohlbehalten zurückzuholen, durfte er auf ein Wiedersehen mit seiner Familie hoffen.

KAPITEL 25

DEZEMBER 1315 –
DEUTSCHE LANDE / MOSEL / BURG WALDENSTEIN

Gefährliche Liebschaften

Mattes war enttäuscht und niedergeschlagen, als sie gegen Mittag die hölzerne Brücke zum Burgtor der Feste Waldenstein überquerten und ihre Pferde an die dortigen Knappen übergaben. Gero zwinkerte ihm aufmunternd zu, doch er erwiderte die freundliche Geste nicht. Er war fest entschlossen, die Sache selbst in die Hand zu nehmen, und wartete nur noch auf die passende Gelegenheit. Gesa ihrem Schicksal zu überlassen, kam für ihn ebenso wenig infrage, wie bei ihr den Eindruck zu hinterlassen, auch nur einer von ihnen trage die Schuld am Tod ihrer Mutter. Er wollte das Mittagsmahl und die Non abwarten, sich dann ein Pferd satteln und unter dem Vorwand, Besorgungen im Dorf unterhalb der Burg zu machen, unverzüglich zur Breidenburg reiten. Auf dem Weg dorthin musste er sich an den Zollstationen vorbeischleichen und notfalls in einem Gasthaus übernachten und einen Groschen dafür bezahlen. An der Breidenburg angekommen, wollte er so lange lauern, bis Gesa vor dem Burgtor auftauchte, und sie abfangen. Hineingehen in den Burghof würde er nicht, nach allem, was er über Eberhard von Breydenbach gehört hatte. Aber er konnte die Dinge unmöglich so lassen, wie sie waren. Er musste etwas tun. Das war er sich und Gesa schuldig.

Gero gegenüber ließ er sich nichts anmerken, als er sich auf sein Zimmer verabschiedete, das er mit Malcolm teilte, und auch den jungen Schotten konnte er nicht einweihen.

»Habt ihr etwas über Gesas Verbleib herausfinden können?«, fragte Hannah und fiel Gero vor Erleichterung um den Hals, als er gerüstet und gespornt im Rittersaal auftauchte, wo die Mägde gerade den Mittagstisch deckten. Der Koch hatte eine deftige Gemüsesuppe mit Speck zubereitet, dessen Räucherduft durch das gesamte Untergeschoss waberte.

Gero drückte Hannah kurz an sich und gab ihr einen flüchtigen Kuss auf den Mund. »Gesa ist mit dem Schiff nach Trier entkommen«, erklärte er ihr mit einem Seufzer. »Die Kleine ist cleverer als vermutet. Mattes hat ihr eine Goldmünze geschenkt, mit der sie die Reise spielend bezahlen kann. Der Schiffseigner wird sich freuen.«

Mittlerweile waren auch Freya und Amelie hinzugekommen, die ihre Männer genauso zärtlich begrüßten. Auch ihnen stand die Sorge um das Mädchen ins Gesicht geschrieben.

»Was geschieht, wenn sie deinem Bruder in die Arme läuft?«, wollte Freya wissen.

»Das wird sie ganz bestimmt«, sagte er mit einem düsteren Blick, der mehr über seine Meinung zu Eberhard sagte als Worte. »Aber wir können nicht mehr tun als abzuwarten. Wo ist Tom?« Suchend schaute er sich um.

»Er wartet immer noch auf ein Lebenszeichen von Rona und Arnaud«, erklärte Hannah ihm leise.

»Das heißt, es hat sich inzwischen nichts getan?«

»Nein«, bestätigte sie seine Sorge. »Ich hätte es dir als Erstes gesagt. Er hat noch mal irgendwas versucht, aber bisher waren alle Bemühungen, Kontakt zu ihnen aufzunehmen, geschweige denn, sie zurückzuholen, zwecklos.«

»Mir ist aufgefallen, dass Tom bei seinen Reisen mit dem Timeserver noch keinen einzigen Erfolg verbuchen konnte«, raunte Gero verdrossen. »Immer ist irgendwas schiefgegangen.«

»Naja ...«, wandte Hannah vorsichtig ein. »Ich will ihn ja nicht über Gebühr verteidigen, aber immerhin hat er es in diese Zeit geschafft, und er hat euch in Oak Island gerettet.«

»Inzwischen glaube ich, dass er das nur mit Gottes Fügung geschafft hat«, knurrte Gero. »Sämtliche anderen Transfers wurden von Rona gesteuert. Daher habe ich auch nicht allzu viel Hoffnung, dass die beiden unter Toms Regie wieder auftauchen.«

»Kommt, lass uns was essen«, empfahl Struan, der zu jeder Zeit hungrig war, und bot Gero einen Platz neben sich an.

Während sich die Anwesenden auf die Bänke verteilten, kam Roland hereingestiefelt und ging auf Hannah zu, die noch überlegte, ob sie sich mit den Frauen zur Gräfin und Geros Mutter setzen sollte, die von den bestehenden Schwierigkeiten nicht einmal etwas ahnten. Überraschend höfisch verbeugte er sich vor ihr und küsste ihr die Hand. »Es ist mir eine Ehre, Euch hier begrüßen zu dürfen«, murmelte er und lächelte sie merkwürdig an.

»Waren wir nicht schon beim Du?«, fragte Hannah leicht verunsichert.

»Ja«, sagte er leise, »aber da wusste ich noch nicht, welches Juwel wir in unserem Hause beherbergen.«

»Hm?« Hannahs irritierter Blick wanderte von Roland, der immer noch gebeugt vor ihr stand, zu Gero, der zwischen Struan und Johan saß und sich nun zu ihr umdrehte.

»Habt ihr unterwegs was getrunken?« Sie runzelte die Stirn und lächelte verunsichert.

»Was du wieder denkst.« Gero warf ihre einen unschuldigen Blick an.

»Ich weiß nicht, was ich denken soll, wenn Roland so komische Bemerkungen macht und mich ansieht, als ob ich eine Erscheinung wäre?«, erklärte sie mit lauernder Wachsamkeit.

»Ich hab's ihm gesagt«, versuchte Gero, die Situation aufzuklären.

»Was gesagt?« Hannah warf ihm einen fragenden Blick zu.

»Dass du ein paar hundert Jahre jünger bist als er«, murmelte Roland mit einem schmerzlichen Lächeln, »und dass sich somit bestätigt, was ich schon immer befürchtete.«

»Und das wäre?«, fragte Hannah völlig verdattert.

»Dass ich nun erst recht zu alt für dich bin, um dir meine Minne anzutragen«, erklärte Roland mit echtem Bedauern.

»Da hätte ich sowieso was dagegen.« Gero schüttelte leise lachend den Kopf.

»Wenn es danach ginge, wäre mein Mann auch zu alt für mich«, klärte sie Roland mit einem überraschten Grinsen auf. »Aber wir passen ganz prima zusammen, auch wenn er mein zwanzigster Urgroßvater sein könnte. Alter ist relativ. Das sagte schon Albert Einstein, glaube ich.«

»Wer ist Albert Einstein?«

»Ein Weiser aus der Zukunft«, flüsterte sie ihm verschwörerisch zu. Roland schaute sie immer noch vollkommen überwältigt an. »Nehmt es mir nicht übel«, sagte er leise, »aber ich kann mir nicht vorstellen, wie es in der Zukunft aussieht, und habe keine Vorstellung davon, wie so was möglich ist. Außer dass die Frauen dort mindestens so hübsch sind wie bei uns.«

Hannah ergriff seine schwielige Hand. »Glaub mir, die Unterschiede zwischen den Menschen hier und in der Zukunft sind nicht so groß, wie man vielleicht meinen könnte. Ich hoffe, Gero hat erwähnt, dass niemand davon erfahren darf.«

»Freilich«, murmelte Gero. »Aber ich konnte Roland nicht länger täuschen, außerdem ist er einer von uns. Und ich weiß, dass er selbst unter der Folter schweigen würde wie ein Grab, habe ich recht?«

Sein prüfender Blick lag auf dem Burgvogt, der offenbar immer noch nach weiteren Besonderheiten suchte, die Hannah von einer Frau seiner Zeit unterschieden.

»Ich bin verschwiegen wie ein Templer«, raunte er. »Aber sobald sich die Gelegenheit dazu ergibt, muss Hannah mir alles von ihrer Welt erzählen.«

»Gewiss«, versprach sie ihm und lächelte, wenn auch ein wenig gequält. Roland drückte ihre Hand und schaute ihr tief in die Augen. »Ich habe schon bei unserer ersten Begegnung gewusst, dass du was ganz Besonderes bist. Eigentlich hätte ich es mir denken können, dein Mann und seine Freunde zählen ja auch nicht gerade zu den Normalsterblichen.« Er lachte leise. Dann verabschiedete er sich zu seinen Offizieren, die sich mit den Wachmannschaften am anderen Ende der Halle niedergelassen hatten.

Mit gemischten Gefühlen wandte Hannah sich Gero zu und runzelte die Stirn.

»Denkst du wirklich, dass er Margaretha nichts verrät? Immerhin teilen sie das Bett miteinander.«

Gero schüttelte den Kopf. »Roland hat einen Eid geschworen, darüber zu schweigen«, antwortete er leise, als plötzlich seine Tante und seine Mutter in der Halle erschienen und selbstverständlich am Tisch der Herrschaft Platz nahmen. »Ich möchte mir nicht vorstellen, wie die beiden Frauen reagieren würden.«

»Und was ist mit Gesa?«, fragte Hannah unvermittelt und warf einen Blick auf Mattes, der neben Malcolm saß und abwesend auf seinen Teller starrte.

»Ich weiß es nicht«, bekannte Gero mit sorgenvollem Blick. »Uns bleibt nichts anderes übrig, als zu beten, dass ihr niemand glaubt, wenn Eberhard sie in die Mangel nimmt. Und das wird er. Er wird wissen wollen, wo wir die ganze Zeit über waren.«

»Warum bist du ihr nicht nachgeritten?«

»Weil es zu gefährlich wäre. Schließlich sagst du immer, unser Kind braucht seinen Vater.«

»Denkst du wirklich, Eberhard würde sich gegen dich stellen, wenn du auf eurer Burg auftauchst?« Hannah schaute ihm beunruhigt in die Augen.

»Ich bin mir nicht sicher, aber ich kann mir gut vorstellen, wie Gesas Vater reagiert«, gab Gero verbittert zurück. »Und er hätte alles Recht der Welt, mich für das Verschwinden seiner Tochter verantwortlich zu machen. Schließlich ist sie wegen meines Knappen von zu Hause weggelaufen. Ganz zu schweigen von der Sache mit ihrer Mutter, die Balthazar de Palestine zum Opfer gefallen ist. Von den undurchsichtigen Machenschaften meines Bruders mal ganz abgesehen. Bevor ich mich auf Trierer Territorium wage, muss ich über eine kleine Armee verfügen. Alles andere wäre ein Ritt ins Ungewisse. Roland und ich wollen in den nächsten Tagen einen Verteidigungsplan ausarbeiten, der genau festlegt, was wir tun müssen, um einem Angriff entgegenzuwirken oder ihn im Zweifel abwehren zu können. Sei es hier auf der Burg oder draußen auf dem Feld.«

Hannah hatte Mühe, ihr ungutes Gefühl zu verbergen. »Glaubst du, dass es richtig war herzukommen?«

»Wo hätten wir denn sonst hingehen sollen?« Sein Blick war irritiert. »Hier haben wir wenigstens ein Zuhause, auch wenn es nun gilt, zu verteidigen, was uns am Herzen liegt.«

»Ja, wahrscheinlich hast du recht«, murmelte sie und faltete die Hände, weil Bruder Hilarius die anwesenden Burgbewohner zum Tischgebet aufforderte.

»Wo willst du hin?«, fragte Malcolm, als Mattes nach der Andacht seinen Schwertgurt packte und sein Zimmer verließ. »Ich muss runter ins Dorf und für Hannah eine Besorgung machen«, sagte er. »Ich soll nach getrocknetem Lavendel Ausschau halten, den sie sich unters Kopfkissen legen will, um besser schlafen zu können.«

»Bist du nun der persönliche Page der jungen Gräfin?«, meinte Malcolm nur und fuhr sich mit einer Hand durch seine schwarzbraune Lockenmähne.

»Hast du was dagegen?« Mattes warf ihm einen düsteren Blick zu.

»Nein, ganz und gar nicht. Ich freue mich für dich. Ist doch eine privilegierte Stellung. Vielleicht lenkt es dich ein wenig von deinem Gram mit Gesa ab.«

»Das geht dich nichts an«, fauchte Mattes und ging zur Tür.

»Hey«, rief Malcolm ihm auf Franzisch hinterher, »treffen wir uns nachher auf dem Hof zu einem Übungskampf mit dem Schwert? Das hilft bestimmt gegen deine miese Laune.«

Mattes aber war schon längst die Treppen hinuntergelaufen, in der Hoffnung, dass ihm niemand begegnete, der ihm unangenehme Fragen stellen konnte.

Sein Weg führte ihn über den Hof geradewegs in die Stallungen, wo bereits ein wendiger Zelter für ihn bereitstand. Das Aufsatteln und die damit verbundene Verschwiegenheit hatte ihn bei Antoine, einem jungen Knappen, einen Silberpfennig gekostet. Ein kleines Vermögen, aber was tat er nicht alles, um Gesa davon zu überzeugen, dass er nichts mit dem Tod ihrer Mutter zu tun hatte. Und damit nicht genug: Er musste sie überzeugen, dass er es ehrlich mit ihr meinte. Schließlich hatte er ihr versprochen, sie eines Tages zu heiraten, wenn sie das rechte Alter hatten. Ganz gleich, ob er von Sir Walter zum Templer geschlagen worden war oder nicht.

Der Himmel hatte sich zugezogen, und die Luft roch nach Schnee, als er sein Pferd im Schutz einiger Planwagen zum Burgtor führte. Ein paar Kesselflicker und Korbmacher, die am Morgen auf der Burg ihre Waren feilgeboten hatten, bauten ihre Stände ab, um noch vor Einbruch der Dunkelheit ins nächste Dorf zu ziehen.

Mattes zog sich seinen graublauen Wollumhang enger um die Schultern und setzte die Kapuze auf, während er sein Pferd zum offenen Burgtor lenkte. Die Wachen sahen nur das Wappen auf seinem Überrock und grüßten weisungsgemäß.

Niemand hielt ihn auf oder stellte ihm eine Frage, und als er sich draußen vor dem Burgtor wiederfand, fühlte er sich mit einem Mal nackt und schutzlos. Und das, obwohl er gerüstet war wie ein Ritter und einen wertvollen Anderthalbhänder bei sich trug, den Anselm ihm aus seinem Fundus in der Zukunft geschenkt hatte.

Er atmete noch einmal tief durch und gab seinem Zelter einen sanften Tritt in die Flanke, was das Tier nach vorn preschen ließ. Er ritt nach Norden. Sobald die Festung außer Sicht war, spornte Mattes das Tier zu einem strammen Galopp an, den er eine ganze Weile durchhielt, bis sie auf dem Hochplateau angekommen waren.

Als es zum Abend hin dunkler wurde, wechselte Mattes auf einen Handelsweg, der laut einem Markierungsstein nach Trier führte. Da er schon fast nichts mehr sehen konnte, hielt er an einer Wechselstation und klopfte an der geschnitzten Eichenholztür, die mit Ranken und Reben verziert war. Die dralle blonde Wirtin, die mit einer hell leuchtenden Laterne in der Hand öffnete, machte ihm schöne Augen, als er nach einem Nachtlager fragte.

»Ich will schlafen, sonst nichts«, antwortete Mattes und bewies ihr mit einer Silbermark auf der Hand, dass er durchaus in der Lage war, für sich und sein Pferd die Zeche zu zahlen.

»Ihr könnt Euch doch zu uns setzen!«, lud sie ihn ein, als sie sich anschickte, mit ihm die Treppe hinaufzugehen, um ihm seine Kammer zu zeigen.

»Ich weiß nicht«, sagte Mattes und schaute sich nervös um. Die Schankstube war voller schräger Gestalten, und er verspürte keinen Bedarf, sich dazuzusetzen und sich womöglich von betrunkenen Kerlen ausfragen zu lassen.

»Kommt Ihr aus Waldenstein?«, fragte die Wirtin und deutete auf das Wappen.

»Ja. Ich bin ein Bote und auf dem Weg nach Trier«, log er, um die Frau endlich loszuwerden.

»Hab gehört, die haben jetzt einen neuen Grafen«, bemerkte sie und zwinkerte ihm mit ihren blauen Augen anzüglich zu. »Ein gutaussehender Mann, soll der Neffe der Gräfin sein. Wisst Ihr etwas darüber?«

»Ich würde jetzt gerne meine Kammer sehen«, fiel er ihr ins Wort. »Ich bin ziemlich müde.«

»Sehr wohl, der Herr«, säuselte sie und zeigte ihm einen winzigen Verschlag mit einem sauber gemachten Bett. Nachdem sie ihm wie verabredet eine warme Biersuppe, einen Kanten Brot und einen Krug Rotwein auf einem Tablett gebracht und alles auf einem kleinen Tischchen abgestellt hatte, verabschiedete sie sich mit einem theatralischen Seufzer. Noch während er kaute, vernahm Mattes aus der Kammer nebenan eindeutige Geräusche, die einen Mann und eine Frau beim Liebesspiel vermuten ließen. In letzter Zeit fragte er sich immer häufiger, wie es wohl wäre, bei einer Frau zu liegen. Während ihn das Stöhnen seiner Zimmernachbarn in den Schlaf begleitete, träumte er von Gesa, wie sie wohl später einmal aussähe, wenn er sie zum Altar führen würde. Doch zunächst galt es, sie erst einmal gnädig zu stimmen, damit sie wenigstens seine Freundin blieb.

Hannah hatte eine unruhige Nacht an Geros Seite verbracht. Seit sie auf Waldenstein waren, schlief sie noch schlechter. Mit einem Seufzer drehte sie sich zu Gero um, dessen muskulöser Brustkorb sich regelmäßig hob und senkte. Unter der dicken Daunendecke legte sie ihre flache Hand auf seine bloße Haut und spürte seine Wärme, obwohl es in der Kammer eiskalt war. Er brummte irgendetwas Unverständliches und zog sie an sich. Dann küsste er sie sanft und streichelte unter der Bettdecke ihren Babybauch. Hannah kuschelte sich an ihn und genoss seine beruhigende Wirkung. Ach, es hätte alles so schön sein können, wenn sie nicht die ewige Last des Templerordens mit sich herumtragen würden.

Sie schreckte auf, als plötzlich jemand gegen ihre Schlafzimmertür hämmerte.

Gero hob den Kopf und rief: »Wer da?«

»Ich bin's, Roland«, antwortete eine dunkle Stimme. »Kannst du mal rauskommen, Gero? Ich muss dringend mit dir sprechen.«

»Moment«, rief er zurück und wandte sich Hannah zu, die ihn im Halbdunkel erschrocken anstarrte.

»Was will er von dir?«

»Ich werde es gleich erfahren«, sagte er und küsste sie auf die Stirn. »Schlaf noch ein bisschen, ich wecke dich zum Frühessen.«

Hannah konnte nicht mehr schlafen, nachdem Gero hastig in seine Kleider gestiegen war und, ohne sich zu waschen, leise die Tür hinter sich schloss. Sie huschte im Nachthemd aus dem Bett und stellte sich dicht an die Tür, um das Gespräch zwischen den beiden zu belauschen.

»Was heißt, der Junge ist weg?«, polterte Gero aufgebracht. »Woher willst du das wissen? Das Burgtor ist doch noch geschlossen.«

»Der junge Schotte war heute Morgen bei mir und hat gesagt, Mattes sei verschwunden. Er hat nicht in seinem Bett geschlafen und gestern Nachmittag eine seltsame Andeutung gemacht, dass er Gesas Anschuldigungen nicht auf sich sitzen lassen könne. Es tut mir leid, das sagen zu müssen, aber ich fürchte, er ist auf dem Weg zur Breidenburg.«

»*Merde!*«, entfuhr es Gero, der sich mit Roland meist in einer charmanten Mischung aus Moselfränkisch und Französisch unterhielt. »Ich komme runter. Wenn es so ist, bleibt mir nichts anderes übrig, als mit ein paar Brüdern nach dem Jungen zu suchen. Er ist ein Templer und weiß alles, was wir auch wissen. Gleichzeitig ist er aber noch ein Kind, von dem ich mir nicht vorstellen möchte, was geschieht, wenn er den falschen Leuten in die Hände fällt.«

Hannah hielt es nicht mehr in ihrem Zimmer. Sie schnappte sich ein Wolltuch, drapierte es über ihre Schultern und trat auf den Flur.

»Du hast selbst gesagt, du benötigst eine Armee, wenn du auf deinen Bruder triffst«, gab sie voller Unruhe zu bedenken, während Gero ihr einen entgeisterten Blick zuwarf.

»Du sollst ins Bett gehen«, mahnte er sie sichtlich genervt. »So viel Aufregung tut dir und dem Kind nicht gut.«

Roland zog instinktiv den Kopf ein und trat einen Schritt zurück.

»Ach ja?«, gab sie scharf zurück. »Denkst du, es ist mir egal, was mit dir oder Mattes geschieht? Ich habe Angst um euch beide, sobald ihr da draußen unterwegs seid.«

»Soll ich den Jungen etwa schutzlos einem Idioten wie Eberhard überlassen?«, raunte Gero gefährlich leise.

»Nein, natürlich nicht«, antwortete Hannah und schluckte ihre Verzweiflung hinunter.

»Jetzt reg dich nicht auf, Mädchen.« Roland legte ihr einen Arm um die Schulter, der im Kettenhemd schwer war wie die Pranke eines Bären. »Dein Mann ist ein Templer und kein gewöhnlicher Bauer. Wenn er seine Männer zusammenruft und mit ihnen zur Breidenburg reitet, wird das auf Eberhard mächtig Eindruck machen. Falls Mattes dort sein sollte und er ihn festhält, wird er ihn ganz von alleine herausrücken. Und wenn nicht, wird er es eben zu spüren bekommen.«

Hannah schaute unsicher zu ihm auf. »Ich werde nie verstehen, warum in dieser Zeit alle Kerle so tun, als ob sie unverwundbar wären.«

Sie hatte schon erlebt, wie skrupellos Gero sein konnte, wenn es um ihre Sicherheit und seine Interessen ging.

Immer wieder unterlief ihr der Fehler, Männer wie Roland und Gero mit Tom zu vergleichen, dem in dieser Situation vermutlich nichts anderes einfallen würde, als davonzulaufen.

»Und was wird, wenn Eberhard sich nicht einschüchtern lässt und stattdessen mit seinen eigenen Leuten zurückschlägt?«

»Du vergisst, dass wir uns durchaus zu wehren wissen«, gab Roland ihr mit einem selbstbewussten Lächeln zu verstehen und bestätigte damit all ihre Befürchtungen.

»Genau das macht mir Angst.« Hannahs Stimme zitterte leicht. Sie wusste, dass alle anderen Kerle in dieser Zeit genauso rücksichtslos vorgingen wie die beiden. Adlige Söhne wurden von klein auf dazu erzogen, ihre Gegner erbarmungslos abzustechen. Sie durften keine Hemmungen haben, mit einem Schwert gegen Menschen vorzugehen und ihnen im Kampf notfalls eine armlange Klinge bis zum Schaft in die Eingeweide zu rammen. Ansonsten konnte es ihren eigenen Tod bedeuten.

»Wenn ich nichts unternehme, kann er dem Jungen weiß Gott was antun«, erinnerte Gero sie beinahe flehentlich. »Ich kann nicht warten, bis du mir deine Erlaubnis erteilst, nach ihm zu suchen. Deine Aufgabe ist es, auf unser Kind aufzupassen, indem du dich nicht zu sehr aufregst. Und meine Aufgabe ist es, unsere Familie zu schützen. Und da gehört Mattes nun einmal dazu.«

»Ja, selbstverständlich«, flüsterte Hannah sichtlich verzweifelt. »Mattes bedeutet mir so viel wie ein eigenes Kind. Trotzdem habe ich Angst um euch beide. Tu, was du tun musst, aber pass um Himmels willen auf dich auf.«

»Ich danke der Mutter Gottes, dass du so einsichtig bist.« Gero zog sie zu sich heran und umarmte sie fest. Er küsste sie zart auf den Mund. »Es wird nicht lange dauern, das verspreche ich dir.«

Hannah sah den beiden Männern nach, wie sie die Treppe hinabeilten. Plötzlich stand ihre Schwiegermutter im Flur. Sie trug ein seidenes Nachthemd und einen blauen Hausmantel.

»Was ist denn hier draußen für ein Palaver?«, beschwerte sie sich. »Ist irgendwas geschehen?«

»Nein«, murmelte Hannah und schluckte ihre Tränen tapfer hinunter. »Alles ist gut, geh wieder zu Bett. Gero und Roland haben irgendetwas zu erledigen. Sie sind heute Abend wieder da.«

Ausgerechnet die Gräfin lief ihnen über den Weg, als Gero und Roland im ersten Stock an die einzelnen Kammern klopften, um die Brüder zu alarmieren.

»Wo wollt ihr so früh schon hin?«, fragte sie die beiden mit einem erstaunten Blick. Sie war bereits fertig angekleidet und trug ein helles seidenes Unterkleid und einen schimmernden dunkelroten Surcot aus weichem Samt, der bis zum Boden reichte und die Spitzen ihrer goldfarbenen Schnabelschuhe hervorblitzen ließ. Ihr rotblondes Haar hatten ihre Dienerinnen sorgfältig aufgesteckt und ein hauchdünnes rotes Seidentuch darüber drapiert und mit ein paar Perlennadeln festgesteckt.

Gero, dem der bohrende Blick seiner Tante aus jungen Jahren noch bestens vertraut war, blieb wie angewurzelt stehen und zögerte, weil er sie nicht einweihen, aber auch nicht belügen wollte.

»Sie kriegt es sowieso heraus«, beeilte sich Roland mit schuldbewusster Miene zu sagen. Danach ergriff er regelrecht die Flucht und ließ ihn mit der Gräfin einfach stehen. »Ich gehe schon mal weiter, um deine anderen Brüder zu informieren«, rief er ihm aus der Ferne zu und verschwand auf dem dunklen Flur.

»Was wird das denn, wenn es fertig ist?«, fragte Margaretha von Lichtenberg ihren Neffen ungeduldig und schaute verwirrt ihrem Vogt hinterher.

»Mattes ist losgezogen, um nach Gesa zu suchen«, erklärte Gero ihr leise. »Und es sieht ganz danach aus, als ob er sich dafür zur Breidenburg aufgemacht hätte.«

»Ich fasse es nicht!« Die Gräfin schnappte empört nach Luft. »Dieser kleine Idiot«, zischte sie und zog wütend ihre rotblonden Brauen zusammen. »Was denkt er sich eigentlich, wer er ist? Dass es nur um ihn und seine nicht standesgemäßen Liebschaften geht?«

»Ich weiß nicht, was in ihn gefahren ist«, entschuldigte sich Gero für seinen Knappen. »Aber wahrscheinlich hat er keine Vorstellung davon, wie gefährlich sein Vorhaben ist. Deshalb dürfen wir auch nicht länger warten. Ich muss ihn erwischen, bevor Eberhard es tut. Denn dann Gnade uns Gott.«

»Wie viele Männer brauchst du?«, fragte die Gräfin und zeigte damit ihre Bereitschaft, ihn in jeder Hinsicht zu unterstützen.

»Gar keinen«, erwiderte Gero so ruhig wie möglich. »Ich nehme meine Kameraden mit. Ich will kein Aufsehen erregen und die Geschichte nicht größer machen, als sie ist. Wir werden so rasch wie möglich aufbrechen und sind hoffentlich spätestens morgen Abend zurück.«

»Und wie können wir dich unterstützen?«, fragte sie beharrlich. »Ich meine, was ist, wenn es zu einer Konfrontation zwischen dir und deinem Bruder kommt?«

»Das wird es nicht«, antwortete Gero und hoffte, damit recht zu behalten. »Und falls doch, hat er schlechte Karten. Allerdings würde ich dir zu erhöhter Alarmbereitschaft raten. Verdopple die Wachen am Tor und halte deine Söldner zur Verteidigung bereit, falls wir uns mit Eberhard anlegen.«

»Was soll ich deiner Mutter erzählen?«, fragte sie zaghaft.

»Erzähl ihr einstweilen, dass das Fleisch knapp geworden ist und wir deshalb auf die Jagd gegangen sind. Und dass wir womöglich erst morgen Abend zurückkehren.«

»Bei der heiligen Maria!« Die Gräfin schlug sich demonstrativ die Hände vors Gesicht. »Ich hoffe, ihr habt eure Frauen ebenso im Unklaren gelassen?« Sie schaute Gero besorgt an.

»Das kannst du vergessen«, erwiderte Gero. »Hannah weiß schon Bescheid. Sie würde ohnehin sofort bemerken, wenn ich ihr die Wahrheit vorenthalte.«

»Das kommt davon, wenn man den jungen Ehefrauen zu viele Freiheiten lässt«, argumentierte die Gräfin. »Besser wäre es, ihr hättet sie Gehorsam gelehrt. Eine solche Aufregung tut werdenden Müttern nicht gut.«

Das sagt die Richtige, dachte sich Gero.

»Sie werden es verstehen«, antwortete er stattdessen und legte eine Hand an den Knauf seines Schwerts.

»Den Anderthalbhänder lässt du besser hier«, riet sie ihm. »Ebenso wie deinen Percheron. Beide tragen das Zeichen der Templer. Du kannst das Schwert deines Vaters nehmen. Es steht dem deinen in Qualität und Reichweite in nichts nach. Deine Mutter hat es zu Richards Beerdigung mit hierhergebracht. Ich bin sicher, es wird dir Glück bringen. Da kommt zusammen, was zusammengehört.«

»Danke«, sagte Gero mit rauer Stimme und umarmte seine Tante.

Sie klopfte ihm sachte auf die Schulter. »Ist schon gut, mein Junge.« Sie blickte ihm eindringlich in die Augen und lächelte. »Denk an deine Dokumente, wenn du die Burg verlässt. Falls dir jemand an den Kragen will, weiß er wenigstens, dass er es mit dem Landgrafen von Lichtenberg zu tun bekommt, der nach wie vor unserer Verbündeter ist.«

»Das werde ich, Tante Margaretha«, versprach Gero. Dann folgte er Roland, der bereits die restlichen Brüder und Anselm aus den Betten geholt hatte.

KAPITEL 26

DEZEMBER 1315 –
DEUTSCHE LANDE / EIFEL / BREIDENBURG

Pakt mit dem Teufel

Jack hatte damit gerechnet, dass der Aufprall nach einem Transfer hart sein würde. Er erinnerte sich noch genau an den letzten Transfer vor knapp zehn Jahren. Aber dennoch traf ihn die Wucht des Übergangs unvorbereitet. Er landete auf einem Felsplateau, verlor das Gleichgewicht und knallte auf den harten Untergrund. Fluchend rollte er sich ab und hielt sich schmerzerfüllt den Arm. Erst jetzt sah er, dass er haarscharf auf der Kante eines Felsvorsprungs lag und sich direkt unter ihm ein Abgrund auftat, der mindestens dreißig Meter in die Tiefe führte. Der Boden war völlig vereist. Nur eine falsche Bewegung, und er würde in die Tiefe rutschen. Unter ihm rauschte ein sprudelnder Fluss, dessen Wassermassen in Kaskaden über massige Felsbrocken hinwegstürzten.

Nachdem er sich an das fahle Sonnenlicht gewöhnt hatte, das durch die Wolken brach, sah er die Burg mit ihren mächtigen Türmen und Wehrmauern direkt über sich. Glücklicherweise war er nicht vor dem Haupteingang gelandet, sondern seitlich davon, wo die Grundmauern in einen majestätisch aufragenden Felsen übergingen. Auf der Rückseite der Mauern wuchs mannshohes Gestrüpp, durch dessen dornige Äste er den Eingang zu den Katakomben erkennen konnte. Er hätte nie geglaubt, diese Festung einmal so majestätisch und vor allem größer als vermutet vor sich zu sehen. Überhaupt hatte sich im Verhältnis zur Zukunft die Umgebung verändert. Auf der Ostseite standen ein paar mannshohe Sträucher mit immergrünen Blättern, die das Plateau wie eine Hecke abgrenzten. Dahinter fehlte der komplette Wald, der kurz zuvor noch dort gewesen war. Stattdessen breiteten sich unzählige Felder und Wiesen in einer hügeligen Landschaft aus, die von kleinen strohgedeckten Fachwerkhäusern besiedelt war.

Unterhalb und westwärts von seinem Standort breitete sich ein dichtes Waldgebiet aus, dessen Bäume zum Teil höher und dicker waren als in der Moderne.

Sein nächster Blick galt dem schwarzen Friesen, der es glücklicherweise auch heil hierhergeschafft hatte. Das imposante Pferd war eingeschüchtert und verharrte vollkommen regungslos im Schatten der Mauer. Anscheinend hatten Mabel und Paul ganze Arbeit geleistet. Auch die Jahreszeit und die Tageszeit stimmten. Es war lausig kalt. Der Himmel war zwar teilweise bedeckt, aber hell genug, dass es allenfalls früher Nachmittag sein konnte.

Vorsichtig robbte er vom Abgrund weg in Richtung Plateau und stand erst auf, als er sicher sein konnte, nicht wegzurutschen. Behutsam näherte er sich seinem Pferd und schnappte sich die prächtigen Zügel, die mit blaugrün schimmernden Troddeln versehen waren und damit die gleiche

Farbe hatten wie die seidig schimmernde Schabracke des Tieres. Fehlten nur noch seine Waffen. Plötzlich tauchte etwas Schwarzes in seinem Sichtfeld auf, was nicht nur ihn erschrocken zurückweichen ließ. Auch das Pferd machte einen Satz und riss ihn beinahe von den Füßen. Als er aufblickte, traute er seinen Augen nicht. Es war Mabel Mason in ihrer schwarzen Daunenjacke, die nur wenig entfernt mit den Beinen über der Abbruchkante hing. Offenbar hatte sie sich geistesgegenwärtig mit beiden Händen an einem Wurzelstock festgekrallt, der zu einem jungen Baum gehörte, der in dem lockeren Geröll jederzeit nachgeben konnte. Auch wenn sie ein Leichtgewicht war, konnte Mabel im nächsten Moment in die Tiefe stürzen.

Zu allem entschlossen, verdrängte Jack seine Verblüffung und brach einen langen Ast von einem der Sträucher ab. Dann ging er auf Mabel zu und begab sich auf die Knie, noch bevor er sie erreicht hatte.

»Bleib wo du bist!«, rief er ihr unsinnigerweise zu. Während er langsam auf sie zurobbte, sah er die Panik in ihren cognacfarbenen Augen.

»Greif zu!«, rief er und streckte den Ast nach ihr aus. Mit Bedacht schob er ihn bis über die Kante und hielt das andere Ende mit beiden Händen fest.

Mabel war ganz steif vor Angst, während sie spürte, wie die Wurzel langsam nachgab. Mit der einer Hand ergriff sie das Ende des Astes, während sie sich mit der anderen weiter an der Wurzel festhielt.

Jack zog mit aller Kraft an dem Ast, fand aber nicht den richtigen Halt auf dem spiegelglatten Boden. Mabel blieb nichts anderes übrig, als hilflos zuzusehen und sich weiterhin mit einer Hand an die Wurzel zu klammern, die zu ihrem Entsetzen spürbar nachgab.

»Halt durch!«, versuchte Jack, ihr Mut zu machen, doch sie spürte, wie sie trotz ihrer Sportlichkeit die Kräfte verließen. Zugleich wanderte ihr fassungsloser Blick in die Höhe zu dieser riesigen Burg, die sie nur Momente zuvor in der Zukunft als Ruine gesehen hatte. Dabei durchzuckte sie ein furchtbarer Gedanke: Wenn kein Wunder geschah, würde sie hinunterstürzen und auf einem Felsen zerschmettert, und das allem Anschein nach siebenhundert Jahre vor ihrer Geburt.

Plötzlich traf sie etwas am Kopf. Es war ein dickes Seil. Instinktiv griff sie danach und schlang es fest um ihr Handgelenk. Dann hörte sie Männerstimmen, die ihr in einer für sie völlig unverständlichen Sprache etwas zuriefen.

Als sie aufblickte, sah sie in ein erstaunlich gutaussehendes glatt rasiertes Gesicht, das sich mit einem Lächeln zu ihr herunterbeugte. Ein junger Mann mit dunkelblonden, kurz geschnittenen Haaren, der sie mit seinen grasgrünen Augen neugierig betrachtete. Er trug eine abgewetzte braune Lederhose und braune Stiefel, um die er sich mit Lederbändern archaisch aussehende Steigeisen geschnallt hatte. Während er weiter unaufhörlich auf sie einredete, kam ein anderer Kerl mit rotblonden Haaren hinzu, der ähnlich gekleidet war. Beide packten sie am Kragen ihrer Fellkapuze und zogen sie mit vereinter Kraft zurück über die Kante. Bevor sie ihre Rettung richtig begriffen hatte, landete sie hart auf dem Bauch.

»Geht's dir gut?«, hörte sie wie aus der Ferne Jack Tanner rufen.

Als sie aufblickte, schaute sie in die neugierigen Augen mehrerer Männer, die wie Jack Wappenröcke über schweren

Kettenhemden trugen und mittelalterlich mit Messern und Schwertern bewaffnet waren.

»Danke«, krächzte sie heiser in Richtung des rotblonden Mannes, der ihr grob unter die Arme griff und sie schwungvoll auf die Füße zog. Dabei starrte er ihr mit unverhohlenem Interesse ins Gesicht und sagte dann etwas zu Jack, das sie nicht verstand.

Jack versuchte, seine Mittelhochdeutschkenntnisse abzurufen, zumal plötzlich ein weißblonder Kerl auftauchte, dem das dünne Haar bis auf die Schultern reichte. Auch er war ordentlich rasiert und trug die gleiche Uniform wie die anderen Söldner, nur pompöser und sichtbar besser gearbeitet. Jack, der um gut eineinhalb Köpfe größer war als der Mann, starrte ihm von oben herab in die graublauen Augen. Auch wenn der Kerl um einiges kleiner war als Gero von Breydenbach, war eine gewisse Ähnlichkeit nicht von der Hand zu weisen. Das selbstbewusste Auftreten des Mannes und sein herrischer Blick unterschieden ihn von den übrigen Männern, die ihm mit linkischer Unterwürfigkeit begegneten.

»Wer bist du, und was hast du hier zu suchen?«, blaffte er Jack auf Altfranzösisch an. Offenbar versuchte es erst gar nicht im ortsüblichen Dialekt, weil er sich denken konnte, dass Jack nicht aus der Gegend stammte. Nach seinem Aufenthalt im zwölften Jahrhundert kannte Jack die Unterschiede zwischen modernem Französisch und Altfranzösisch, das er vor Jahren in Sprachkursen bei Professor Moshe Hertzberg intensiviert hatte, ganz gut und beherrschte auch noch das meiste.

»Ich bin ein Gewürzhändler aus der Lombardei«, hörte er sich selbst sagen, nachdem er sich wieder halbwegs gefasst hatte. »Ich möchte Euch meine Waren feilbieten, falls Ihr daran interessiert seid. Pfeffer, Zucker, Safran. Was Euer Herz begehrt.« Er deutete auf das Pferd und die Satteltaschen, die er vorsichtshalber mit den entsprechenden Waren befüllt hatte, damit er eine passende Tarnung hatte, falls man ihn ansprach.

»Woher weißt du, was mein Herz begehrt?«, fragte sein Gegenüber höhnisch und brachte die anderen Kerle zum Lachen. Sein Blick wanderte zu Mabel, die zitternd in ihrer Jeans und ihrem hüftlangen Daunen-Anorak dastand und schon allein damit die Aufmerksamkeit der Männer erregte.

»Was seid ihr für komische Vögel, und was habt ihr hier hinter der Burg zu suchen?«, wollte der Anführer dieser Bande nun wissen und sah mit einem aggressivem Blick zu Jack hoch.

»Wir wollten zum Haupttor, doch dann ist das Pferd mit meiner Frau durchgegangen und hat sie hier abgeworfen«, log Jack und war auf sich selbst stolz, dass ihm eine solch schlüssige Ausrede eingefallen war.

Der andere beäugte ihn misstrauisch und dann wieder Mabel, die dastand, als ob sie sich jeden Moment vor Angst in die Hosen machen würde.

»Welcher Idiot lässt seine Frau in solchen Kleidern herumlaufen?«, meinte der Anführer provokant. »Sie ist angezogen wie ein Kerl.«

»Das ist zu ihrer Sicherheit, wegen alldem Gesindel, das hier durch die Wälder strolcht«, erklärte Jack rasch. »Normalerweise trägt sie einen Hut, damit sie aussieht wie ein Mann.«

Die anderen Männer grinsten breit. Einer von ihnen lachte schallend. »Du könntest ihr einen Sack über den Kopf ziehen, und sie sähe nicht aus wie ein Mann«, sagte er amüsiert mit einem eindeutigen Blick auf ihre Brüste, die sich selbst unter ihrem Anorak unverkennbar abzeichneten.

»Hier gibt's kein Gesindel«, erklärte ihr Anführer unfreundlich. »Dafür sorgen wir schon. Durchsucht sie beide!«, befahl er mit fester Stimme.

Jack musste es sich angesichts der schwerbewaffneten Söldner gefallen lassen, dass man ihm den Kapuzenmantel auszog und eine Leibesvisitation vornahm. Auch Mabel blieb nicht verschont.

»Interessantes Gewand«, murmelte einer der Söldner, der ihr das Leben gerettet hatte, und fuhr mit einer Hand unter ihre Jacke, wo er ihren hautengen roten Rollkragenpulli zu fassen bekam und beim Abtasten mit einem Grinsen ihre Brüste streifte. Mabel hätte ihm am liebsten vors Schienbein getreten, als seine Hände eindeutig zu lange auf ihrem Busen verweilten, aber das hätte ihr nur noch mehr Ärger eingebracht. Deshalb beschränkte sie sich auf eine abweisende Miene, wovon der junge Mann sich jedoch nicht im Geringsten beeindrucken ließ. Erst als er ihr Mobiltelefon fand, wirkte er beinahe schockiert. Als unvermittelt das Display aufleuchtete, stieß er einen hektischen Fluch aus und schleuderte das Gerät in offensichtlicher Panik von sich. Während die anderen ihn fragend anstarrten, schüttelte er sich die Hand aus, als hätte er sich verbrannt.

»Bei allen Heiligen, was ist denn das?« rief er und starrte Mabel abweisend ins Gesicht.

Für einen Moment herrschte Totenstille. Während sich der weißblonde Anführer dem Gerät näherte, als handelte es sich um ein besonders widerwärtiges Insekt, wanderte sein abschätziger Blick zu Mabel.

»Ausziehen!«, befahl er grob und richtete sein Schwert auf sie. »Komplett!«

»Wollen wir nicht vielleicht erst den Burgherrn befragen, ob er das genauso sieht?«, schlug Jack in gemäßigtem Ton vor, der hoffte, dass es sich dabei um Gero von Breydenbach handelte. Dann müsste er zwar seinen Plan ändern, doch der ehemalige Tempelritter war ihm nicht als Frauenschänder in Erinnerung, und so hoffte er auf dessen beherztes Einschreiten.

»Der steht vor dir«, antwortete sein Gegenüber aggressiv.

»Shit«, zischte Jack leise und warf Mabel einen hilflosen Blick zu. Wenn der deutsche Tempelritter sich nicht hier befand, war seine gesamte Mission umsonst. Ganz abgesehen davon, dass er seine junge Kollegin unbeabsichtigt in große Gefahr gebracht hatte.

»Sie wollen, dass du dich bis auf die Haut ausziehst«, murmelte er gerade so laut, dass sie ihn verstand.

»Sag, dass das nicht wahr ist!« Mabel glaubte sich verhört zu haben, während ihr hilfesuchender Blick ein letztes Mal zu Jack Tanner wanderte. *So tu doch was!* forderte sie ihn unausgesprochen auf. Doch Jack stand da wie eine Statue, während einer der Söldner auf sie zuging und unentwegt auf sie einredete.

Mabel sprach zwar hervorragend Französisch, aber es fiel ihr schwer, den Mann zu verstehen. Aber ganz gleich, was er redete, sein gieriger Blick war unmissverständlich. *Hoffentlich vergewaltigen sie mich nicht*, dachte sie in aufkommender Panik. Langsam entledigte sie sich ihres Anoraks. Obwohl der Boden gefroren war, schlüpfte sie aus ihren schwarzen Stiefeln, die ihr bis zu den Knien reichten. Als die feingestrickten Ringelsöckchen in Mint, Rosa und Goldglitter zum

Vorschein kamen, ging ein Raunen durch die Männer. Zögernd knöpfte sie ihre Jeans auf und öffnete dann den Reißverschluss, was zusätzliche Verwunderung auslöste. In Zeitlupe entledigte sie sich der Hose, immer in der Hoffnung, dass Paul sie vielleicht durch einen rettenden Rücktransfer aus diesem Alptraum erlöste. Doch ihr mit Spitze besetzter schwarzer Tanga brachte die Kerle erst recht aus der Fassung.

»Heilige Jungfrau!«, entfuhr es einem von ihnen, während die anderen leise Pfiffe ausstießen. Anscheinend gab es Verhaltensweisen bei Männern, die sich niemals änderten.

Der Burgherr glotzte sie nicht weniger verblüfft an als seine Schergen. Deren wechselndes Mienenspiel zeugte davon, dass sie nicht sicher waren, was sie von dieser Vorstellung halten sollten. Während Mabel sich bibbernd ihres roten Pullovers entledigte, war sie mit einem Mal froh, vor einem halben Jahr der Versuchung widerstanden zu haben, sich das Gesicht von Da Vincis Mona Lisa aufs Dekolleté tätowieren zu lassen. Zumal sich sämtliche Blicke nun auf ihren sündhaft teuren BH richteten, der das Label einer amerikanischen Nobelmarke trug.

»Wo hast du das her?«, fragte der weißblonde Ritter auf Französisch.

»Aus Paris«, sagte sie geistesgegenwärtig, obwohl es nicht stimmte. Aber sie hätte ja schlecht New York sagen können, wo sie den BH in einer teuren Wäscheboutique am Airport erstanden hatte.

»Ich hab so was schon mal gesehen«, murmelte er. »Aber nicht in Paris, sondern bei der Frau meines Bruders. Es hing auf der Wäscheleine neben dem Kräutergarten.« Sein hinterhältiger Blick wanderte zu Jack, der plötzlich ahnte, was diese Äußerung zu bedeuten hatte.

»Und weißt du was?«, fuhr der Weißblonde fort und wandte sich wieder Mabel zu. »Seine Frau war vor ihrer Ehe die Verlobte eines Maleficus. Und auch er hatte angeblich so ein leuchtendes Ding. Das hat uns alle beinahe Kopf und Kragen gekostet. Damals habe ich mir geschworen, dass ich so ein Teufelszeug auf unserer Burg nie mehr dulden werde.«

Jack ahnte, dass es sich nur um Tom Stevendahl und Hannah Schreyber handeln konnte. Auf wen sonst konnte eine solche Beschreibung zutreffen?

»Zerstört das Höllending und werft die beiden in den Kerker!« Mit einem hasserfüllten Blick deutete der Burgherr, bei dem es sich offensichtlich um Geros Bruder handelte, auf das auf dem Boden liegende Mobiltelefon. Dann wandte er sich wieder Mabel zu, die zitternd ihre Sachen aufklaubte. »Und gebt der Hure ein paar anständige Kleider, bevor ihr sie über den Burghof führt, damit die Kinder sich nicht erschrecken.«

Während Jack vor ihr zusammen mit seinem Pferd abgeführt wurde, trotteten die anderen Söldner mit ihr hinterher, nachdem sie sich wieder angezogen hatte.

Jack drehte sich nur einmal kurz nach ihr um. Ob er etwa sauer auf sie war? Schließlich konnte sie nichts dafür, dass die Geschichte so aus dem Ruder gelaufen war. Offenbar hatte er sich schlecht vorbereitet. Schon allein, weil er keine passenden Dokumente bei sich hatte, hätte er wissen müssen, was auf ihn zukommen konnte. Immerhin war er schon einmal im Mittelalter gewesen. Mabel stieß einen Seufzer aus. Die ganze Geschichte war nichts weiter als das reinste Desaster.

Kaum hatten sie den Aufgang zum Burgtor erreicht, beobachtete Jack einen Jungen, der ein Pferd am Zügel hielt. Er stand halb versteckt an einem Baum und starrte ihn mit offenem Mund an. Tanner kannte die blonden kurzen Schafslocken und die blauen Augen, die beinah genauso aussahen wie die von Gero von Breydenbach. Kein Zweifel, es war Matthäus von Bruch, Geros Knappe und zugleich so etwas wie sein Ziehsohn. Jack war den beiden zum ersten Mal 2004 in Deutschland begegnet, als sie versehentlich von Professor Hagen aus dem Jahr 1307 in die Zukunft transferiert worden waren. Später war er mit Hannah Schreyber, die sich der beiden angenommen hatte, im Jahr 1153 in Israel aufgetaucht, nachdem sie einen weiteren Zeittransfer in diese Epoche mit vorgehaltener Waffe erzwungen hatte, um zu ihrem vermissten Ehemann zu gelangen. Wenn der Junge hier war, konnten Hannah und Gero auch nicht weit sein.

»Matthäus!«, schrie Jack so laut, dass sich seine Stimme fast überschlug. Der Junge reagierte nicht, aber der weißblonde Ritter glotzte nun ebenfalls in seine Richtung. Er wirkte genauso erstaunt wie alle anderen Beteiligten. Doch dann verzog sich sein bleiches Gesicht zu einer wütenden Grimasse, und er deutete mit ausgestrecktem Arm auf den Jungen. »Ergreift ihn!«, brüllte er so laut, dass seine Halssehnen sich unnatürlich anspannten.

Der Junge sprang reflexartig auf den Rücken des Pferdes und gab ihm die Sporen. Doch einer der Wachsoldaten, die weiter unten auf dem Weg standen, hebelte ihn geistesgegenwärtig mit dem Stielende seiner Lanze aus dem Sattel.

Mit einem Aufstöhnen landete der Junge auf dem harten Pflaster und rührte sich nicht.

»Matthäus!«, schrie Jack noch einmal und rannte in

Richtung des Jungen, ungeachtet der Gefahr, von seinen Bewachern aufgespießt zu werden. Besorgt sank er vor ihm auf die Knie und nahm ihn in den Arm, um zu prüfen, ob er ernsthaft verletzt war. Er blutete an der Stirn, war aber bei Bewusstsein. Verwirrt schaute er zum ihm auf.

»Was machst du hier?«, flüsterte Mattes, wie ihn alle genannt hatten, verstört. »Wie bist du hierhergekommen?«

»Das ist jetzt vollkommen egal«, antwortete Jack, der aus dem Augenwinkel sah, wie seine Bewacher hinter ihm auftauchten und ihm befahlen aufzustehen. »Wo ist Gero, verdammt?«

»Waldenstein«, flüsterte der Junge und schien nun doch ohnmächtig zu werden.

Bevor Jack reagieren konnte, wurde er von mehreren Händen gepackt und auf die Füße gezogen. Irgendwer verpasste ihm einen derben Stoß in die Rippen.

Während man ihn abführte, sah er noch, wie zwei Männer den bewusstlosen Jungen an Händen und Füßen packten und zum Burgtor trugen. Auf dem Weg dorthin standen zahlreiche Menschen in archaischer Kleidung und gafften sie an. Der Kerl mit den weißblonden Haaren rief seinen Söldnern ein paar harsche Befehle zu, die sie stumm entgegennahmen. Eine verhärmt dreinblickende Frau tauchte von irgendwoher auf, als sie den Burghof betraten, und warf Mabel ein langes Unterkleid aus verblichener brauner Wolle über, das einen undefinierbaren süßlichen Gestank verbreitete und ihr viel zu groß war. Darüber musste sie ein zusätzliches ärmelloses Überkleid anziehen, in dem sie regelrecht versank und bei dem sie achtgeben musste, nicht über den Saum zu stolpern.

Dass er in der richtigen Zeit war, stand für Jack außer Frage. Aber es beantwortete nicht, warum Gero nicht hier war und sein Knappe so schlecht behandelt wurde. Flankiert von ihren Peinigern brachte man sie zu einer Steintreppe, die seitlich an einer Mauer zum Keller der Burg führte. Beim Anblick des mindestens zwanzig Meter hohen Palas und der meterdicken Mauern, die drei weitere Türme miteinander verbanden und auf denen sich überdachte Wehrgänge befanden, verdrängte er für einen Augenblick ihre aussichtslose Lage.

Aber er musste unbedingt hier rauskommen und Waldenstein finden, jenen Ort, wo Gero sich allem Anschein nach aufhielt.

Am Treppenansatz angekommen, führte man ihn und Mabel in ein finsteres Reich aus nacktem Felsgestein, das sich in mehrere Gänge unterteilte und nur spärlich von ein paar brennenden Fackeln in Eisenhalterungen beleuchtet war. Es stank fürchterlich nach Moder, Urin und verrottetem Stroh. Die sechs Wachleute, die sie begleiteten, sperrten sie in ein dunkles Verlies, dessen Eisengitter sie mit einem schweren Schloss verriegelten.

»Wenigstens sitzen wir nicht in Einzelhaft«, murmelte Mabel und versuchte damit, der Misere etwas Positives abzugewinnen.

»Ich fass es nicht!«, fluchte Jack, der noch immer nicht begreifen konnte, wie das alles hatte geschehen können.

»Wie kann es sein, dass der verdammte Luxemburger dich hierher transferiert hat? Ich dachte, wir könnten ihm vertrauen, wenn wir seine Frau und seine Tochter haben.«

»Ich glaube nicht, dass er es absichtlich getan hat«, erwiderte Mabel beschwichtigend. »Offenbar waren meine

Daten bereits im System gespeichert, und dann hat sich das Programm verselbstständigt. Er hat genauso panisch reagiert wie ich, als der Countdown plötzlich runterzählte. Aber er konnte es nicht mehr stoppen.«

»Mich beunruhigt, dass er nicht wenigstens dich sofort zurückgeholt hat«, knurrte Jack. »Er hätte es gekonnt, wenn er es nur gewollt hätte.«

»Vielleicht ist irgendwas passiert, von dem wir nichts wissen?«

»Das macht es nicht besser«, schimpfte er. »Wenigstens hat mich mein Instinkt nicht verlassen«, fügte er in einem lakonischen Tonfall hinzu. »Gero von Breydenbach ist hier, wenn auch auf einer anderen Burg. Und der Junge, den sie geschnappt haben, ist sein Knappe. Allerdings frage ich mich, warum der weißblonde Kerl so grob mit ihm umgegangen ist?«

»Wer ist der Typ? Der ist ja schrecklich!« Mabel schaute ihn aufgebracht an.

»Wenn ich es richtig gedeutet habe, handelt es sich um Gero von Breydenbachs Bruder.«

»Rein optisch sehen sie sich nicht sehr ähnlich«, wandte Mabel ein und hob eine Braue. »Gegen seinen Bruder ist der Templer ein richtiger Kerl. Kein Wunder, dass die Mädchen ein Bild von ihm auf Instagram reingestellt haben.«

»Sag nur, du schwärmst auch für ihn?« Jack schüttelte verständnislos den Kopf.

»Nein, natürlich nicht. Aber ich wüsste gerne, ob er charakterlich anders ist als sein Bruder.«

»Die sind alle verrückt hier«, entfuhr es Jack, »ganz egal, wie sie aussehen.«

»Ist dieser Gero auch so ein Hitzkopf?«

»In dieser Zeit sind alle Hitzköpfe. Was denkst du, warum sie alle Schwerter und Messer tragen? Bestimmt nicht zur Dekoration.«

Mabel stieß einen Seufzer aus und schaute sich zweifelnd um.

»Und wie kommen wir aus diesem grauenerregenden Kerker heraus? Das ist ja wie in einem schlechten Horrorfilm. Denkst du nicht, dass der Templer uns helfen könnte?«

»Keine Ahnung, dafür müsste ich ihn erst mal zu sehen bekommen.«

Jack wanderte in der vergitterten Zelle auf und ab wie ein Tiger im Käfig. Vergeblich suchte er nach Schwachstellen im Mauerwerk. Hier und da rüttelte er an den Gitterstäben, die sich keinen Millimeter bewegten.

Mabel zog es vor, sich erst mal zu setzen. Sie erschrak, als sie hinter sich in der Nachbarzelle ein Geräusch vernahm, von dem sie zunächst glaubte, es käme von einer Ratte, von denen sie sicher war, dass sie in diesem feuchtkalten Verlies zu Hunderten herumliefen. Nachdem sie vorsichtshalber auf Abstand gegangen war, schärfte sie in der Dunkelheit ihren Blick und entdeckte in einer Ecke der Nachbarzelle einen uralten Mann, der eine verdreckte Mönchskutte trug. Er zischte ihr etwas zu, das sie nicht verstand. Sofort tauchte Jack neben ihr auf und sprach den Alten auf Altfranzösisch an.

»Wer bist du? Und warum bist du hier?«

Der Alte stand mühselig auf und kam näher. Im spärlichen Schein der Fackel konnte Mabel seine wachen, hellen Augen erkennen, in denen ein unerwartetes Feuer leuchtete.

»Ich bin Wintrich von Achenbach«, flüsterte er verhalten und blickte sich lauernd um. »Und mit wem habe ich das Vergnügen?«

Er legte seinen Kopf schräg, und mit seiner gebückten Gestalt, dem faltigen Gesicht und der nach unten gebogenen Nase sah er aus wie ein listiger Gnom aus einer Fantasy-Saga. Mabel schätzte ihn rein äußerlich auf mindestens hundert. Doch so alt konnte man in diesem Zeiten sicher nicht werden.

»Mein Name ist Jacobus«, stellte Jack sich mit einer höfischen Verbeugung vor. »Und das ist meine Frau Mabel.« Beiläufig zwinkerte er Mabel zu. »Wir sind Händler und Gaukler aus England«, log er dreist.

»Fürwahr, Ihr habt einen seltsamen Dialekt«, bestätigte ihm der Mönch.

»Wo sind wir hier?«, fragte Mabel ihn. »Und wem gehört diese Burg?«

»Das ist die Breidenburg, mein Kind«, antwortete er in einigermaßen verständlichem Französisch. »Der Burgherr ist Eberhard von Breydenbach. Nachdem sein Vater vor ein paar Wochen verstorben ist, hat er die Herrschaft hier übernommen.«

»Und was ist mit Gero von Breydenbach?«, fiel Jack ihm ins Wort. »Ist er nicht auch hier?«

»Soweit ich weiß, nicht«, antwortete der Alte schmallippig. »Woher kennt Ihr ihn, und was habt Ihr mit ihm zu schaffen?«, wollte er wissen.

»Ich war mit ihm im Heiligen Land«, erklärte Jack ein wenig vorschnell.

»Dann seid Ihr ein ehemaliger Templer?«, fragte der Alte und blinzelte ihn aus schmalen Lidern an. Der kauzige Mönch schien ihm zu misstrauen, und Jack überlegte einen Moment, ob er in diesen Tagen eine solche Frage bejahen konnte, ohne Gefahr zu laufen, allein deshalb verhaftet zu werden. Aber schließlich saß er schon in einem Kerker, also handelte es sich bei dem Alten vermutlich um einen Leidensgenossen.

»Und wenn es so wäre«, antwortete Jack diplomatisch, »hätte ich dann vom Burgherrn etwas zu befürchten?«

»Sagen wir mal so«, begann der Alte leise. »Eberhard von Breydenbach ist nicht gut auf seinen jüngeren Bruder und schon gar nicht auf die Templer zu sprechen. Naturgemäß paktiert er als dessen Lehensnehmer mit dem Erzbischof von Trier, der sich nicht unbedingt für die hiesigen Templer eingesetzt hat. Man sagt ihm zwar nach, er habe sich nach dem Aufstand von Mainz in den Jahren 1310 und 1311 beim Papst für die Ordensritter verdingt, aber am Ende haben alle vor dem franzischen König und nicht zuletzt vor dem Papst den Schwanz eingezogen und die Güter des Templerordens an die Hospitaliter verteilt. Deshalb wäre ich in der Frage, ob ich ein Templer bin oder nicht, in Gegenwart des Burgherrn eher zurückhaltend, wenn Ihr versteht, was ich meine.«

»Und warum sitzt Ihr hier unten ein?«, fragte nun Mabel in modernem Französisch, die sich die merkwürdige Aussprache rasch zu eigen gemacht hatte.

»Ich war der Buchhalter von Richard von Breydenbach, der ja nun nicht mehr ist. Sein ältester Sohn beschuldigt mich, falsche Abrechnungen abgegeben zu haben, was natürlich ein herrlicher Unsinn ist.« Der Alte zuckte resigniert mit den Schultern. »Ich kenne Gero von Breydenbach und seinen Bruder schon von Kindesbeinen an. Ich war einer ihrer Lehrmeister und habe ihnen Mathematik und Mystik beigebracht.«

»Sagt Euch Waldenstein etwas?« Jack schaute ihm verbindlich in die blauen Augen.

»Da wohnt die Schwester der Burgherrin«, antwortete der Alte mit wachsamem Blick.

»Und die Burgherrin? Wohnt die auch hier?«, fragte Mabel.

»Nicht mehr«, brummte der Alte. »Eberhards Mutter hat wohl die Flucht vor ihrem Sohn ergriffen, als er sie mit ein paar unangenehmen Änderungen konfrontiert hat. Seit sie weg ist, geht es hier drunter und drüber.«

Jack kräuselte die Stirn. »Sagt Euch der Name Matthäus von Bruch etwas?«

Die hellen Augen des Mannes weiteten sich kurz, dann senkte er seinen Blick. Allem Anschein nach hatte er etwas zu verbergen.

»Nein«, sagte er jedoch stur. »Einen Matthäus von Bruch kenne ich nicht.«

»Der Junge wurde zusammen mit uns vom Burgherrn gefangengenommen«, erklärte Jack ihm. »Und nun frage ich mich, wo man ihn hingebracht hat. Ich weiß, dass er Gero von Breydenbachs Knappe ist, und ich hatte noch die Gelegenheit, ihn zu fragen, wo sich sein Herr aufhält, und er hat Waldenstein geantwortet. Könnte es sein, dass Gero den Jungen mit einer Depesche hierhergeschickt hat?«

»Heilige Jungfrau Maria«, murmelte der Alte und sank auf die Knie. Es sah ganz so aus, als ob ihn diese Nachricht schockierte. »Das würde bedeuten, er ist wieder da?«

Jack schaute ihn überrascht an. »Wer?«

»Der Junge und sein Herr«, murmelte der Alte und bekreuzigte sich. »Wisst Ihr, wo man den Jungen hingebracht hat?«, krächzte er.

»Also kennt Ihr ihn doch«, gab Jack ungeduldig zurück.

»Flüchtig«, gab der Mönch mit einem linkischen Blick

zu. »Es ist nicht gut, wenn er hier ist. Mit Eberhard ist nicht zu spaßen.«

»Inzwischen mache ich mir ebenfalls Sorgen. Deshalb wäre es nicht schlecht, wenn Ihr mir sagen könntet, ob und wie man Gero auf Waldenstein erreichen kann.«

»Ich kann es Euch nicht sagen«, erwiderte der Alte mit stoischer Miene, »ich habe ihn schon länger nicht mehr getroffen. Wenn Ihr ein Templer seid, wisst Ihr wahrscheinlich mehr über ihn, als ich euch erzählen könnte.«

»Eine Frage noch«, sagte Jack. »Wo liegt Waldenstein?«

»Die Festung liegt eineinhalb Tagesreisen südwestlich von hier. Mit einem schnellen Pferd benötigt man vielleicht nur einen Tag. Mit einem Karren eher zwei. Durchreiten kann man aber nur, wenn man seine Pferde in Wechselställen gegen frische Pferde eintauscht«, schob er hinterher.

»Und was würde passieren, wenn Gero von Breydenbach hier plötzlich auftaucht und seinen Knappen zurückfordert?«

»Das wird nicht geschehen«, antwortete Wintrich von Achenbach leise. »Und falls doch, wäre es eine große Dummheit, weil Eberhard garantiert versuchen würde, ihn festzusetzen, um ihn an den Erzbischof und damit an die Inquisition auszuliefern.«

»Selbst wenn er genügend Männer bei sich hätte?«

»Dann käme es garantiert zu einer Fehde. Und niemand kann sagen, wie das ausginge und was danach noch von den beiden übrigbliebe. Aber egal, wie es kommt – Richard von Breydenbach würde sich im Grab herumdrehen, wenn er es wüsste.«

Mattes' Schädel hämmerte in einem fort, als er zu sich kam, und er realisierte nur langsam, dass man ihn mitten auf dem Burghof bäuchlings und mit nacktem Hintern auf einem Züchtigungstisch angebunden hatte. Doch noch schlimmer war, dass Gesa neben ihm stand und ihn in dieser demütigen Haltung sehen konnte. Aber auch ihr schien es nicht gutzugehen. Sie hatte Blutergüsse im Gesicht und zitterte wie Espenlaub. Als er den Kopf heben wollte, um festzustellen, wer sonst noch anwesend war, fasste ihm jemand grob in die Locken und knallte seinen Schädel hart auf den Tisch. Er heulte auf, weil der Schmerz ihm bis in den Kiefer schoss und er Blut schmeckte, weil er sich auf die Zunge gebissen hatte.

»Wo ist mein Bruder?« Die Stimme war schneidend, und Mattes erkannte in ihr Eberhard von Breydenbach, den neuen Herrscher der Breidenburg und Bruder seines Herren.

»Ich weiß nicht«, flüsterte Mattes verzweifelt, dem klar war, dass er Geros Aufenthaltsort unter keinen Umständen verraten durfte.

Wieder wurde sein Kopf hochgerissen und auf die Tischplatte geknallt.

Mattes gab einen erstickten Laut von sich und erbrach, weil der Schmerz in seiner Nase unerträglich war. Gesa schrie auf, als ein Schwall Blut daraus hervorschoss, doch sein Peiniger kannte keine Gnade.

»Ein letztes Mal, Bursche«, zischte Eberhard düster, »wo – ist – mein – Bruder?«

»Er weiß es sowieso, Mattes, also sag es ihm einfach«, wisperte Gesa und erhielt daraufhin eine Schelle von einem der Söldner.

Sie schrie auf und weinte bitterlich, was für Mattes noch schlimmer war als die rasenden Schmerzen.

»Waldenstein«, brachte er keuchend hervor.

»Na, siehst du, es geht doch«, erwiderte Eberhard mit unverhohlener Befriedigung in der Stimme. »Und wo war er zuvor?«

»Im Norden«, flüsterte Mattes, seinen Blick fest auf das Mädchen gerichtet, dem dicke Tränen über die Wangen liefen.

»Wo im Norden?«

Mattes überlegte fieberhaft, wie viel er sagen durfte. Aber als die Hand erneut seinen Kopf nach oben riss, stammelte er, ohne lange zu überlegen: »Schottland!«

»Wie ist er denn nach Schottland gekommen?«

»Mit dem Schiff«, beeilte sich Mattes zu sagen und leckte sich das Blut von den Lippen.

»Deine kleine Freundin behauptet etwas anderes«, warf Eberhard hasserfüllt dazwischen. »Sie sagt, ihr seid in einem riesigen Vogel geflogen.«

»Was?« Mattes riss entsetzt die Augen auf. Gesa hatte sie also verraten. »Das muss sie geträumt haben, so was ist doch gar nicht möglich ...«

»Dann sag, wie es wirklich war!«

»Ich hab's schon gesagt.«

»Du Hurensohn verschweigst mir doch was! Deine kleine Freundin hat mir eine völlig andere Geschichte erzählt!«

»Nein, sie redet dummes Zeug.«

»Na mal sehen, ob du bei deiner Aussage bleibst, wenn ich dir vor ihren Augen den Hintern versohle!«

Eberhard schnippte mit den Fingern. Bevor Mattes etwas hinzufügen konnte, schlug er zu. Die neunschwänzige Katze riss Mattes die Haut am Hintern auf, und der Schlag war so schmerzhaft, dass er nicht einmal mehr Luft zum Schreien hatte. Das übernahm Gesa für ihn, die sich daraufhin wegschrie und ohnmächtig zusammensackte. Während Mattes in heller Sorge um das Mädchen war, spürte er, wie ihm das Blut an den Schenkeln hinunterlief.

»Wenn du mir nicht augenblicklich sagst, was wirklich geschehen ist, werde ich dich totschlagen«, drohte Eberhard mit einem sardonischen Unterton.

Mattes atmete tief durch und begann lautlos zu beten. Er war ein Templer, und er hatte einen Eid geschworen. Wenn dies nun seine letzte Stunde war, hatte Gott es so gewollt.

»Es tut mir leid«, flüsterte er mit tränenerstickter Stimme. »Ich kann nur sagen, dass wir in Schottland waren und von dort aus mit dem Schiff zurückgekehrt sind. Von einem Vogel, der Menschen befördern kann, oder anderen Geschichten weiß ich nichts.«

»Wann seid ihr zurückgekehrt?«

»Vor etwa zwei Wochen.«

»Das ist gelogen! Kein Schiff setzt im Winter über den Kanal, schon gar nicht bei diesem Wetter!«

Wieder sauste die Peitsche auf seinen bloßen Rücken, doch diesmal auf eine andere Stelle.

Mattes kniff die Lippen zusammen und ertrug die unsäglichen Schmerzen, indem er seinen gesamten Körper verkrampfte und die Zähne zusammenbiss, obwohl auch das höllisch wehtat.

»Du verdammter Hurensohn!«, schrie Eberhard vollkommen außer sich. »Ich werde dir zeigen, was es heißt, mich zu belügen!« Wieder schlug er zu. Zweimal, dreimal, dann spürte Mattes keinen Schmerz mehr, sondern nur noch, wie ihm schwarz vor Augen wurde.

»Ich glaube, Ihr habt ihn tatsächlich totgeschlagen«, flüsterte einer der Söldner, der sein Entsetzen über diese Tat kaum verbergen konnte.

Eberhard von Breydenbach starrte selbst ungläubig auf den Jungen, auf den er wie im Rausch eingedroschen hatte. Sein Rücken war übersät mit blauen Striemen. Hier und da war die Haut aufgeplatzt und blutete. Beinahe mechanisch tastete er seinen Hals ab, wo seine Finger einen schwachen Puls spürten. »Er lebt«, erklärte er wie zu seiner eigenen Rechtfertigung. »Holt eine heilkundige Magd«, befahl er mit Blick auf das immer noch ohnmächtige Mädchen. »Sie soll sich um die beiden kümmern. Der Junge bleibt unter Bewachung. Sobald er wieder zu sich kommt, steckt ihn ins Hungerloch.«

Zutiefst unzufrieden wandte Eberhard sich ab und gab seinem ersten Offizier ein Zeichen.

»Beauftrage einen Boten, er soll zu Enno von Waldeck reiten und ihm sagen, dass er schleunigst herkommen soll. Ich benötige dringend seinen Rat.«

KAPITEL 27

DEZEMBER 1315 –

DEUTSCHE LANDE / KURFÜRSTENTUM TRIER

Schlechte Karten

Gero war nicht erstaunt, als sich bereits alle Templerbrüder bei den Ställen versammelt hatten, um ihm bei der Suche nach Mattes zu helfen. Bis auf Tom, den Roland auf seinen Rat hin nicht aufgesucht hatte, waren alle alarmiert worden.

»Bist du sicher, dass du nicht lieber bei Hannah und Tom bleiben willst?« Gero warf Anselm einen fragenden Blick zu. Wie die anderen Brüder hatte er sich mit Kettenhemd, Helm, Schild und Waffen entsprechend gerüstet.

»Stephano und ich dachten, du könntest jeden Mann gebrauchen, falls du auf Trierer Gebiet Probleme bekommst. Man weiß ja nicht, was deinem Bruder alles einfällt, nachdem er deine Mutter rausgeworfen und dir damit indirekt den Krieg erklärt hat.«

»Da hast du recht«, murmelte Gero mit einem Seufzer und begrüßte die übrigen Brüder mit dem typisch überkreuzten Handschlag des Ordens.

Stephano, Brian, Totty, Ralph, Struan, Johan, Jacob und Malcolm sahen aus, als ob sie in einen tatsächlichen Krieg ziehen würden.

Obwohl sie die Gegend nicht ausreichend kannten, wussten sie als Templer über die genauen Grenzverläufe Bescheid. Jeder von ihnen hatte schon geheimes Kartenmaterial zu Gesicht bekommen, das ganz Europa und die Welt darüber hinaus exakt wiedergegeben hatte.

»Waldenstein ist regelrecht eingekreist von feindlich gesinntem Territorium«, erklärte Gero mit unbewegter Miene, als sie im Haus der Wachoffiziere, direkt bei der inneren Burgmauer, noch einmal die Strecke zur Breidenburg durchgingen, die Mattes wahrscheinlich genommen hatte, weil es der schnellste Weg war. »Westlich und nördlich von uns liegt Luxemburg direkt hinter der Mosel, und nordöstlich liegt Kurtrier. Ich denke, er hat den Weg über das Hochplateau genommen, ist unerkannt in Trierer Gebiet eingedrungen und dort über die Stadtbrücke geritten.«

»Ich kann mir nicht vorstellen, dass der Junge durch die Stadt geritten ist«, gab Jacob von Sassenberg zu bedenken. »Er geht garantiert nicht das Risiko ein, sich mehrfach kontrollieren zu lassen. Ich glaube eher, er hat irgendwo die Fähre genommen, um auf die andere Seite zu kommen. Schließlich verfügt er über eigenes Geld.«

»Vielleicht hat er irgendwo übernachtet?«, gab Stephano zu bedenken.

»Auch wenn er seit gestern Abend weg ist, heißt das ja noch lange nicht, dass er bei der Kälte irgendwo draußen geschlafen hat. Der Junge ist schlau genug, um zu wissen, wie gefährlich das ist.«

»Vielleicht hast du recht, und er ist noch gar nicht auf

der Breidenburg angekommen«, meinte Johan hoffnungsvoll. »Wenn er sich erst gestern Abend auf den Weg gemacht hat, ist er bei Einbruch der Dunkelheit möglicherweise irgendwo eingekehrt. Wenn wir jetzt sofort aufbrechen, erwischen wir ihn vielleicht noch, bevor er deinem Bruder in die Arme läuft.«

»Dann sollten wir schnellstens aufbrechen«, drängte Jacob und schaute Gero nach einem Blick aus dem Fenster durchdringend an. »Es riecht nach Schnee. Wenn das Wetter schlechter wird, dürfte es erheblich mehr Zeit kosten, dem Jungen zu folgen.«

»Wir sollten Wachsmäntel mitnehmen«, fügte Anselm mit Blick auf Roland hinzu. »Falls es regnet.«

»Ich lasse euch welche aus der Kleiderkammer holen«, versprach Roland und machte sich auf den Weg nach draußen. Kaum hatte er den Raum verlassen, ging die Tür auf, und Hannah stand im Eingang – vollständig angezogen und mit einem wärmenden Cape. Hinter ihr tauchten Amelie und Freya in ähnlicher Kleidung auf.

»Was tut ihr hier?«, fragte Struan und zog seine schwarzen Brauen zusammen. »Ihr wollt doch nicht etwa mitkommen?«

»Nein«, versicherte Hannah ihm und legte mehrere Jutebündel auf den Tisch. »Mit besten Grüßen von der Gräfin«, fügte sie mit einem besorgten Blick hinzu. »Fleischpasteten, Brot und Käse, damit ihr unterwegs nicht verhungert.«

»Und ich habe euch ein paar Heilkräuter, blutstillendes Lebermoos und Verbandmaterial eingepackt. Dazu für jeden von euch eine von Ronas Nano-Kapseln, die sie glücklicherweise hier zurückgelassen hat«, ergänzte Freya und trat vor, um Gero ebenfalls ein Säckchen zu übergeben.

Er zögerte einen Moment. »Ihr tut ja gerade so, als würden wir in einen Kreuzzug ziehen.«

»Man kann nie wissen«, antwortete Freya ernst. »Ich habe ein komisches Gefühl bei der Sache. Ich habe schon zu Johan gesagt, dass ihr mehr als nur vorsichtig sein müsst. Nach allem, was mir zu Ohren gekommen ist, traue ich deinem Bruder alles Mögliche zu, falls Mattes wirklich so dumm sein sollte und ihm in die Arme läuft.«

»Danke für eure Sorge«, sagte Gero knapp und nickte den Frauen mit einem halbherzigen Lächeln zu. »Und nun geht bitte wieder hinein ins Warme. Wir werden gleich aufbrechen.«

»Was denkst du, wie lange wird euer Einsatz dauern?« Hannah schaute ihn fragend an.

»Wir sind spätestens morgen Abend zurück«, versprach er Hannah mit einem aufmunternden Augenzwinkern. »Mein Bruder wird es nicht wagen, den Jungen festzuhalten.«

»Dein Wort in Gottes Ohr«, flüsterte sie und streichelte ihm zum Abschluss noch einmal über die bärtige Wange, bevor sie ihn widerwillig ziehen ließ.

Die Knappen hatten in der Zwischenzeit zehn Pferde gesattelt. Eine Mischung aus Kaltblut und Vollblut, die sowohl für Turniere als auch für längere Reisen geeignet waren. Das dichte Fell verriet, dass sie die überwiegende Zeit des Jahres draußen auf der Weide standen und auch mit eisigen Temperaturen gut zurechtkamen. Ein Knecht aus der Kleiderkammer überbrachte den Templern in Rolands Namen wärmende Umhänge aus braunem gewalkten Filz, deren Oberfläche mit einer Wachsschicht versehen war, die Regen und Feuchtigkeit weitgehend abhielt.

Als der Burgvogt sich mit seinem massigen Ardennerhengst zu ihnen gesellen wollte, schüttelte Gero den Kopf. »Wir sind genug, um den Jungen zu suchen und uns im Zweifel auch meinem Bruder zu stellen. Ich halte es für besser, wenn du auf unsere Frauen und den Maleficus aufpasst. Tom wartet darauf, dass Rona und Arnaud zurückkehren. Zudem fühle ich mich besser, wenn ich weiß, dass Waldenstein in seiner Verteidigung bestens aufgestellt ist. Und das geht nur mit einem verlässlichen Anführer.«

»Du hast recht, Junge«, stimmte Roland ihm verständnisvoll zu. »Ich dachte nur, dass ihr vielleicht jeden Mann gebrauchen könnt.«

»Das kommt vielleicht noch«, orakelte Gero düster und machte ein besorgtes Gesicht. »Bis dahin werden wir erst einmal versuchen, Mattes zu finden. Außerdem habe ich noch einen Verbündeten bei den Zisterziensern in Hemmenrode im Kloster, den ich um Rat fragen möchte, wie ich zukünftig mit meinem Bruder umgehen soll.«

»Na gut«, sagte Roland leise, nachdem die Brüder auf ihren Pferden aufgesessen waren. »Dann seht zu, dass ihr endlich wegkommt. Gott der Allmächtige schütze euch.« Er bekreuzigte sich und gab den Burgwachen ein Zeichen, dass sie die hölzerne Brücke herablassen sollten.

Gero und seine Kameraden lenkten ihre Rösser hinter der Burg in Richtung Norden bis zur Fähre, die sie zunächst auf das Gebiet des Herzogs von Luxemburg führte. Es war fast Mittag, und die Sonne schien fahl durch den sich langsam auflösenden Nebel. Von Westen dräuten dunkle Wolkengebirge, die den Schnee ankündigten.

Die Zöllner auf der anderen Seite begrüßten sie ruppig,

hatten jedoch keine Einwände, als sie ihre neuen Geleitbriefe vorzeigten, die sie allesamt unter veränderten Namen als Soldaten von Waldenstein auszeichneten, bis auf Gero, der darin den Titel des neuen Grafen trug.

Die zehn Templer, zu denen nun auch Malcolm und Anselm gehörten, trieben ihre Pferde zum Äußersten, mit denen sie über abgeerntete Felder und dichte Waldgebiete galoppierten. Um nicht von Erzbischof Balduins Patrouillen aufgehalten zu werden, wie Jacob bereits zu bedenken gegeben hatte, nahmen sie den längeren Weg über Roth an der Our in Kauf, das auf Luxemburger Gebiet lag.

Während sie durch die vereiste Landschaft ritten, gingen Gero tausend Gedanken durch den Kopf. Vor allem die Frage, ob die Sorge um Menschen, die er liebte, jemals aufhören würde. Wahrscheinlich nicht, musste er sich frustriert eingestehen. Aber als Templer war er es gewohnt zu kämpfen, und Gott hatte ihn und seine Brüder offenbar dazu auserkoren, ihre Leidensfähigkeit unter Beweis zu stellen.

Als sie nach vier Stunden Ritt ein Bauerndorf an der Grenze der Grafschaft Luxemburg zu Kurtrier erreichten, gab Gero ein Zeichen zum Halt. Die gedrungenen Bauernkaten mit den dazugehörigen Scheunen lagen unweit der Our, einem kleinen Fluss, der Henri d'Our, dem ehemaligen Templerkommandeur von Bar-sur-Aube seinen Namen gegeben hatte. Das Gewässer war an dieser Stelle relativ flach und besaß keine gefährlichen Strömungen. Man konnte den Fluss bequem zu Pferd durchqueren. Nachdem Gero abgesessen war und an die Tür des ersten Gehöfts geklopft hatte, machte ihm ein abgemagerter älterer Mann mit schütterem Haar und vorspringender Nase auf. Er schaute ihn an, als ob er eine

Erscheinung wäre, und verbeugte sich ehrerbietig, nachdem Gero sich und seine Männer als Gefolgsleute des Landgrafen von Lichtenberg vorgestellt hatte.

»Wie kann ich Euch dienen?«, fragte der Mann mit leiser, kaum verständlicher Stimme.

»Ich möchte fragen, ob hier vielleicht ein Junge mit hellblonden Locken auf einem Zelter vorbeigekommen ist. Er gehört zu uns«, erklärte er dem Mann, als dessen misstrauischer Blick ihre Waffen streifte. »Wir haben ihn auf dem Weg hierher verloren. Ich hatte ihn mit einem Botendienst betraut, und er ist noch nicht zurückgekehrt.«

»Er ist heute früh hier durchgekommen«, gab der Bauer nun unumwunden zu. »Ich habe gehört, wie er sich beim Nachbarn nach dem schnellsten Weg nach Hemmenrode erkundigt hat.«

»Ich hatte ihm gesagt, wenn wir uns verlieren, sollte er zu den Zisterziensern reiten«, bestätigte Gero die Feststellung des Mannes, um ihn in Sicherheit zu wiegen, das Richtige getan zu haben. »Dann ist ja alles in Ordnung. Könnten wir unsere Pferde in eurem Stall kurz abreiben, bevor wir weiterreiten?«

»Gewiss, mein Herr«, sagte der Mann und führte sie zu den Stallungen.

Offenbar neugierig geworden, kamen eine Frau und drei Kinder zum Vorschein, die ebenso abgemagert waren wie der Mann und nicht besonders gesund aussahen. Alle drei husteten sehr stark und konnten sich kaum auf den Beinen halten.

Johan und Jacob warfen Gero einen fragenden Blick zu. Der zögerte nicht, schnürte einen der üppigen Proviantbeutel am Sattel ab und übergab ihn der Frau.

»Nehmt das«, sagte er mit einem aufmunternden Lächeln. »Soweit ich weiß, müssten neben Brot und Käse auch zwei Würste darin sein, die ihr euch in einer Suppe aufkochen könnt. Und was das Abreiben der Tiere betrifft, so müsst ihr uns nicht helfen, wir erledigen das schon selbst.«

»Habt Dank, mein Herr«, krächzte die Frau heiser und machte Anstalten, vor ihm auf die Knie zu fallen, doch Gero fasste sie bei der Schulter und half ihr, sich wiederaufzurichten. »Nicht doch«, sagte er und nickte ihr freundlich zu.

»Durch den ständigen Regen hatten wir eine schrecklich magere Ernte«, erklärte der Bauer den desolaten Zustand seiner Familie. »In früheren Zeiten hat uns die benachbarte Templerkommanderie immer ausgeholfen, wenn die Ernte mal schlecht ausfiel, aber seit die Hospitaliter den Hof samt den Ländereien übernommen haben, müssen wir selbst sehen, wo wir bleiben.«

»Es ist überall das Gleiche«, knurrte Jacob von Sassenberg düster. »Die Hospitaliter haben bei der Übergabe von Templergütern durch den Papst geplündert, was sie gebrauchen konnten, und die dort arbeitenden Menschen, denen sie die Lebensgrundlage entzogen haben, sich selbst überlassen.«

»Was denkst du?« Johan schaute Gero schräg von der Seite an, als sie wenig später wieder auf ihren Pferden saßen und sich Richtung Breidenburg aufmachten.

»Hat der Junge die Burg schon erreicht? Und wird er so dumm sein, dort anzuklopfen?«

»Ich hoffe, dass er wirklich zuerst zu den Zisterziensern geritten ist. Vielleicht war er so schlau und hat sich bei Wintrich von Achenbach Rat gesucht. Er weiß, wie sehr ich den alten Mönch schätze und dass er eine Verbindung zur Burg und damit auch zu Eberhard hält. Ich meine, ein bisschen Diplomatie hat er inzwischen auch schon gelernt.«

»Bevor die Nacht hereinbricht, werden wir ohnehin nichts mehr erreichen«, murmelte Jacob von Sassenberg mit resignierter Miene. »Vergesst nicht, dass wir auch noch die Lieser überqueren müssen, um zur Breidenburg zu gelangen. Bei der Jahreszeit und dem Regen der letzten Wochen dürfte sie sich in einen reißenden Fluss verwandelt haben.«

»Vielleicht sollten wir zuerst zu den Zisterziensern reiten«, bemerkte Struan, der den Standort und die Architektur von Geros Heimatburg, aber auch das Kloster Hemmenrode von seinem Aufenthalt im Herbst 1307 nur allzu gut in Erinnerung hatte.

»Das ist eine gute Idee. Zumal wenn Mattes vielleicht zuerst dorthin geritten ist. Ich fürchte, wir müssen ohnehin irgendwo einkehren und bis morgen früh warten«, gab Gero mit einem Seufzer zu bedenken.

»Was willst du machen, wenn der Junge nicht im Kloster ist und Eberhard uns nicht reinlässt?« Anselm kniff die Lippen zusammen, während Gero eine schnellere Gangart vorlegte und in der aufkommenden Dämmerung auf einen einsamen Waldweg einbog.

»Darüber denke ich erst nach, wenn es so weit ist«, antwortete Gero nervös.

»Ist das nicht die Gegend, in der wir von den Lombarden überfallen wurden?« Johan, der den Weg trotz der Jahre, die inzwischen vergangen waren, wiedererkannte, schaute Gero fragend an.

»Ihr wurdet überfallen?«, fragte Ralph aufgebracht. »Hier? Wieso reiten wir dann hierher?«

»Das ist lange her«, erklärte ihm Struan mit ruhiger Stimme, während er mit seinem Pferd zu ihm aufschloss.

»Damit hat die ganze Misere angefangen«, erläuterte ihm Johan. »Wir waren auf der Flucht zur Abtei von Heisterbach auf der anderen Seite des Rheins, als Toms damaliger Meister Gero und Mattes mit seiner seltsamen Maschine ins Jahr 2004 katapultiert hat. Aber da wussten wir noch nicht, dass wir eines Tages die Hauptrolle in einem Drama spielen würden, an dem der Orden einen nicht unerheblichen Anteil haben sollte.«

»Und was wäre, wenn sich das Ganze noch mal wiederholt?«, fragte Totty mit sichtlichem Unbehagen in die Runde.

»Ich kann's mir ehrlich gesagt nicht vorstellen«, beruhigte ihn Gero. »Toms Meister ist tot und der Ort, an dem das Ganze stattgefunden hat, auf immer verflucht. Hier traut sich niemand mehr hin. Und schon gar keine Lombarden. Die Geschichte hat sich unter dem Gesindel schneller herumgesprochen, als du glaubst.«

»Na dann.« Brian, der die ganze Unterhaltung angespannt verfolgt hatte, ließ beruhigt seine Schultern sinken.

Gero war alles andere als beruhigt, aber er ließ es sich nicht anmerken, und vor allem wollte er den Grund dafür nicht noch einmal aufwärmen. Vor etwas mehr als zwei Monaten hatte er in diesem Wald zusammen mit Eberhard sechs franzische Söldner der Gens du Roi ins Jenseits geschickt und sie mithilfe seines Bruders in dem Waldweiher versenkt, der sich nach dem ungeplanten Transfer ins Jahr 2004 in einem verbliebenen Erdkrater gebildet hatte. Bei der Vorstellung, in welchem Zustand sich die Leichen inzwischen befinden mussten, wurde ihm übel.

»Wenn ich bedenke, was sich hier alles in den nächsten siebenhundert Jahren verändern wird, läuft mir ein kalter Schauer über den Rücken«, murmelte Anselm nachdenklich.

»Tausend Jahre sind ein Tag«, erwiderte Johan, als sie wenig später auf einem Hochplateau haltmachten, von wo aus man das alte Zisterzienserkloster sehen konnte, das Bernhard von Clairvaux, der Mitbegründen des Templerordens gewesen war, im Jahre 1134 von Clairvaux aus mit einem Gründungskonvent unter Abt Randulf ins Leben gerufen hatte.

»Es wird auch in siebenhundert Jahren noch dort stehen«, versicherte er seinen englischen Brüdern, die noch nicht das Vergnügen gehabt hatten, die Anlage aus der Nähe zu betrachten.

Als sie wenig später völlig durchgefroren die Klostermauern erreichten, wurde ihnen nach einer kurzen Rücksprache mit dem neuen Abt Theoderich II. von Bruch aufgemacht. Zu Geros großer Überraschung war der hagere, blassblonde Ordensmann mit Mattes verwandt.

»Der Vater des Jungen war ein jüngerer Bruder meines Vaters«, erklärte der junge Abt, nachdem er Gero und seine Kameraden im Refektorium willkommen geheißen hatte. »Mein Onkel ist bei einer Fehde gegen Ansgar von Esch gefallen. Mattes' Mutter war eine Schwester von Henri d'Our und ist im nächsten Winter an einem Fieber gestorben. Da war der Junge acht. Sie hat ihn ohne Erbe zurückgelassen, und er hatte keine Geschwister. Bruder Henri hat ihn sofort bei den Templern aufgenommen. Ich hatte keine Ahnung, dass Matthäus sich in Eurer Obhut befindet. Es hieß, er sei nach der Vernichtung des Ordens zusammen mit Henri d'Our verschwunden.«

»Das war er auch«, erwiderte Gero und nippte an einem Krug mit gewärmtem Wein, den der Abt ihnen mit Brot und Käse hatte servieren lassen. »Er war mit mir und den anderen auf der Flucht. Henri d'Our ist durch den tödlichen Hieb eines franzischen Söldners gestorben, als er Mattes vor dessen Schlag bewahren wollte. Danach ist uns die Flucht nach Schottland gelungen. Und nun sind wir zurückgekehrt, weil ich als Erbe den Grafentitel meiner Tante von den Landgrafen von Lichtenberg verliehen bekommen habe. Ich will mit meinen Männern hier neu anfangen. Das wird einigen nicht gefallen, aber wir sind gegenüber den Grafen von Luxemburg und Balduin von Trier unser eigener Herr. Mit dem franzischen König haben wir überhaupt nichts zu tun, und da es zurzeit auch an einem neuen Papst mangelt, der uns zur Rechenschaft ziehen könnte, sehe ich keine Veranlassung, mein Erbe nicht anzutreten. Eigentlich könnte alles ganz wunderbar sein. Wäre Mattes nicht auf die Idee gekommen einer jungen Leibeigenen im Dienste meiner Tante hinterherzureiten, die sich unerlaubt zu ihrer Familie auf die Breidenburg aufgemacht hat.« Gero sah, wie sich die Miene des jungen Abts verdunkelte.

»Ich nehme an, Ihr steht nicht gut mit Eurem Bruder?«

»Sonst wären wir wohl jetzt nicht hier«, gab er mit gesenktem Blick zu. »Mein Bruder ist, um es gelinde auszudrücken, nicht ganz bei Verstand. Nach dem Tod unseres Vaters hat er sich in grober Weise von unserer Mutter abgewandt. Das ging so weit, dass sie unseren Vater sogar auf Waldenstein hat beerdigen lassen. Das sagt doch schon alles. Er würde sich im Grabe umdrehen, wenn er davon wüsste.« Gero nahm noch einen Schluck Wein und seufzte schwer.

»Euer Bruder scheint sich mit dem Tod Eures Vaters mehr

als nur ein wenig verändert zu haben«, stellte Theoderich nüchtern fest.

»Was meint Ihr damit?«

»Er hat Wintrich von Achenbach im Burgkerker festgesetzt und ihn in Trier beim Schöffengericht wegen Beihilfe zum Betrug angeklagt. Er behauptet, Wintrich habe als Cellerar von Hemmenrode die Abrechnungen der Bauern zu seinen Ungunsten gefälscht.«

»Eberhard hat was?« Gero warf dem Abt einen entgeisterten Blick zu.

»Ist er jetzt endgültig irre geworden. Wintrich rechnet schon solange ich denken kann unsere Abgaben ab und leitet sie ans Erzbistum weiter. Er hat sich nie etwas zuschulden kommen lassen, und mein Vater war immer zufrieden.«

»Wie Ihr vielleicht wisst, war unsere Ernte dieses Jahr unglaublich schlecht. Die Leute hungern überall. Wir im Kloster helfen schon, wo wir können. Aber seit man den Templerorden der Vernichtung preisgegeben hat, fehlt uns dessen Unterstützung an allen Ecken und Enden. Eberhard behauptet nun, Wintrich hätte zu wenig abgerechnet. Ihn ärgert offenbar, dass Balduin die gleiche Summe wie im Vorjahr verlangt und wenn er die nicht leisten kann, soll er das fehlende Geld von seinen eigenen Ersparnissen draufzahlen. Was er natürlich nicht will. Also musste ein anderer Schuldiger gefunden werden, und Bruder Wintrich war für Euren Bruder anscheinend der passende Sündenbock.«

»Das kann er nicht machen«, stammelte Gero fassungslos und schüttelte den Kopf.

»Natürlich hat er kein Recht, Wintrich festzuhalten. Eine solche Maßnahme liegt allein in der Entscheidungsgewalt des Erzbischofes, und ich habe bereits schriftlich Beschwerde beim Kapitel eingelegt. Aber es dauert, bis man dort jemanden entsendet, der den Fall prüft, und bis man schließlich reagiert. Bis dahin hat sich Bruder Wintrich in seinem hochbetagten Alter im Kerker Eures Bruders den Tod geholt.«

»Wir müssen ihn da rausholen«, knurrte Struan, der wie die anderen auch die ganze Zeit andächtig zugehört hatte.

»Und den Jungen am besten gleich mit«, wandte Stephano de Sapin ein. »Ich bin sicher, dass Eberhard ihn ebenso festsetzen wird, wenn er ihn zu fassen bekommt. Ich habe deinen Bruder ja erlebt, als ich dort war. Er ist zu allem fähig.«

»Aber selbst wenn es Euch gelingt, Euren Bruder zu Umkehr zu zwingen«, wandte Theoderich unvermittelt ein, »wie wollt Ihr Euch vor weiteren Angriffen durch den Erzbischof und die franzische Krone schützen?«

»Auf Waldenstein haben wir allein siebzig Mann unter Waffen, davon sieben ehemalige Templer. Die Lichtenberger, die unsere Lehensherren sind und zugleich unsere Verbündeten, haben nochmal doppelt so viele Söldner unter ihrem Befehl. Sollte uns jemand angreifen wollen, holt er sich eine blutige Nase.«

»Ihr seid mutige Männer«, murmelte Theoderich sichtlich beeindruckt. »Die Heilige Mutter mit ihren Fürbitten soll mit Euch sein.« Sein hoffnungsvoller Blick glitt über die Anwesenden, denen man ansehen konnte, dass sie über eine gewisse Kampferfahrung verfügten.

»Ich bin Euch mehr als dankbar, wenn Ihr Euch nicht nur um meinen Neffen kümmert, sondern auch um Wintrich. Wann gedenkt Ihr, mit Eurem Bruder zu reden?«

»Ich bin dafür, wir brechen gleich auf, auch wenn man uns heute Abend garantiert nicht mehr das Burgtor öffnet.

Wir werden ein Lager in der Nähe der Burg aufschlagen und nach Matthäus Ausschau halten. Falls er sich irgendwo dort draußen herumtreibt, können wir ihn wenigstens noch abfangen.«

Gero schaute prüfend in die Runde und erntete einstimmiges Nicken.

»Ich werde unseren Kämmerer anweisen, Euch mit zusätzlichen Decken und Fellen zu versorgen«, versicherte ihm Theoderich. »Und die Küche wird Euch mit haltbarem Proviant versorgen, damit Ihr in der Kälte wenigstens nicht hungern müsst.«

»Habt Dank«, raunte Gero. »Betet für uns, das ist wichtiger als alles andere.«

KAPITEL 28

DEZEMBER 1315 –
DEUTSCHE LANDE / EIFEL / BREIDENBURG

Hungerloch

»Bin ich tot?«, murmelte Mattes, als er in völliger Dunkelheit erwachte und nicht wusste, wo er war. Er lag auf dem Bauch, und unter ihm roch es nach vermodertem Stroh. Mit rasenden Kopfschmerzen tastete er seine Umgebung ab und versuchte, sich zu vergegenwärtigen, war geschehen war. Doch war niemand da, der ihm antwortete.

Mit dem Einsetzen seiner Erinnerung kamen die Schmerzen. Und nicht nur das, ihm war unglaublich kalt, und obwohl sein Kopf vor Hitze glühte, zitterte er am ganzen Leib. Nicht nur Kopf und Nase taten höllisch weh. Als er mit zitternden Händen sein Gesicht abtastete, spürte er, dass Lippen und Nase seltsam geschwollen waren. Aber noch viel schlimmer waren Rücken und Steiß. Beides brannte wie Feuer. Schemenhaft erinnerte er sich an den Anblick einer Magd, die seinen Rücken mit feuchten, streng riechenden Tüchern bedeckt und ihm einen seltsam schmeckenden Saft eingeflößt hatte. Danach hatte sie ihm einen Verband aus Leinentüchern angelegt, bevor er in einen erlösenden Schlaf gefallen war. Offenbar hatte man ihn danach wieder angekleidet und ihn hierhergetragen.

Angestrengt atmete er durch den Mund, während er sich weiter vorantastete. Seine Finger stießen auf eine Tür aus massivem Holz, und als er sich weiter nach oben vortastete, fand er ein Gitterloch, durch das er das spärliche Licht einer Fackel erkennen konnte.

Hungerloch, war sein nächster Gedanke. Eberhard von Breydenbach hatte ihn nach seiner Folter ins schrecklichste Gefängnis gesteckt, das die Breidenburg zu bieten hatte. Und das ungeachtet seiner Verletzungen und der Möglichkeit, dass er in seinem Zustand auch hätte sterben können. Resigniert ließ er sich zu Boden sinken und sprang gleich wieder auf, weil sein Hintern noch schlimmer schmerzte als der Kopf.

Unvermittelt dachte er an Gesa, die in Ohnmacht gefallen war und von der er nicht wusste, wie es ihr ging. Wenn sie nicht fortgerannt wäre und ihm vertraut hätte, wäre das alles gar nicht erst geschehen. Ihr Gesichtsausdruck, als Eberhard ihn hatte verprügeln lassen, ging ihm nicht aus dem Kopf. Er hatte ihr leid getan. Und doch war sie an allem schuld. Sie hatte ihn verraten, obwohl sie versprochen hatte, nichts von ihren Erlebnissen in der Zukunft zu erzählen. Am liebsten wäre er vor Wut und Trauer in Tränen ausgebrochen, aber er nahm sich vor, tapfer zu bleiben, wie man es von einem Templer erwartete.

Während er mit wackligen Knien in der Dunkelheit stand und überlegte, was Gero wohl in seiner Lage tun würde, hörte er ein Rascheln.

»Verdammt«, fluchte er leise, »jetzt kommen auch noch

die Ratten, um mich anzufressen.« Dabei ballte er die Hände zu Fäusten, fest gewillt, alles totzuschlagen, was ihn auch nur streifen würde.

»Mattes?«

Hatte er sich verhört?

»Mattes?«

Schon wieder. »Ja?«, erwiderte er zaghaft. »Wer ist da?«

»Ich bin es, Gesa«, wisperte eine aufgeregte Stimme, die eindeutig dem Mädchen gehörte.

»Gesa?« Mattes war nicht sicher, ob er sich freuen oder wütend sein sollte.

»Ja, ich bin hier draußen«, versicherte sie ihm, und zugleich hörte er, wie sie einen Schemel heranrückte. Plötzlich wurde es vor dem eisernen Guckloch hell. Sie hatte eine Kerze angezündet und leuchtete zu ihm herein. Für einen Moment konnte er sehen, dass er tatsächlich ganz allein war in dem Hungerloch und sich außer verrottetem Stroh nichts darin befand.

»Der Jungfrau Maria sei Dank«, keuchte er. »Als du umgefallen bist, dachte ich schon, du wärst tot.«

»Das Gleiche dachte ich von dir, aber dann hörte ich von einer Magd, dass sie dich verbunden hat und die Wachen dich hierhergebracht haben.«

»Welche Tageszeit haben wir?«, fragte er heiser.

»Das Frühessen ist gerade vorbei«, informierte sie ihn. »Ich hab dir eine Wurst mitgebracht.« Sie schob etwas Längliches durchs Gitter. Da die Tür nicht besonders hoch war, konnte Mattes ihr Mitbringsel mühelos erreichen. Tatsächlich. Eine geräucherte Wurst so lang wie eine Elle. Der Duft ließ seinen Magen zusammenkrampfen. Erst jetzt bemerkte er, wie hungrig er war.

»Danke«, sagte er ganz gerührt und wäre nun am liebsten vor lauter Glück in Tränen ausgebrochen. Stattdessen schluckte er hart. »Aber das hättest du nicht tun sollen. Wenn man dich erwischt, wirst du auch hier landen.«

»Dann wären wir zusammen«, wisperte sie mit tränenerstickter Stimme. »Mattes, es tut mir so leid«, schluchzte sie. »Ich wollte das alles nicht, das musst du mir glauben, bei der Heiligen Mutter.«

»Ist schon gut, Gesa«, log er und biss vorsichtig von der Wurst ab, obwohl er vor lauter Schmerz kaum den Mund öffnen konnte. Auch das Kauen ging nicht besonders gut. Trotzdem war er froh, überhaupt etwas Essbares zu haben. »Ich liebe dich«, gestand er ihr mit erstickter Stimme, nachdem er geschluckt hatte.

»Ich weiß«, jammerte sie.

»Am schlimmsten war mir der Gedanke, dass du daran zweifeln könntest.«

»Ich zweifle nicht mehr«, flüsterte sie, dicht an die Eichenholztür gelehnt. »Aber was soll ich jetzt machen? Was ist, wenn Eberhard dich hier verhungern lässt?«

»Dann bringst du mir heimlich Würste«, versuchte er sie aufzumuntern. »Was ist denn mit dir? Hat er dich einfach gehen lassen? Oder hat er dir mit weiteren Strafen gedroht?«

»Er hat gesagt, ich darf die Burg nicht verlassen. Er will dich noch mal befragen, wenn du wieder zu dir gekommen bist, und ich soll dabei sein.«

»Was der Herrgott verhindern möge«, stöhnte Mattes schmerzerfüllt.

»Ich will das auch nicht«, wisperte sie und fing an zu weinen.

»Am besten gehst du jetzt, bevor dich die Kerkerwachen entdecken. Am Ende steckt Eberhard dich auch noch hier rein. Dich hier verhungern zu sehen, ist so ziemlich das Schlimmste, was ich mir vorstellen kann.«

»Hier unten ist im Moment niemand«, klärte sie ihn leise auf. »Ich bin durch unseren geheimen Gang gekommen. Dabei habe ich gesehen, dass es noch zwei weitere Gefangene gibt. Einen Mann und eine Frau. Sie sehen nicht aus wie Leute von hier. Sie sehen aus wie Leute aus der Zukunft.«

»Bist du sicher?« Mattes erinnerte sich mit einem Mal an das Gesicht von Jack Tanner, der plötzlich seinen Namen gerufen und damit Eberhard von Breydenbach überhaupt erst auf ihn aufmerksam gemacht hatte. Irgendwie hatte er diese Begegnung durch das, was danach geschehen war, vollkommen verdrängt. Vielleicht, weil er den Mann nach dem Sturz vom Pferd für eine Erscheinung gehalten hatte.

»Wie sieht der Kerl aus?«, fragte er.

»Er ist stattlich wie dein Herr und hat kurz geschnittenes dunkles Haar und blaue Augen. Die Frau, die zu ihm gehört, ist so schön wie eine lombardische Prinzessin. Allerdings nur was ihr Gesicht und ihre Haare betrifft. Ansonsten trägt sie das Gewand einer Bettlerin.«

Mattes schüttelte den Kopf über Gesas Vergleiche. Sie neigte wie üblich zu Übertreibungen. Aber ihre Beschreibung deutete tatsächlich auf Jack Tanner hin. Also hatte er doch keine Visionen gehabt. Nur wer die Frau sein sollte, war ihm ein Rätsel.

Aber wie, um des lieben Herrn Jesus willen, waren die beiden hierhergekommen? Und warum hatte Eberhard ihn gefangengenommen? Mattes erinnerte sich daran, dass Rona sie vor Jack und seinen zukünftigen Machenschaften gewarnt hatte. Das war auch der Grund gewesen, warum er nicht hatte wissen sollen, dass sie ins Jahr 2015 zurückgekehrt waren. Aber hatte Rona nicht auch gesagt, dass sie den CAPUT 58, der noch bei den Amerikanern zurückgeblieben war, gegen eine Fälschung ausgetauscht hatte? Also wie war Jack Tanner die Reise hierher möglich gewesen?

Aber ganz gleich, was dahintersteckte: Gero musste davon erfahren.

»Ich habe einen Auftrag für dich«, sagte er mit fester Stimme zu Gesa.

»Ich verspreche dir hoch und heilig, ich mache alles, was ich kann, um meinen Fehler wiedergutzumachen.«

»Geh zu den beiden anderen Gefangenen und sag ihnen, dass ich hier ebenfalls in einer Zelle sitze. Und dann sag ihnen, dass sie niemandem verraten dürfen, woher sie kommen und was uns miteinander verbindet. Sag ihnen, dass ihr Leben davon abhängt. Hast du das verstanden?«

»Ja«, wisperte sie feierlich. »Ich mache alles, was du sagt, wenn ich dich damit retten kann«, versprach sie ihm leise.

»Wenn es so ist, zieh dir was Warmes an. Nimm dir was zu essen mit und versuch, dich irgendwie nach Waldenstein durchzuschlagen. Du musst Gero sagen, was hier vorgefallen ist. Vielleicht kannst du, bevor es richtig hell wird, ein Pferd stehlen und es bis zum Einbruch der Dunkelheit schaffen. Wenn du die Treidelwege entlangreitest und die Zollstationen meidest, müsste es machbar sein.«

»Ich weiß noch nicht, wie ich das anstellen soll«, antwortete sie mit erstickter Stimme. »Aber ich werde es versuchen.«

Ihre letzten Worte gingen in einem Schluchzer unter. »Ich liebe dich wie niemand sonst auf der Welt.« Ihre Worte gaben seiner aufgewühlten Seele jenen Frieden, den sie so dringend benötigte.

»Ich dich auch«, flüsterte er. »Vergiss das nie.«

Gesas Herz klopfte so stark, dass es zu zerspringen drohte, als sie in geduckter Haltung durch die eiskalten Katakomben schlich. Sie musste sich beeilen, weil man sie beim Kühemelken vermissen würde, wenn sie nicht bald in den Stall zurückkehrte.

Bevor sie die Grabkammern erreichte, bog sie zu den gewöhnlichen Verliesen ab. Die beiden Gefangenen saßen zusammengekauert an einer Mauer und dösten vor sich hin. In einer Nachbarzelle saß ein uralter Mönch, den sie vom Sehen her kannte und der sie mit seinen hellen, wachsamen Augen beobachtete. Inständig hoffte sie, dass er nicht laut losschreien und die Wachen alarmieren würde. Doch er blieb still und folgte ihr nur mit Blicken.

Gesa trat mutig an die Gitterstäbe zu den beiden Gefangenen heran und umklammerte sie mit beiden Händen. Nicht ohne sich vorher noch einmal vergewissert zu haben, dass sie allein waren.

»Hey!«, zischte sie.

Der Mann hob den Kopf und starrte sie aus zusammengekniffenen Lidern an. Dann schien er zu realisieren, dass sie nur ein Mädchen war. Er stieß die Frau mit seinem Ellbogen an, woraufhin sie die Augen aufschlug und verwirrt in Gesas Richtung blickte.

»Wer ist das?«, fragte Mabel irritiert. In diesem stinkenden Bunker hatte sie für einen Moment jegliche Orientierung verloren, obwohl Jack vermutet hatte, dass sie sich im Kerker unweit der Friedhofskatakomben der Breidenburg befanden, die an dieser Stelle – begraben von mehreren Tonnen Basaltschutt – auch noch siebenhundert Jahre später zu finden sein würden.

»Ich weiß es nicht«, murmelte Jack und betrachtete die Kleine interessiert.

»Was willst du?«, fragte er sie mit gedämpfter Stimme auf Mittelhochdeutsch.

»Mattes schickt mich«, stieß die Kleine atemlos hervor und verriet ihm in einem hastigen Flüsterton die Botschaft, die er ihr aufgetragen hatte.

Jack rieb sich ungläubig die Augen. »Gero von Breydenbach?«, krächzte er. »Ist er hier?«

»Nein, aber ich will zu ihm und ihm sagen, dass ihr hier gefangen gehalten werdet«, antwortete das Mädchen. »Soll ich ihm eine zusätzliche Botschaft überbringen?«

Jack war inzwischen aufgesprungen und wäre beinahe über seine eisernen Fußfesseln gestolpert, als er an das Gitter herantreten wollte.

Die Kleine wich instinktiv zurück, als er näher kam und die Gitterstäbe umklammerte.

»Beeilt euch«, wisperte sie gehetzt. »Ich will heute noch aufbrechen.«

»Sag ihm, wir haben den CAPUT wieder ans Laufen gebracht. Er muss herkommen und uns hier rausholen.«

»Komm her, Mädchen«, mischte sich der alte Mönch plötzlich ein.

»Ich muss dir dringend davon abraten, mutterseelenallein nach Waldenstein aufzubrechen. Abgesehen davon, dass sich die Wolfsrudel über einen solch zarten Braten freuen werden, gibt es unzählige Wegelagerer auf der Strecke dorthin.

Zu guter Letzt könntest du bei der eisigen Witterung erfrieren. Geh zu den Zisterziensern nach Hemmenrode und sag ihnen, sie sollen einen Boten nach Waldenstein schicken und deinem Herrn sagen, dass er besser bleibt, wo er ist, wenn er die heilige Inquisition nicht am Hals haben will. Und euch beiden«, zischte er und wandte sich an Jack, »rate ich ebenso dringend, das Wort CAPUT nicht einmal in den Mund zu nehmen, wenn ihr nicht auf dem Scheiterhaufen brennen wollt.«

»Woher wissen Sie das?«, fragte Mabel den Mann auf Französisch.

»Ich weiß es eben«, erwiderte der Alte in einem altmodisch gefärbten Französisch, das Mabel nur mit Mühe verstand. »Ich gehöre zum Zisterzienserorden. Wir sind ein ehemaliger Bruderorden der Templer, falls euch das nicht bekannt sein sollte. Und so viel kann ich euch versichern: Das Wort CAPUT ist eines der gefährlichsten Wörter im Prozess gegen die Templer, und es weckt Begehrlichkeiten, von denen ihr beide nicht einmal in euren finstersten Alpträumen etwas ahnt.«

»Wenn du dich da nicht irrst, Alter«, murmelte Jack in seine Richtung und wandte sich wieder dem Mädchen zu.

»Na gut, dann sag Gero das Wort NSA«, erklärte er ihr. »Und nun geh und mach, was Mattes dir gesagt hat. Sag Gero, er soll in jedem Fall hierherkommen und uns hier rausholen.«

Gesa warf allen dreien einen verwirrten Blick zu und rannte dann zurück zum geheimen Eingang, in dem sie gerade noch rechtzeitig verschwand, bevor die Wachablösung ihren Dienst antrat.

Gesa hatte ihren eigenen Plan. Sie lief schnurstracks zum Kuhstall, wo sie völlig außer Atem ankam und sich ihren grauen Kapuzenmantel und eine zusätzliche Kapuze mit einem breiten Kragen vom Haken nahm.

»Wo willst du hin?«, blaffte sie eine der Mägde an, der sie neuerdings beim Melken helfen musste.

»Mein Vater hat nach mir rufen lassen«, log sie dreist. »Er hat mir aufgetragen, Wasser für die Schmiede zu schöpfen.«

Die Magd schaute sie misstrauisch an. Doch dann überlegte sie wohl, dass sie sich nicht mit dem Schmied anlegen sollte, der allenthalben als ziemlich jähzornig galt.

Der Burghof versank in frühmorgendlichem, dichtem Nebel, und Gesa schaute sich hastig um, ob von irgendwoher Gefahr drohte. Langsam wurde es hell, und damit erwachte in den trutzigen Gemäuern das Leben. Im Winter stand die Herrschaft, die nunmehr nur noch aus Eberhard von Breydenbach und seinen Gesellen bestand, meistens später auf. Gesas nächster Blick ging zur oberen Wehrmauer, wo die üblichen Söldner patrouillierten. Andere hatten bereits das Burgtor herabgelassen und kontrollierten Bauern und fahrende Händler, die zu Beginn des Winters auf die Burg kamen, um ihre Waren feilzubieten.

Gesa nutzte die Gelegenheit eines kurzen Tumults, den einer der Wachhunde veranstaltete, als er einer fetten Gans hinterherjagte, und während sich die Wachleute noch mit dem Händler stritten, wer für die Flucht des Federviehs verantwortlich war, schlüpfte sie durch einen unbewachten Seiteneingang hinaus auf die heruntergelassene Brücke.

Sie würde zu den Zisterziensern laufen, wie Wintrich von Achenbach ihr geraten hatte. Und sie würde sagen, dass er sie geschickt habe, damit die Mönche einen Boten zur Burg

Waldenstein entsandten. Aber nicht, um Gero zu warnen, sondern um ihn hierherzuholen, damit er Matthäus vor dem sicheren Tod im Kerker bewahrte.

Den Umhang fest um die Schultern gerafft, die Kapuze tief in die Stirn gezogen eilte sie schnellen Schrittes vorbei an einfahrenden Wagen und Karren auf die andere Seite der massiven Holzbrücke in die Freiheit.

Auf dem gepflasterten Weg, der sich in mehreren Kurven zu Tal schlängelte, beschleunigte sie ihre Schritte, sofern der eisige Untergrund es zuließ. Links von ihr lagen die verschneiten Weidegründe, auf denen sie schon oft die Ziegen gehütet hatte, rechts von ihr rauschte weiter unten die Lieser in Richtung der Mosel. Gesa war froh, dass der Tag bereits angebrochen war und sie den Weg nicht im Dunkeln laufen musste. Immer wieder begegneten ihr Händler und Bauern mit ihren Karren, zwischen denen sie nicht auffiel. Während sie weiter in Richtung Kloster lief, dachte sie darüber nach, wie sie Gero von Breydenbach, falls er sich denn hierherbemühte, klar machen sollte, was geschehen war. Sie hatte Angst vor dem riesigen Kerl, der ihr noch mächtiger und gefährlicher erschien als sein Bruder. Außerdem war er mit dämonischen Kräften im Bunde, auch wenn Mattes immer wieder beteuerte, dass er zu den Guten gehörte. Anders war es doch nicht zu erklären, dass er die Zeit überwinden konnte, wofür noch nicht einmal Mattes eine Erklärung hatte. Doch was sollte sie machen? Ihre Mutter war spurlos verschwunden. Und ihr Vater hatte den Bruder seines Herrn im Verdacht. Dass er damit falsch lag, hätte Gesa locker bezeugen können. Schließlich war sie die ganze Zeit in Gero von Breydenbachs Gesellschaft gewesen. Er hätte gar keine Gelegenheit gehabt, ihre Mutter zu entführen, ohne dass sie davon etwas mitbekommen hätte.

Doch sie hatte es vorgezogen, lieber den Mund zu halten. Stattdessen hatte sie ihrem Vater, der sie im Übrigen erst mal windelweich geprügelt hatte, von den seltsamen Erlebnissen auf ihrer Reise erzählt. Von Flugmaschinen und selbstständig fahrenden Karren und von winzigen Menschen, die man in einem besonderen Fenster sehen konnte, die einen selbst aber nicht sahen. Ihr Vater hatte ihr bei Androhung erneuter Strafe verboten, darüber zu sprechen. Trotzdem war ihm anscheinend nichts eiliger erschienen, als zu seinem Herren zu laufen und ihm die ganze Geschichte brühwarm zu erzählen. Eberhard von Breydenbach hatte sie angesehen wie eine Aussätzige und sie gefragt, ob sie die Geschichte vor Vertretern der Heiligen Inquisition wiederholen könnte. Gesa hatte sich daraufhin an ihr Versprechen erinnert, das sie Mattes gegeben hatte, mit niemandem über ihre Erlebnisse zu reden. Schließlich war es ein Unterschied, ob man gegenüber dem Vater verpflichtet war, die Wahrheit zu sagen, oder gegenüber Fremden, denen man noch nicht einmal das Schwarze unter dem Fingernagel schuldete. Deshalb hatte sie nur mit dem Kopf geschüttelt und behauptet, sie habe das alles nur geträumt. Dafür hatte ihr Vater sie glatt noch einmal verprügelt und ihr gedroht, dass er sie totschlagen werde, falls sie ihn noch ein einziges Mal in dieser Weise blamiere. Und dann war Mattes plötzlich aufgetaucht, und Eberhard von Breydenbach hatte ihn gefoltert und mit Gesas Aussagen konfrontiert.

Nie würde sie den enttäuschten Blick vergessen, den Mattes ihr zugeworfen hatte, als er erkannte, dass sie ihr Versprechen gebrochen hatte. Sie fühlte sich schuldig, abgrundtief schuldig. So schuldig, wie sie sich noch nie in ihrem Leben gefühlt hatte. Und deshalb musste sie alles geben, um Mattes zu retten.

Während der Weg durch den knirschenden Schnee sie in einen lichten Wald führte und ihr plötzlich bewusst wurde, dass sie vollkommen allein unterwegs war, sah sie von ferne eine größere Gruppe von Reitern auf sich zukommen. Es waren ausnahmslos schwer bewaffnete Männer. Ritter, um genau zu sein, wie man an ihren Pferden und ihrer Aufmachung erkennen konnte.

Auch das noch, dachte sie und schaute sich hilflos um. Doch da war niemand, der ihr hätte beistehen können, falls die Männer auf sie aufmerksam wurden und ein übles Spiel mit ihr trieben.

Gesa zog sich ihre Kapuze so tief in die Stirn, dass niemand erkennen konnte, ob sie ein Junge oder ein Mädchen war. Tapfer marschierte sie stur auf dem gefrorenen Boden weiter, auch als sie bemerkte, wie die Pferde mit ihren Reitern immer näher kamen. Um nicht mit ihnen zusammenzustoßen, wich sie zur Seite aus und geriet auf eine gefrorene Schneewehe. Unvermittelt rutschte sie aus und schlug der Länge nach hin. Vor ihr scheute ein Pferd, und die beschlagenen Hufe des Tiers gingen dicht neben ihrem Kopf nieder.

»Ho, hoho!«, rief eine junge Stimme, deren rauer Klang ihr bekannt vorkam. Als sie aufblickte, schaute sie in die schwarzbraunen Augen des jungen Schotten, den sie inzwischen nur allzu gut kannte. Er war ein gutaussehender Kerl, aber ziemlich von sich eingenommen, weil er sie zusammen mit Malin wie seine Dienstmägde behandelt hatte. In der Zukunft und auf Waldenstein hatte er mit Mattes ein Zimmer geteilt und sich meistens über sie und Mattes lustig gemacht.

»Gesa?«, fragte er erstaunt. Und im Nu hatte sie die volle Aufmerksamkeit der übrigen Männer. Allen voran Gero von

Breydenbach, der, wie ihr jetzt erst auffiel, die verwegen aussehende Truppe anführte.

Gesa, die sich wieder aufgerappelt hatte, fiel vor ihm auf die Knie, als er von seinem Pferd abstieg, und fing bitterlich zu weinen an.

»Es tut mir so leid, Herr!«, schluchzte sie und konnte sich gar nicht mehr beruhigen.

»Gesa?« Er fasste sie sacht an der Schulter und half ihr aufzustehen. »Was tust du hier? Hast du Mattes gesehen?«

»Ja!«, jammerte sie und schluchzte noch heftiger. »Ich habe ...«, sie schluckte verkrampft, »meinem Vater von unserer Reise und der Flugmaschine erzählt, weil er wissen wollte, wo ich gewesen bin, und ich konnte ihn doch nicht belügen. Ich hab gesagt, er solle es bitte für sich behalten, doch er hat mir nicht geglaubt und mich verprügelt. Dann ist er sofort zu Eurem Bruder gelaufen und hat ihm alles erzählt. Der hat sich Mattes geschnappt und ihn gefoltert, damit er ihm bestätigt, was ich erzählt habe. Aber Mattes hat eisern geschwiegen. Und dann hat Euer Bruder ihn so lange geschlagen, dass er fast gestorben ist. Und jetzt sitzt er im Hungerloch!«

»Hast du eine Ahnung, wie es ihm geht?«, fragte Gero sie ungehalten.

»Es geht ihm nicht gut. Euer Bruder hat ihn furchtbar geschlagen. Ich habe Mattes heute Morgen heimlich eine Wurst gebracht, und er hat mir den Auftrag erteilt, Euch eine Nachricht zu überbringen«, antwortete sie immer noch schluchzend.

Dann erzählte sie ihm atemlos von dem Mann und der Frau, die sie zusammen mit Wintrich von Achenbach im Kerker besucht hatte.

»Der Mann sagte, er kenne Euch und ich solle Euch sagen, dass Ihr ihn unbedingt aus dem Kerker herausholen müsst. Sein Name ist Jack, und ich soll das Losungswort NSA sagen, dann wisst Ihr, wer er ist.« Gesa hing mit bangen Augen an Geros versteinerten Gesichtszügen.

»Und wer ist die Frau?«, fragte Gero verwundert.

»Ich weiß es nicht. Sie hat keinen Namen gesagt. Aber sie ist so schön wie eine Prinzessin.«

»Jack?« Gero warf den anderen Brüdern einen fragenden Blick zu. »Denkt ihr, was ich denke?«

»Hatte der Mann noch einen weiteren Namen?«, fügte Anselm mit einem ungläubigen Blick hinzu. »Vielleicht Tanner?«

»Ja, genauso hat Mattes ihn genannt«, stieß Gesa außer Atem hervor.

»Ich versteh gar nichts mehr«, sagte Johan mit einem verwirrten Blick. »Wie sollte der denn hierhergekommen sein? Er hatte doch keinen funktionierenden Caput.«

Gesa machte ein erschrockenes Gesicht. »Ihr dürft das Wort nicht sagen, sonst holt Euch die Inquisition.«

»Wer sagt das?«, fragte Gero streng.

»Der Zisterzienser hat das gesagt.«

»War außer ihm und den anderen noch jemand im Kerker? Hast du Männer mit schwarzen Gewändern und roten Hüten gesehen?«

»Nein, mein Herr«, erwiderte sie mit Nachdruck. »Niemand weiß, dass ich im Kerker war, außer den dort Anwesenden.«

»Was kann das zu bedeuten haben?«, fragte Struan mit rauer Stimme.

»Ich weiß es nicht«, antwortete Gero mit ernster Miene.

»Ich weiß nur, dass wir Mattes so schnell wie möglich dort herausholen müssen.«

»Und was wird aus ihr?«, fragte Malcolm und nickte Gesa zu, die noch immer bibbernd vor ihnen stand.

»Ich kann nicht zurück zu meinem Vater«, flüsterte sie. »Er wird mich totschlagen, wenn er erfährt, dass ich schon wieder fortgelaufen bin.«

»Das musst du auch nicht«, beruhigte Gero sie. »Jemand von uns wird dich zum Kloster nach Hemmenrode bringen. Dort wartest du, bis wir dich abholen und mit dir zurück nach Waldenstein reiten.«

»Werdet Ihr Mattes aus dem Hungerturm retten?«, flehte sie.

»Gewiss«, versicherte ihr Gero. »Und sobald wir ihn haben, bringen wir ihn ebenfalls zu den Zisterziensern, wo man euch versorgt und beschützt, bis wir hier fertig sind.«

Was er damit genau meinte, sagte er nicht, aber er hatte nicht vor, seinen Bruder so einfach davonkommen zu lassen.

Gesa atmete zitternd aus. Die Aussicht, wieder mit Mattes vereint zu sein, beruhigte sie.

»Jacob«, sagte Gero und wandte sich an den Mainzer Templer, der sich hier in der Gegend genauso gut auskannte wie er selbst. »Kannst du die Kleine zu den Zisterziensern bringen und Theoderich sagen, dass wir sie dort abholen, sobald mein Bruder uns Mattes übergeben hat?«

»Freilich«, antwortete Jacob und reichte dem Mädchen die Hand, um sie mit Leichtigkeit vor sich auf den Sattel zu ziehen. Er legte seinen Umgang um sie, weil sie erbarmungswürdig fror.

»Komm zur Burg zurück, sobald du sie abgeliefert hast«, bat ihn Gero und nickte ihm zu. »Ich fürchte, ich benötige jeden Einzelnen von euch, um meinen Bruder davon zu überzeugen, dass er nicht machen kann, was ihm beliebt.«

Während Jacob von Sassenberg mit dem Mädchen in die entgegengesetzte Richtung galoppierte, herrschte für einen Moment betretene Stille.

»Wie willst du vorgehen?«, fragte Anselm, der dem Vortrag des Mädchens mit Sorge gelauscht hatte.

»Wir reiten vor das Burgtor, und ich fordere Eberhard heraus«, erklärte Gero und hob eine Braue. »Irgendetwas wird er schon von mir wollen«, orakelte er düster. »Ansonsten hätte er Tanner und den Jungen nicht festgehalten.«

KAPITEL 29

DEZEMBER 1315 –
DEUTSCHE LANDE / EIFEL / BREIDENBURG

Kain und Abel

»Du solltest sie töten. Alle.« Enno von Waldeck schaute Eberhard von Breydenbach mit einer solchen Gnadenlosigkeit in seinen grünen Augen an, dass ihm angst und bange wurde. Eberhard und sein Liebhaber hatten sich in die Bibliothek der Breidenburg zurückgezogen und die Tür zweimal hinter sich verriegelt. Erst danach hatten sie gewagt, die Überreste des seltsam flachen Kästchens zu betrachten, das Ansgar, sein erster Offizier, bei der dunkelhaarigen Schönen gefunden und in reinem Reflex sofort auf den Boden geworfen und zertreten hatte.

Nun lagen der undefinierbare Metallrahmen und sein mysteriös anmutendes Innenleben aus zersplittertem hauchfeinen Glas, unglaublich dünn anmutenden Drähten und silbern funkelnden Markierungen auf grünem Grund beinahe unschuldig vor ihnen. Nicht nur Ansgar, auch alle anderen hatten gesehen, wie das Ding aufgeleuchtet hatte, als ob Leben in ihm wohnte. Doch man hatte weder einen Docht noch Feuer darin entdecken können.

»Ich habe nicht die geringste Ahnung, was es ist«, murmelte Eberhard und zuckte beinahe verzweifelt mit den Schultern.

»Frag doch deinen vermaledeiten Bruder«, zischte Enno gehetzt. »Dass so ein Ding direkt vom Satan kommt, liegt doch auf der Hand. Ich möchte wetten, es hat was mit den Templern zu tun, zumal die Frau, der es gehörte, angeblich mit einem Mann verheiratet ist, der nicht nur den Knappen deines Bruders persönlich kennt, sondern auch ihn selbst.«

»Ganz richtig. Ihr Mann hat gesagt, dass er meinen Bruder kennt. Nicht sie«, versuchte Eberhard, die Dinge ins rechte Licht zu rücken. Wobei ihm nicht klar war, warum er es tat. Um Gero zu schützen? Oder sich selbst und seine Familie, die er nicht mit dem Teufel in Verbindung gebracht sehen wollte? Doch Enno, dem die Templer schon immer ein Dorn im Auge gewesen waren, ließ nicht nach.

»Überleg doch mal, Eberhard. Was soll der Bischof von dir denken, wenn er erfährt, was für Leute du hier beherbergst? Der Kurfürst ist und bleibt dein Lehensherr. Du hast selbst gesagt, dass dein Bruder dir mit seiner Zugehörigkeit zu diesen verfluchten Templern nur geschadet hat. Wenn herauskommt, dass Gero hier gewesen ist, bist du erledigt. Und wenn er nun wieder aus irgendeinem Höllenschlund aufgetaucht ist, wie die kleine Magd verraten hat, und von den Lichtenbergern sogar noch zum Grafen gemacht wird, hast du ein dickes Problem. Ich wette mit dir, dass deine Söldner nicht dichthalten, und irgendwie wird es nach Trier durchsickern, dass du ihm damals geholfen hast zu entkommen. Außerdem hat niemand von den Beteiligten vergessen, auf welch seltsame Weise er im Herbst 1307 verschwunden ist. Die Grube im Saalholzforst ist zwar mit Wasser vollgelaufen, aber nicht verschwunden, und damit ist sie ein Zeugnis, dass dort ein Mysterium geschehen ist, das sich bis heute niemand erklären kann. Was wirst du machen, wenn der Erzbischof die Sache wieder aufrollt und dort Untersuchungen einleitet?«

»O Gott«, stöhnte Eberhard und schlug die Hände vors Gesicht. »Das wäre so ziemlich das Schlimmste, was geschehen könnte.«

Enno schaute ihn verständnislos an. »Wieso?«

»Weil in dem Weiher sechs Leichen liegen, die sich in ein paar Monaten wohl kaum in Morast aufgelöst haben dürften.«

»Leichen?« Enno wirkte tatsächlich schockiert, und sein schmales, bartloses Gesicht war mit einem Mal ganz bleich.

»Gero wurde vor ein paar Monaten auf dem Weg von Hemmenrode hierher von franzischen Söldnern der Gens du Roi angegriffen«, erklärte Eberhard. »Ich war zufällig auf dem Weg von Trier nach Hause und kam dazu, als sie ihn und Lothar zu sechst fertig machen wollten. Lothar hatte es bereits erwischt, und mein Bruder kämpfte mit zwei anderen Söldnern um sein Leben. Ich habe ihm lediglich geholfen, sich gegen seine Widersacher zu verteidigen und zwei von den Jungs mit meiner Armbrust ins Jenseits geschickt. Den Rest hatten Gero und Lothar schon zuvor erledigt.«

»Gens du Roi?« Enno schaute ihn begriffsstutzig an.

»Geheimdienst des franzischen Königs«, erklärte Eberhard ungehalten.

»Was hatten die denn hier zu tun?«, fragte Enno alarmiert, dem Eberhard die Geschichte mit voller Absicht verschwiegen hatte.

»Sie waren im Auftrag eines ominösen Inquisitors unterwegs, der auf Geheiß von Luis X. nach geflohenen Templern suchte. Offenbar hatten sie es auf Gero abgesehen und wollten auf unserer Burg herumschnüffeln.«

»Und was habt ihr mit den sechs Leichen gemacht?« Ennos Stimme klang atemlos.

»Sagte ich es nicht? Wir haben sie im Saalholzweiher versenkt.« Eberhard blickte stoisch in das entsetzte Gesicht seines Liebsten und kniff die Lippen zusammen.

»Bist du wahnsinnig?«, quiekte Enno. »Was ist, wenn sie jemand findet?«

»Was hätten wir denn deiner Meinung nach auf die Schnelle machen sollen?«, rief Eberhard verzweifelt. »Ihre Kameraden befanden sich auf dem Weg zur Burg, und wir hatten keinen Spaten. Es war die einfachste Lösung!«

Enno hatte damit begonnen, in der Bibliothek auf und ab zu laufen.

»Du musst ihn festnehmen und ihn ausliefern«, bestimmte er kalt und blieb stehen, während er Eberhard verbindlich in die Augen starrte.

»Wen?« Eberhard verstand gar nichts mehr.

»Na deinen Bruder, wen sonst«, blaffte Enno und schüttelte voll Unverständnis sein dunkelgelocktes Haupt. »Wenn das rauskommt, wirst du alles verlieren. Und wenn dein Bruder noch nicht mal den Anstand besitzt, dir mitzuteilen, dass er wieder da ist und mit den Lichtenbergern paktiert, die ohnehin mit deinem Lehensherrn auf Kriegsfuß stehen, weißt du, was läuft. Er wird dir garantiert nicht zur Seite stehen, wenn es zu einem Konflikt mit Balduin kommen sollte. Du musst sämtlichen Gerüchten zuvorkommen und ihn an Balduin und seine Inquisitoren ausliefern, bevor sie dir eine Mittäterschaft am Verschwinden dieser Gens-du-Roi-Söldner anhängen können.«

»Und was tue ich, wenn er behauptet, ich hätte die Leichen mit ihm versenkt und ihm zur Flucht verholfen?«

»Dann sagst du einfach, das sei nicht wahr und dass er als Templer mit dem Teufel im Bunde sei und mit einem Zauber deine Sinne vernebelt habe. Zeig ihnen das Ding hier«, empfahl er Eberhard und deutete auf das seltsame Kästchen. »Sag, du hast dich mit einer List aus seinem Bann gelöst und bist bereit, in allen Punkten gegen ihn auszusagen. Nur so kannst du dich von jedem Verdacht reinwaschen und die Burg, dein Lehen und am Ende dein Leben retten.«

»Und wie soll ich ihn in die Falle locken?« Eberhard schaute ihn begriffsstutzig an. »Du kennst meinen Bruder nicht. Er ist nicht mehr der naive Tölpel aus Kindertagen. Die Templer haben ihn zu einem widerspenstigen Kämpfer geschliffen. Er wird sich nie im Leben so einfach festnehmen lassen.«

»Du hast den Jungen und die beiden Fremden, von denen einer vorgibt, ihn zu kennen. Ich bin sicher, dein Bruder wird kommen, um den Jungen zu holen. Er wird sich denken, dass der Rotzlöffel hier ist. Nach allem, was du mir erzählt hast, ist er für ihn wie ein eigener Sohn. Vielleicht ist er sogar schon auf dem Weg hierher. Und wenn er vor den Toren steht, sagst du ihm, du lässt den Jungen nur gehen, wenn er sich selbst dafür opfert und sich in deine Gefangenschaft begibt. Am besten schickst du jetzt schon einen Boten los, der die Schergen des Bischofs alarmieren soll. Sag ihnen, sie sollen mit Verstärkung hierherkommen, da davon auszugehen ist, dass dein Bruder erscheint und dass er nicht allein ist.«

Eberhard kreiste unangenehm berührt die Schultern.

»Und was ist, wenn mein Bruder sich davon nicht beeindrucken lässt?«

»Dann drohst du damit, den Jungen zu töten. Oder diesen Fremden und seine Frau. Templer sind doch bekannt dafür, dass sie Frauen und Kinder schützen. Wenn es stimmt, was man ihnen nachsagt, müsste er seinem Ehrenkodex entsprechend reagieren. Tut er es nicht, bringst du sie vor seinen Augen um.«

Eberhard schluckte hart. »Du bist nicht ganz bei Trost!« Er hasste Gero aus den unterschiedlichsten Gründen, gar keine Frage, aber er war kein Brudermörder, schon gar kein Mörder von Frauen und Kindern. Ennos Skrupellosigkeit ging ihm entschieden zu weit. Auf der anderen Seite hatte sein Liebster in einigen Belangen recht. Geros plötzliches Aufkreuzen barg die große Gefahr, dass die Leute auf der Burg sich erinnerten und erneut zu reden begannen. Zumal Gesas Mutter bis heute nicht aufgetaucht war. Und dass sie das auch nicht mehr tun würde, wusste er selbst am besten.

»Wie willst du denn sonst vorgehen?«, blaffte Enno ihn an. »Glaubst du ernsthaft, deinem Bruder liegt was an dir oder daran, dass du hier Burgherr bleibst?«

»Wahrscheinlich hast du recht«, erwiderte Eberhard ungehalten und deutete auf die Übererste des mysteriösen Kästchens. »Packen wir das merkwürdige Ding weg und schicken einen Boten nach Trier. Sollte mein Bruder hier auftauchen, tue ich, was du gesagt hast. Sollte er es wider Erwarten nicht tun, liefere ich seinen Knappen und die beiden Gefangenen an die Inquisition aus. Soweit ich weiß, liegt bei den Schöffen in Trier noch immer ein Haftbefehl des ehemaligen franzischen Königs gegen meinen Bruder vor. Wenigstens können sie mir dann nicht nachsagen, dass ich mit ihm kollaboriert habe.«

Gero spürte, wie seine innere die Anspannung stieg, während er sich zusammen mit seinen Kameraden der Burg seiner Vorfahren näherte. Es war knapp drei Monate her, seit er sein Zuhause das letzte Mal gesehen hatte, und doch kam es ihm vor, als lägen Jahrhunderte dazwischen, was in gewisser Weise ja auch zutraf, wenn man ihre Reise ins einundzwanzigste Jahrhundert mitzählte. Umso unwirklicher erschien ihm die Silhouette der Burg, als er im dichten Nebel die beeindruckenden Wehrtürme erblickte, auf denen das Banner derer von Breydenbach sich müde im schwachen Wind hin und her bewegte. Seit dem Tod seines Vaters und dem Auszug seiner Mutter war nichts mehr wie zuvor. Und Gero wurde einmal mehr bewusst, wie sehr das Wort Heimat mit den Menschen verbunden war, die dort lebten. Was mitunter auch für die Verstorbenen galt, die dort beerdigt lagen. Also Lissy. Schlagartig wurde ihm klar, dass er mit dem Verlust der Burg auch die Möglichkeit verlieren würde, ihr Grab zu besuchen. Ein Gedanke, der eine unerwartete Verwirrung in seinem Herzen schürte. Musste er Hannah gegenüber ein schlechtes Gewissen haben, wenn ihn diese Erkenntnis schmerzte?

Vor lauter Nachdenken hatte er gar nicht bemerkt, dass sie sich bereits auf dem Weg zum Burgtor befanden und die Brücke heruntergelassen war. Davor patrouillierten die Söldner seines Vaters – oder nein, nun waren es Eberhards Söldner, die den Übergang vom Burggraben zum Hof bewachten und jeden kontrollierten, der sich anschickte, die Brücke zu betreten.

»Sollten wir nicht lieber warten, bis sich dein Bruder

zeigt?«, erkundigte sich Struan vorsichtig. »Du weißt doch gar nicht, was er vorhat.«

»Es ist mir egal, was er vorhat«, erwiderte Gero mit düsterer Stimme. »Wenn er mir den Jungen nicht herausgibt, stürmen wir die Brücke.« Mit einem singenden Geräusch zog er seinen Anderthalbhänder. Die anderen taten es ihm gleich, und allein dieses einsetzende Konzert gezückter Klingen, brachte ihnen die erwünschte Aufmerksamkeit der Burgwachen.

»Wowowow!«, rief ihm Ansgar zu, der nach Lothars und Rutgers Tod allem Anschein nach als Erster Offizier fungierte. Er hob entwaffnend die Hände und kam mit einer beschwichtigenden Haltung auf Gero zu. »Kann ich hier irgendwie vermitteln?«, fragte er diplomatisch und nicht daran interessiert, von Gero und seinen Männern angegriffen zu werden.

»Geh zu meinem Bruder und sag ihm, er soll unverzüglich herkommen und dabei nicht vergessen, meinen Knappen mitzubringen. Mir ist zu Ohren gekommen, dass der Junge in seinen Händen ist und was er ihm angetan hat.«

»Ich kann nichts dafür, Gero«, versicherte ihm der hochgewachsene, drahtige Soldat, der ihn schon seit Kindertagen kannte. »Eberhard hat befohlen, dass wir den Jungen verhören. Es sind Dinge passiert, für die es keine Erklärung gibt, und ich kann deinen Bruder verstehen, wenn er diese Vorkommnisse nicht einfach auf sich beruhen lassen will.«

Ansgar wirkte ungewohnt ängstlich, und Gero fragte sich, was außer Gesas skurrilen Aussagen noch vorgefallen war, dass sich der rotblonde Hüne so seltsam benahm.

Vielleicht stecken Tanner und seine Begleiterin dahinter, kam es Gero in den Sinn. Möglichweise hatte irgendwer deren Transfer beobachtet und sich keinen Reim darauf machen können. Umso wichtiger erschien es ihm, die Gefangenen auszulösen. Nicht umsonst hatte er ein Säckchen mit Gold und Silbermünzen dabei. Vielleicht ließ sich Eberhard ja darauf ein, die drei gegen gutes Geld laufen zu lassen. Sein Bruder war schon immer recht gierig gewesen, wenn es um bare Münze ging.

»Ansgar!«, erscholl Eberhards Stimme unerwartet schrill von den nebelverhüllten Burgmauern herab. »Zieh deine Männer zurück und schließe das Tor!«

Ansgar sah sich verunsichert um und warf Gero einen hilflosen Blick zu. Dann zuckte er mit den Schultern und beeilte sich, zu tun, was sein neuer Befehlshaber von ihm verlangte.

»Was hat das jetzt wieder zu bedeuten?«, raunte Johan, der dicht an Geros Seite herangeritten war.

»Ich weiß es nicht«, stöhnte Gero leise. »Aber mein Bruder ist unberechenbar. Manchmal denke ich, er hat über den Tod meines Vaters den Verstand verloren.«

Hilflos musste er mit ansehen, wie das Burgtor ratternd nach oben gefahren wurde. Sein Bruder erschien oben auf der Wehrmauer, die bei den Zinnen locker zwanzig Meter hoch war.

»Was willst du?«, brüllte er von oben herab, so laut, dass sich seine Stimme überschlug.

»Den Jungen!«, rief Gero, ohne zu zögern, zurück. Er wollte klein anfangen, auf Tanner und seine Begleitung würde er erst eingehen, wenn Eberhard die beiden erwähnen würde.

Plötzlich kreuzte Enno von Waldeck neben seinem Bruder auf, was Gero als kein gutes Zeichen wertete. Der dunkelhaarige Erbe von Burg Waldeck war noch kleiner als Eberhard. Dass er ein Sodomit war, machte ihn nicht sanftmütiger, obwohl Gero es eigentlich erwartet hätte. Im Gegenteil. Von früheren Eskapaden seines Bruders wusste er, dass Enno noch streitsüchtiger war als Eberhard. Die beiden hatten sich wegen Enno schon durch so ziemlich jede Schenke im Umkreis geprügelt.

Geros ungutes Gefühl bewahrheitete sich, als Enno auf ein Zeichen Eberhards drei Geiseln vorführte. Eine davon war Mattes, der schrecklich aussah. Er stand gekrümmt vor Schmerzen, sein junges Gesicht war von verkrustetem Blut und unübersehbaren Schwellungen entstellt. Neben ihm stand Tanner, der Gero viel größer erschien, als er ihn in Erinnerung hatte. Der schlanke, drahtige Amerikaner trug die Kleidung eines zeitgenössischen fahrenden Händlers und wirkte zumindest ruhig und souverän. So wie es aussah, hatte man ihn weder gefoltert noch sonst wie verletzt, doch seine Hände und Füße hatten Eberhards Söldner in Ketten gelegt. Neben ihm stand eine Frau, deren langes schwarzes Haar zerzaust vom Kopf abstand. Sie war mit einem braunen Kapuzenumhang bekleidet, wie Mägde und Bauersfrauen sie gewöhnlich trugen. Doch darunter blitzte eine eng anliegende Hose hervor, wie Gero sie von Frauen aus der Zukunft kannte. Also war sie allem Anschein nach nicht freiwillig hier. Sie war ausgesprochen hübsch und zierlich, wie Gero selbst aus dieser Entfernung sehen konnte. Im Gegensatz zu Tanner stand sie mit weit aufgerissenen Augen da und wirkte geradezu panisch. Er spürte, wie sie ihn anstarrte, ganz so, als ob sie sich schon mal irgendwo begegnet wären.

»Ich gebe dir den Jungen, wenn du dich unbewaffnet in meine Obhut begibst«, forderte Eberhard mit bebender Stimme.

»Was willst du denn mit mir?«, rief Gero mit einem leicht

sarkastischen Unterton in der Stimme zurück. »Ich denke, du kannst mich nicht leiden.«

»Ich will, dass du mir die Wahrheit sagst«, rief Eberhard und hörte sich nun beinahe verzweifelt an. »Unter vier Augen.«

»Die Wahrheit worüber?«

»Über deine Zeit als Templer und was es mit diesen beiden Gestalten auf sich hat.«

»Ich kenne sie nicht«, log Gero.

»Dieser Mann hat uns etwas anderes erzählt. Er sagte, du kennst ihn und wirst dafür sorgen, dass er die Freiheit erlangt.«

»Das ist gelogen«, erwiderte Gero in der Hoffnung, Tanner dadurch aus der Sache heraushalten zu können.

Doch Enno, der Hitzige, schien die Geschichte in den falschen Hals bekommen zu haben. Denn er ließ Tanner auf ein Zeichen gefährlich nahe an den Abgrund führen.

»Wenn du nicht tust, was dein Bruder verlangt, fliegt dieser Kerl als Erster hinunter. Danach die Frau und schließlich dein Knappe.«

Tanner schien verstanden zu haben, dass man ihm an den Kragen wollte. Er vollführte unvermittelt eine rasche Drehung und rammte einem seiner Bewacher einen Ellbogen in die Magengrube, was diesen zu Fall brachte und ihn mit einem gellenden Schrei die Mauer hinunterstürzen ließ. Doch Tanner hatte nicht mit der Reaktion Enno von Waldecks gerechnet, der blitzschnell sein Schwert gezogen hatte und Jack Tanner mit einer raschen Bewegung einen Kopf kürzer machte. Blut spritzte, und die Frau, die dicht neben ihm gestanden hatte, stieß einen markerschütternden Schrei aus, als sie sah, wie zunächst Tanners Kopf und dann sein kopfloser Leichnam in den Burggraben stürzte und dort in der brackigen Brühe kurz eintauchte, nur um danach wie ein Stück Treibholz an der Oberfläche wieder aufzutauchen.

Während die Frau sich gurgelnd übergab, verhielten sich alle anderen gespenstisch still.

Struan war der Erste, der seine Stimme wiederfand.

»*Putain de merde!*«, raunte er auf Franzisch. »Dieser kleine Dreckskerl«, fluchte er so leise, dass nur Gero es hören konnte.

Enno von Waldeck stand wie zu einer Salzsäule erstarrt da und musste sich von Eberhard anhören, was für ein Dummkopf er war. Ein Umstand, der Gero hoffen ließ, dass sein Bruder doch nicht aus dem gleichen Holz geschnitzt war wie sein Liebhaber.

»Und was jetzt?«, zischte Totty, dem der Schock über das Geschehen in sein bärtiges Gesicht geschrieben stand.

»Zumindest hat sich Ronas Prophezeiung damit erledigt«, bemerkte Johan trocken.

Gero hatte jeden Sinn für Humor verloren. Enno war mehr als gefährlich. Er war unberechenbar, und auch wenn Eberhard sein Verhalten missbilligte, würde er weiterhin versuchen, Einfluss auf seinen Bruder zu nehmen.

»Wenn du den Jungen und die Frau gehen lässt, tue ich, was du verlangst«, schleuderte er Eberhard entgegen, der ihm genauso paralysiert erschien wie die Frau, mit dem einzigen Unterschied, dass er weder schrie noch schluchzte. »Ich komme rein, unbewaffnet, wenn du meinen Männern den Jungen und die Frau übergibst«, wiederholte er sich noch mal, weil Eberhard nicht reagierte. »Hast du mich verstanden?«

Eberhard besprach sich für einen Augenblick mit Enno, der, wenn auch widerwillig, nickte.

»Bist du wahnsinnig?«, zischte Ralph, der Geros Entscheidung nicht nachvollziehen konnte, und kratzte sich heftig seinen schwarzbraunen Bart. »Du kannst dich doch nicht diesen beiden Irren ausliefern.«

»Genauso wenig kann er den Jungen und die Frau in ihren Fängen lassen«, belehrte ihn Struan knapp.

»Wenn er dort reingeht, kann er seinen Bruder vielleicht davon überzeugen, sich nicht von diesem Dreckskerl dort oben beeinflussen zu lassen«, fügte Johan düster hinzu.

»Genau das habe ich vor«, bestätigte ihm Gero. »Und sobald ich die Gelegenheit dazu sehe, schalte ich das Großmaul Enno aus. Außerdem darfst du nicht vergessen, dass sich noch Wintrich von Achenbach in der Gewalt der beiden befindet. Auch ihn gilt es zu befreien.«

»In Ordnung«, rief Eberhard ihm zu und gab seinem Söldner den Befehl, die kleine Seitenbrücke herunterzulassen, die direkt zum Boteneingang führte.

Mit einem tiefen Seufzer stieg Gero von seinem Pferd und übergab sein Schwert an Johan. »Pass gut darauf auf«, bat er ihn, »es gehörte meinem Vater, ich will nicht, dass Eberhard seiner habhaft wird.«

»Worauf du dich verlassen kannst«, versprach ihm Johan und schob die Waffe in einen seitlichen Einschub an seinem eigenen Sattel.

»Vielleicht sollte ich mit dir gehen?«, schlug Stephano mit besorgtem Blick vor. »Dein Bruder müsste mich eigentlich wiedererkennen, schließlich habe ich ihm das Leben gerettet. Möglicherweise lenkt er dann ein?«

»Vergiss es«, belehrte Gero ihn. »Die Erinnerung an dieses Erlebnis würde seine Angst vor uns womöglich nur noch mehr schüren und ihn noch unberechenbarer machen. Ich glaube im Übrigen nicht, dass mein Bruder mir ein Leid zufügt. Ich versuche, mit ihm zu reden und ihn davon zu überzeugen, dass er Enno nach Hause schicken soll, um noch mehr Blutvergießen zu vermeiden. Denn ich werde ihn damit konfrontieren, dass er mit einer Vergeltung der Waldensteiner rechnen muss, falls er gedenkt, mich festzuhalten.«

»Und was ist, wenn deine Verhandlungen doch länger dauern?« Totty, der das ganze Szenario unruhig beobachtet hatte, runzelte die Stirn und schaute ihn fragend an.

»Dann schlagt ihr in der Nähe ein Lager auf und wartet, was weiter passiert. Eine solche Belagerung wird Eberhard nervös machen, weil er sich nicht trauen wird, das Burgtor zu öffnen, solange ihr hier auf mich wartet. Das stört nicht nur die regelmäßigen Abläufe auf der Burg, sondern auch die Händler, die täglich hier oben auftauchen, um ihre Waren feilzubieten.«

»Was sollen wir mit Mattes und der Frau anfangen?«, fragte Anselm. »Es ist lausig kalt hier draußen, und zumindest Mattes braucht medizinische Hilfe.«

Gero kramte Ronas Nanopille hervor, die Freya ihm gegeben hatte, und hielt sie Anselm hin. »Gib dem Jungen meine Kapsel. Er sieht aus, als ob er unter einen Heuwagen geraten wäre. Auch wenn wir die Pillen nur im absoluten Notfall verwenden sollen, will ich sichergehen, dass er am Ende nicht an einer unerkannten Verletzung stirbt.«

»Aber was ist mit dir?« Anselm schaute ihn zögernd an. »Meinst du nicht, du kannst die Pille dort drin ebenso gut gebrauchen?«

»Sie werden mich garantiert durchsuchen. Es wäre fatal, wenn sie das Ding bei mir fänden. Nimm sie einstweilen für den Jungen.«

»Ich mache das«, sagte Johan und nahm die Kapsel an sich.

»Sagt Jacob, wenn er zurück ist, soll er Mattes, die Frau und das Mädchen zusammen mit Malcolm nach Waldenstein bringen und Roland und seine Truppen in Alarmbereitschaft versetzen, falls mein Bruder unbelehrbar ist.«

»Warum hab ich kein gutes Gefühl bei der Sache?«, unkte Ralph, als Gero entschlossen auf die kleine Nebenbrücke zumarschierte und, nachdem er von den Wachen am Tor auf Waffen kontrolliert worden war, auf den Jungen und die fremde Frau wartete.

Als sie am Tor erschienen, warf die Frau Gero einen gehetzten Blick zu und keuchte ein hastiges Danke, bevor sie an ihm vorbeischlüpfte und den Steg entlang zu den übrigen Templern eilte.

Mattes blieb einen Moment stehen, als man Gero an seiner Stelle ergriff, um ihn auf den Burghof zu führen.

Der Junge sah furchtbar aus. Die Kleider zerfetzt, das Haar mit Blut verklebt. Das Gesicht schwarz und blau vor lauter Blutergüssen. Die verquollenen Augen des Jungen waren voller Tränen. »Ich hab euch das alles eingebrockt«, erklärte er mit kaum verständlicher Stimme.

»Hast du nicht«, erwiderte Gero fest und drückte ihn kurz an sich, bedacht darauf, ihm keine zusätzlichen Schmerzen zu bereiten. »Es ist allein Eberhards Schuld und die seines irren Freundes«, versicherte er ihm. »Niemand sonst kann etwas dafür, hörst du?«

»Ja«, erwiderte der Junge mit erstickter Stimme und blickte mit seinen zugeschwollenen Augen dankbar zu ihm auf. »Was ist mit Gesa?«, wisperte er ängstlich. »Ich hab sie losgeschickt, damit sie nach Waldenstein entkommt.«

»Sie ist uns im Wald begegnet, Jacob hat sie nach Hemmenrode gebracht.«

»Ich danke Gott dem Allmächtigen«, stöhnte der Junge. »Dass ihr nichts Schlimmes geschehen ist.«

»Redet nicht so viel und kommt jetzt endlich!«, rief einer von Eberhards Söldnern, der wohl Sorge hatte, dass sie geheime Absprachen trafen.

»Nun geh schon«, flüsterte Gero seinem Knappen zu. »Gesa wartet auf dich.«

»Hannah wartet auch, und ich bin schuld, dass du nicht nach Hause kommst«, entfuhr es dem Jungen, und er hatte schon wieder Tränen in den Augen.

»Sag ihr, ich bin bald wieder zurück.«

KAPITEL 30

DEZEMBER 1315 –
DEUTSCHE LANDE / KURFÜRSTENTUM TRIER

Brutale Realität

Mabel fühlte sich wie in einem nicht enden wollenden Alptraum, während sie mit weichen Knien und einem flauen Gefühl im Magen die Brücke über den Burggraben passierte. Auf der anderen Seite warteten sieben äußerst verwegen aussehende Kerle auf sie. Einige erkannte sie von dem Foto, das im Internet viral gegangen war. Doch nun trugen sie Kettenhemden, Schwerter und Schilde und saßen auf massigen Pferden.

Obwohl Mabel immer davon geträumt hatte, einmal die Hauptrolle in einem Fantasy-Epos zu spielen, wünschte sie sich im Augenblick nichts lieber, als endlich wach zu werden.

Aber das hier war leider kein Traum. Der Anblick von Tanners Leichnam, der ihr Unterbewusstsein bis ans Ende ihrer Tage beherrschen würde, war der grausame Beweis dafür.

Die Frage, was mit seinem Kopf passierte und ob seine Leiche nun in diesem brackigen Wasser verrotten würde, brachte sie schier um den Verstand. Wie durch einen Nebel registrierte sie, wie einer der Männer von seinem Pferd abstieg und den Jungen mit einer tröstenden Umarmung in Empfang nahm. Er übergab ihn an einen rothaarigen Ritter, dessen Gesicht aussah, als ob er einen schlimmen Brandunfall gehabt hätte, und kam dann auf sie zu. Sein braunes Haar hatte einen außergewöhnlich modischen Schnitt, und sein kurzer rotbrauner Bart wirkte gepflegt. Mit seinen vertrauenerweckenden braunen Augen schaute er sie prüfend an.

»Anselm Stein«, stellte er sich vor und fasste sie sanft bei der Schulter.

Zu ihrer Verwunderung sprach er Englisch mit einem deutschen Akzent.

»Ich bin Mittelalterexperte und stamme aus Ihrer Zeit. Also machen Sie sich keine Sorgen, ich verstehe nicht nur Ihre Sprache, sondern auch Ihren Gemütszustand angesichts der vorangegangenen Ereignisse.«

Mabel starrte ihn fassungslos an. »Wie ist das möglich?«, stammelte sie völlig durcheinander. »Jack ist tot!« Anklagend deutete sie auf die Wehrmauer. »Der Kerl hat ihm einfach den Kopf abgeschlagen.« Wie betäubt deutete sie auf den Wassergraben, und ein erneuter Würgereiz packte sie, den sie nur mühsam unterdrücken konnte.

»Versuchen Sie, sich zu beruhigen«, sagte Anselm leise und verstärkte den Druck auf ihren Arm. »Sagen Sie mir Ihren Namen?«

»Mabel Mason«, erwiderte sie mit bebenden Lippen.

»Also gut, Mabel. Atme tief aus und ein. So was kann hier passieren, aber es ist nicht an der Tagesordnung. Okay? Jack hatte Pech. Mit der Erfahrung, die er im zwölften Jahrhundert gesammelt hat, hätte er eigentlich mit einer solchen Reaktion rechnen müssen. Aber wir sollten versuchen, die Lage nicht noch weiter eskalieren zu lassen, und müssen schnellstmöglich aus der Schusslinie der patrouillierenden Söldner verschwinden.«

»Du kennst Jack?«, fragte sie verstört.

»Von einer früheren Mission«, erklärte Anselm knapp.

»Warum tun die so was?«, fragte Mabel noch immer fassungslos.

»Weil sie es können. Im Mittelalter sind die politischen Verhältnisse in Deutschland nicht weniger instabil, als 2015 in Afghanistan. Es gibt unzählige Fürstentümer mit ihren Ritterclans, die um Macht und Vorherrschaft streiten. Von der noch andauernden Verfolgung der Templer ganz zu schweigen. Ich hatte bereits das zweifelhafte Vergnügen, zusammen mit Jack entsprechende Erfahrungen im sogenannten Heiligen Land zu sammeln.«

Mabel war klar, dass es sich um Gero von Breydenbachs Truppe handelte, von der Jack ihr bereits einiges erzählt hatte. Es waren tatsächlich jene Männer, denen er auf der Spur gewesen war, um mehr über die Herkunft der Steine zu erfahren. Allem Anschein nach waren sie es gewesen, die vor den Augen der Navy Seals verschwunden waren. Was bedeutete, dass sie im Besitz eines funktionsfähigen Servers waren. Wenn sie Jacks Ausführungen Glauben schenkte, wussten sie nicht nur mehr über die Höhle auf dem Sinai, sondern waren auch in der Lage, Kontakt zu Paul aufzunehmen.

»Bevor wir über Jack reden, wüsste ich gerne, wie ihr hierhergekommen seid und warum?«, fragte Anselm direkt, während er sie zu den übrigen Reitern führte. »Wart ihr allein?«

»Außer einem Pferd, das sie uns abgenommen haben, ja«, antwortete sie. »Ich bin Quantenphysikerin und Angehörige der NSA«, fuhr sie vorsichtig fort. »Aber ich bin keine Soldatin, falls du das meinst. Ich bin wissenschaftliche Mitarbeiterin. Und nein, ich habe keine Ahnung, was Jack hier genau wollte«, log sie, ohne rot zu werden. »Ich habe ihm geholfen, den alten Server ans Laufen zu bringen. Doch das Ding hatte ein paar technische Probleme. Es war nicht vorgesehen, dass ich mit hierherreise. Anscheinend wurde ich entgegen unserer Pläne vom Transferradius erfasst und mit transferiert. Und nun weiß ich nicht, wie ich zurückkommen soll. Ich habe nicht die geringste Ahnung, wie ich mit meinen Auftraggebern Kontakt aufnehmen kann.« Sie hatte blitzschnell entschieden, nichts von Paul Colbachs Beteiligung zu erzählen, weil sie sich denken konnte, dass Anselm den Mann kannte und es nicht gutheißen, würde, dass Jack und General Lafour dessen Familie in Geiselhaft genommen hatten.

»Vielleicht könnt ihr mir ja helfen, zurückzukehren?«, fragte sie mit einem unschuldigen Augenaufschlag, der reinste Berechnung war.

»Wohl kaum«, entgegnete Anselm weit weniger freundlich. »Oder denkst du, wir wollen weitere Kollegen von dir hierher einladen? Wir haben genug mit uns selbst zu tun. Auf jedes weitere Chaos können wir gerne verzichten.«

Mabel machte ein enttäuschtes Gesicht. Ihre Hoffnung, dass die Männer ihrem Charme erliegen und sie bei ihrer Rückkehr unterstützen oder sie gar in ihre Geheimnisse einweihen würden, war wie eine Seifenblase zerplatzt. »Es tut mir leid«, stammelte sie. »Ich hab von der ganzen Geschichte nichts gewusst.«

»Du willst mir erzählen, dass Jack dich nicht eingeweiht hat und dass er nicht damit gerechnet hat, uns hier zu finden?«, brummte Anselm und hielt ihr die Zügel des Pferdes entgegen.

»Jack hat mich nicht über seine Projekte aufgeklärt«, log sie eiskalt. »Ich war lediglich für die Technik zuständig.«

»Dann scheint sich aber einiges geändert zu haben, seit Tom nicht mehr für die Transfers zuständig ist«, bemerkte er und schaute sie fragend an. »Und was ist mit Paul Colbach? Sag nur, Jack hat auf dessen Know-how verzichtet?«

»Das weiß ich nicht«, log sie weiter. »Wie gesagt, ich war nur für die Technik zuständig.«

»Erzähl keine Märchen«, erwiderte Anselm und lächelte müde. »Irgendwer muss dich doch eingewiesen haben.«

»Ich hab alte Protokolle gewälzt und mir übers Darknet einen Frequenzquarz beschafft.«

»Darknet …?« Anselm schaute sie ungläubig an.

»Ein Grabräuber in Äthiopien. Jack hat mir eine Quantenkartusche beschafft, wie sie von Tom Stevendahl verwendet wurde. Und so habe ich ihm die Kiste wieder zusammengebastelt.«

Anselm schaute sie skeptisch an. »Erstaunliche Geschichte«, murmelte er, ohne sie aus den Augen zu lassen. »Und nun sitzt du hier fest?«

»Sieht so aus.«

»Dann muss ich dir die traurige Mitteilung machen, dass wir im Moment auch nicht zurückkönnen. Das bedeutet, du musst leider in unserer Obhut bleiben. Allein bist du in dieser Zeit so gut wie verloren.«

»Das ist ausgesprochen freundlich von euch«, erwiderte sie mit säuerlicher Miene.

»Kannst du reiten?«, fragte er und führte sie zu einem massigen, rotbraunen Ritterpferd mit einer struppigen Mähne und feurigen dunklen Augen, das offenbar Gero von Breydenbach gehörte.

»Reiten ist meine Passion. Ich habe selbst ein Pferd«, murmelte sie und dachte an ihren Reitstall, der wahrscheinlich eine Vermisstenanzeige aufgeben würde, wenn sie nicht rechtzeitig zurückkehrte. Nachdenklich streichelte sie die samtige Nase des braunen Kaltblüters, der mit einer schwarzblauen Schabracke bedeckt war, auf der ein buntes Wappen prangte. Während sie aufsaß, fühlte sie sich von den Männern beobachtet.

»Hat das Pferd einen Namen?«

»Odo«, antwortete Anselm mit einem angedeuteten Lächeln. »Hört sich harmlos an, aber man sollte schon ein bisschen Respekt vor ihm haben. Er kann auch anders, wenn er sich herausgefordert fühlt.«

»Was passiert mit seinem Besitzer?«, fragte sie besorgt. »Ich habe nicht das Geringste von dem verstanden, was die Männer vor der Übergabe geredet haben.«

»Du meinst Gero von Breydenbach«, sagte Anselm mit ernster Miene. »Er ist unser Anführer. Inzwischen heißt er Gerard von Lichtenberg zu Waldenstein. Siehst du das Wappen?« Er deutete auf den schwarzen Löwen auf rotem Grund auf den Satteldecken und Wappenröcken der Ritter.

Mabel fühlte sich in allem bestätigt, was Jack ihr über sein Vorhaben und seine Berechnungen erzählt hatte, und nickte.

»Das ist das Zeichen derer von Lichtenberg zu Waldenstein«, klärte Anselm sie auf. »Gero wurde vor Kurzem zum Grafen ernannt«, fügte er hinzu. »Was sich hier im Moment abspielt, ist nicht nur eine familiäre Tragödie, sondern auch ein Politikum. Die Lichtenberger sind nicht unbedingt die besten Freunde des Erzbischofs von Trier. Der Kerl mit den weißblonden Haaren, der euch gefangen hielt, ist Geros missratener Bruder, der allem Anschein nach noch eine Rechnung mit ihm offen hat. Ich hoffe, dass es Gero gelingt, ihn zur Vernunft zu bringen.«

»Und wer ist der Verrückte, der Jack auf dem Gewissen hat?«

»Das ist Enno von Waldeck«, fügte Anselm genervt hinzu. »In unserer Zeit würde man sagen, er ist der Lebenspartner des Burgherrn. Aber in dieser Zeit wäre es für die beiden äußerst gefährlich, wenn herauskäme, dass sie ein Verhältnis miteinander haben.«

»Oh«, machte Mabel nur und kniff die Lippen zusammen. »Könnte man die beiden nicht einfach an die hiesige Rechtssprechung verraten? Dann wäre man sie doch los.«

»So einfach ist das nicht«, sagte Anselm und wunderte sich zugleich, wie abgebrüht sie offenbar dachte. »Dafür benötigt man anerkannte Zeugen mit einem entsprechenden Leumund, und über beides verfügen wir zurzeit nicht.«

»Willst du uns die Lady nicht vorstellen?«, raunte Struan, als Mabel im Sattel saß und Anselm sich anschickte, zum Abmarsch aufzufordern.

»Das ist Mabel Mason«, verkündete Anselm auf Französisch. »Sie hat für Tanner und Lafour gearbeitet und wird uns sicher später noch erklären, was genau sie mit ihnen zu tun hatte.« Anselm zwinkerte den Brüdern vertraulich zu. Bevor nicht klar war, welche Rolle Mabel Mason in diesem unseligen Stück spielte, würde man ihr nicht mehr verraten als ihre Namen.

Mabel beäugte den rothaarigen Ritter interessiert. Dessen

attraktives Gesicht war von schrecklichen Brandnarben entstellt, was auch sein roter, kurzgehaltener Bart nicht verbergen konnte. Der Junge, der ebenfalls befreit worden war, saß hinter ihm im Sattel, und von seinen Verletzungen war rein gar nichts mehr zu sehen. Merkwürdig. Die Blutergüsse und auch die Schwellungen im Gesicht des Jungen waren komplett verschwunden. Obwohl es sie interessiert hätte, wie so was möglich war, beschloss sie, vorerst nicht weiter zu fragen.

»Der mit dem roten Bart und dem vernarbten Gesicht ist Johan van Elk«, sagte Anselm leise. »Einer der Templer, der damals von der NSA in die Zukunft transferiert wurde. Sein Gesicht wurde vor Jahren durch herabfallendes Pech verbrannt.«

»Gehört er auch zu denen, die Jack Tanner gekannt haben?«, fragte sie mit tonloser Stimme.

»Ja. Ebenso wie Struan, unser schottischer Bruder. Es tut uns leid, was mit Jack geschehen ist«, versicherte Anselm ihr. »Keiner von uns konnte vorhersehen, dass so etwas passieren würde. Aber das Mittelalter ist nun mal kein Disneyland, auch wenn es in manchen Kinofilmen in unserer Zeit so suggeriert wird«, sagte er. »Tanner wusste das, umso unverständlicher erscheint es mir, dass er das Risiko eingegangen ist, uns zu folgen.« Er schnalzte mit der Zunge und gab damit das Zeichen zum Aufbruch.

Anselm führte die Truppe auf ein von Sträuchern umranktes Plateau, ein ganzes Stück unterhalb der Burg, von wo aus sie den Zufahrtsweg gut einsehen konnten, sich aber außerhalb der Schusslinie der Armbrüste befanden. Siebenhundert Jahre später würden Spaziergänger hier einen Hinweis für einen Trimmpfad vorfinden.

Sie banden die Pferde an einen massiven Holunderstrauch und entzündeten mit dem herumliegenden Reisig und ein paar abgebrochenen morschen Ästen ein stark qualmendes Feuer. Es dauerte eine Weile, bis daraus die ersten größeren Flammen schlugen und sich Wärme verbreitete. Die Brüder sattelten ihre Pferde ab und nahmen die Sättel und die Decken als Sitzunterlagen.

Der Junge ließ sich neben Mabel nieder, würdigte sie aber keines Blickes. Der narbengesichtige Ritter trat hinzu und bot ihnen ein paar runzlige Äpfel aus seiner Satteltasche an.

»Jacob und Malcolm können euch nachher zu den Zisterziensern bringen, bevor sie morgen früh mit euch weiter nach Waldenstein reiten.«

»Ich will auf jeden Fall hierbleiben und sehen, was mit Gero geschieht«, erwiderte der Junge mit zitternder Stimme. Allem Anschein nach stand er trotz seiner wundersamen Heilung noch unter Schock.

»Wo sind denn deine Beulen geblieben?«, fragte Mabel ihn nun mit einem einfühlsamen Blick.

»Der Junge hat gutes Heilfleisch«, kam Johan dem Jungen zuvor. »Im Gegensatz zu mir«, fügte er mit einem schrägen Grinsen hinzu und deutete auf seine Narben.

Mabel ersparte sich ob dieses unglaubwürdigen Kommentars weitere Fragen. Dem rothaarigen Templer war anzusehen, dass er sie nicht darüber aufklären würde, wie es zu dieser Spontanheilung gekommen war. Dabei fiel ihr ein, dass Jack ihr von den sensationellen Heilungsmethoden der Zukunft erzählt hatte, und mit einem Mal glaubte sie zu wissen, was die rasche Genesung des Jungen bewirkt hatte. Nanokapseln. Also lag die Quelle dieser Heilung in der Zukunft. Mabel brannte geradezu darauf, mehr darüber zu erfahren.

Jack war kein Physiker gewesen und hatte sich die Zusammenhänge, die zu seiner Zeitreise geführt hatten, ebenso wenig erklären können wie die Funktion des Quantenservers. Er war in jedem Fall nicht der richtige Gesprächspartner gewesen, wenn es darum ging, den Zeitreisemechanismus endgültig zu entschlüsseln. Und auch Paul Colbach hatte offenbar nur das gewusst, was Tom Stevendahls Nachforschungen ergeben hatten. Tom war auf den Fotos im Internet im Hintergrund zu sehen gewesen. Also ging sie davon aus, dass auch er mit hierhin zurückgekehrt war. Nun musste sie nur noch herausfinden, wo er sich aktuell aufhielt, um die Geheimnisse, die hinter alldem steckten, weiter zu ergründen.

Am frühen Nachmittag kehrte Jacob von Sassenberg aus Hemmenrode zurück. Stephano war ihm entgegengeritten, um zu berichten, was in der Zwischenzeit geschehen war.

»Wir müssen uns in Sicherheit bringen«, sagte Jacob atemlos. »Kurz bevor ich bei den Zisterziensern aufgebrochen bin, kam ein Bote aus Trier. Er hat berichtet, dass sich dort mindesten dreißig schwerbewaffnete Soldaten versammelt haben, die angeblich den Befehl erhalten haben, zur Breidenburg zu reiten. Wenn es uns nicht gelingt, Gero vorher aus dieser beschissenen Burg zu befreien, ist er geliefert.«

»Zum Teufel«, fluchte Stephano, der ansonsten nicht zum Fluchen neigte. Gemeinsam gaben sie ihren Pferden die Sporen und ritten ungeachtet der vereisten Wege so schnell wie möglich zum Lager.

Mabel versuchte in Gegenwart ihrer Befreier vergeblich, das Zittern zu unterdrücken, das in Schüben ihren gesamten Körper durchlief. Nicht nur, weil das Feuer sie nicht ausreichend wärmte, sondern auch weil die Aufregung über die vorangegangenen Geschehnisse und die Ungewissheit, was nun kommen sollte, sich einfach nicht legen wollten. Diese Verrückten auf der Burg hatten ihr die Daunenjacke abgenommen. Das Ding hatte die Leute ohne Zweifel fasziniert. Wenigstens hatte man ihr Rollkragenpulli, Hose und Stiefel gelassen. Irgendwer hatte ihr nach längerer Beratung mit dem Burgherrn diesen ätzenden Kapuzenmantel verpasst. Aber im Grunde war sie dankbar, überhaupt ein Kleidungsstück zu haben, das sie halbwegs wärmte. Wie um sich von der Kälte abzulenken, beobachtete sie einen neu hinzugekommenen Mann, der garantiert auch ein Templer war, obwohl er auf den Instagram-Fotos nicht dabei gewesen war. Aber diese Ordensritter hatten eine besondere Ausstrahlung, die sie nicht erklären, aber sehr wohl wahrnehmen konnte.

Er war groß und schlank und hatte wie die anderen eine athletische Figur. Seine feinen Gesichtszüge mit den hohen Wangenknochen bildeten einen interessanten Kontrast zu seinem kurzen dunklen Bart, der ihn wie einen Abenteurer aussehen ließ und bei dem Mabel sich fragte, wie er ein solch akkurates Ergebnis ohne Elektrorasierer hinbekam. Sein weiches Haar fiel in dunklen Locken bis fast auf die breiten Schultern. Am meisten faszinierten sie jedoch die braunen Augen, in denen, von dichten dunklen Wimpern umrahmt, ein lebendiges Feuer brannte. Sein Alter war schwer zu schätzen, doch Mabel glaubte, dass er zwei, drei Jahre älter sein mochte als sie selbst. Wie sein blonder Begleiter, der ebenfalls zu den Männern gehörte, redete er ohne Pause auf Anselm und die anderen Templer ein, wovon Mabel leider nur Wortfetzen verstand.

Sie schienen ziemlich aufgebracht zu sein. Irgendwas war passiert, womit sie offensichtlich nicht gerechnet hatten. Hinzu kam, dass Gero von Breydenbach bisher nicht wieder vor dem Burgtor aufgetaucht war. Und langsam begann es zu dämmern.

Mabel mochte sich kaum vorstellen, dass sie die ganze Nacht unter freiem Himmel in dieser lausigen Kälte campierten. Hatte nicht irgendwer etwas von einem Kloster in der Nähe erzählt? Und auch wenn sie nicht damit rechnete, dass man dort mit einer heißen Dusche und einem Vier-Sterne-Menü auf sie wartete, hoffte sie doch auf ein warmes Bett und etwas zu essen, das den Namen verdiente. Bisher hatten die Templer lediglich gewärmten Wein verteilt und etwas Brot und Käse.

Mit einem Mal herrschte eine Art Aufbruchstimmung, die sich Mabel zwar nicht erklären konnte, aber dennoch begrüßte.

Die Männer stiegen auf die Pferde und löschten die Feuerstellen.

»Gibt's was Neues?«, fragte sie Anselm, als er auf sie zukam und sie aufforderte aufzustehen.

»Wir kriegen Besuch«, sagte er knapp. »Aber keinen von der netten Sorte. Wir müssen das Lager räumen und versuchen, woanders unterzukommen. Hier sitzen wir zu sehr auf dem Präsentierteller.«

»Ich dachte, wir sind weit genug weg?«, gab sie mit Unverständnis im Blick zurück.

»Diesmal kommt die Gefahr von unten«, erklärte er, ohne auf die näheren Hintergründe einzugehen.

»Von unten?« Sie sah ihn verständnislos an.

»Aus dem Moseltal«, erklärte er ungeduldig. »Du kannst schon mal in den Sattel steigen, wenn es dir nichts ausmacht.«

Mabel warf einen besorgten Blick in den bewölkten Himmel, der in der hereinbrechenden Dunkelheit wie schmutziges Grau wirkte.

»Und wo reiten wir hin? Was ist denn mit Gero von Breydenbach? Bleibt er hier, oder was?« Ihr Blick wanderte zu den trutzigen Mauern der Burg, die sich bedrohlich schwarz hinter den Bäumen erhob.

»Wir werden gleich zwei Unterhändler zur Burg schicken, die seinem Bruder ein Angebot unterbreiten. Tausend Goldturnosen, wenn er ihn laufen lässt.«

»Ist das viel?«

»Es ist ein Anfang«, erklärte Anselm mit resigniertem Blick. »Wenn wir gleich zehntausend bieten, schöpft er Verdacht, sein Bruder könnte in Wahrheit noch viel mehr wert sein, und rückt ihn erst recht nicht heraus.«

»Das hört sich nicht gut an«, bemerkte Mabel beiläufig und beobachtete fasziniert, in welcher Geschwindigkeit die Templer das Lager aufhoben.

Während der ältere Schotte und der Rothaarige mit den Narben vorab das Lager verließen und sich in Richtung Burgtor aufmachten, kam der gutaussehende Templer mit dem gepflegten Bart wie selbstverständlich auf sie zu.

»Ich bin Jacob von Sassenberg«, stellte er sich auf Französisch vor. »Anselm hat mir aufgetragen, ich soll Euch zu Eurem Pferd begleiten und auf Euch achtgeben.«

»Ab sofort stehe ich also unter Bewachung.« Sie versuchte sich an einem Lächeln, und der Kerl lächelte tatsächlich zurück. Er war um einiges größer als sie und erinnerte sie, was seine imposante Erscheinung betraf, an Jack Tanner. Aber im Gegensatz zu ihm schimmerte in seinen Augen eine vertrauenerweckende Klarheit, die sie in dieser Form selten bei einem Menschen gesehen hatte.

»So würde ich es nicht nennen«, meinte er höflich. »Seht es eher als persönlichen Schutz an. Wie ich gehört habe, entstammt Ihr der Zukunft wie unser werter Bruder Anselm. Und ganz abgesehen davon – wo wolltet Ihr hinlaufen, wenn Ihr das Weite sucht?«

»Endlich jemand, der sich der Logik verschrieben hat«, erwiderte sie und verschwieg ihm, dass Paul Colbach versprochen hatte, sie in spätestens drei Tagen hier wieder abzuholen. Wenn es ihr gelänge, sich hier irgendwo so lange zu verstecken, hätte sie eine realistische Chance, nach Hause zurückzukommen. Aber sie hatte sich längst entschieden, mehr über diese Welt der Vergangenheit erfahren zu wollen, herauszufinden, was die Templer wussten und was Tanners wahrer Beweggrund gewesen war, hierher zurückzukehren.

»Ich heiße Mabel«, sagte sie unvermittelt und streckte Jacob von Sassenberg die Hand entgegen. »Und im Übrigen bin ich keine Lady«, fügte sie hinzu, um die Verhältnisse gleich hier vor Ort zu klären.

Ihr Gegenüber ergriff ihre Hand und hauchte einen angedeuteten Kuss darauf. »Es ist mir eine Ehre, Mabel«, versicherte er ihr mit einem einnehmenden Lächeln und zwinkerte ihr zu, als ob sie ein geheimes Abkommen verbinden würde.

Mabel war erstaunt über das Benehmen dieses Charmeurs im Kettenhemd, der allem Anschein nach adliger Herkunft war. Jack hatte ihr einmal erklärt, dass man in dieser Zeit von

Adel sein musste, um ein echter Ritter zu sein. Was bei diesen Männern ausnahmslos der Fall zu sein schien.

Mabel erforschte unbemerkt seine Gesichtszüge, die ihr aristokratisch genug erschienen, um die Voraussetzungen für eine Aufnahme bei den Templern zu erfüllen. Aber offensichtlich gehörte weitaus mehr dazu als eine gerade Nase, ein energisches Kinn und mit einem Schwert kämpfen zu können. Noch nie hatte ihr jemand so gekonnt die Hand geküsst und sie, die normalerweise immer auf Gleichberechtigung pochte, hatte nichts dagegen einzuwenden, dass er ihr galant in den Sattel half – und das, ohne sie unangebracht zu berühren.

»Was, wenn die Verrückten das Angebot nicht annehmen und das Lösegeld ablehnen?«, fragte sie mit gerunzelter Stirn, während ihr Aufpasser sich ebenfalls mit einer routinierten Bewegung in den Sattel seines Braunen schwang.

»Dann haben wir ein echtes Problem«, erklärte er knapp. »Wie bist du eigentlich hierhergekommen? Ich hörte, dein Begleiter ist unter unglücklichen Umständen gestorben.«

»Unglückliche Umstände?«, rief sie und schaute ihn fassungslos an. »Das ist wirklich harmlos ausgedrückt. Er wurde geköpft, von diesem Wahnsinnigen, dessen Namen vermutlich noch nicht einmal in einem Geschichtsbuch steht.«

»Das tut mir leid«, sagte er mitfühlend. »Im Gegensatz zu einigen anderen habe ich Jack Tanner nicht gekannt. Warst du eng mit ihm verbunden?«

»Er war ein Kollege und hat mich gebeten, den Transfer für ihn zu organisieren. Ich bin Quantenphysikerin«, erklärte sie, und es fiel ihr schwer, den Begriff zu umschreiben.

»Dann gehörst du also zu den Leuten, die wissen, wie der CAPUT funktioniert«, stellte er nüchtern fest. »Ich finde es faszinierend, wenn eine Frau sich für geheime Wissenschaften interessiert«, fügte er mit einem anerkennenden Lächeln hinzu. »Ich hatte das Glück, auch eine kurze Zeit in der Zukunft verbringen zu dürfen. Leider habe ich nur wenig zu sehen bekommen. Trotzdem hätte ich nie zu träumen gewagt, was ich dort erlebt habe. Und je öfter ich darüber nachdenke und es mit meinen Erlebnissen in dieser Welt vergleiche, umso mehr kommt es mir wie ein verrückter Traum vor.«

Wenn er Mabel hatte beeindrucken wollen, so war ihm das gelungen. Irgendwie hatte sie sich diese Mittelaltertypen immer als tumbe Idioten vorgestellt. Auf keinen Fall hatte sie an Männer wie Jacob von Sassenberg gedacht, und auch die anderen erschienen ihr längst nicht so primitiv, wie Jack sie beschrieben hatte.

»Ich interessiere mich seit meiner Jugend für Naturwissenschaften«, bemerkte Jacob und riss sie damit aus ihren Gedanken. »Ich liebe es, den Lauf der Gestirne zu beobachten. Ich habe schon in der Klosterschule den griechischen Philosophen und der Mathematik den Vorzug gegeben. Ich würde alles dafür tun, noch einmal in die Zukunft reisen zu dürfen und mir alles gründlicher ansehen zu können.«

»Falls sich eine Möglichkeit findet, zurückzukehren, werde ich an dich denken«, bemerkte Mabel mit einem Schmunzeln. »Wie lange warst du denn in der Zukunft? Und wie bist du überhaupt dorthin gekommen?« Sie schaute ihm tief in die Augen. Möglicherweise würde er ihr verraten, wer oder was hinter dem Transfer gesteckt hatte, wenn sie ein wenig mit ihm flirtete. Es wäre sicher interessant zu erfahren, ob Jack womöglich recht hatte und Geheimnisse des Ordens hinter dem Transfer steckten, von denen sie noch nichts wussten.

»Nur kurz«, erklärte er ausweichend. »Vielleicht ein, zwei Wochen. Irgendwie habe ich dort mein Zeitgefühl verloren«, sagte er offen.

»Und wie bist du dort hingekommen?«

Jacob tat, als ob er nachdenken müsse, und schaute sie genauso durchdringend an, wie sie ihn angeschaut hatte. Er war kein Idiot, der auf ihre einfachen Flirtversuche reinfiel.

»Ich schätze mal, so ähnlich, wie du hierhergekommen bist«, antwortete er kryptisch und lachte leise. »Vielleicht willst du mir verraten, wer und was hinter eurer Mission steckt und warum Jack hierhergekommen ist?«

»Das habe ich Anselm schon ausführlich erzählt«, erklärte sie ausweichend. »Frag ihn, wenn du es genau wissen willst. Ich wiederhole mich nicht gern.«

»Schade«, erwiderte er mit ehrlichem Bedauern im Blick. »Ich hätte es gerne von dir erfahren. Ich höre dir lieber zu als Anselm.«

Mabel überlegt gerade, was sie darauf erwidern konnte, da wurde es lauter um sie herum.

»Da sind Johan und Struan«, rief irgendjemand, und alle Augen richteten sich auf zwei Fackelträger, die auf ihren Pferden zum Lager zurückritten.

»Was ist?«, rief Anselm. »Hat Eberhard das Geld angenommen?«

»Nein, hat er nicht«, brummte Struan verärgert. »Im Gegenteil, er hat gesagt, dass der Erzbischof ihm noch zehntausend Goldturnosen drauflegen wird und wir uns verpissen sollen.«

»Zum Teufel«, zischte Bruder Ralph, »ich hab's gewusst. Das hat uns gerade noch gefehlt.«

»Also hatte der Bote bei den Zisterziensern recht, und die

Truppen des Erzbischofs sind tatsächlich im Anmarsch«, fügte Jacob von Sassenberg resigniert hinzu.

»Leider ja«, bestätigte Johan, der vielmehr besorgt als verärgert wirkte.

»Auch wenn es unvernünftig erscheint, müssen wir hier in der Nähe bleiben. Bevor wir nicht wissen, wie viele Söldner der Erzbischof entsandt hat, können wir keine Angriffspläne schmieden.«

»Lass uns unser Lager bei den Zisterziensern aufschlagen und Späher hier in der Nähe der Burg postieren«, schlug Jacob von Sassenberg vor. »Danach überlegen wir, wie wir weiter vorgehen.«

Mabel spürte die Anspannung, die den Männern ins Gesicht geschrieben stand, und biss sich auf die Unterlippe. Sie hatte keinerlei Ahnung, was hier vor sich ging. Aber eine innere Stimme sagte ihr, dass es keinesfalls gut um Gero von Breydenbach und seine Kameraden stand.

KAPITEL 31

DEZEMBER 1315 –
DEUTSCHE LANDE / KURFÜRSTENTUM TRIER

Heilige Inquisition

Während Gero in einer der Kerkerzellen langsam wieder zu sich kam, versuchte er vergeblich, sich die Stelle im Nacken zu reiben, die am meisten schmerzte. Er hatte nicht unbedingt mit einem herzlichen Empfang gerechnet, als er den Burghof betrat, aber dass man ihm sogleich hinterrücks einen Knüppel über den Kopf gezogen hatte, überraschte ihn doch. Irgendwer hatte seine Hand- und Fußgelenke in Eisen gelegt, sodass es ihm kaum möglich war, seinen Schädel abzutasten, um zu sehen, wie schlimm es ihn erwischt hatte.

Es dauerte eine Weile, bis er in der Düsternis der spärlich vor sich hin flackernden Fackeln ein klares Bild vor Augen hatte und in das besorgte Gesicht von Wintrich von Achenbach blickte, der sich so dicht über ihn beugte, dass er trotz der Düsternis in den wasserblauen Iriden des Alten die weißen Eintrübungen sehen konnte.

»Gott der Allmächtige sei mit dir«, krächzte der uralte Zisterziensermönch erleichtert. »Meine Gebete wurden erhört und du lebst.«

»Mein Schädel ist härter als alles andere an mir«, scherzte Gero halbherzig und versuchte sich an einem müden Lächeln. »Wie lange liege ich schon hier?«

»Fast einen halben Tag«, antwortete Wintrich. »Sofern ich es in dieser Düsternis beurteilen kann. Ich dachte schon, Eberhard hätte dich totgeschlagen, als seine Söldner dich hier reingeschleppt haben. Vier an der Zahl. Du bist ganz schön schwer«, unkte der Alte. »Und anscheinend hatten sie trotz deiner Bewusstlosigkeit höllische Angst vor dir. Sonst hätten sie dich nicht gleich in Eisen gelegt.«

»Tatsächlich hatte ich nicht damit gerechnet, dass Eberhard sich allein schon wegen meiner Anwesenheit so sehr in die Hosen macht. Ich dachte, er wäre bereit, mit mir zu reden. Aber so kann man sich täuschen.« Gero spuckte verächtlich ins verrottete Stroh. Dann erhob er sich mühselig und pinkelte in einen bereitstehenden Eimer, bevor er sich wieder dem alten Zisterzienser zuwandte.

»Eberhard steht ganz unter dem unseligen Einfluss von Enno von Waldeck«, stellte Wintrich bekümmert fest und half Gero, der plötzlich schwankte, sich neben ihn zu setzen.

Während Gero den Schwindel zu vertreiben versuchte, reichte Wintrich ihm aus einem zweiten Eimer eine Kelle mit abgestandenem Wasser, das er mit Widerwillen schlürfte. Nicht wegen des Durstes, sondern weil er hoffte, damit seine Gedanken zu klären.

»Ich weiß nicht, was in deinen Bruder gefahren ist«, begann Wintrich von Neuem, »aber seit du vor diesem merkwürdigen Inquisitor geflohen bist, ist er nicht mehr derselbe. Mit dem Tod deines Vaters hat er sich sehr verändert. Irgendetwas muss ihm wahnsinnige Angst gemacht haben.«

»Ich weiß, was es ist«, gestand Gero dem alten Zisterzienser und erzählte ihm von den vorangegangenen Geschehnissen, wobei er die Zeitreise außer Acht ließ. Obwohl Wintrich engen Kontakt zu den Templern gehabt hatte, war Gero nicht klar, wie sehr er in die Geheimnisse des Ordens eingeweiht war. Und er wollte ihn weder in Verlegenheit noch in Gefahr bringen. Denn zu viel Wissen brachte immer das Risiko einer tödlichen Folter mit sich, wenn man an die falschen Leute geriet. Vielmehr beschränkte er sich in seiner Erzählung auf Balthazar de Palestine, einen abtrünnigen Templer, der ihren Geheimnissen bereits ziemlich nahe gekommen war, aber offenbar nicht vorgehabt hatte, sie mit dem König oder irgendwem sonst zu teilen.

»Er hat uns bis nach Schottland verfolgt, und dort haben wir ihn im Kampf getötet, und eigentlich dachte ich, dass damit die verdammte Geschichte endlich erledigt sei. Ich hatte gehofft, wenn ich mit meiner Frau nach Waldenstein zurückkehre und dort mein Erbe als Nachfolger der Gräfin antrete, würde Gras über die Vorkommnisse wachsen, und wir könnten ein normales Leben führen.«

»Ist das nicht ein bisschen naiv für einen Templer deines Formats?«, fragte Wintrich provokant. »Als Kommandeur-Leutnant und Eingeweihter des Hohen Rates kannst du niemals ein normales Leben führen. Irgendwer wird sich immer an deine Fersen heften, um zu erfahren, was du weißt und was andere nicht wissen.«

»Aber Theobald ist es doch auch gelungen, mit seiner Frau ein normales Leben zu führen«, sagte Gero, der den ehemaligen Kommandeur der Templer von Thors kurz vor seiner Abreise nach Schottland in Köln getroffen hatte.

»Theobald ist tot«, erklärte ihm Wintrich mit brüchiger Stimme und senkte den Blick.

»Was erzählst du da?« Gero starrte ihn ungläubig an. Er schnappte vor Entsetzen nach Luft, auch weil sich ihm spontan der Magen umdrehte. »Wir haben bei ihm und seiner Familie übernachtet. Da war doch noch alles in Ordnung.«

»Es gab einen Brand, der sein gesamtes Hab und Gut zerstört hat. Die Familie konnte sich zwar retten, aber die ortsansässigen Dominikaner haben ihn beschuldigt, teuflische Kontakte zu ehemaligen Templern gepflegt zu haben. Gut möglich, dass Balthazar de Palestine und seine Gens du Roi ihre Hände im Spiel hatten. Er wurde daraufhin von den Stadtwachen verhaftet und in den Kerker gesteckt, wo sie ihn in Gegenwart seiner Frau so lange gefoltert haben, bis er zugegeben hat, ein ehemaliger Templer zu sein und mit dem Teufel im Bunde gestanden zu haben. Danach war er ein Krüppel und wurde verbrannt. Die jüdische Familie seines Schwiegervaters hat daraufhin alles verloren. Man hat ihr gesamtes Vermögen konfisziert und ihnen verboten, weitere Geschäfte zu betreiben. Den Alten hat daraufhin der Schlag getroffen, und seine Tochter ist ins Wasser gegangen, weil das Kind, das sie mit Theobald hatte, zu allem Übel an einem Fieber gestorben ist.«

»O Gott!« Gero war, als habe ihm jemand einen Fußtritt in den Magen verpasst. Für einen Moment glaubte er zu ersticken, weil seine Brust sich zugezogen hatte vor Entsetzen und Gram. Dabei pumpte sein Herz so stark, dass es sich anfühlte, als würde es zerspringen.

»Das war«, keuchte er schließlich und brach unvermittelt in Tränen aus, »unsere Schuld.«

»Wie meinst du das?«, fragte Wintrich verstört und legte ihm eine Hand auf die Schulter, während Gero schluchzte.

»Du hast mich nach Köln geschickt, um Theobald zu treffen. Nachdem wir dort auf Mitglieder des Hohen Rates getroffen sind, hat Theobald uns ein Lager für die Nacht angeboten. Während wir schliefen, gab es einen Anschlag mit brennenden Fackeln auf sein Haus, und im Nu stand alles in Flammen. Wir wollten beim Löschen helfen, doch Theobald und sein Schwiegervater haben uns durch einen geheimen Gang aus der Stadt geschleust. Er meinte bei unserer Abreise, solche Anschläge kämen im Judenviertel häufiger vor und hätten nichts mit uns zu tun.« Gero wischte sich hastig die Tränen aus den Augen und versuchte, sich zu beruhigen, obwohl die Vorstellung über das Geschehene ihm schier das Herz zerriss.

»Du hättest nicht zurückkommen sollen«, sagte Wintrich und seufzte schwer. »Schon gar nicht mit deiner Familie. Es ist gefährlich, wenn du verstehst, was ich meine. Die Templer sind vernichtet, doch die Gier nach ihren Geheimnissen ist größer denn je. Balduin von Trier hat mit Philipp dem Schönen paktiert, und er fühlt sich dessen Sohn Ludwig nach wie vor zutiefst verbunden. Die Jagd auf jene, die Licht ins Dunkel bringen können, hat mit Philipps Tod erst richtig begonnen und wird sich noch steigern, je mehr die Gerüchteküche kocht. Wenn in Trier bekannt wird, dass du wieder im Lande bist, wird es nicht lange dauern, bis weitere Schergen der Gens du Roi auftauchen. Die Leute des franzischen Königs haben ihre Spione überall. Und wie beim letzten Mal, werden sie keine Grenzen aufhalten. Zeugen, dass du als Templer Zugang zu deren Geheimnissen hattest, gibt es mehr als genug. Selbst wenn sie irgendeinen Unsinn behaupten. Ich bin überzeugt davon, dass Kerle wie Enno von Waldeck zu den empfänglichsten Seelen zählen, wenn es darum geht, den Verlockungen des Teufels zu folgen. Er wird schon dafür sorgen, dass dein Bruder sich von dir lossagt, nicht nur um seinen eigenen Hintern zu retten, sondern auch, um sich auf deine Kosten zu bereichern.«

»Wie zum Teufel soll er sich denn an mir bereichern?« Gero schaute ihn verdutzt an.

Wintrich gab ein bitteres Lachen von sich. »Deine Tante gehört zu den reichsten Frauen im Elsass. Wenn man dich gefangen nimmt und zum Tode verurteilt, wird sie jeden Preis bezahlen, den deine Widersacher verlangen. Aber zuvor wird man versuchen, dir das letzte Geheimnis des Ordens abzuringen. Und dafür wird man vor nichts zurückschrecken, was der Teufel erfunden und der Herrgott bei Höllenfeuer verboten hat.«

»Du machst mir Angst«, murmelte Gero und spuckte noch einmal ins Stroh. »Im Übrigen ist mir egal, was sie mit mir anstellen, solange meine Frau und mein Kind und meine Brüder nicht behelligt werden.«

»Genau das werden auch deine Widersacher wissen. Also mach dich auf das Äußerste gefasst.«

Das Äußerste ließ nicht lange auf sich warten. Wenig später erschien Geros Bruder und baute sich vor den eisernen Gittern auf, als ob es ein Löwenkäfig wäre. Er trug die Uniform der Breydenbacher und war voll aufgerüstet mit Schwert und Messergürtel, als wollte er in einen Krieg ziehen. Gero hatte intensiv darüber nachgedacht, wie er Eberhard zur Vernunft bringen könnte, doch zu allem Übel kam auch noch Enno von Waldeck dazu und warf sich in die schmale Brust, als ob er Eberhards Leibwächter wäre. Der Auftritt der beiden war geradezu lächerlich.

»Die Truppen des Erzbischofs sind auf dem Weg hierher«, verkündete Eberhard mit kalter Stimme. »Falls du dachtest, ich würde mich noch einmal dem Verdacht aussetzen, mit dir und deinen verteufelten Templern zu paktieren, so hast du dich getäuscht«, fügte er gefährlich leise hinzu.

»Du weißt nicht, was du redest, Eberhard«, erwiderte Gero so ruhig wie möglich. »Einem meiner Templer hast du es zu verdanken, dass du noch lebst. Und du hattest nichts Besseres zu tun, als ihm ein Messer zwischen die Rippen zu jagen. Das ist nicht nur äußerst undankbar, sondern auch ziemlich dumm. Anstatt dich mit uns zusammenzutun und von unserem Wissen zu profitieren, tust du das Dümmste, was man tun kann, und lieferst mich stattdessen an die Inquisition aus. Glaubst du ernsthaft, damit hättest du deine Probleme und die unserer Familie gelöst?«

»Du kannst reden, so viel du willst«, erwiderte Eberhard hitzig. »Ja, du hast recht, ich wäre beinahe von Balthazar de Palestine und seinen Schergen massakriert worden. Aber das wäre nicht passiert, wenn du nicht auf die idiotische Idee gekommen wärst, nach der Vernichtung des Ordens nach Hause zurückzukehren. Warum bist du nicht direkt in die Hölle gefahren, wo der Satan doch zu deinen Verbündeten zählt? Oder wie sonst ist es zu erklären, dass dein Bruder mich mit einer einzigen Pille wieder gesund machen konnte? Und auch sich selbst? Denn ich sah ihn heute Morgen in deiner Gesellschaft, wie er auf seinem Pferd saß, als ob nichts geschehen wäre. Wenn du und deine Brüder also unverletzbar seid, musst du dir keine Gedanken machen, wenn du in die Mühlen der Inquisition gerätst. So wie es aussieht, kann euch ja niemand etwas anhaben. Also warum regst du dich so auf?«

»Eberhard«, entgegnete Gero mit beschwörender Stimme, »ich bitte dich, auch im Interesse unserer Mutter und unseres Vaters, der Allmächtige sei seiner Seele gnädig – komm zu dir und lass mich hier raus. Dann beweise ich dir, dass du Unrecht hast, wenn du uns eine Verbindung zum Teufel nachsagst. Vater war selbst Gehilfe der Templer. Er hat nie etwas Schlechtes über sie gesagt. Ich kann dir das alles erklären, und dann wirst du sehen, dass es die falsche Entscheidung ist, mich dem Erzbischof auszuliefern. So falsch, wie dem armen Mann oben auf der Wehrmauer den Kopf abzuschlagen. Das ist bestialisch und eines Ehrenmannes nicht würdig. Der Mann war ein Fremder und hat euch nicht das Geringste getan.«

»Er war ein Zauberer«, spie ihm nun Enno von Waldeck entgegen. »Eine Wache hat gesehen, wie er mit seiner Hure aus dem Nichts aufgetaucht ist, nur von einem blaugrünen Blitz umgeben.«

»Im Übrigen genau der gleiche Blitz, den die Lombarden damals im Saalholzforst gesehen haben wollen, als du mit Mattes verschwunden bist«, fügte Eberhard aufgebracht hinzu. »Außerdem hatte die Frau einen merkwürdig leuchtenden Kasten dabei, auf dem seltsame Bilder zu sehen waren. Ansgar hat es mit eigenen Augen gesehen und sich daran erinnert, dass der Maleficus, der damals plötzlich im Kerker aufgetaucht ist, ein ähnlich merkwürdiges Gerät bei sich hatte. Er hat das Kästchen sofort zerstört. Wir haben nie zuvor etwas Vergleichbares gesehen. Es muss aus der Hölle stammen. Und anstatt es zuzugeben, lieferst du dich auch noch für diese Hexe aus. Ich frage mich, was deine Frau dazu sagen wird, wenn sie es erfährt. Aber allem Anschein nach ist sie selbst eine von dieser Sorte.«

»Lass Hannah aus dem Spiel«, knurrte Gero gereizt. »Sie war immer freundlich zu dir. Ich weiß nicht, was in dich gefahren ist, aber noch ist Zeit zur Umkehr. Wenn du mich und Wintrich gehen lässt, bekommst du mehr Gold, als du zählen kannst. Mehr als der Erzbischof dir je geben könnte.«

»Wo willst du denn so viel Geld hernehmen?«, höhnte Eberhard.

Gero versuchte es mit der Flucht nach vorn. »Wir haben den Heiligen Gral gefunden. Parzival, du erinnerst dich an die Geschichten, die wir in Vaters Bibliothek gelesen haben, als er in Akko war? Es ist wahr, Eberhard, den Gral gibt es wirklich, und die Templer besitzen ihn.«

Für Gero war es gefährlich, sich so weit aus dem Fenster zu lehnen. Doch es blieb ihm nichts anderes übrig, wenn er Eberhard dazu bringen wollte, ihn laufen zu lassen.

»Er kann alles möglich machen, alles, was man nur will.«

»Ist das wahr? Er kann alle Wünsche erfüllen?«

Für einen Moment sah es so aus, als habe er Eberhard am Haken, denn sein Blick wirkte unsicher. Doch dann verengten sich seine Augen, und er schien sich zu besinnen. »Wenn dem so ist, dürfte es ja kein Problem für dich sein, ohne meine Hilfe von hier zu verschwinden.«

»Wenn du mich schon nicht gehen lassen willst«, erwiderte Gero mit beschwörender Stimme, »dann gib wenigstens Bruder Wintrich die Freiheit. Er hat immer hervorragende Arbeit für unseren Vater geleistet. Es ist nicht recht, dass du ihn für etwas beschuldigst, für das er nichts kann. Die Ernten waren dieses Jahr überall miserabel.«

»Woher willst *du* das denn wissen?«, höhnte Eberhard. »Du hast dich nicht am Einbringen der Ernte beteiligt. Geschweige denn an deren Abrechnung. Während ich mich um die Drecksarbeit gekümmert habe, hast du mit deiner Frau im Badezuber gesessen und dich an Wein und edlen Speisen gelabt.«

»Das ist nicht gerecht«, schoss Gero zurück. »Ich war noch nicht mal einen Monat hier, und du hast mir von vornherein klar gemacht, dass ich mich nicht in deine Angelegenheiten einmischen soll.«

»Ich wollte, dass du schnellstens wieder verschwindest, und hatte recht mit meinen Zweifeln. Nur leider hat unser Vater das anders gesehen und die Hand über dich gehalten, wo es nur ging. Am Ende hat er dafür mit seinem Leben bezahlt, und auch ich hätte beinahe mein Leben und unser Lehen verloren. Doch damit ist jetzt Schluss. Sollen sich andere mit dir amüsieren. Ich habe mit dir abgeschlossen. Du hast unserer Familie nur Unglück gebracht.«

Während Eberhard hoch erhobenen Hauptes mit Enno von Waldeck davonmarschierte, blieb Gero sprachlos zurück.

»Es ist wie mit Kain und Abel«, murmelte Wintrich von Achenbach, während Gero resigniert vor sich hinbrütete und sich fragte, ob sein Bruder nicht vielleicht im Recht war.

»Eberhard fühlt sich im Nachteil, weil dein Vater dir deinen Ungehorsam verziehen und sich sogar für dich eingesetzt hat, als du ins Visier des Erzbischofs und seiner Verbündeten geraten bist. Aber das bedeutet noch lange nicht, dass dein Bruder mit seiner Missgunst im Recht ist.«

»Er hatte noch nie etwas für mich übrig«, brummte Gero. »Balduins Schergen haben schon bei meinem Besuch vor fast acht Jahren in Eberhards Beisein die Burg gestürmt. Sie hatten einen Haftbefehl dabei, der meinen schottischen Bruder und mich beschuldigte, Söldner der Gens du Roi auf dem Gewissen zu haben. Was leider der Wahrheit entsprach, nur die Hintergründe waren ganz andere, als im Haftbefehl dargelegt. Wir haben in Notwehr gehandelt, nachdem die Söldner des Königs unsere Komturei überfallen und die Brüder schwer verletzt hatten. Ich könnte mir durchaus vorstellen, dass Eberhard schon damals hinter dem Auftritt von Balduins Söldnern gesteckt hat«, murmelte Gero in einer Art plötzlicher Erleuchtung. »Wie sonst sollten sie auf die Idee gekommen sein, ausgerechnet bei uns zu Hause nach mir und Struan zu suchen?«

Wintrich bedachte Gero mit einem vorsichtigen Blick. »Als du das letzte Mal bei mir im Kloster warst, wollte ich dich vor deinem Bruder warnen und dir raten, ihn auf Abstand zu halten. Deshalb habe ich dir die Empfehlung gegeben, dich an Theobald von Thors zu wenden. Dass die Sache so enden würde, konnte ja niemand wissen.« Er seufzte frustriert.

»Vielleicht ist es ganz gut, wenn die Geschichte nun endlich ein Ende nimmt«, meinte Gero unvermittelt mit hängenden Schultern und schaute zu Boden. »Ich bringe allen nur Unglück. Erst Lissy, die wegen mir sterben musste, dann meinem Vater und schließlich meinem Bruder, der durch mich um Haaresbreite die Burg verloren hätte. Und jetzt auch noch Hannah, die unser Kind wohl ohne einen Vater großziehen muss.«

»Du kannst jetzt nicht einfach aufgeben, Gero«, erinnerte ihn Wintrich in strengem Ton. »Das Geheimnis der Templer umfasst mehr als Gold und Silber. Es geht darum, dass du an die Kraft Gottes glaubst und was du in deiner Vorstellung für möglich hältst. Nichts geschieht aus Zufall. Alles hat seinen Sinn. Gott der Allmächtige bestimmt zwar die Regeln, aber du bestimmst die Richtung. Unterschätze nie die Macht deines Geistes. Du musst fest daran glauben, dass du die Finsternis besiegen und das Gute zum Vorschein bringen kannst.«

»Willst du mir etwa sagen, dass mir im Kampf gegen den Erzbischof und seine Schergen allein mein Glaube helfen könnte?«

»Das Einzige, was ich inzwischen sicher weiß«, antwortete Wintrich mit einem hintergründigen Blick, »ist, dass es für alles einen Grund gibt und dass alles, was geschieht, einen Sinn hat.«

»Und welchen Sinn sollten die momentanen Geschehnisse in meinem Fall haben?«, spottete Gero. »Sollen sie mir sagen, dass ich meinem Bruder zu sehr vertraut habe und besser in Schottland geblieben wäre?«

»Ich glaube, deine Rückkehr war nicht umsonst. Nachdem du das letzte Mal Richtung Köln abgereist bist, habe ich als Teilnehmer eines Konzils in der Abtei von Bettnach einen ehemaligen Templerbruder kennengelernt, mit dem ich ein vertrauensvolles Gespräch führen konnte. Er hat Kontakt zu einer Truppe ehemaliger Templer, die es sich zur Aufgabe gemacht haben, Brüder, die noch immer in irgendwelchen Kerkern einsitzen, zu befreien und ihnen zur Flucht zu verhelfen. Deren Anführer ist ein ehemaliger Templerbruder, der als Anwalt der angeklagten Brüder im Jahr 1310 bei der päpstlichen Anhörung in Paris zugegen war. Mein Kontaktmann in Bettnach ist nicht ins Detail gegangen, aber er hat mir seinen Namen genannt.«

»Gehörte er zum Hohen Rat?« Gero blickte forschend in das faltige Gesicht seines Gegenübers.

»Ich weiß es nicht, aber er scheint eine gewisse Bedeutung im Orden gehabt haben, und er hat eine juristische Ausbildung.«

»Beides scheint ihm nichts genützt zu haben«, bemerkte Gero ironisch. »Wie hieß er denn? Vielleicht kenne ich ihn ja.«

»Kannst du dich an Pierre de Bologne erinnern?«

»Ja, ein großer schlaksiger Kerl, ziemlich blass, dessen rotblondes Haar aussah wie das Fell eines kurz geschorenen Lamms«, raunte Gero mit einem müden Lächeln.

»Er nennt sich nun Bruder Petrus«, klärte Wintrich ihn auf, doch Gero blieb unbeeindruckt.

»Ein ziemlicher Aufschneider«, urteilte er gnadenlos. »Ich habe ihn im Herbst 1306 bei einem juristischen Vortrag in der Ordensburg von Troyes erlebt, in dem er über den Prozess gegen die Katharer referierte. Schon damals fand ich seine Argumente, warum die Katharer verfolgt wurden, nicht sehr überzeugend. Und auch beim Prozess in Paris hat er, soweit ich es beurteilen kann, überhaupt nichts erreicht. Hieß es nicht, er habe die angeklagten Brüder mit drei anderen Anwälten des Tempels verteidigt und er sei dann noch vor Prozessende abgetaucht, als er von seiner eigenen bevorstehenden Verhaftung erfahren hat? Wie sollte mir so einer helfen?«

»Ja, er ist vor dem Henker geflüchtet. Wer könnte ihm das verdenken?«, erwiderte Wintrich. »Aber er hat seinen Rückzug genutzt, um Buße zu tun und andere Wege zu finden, gegen eure Feinde vorzugehen. Wie Theobald ist er danach in den Untergrund gegangen und hat eine Gruppe von Rebellen um sich geschart, die in Lothringen ihren Stammsitz haben und von dort aus unter dem Symbol des Kreuzes und der Rose des Schweigens im Verborgenen leben und arbeiten. Sie haben seit der großen Verurteilungswelle im Jahr 1310 angeblich etliche Brüder befreit, die zu lebenslänglicher Kerkerhaft verurteilt wurden. Es heißt, sie hüten ein Geheimnis, mit dem sie den Brüdern zu einer sicheren Flucht verhelfen können. Falls ich entlassen werde, könnte ich versuchen, diesen Bruder Petrus zu informieren. Vielleicht können diese Rebellen dir helfen, dich aus Balduins Klauen zu befreien?«

»Solange ich diese geheimnisvolle Truppe nicht mit ins Verderben reiße, soll's mir recht sein«, murmelte Gero. »Aber dafür müsste dich Eberhard erst mal laufen lassen.« Er konnte sich nicht vorstellen, welches Geheimnis diese Brüder hüten sollten. Möglicherweise waren sie im Besitz einer ähnlichen Reliquie wie Walter of Clifton.

»Vielleicht ist uns der Allmächtige ja gnädig«, sagte Wintrich und bekreuzigte sich.

Während Gero sich noch mit dem Gedanken beschäftigte, was Hannah wohl sagen würde, wenn sie erführe, dass er sich seinem wahnsinnigen Bruder ausgeliefert hatte, drangen plötzlich Stimmen an sein Ohr, die vom Eingang des Kerkers her kamen.

Als er die Augen aufschlug, sah er sich mit einem vielleicht fünfzigjährigen glatzköpfigen Mann konfrontiert, der die Uniform des Erzbischofs von Trier trug. Willibert von Roth. Der hatte ihm gerade noch gefehlt.

Gero kannte den grauhaarigen Amtsmann schon seit seiner Kindheit, weil er gewöhnlich zweimal im Jahr mit seinen Söldnern auf der Burg aufgekreuzt war, um die Steuern einzukassieren. Hinter ihm reihten sich vier weitere Söldner im Rang von Unteroffizieren auf, alle bis an die Zähne bewaffnet. Zu allem Überfluss sah er auch seinen Bruder und Enno, den Wahnsinnigen, wie er den Geliebten seines Bruders still für sich nannte.

»Gero von Breydenbach?«, fragte der Uniformierte mit strengem Blick.

Gero nickte stoisch, obwohl diese Bezeichnung nicht mehr auf ihn zutraf. Inzwischen war er der Graf von Lichtenberg zu Waldenstein, aber er hatte kein Interesse, die Männer auf die Spur seiner Tante zu führen und sie in diesen Schlamassel hineinzuziehen.

Willibert trat mit gewichtiger Miene vor und entrollte ein mehrseitiges Pergament.

»Im Namen des Erzbischofs von Trier, Balduin von Luxemburg, Kurfürst und Lehensherr der Gemarkung Breydenbach, verhafte ich den hier anwesenden Gerard von Breydenbach wegen Mordes an franzischen Soldaten im Jahre des Herrn 1307. Zudem werdet Ihr als Angehöriger des Templerordens der Ketzerei und der Zauberei angeklagt. Bis zur gerichtlichen Verhandlung mit Beisitzern der Heiligen Inquisition und Vertretern der franzischen Krone werdet Ihr in der Festung der Grafen von Vianden einsitzen und dort strengstens bewacht. Auch das Verfahren wird dort stattfinden.«

Während Gero hart schluckte, nicht nur wegen der Anklage, sondern auch, weil der franzische König seine Hände im Spiel haben würde, wanderte sein Blick zu seinem Bruder, der nicht in der Lage war, ihm in die Augen zu sehen. Das erledigte Enno von Waldeck, der ihm triumphierend entgegengrinste.

Blieb die Frage, ob Eberhard so weit gegangen war, auch noch die Leichen der Gens du Roi im Saalholzforst zu erwähnen. Aber was machte das schon für einen Unterschied angesichts der Tatsache, dass er auf der darauffolgenden Flucht gut ein Dutzend Söldner der Gens du Roi auf sein Gewissen geladen hatte? Wenn es danach ging, war er ziemlich am Arsch, um es mit Ralph of Bulfords Worten zu sagen, falls es seinen Anklägern gelingen sollte, Zeugen für diese Vorfälle zu finden. Auf alles, was ihm vorgeworfen wurde, stand der Tod. In einer mehr oder weniger grausamen Form.

Er dachte an Hannah und sein Kind, das seinen Vater wahrscheinlich nicht zu Gesicht bekommen würde. Keinesfalls durften sie und die Gräfin mit in die Geschichte hineingezogen werden. Und auch seine Ordensbrüder nicht, von denen anzunehmen war, dass sie sich seinetwegen durchaus in Gefahr bringen würden.

»Ich bin unschuldig«, erwiderte er stur. »So wie der Orden der Templer und all seine Mitglieder zu Unrecht beschuldigt wurden. Und das wisst Ihr auch. Nicht ich, sondern Ihr müsst Euch fragen, ob Ihr mit dem Teufel im Bunde seid«, entgegnete er mit vorwurfsvoller Stimme.

»Der Erzbischof bestimmt über Eure Verhaftung, nicht ich«, sagte Willibert von Roth und wich ihm mit gesenktem Blick aus.

Gero schnaubte verächtlich. »In Wahrheit steckt doch der König von Franzien dahinter. Oder vielmehr sein Sohn, dessen Speichel Balduin genauso leckt, wie er es bereits bei seinem Vater getan hat. Und der ist der Kern allen Übels, weil er aus reiner Habgier aufrechte, ehrliche Männer zu ungläubigen Verbrechern gebrandmarkt hat. Aber ohne seine feigen Vasallen, für die Ehre ein Fremdwort ist, wäre es nie so weit gekommen.«

»Spart Euch Eure Worte für den Inquisitor«, brummte Willibert. »Morgen früh werden Euch die Söldner des Erzbischofs nach Vianden überstellen.«

»Und was ist mit mir?«, warf Wintrich ein und schaute Willibert durchdringend an.

»Du kannst gehen«, schnorrte Willibert und gab Geros Bruder ein Zeichen. »Lasst den Alten ziehen. Ich habe ein Protestschreiben der Abtei erhalten und die Geschichte geprüft. Er kann nichts dafür, wenn Ihr Eure Bauern nicht im Griff habt. Er hat nur das abgerechnet, was ihm Euer Vater an Unterlagen gegeben hat. Wenn es dieses Jahr weniger Weizen und Wein gegeben hat, müsst Ihr eben aus Eurer eigenen Tasche noch etwas drauflegen, um die üblichen Abgaben zu entrichten«, bemerkte er süffisant.

Gero musste in sich hineingrinsen, als er sah, wie Eberhard die Kinnlade herunterfiel. Dieser Idiot hätte sich denken können, dass ihm die Auslieferung seines eigenen Bruders keinen Bonus bei seinem Lehensherrn einbringen würde. Er hätte weitaus besser dagestanden, wenn er Geros Geld angenommen und damit seine Schulden bei Balduin beglichen hätte. So hatte er doppelt Pech. Kein Geld und den Ruf, Verwandter eines Geächteten zu sein, was ihm – falls es zu einer Verurteilung Geros wegen Ketzerei käme – auch noch die Schmach seiner Verbündeten einbringen würde.

Gero schüttelte leise den Kopf. Wenigstens wurde Wintrich in die Freiheit entlassen.

Mit knirschenden Zähnen ließ Eberhard die Zellentür öffnen und winkte den gebeugten Zisterzienser heraus. Der Mönch drehte sich halb zu Gero rum und zwinkerte ihm zu, ohne dass die anderen es sehen konnten.

Eberhard schien etwas auf der Zunge zu liegen, weil er den

Mund öffnete, klappte ihn dann aber überaschenderweise wieder zu.

Gero konnte ihm die Erkenntnis, einen gewaltigen Fehler begangen zu haben, förmlich ansehen. Doch nun war es zu spät. Selbst wenn er wollte, hätte er Gero nun nicht mehr laufen lassen können, weil das in jedem Fall den Verlust seines Lehens bedeuten würde. Außerdem hatte Willibert garantiert Dutzende von Söldnern mitgebracht. Einen Templer als Ketzer zu verhaften, war keine Kleinigkeit, erst recht nicht, wenn er zu einer gesuchten Truppe von Flüchtigen zählte. Balduin von Trier, der Willibert dazu den Auftrag erteilt hatte, war schließlich nicht irgendwer, sondern Kurfürst und damit an der Wahl des Kaisers über das Heilige Römische Reich beteiligt. Was nichts anderes bedeutete, als dass er neben einer eigenen Armee auch über einen eigenen Geheimdienst und ein ganzes Heer von Spitzeln verfügte.

Nachdem die Zellentür wieder verschlossen worden war, blieb Gero allein zurück. Eine Hoffnung hatte er noch: Er war sicher, dass Wintrich seine Kameraden warnen würde, sofern er Kontakt zu ihnen aufnehmen konnte.

KAPITEL 32

DEZEMBER 1315 –
DEUTSCHE LANDE / KURFÜRSTENTUM TRIER

Nichts als die Wahrheit

Mabel verbrachte die Nacht zusammen mit den Templern in einer uralten Zisterzienserabtei. Hemmenrode war einer der Orte, die der Heilige Bernhard von Clairvaux als Außenstelle für seinen Zisterzienserorden auserkoren hatte. Sie hatte sich etwas in die Geschichte eingelesen, nachdem Jack sie mit den historischen Hintergründen seiner Mission konfrontiert hatte. Dabei hatte er Orte erwähnt, von denen sie bis zu dem Zeitpunkt noch nicht einmal etwas geahnt, geschweige denn gewusst hatte.

Vor allen Dingen die Kreuzzüge hatten sie zuvor kein bisschen interessiert. Sie hatte nichts übrig für Glaubenskonflikte, und wenn es nach ihr gegangen wäre, hätte sie sämtliche Religionen abgeschafft. Dabei war sie von Haus aus katholisch. Ihre Mutter war Mexikanerin, und deren Mutter, bei der sie die meiste Zeit ihres Lebens verbracht hatte, war eine überaus fromme Frau gewesen. Was bei Mabel jedoch keinen großen Eindruck hinterlassen hatte. Im Gegenteil, sie hatte diese sonntägliche Kirchgängerei als ziemlich lästig empfunden. Schon allein die Beichte war ihr suspekt gewesen. Aus reinem Pflichtgefühl und um ihrer Großmutter zu gefallen, war sie zur ersten Heiligen Kommunion gegangen, hatte Kirchenlieder auswendig gelernt und wie man eine Hostie empfing. Später auf der Uni hatte sie es abgelehnt, bei einer katholischen Studentenvereinigung mitzuarbeiten, und sich selbst als Atheistin bezeichnet, die sie ja im Grunde auch war. Aber nun erschien es ihr hilfreich, das große Latinum in der Tasche und wenigstens eine Ahnung davon zu haben, was in den Köpfen dieser strenggläubigen Menschen vor sich ging.

Ein magerer, hellgrau gewandeter Mönch mit einer geschorenen Rundglatze, einer so genannten Tonsur, hatte sie nach ihrer Ankunft im Kloster am späten Abend zu einem weiß getünchten Zimmer geführt. Dort war sie mit Gesa untergebracht, dem Mädchen, das auf Anraten des blondgelockten Jungen unvermittelt bei ihnen im Kerker aufgetaucht war und dem Jack aufgetragen hatte, Gero von Breydenbach zu alarmieren. Aber Mabel erschien es nicht logisch, dass die Kleine die Templer benachrichtigt hatte. Dafür waren die zeitlichen Abstände zwischen ihrem Besuch im Kerker und dem Auftauchen der Templer zu gering.

Dummerweise hatte sie es versäumt, Jacob von Sassenberg nach den Hintergründen für die Anwesenheit des Mädchens zu fragen. Er und der junge Schotte waren schon bald nach ihrer Ankunft auf ihren Pferden in die Nacht geritten, um die erste Wache in der Nähe der Burg zu übernehmen. Allem Anschein nach erwarteten die Templer die Ankunft weiterer Widersacher aus Trier, das nur rund dreißig Meilen entfernt lag. Die Stadt hatte, wie sie von ihren Recherchen wusste, im

Mittelalter sowohl religiös als auch militärisch eine wichtige Rolle gespielt.

Die übrigen Templer, die im Kloster geblieben waren, zogen sich mit einem Mann in weißer Kutte in den Speisesaal zurück. Aufgrund seines selbstbewussten Auftretens schien er der Chef der Abtei sein. Mabel war zu dieser erlauchten Runde nicht eingeladen und musste ihr Abendessen mit dem Mädchen auf ihrem Zimmer einnehmen.

Ein junger Mönch hatten ihnen, in devoter Zurückhaltung und ohne ihnen in die Augen zu schauen, zwei Holzschüsseln mit warmem Haferbrei serviert sowie je einen Holzteller mit Hartkäse, Brotfladen und ein paar verschrumpelten Äpfeln. Dazu gab es Rotwein und Wasser. Mabel nippte vorsichtig an dem Wein, der eher wie Essig schmeckte. Trotzdem verzichtete sie darauf, ihn mit Wasser zu verdünnen. Spätestens seit sie von einem dienstlichen Aufenthalt im Nahen Osten mit einem behandlungsbedürftigen Darmvirus nach Hause gekommen war, hatte sie es sich zur Gewohnheit gemacht, nur noch abgekochtes Wasser zu trinken.

Die Kleine beobachtete misstrauisch, wie sie vorsichtig Brot und Käse inspizierte, um zu sehen, ob beides genießbar war. Das Mädchen selbst saß auf seinem spärlich ausgestatteten Bett und kaute auf einem Brotkanten herum. Mabel überlegte, wie sie sie ansprechen sollte. Das Mädchen sprach kein Englisch und Mabel kein Deutsch. Und die hiesigen Dialekte konnte sie sowieso nicht verstehen. Also versuchte sie es auf Französisch.

»Wissen deine Eltern, dass du hier bist?«, fragte sie vorsichtig.

Die Kleine schien sie zumindest teilweise verstanden zu haben und schüttelte den Kopf.

»Wo ist deine Mutter?«, bohrte Mabel weiter, die sich kaum vorstellen konnte, dass die Frau es guthieß, wenn das Kind mit einem Haufen verfolgter Templer unterwegs war.

»Meine Mutter ist tot«, erwiderte die Kleine in einem holperigen Französisch.

»Das tut mir leid«, erwiderte Mabel, bemüht darum, ihre Anteilnahme zu zeigen. »War sie krank?«

Die Kleine ging nicht auf ihre Frage ein, sondern machte eine merkwürdige Bewegung mit dem Daumen unterhalb ihres Kinns. »Jemand hat sie getötet«, murmelte sie unter Tränen.

»Das ...«, stotterte Mabel und wusste nicht, was sie dazu sagen sollte. »Das ist furchtbar. Weiß man, wer so etwas Schreckliches getan hat?«

Die Kleine biss sich auf die Lippen und schüttelte den Kopf. Mabel konnte sich des Eindrucks nicht erwehren, dass sie sehr wohl etwas wusste, aber nicht damit herausrücken wollte. Um nicht noch mehr verstörende Antworten zu erhalten, beschloss sie, die Kleine in Ruhe zu lassen. Nachdem sie fertig gegessen hatten, wollte sie die Teller in die Küche bringen und sich dabei ein wenig umsehen.

Mit dem gestapelten Holzgeschirr in der Hand machte sie sich auf die Suche. Es war dunkel draußen, und die Gänge waren mit brennenden Fackeln beleuchtet, die man in eiserne Wandhalterungen gesteckt hatte. Sie hätte gerne jemanden nach dem Weg gefragt, doch da war niemand. Als sie plötzlich in einen großen Innenhof mit einem beeindruckenden Kreuzgang gelangte, entdeckte sie einen in den Boden eingelassenen schmalen Kanal, der vielleicht eine Handbreit war und durch den Wasser strömte. Sie folgte ihm in der Hoffnung, dass er vielleicht zur Küche führte. Doch als sie durch eine Tür in einen spärlich beleuchteten Raum trat, schrak sie zurück. Vier nackte junge Männer amüsierten sich in einem Bottich. Sie wuschen sich gegenseitig und spielten dabei kindisch vergnügt mit der Seife. Als Mabel vor ihnen stand, brachen sie in wildes Gestikulieren aus und scheuchten sie aufgebracht nach draußen.

Mabel entschuldigte sich und drehte sich hastig um. Die Kerle sollten erst gar nicht auf die Idee kommen, dass sie Interesse an ihnen hatte. Während sie es eilig hatte, wieder nach draußen zu kommen, stolperte sie über eine Stufe und verlor das Gleichgewicht. Die Holzteller fielen in hohem Bogen zu Boden und landeten klappernd auf dem kleinteiligen Pflaster. Mabel, die selbst im Begriff war zu fallen, wurde von zwei starken Armen aufgefangen, die ihr das Gefühl vermittelten, unvermittelt in einen Schraubstock geraten zu sein.

Als sie erschrocken aufblickte, schaute sie in das durchaus attraktive Gesicht von Struan MacDhughaill, der sie mit seinen schwarzen Augen musterte, als ob sie etwas Schlimmes verbrochen hätte. »Wen haben wir denn da?«, fragte er provozierend in einem altmodischen Englisch, das sie besser verstand als Altfranzösisch.

»Tschuldigung«, murmelte sie hastig. »Das war keine Absicht.« Sie wollte sich bücken, um die Teller aufzuheben, doch er hielt sie nach wie vor fest.

»Was hat eine Frau im Badehaus der Mönche verloren?«, wollte er in strengem Ton wissen und zog eine seiner exakt gestutzten schwarzen Brauen hoch wie zu einer Anklage.

»G... gar nichts«, stotterte Mabel, während der Schotte seinen Griff nur wenig lockerte. »Ich wollte nur ... ich habe die Küche gesucht.«

»Die Küche? Sagt mir doch, was habt Ihr in der Küche zu suchen?«

Mit einem zweideutigen Grinsen ließ er sie endlich los und half ihr, die Teller und Schüsseln einzusammeln, nur um sie danach achtlos zur Seite zu stellen.

»Ich wollte nur helfen. Mich ein bisschen nützlich machen«, erklärte sie mit zitternder Stimme.

»Niemand benötigt Eure Hilfe. Ihr seid hier nicht willkommen«, klärte er sie schonungslos auf. »Nicht in diesem Kloster, und auch nicht in dieser Zeit. Jack Tanner und sein Meister, General Lafour, gehörten nicht zu unseren Freunden.« Er schaute sie mit seinen fast nachtschwarzen Augen eindringlich an. »Sie haben weder Respekt vor unserer Geschichte noch vor unseren Geheimnissen. Sie wollen nur Macht. Und das um jeden Preis. Ich will nicht hoffen, dass Ihr aus denselben Beweggründen hier herumschnüffelt. Ihr solltet aus dem Tod Eures Begleiters die rechten Lehren ziehen und von nun an unseren Anweisungen folgen. Und dazu gehören keine eigenständigen Erkundungen. Verstanden? Wenn Ihr mir nun bitte folgen würdet.« Er wartete erst gar nicht auf ihre Zustimmung, sondern führte sie am Oberarm gepackt wie eine Schwerverbrecherin ab.

»Und was ist, wenn ich mich erleichtern muss?«, giftete sie empört.

»Unter Eurem Bett befindet sich ein Nachttopf mit Deckel«, antwortete er tonlos. »Er wird am Morgen von Euren Gastgebern geleert. Also müsst Ihr Euch darum keine Sorgen machen.«

Allem Anschein nach kannte er sich bestens in diesen Gemäuern aus, obwohl er kein Zisterzienser war, denn er brachte sie auf kürzestem Weg zurück in ihre Kammer.

»Borniertes Arschloch«, zischte sie, kaum dass er wieder draußen war.

»Gab es Ärger?«, fragte die Kleine mit bebenden Lippen.

»Nein«, knurrte Mabel verdrossen und blies die Kerze auf ihrem Nachttisch aus, während die Flammen auf dem Tisch des Mädchens noch brannten. »Gute Nacht.«

Ohne weiter auf die Kleine einzugehen, wickelte Mabel sich verärgert in ihre filzige Decke, denn in den dicken Mauern war es lausig kalt, und von einem wärmenden Kamin war nichts zu sehen. Während sie versuchte, in den Schlaf zu finden, dachte sie noch einmal an Jack und daran, was ihm widerfahren war. Es war wohl ein weiterer Fehler gewesen, den Templern zu folgen und nicht vor Ort zu bleiben und auf Paul zu warten, der versprochen hatte, sie zurückzuholen.

»Siehst du was?« Jacob von Sassenberg und Malcolm MacDhughaill hatten ihre Pferde an den Ast einer mächtigen Eiche gebunden und sich unweit davon bei einem Hohlweg, der von der Burg hinunter zur Lieser führte, auf die Lauer gelegt. Das Rauschen des Wassers übertönte die Geräusche des Waldes, und doch war das Gehör des jungen Schotten so gut, dass er das zaghafte Pfeifen vernahm, das von weiter oben zu hören war.

»Da kommt jemand zu Fuß«, zischte Malcolm bei fast völliger Dunkelheit.

»Um diese Zeit?« Jacobs Stimme verriet seine Zweifel.

»Ich bin ganz sicher.«

»Wer sollte das sein?«

»Keine Ahnung, aber er humpelt und trägt einen Stock.«

»Das kannst du alles hören?« Jacobs Stimme klang ungläubig.

»Ich wette, es ist ein Greis«, murmelte Malcolm und richtete sich auf, um seine Aufmerksamkeit in besagte Richtung zu lenken.

»Sag nur, du kannst ihn auch sehen?«

»Nein, aber er atmet schwer und unregelmäßig. Bedeutet, er hat nicht ausreichend Luft, und seine Schritte sind unsicher. Wie jemand, der schneller gehen möchte, es aber nicht kann.«

»Ist er allein?«

»Hört sich so an. Wenn er noch jemanden bei sich hätte, würde er nicht pfeifen, sondern reden.«

»Und da dieser Weg bei den Festungsmauern endet, bedeutet das, er kommt von der Burg«, überlegte Jacob laut.

»Was sollen wir tun?«, fragte Malcolm leise.

»Wir schnappen ihn uns und fragen, was er auf der Burg zu suchen hatte und ob es dort irgendwelche Neuigkeiten gibt«, erklärte Jacob entschlossen.

Kaum hatte die Gestalt den Hohlweg passiert, tauchten die beiden neben ihr auf.

Der Wanderer gab ein ersticktes Keuchen von sich und schlug wie im Reflex mit seinem Stock um sich. Malcolm griff danach und entriss ihn dem Alten, was der mit einer wütenden Schimpftirade kommentierte.

»Keine Angst, wir tun Euch nichts«, beeilte sich Jacob zu sagen und packte ihn sanft an der knochigen Schulter. Trotzdem stieß der Mann einen heiseren Schrei aus, und es dauerte eine ganze Weile, bis seine Atmung sich wieder beruhigte.

»Wer seid ihr?«, keuchte er gehetzt.

»Wenn Ihr uns verratet, wer Ihr seid und was Ihr auf der Burg zu suchen hattet«, antwortete Jacob, »verraten wir Euch, mit wem Ihr es zu tun habt.«

»Ich bin Wintrich von Achenbach, ein armer Zisterziensermönch, bei dem es nichts zu holen gibt«, krächzte der Alte.

»Der Wintrich von Achenbach, der wegen falscher Buchführung im Kerker der Burg einsitzen musste?«, fragte Jacob überrascht.

»Ja, woher wisst Ihr das?«, wollte Wintrich wissen.

»Weil wir zu den Guten gehören«, verriet ihm Jacob mit einem Grinsen. »Euer Prior hat es uns verraten. Wir kommen geradewegs aus der Abtei. Wie kommt es, dass man euch so plötzlich auf freien Fuß gesetzt hat?«

»Seid Ihr Templer?«

Jacob lachte kurz auf. »Ja, kann man das riechen?«

»So schlimm ist es nicht«, erwiderte der Alte und bewies damit seinen Humor. »Willibert von Roth, der Amtsmann des Erzbischofs, ist am Abend mit seinen Truppen aufgekreuzt«, erzählte er nun bereitwillig. »Er hat entschieden, dass ich unschuldig bin und zurück in meine Abtei gehen darf.«

»Wie viele Söldner führt er an?« Jacob ärgerte sich, dass sie das Auftauchen der Trierer Truppe durch ihren Wachwechsel verpasst hatten. Aber anscheinend meinte der liebe Gott es gut mit ihnen, weil ihnen der Zisterzienser so unvermittelt ins Netz gegangen war.

»Mindestens dreißig«, antwortete Wintrich, ohne zu zögern. »Somit hat es keinen Zweck, die Burg anzugreifen, wenn ihr weniger seid. Selbst wenn es sich bei Euren Männern um Angehörige des Tempels handelt. Im Übrigen habe ich in der gleichen Zelle gesessen wie Euer Bruder Gero. Und um ehrlich zu sein, es geht ihm nicht gut. Morgen früh soll er von Willibert von Roth und seinen Männern nach Vianden überführt werden. Man hat ihn des Mordes an franzischen Soldaten angeklagt. Es lag wohl ein älterer Haftbefehl des franzischen Königs vor, den man nun umzusetzen gedenkt. Dazu sollen eigens Vertreter der franzischen Krone anreisen und gehört werden. Ich nehme mal an, dass dies Leute der Gens du Roi sein werden. Und ein Inquisitionsverfahren hat er als flüchtiger Templer auch noch am Hals.«

»Scheiße«, murmelte Jacob und schluckte nervös. »Das hat uns gerade noch gefehlt.«

»Was hat er gesagt?«, wollte Malcolm wissen, der kein Deutsch verstand und schon gar kein Moselfränkisch.

»Dass Gero der Prozess gemacht werden soll«, unterrichtete Jacob ihn ernst. »Mit verschiedenen Beisitzern. Gens du Roi, Inquisition und Trierer Schöffengericht. So ziemlich alles, was ein ehrenwerter Mann nicht gebrauchen kann.«

»Was können wir tun?«, fragte Malcolm auf Franzisch, einer Sprache, die auch Wintrich von Achenbach bestens verstand.

»Wie viele seid ihr denn?«, fragte er Jacob.

»Zurzeit neun, wenn man den Jungen mitrechnet, aber der ist erst vierzehn und verfügt über keinerlei Kamperfahrung.«

»Abgesehen davon, dass ihr viel zu wenige seid, um eine Befreiungsaktion durchzuführen und dabei gegen eine Übermacht von mehr als dreißig Söldnern zu kämpfen, nützt es euch nichts, wenn Gero dabei zu Tode kommt. Und das wird er, wenn er an Händen und Füßen gekettet zwischen den Fronten steht. Nein«, sprach er weiter, »um ihn zu befreien, bedarf es anderer Mittel. Irgendwas zwischen List, Bestechung und einer gehörigen Portion Skrupellosigkeit. Ich habe es Gero bereits gesagt. Ich verfüge über einen Kontakt zu einer Gruppe von Rebellen, die von einem ehemaligen Templerbruder angeführt werden. Sie operieren im Grenzgebiet zwischen Lothringen und Franzien. Vielleicht könnt ihr Euch mit ihnen verbünden. Angeblich haben sie schon Dutzenden Templern geholfen, ungesehen zu entkommen.«

»Und wie können wir mit diesen Männern in Verbindung treten?«, fragte Jacob leise.

»Lasst mich nur machen«, krächzte Wintrich. »Wo sind denn Eure anderen Mitstreiter?«

»Abt Theoderich hat ihnen ein Nachtlager in Eurer Abtei zur Verfügung gestellt. Malcolm und ich sollten die Burg ausspähen, um zu sehen, wer hier ein- und ausgeht.«

»Das habt Ihr ja somit erledigt«, bestätigte ihm Wintrich und schnappte hörbar nach Luft. »Ich schlage vor, Ihr bringt mich zurück zur Abtei, und wir beraten dort hinter verschlossenen Türen über alles Weitere. Ihr habt doch Pferde dabei, oder nicht?«

»Gewiss.« Malcolm machte sich in der Dunkelheit auf, die Tiere zu holen.

Mabel hatte gefühlt die ganze Nacht kein Auge zugetan. Und das nicht nur, weil ihr eisig kalt war. Auch Tanner war ihr nach kurzen Phasen des Einnickens mehrfach kopflos im Traum erschienen und hatte sie gnadenlos aus dem Schlaf gerissen. Die Kleine im Bett neben ihr schien dagegen tief und fest zu schlafen. Ihre Kerze war inzwischen fast heruntergebrannt. Mabel spürte einmal mehr die Kälte, die durch die winzigen Fenster zu ihnen hereindrang.

Als plötzlich Hufgeklapper im Hof zu hören war, nahm sie dies als willkommene Gelegenheit, um aufzustehen und aus dem mit Tierhäuten verhangenen Loch in der Mauer einen Blick auf die Pforte zu werfen. Als sie im Schein der Feuerkörbe Jacob von Sassenberg und den jungen Schotten erkannte, die schwungvoll von ihren Pferden absaßen, verspürte sie eine gewisse Beruhigung. Hinter Jacob hatte ein anderer Mann im Sattel gesessen, dem er nun beim Absteigen half. Es war ein weißhaariger, gebeugt gehender Mann in einer grauen Mönchskutte. Sie schärfte ihren Blick und sah, dass es der Mönch aus dem Kerker war. Also war wenigstens er freigekommen. Von Gero von Breydenbach war nichts zu sehen. Aber die Anwesenheit des Mönchs nährte ihre Hoffnung, dass auch er vielleicht noch freigelassen wurde.

Jacob stützte den Alten und ging mit ihm dem Eingang des Klosters entgegen. Auf eine eigentümliche Weise fühlte sie sich zu Jacob von Sassenberg hingezogen, nicht nur, weil er in seiner archaischen Kleidung verboten gut aussah. Die Art, wie er sich um den Alten kümmerte, ihm den Stock reichte und darauf achtgab, dass er nicht stolperte, zeugten von einem mitfühlenden, aufmerksamen Charakter. Ihr Herz schlug schneller, als sie sah, wie er näher kam und mit den beiden anderen Männern durch einen Torbogen im Haupthaus des Klosters verschwand.

Mabel hielt es in ihrer eiskalten Zelle ohnehin nicht mehr aus. Und da die Türen nicht abgeschlossen waren, schlich sie auf Zehenspitzen auf den menschenleeren Gang. Ohne ein Geräusch zu machen, lief sie durch den mit Fackeln illuminierten Flur bis zu einer Tür, aus der mehrere Männerstimmen drangen. Sie lauschte, doch die schwere Eichenholztür war zu dick, um irgendetwas verstehen zu können.

Hastig raffte sie ihren Mantel und rannte den Gang entlang weiter bis zur Empfangshalle, wo es durch eine doppelseitige Eichentür hinaus auf den Hof ging. Obwohl in der

Nacht mehrmals eine Glocke geläutet hatte und daraufhin Schritte zu hören gewesen waren, schien nun alles wieder ruhig zu sein. Anscheinend schliefen die Mönche bis zum nächsten Weckruf. In gebückter Haltung lief Mabel bis zu jenen Fenstern, die zum Speisesaal gehörten, wo sich die Templer offenbar versammelt hatten und nun etwas lauter debattierten. Die Fenster waren zwar mit Eisenstäben vergittert, aber ebenso wie die Mönchsklausen lediglich mit Tierhäuten verhängt.

Da es im Speisesaal hallte, konnte sie gut verstehen, was dort drinnen besprochen wurde. Zumal sie sich langsam an den altfranzösischen Dialekt gewöhnte, auch wenn sie nicht jedes Wort verstand.

»Wenn wir Gero von Breydenbach vor Folter und Feuertod bewahren wollen«, sagte die ältere, brüchige Stimme, die dem weißhaarigen Mönch gehörte, »müssen wir eine verlässliche Unterstützung organisieren. Deshalb werdet ihr gleich morgen früh erkunden, in welchen Kerker sie Gero am Ende bringen. Danach werdet ihr zu unserer Schwesterabtei Notre Dame in Bettnach reiten. Dort leben zwei ehemalige Templer, die nach ihrem Freispruch zu uns konvertiert sind. Einer von ihnen ist Bruder Simon. Sein bürgerlicher Name ist Simon de Cornus. Er kann euch helfen, die richtigen Leute zu finden, die euch bei der Befreiung eures Bruders zur Seite stehen werden.«

»Und wie wird uns Bruder Simon erkennen?«, gab Anselm zu bedenken. »Er wird uns doch nicht einfach vertrauen, nur weil wir sagen, dass Ihr uns geschickt habt?«

»Ich werde euch ein verschlüsseltes Pergament mitgeben, auf dem ich erklären werde, wer ihr seid und was zu tun ist«, sagte Wintrich gelassen.

»Und wie erkennen wir ihn?«, wollte Struan nun wissen.

»Er trägt ein keltisches Kreuz, auf dessen Rückseite eine Rose eingraviert ist«, bemerkte Wintrich mit einem Augenzwinkern.

»Das Zeichen der Bruderschaft Salomos«, murmelte Ralph of Bulford beinahe andächtig. »Sagt bloß, er gehört deren Geheimbund an. Ich dachte, der wurde längst aufgelöst und ist ebenfalls in den Untergrund gegangen?«

»Ist er auch«, bestätigte ihm Wintrich. »In meiner Eigenschaft als Übermittler geheimer Nachrichten zwischen unserem Orden und den Templern habe ich oft mit der Bruderschaft Salomos zusammengearbeitet. Natürlich standen sie als Erste im Visier des königlichen Geheimdienstes unter Guillaume de Nogaret, weil sie für die Erforschung geheimer Schriften zuständig waren, die nicht selten anderen Glaubensrichtungen entstammten und in euren Bibliotheken unter Verschluss standen.«

»Wobei die darin enthaltenen Informationen Philipp IV. nicht besonders nützlich gewesen sein dürften«, kommentierte Johan beinahe schadenfroh. »Ich habe in meiner Zeit in Bar-sur-Aube einiges davon gelesen. Es handelte sich nicht um irgendwelche wirksamen Zaubersprüche, sondern vorwiegend um Schriftstücke aus verschiedenen Kulturen, die versuchen, uns die Zusammenhänge des göttlichen Universums näher zu bringen. Über Zahlen, Zyklen und den Verlauf der Gestirne. Mathematische Berechnungen zu Geometrie. Geheime Formeln zur Herstellung von Gold, die besagen, dass alles eins ist und aus einem besteht und man es allein kraft seiner Gedanken umwandeln kann. Was aber bisher noch niemandem gelungen ist. Themen, für die man vor allem eines benötigt: einen messerscharfen Verstand.«

»Nun, möglicherweise gibt es ja noch andere Geheimnisse, die der Orden gehütet hat und die nicht in deren Büchern stehen«, fügte Wintrich kryptisch hinzu. »In jedem Fall verstehen diese Brüder etwas davon, wie man sich untereinander austauscht und den Feind durch kluges Tarnen und Täuschen ins Leere laufen lässt.«

»Hauptsache, sie gewähren uns ihre Unterstützung«, erklärte Struan, offenbar fest entschlossen, die Brüder um ihre Mithilfe zu bitten.

»Ihr werdet Verständnis haben, wenn ich nicht auf weitere Details eingehen kann. Aber Bruder Simon kennt mich gut genug und weiß, ich würde euch nicht zu ihm schicken, wenn es nicht wirklich dringlich wäre.«

»Gut«, sagte Struan mit seiner Reibeisenstimme, die sich anhörte, als ob er jeden Morgen mit Whisky gurgelte, obwohl der noch gar nicht erfunden war. »Wir werden noch vor Tagesanbruch aufbrechen, um zu sehen, wann sich der Tross der Trierer Soldaten mit Gero in Bewegung setzt. Zuvor muss jemand den Jungen und das Mädchen nach Waldenstein bringen. Auch die Frau können wir hier nicht gebrauchen.«

Mabel, die alles mit angehört hatte, beschlich eine Ahnung, warum man sie nicht dabeihaben wollte. Das hier war ein regelrechter Geheimbund, der mehr als nur vorsichtig war bei der Wahl seiner Mitglieder. Frauen waren da in jedem Fall ausgeschlossen. Mist. Zu sehr brannte sie darauf, mehr über die geheimen Machenschaften der Templer zu erfahren.

»Die Kleine erscheint mir überaus neugierig«, sagte der Schotte nun auch noch zu allem Übel, als ob er durch das offene Fenster ihre Gedanken gelesen hätte, »und es wäre ein Fehler, ihr zu vertrauen. Niemand weiß genau, warum sie mit

Tanner hier aufgetaucht ist. Sie sagte zwar, es wäre ein Zufall gewesen, doch ich glaube ihr nicht. Heute Abend habe ich sie auf Wanderschaft bei den Waschkammern der Mönche entdeckt. Wir sollten sie gleich morgen früh mit Mattes und Gesa nach Waldenstein schaffen und sie dort unter Verschluss halten. Tom kann sich, wenn er will, mit ihr beschäftigen. Vielleicht erzählt sie ihm ja, was Tanner vorhatte und ob die beiden die Einzigen sind, die hierher transferiert wurden.«

Tom Stevendahl? Bei dem Namen wurde Mabel hellhörig. Allem Anschein nach saß er irgendwo auf einer Burg und wartete auf die Rückkehr der Männer.

»Und was willst du Hannah sagen?«, fragte Anselm besorgt. »Sie wird sich furchtbar aufregen, wenn sie erfährt, dass Gero in die Fänge der Gens du Roi geraten ist. Immerhin ist sie hochschwanger. Irgendwer muss es ihr so schonend wie möglich beibringen.«

»Ich mache das«, erklärte Jacob von Sassenberg, den sie an seiner tiefen, sanften Stimme erkannte. »Ich bringe die drei nach Waldenstein, rede mit Hannah und komme dann zu euch zurück, um euch bei Geros Befreiung zu unterstützen.«

»Habt ihr Dokumente?«, fragte Wintrich mit krächzender Stimme und räusperte sich.

»Wir verfügen über Geleitbriefe der Gräfin von Lichtenberg«, erklärte der rothaarige Templer mit dem Narbengesicht.

»Damit kommt ihr in Luxemburg nicht weit«, erwiderte er.

»Ich könnte rasch ein paar passende Pergamente anfertigen, die uns als Gesandte des franzischen Königs ausweisen«, schlug Anselm vor.

»Wie wollt Ihr das denn bewerkstelligen?«, hakte Wintrich ungläubig nach.

»Ich habe ein zeitgenössisches Siegel des momentanen franzischen Königs in der Tasche«, antwortete Anselm, und ein Raunen ging durch den Raum, das von den Zisterziensern kam. »Es entstammt meiner Sammlung, und ich hatte wohl eine Eingebung, als ich beschloss es mitzunehmen. Ich benötige nur noch Pergament, Tinte und Feder und etwas Wachs und eine gedrehte Seidenkordel. Der Rest ist eine Frage der Zeit, aber bis zum Frühessen könnte ich fertig sein.«

Die Truppe stimmte dem Plan zu. Nur der alte Mönch hatte Bedenken, aber Anselm Stein schien sich seiner Sache ziemlich sicher zu sein.

Mabel fragte sich, was die Männer vorhatten und ob es nicht doch eine Möglichkeit für sie gab, sie zu begleiten. Obwohl ein Treffen mit Tom Stevendahl ihr vielleicht weitere Fragen zur Funktionsweise des Servers beantwortet hätte. Aber um die Zusammenhänge zu begreifen, erschienen ihr die Geheimnisse der Templer nicht weniger interessant.

Vielleicht konnte sie Jacob überreden, mit den anderen zu sprechen und sie davon zu überzeugen, dass man sie trotz aller Vorbehalte mitreiten ließ. Sie war eine gute Reiterin und beherrschte verschiedene asiatische Kampfsporttechniken. Doch ihre Hoffnungen wurden jäh zerstört, als jemand unvermittelt ihren Arm packte und sie wenig sanft auf die Füße zerrte.

»Sieh einer an.«

Ausgerechnet, dachte sie resigniert. Es war Struan MacDhughaill, der ihr sowieso nicht über den Weg traute und ihr von oben herab argwöhnisch in die Augen blickte. »So was nennt man Spionage«, raunte er düster. »Und darauf steht in dieser Zeit der Tod durch Erhängen. Also, warum hockt Ihr hier und belauscht uns?«

»Keine Sorge«, murmelte sie und blickte zu Boden. »Ich habe nichts verstanden.«

»Das soll ich Euch glauben? Dafür sprecht Ihr viel zu gut Franzisch«, konterte er. »Selbst wenn Euer Vokabular und die Aussprache recht eigentümlich sind.«

Plötzlich tauchte Jacob von Sassenberg neben ihm auf, der zwar nicht so breit, aber doch fast so groß war wie der Schotte und allem Anschein nach auf ihrer Seite stand. Entschlossen umfasste er Struans Handgelenk und zwang ihn, sie aus seinem schraubstockartigen Griff zu entlassen.

»Lass sie los, Struan«, murmelte er mit unaufgeregter Stimme. »Du siehst doch, sie hat Angst vor dir. Was ich gut verstehen kann. Seit heute Morgen befindet sie sich in einer vollkommen anderen Welt und musste zu allem Übel den grausamen Tod ihres Begleiters mit ansehen. Sobald es hell wird, bringe ich sie nach Waldenstein und passe auf, dass sie unterwegs keine Dummheiten macht.«

»Dazu würde ich dir auch dringend raten. Sie ist nicht so klein und unschuldig, wie sie aussieht. Sie schnüffelt in jeder Ecke herum wie ein Hund, der nach Trüffeln sucht. Sie steht nicht auf unserer Seite. So wie Tanner nie auf unserer Seite gestanden hat. Sie hat noch immer nicht erklärt, warum er uns gefolgt ist und was sie mit der Sache zu tun hat.«

»Was soll sie denn groß erklären?«, verteidigte Jacob sie. »Anscheinend war es ein Unfall. Sie besitzt keinen CAPUT und auch sonst nichts, womit sie uns schaden könnte. Sie ist hier gestrandet und kann nicht zurück, wir sollten uns ihrer annehmen. Das ist unsere Pflicht als Templer und Ehrenmänner, die wir ja wohl noch immer sind. Ganz gleich, was man uns anhängen will.«

»Das ist sehr freundlich von dir, Jacob. Ich weiß zu schätzen, dass du mir vertraust. Und ich verspreche dir, dass ich dieses Vertrauen nicht missbrauchen werde«, sagte Mabel dankbar.

»Ach«, bemerkte der Schotte süffisant, »ich dachte, du verstehst nichts?«

Mabel kniff die Lippen zusammen und schlug die Augen nieder.

»Nimm sie bloß mit«, raunte Struan scharf in Jacobs Richtung. »Sie bringt uns nur Unglück, so was wittere ich zehn Meilen gegen den Wind.«

»Danke«, sagte Mabel, nachdem Struan gegangen war und Jacob mit einem eigentümlichen Lächeln auf sie herabschaute.

»Wofür?«

»Dass du zu mir gehalten hast und mich nicht auch als Spionin beschuldigst.«

»Im Gegensatz zu unserem schottischen Bruder fehlt mir ein sechster Sinn«, bekannte er mit einem leisen Lachen. »Ich muss mich darauf verlassen, was ich sehe und höre.«

»Und was siehst du?«, fragte sie angespannt.

»Eine verängstigte junge Frau, die sich an einem Ort befindet, an den sie nicht gehört. Daher schlage ich vor, ich bringe dich zu deiner Kammer, wo du bis zum Frühessen brav auf mich wartest. Ich hole dich ab, sobald wir zum Abmarsch bereit sind.« Ohne auf eine Antwort zu warten, ging er voraus zum Klostereingang, in der Gewissheit, dass sie ihm schon folgen würde.

»Moment!« Mabel eilte ihm hinterher und hielt ihn am Arm fest, damit er stehen blieb. »Vielleicht gehörst du ja auch nicht hierher«, warf sie, ohne lange zu überlegen, ein, als er sie fragend anschaute. »Ich finde nicht, dass du aussiehst wie ein Mensch aus dem Mittelalter. Und du benimmst dich auch nicht so.«

»Interessante Feststellung«, meinte Jacob mit einem überraschten Blick. »Wie müsste ein Mensch aus dem Mittelalter, wie du es nennst, denn aussehen und sich benehmen?«

»Vielleicht so wie der Typ, der Jack den Kopf abgeschlagen hat. Blass, schlecht frisiert und mit einem leicht irren Blick.«

Jacob hob eine Braue und lachte. »Sehr schmeichelhaft«, meinte er grinsend. »Aber diese Beschreibung trifft ja wohl auf die wenigsten von uns zu, oder? Ich war leider nicht lange genug in der Zukunft, um einen abschließenden Vergleich zu haben, ob wir hier so viel anders aussehen als ihr. Aber ich hatte zumindest den Eindruck, dass die Frauen in eurer Zeit noch um einiges schöner sind als hier.« Er bedachte sie mit einem intensiven Blick, der sie einmal mehr aus der Fassung brachte.

»Warst du auch mit Jack in Jerusalem?«, fragte sie, um vom Thema abzulenken und mehr von seinem Leben als Templer zu erfahren.

»Nein, ich habe Gero erst kennengelernt, nachdem er aus jener Zeit zurückgekehrt ist«, antwortete er zurückhaltend.

»Und wo warst du, als die Templer verhaftet wurden?«

»Ich war am Rhein in einer kleinen Kommandantur, als der Sturm losging, und habe mich gerade auf meinen Abmarsch nach Zypern vorbereitet. Dort hatte man mich kurz zuvor hinbeordert, um an einem neuen Kreuzzug gegen die

Heiden teilzunehmen. Aber daraus wurde dann nichts mehr. In der Komturei habe ich Gero und Hannah kennengelernt, die damals auf der Durchreise waren. Danach bin ich nach Hause zurückgekehrt und habe meine Familie gewarnt. Meine Mutter hat sofort sämtliche Grundstücke zurückgefordert, die sie dem Orden für meine Aufnahme vermacht hatte, damit sie nicht in die Hände der Hospitaliter fielen. Die hat sie dann anderweitig verkauft, um mir Geld für meine Flucht geben zu können. Nach Jahren im Untergrund bin ich in Köln ein weiteres Mal Gero begegnet und habe mich ihm und einigen anderen Brüdern angeschlossen.«

»Wann war das?«

»Warum willst du das wissen?«, fragte er und verengte die Lider.

»Nur, um mir ein Bild von eurer Verbindung machen zu können. Ob ihr euch alle schon länger kennt.«

»Templer sind alle Brüder im Geiste«, klärte er sie nüchtern auf. »Sie stehen sich auf eine besondere Weise nahe, ganz gleich, wie lange sie sich kennen und voneinander getrennt waren.«

»Und dann bist du mit ihm in die Zukunft gereist?«

»Ja«, sagte er knapp und machte Anstalten weiterzugehen. »Aber das müssen wir nicht hier und nicht jetzt besprechen.«

»Ich würde es nur zu gerne wissen«, bettelte sie und lief dicht neben ihm her. »Hattet ihr einen Server? Wer hat euch abgeholt? Oder gibt es noch eine andere Möglichkeit zu reisen, von der ich nichts weiß? Ich bin Wissenschaftlerin und beschäftige mich, seit ich denken kann, mit der Möglichkeit von Zeitreisen. Deshalb möchte ich unbedingt wissen, wie es euch gelungen ist, in die verschiedenen Zeitebenen zu kommen und wieder zurück. Davon hängt auch ab, ob ich je wieder in meine Zeit zurückgelangen werde.«

»Ich kann deine Beweggründe verstehen«, erwiderte er sanft. »Und doch darf ich darüber nicht sprechen. Schon gar nicht hier, wo wirklich jeder mithören kann. Und wenn ich dir einen Rat geben darf«, flüsterte er, »sprich ab sofort nicht mehr über den CAPUT. Allein das Wort kann uns in Schwierigkeiten bringen, wenn die falschen Leute zuhören. Warte, bis wir Waldenstein erreichen. Dort wirst du auf Tom Stevendahl treffen, dem du alle Fragen stellen kannst, die dir wichtig erscheinen. Er kann dir das alles viel besser erklären als ich.«

Mabel nickte widerwillig. Es blieb ihr nichts anderes übrig, als sich mit seinen spärlichen Ausführungen zufriedenzugeben. So wie es aussah, war Jacob ihr einziger Verbündeter in diesem Chaos. Wenigstens war er es, der sie zu dieser ominösen Burg brachte, und nicht dieser Furcht einflößende Schotte.

KAPITEL 33

DEZEMBER 1315 –

GRAFSCHAFT LUXEMBURG / FESTUNG VIANDEN

Alte Rechnungen

Gero hatte eine miserable Nacht hinter sich, als er am Morgen von schnarrenden Geräuschen geweckt wurde, die rasch lauter wurden.

Es waren die eisenbeschlagenen Sohlen der Stiefel, mit denen eine ganze Horde von trierischen Söldnern vor seiner Zelle aufmarschierte. Allen voran Willibert von Roth, der sich klein und feist in seinem zu eng sitzenden Wappenrock vor ihm aufbaute wie ein Feldmarschall vor einer Schlacht. Kurz und knapp gab er seinem Adjutanten, der ihn um mehr als einen Kopf überragte, den Befehl, die Zellentüre aufzuschließen, während er die übrigen Männer anwies, aufzupassen, dass der Gefangene ihnen nicht entwischte.

»Er ist ein im Nahkampf geschulter Kreuzritter, dem keine Hinterlist zu schmutzig ist, um uns zu entkommen«, behauptete er zu allem Überfluss. Dabei schien ihm entgangen zu sein, dass Gero an Armen und Beinen in Eisen gekettet war.

Gero schüttelte den Kopf und lächelte müde über so viel Eifer. Während ihn zahlreiche Hände grob aus dem Käfig zerrten, hielt Gero vergeblich nach seinem Bruder Ausschau. So wie es sich darstellte, hatte er Willibert die Schlüsselgewalt für den Kerker überlassen und darauf verzichtet, selbst zu seiner Übergabe zu erscheinen. Wahrscheinlich hatte dieser Feigling ein zu schlechtes Gewissen, um dabei zuzusehen, wenn man seinen Bruder abführte wie einen Schwerverbrecher.

Entsprechend grob stießen die Söldner Gero durch die finsteren Gänge, in denen er als Kind Verstecken gespielt hatte. Niemals hätte er es für möglich gehalten, eines Tages selbst hier eingekerkert zu sein, schon gar nicht von seinem eigenen Bruder, obwohl der ihn Zeit seines Lebens einen Taugenichts geschimpft hatte, mit dem es mal ein böses Ende nehmen würde. Dabei hatte Gero sich nie etwas zuschulden kommen lassen. Vielmehr war es Eberhard gewesen, der seinem Vater mit seiner Sauferei und seinen anrüchigen Männerfreundschaften den Schlaf geraubt hatte.

Sein Hintermann stieß ihn grob die Treppe hinauf. Gero stolperte über seine Ketten und fiel der Länge nach hin. Er schürfte sich die Hand auf, und zwei andere Männer versuchten vergeblich, ihn auf die Füße zu zerren, doch er war zu schwer. Deshalb befahlen sie ihm aufzustehen und weiterzugehen. Mühselig rappelte Gero sich hoch und versuchte, sein Gleichgewicht wiederzufinden, bevor er in winzigen Schritten die Treppe erklomm.

Draußen war es lausig kalt, und der Schneeregen schlug ihm scharf ins Gesicht, als er auf den Hof trat. Trotz des schlechten Wetters hatten sich Dutzende Schaulustige versammelt. Die meisten waren Leibeigene, die an ihren Herrn gebunden waren wie eine Ziege an einen Pflock. Und wenn der starb, waren sie nicht frei, sondern gingen an den nächsten Besitzer über. Hannah hatte das immer bemängelt und ihm unmissverständlich klar gemacht, dass sie so etwas an ihrem Hof nicht dulden würde, wenn sie denn je einen hätten. Nun hatten sie einen, und so wie es aussah, würde er ihr nicht mehr beweisen können, dass er seine eigenen Bediensteten gerechter behandeln würde.

Mitten auf dem Burghof stand ein geschlossener Gefängniswagen, in den man nur Leute steckte, die sich erstens eines schweren Verbrechens schuldig gemacht hatten und bei denen zweitens die Gefahr bestand, dass sie befreit werden könnten. In der Regel handelte es sich dabei um Rebellen, die über Sympathisanten verfügten, denen man eine Befreiungsaktion zutraute. Oder um Kindesmörder und Frauenschänder, denen die Rache der Angehörigen der Opfer drohte.

Das einzige Fenster und die Tür waren mit dicken Eisenstäben vergittert. Auf dem Hof befanden sich mindestens fünfzehn weitere Söldner, die mit ihren Pferden auf den Befehl zum Abmarsch warteten.

Die Bediensteten der Burg beobachteten mit Argwohn, was auf dem Hof weiter vor sich ging, während Gero noch vor dem Einstieg in den Wangen auf seine Peiniger wartete. Unvermittelt tauchte Gesas Vater vor ihm auf, ein bulliger Schmied mit Glatze und Lederschürze, immer verschwitzt und vor Dreck stinkend. Er schlug Gero, dessen Hände auf den Rücken gekettet waren, mit einer solchen Wucht ins Gesicht, dass sein Kopf zur Seite schleuderte und er Blut schmeckte. Seine Lippe war aufgeplatzt, und auch seine Nase hatte etwas abbekommen. Bevor der Mann zu einem weiteren Schlag ausholen konnte, hatten die Soldaten ihn ergriffen und hielten ihn zu dritt fest, während er tobte wie ein tollwütiger Bär.

»Du elender Hund!«, brüllte er Gero an. »Du hast nicht nur meine Tochter auf dem Gewissen, sondern auch meine Frau. Ihre Leiche wurde gestern Nachmittag im Manderscheider Wald gefunden, halb verwest und von Tieren angefressen. Man hat ihr den Hals durchgeschnitten. Ich bin sicher, das war das Werk deines Maleficus, der es nicht nur mit deiner Frau getrieben hat. Auch meine Gesa ist schon wieder verschwunden. Sie hat mir seltsame Dinge erzählt, auf die ein Mädchen in ihrem Alter niemals von alleine kommen kann. Ihr seid alle verflucht«, schrie er außer sich vor Abscheu. »So wie der Orden der Templer verflucht ist. Gebt mir meine Tochter zurück! Der Teufel soll Euch holen und Euch und alle Templer im Höllenfeuer schmoren lassen bis in alle Ewigkeit!«

Während Gero wortlos den Ausbruch des Mannes verfolgte, bemerkte er, wie Willibert von Roth dem vor Wut schäumenden Schmied seine geballte Aufmerksamkeit schenkte.

»Könnt Ihr mir näher erläutern, was Eure Tochter erzählt hat?«, fragte er mit einem hinterlistigen Lächeln.

»Natürlich kann ich das«, erwiderte der Schmied und spuckte vor Gero auf den Boden, bevor er sich schnaubend abwandte.

Willibert schnippte mit dem Finger, woraufhin zwei Soldaten den Schmied zu einem Schreiber führten. Gero beobachtete beunruhigt, wie der Schmied ihm etwas zu Protokoll gab. Die Art, wie der Schreiber die Augenbrauen hochzog, zeigte, dass Gesas Vater ihm Ungeheuerliches erzählte.

Eberhard hingegen hatte sich noch immer nicht blicken lassen, und auch von Enno von Waldeck war nichts zu sehen. Wahrscheinlich lagen die beiden noch im Bett und hatten kein Interesse daran, einem solch unappetitlichen Auftritt beizuwohnen.

Gero sah, wie Willibert zu seinem Schreiber schlenderte und das Pergament in die Hand nahm, auf das der Mann unentwegt gekritzelt hatte. Und er sah auch, wie Willibert große Augen bekam und einen verstohlenen Blick zu Gero hin wagte, der noch immer von zwei bulligen Söldnern flankiert vor dem Wagen stand und auf den Befehl zum Einsteigen wartete. Er fragte sich, was Gesa ihrem Vater alles erzählt haben mochte. Ob sie von Flugzeugen, Autos und Fernsehern berichtet hatte, von elektrischem Licht und Kühlschränken, Kochtöpfen und Herden, die kein Feuer benötigten? Und nicht zuletzt von einem Kasten mit grünblauem Licht, in dessen Glanz Menschen verschwanden, nur um am Ende an einem anderen Ort und einer anderen Zeit wieder aufzutauchen? Und er stellte sich vor, wie das wohl auf einen Einfaltspinsel wie Willibert von Roth wirken mochte, der noch nie in seinem Leben weiter als bis nach Metz oder Mainz gekommen war.

Mit einem verstörten Blick erteilte der Trierer Amtsmann einem seiner Söldner einen Befehl, worauf dieser im Palas verschwand. Kurze Zeit später kam er wieder heraus und hatte Eberhard dabei. Dessen weißblondes Haar war zerzaust und seine Augen waren so verquollen, dass er kaum die Lider zu öffnen vermochte. So wie es aussah, hatte er die ganze Nacht gesoffen.

»Wascht Euch gefälligst und zieht Euch was Vernünftiges an«, forderte Willibert ihn unmissverständlich auf. »Ihr müsst mitkommen und vor unserem Schöffengericht eine Aussage machen.«

»Was?« Eberhard glotzte ihn ungläubig an. »Ich? Wieso ich? Ich habe doch gar nichts getan?«

»Der Schmied behauptet, gestern sei die Leiche seiner Frau im Wald nicht weit von hier gefunden worden«, erklärte ihm Willibert. »Davon habt Ihr mir gar nichts gesagt. Ferner behauptet er, Euer Bruder und ein gewisser Maleficus, den Ihr hier beherbergt habt, hätten sie umgebracht. Was wisst Ihr davon?«

»Ich?« Eberhard riss nun doch die Augen auf. »Was habe ich mit der Frau des Schmieds zu tun?«

»Mit der Frau des Schmieds vielleicht weniger, aber mit Eurem Bruder und dem Gesindel, mit dem er sich umgibt.«

Gero leckte sich über die Lippen, die immer noch nach Blut schmeckten. Sein Bruder wusste nur zu gut, wer Gesas Mutter getötet hatte. Eberhard hätte ihn entlasten können, aber er tat es nicht. Schließlich hatte er im Beisein von Stephano mit angesehen, wie die Schergen der Gens du Roi der Frau die Kehle aufgeschlitzt hatten. Vielleicht fürchtete er, Willibert würde dann fragen, warum er nicht eingeschritten war. Außerdem war Balthazar de Palestine ein Gesandter des Franzischen Königs gewesen. Ihn vor einem Trierer Amtsmann des Mordes zu bezichtigen, wäre reichlich unklug gewesen. Blieb die Frage, wer die Leiche von Gesas Mutter gefunden und sie hierhergebracht hatte und warum Eberhard sie nicht weggeschafft hatte, bevor sie jemand finden konnte. Irgendwo da draußen musste auch noch Ruttgers Leiche liegen, aber von dem sprach keiner ein Wort. Vielleicht war er von Wölfen gefressen worden. Wer wusste das schon.

»Wo ist eigentlich Euer Adjutant geblieben?«, fragte

Willibert, als ob er Geros Gedanken gelesen hätte. »Ruttger, oder wie hieß er noch gleich?«

»Er ist mit diesem Balthazar nach Norden geritten«, log Eberhard dreist. »Die Franzmänner haben ihn als Fährtensucher engagiert, weil sie weiter nach meinem Bruder fahnden wollten und sich angeblich hier in der Gegend nicht auskannten. Ich habe weder von ihm noch von diesem Balthazar je wieder etwas gehört.« Die Art, wie er es sagte, schien Willibert zu überzeugen. Trotzdem war der Amtsmann nicht zufrieden.

»Euer Schmied hat mir darüber hinaus eine unglaubliche Geschichte von seiner Tochter erzählt, die mit Eurem Bruder und besagtem Maleficus auf Reisen war. Auch darüber würde ich gerne mit Euch reden.«

»Ich weiß gar nichts«, wiederholte Eberhard steif. »Das sagte ich doch bereits. Ich habe mit den Machenschaften meines Bruders nicht das Geringste zu tun.«

»Ihr kommt mit«, bestimmte Willibert grob. »Eure Leibeigenen behaupten, Euer Bruder wäre mitsamt seiner Frau und diesem Maleficus hier gewesen, und Ihr hättet mit beiden gesprochen.«

»Daran erinnere ich mich nicht«, behauptete Eberhard stur und schaute zu Boden.

»Packt Eure Sachen und gebt mir zwanzig Eurer Söldner. Wenn ich bedenke, was ich bisher in Erfahrung bringen konnte, ist Euer Bruder kein gewöhnlicher Gefangener. Und das nicht nur, weil er ein Templer ist. Anscheinend sind hier genügend merkwürdige Dinge geschehen, die einer näheren Beleuchtung bedürfen. Möglicherweise sind sogar satanische Kräfte mit im Spiel, weshalb Euer Bruder einer stärkeren Bewachung bedarf.«

»Genau!«, schrie nun der Schmied wieder. »Er ist mit dem Teufel im Bunde, da helfen auch keine Söldner. Ihr solltest gut auf Euch achtgeben. Nicht, dass er Euch am Ende mit dem Tode verflucht, so wie sein Großmeister es mit König und Papst getan hat.«

Gero spürte, wie er zunehmend sämtliche Blicke auf sich zog. Aus jedem Gesicht war der Argwohn zu lesen, den man verfluchten Zeitgenossen gewöhnlich entgegenbrachte. Doch bevor eine Revolte ausbrach und man ihn womöglich noch an Ort und Stelle verbrannte, beendete Willibert das Schauspiel und befahl, den Abmarsch zur Mittagszeit vorzubereiten. Gero wurde nun rasch in den Gefangenenwagen gesperrt, nicht zuletzt, um ihn den argwöhnischen Blicken der Burgbewohner zu entziehen.

Doch anscheinend hatte er nicht nur Feinde auf dieser Burg. Eine alte Magd, die er noch aus Kindertagen kannte, steckte ihm heimlich von der abgeschirmten Seite einen frischen Brotfladen und eine geräucherte Hartwurst durchs Gitter.

»Es tut mir leid, was Euch widerfährt«, flüsterte sie krächzend. »Ich kenne Euren Vater und Eure Mutter länger als dreißig Jahre, und ich weiß auch, dass Ihr ein guter Mensch seid. Ich habe gesehen, wie sehr Ihr Eure Schwester geliebt habt. Und ich habe auch gesehen, wie liebevoll Ihr mit Eurer zweiten Frau umgegangen seid. Ein solcher Mensch hat nichts mit dem Teufel zu schaffen«, versicherte sie ihm leise. »Ich bete zu Gott, auch um Eurer Mutter und Eures Weibes willen, dass er Euch aus den Klauen dieser Barbaren befreit.«

»Danke«, murmelte Gero, dem warm ums Herz wurde. »Du bist ein Engel, Magda. Die Heilige Jungfrau wird dir für deinen Mut und deine Treue danken.«

Während sich der Tross endlich in Bewegung setzte, dachte Gero fieberhaft darüber nach, welche Möglichkeiten ihm blieben, der bevorstehenden Verhandlung zu entgehen. Er war sicher, dass seine Kameraden die Sache nicht auf sich beruhen lassen und versuchen würden, ihn zu befreien. Und zugleich hoffte er, dass sie keine Dummheiten begingen, die sie selbst in Lebensgefahr brachten.

Im Stillen rechnete er zusammen, wie viele Männer ihnen mit Margarethas Söldnern zur Verfügung standen. Aber immer kam er zum selben Ergebnis: Balduins Männer, zusammen mit den Soldaten der Luxemburger, waren einfach zu viele, um sich ihnen in einer Schlacht zu stellen. Eine solche Übermacht konnte man nur mit einer List besiegen oder mit einem Wunder.

Nachdem der Schneeregen nachgelassen hatte, sammelten sich die verbliebenen Templer nach dem Frühessen im Hof der Abtei und sattelten ihre Pferde.

»Was machen wir mit Geros Pferd?«, fragte Struan, der sich um den braunen Bretonen gekümmert hatte.

»Ich brauche zwei Pferde, um nach Waldenstein zu kommen«, sagte Jacob von Sassenberg, »eines für Mattes und Gesa und eines für mich und Mabel. Vielleicht können uns die Mönche aushelfen und uns ein gewöhnliches Reisepferd ausleihen. Geros Pferd solltet ihr mitnehmen, falls es euch gelingt, ihn zu befreien.«

»Du bist sehr zuversichtlich, Jacob«, brummte Bruder Ralph und warf ihm einen grimmigen Seitenblick zu. »Zunächst müssen wir Wintrichs Mittelsmann treffen, um Kontakt zu den geheimen Brüdern aufzunehmen. Ohne sie sehe ich kaum eine Chance, an Gero heranzukommen.«

»Bevor wir spekulieren«, schlug Johan van Elk vor, »sollten wir Geros Fährte aufnehmen und herausfinden, ob sie ihn tatsächlich nach Vianden bringen. Vielleicht ergibt sich ja doch die Möglichkeit, ihn unterwegs zu befreien.«

»Das ist eine gute Idee«, meldete sich eine krächzende Stimme aus dem Hintergrund. Es war Wintrich von Achenbach, der erstaunlich flink mit seinem Stock herbeigehumpelt kam und sich vor den Brüdern aufbaute wie Moses vor der Vernichtung der Ägypter. »Das Einzige, was Ihr dafür benötigt, sind überzeugende Dokumente. Und die habt Ihr ja nun, wie ich heute Morgen zu meiner größten Verwunderung sehen konnte. Bruder Anselm, Ihr seid wirklich ein Meister Eures Faches.«

»Vielen Dank«, erwiderte Anselm mit einem bescheidenen Lächeln. »Aus Eurem Munde ist mir das Lob doppelt so viel wert. Aber ob die Pergamente einer Überprüfung standhalten, werden wir erst an der nächsten Zollstation sehen.«

»Also gut, worauf warten wir noch?«, fragte Struan und rief zum Aufbruch.

»Ich lasse Euch ein zusätzliches Pferd aus unseren Stallungen bringen«, sagte Wintrich, der Jacobs Worte mit angehört hatte.

»Danke.« Jacob verneigte sich vor dem älteren Bruder.

»Was ist mit der Frau?«, fragte Wintrich. »Wo kommt sie her? Ich hörte, dass Enno von Waldeck ihren Gefährten um einen Kopf kürzer gemacht hat.«

»Ja«, meinte Jacob nachdenklich, der nicht wusste, was Gero dem Mönch erzählt hatte. Allerdings glaubte er nicht, dass er Wintrich in die Möglichkeit von Zeitreisen eingeweiht hatte. »Sie ist noch immer ziemlich schockiert. Ich bringe sie nach Waldenstein, damit sie zur Ruhe kommen kann, genau wie den Jungen und das Mädchen.«

»Ich möchte nicht nach Waldenstein, ich möchte mit den anderen reiten«, verkündete Mattes in die plötzlich entstandene Stille hinein. »Ich kann doch meinen Herrn nicht im Stich lassen, schon gar nicht, wenn er sein Leben für mich aufs Spiel gesetzt hat. Wie soll ich Hannah unter die Augen treten, wenn sie erfährt, dass ich an seiner Gefangennahme schuld bin?«

»Genau aus diesem Grund reite ich mit dir nach Hause«, entgegnete Jacob energisch. »Damit nicht du irgendwas erklären musst, sondern ich. Du kannst nichts dafür, dass Geros Bruder den Verstand verloren hat. Noch weniger kannst du was für den franzischen König und seine Gier nach Macht, die ihn dazu verleitet, teuflische Dinge zu tun.«

»Du kannst Gero nicht helfen«, sagte Totty mitfühlend. »Wenn unsere Gegner dich schnappen und Gero damit erpressen, wird alles nur noch schlimmer. Also bleibst du lieber in der sicheren Burg und passt auf deine kleine Freundin auf.«

Jacob entging nicht, wie Mattes mit sich kämpfte. Einerseits war da sein Stolz als initiierter Templer, der ihn dazu verpflichtete, mit den anderen für Gero ins Feld zu ziehen, andererseits seine Verantwortung gegenüber Gesa und die Sorge, dass sie noch einmal verschwinden könnte.

»Nun gut«, sagte er schließlich und nickte betrübt. »Aber ihr müsst mir versprechen, meinen Herrn heil nach Hause zurückzubringen. Ich weiß nicht, was ich machen würde, wenn ihm etwas Schlimmes zustieße.«

»Versprochen«, sagte Struan mit seiner rauen Stimme und klopfte ihm kameradschaftlich auf die Schulter.

Auch Malcolm nickte ihm freundlich zu. »Halt dich tapfer. Du wirst sehen, alles wird gut. Ich freue mich schon auf unsere nächste Partie Schach, bei der du dann verlierst.«

Dass Gero durchaus ein grausames Schicksal bevorstehen konnte, liegt auf der Hand, dachte Jacob und sammelte rasch seine Schützlinge ein, damit sie endlich aufbrechen konnten.

Mabel wartete bereits mit Gesa in ihrer Klause. Die Kleine hatte von einem der Mönche einen dicken grauen Wollumhang mit Kapuze bekommen, weil sie bei ihrer Flucht nichts weiter als ihren grauen Hausmantel hatte mitnehmen können. Mabels Umhang sah nicht viel besser aus, vor allem, weil sie ihn über Nacht nicht abgelegt hatte, fror sie noch stärker, als sie nach draußen ins Freie kam. Jacob hatte ihr eine gewalkte Wolldecke aus seiner eigenen Ausstattung um die Schultern gelegt. Eine Geste, die sie mit einem mehr als dankbaren Lächeln angenommen hatte.

Er brachte sie und das Mädchen zu den Pferden, wo Mattes ungeduldig auf sie wartete. Die anderen Templerbrüder waren bereits aufgebrochen, und nun wandelten nur noch ein paar Zisterzienserbrüder auf dem Hof herum, die sie verstohlen beobachteten.

Mabel streichelte dem Apfelschimmel, den ihnen der alte Mönch zugewiesen hatte, zärtlich über die warmen Nüstern. Jacob, der seinen Ardenner bereits gesattelt hatte, half Mattes, den Schimmel zu satteln. Dem Jungen hatten die Mönche ebenfalls gebrauchte Kleidung geschenkt. Er trug nun ein abgetragenes Mönchsgewand und einen grauen Wollumhang, weil seine Uniform mit dem Wappen der Waldensteiner vollkommen blutbesudelt gewesen war. Eberhard hatte ihm zudem Waffen und Kettenhemd abgenommen. Wenigstens hatte er ihm die Stiefel gelassen.

»Mattes und Gesa nehmen den Schimmel«, erklärte Jacob seinen Schützlingen, »und Mabel reitet mit mir.«

Mabels und Jacobs Blicke begegneten sich im aufkeimenden Morgenlicht, und für einen Moment erschien es ihr, als ob die Sonne in seinen schönen braunen Augen einen Funken schlug, der auf sie übersprang. Ein warmes Gefühl der Zuneigung durchflutete ihren Körper, das man auch hätte Glück nennen können. Sie mochte diesen Mann, und vielleicht war es auch längst mehr als das.

»Einverstanden«, murmelte sie irritiert, und als er ihr mit einer eleganten Geste in den Sattel half, errötete sie, als sich ihre Blicke ein weiteres Mal trafen. Als er sich kurz danach vor sie in den Sattel setzte und sie aufforderte, ihre Arme um seine Taille zu legen, atmete sie seinen unvergleichlichen Duft ein.

Mabel fühlte sich, als wäre sie mitten in einem Historiendrama gelandet, als Jacob seinen Hengst antrieb und sie vom Hof galoppierten. Immer noch stand ihr Jacks Tod vor Augen, der ihr – je mehr sie darüber nachdachte – umso unwirklicher erschien.

Jacob war der Einzige, der weiterhin das Wappen der Gräfin trug. Offiziell war er Soldat von Waldenstein, was Zöllner und Grenzwachen nicht nur an seinem Kettenhemd, sondern auch an seinem Wappenrock festmachen konnten. Mehrmals musste er zudem unterwegs die Geleitbriefe der Gräfin vorzeigen, und dabei spielte es keine Rolle, ob es trocken war oder in Strömen regnete. Damit Mabel unterwegs nicht nass wurde, hatte er ihr seinen gewachsten Umhang überlassen, den sie so gut es ging zusätzlich über seine breiten Schultern drapiert hatte. Und so saß sie die ganze Zeit über eng an ihn geschmiegt, auch um ein wenig mehr von seiner

Wärme abzubekommen, und legte ihren Kopf vertrauensvoll an seine Schulter. Was ihm zu gefallen schien, denn er protestierte nicht, sondern legte seine Hand auf ihre, mit der sie seine Taille umklammerte.

Anselm hatte für sie und das Mädchen Geleitbriefe mit dem Wappen der Waldensteiner angefertigt, die sie beide als Mägde auswiesen, die in den nächsten Tagen ihren Dienst bei der Gräfin antreten sollten. Jacob und Mattes fungierten offiziell als ihre Aufpasser.

»Ist die Strecke gefährlich?«, fragte Mabel über Jacobs Schulter hinweg, während er den Hengst ins Tal lenkte, wo die Mosel bereits zu sehen war.

»Kommt drauf an«, antwortete er ausweichend. »Man sollte die Augen stets offen halten. In den Nebentälern und Wäldern gibt es jede Menge Räubergesindel. Und wenn sich herumspricht, dass Richard von Breydenbach tot ist und sein liederlicher Sohn die Burg übernommen hat, werden in dieser Gegend sicher noch mehr Gesetzlose ihr Unwesen treiben.«

»Glaubst du, ihr schafft es, Gero von Breydenbach zu befreien?«

»Wenn ich nicht daran glauben würde, wäre ich nicht unterwegs. Ich werde es nicht zulassen, dass man aus seiner Frau eine Witwe macht.«

Er klang ziemlich entschlossen. Und zugleich schwang eine große Portion Zuneigung für Hannah von Breydenbach mit, die Mabel nur aus Erzählungen kannte.

»Es klingt, als wäre sie eine ganz besondere Frau?«, fragte sie leicht verunsichert.

»Beide sind etwas Besonderes«, antwortete er. »Ich würde es nicht ertragen, einen von beiden unglücklich zu sehen.«

»Ihr Templer habt ein inniges Verhältnis zueinander, habe ich recht?«

»Nicht umsonst bezeichnen wir uns als Brüder. Wir sind wie eine große Familie. Einer muss sich auf den anderen verlassen können.«

»Ich kenne das von unseren Spezialeinheiten«, fügte sie nachdenklich hinzu. »Dort ist es auch so, dass ein Soldat dem anderen blind vertraut, und auch die Familien haben eine besondere Beziehung zueinander. Man hilft sich gegenseitig, wenn die Männer im Einsatz sind und wann immer man die Hilfe der anderen benötigt.«

»Schön, dass es auch in der Zukunft noch so Brauch ist«, erwiderte er. »Mit dem einen Unterschied, dass es bei den Templern gewöhnlich keine Familien gab, die es zu versorgen galt. Aber das ist nun auch plötzlich anders. Und ich merke, dass es keinen Unterschied macht, ob man für seinen Bruder da ist oder für dessen Frau. Hannah ist hochschwanger. Das Kind kann jeden Tag auf die Welt kommen. Wie schrecklich wäre es, wenn sein Vater bereits vor dem ersten Schrei unter der Erde liegt oder zu Staub verbrannt ist? So was kann Gott der Allmächtige nicht wollen. Und ich werde es nicht zulassen, selbst wenn es mein eigenes Leben kostet.«

Mabel war erschrocken von der Entschlossenheit, die in Jacobs Stimme lag. Dabei war sie sicher, dass ein Mitglied einer Spezialeinheit aus der Zukunft auch nicht anders verfahren würde. So viel hatte sich anscheinend in siebenhundert Jahren tatsächlich nicht verändert.

KAPITEL 34

DEZEMBER 1315 –
DEUTSCHE LANDE / KURFÜRSTENTUM TRIER

Alte Freunde

Anselm und die übrigen Templer hatten ihre Pferde in sicherem Abstand zur alten Römerstraße an die Bäume gebunden, bevor sie von einer Anhöhe herab die gepflasterte Straße nach Trier beobachteten. Hier kamen hauptsächlich Händler und Bauern vorbei, doch im Winter und bei diesen Temperaturen hatte der Strom der Reisenden merklich abgenommen.

»Ihr müsst auf Späher achten«, empfahl ihnen Johan mit einem wachsamen Blick. »Gut möglich, dass sie nach uns suchen. Auch wenn sie uns nicht gesehen haben, wird Eberhard unsere Anwesenheit erwähnt haben.«

Anselm lag trotz der Nässe, die sich überall im Unterholz breitmachte, auf dem Bauch, gut versteckt zwischen zwei immergrünen Sträuchern, und blickte durch sein Fernglas. Einer der wenigen Gegenstände aus der Zukunft, die Rona ihm mitzunehmen erlaubt hatte.

»Gib mir auch mal«, forderte Struan, der neben ihm auf der Lauer lag und von Weitem bereits das Donnern der Hufe hörte.

Anselm gab ihm das Glas, das der Schotte anschließend an Totty, Johan und Brian weiterreichte, während Malcolm und Ralph bei den Pferden geblieben waren.

»An die fünfzig Söldner bewachen einen einzigen Gefängniswagen«, murmelte Totty und schüttelte den Kopf, während er durch das Glas spähte. »Man sollte meinen, Gero vertritt eine halbe Armee.«

»Sie haben nicht vor ihm Angst«, klärte ihn Brian unnötigerweise auf. »Sie haben Angst vor *uns*.«

»Und das, obwohl es ziemlich wahnsinnig wäre, mit so wenigen Leuten einen so starken Zug anzugreifen«, murmelte Johan, der nun noch einmal durch das Glas schaute.

»Sie können ja nicht wissen, wie viele Verbündete wir haben«, gab Struan zu bedenken.

»Ich wette, dass man nicht mal für Richard Löwenherz einen solchen Zirkus veranstaltet hat«, unkte Anselm, »als man ihn auf Trifels eingekerkert hat.«

»Die Deutschen gehen immer auf Nummer sicher«, brummte Struan in einem Anflug von schwarzem Humor. »Dem Deutschen Orden wäre eine solche Niederlage, wie sie den Templern mit König Philipp IV. widerfahren ist, sicher nicht passiert.«

»Dafür sind sie Arschlöcher«, murmelte Johan. »Kameradschaft ist für die ein Fremdwort. Glaub bloß nicht, dass ein Offizier der Deutschen sich mit einem Sergeant abgibt. Ich hätte auch zu den Deutschen gehen können. Aber nach allem, was ich über sie gehört und später gesehen habe – nein danke. Und für Gero wäre das auch nie infrage gekommen.«

»Die werden ihre Zeit genauso wenig überleben wie alle anderen«, murmelte Anselm mit einem mitleidigen Blick.

»Ja, es ist frustrierend, wie schnell sich alles verändert«, brummte Totty. »Als wir in der Zukunft waren, kam ich mir vor wie ein Idiot. Die Veränderungen, die bis dahin stattgefunden hatten, sind für unsereinen unbegreiflich.«

»Aber die Waffen in der Zukunft erscheinen mir um einiges besser«, fügte Brian leise hinzu. »Wir hätten versuchen sollen, welche mitzunehmen. Damit hätten wir solchen Mistkerlen wie Geros Bruder sofort den Wind aus den Segeln genommen.«

»Du hast doch gehört, dass das nicht geht«, erinnerte ihn Totty. »Gero hat aber auch wirklich Pech, einen solchen Hohlkopf als Bruder zu haben.«

Das Hufgetrappel war lauter geworden, und die Templer duckten sich, als der Tross mit den Trierer Söldnern unter ihnen hinwegdonnerte, dazwischen das Rattern des Gefangenenwagens.

Jedem von ihnen kribbelte es in den Fingerspitzen, die Männer anzugreifen. Doch bevor sie alle erledigt hätten, wären sie schon selbst zum Angriffsziel geworden.

»Was machen wir jetzt?«, fragte Brian, nachdem die Horde hinter einer Kurve verschwunden war.

»Wir folgen ihnen unauffällig«, sagte Struan. »Ihre Spuren sind ja nicht zu verfehlen.«

Gemeinsam kehrten sie zu den beiden anderen Brüdern zurück.

»Was ist denn hier passiert?«, fragte Johan, als sein Blick auf einen Trierer Söldner stieß, der leblos am Boden lag. Aus seinem Hals ragte der geschmeidige Zain einer handlichen Armbrust, die Malcolm stets bei sich trug.

»Der Kerl hat hier rumgeschnüffelt«, meinte er mit seiner rauen Stimme, die der seines Bruders so ähnlich war. »Ich hab ihn mit meiner Armbrust erwischt, nachdem er uns gesehen hat und abhauen wollte. Bevor er starb, konnten wir noch aus ihm herausbringen, dass sie Gero tatsächlich nach Vianden bringen. Dort soll ihm dann auch der Prozess gemacht werden. Angeblich bekommt er eine bestens bewachte Einzelzelle, bis eine Delegation der Gens du Roi eintrifft, die spätestens am nächsten Mittwoch aus Franzien erwartet wird.«

»Himmel«, zischte Totty und wurde ganz bleich. »Also haben wir mit unseren Vermutungen richtig gelegen.«

»Hab ich auch gedacht«, murmelte Malcolm und schaute seinen Bruder an, der ihm anerkennend auf die Schulter klopfte. »Ihr habt gut reagiert«, lobte er ihn und warf einen prüfenden Blick in die Umgebung.

»Und was machen wir jetzt mit dem Toten?«, fragte Anselm mit einem mulmigen Gefühl im Magen.

»Liegen lassen«, bestimmte Totty mit finsterem Blick. Als ehemaliger Commander einer Templer Commanderie in England war ihm der Anblick von getöteten Söldnern nicht neu. »Den Zain können wir zur Warnung stecken lassen. Er hat keine Kerbung, also wird niemand erfahren, wer dafür verantwortlich ist.«

»Gut«, meinte Struan und gab das Zeichen zum Aufbruch. »Wenn wir wissen, dass Gero in Vianden ist, müssen wir ihm nicht hinterherreiten. Wir machen uns direkt zu den Zisterziensern von Bettnach auf. Wenn wir nach der Karte gehen, die der alte Zisterzienser uns mitgegeben hat, und wir unsere Pferde antreiben, müssten wir gegen Abend dort sein.«

Gero hatte genügend Zeit, in dem vergitterten Wagen über all das nachzudenken, was in absehbarer Zeit auf ihn zukommen konnte. Wobei er versuchte, sämtliche Gedanken an Folter und Tod zu verdrängen. Immer wieder kam ihm Walter of Clifton in den Sinn, der behauptet hatte, dass alles möglich sei, wenn man nur fest genug daran glaube. Warum er dann in Oak Island mit seinen Kameraden gestorben war, während Gero und seine übrigen Brüder unter spektakulären Umständen gerettet worden waren, blieb ein Rätsel. Sir Walters Theorien erschienen ihm zunehmend absurder, je mehr er darüber nachdachte. Aber es war unzweifelhaft gewesen, dass er, als er nur in die Nähe des Kreuzes gekommen war, die Wolken am Himmel hatte verschieben können, allein kraft seiner Gedanken. Oder war es doch alles nur eine Sache seiner eigenen Wahrnehmung gewesen, wie Rona vermutet hatte? Etwas, das sich Quantenphysik nannte, und selbst die klugen Frauen aus der Zukunft noch nicht hatten entschlüsseln können? Aber ganz egal, was es war, Gero benötigte dringend ein Wunder. Er sollte jetzt eigentlich bei seiner Frau sein und ihr bei der Geburt des ersten Kindes beistehen und nicht in einem Gefängniswagen sitzen, verfolgt von seinem eigenen Bruder, der ihm diese Misere eingebrockt hatte.

Der Wagen ratterte den Pflasterweg zur Burg der Grafen von Vianden hinauf. Dahinter hörte er das ohrenbetäubende Geklapper von den Hufen, die zu den Rössern seiner Bewacher gehörten. Obwohl es sein Verderben bedeuten konnte, war er froh, dass seine Kameraden bisher keinen Angriff gewagt hatten. Denn dass sie ihm gefolgt waren und den Tross beobachtet hatten, dessen war er sich sicher.

Vor dem Tor hielt der Wagen kurz, bevor von oben eine kehlige Stimme das Öffnen des Burgtores befahl. Rasselnde

Kettengeräusche paarten sich mit dem Knarren der dicken Eichenholzbohlen, die die Basis der massiven Brücke bildeten. Ein lautes Klong bedeutete, dass die Bohlen in die Fahrrinne eingerastet waren, und kurz darauf setzte sich der Tross wieder in Bewegung und machte wenig später im Innenhof der beeindruckenden Festung halt.

Von draußen drang aufgeregtes Stimmengewirr zu ihm herein, und es dauerte nicht lange, bis die mit Eisen verriegelte Tür geöffnet wurde und er in harschem Ton aufgefordert wurde, herauszutreten.

Gero tat, wie ihm befohlen, und genoss einen letzten Atemzug unter freiem Himmel, indem er die kalte Schneeluft tief in seine Brust inhalierte. Aus Erfahrung wusste er, dass es in einem Kerker meist stickig war und nach Exkrementen stank.

Zwei riesenhaft anmutende Söldner mit finsterem Blick packten ihn bei den Armen und zerrten ihn in Richtung einer Treppe, die in den Untergrund der Burg führte. Ein letzter Blick zum Himmel offenbarte Gero die Gewaltigkeit der großen Rundtürme, die offenbar als Palas genutzt wurden, denn am Fenster sah er die Gesichter einer jungen blonden und einer rothaarigen Frau, die beide mit neugierigen Blicken verfolgten, was unten im Hof vor sich ging. Seine Gedanken schweiften zu Hannah, und die Stiche in seiner Brust wurden noch heftiger, wenn er daran dachte, wie viel Leid er mit seiner Verhaftung über seine Familie bringen würde. Von seiner Mutter und seiner Tante ganz zu schweigen.

Während die Söldner ihn grob die Treppe hinunterstießen, folgte ihnen ein schlanker, dunkelhaariger Mann, der auf seiner schwarzen Uniform das Wappen der Grafen von Luxemburg trug. Ein roter, sich aufbäumender Löwe auf einem blau-silber gestreiften Grund. Allem Anschein nach war er auf dieser Burg der Vogt und zugleich der Erste Offizier und stand damit über den anderen Söldnern, die das Wappen der Herrn von Vianden trugen.

»Seid vorsichtig«, zischte er den beiden Wachen zu. »Ihm darf nichts geschehen, bis die Gesandten der Gens du Roi eintreffen. Es hieß ausdrücklich, er solle unversehrt sein.«

Einerseits beruhigend, anderseits auch nicht, dachte Gero, während er einen flüchtigen Blick auf den jungen Offizier warf, der ihm irgendwie bekannt vorkam. Doch bevor er dieses Gefühl vertiefen konnte, steckten die Männer ihn in eine Einzelzelle, in der es außer verrottetem Stroh und einem kleinen Fenster, das in die kahlen Mauern eingelassen war, nichts zu sehen gab. Von dem Fenster aus konnte er das Tal über der Our überblicken und die Templerkommende samt Kirche, die nun seit drei Jahren den Hospitalitern gehörte.

Bevor Gero sich umdrehen und noch etwas fragen konnte, war die Tür hinter ihm ins Schloss gefallen, und nur noch ein kleines vergittertes Loch gewährte ihm einen Blick in die menschenleeren Gänge. Ab und zu hörte er ein Husten oder ein Schnarchen. Manchmal auch ein Schluchzen. Geräusche, die ihm sagten, dass er nicht der Einzige war, der in diesem Elend festsaß.

Nachdem sich die Schritte der Söldner entfernt hatten, beschloss er, es sich wenigstens halbwegs bequem zu machen, indem der das Stroh mit den bloßen Händen auf einen Haufen schaufelte und sich niedersetzte. Die Hände auf die Knie gestützt, begann er mit gesenktem Kopf zu beten.

»Heilige Mutter Gottes, die du bist im Himmel, gebenedeit unter den Weibern ...« Er war es gewohnt, diese Gebete unzählige Male zu wiederholen, um Ängste und Befürchtungen von sich fernzuhalten. So vergingen die Stunden bis zum Abend, als es immer kälter und immer dunkler wurde und Gero kaum noch die Hand vor Augen sehen konnte. Irgendwann verfiel er in einen leichten Dämmerschlaf und schrak hoch, als plötzlich jemand hart an seine Tür klopfte.

Es war der Burgvogt und Herr über den Kerker, wie sich kurz danach herausstellte, der ihm in Begleitung der beiden Söldner höchstpersönlich das Abendessen servierte. Eine Schüssel mit dampfendem Gerstenbrei und ein Krug mit Wasser wurden vor ihn hingestellt. Außerdem beglückte man ihn mit einem frisch ausgewaschenen Pisseimer, der dennoch unschöne Gerüche verbreitete, die einem appetitlichen Abendmahl nicht dienlich waren.

»Wenn er fertig gegessen hat«, bestimmte ihr Befehlshaber mit rauem Ton, nachdem die Tür wieder geschlossen worden war, »bringt ihn in meine Stube. Ich will ihn einem ersten Verhör unterziehen.«

Gero, der dankbar die warme Holzschüssel samt Löffel in der Hand hielt, horchte auf. Was konnte der Kerl von ihm wollen? Es hatte doch geheißen, er solle unversehrt bleiben, bis die Schergen der Gens du Roi auftauchten. Was gut und gerne noch drei Tage dauern konnte, wenn sie direkt von Paris kamen.

Während er hastig den dampfenden Brei in sich hineinschaufelte, schüttelte er die Gedanken ab, die ihn darüber hinaus plagten. Er forschte immer noch in seinen Erinnerungen, woher er den Mann kannte. Vielleicht war er in seiner Jugend Klosterschüler in Hemmenrode gewesen? Einer jener Jungs, die ihn um seinen beschlossenen Eintritt in den Templerorden beneidet hatten? Der Mann musste um einiges jünger sein als er selbst.

Nachdem er die Schüssel zur Seite gestellt und noch einen Schluck getrunken hatte, hörte er das Klimpern des Schlüssels an der Tür. Er verspürte eine gewisse Aufregung, als das Gesicht eines Söldners im Eingang erschien und er ihn aufforderte, die zusammengeketteten Hände hochzuhalten. Gero wusste, dass er den Mann mit einem raschen Angriff erst schlagen und dann mit der Kette zu Tode hätte würgen können, doch was hätte er dann gemacht? Zumal ein weiterer Soldat im Anmarsch war, wie er sah, nachdem er aus der Tür herausgetreten war. Gero fiel auf, dass sie ihn entschieden weniger ruppig behandelten als zuvor. Irgendetwas ging hier vor sich. Vielleicht würde das Gespräch mit dem Offizier ja Licht ins Dunkel bringen.

Während sie den gestampften Weg an den Zellen vorbeigingen, leuchtete der vorangehende Söldner mit einer Fackel hier und da in die kargen Käfige hinein, aus denen sie ausgemergelte Gesichter anstarrten und sich ihnen dürre Arme und Hände entgegenstreckten. Die Herren über diesen Kerker waren jedenfalls keine mitfühlenden Zeitgenossen, die sich die gute Versorgung der hier einsitzenden Gefangenen auf die Fahne geschrieben hatten. Irgendetwas schien bei Geros Behandlung anders zu sein.

Gero erschauerte, als man ihn in die gut geheizte Kammer führte, in deren Kamin ein offenes Feuer loderte. Hinter einem Eichenholztisch saß sein neuer Gastgeber auf einem Stuhl mit einer hohen Lehne und musterte ihn nachdenklich. Gero wusste nicht recht, wie er reagieren sollte. Die beiden Söldner, die ihn hierhergebracht hatten, bedeuteten ihm, auf einem Stuhl Platz zu nehmen, dessen eiserne Beine in den Boden eingelassen waren. Daran ketteten sie ihn fest, so dass er weder aufstehen noch fliehen konnte.

Im Nu waren all seine Hoffnungen zerstört, dass der Mann mit dem kurz geschnittenen, dichten schwarzen Haar Gnade walten lassen würde.

»Lasst uns allein«, sagte er stattdessen gefährlich leise zu seinen beiden Bluthunden. Seine mausbraunen Augen blitzten im Feuerschein des hell lodernden Kamins dämonisch. Gero wurde mulmig, als er aufstand und um ihn herumging.

»Was wollt ihr von mir?« Gero warf ihm einen herausfordernden Blick zu. »Ich dachte, die Gens du Roi werden mich zuerst verhören.«

»Immer langsam«, erwiderte der Offizier und zog sich gelassen auf seinen hohen Lehnstuhl zurück, wo er es sich bequem machte. »Ich will mir die Gelegenheit nicht entgehen lassen, jenen Templer, der laut Anklage etliche Söldner der Gens du Roi getötet hat, einmal von Nahem zu betrachten, bevor die Folterknechte des Franzischen Königs ihn in mundgerechte Stücke zerlegen. Dabei frage ich mich, wie ein so ehrenhaft aussehender Mann so eiskalt gegen die Soldaten seines eigenen Königs vorgehen kann?«

»Erstens«, begann Gero zögernd, »steht nicht fest, ob ich es getan habe. Und zweitens war Philipp IV. von Franzien nicht mein König. Ein Kerl, dem es nichts ausmacht, unschuldige Menschen zu vernichten, ganz gleich ob es Juden sind oder Ordensritter, die für Gott den Allmächtigen gekämpft haben, hat meine Zuwendung nicht verdient. Philipp IV. selbst ist ein gutes Beispiel dafür, dass beeindruckendes Aussehen nicht unbedingt einen ehrenhaften Charakter belegt.«

»Da habt Ihr recht«, bescheinigte ihm sein Gegenüber. »Und doch hätte ich so viel Widerstand seitens der Templer nicht erwartet. Schließlich habt Ihr Eurem Papst einen Eid geschworen und ihn als Euer oberstes Haupt anerkannt.«

»Der Papst hat uns ebenso verraten wie der König«, sagte Gero und schnaubte bitter. »Als ich in den Orden eintrat, dachte ich noch, ich kämpfe für das Heilige Land und erhalte dafür eine gewisse gesellschaftliche Anerkennung. Doch spätestens, als ich von Antarados zurückgekehrt bin, wusste ich, dass alles ein Politikum ist, bei dem es nur darum geht, wer von den Oberen den höchsten Machtanspruch für sich behaupten kann. Wie viele Menschen dafür ihr Leben lassen müssen, ist vollkommen unerheblich.«

»Ihr wart auf Antarados?« Der junge Offizier wirkte verblüfft. »Mein Bruder war auch bei den Templern in Zypern. Das Letzte, was wir von ihm gehört haben, war, dass er seine Weihe als Ordensritter in Nicosia erhalten hat und danach nach Antarados eingeschifft wurde. Seither ist er spurlos verschwunden. Der Orden hat ihn auf eine Liste mit Vermissten gesetzt, die seit dem Überfall der Mamelucken nicht mehr heimgekehrt sind.«

Die Augen des Mannes waren vor Überraschung groß geworden, und Gero las darin die Hoffnung, dass er ihm etwas über seinen Bruder mitteilen konnte.

»Wie war denn sein Name?«, fragte er leise.

»Fabius von Schorenfels. Ich bin sein jüngerer Bruder Erec von Schorenfels und habe ihn zutiefst bewundert, als es hieß, er sei zu den Templern gegangen.«

Gero schluckte verkrampft. »Ja«, sagte er rau. »Ich habe ihn gut gekannt. Wir sind zur selben Zeit in Troyes als Novizen aufgenommen worden und haben gemeinsam die Weihe zum Templer erhalten. Er war mein bester Freund und Bruder. Dass der Orden nicht wusste, wie er gestorben ist, entspricht nicht der Wahrheit. Ich habe gesehen, wie er gestorben ist, und ich war bei seiner Beisetzung unterhalb der Festungsmauern auf Antarados dabei.«

»Ist das wahr?« Erec von Schorenfels, dessen Ähnlichkeit mit Fabius Gero schlagartig offenbar wurde, schaute ihn sichtlich geschockt aus zusammengekniffenen Augen an.

»So wahr wie ich hier sitze«, murmelte Gero, und seine Gedanken um sein eigenes Schicksal wurden mit einem Mal von all den schrecklichen Erinnerungen an den Tod seines treuen Kameraden hinweggefegt. »Wir waren im Spätsommer 1302 auf einem Eroberungszug gegen die Mamelucken an der Küste von Latakia in Syrien. Wir haben ein Dorf angegriffen, wo wir ein Waffenlager der Mamelucken vermuteten. Zunächst war niemand zu sehen, und wir waren nicht sicher, ob sich unsere Gegner dort verschanzt hatten, doch dann wurden wir plötzlich aus allen Richtungen angegriffen und konnten uns nur mit Mühe und Not aus einer Einkesselung retten. Ich habe gesehen, wie Fabius in einen Hinterhalt geraten ist, und bin ihm noch beigesprungen, weil ich sah, wie ihn gleich zwei Gegner in die Mangel genommen haben. Einen konnte ich erledigen, aber gleichzeitig hat der andere seinen Säbel in Fabius' Herz gerammt, durch das Kettenhemd hindurch. Ich habe den Mamelucken um einen Kopf kürzer gemacht, um ihn in die Hölle zu schicken. Aber für Fabius konnte ich nichts mehr tun.«

Gero schluckte noch einmal, weil er den Kloß, den er plötzlich in seinem Hals verspürte, einfach nicht loswurde.

Erec von Schorenfels musste ihm angesehen haben, wie sehr ihn die Erinnerung an dieses Ereignis erschütterte und dass er mit den Tränen kämpfte.

»Habt Dank, dass Ihr Euch so für meinen Bruder eingesetzt habt«, sagte er mit bewegter Stimme. »Man sieht Euch an, wie viel Euch Fabius bedeutet hat.«

»Aber ich kann Euch versichern«, sagte Gero und sah ihm fest in die vertraut wirkenden Augen, »wir haben ihn mit allen Ehren, die der Orden zu bieten hatte, zu Grabe getragen.«

Erec von Schorenfels schnaubte verbittert. »Das macht ihn auch nicht mehr lebendig. Warum hat der Orden uns nicht wissen lassen, was vorgefallen ist? Aber das ist nun auch schon egal. Die Templer sind vernichtet, und Fabius' Leichnam liegt auf einer Insel, die nun den Heiden gehört. Seit dieser Zeit haben die Templer für mich jeglichen Glanz verloren. Und Euer Auftritt in diesem Kerker macht es nicht besser. Fabius hätte nie den Mantel nehmen dürfen. Sein Verlust hat meinem Vater einen frühen Tod beschert. Die Templer sind verflucht, und mein Bruder und Ihr seid das beste Beispiel dafür, wo das Schicksal einen hinführt, wenn man sich einer fragwürdigen Sache verschreibt. Wenn Ihr zu Hause geblieben wärt und hier Euren Dienst in einem Kloster oder als Offizier einer Burgwache angetreten hättet, wäre Euer Schicksal in gleichmäßigeren Bahnen verlaufen und hätte Euch nicht ins Verderben geführt.«

»Woher wollt Ihr das wissen?«, fragte Gero. »Soweit ich es beurteilen kann, hat der Orden nichts anderes getan, als seine christlichen Pflichten zu erfüllen. Ich kann keinem der Vorwürfe zustimmen, die von seinen Anklägern ins Feld geführt werden. Wenn Ihr mich fragt, ging es schon damals allein um Macht und Einfluss der Herrschenden und deren fehlende Münze. Leute wie wir sind nur Schachfiguren, die wenig Einfluss darauf haben, wo man sie hinstellt.«

»Aber man hat Einfluss darauf, ob man im Angesicht Gottes zu bleiben vermag«, argumentierte Fabius' Bruder so leidenschaftlich, wie Fabius selbst es immer getan hatte, und für einen Moment sah Gero den quirligen Luxemburger wieder vor sich und erinnerte sich an die vielen endlosen Diskussionen, die sie über dieses und jenes geführt hatten.

»Wir waren immer im Angesicht Gottes«, erwiderte er nicht weniger leidenschaftlich. »Aber wenn man zu Unrecht angegriffen wird, muss man sich wehren dürfen. Es ist unehrenhaft, einem Mann die Verteidigung seiner Interessen zu verweigern und gnadenlos dagegen vorzugehen. Ein Löwe, den man in einen Käfig sperrt und mit Lanzen traktiert, wird wütend um sich beißen, wie friedlich er normalerweise auch sein mag.«

»Da stimme ich Euch zu«, erwiderte Erec von Schorenfels überraschend. »Ich werde mir über Euch kein Urteil erlauben, solange ich nicht sicher weiß, welcher Verbrechen Ihr angeklagt werdet. Bis dahin seid Ihr für mich der Mann, der meinen Bruder zuletzt lebend gesehen und ihn mit seinem eigenen Leben verteidigt hat. Ich werde dafür sorgen, dass man Euren Aufenthalt bis zum Eintreffen der Gens du Roi so angenehm wie möglich gestaltet. Was die Franzmänner mit Euch vorhaben, kann ich leider nicht beeinflussen. Aber ich will Euch keine allzu großen Hoffnungen machen. Ihnen eilt ein ziemlich hässlicher Ruf voraus.«

»Ihr geht ein Risiko ein, wenn Ihr mich bevorzugt behandelt«, stellte Gero sachlich fest. »Ihr müsst das nicht tun. Ich hoffe, das ist Euch bewusst.«

»Ich weiß«, erklärte Erec von Schorenfels knapp. »Aber ich will es, weil Ihr Fabius ein guter Freund wart. Ich habe meinen älteren Bruder sehr geliebt, auch wenn er eine ziemliche Schwatznase war und einem mit seiner Besserwisserei das Leben schwer machen konnte.« Er lächelte wehmütig.

»Das stimmt«, gab Gero mit einem ebensolchen Lächeln zurück. »Und tatsächlich habe ich ihn zu Beginn unserer Reise nach Troyes genauso bezeichnet. Aber er hat es mir nicht übel genommen, und nachdem er so heldenhaft ins Paradies aufgefahren ist, habe ich nicht nur seine Gegenwart, sondern auch sein andauerndes Gerede schmerzlich vermisst.«

»Ich werde meine Männer anweisen, dass sie Euch eine etwas größere Zelle mit einem größeren Fenster nach Osten geben, damit Ihr morgens die Sonne aufgehen seht, wenn Ihr Eure Gebete verrichtet. Außerdem werde ich Euch ein paar Wolldecken bringen lassen, besseres Essen und einen Schlauch mit jungem Wein. Falls dies wirklich Eure letzten Tage sein sollten, so will ich, dass Ihr sie im Sinne meines Bruders verbringt.«

»Habt Dank«, erwiderte Gero gerührt, der plötzlich glaubte, Fabius über sich schweben zu sehen, doch das war sicher nur eine Täuschung.

KAPITEL 35

DEZEMBER 1315 –
DEUTSCHE LANDE / MOSEL / BURG WALDENSTEIN

Unerwarteter Besuch

Es regnete in einem fort, als Jacob und seine drei Schützlinge nach einem achtstündigen Ritt mit mehreren Unterbrechungen am Abend Waldenstein erreichten. Immer wieder hatte er darüber nachgegrübelt, wie er Hannah erklären sollte, was mit Gero passiert war und warum er und die anderen Templer nicht mit ihm zurückgekehrt waren. Am liebsten hätte er sich eine weit weniger dramatische Wendung ausgedacht. Aber es hatte keinen Sinn, sie zu belügen. Noch dazu, weil er Gesa und den Jungen dabeihatte, um den es schließlich gegangen war. Auch würde er ihr erklären müssen, wer Mabel war. Vorher hatte er seine drei Begleiter darauf eingeschworen, dass sie mit niemandem über die Ereignisse auf der Breidenburg reden durften.

Und zu Mabel sagte er: »Auf Waldenstein wissen nicht alle, wer wir sind und was wir erlebt haben, deshalb ist striktes Stillschweigen angesagt. Rede nur, wenn du gefragt wirst, und sage nichts über deine Herkunft, es sei denn wir sind unter uns. Offiziell und gegenüber der Gräfin bist du die Frau eines getöteten Kaufmanns. Hast du verstanden, was ich dir damit sagen will?«

»Ja, doch«, versicherte sie leicht ungeduldig. »Am besten tue ich so, als wäre ich stumm.«

»Nicht stumm«, entgegnete Jacob mit einem Augenzwinkern. »Verschwiegen. Anselm hat mir erzählt, du arbeitest für einen Geheimdienst. Also wirst du schon wissen, wie ich es meine.«

Mabel stieß einen Seufzer aus und ließ ihren Blick sichtlich beeindruckt über die Mauern der riesigen Festung schweifen, die doppelt so groß war wie die Breidenburg.

Als Erstes kam ihm Roland entgegen, nachdem sie das Burgtor passiert hatten.

»Um Himmels willen, was ist denn mit euch passiert, ihr seid ja vollkommen durchnässt? Wo sind die anderen?«, rief er ihm entgegen, nachdem sie abgestiegen waren und die völlig erschöpften Pferde an die Knappen übergeben hatten.

»Kommt sofort rein und wärmt euch auf! Sonst holt ihr euch noch den Tod.« Sein interessierter Blick lag auf Mabel, die mit leicht geöffnetem Mund den weitläufigen Innenhof und den imposanten Palas bestaunte.

Jacob versuchte, dem hartgesottenen Burgvogt so schonend wie möglich beizubringen, was vorgefallen war, tat sich aber schwer, Mabels Herkunft zu erklären, obwohl Roland inzwischen eingeweiht war.

»Sie kommt aus der Zukunft«, berichtete er ihm leise, nachdem er sich vergewissert hatte, dass ihnen niemand zuhörte.

»Frag mich jetzt bitte nicht, wie sie das angestellt hat, aber sie hatte noch einen Begleiter, der auch von dort kam und Gero und die anderen gut kannte. Sie befand sich zusammen mit dem Mann in Eberhards Gefangenschaft«, berichtete er umständlich. »Ihr Begleiter wurde vor unseren Augen von Enno von Waldeck noch auf der Wehrmauer geköpft. Der Kerl ist noch weniger zurechnungsfähig als Eberhard. Außerdem befanden sich noch Mattes und Wintrich von Achenbach in Eberhards Gewalt. Den Jungen hat er beinahe totgeprügelt. Gero hat in der Not einem Austausch zugestimmt. Er gegen die Frau und den Jungen. Er wäre kein Templer, wenn er sie ihrem Schicksal überlassen hätte. Gero glaubte wohl, seinen Bruder besänftigen zu können, doch der hatte nichts Besseres zu tun, als ihn Balduin von Trier auszuliefern, der ihn der franzischen Inquisition überstellen will.«

»Großer Gott, wie sollen wir das den Frauen beibringen?«

»Frag mich was Leichteres«, stöhnte Jacob aus vollem Herzen.

Glücklicherweise stellte Roland keine weiteren Fragen, sondern winkte sie in den Palas, wo sie in der Halle der Ritter auf die Gräfin trafen, die in einem grünen Kleid aus Genter Damast vor ihnen stand und selbstverständlich sofort wissen wollte, was vorgefallen war. Sie war völlig außer sich, nachdem sie Jacobs stark verkürztem Bericht gelauscht hatte.

»Wir müssen gleich morgen früh etwas unternehmen, Roland«, bestimmte sie aufgebracht. »Du musst unsere Männer zusammenrufen und am besten sofort einen Boten zu den Lichtenbergern entsenden und dort um deren Unterstützung bitten. Ich werde Balduin von Trier höchstpersönlich den Krieg erklären, wenn er den Jungen nicht unverzüglich auf freien Fuß setzt. Immerhin ist Gero nun Graf von Waldenstein.«

Roland kniff die Lippen zusammen, bevor er zu einer Antwort ansetzte.

»Der Rang spielt bei einer solchen Geschichte keine Rolle. Wenn überhaupt, geht es um Geld, aber ich fürchte, bei dieser Sache kann selbst das nichts ausrichten.«

»Das ist mir egal«, rief sie entrüstet. »Ich will, dass du unsere Männer sofort zu den Waffen rufst!«

Hannah hatte in nervöser Erwartung in ihrer Schlafkammer im zweiten Stock gesessen und für einen Moment das kleine Fenster geöffnet, das mit gelben bleiverglasten Scheiben bestückt war, um ein bisschen frische Luft reinzulassen. Umso überraschter war sie, als sie Jacob mit der fremden Frau und Mattes und Gesa bemerkte, wie sie auf zwei Pferden zum Burgtor hereingeritten kamen. Ihr erster Gedanke hatte Gero gegolten und der Frage, warum er nicht mit ihnen zusammen zurückgekehrt war. Beunruhigt sprang sie auf, um nach unten zu gehen und zu erfahren, was hinter Jacobs unerwartetem Auftritt steckte.

»Wo willst du hin?«, fragte Amelie, die auf dem ausladenden Baldachinbett saß und im spärlichen Schein des Kaminfeuers mit einer Stickerei beschäftigt war. Zusammen mit Freya, die gerade nach dem Abendessen sah, hatten sie darüber spekuliert, wann Rona und Arnaud wieder auftauchen würden. Tom war es noch immer nicht gelungen, Kontakt zu ihnen aufzunehmen. Enttäuscht über seinen Misserfolg hatte er sich in sein Zimmer zurückgezogen und beschäftigte sich hinter verschlossenen Türen mit der neuen Programmierung seines Servers, um den Fehler im System zu finden.

»Ich gehe mal runter und schaue, was da los ist«, sagte Hannah nur und ging zur Tür.

»Mach doch bitte das Fenster zu«, bat Amelie, die sich andauernd beklagte, dass es ihr zu kalt wurde, sobald Hannah in den vom Kaminfeuer stickigen Räumlichkeiten nach frischer Luft verlangte. Doch Hannah war schon halb draußen und überhörte ihren Protest geflissentlich. Sie hatte andere Sorgen.

Eilig lief sie die Treppen hinab, und als sie die Tür zum Rittersaal erreichte, hörte sie, wie die Gräfin sagte: »Das dürfen wir keinesfalls Hannah erzählen. Wenn sie erfährt, dass Gero gefangen genommen wurde und von der franzischen Inquisition verhört werden soll, wird sie sich viel zu sehr aufregen. Das ist überhaupt nicht gut in ihrem Zustand.«

»Zu spät«, rief Hannah und ging mit hämmerndem Herzen auf Jacob zu, der sich mit ernstem Gesicht zu ihr umdrehte. Ihr nächster Blick galt der fremden Frau, die mit Mattes und Gesa zitternd und völlig durchnässt in der Nähe des wärmenden Kaminfeuers verharrte und sich an einem Becher mit dampfendem Inhalt wärmte. Sie war auffällig schön mit langen schwarzen Haaren, die sie zu einem Zopf gebunden hatte, heller Haut und vollen Lippen, die ihr wie die bernsteinfarbenen Augen ein orientalisches Aussehen verliehen. Hannah hätte schwören können, dass sie nicht aus dieser Zeit stammte. Doch bevor sie Fragen stellen konnte, wurde ihr schwindelig, und sie ging in die Knie.

Roland kam ihr rasch entgegen, um sie zu stützen.

»Gott, der Herr, wird ihn beschützen«, versicherte er ihr

und half ihr, sich auf einen Stuhl zu setzen. »Ich werde noch heute Nacht eine Armee zusammenstellen, die nach Vianden zieht und Geros sofortige Herausgabe fordert.«

Hannah spürte, wie sich ihr Magen verkrampfte. Alles drehte sich um sie herum. Sie wollte etwas sagen, aber der Stich, der in ihren Unterleib fuhr, war zu heftig und nahm ihr die Luft. Gleichzeitig spürte sie, wie ihr etwas die Beine hinunterlief. In Panik hob sie ihren Rock, um zu sehen, ob es Blut war, aber es handelte sich um eine klare, klebrige Flüssigkeit. Hatte sie sich vor Angst in die Hose gemacht?

Mit einem Mal stand Freya vor ihr, die aus der Küche gekommen war und einen Teller mit Pfannkuchen in der Hand hielt, den sie nun eilig auf einem Tisch abstellte.

»Hannah«, rief sie und rüttelte an ihr.

Wie durch einen Nebel starrte Hannah auf ihren Mund und folgte ihren Anweisungen, atmete langsam tief ein und aus. Im selben Moment spürte sie Freyas Hand, wie sie unter dem Rock ihre Schenkel hinaufglitt und mit kundigen Fingern ihren hochschwangeren Bauch abtastete.

»Was ist mit ihr?«, hörte sie die Gräfin besorgt fragen.

»Ihr geht Fruchtwasser ab«, erklärte Freya und tastete weiter konzentriert entlang der ausladenden Wölbung. »Und sie hat Wehen. Sie muss sofort ins Bett«, bestimmte sie mit Blick auf Jacob und Roland. »Kann sie jemand in ihre Kammer tragen?«

»Ich mache das«, sagte Jacob und hob Hannah ohne zu zögern vom Stuhl. Sie legte einen Arm um seine Schultern und schaute ihn aus nächster Nähe lächelnd an. »Danke!«, flüsterte sie und legte ihren Kopf an seine Schultern. Dann trug er sie in Richtung Treppenaufgang.

»Bringt die Frau bitte zu Tom«, rief er den anderen zu

und deutete mit einem Kopfnicken auf seine unbekannte Begleiterin. Plötzlich fühlte er sich für beide Frauen verantwortlich.

»Warte, ich komme mit dir«, sagte Freya und folgte Jacob, während er zusammen mit Hannah die Treppe nach oben ging.

Sein Herz schlug heftig, aus Sorge und weil Hannah ihm mehr bedeutete als eine gewöhnliche Freundin. Er war ihr in inniger Minne zugetan, doch davon musste niemand etwas wissen. Am allerwenigstens sie selbst. Die Angst, dass sie sterben konnte, schnürte ihm beinahe die Kehle zu.

»Mach dir keine Sorgen«, murmelte er hastig. »Wir werden nicht zulassen, dass Gero verhört wird«, versicherte er ihr. »Wir holen ihn da raus, versprochen.«

»Wer ist die Frau?«, wollte sie mit schwacher Stimme wissen und sah ihn so durchdringend an, dass er es nicht fertigbrachte, sie zu belügen.

»Ihr Name ist Mabel Mason«, erklärte er, nun doch ein wenig aus der Puste, »sie gehörte zu Jack Tanner.«

»Jack Tanner?«

Freya warf ihm einen verwirrten Blick zu. »Was hat denn der hier zu suchen? Sag nur, er ist uns gefolgt?«

»Das ist eine längere Geschichte, ich erzähle sie Euch, wenn Hannah in ihrem Bett liegt.«

Mabel schaute den dreien fasziniert hinterher. Sie war beeindruckt von dieser gewaltigen Burg und den Menschen, die darin lebten. Und von der Gräfin, die ihr wie eine alternde Fee aus einem unwirklichen Märchenland erschien, in ihrer zartgrünen Seidenrobe und mit dem hüftlangen rotblonden Haar, das von silbernen Fäden durchzogen war. Sie verkündete Mabel in elegantem Altfranzösisch, dass sich umgehend eine Magd um sie kümmern werde.

»Sie wird Euch eine passende Auswahl an trockener Kleidung zur Verfügung stellen«, meinte sie und betrachtete Mabel von oben bis unten mit leicht gerümpfter Nase. »Danach wird sie Euch etwas zu essen und zu trinken bringen. Im zweiten Stock könnt Ihr ein Gästezimmer beziehen und Euch frisch machen. Ihr müsst ja völlig erschöpft sein. Danach sollt Ihr zu Tom gebracht werden, hat unser Burgvogt mir aufgetragen.«

»Danke.« Mabel schaute sich ehrfürchtig um und überließ sich aus der Not heraus einer jungen Frau mit einem weißen Häubchen, das ihre blonden Haare beinahe vollkommen bedeckte. Wenn sie gedacht hatte, der Ritt mit Jacob von Sassenberg quer durch eine raue Landschaft, ohne jedes Zeichen moderner Zivilisation, wäre das Abenteuerlichste, was ihr je widerfahren war, so hatte sie sich getäuscht. Diese gigantische Burg mit den Wachen und den zahllosen Bediensteten, dazu der offensichtliche Komfort für die Zeit, in der sie sich befand, ließen sie sprachlos werden.

Nachdem die junge Magd sie in der burgeigenen Küche an einem blank gescheuerten Esstisch mit heißem Gewürzwein, einer Hühnerbrühe und phantastisch schmeckenden Pfannkuchen versorgt und ihr gezeigt hatte, wo die archaischen Toiletten zu finden waren, brachte sie Mabel zu ihrem Zimmer. Die junge Frau sagte nichts, als Mabel ihre durchnässten Jeans auszog und ihr knapper Slip zum Vorschein kam. Sie half ihr ohne ein Wort der Erklärung in ein blütenweißes Unterkleid und bedeutete ihr, dass sie den Pullover ausziehen sollte. Mabel beschloss, ihren BH vorerst anzubehalten, was die Magd mit einem seltsamen Blick honorierte.

Es folgten noch zwei weitere Lagen an Kleidern. Mabel beobachtete beinahe andächtig, wie die Frau ihr ein roséfarbenes Unterkleid mit langen Ärmeln über den Kopf zog und ihr danach ein ärmelloses Überkleid aus fest gewebtem rostroten Stoff überstreifte. Geschickt zog sie an ein paar Schnüren und brachte das Kleid auf Figur. Dann half sie ihr aus den durchnässten Strümpfen und hielt einen Moment inne, offenbar fasziniert von deren fremder Machart. Anschließend streifte sie ihr farblose genähte Strümpfe über, die bis zu den Oberschenkeln reichten und die sie mit einem seidigen Band an einem Stoffgürtel befestigte, den sie ihr zuvor um die Taille gebunden hatte. Fasziniert schlüpfte Mabel danach in die dunkelblauen Schnabelschuhe aus weichem Leder, die ihr die Magd auffordernd entgegenhielt und die tatsächlich passten und kaum getragen aussahen. Ihre feuchten Sachen hing die junge Bedienstete über einen Stuhl und stellte ihn in die Nähe des Kaminfeuers.

Ohne ein weiteres Wort brachte das Mädchen sie in den zweiten Stock, und Mabel bewunderte das großzügige Treppenhaus und die hohen Decken. Die massiven Säulen waren mit verschiedenen aus Kalkstein gehauenen Skulpturen geschmückt, darunter Drachenköpfe und hässliche Fratzen, aber auch Männer mit Turbanen und Tiere, die trotz ihrer abstrakten Struktur als Löwen, Kamele und Bären zu erkennen waren. Die Wände auf den Fluren waren mit schweren orientalischen Teppichen behangen. Überall brannten Fackeln, die in eisernen Wandhaltern steckten. Es roch überall nach Bienenwachs, Weihrauch und Rosenöl.

Vor lauter Faszination wäre sie beinahe an ihrer Begleiterin vorbeigelaufen, die an einer dicken Eichenholztür stehen geblieben war und zaghaft klopfte.

Als die Tür sich einen Spaltbreit öffnete, schaute sie in das schmale Gesicht eines bärtiges Mannes, der vielleicht Mitte dreißig war und sie mit seinen braunen Locken, die ihm bis auf die Schultern reichten, ein bisschen an Jacob erinnerte. Doch seine braunen Augen waren längst nicht so sanft und gütig und vor allem nicht so unergründlich und interessiert. Es war eher eine Art Dackelblick, nicht wachsam oder gar neugierig, sondern eher genervt oder allenfalls erstaunt.

»Tom Stevendahl?«, fragte Mabel und überraschte ihn offenbar damit, dass sie seinen Namen kannte.

»Ja bitte?«, erwiderte er auf Deutsch.

»Darf ich reinkommen?«, fragte Mabel auf Englisch.

Sie sagte der jungen Frau, die bis hierhin nicht von ihrer Seite gewichen war, auf Französisch, dass sie gehen könne, was sie dann auch tatsächlich tat, offenbar froh darüber, entlassen zu sein. Der Blick, den sie Tom zuwarf, erschien Mabel seltsam ängstlich bis ablehnend.

»Kommen Sie rein«, erwiderte Tom nun ebenfalls auf Englisch und verriegelte die Tür hinter ihr, nachdem Mabel eingetreten und die Bedienstete gegangen war.

»Lassen Sie mich raten, Sie sind nicht von hier?« Dabei schaute er kritisch auf sie herab. Er war ziemlich groß und ziemlich schlaksig, was auch die mehrlagige mittelalterliche Kleidung nicht verbergen konnte. Dass er Gero und seinen Kameraden in punkto Sportlichkeit und Kraft nicht das Wasser reichen konnte, sah Mabel sofort. Obwohl sie ihn nicht kannte und er auch keinen besonders zugänglichen Eindruck machte, tat er ihr leid. Er schien sich in dieser Umgebung genauso fremd und unerwünscht zu fühlen wie sie selbst. Ähnlich einem Fisch, den man versehentlich ins falsche Aquarium gesetzt hatte. Als sie nichts sagte, sondern ihn weiterhin prüfend betrachtete, blitzte in seinen so treuen Augen Argwohn auf, und seine ansonsten glatte Stirn kräuselte sich.

»Mein Name ist Mabel Mason«, klärte sie ihn in der Hoffnung auf, dass er nicht gleich auf sie losgehen würde, wenn sie mit der Wahrheit ins Haus fiel. »Ich bin eine Mitarbeiterin von Jack Tanner.«

Seine Kinnlade fiel herunter, und es sah beinahe lustig aus, wie er sie mit offenem Mund begaffte, als ob sie zu einer seltenen Affenart gehörte.

Wenn sie ihn hatte überraschen wollen, so war ihr das gelungen.

»Ist der etwa auch hier?«, fragte er tonlos.

»Nein, er ist tot«, antwortete Mabel mit bebender Stimme. »Wurde geköpft bei dem Versuch, dem Bruder des hiesigen Burgherrn zu entkommen.«

»Sorry, ich muss mich setzen«, verkündete Tom sichtlich schockiert und ließ sich auf seinem ordentlich gemachten Baldachinbett nieder.

»Ich mich bitte auch« erwiderte Mabel atemlos und ließ sich auf einem der beiden Stühle nieder, die wohl für Besucher gedacht waren.

»Dann wissen Sie ja wahrscheinlich auch schon, wer ich bin«, fuhr er fort und strich sich nervös über den Nacken. »Und falls nicht: Ich bin Tom Stevendahl, ehemaliger Leiter des Projekts C. A. P. U. T.«

»Jacob von Sassenberg hat mich auf dem Weg hierher aufgeklärt, und natürlich hat Jack von Ihnen erzählt«, erwiderte sie und lächelte verunsichert. Dem Mann gegenüber zu sitzen, der zusammen mit einem anderen deutschen Professor die ganze Sache ins Rollen gebracht hatte, machte sie ziemlich nervös.

»Wie sind Sie hierhergekommen und was hat das alles zu bedeuten?« Er schaute ihr geradewegs in die Augen.

Sie dachte erst gar nicht daran, ihm irgendeine erfundene Geschichte aufzutischen, sondern berichtete ihm wahrheitsgemäß, was in den letzten Wochen, die sie im Jahr 2015 verbracht hatte, vorgefallen war. Auch dass sie es gewesen war, die ihnen mit einem ausgefeilten Computerprogramm bei der Suche ihrer Gesichter in den sozialen Netzwerken auf die Spur gekommen war. Und, dass sie bei ihrer Recherche im Darknet auf weitere Frequenzsteine bei einem Reliquienhändler in Äthiopien gestoßen war. Zerknirscht klärte sie ihn über ihre eigenen Fähigkeiten auf und dass sie dringend sein Wissen benötigte, um die Hintergründe ihres Auftrags besser zu verstehen.

»Wissen Sie überhaupt, für wen Sie da arbeiten?«, fragte Tom mit einem vorwurfsvollen Unterton in der Stimme. »Diesen Leuten geht unser wissenschaftlicher Ansatz vollkommen – entschuldigen Sie – am Arsch vorbei. Denen geht es nur um Macht und Profit. Ich bin das beste Beispiel dafür. Solange ich ihnen dienlich war, habe ich nicht nur glänzend verdient, sondern auch alle Mittel erhalten, mit denen ich meine wissenschaftlichen Erkenntnisse vorantreiben konnte. Doch spätestens in dem Moment, als wir etwas ganz Großem auf der Spur waren, hat sich das Blatt gewendet. Es fing damit an, dass man meine Anweisungen nicht befolgt hat und Waffen mit auf die Reise ins zwölfte Jahrhundert nehmen wollte. Mit dem bekannten Ergebnis, dass der Server bei einer Explosion fast zerstört wurde und Agent Tapleton zu Gulasch verdampft ist. Woraufhin es nicht mehr möglich war, die Leute, die wir einmal auf den Weg geschickt hatten, zurück in die Zukunft zu holen. Ihrer Regierung ging derweil der Hintern auf Grundeis, und das gesamte Programm wurde auf Weisung des Präsidenten vorübergehend eingestellt, anstatt mit mir und den anderen wissenschaftlichen Mitarbeitern nach Lösungen zu forschen, wie man die Expeditionsteilnehmer vielleicht doch zurückholen könnte. Als Tanner es dann auf ominöse Weise geschafft hatte, in unsere Zeit zurückzukehren, wurde darüber kein Wort verloren, und anstatt mich und mein Team zurück ins Projekt zu holen, haben die betreffenden Verantwortlichen versucht, ihr eigenes Süppchen zu kochen und sind kläglich gescheitert.«

»Aber Paul Colbach und Sie haben doch auch ohne Genehmigung des Präsidenten weitergeforscht?«, widersprach sie ihm vehement. »War das nicht ein unglaublicher Vertrauensbruch?«

»Paul und mir blieb gar nichts anderes übrig«, erklärte er ihr und fuhr sich genervt durch die braunen Locken. »Um herauszufinden, was mit Hannah und den anderen geschehen ist, musste ich diesen Schritt gehen. Ich fühlte mich verantwortlich für sie und die ganze Misere, obwohl ich nichts dafür konnte, dass General Lafour und seine Leute meine Anweisungen ignoriert haben.«

»Aber ihrer Freundin gehts doch gut. Ich habe gesehen, sie ist schwanger und mit diesem Templer verheiratet, dem offenbar diese gigantische Burg gehört, auf der wir uns gerade befinden. Sie machte mir nicht den Eindruck, als ob sie gezwungen wurde, hierher zurückzukehren.«

»Natürlich wurde sie gezwungen«, widersprach ihr Tom aufgebracht. »Es fing schon damit an, dass Lafour und seine Leute die fünf Templer, die wir zuvor ins Jahr 2004 transferiert hatten, zu einer Expedition ins zwölfte Jahrhundert genötigt haben. In einer ähnlichen Weise, wie Paul nun gedrängt wurde, Jack Tanner hierher zu transferieren. Man hat den Templern damit gedroht, sie von ihren Frauen zu trennen, falls sie nicht mitarbeiten. Was hätten sie denn tun sollen? Gestrandet in einer vollkommen fremden Welt und nicht in der Lage, selbstständig nach Hause zurückzukehren?«

»Jack hat mir erzählt, die Templer hätten zurückgewollt, um ihren Orden vor dem Untergang zu bewahren«, verteidigte Mabel ihre Auftraggeber.

»Ja, klar«, erwiderte Tom mit einem sarkastischen Grinsen. »Als ob das je eine Option gewesen wäre. Man benötigte menschliche Versuchskaninchen, um hinter das Geheimnis des Ordens zu kommen. Man wollte die Ursprünge des CAPUT ergründen, dessen Frequenzquarz seinem Besitzer nicht nur Zeitreisen ermöglicht, sondern gottähnliche Fähigkeiten verleiht. Jack hat diese Möglichkeiten selbst erfahren, indem er sich ohne den Einsatz eines CAPUT ins Jahr 2005 zurückbeamen konnte. Und das nur, weil er sich in einer Höhle aufgehalten hat, in der es ein massives Vorkommen dieses Quarzgesteins gab. Wie Sie vielleicht schon herausgefunden haben, erzeugt dieses Gestein eine intensive Gammastrahlung, die nicht nur einen direkten Einfluss auf das Bewusstsein eines Menschen nimmt, sondern jedem damit konfrontierten Individuum ermöglicht, direkten Einfluss auf die Realität zu nehmen. Allerdings nur, wenn man damit umzugehen weiß. Falls nicht, kann die ganze Geschichte schnell im absoluten Chaos enden. Der Untergang der Welt ist in diesem Fall kein Hirngespinst, sondern eine überaus grausame Folge. Auf der anderen Seite hat man enorme

Einflussmöglichkeiten, falls man diese Kräfte zu lenken weiß. Was aber eine ziemliche Ausnahme sein dürfte. Selbst die Templer haben diese Gabe nicht inflationär genutzt, weil ihnen die damit verbundenen Gefahren durchaus bewusst waren. Ansonsten hätten sie wohl kaum ihren Untergang zugelassen. Natürlich weckt das Begehrlichkeiten. Das wussten auch die Templer und haben diese Höhle deshalb geheim gehalten. So wie es aussieht, ist es bis heute niemandem gelungen, sie wiederzufinden. Und wenn Sie mich fragen, ist das auch gut so.«

»Waren Sie auch in der Höhle? Oder wie ist es ihnen allen gelungen, zurück ins Jahr 2015 zu gelangen? Und am Ende dann wieder hierher zurückzukehren?«

»Ich besitze einen eigenen Server«, antwortete er und deutete auf eine verschlossene Eichenholztruhe, die neben dem Bett stand. »Und Rona besitzt einen weiteren.«

»Die Frau aus der Zukunft?«, fragte Mabel vollkommen fasziniert. »Ist sie auch hier?«

»Nein«, gab Tom nüchtern zurück. »Ich habe sie in eine andere Zeitebene transferiert, weil sie dort noch etwas zu erledigen hatte.«

»Wow!«, meinte sie mit einem verblüfften Lachen. »Das hört sich ja echt an wie Science Fiction.«

»Es ist Science Fiction«, antwortete ihr Tom Stevendahl ernst. »Falls Sie das bis hierhin noch nicht realisiert haben. Wir können längst nicht alles erklären und wissen im Grunde kaum etwas darüber, was in Wahrheit hinter der Kraft dieses Steins steckt. Wie Sie selbst wahrscheinlich am besten wissen, gibt es unzählige Theorien, die Zeit und Raum erklären. Wobei immer deutlicher wird, dass das gesamte Universum mit all seiner vermeintlichen Materie und

Energie in Wahrheit aus reiner Information, also nicht aus Teilchen, sondern vordergründig aus Wellen oder besser gesagt Schwingungen besteht. Und wir sind Teil dieser Schwingungen. Unter bestimmten Voraussetzungen sind wir in der Lage, diese Schwingungen zu verändern und damit alles, was unsere Realität ausmacht. Das Ganze wird über Frequenzen gelenkt. Und es sieht ganz so aus, als ob die Templer die Urquelle dieser Frequenzsteuerung entdeckt haben. Man nennt es auch den Heiligen Gral, weil es der quantenphysische Schlüssel zur Entstehung der Welt ist. Und er kann genauso gut ihr Untergang sein.«

»Das ist eine echt abgefahrene Story«, gab Mabel sichtbar ergriffen zurück. »Und das Charmante daran ist, dass ich sie ohne Weiteres nachvollziehen kann und sie nichts mit irgendwelchen Religionen zu tun hat und außerdem keiner wie auch immer gearteten mystischen Schwangerschaft bedarf.«

»Es ist nicht der Verdienst der Templer, dass ein solches Frequenzgestein existiert. Das Material scheint durch Meteoriteneinschläge auf die Erde gekommen zu sein. Seine Wirkung wurde nur deshalb bis in unsere Zeit nicht erkannt, weil es sich im Inneren der Erde befindet und durch andere Gesteinsschichten isoliert ist. Das macht die ganze Geschichte so gefährlich. Niemand weiß, wie viele Quellen davon existieren. Wenn die falschen Leute dieses Material in die Hände bekommen und womöglich in einer größeren Menge, ist nichts mehr, wie es einmal war.«

»Davon hat Jack auch gesprochen, aber es war mir nicht klar, wie brisant diese Erkenntnis ist. Nun verstehe ich auch, warum die Templer alle so geheimnisvoll tun und es durchaus gefährlich sein könnte, wenn Gero von Breydenbach in die Hände der Inquisition gerät.«

»Er wird dichthalten. Ganz gleich, was man mit ihm anstellt«, erklärte Tom mit einem Grinsen. »Auch wenn er zu meinen liebsten Feinden zählt, respektiere ich seinen Mut und seine Zuverlässigkeit. Ihm würde selbst unter der schrecklichsten Folter kein Wort über die Lippen kommen.« Tom kniff die Lippen zusammen und schaute Mabel ernst an. »Was hat Hannah gesagt, als sie hörte, dass man Gero gefangen hält?«

»Ich weiß es nicht«, antwortete Mabel. »Ich hatte keine Gelegenheit, mit ihr darüber zu sprechen. Aber ich fürchte, es geht ihr nicht gut. Als sie es erfahren hat, ist sie zusammengebrochen. Aber es war sofort jemand da, der sich um sie gekümmert hat.«

»Sie haben mir erzählt, dass Paul vorhatte, Agent Tanner in knapp drei Wochen in Ihre Zeit zurück zu transferieren. Steht der Deal noch?«

»Ja, wobei ich natürlich keine Ahnung habe, was nach meinem ungeplanten Verschwinden passiert ist. Vielleicht hat er ja versucht, uns zurückzuholen, und es ist ihm nicht gelungen.«

»Ich sehe trotz allem noch eine Möglichkeit, zu Paul Kontakt aufzunehmen«, murmelte Tom nachdenklich.

»Kontakt?« Mabel hob ihre fein geschnittenen Brauen. »Wie?«

»Meine Programmversion macht es möglich, dass man sich von Server zu Server verbinden kann, auch über verschiedene Zeitebenen hinweg. Vorausgesetzt, man hat die Geodaten des anderen Servers. Das funktionierte schon, als Paul mich ins Jahr 1315 transferiert hat.«

»Davon hat er gar nichts erzählt«, antwortete sie. »Dabei wäre es doch wichtig gewesen, so etwas zu wissen.«

»Wahrscheinlich wollte Paul keine schlafenden Hunde wecken«, vermutete Tom mit einem resignierten Lächeln. »Aber jetzt, wo Tanner tot ist und Sie hier gestrandet sind, müssen wir uns etwas einfallen lassen. Nicht nur, um Ihr Leben und das von Paul Colbach wieder in Ordnung zu bringen. Auch um Gero von Breydenbach aus den Händen seiner Gegner zu retten. Deshalb schlage ich vor, wir machen uns so schnell wie möglich zur Breidenburg auf und versuchen, von dort aus Kontakt zu Paul aufzunehmen.«

»Und wie soll das funktionieren?« Mabel schaute ihn zweifelnd an. »Vielleicht ist er ja gar nicht mehr dort?«

»Das spielt in unserem Fall keine Rolle«, erklärte Tom. »Es reicht, dass er dort war. Ich werde versuchen, ihn in dem Radius zu kontaktieren, indem Sie sich damals mit Tanner befunden haben.«

»Aber was ist, wenn uns die Wachen der Breidenburg erwischen und uns auf ewig in ihren finsteren Kerker sperren?«

»Dann müssen wir eben Personenschutz engagieren«, sagte er mit einem Grinsen. »Wir werden Roland von Briey und Jacob von Sassenberg fragen, ob sie uns sicheres Geleit geben können.«

Tom wartete Mabels Zustimmung nicht ab, sondern gab ihr ein Zeichen, ihm zu folgen. Er wusste, dass dies seine Stunde sein würde, um Fehler, die er in der Vergangenheit gemacht hatte, bei Hannah wiedergutzumachen. Und noch etwas beschäftigte ihn. Tanners Tod widersprach Ronas Visionen. Wenn sie bei ihrem ersten Trip in der Höhle der Templer tatsächlich eine neue, furchtbare Variante der Zukunft gesehen hatte, war das nun hinfällig. Tanner war tot und konnte Ronas Meister nicht mehr als Vorbild für die Errichtung einer weltweiten Schreckensdiktatur dienen.

Mabel folgte ihm hinunter in den zweiten Stock, wo sie ein weißes Hündchen schwanzwedelnd empfing. Es hockte kläffend vor Hannahs Zimmertür und knurrte Tom an, als er näher kam, als ob er der neue Gralswächter persönlich wäre.

Auf Toms Klopfen hin öffnete Jacob die Tür, um sie hereinzulassen. Der Hund wollte auch mit, aber Freya, die sich um Hannahs Gesundheitszustand sorgte, scheuchte ihn wortreich hinaus.

Hannah lag schweißgebadet in ihrem riesigen Bett. Sie war erschreckend bleich, mit dunklen Rändern unter den Augen.

Amelie stand hinter dem Bett und assistierte Freya an einem Tischchen bei der Zubereitung streng riechender Kräutermixturen. Im offenen Kamin brannte das Feuer eine Spur zu heftig, und Tom fühlte sich im Nu wie in einer Sauna, zumal alle Fenster geschlossen waren.

»Meine Güte, lasst doch mal ein bisschen frische Luft herein«, protestierte er. »Kein Wunder, wenn Hannah sich nicht wohl fühlt.«

»Mach hier keinen Aufstand«, fuhr ihn Freya an. »Hannah hat verfrühte Wehen und darf sich nicht aufregen.«

»Frische Luft schadet nicht, hat meine Großmutter immer gesagt«, widersprach Tom und setzte sich zu Hannah ans Bett.

»Hallo, Tom«, begrüßte sie ihn schwach und nickte seiner fremden Begleitung zu.

»Tut mir ehrlich leid, das mit Gero«, erklärte Tom nun erheblich sanfter. »Aber ich bin sicher, seine Brüder holen ihn da raus. Und wenn nicht, habe ich auch noch eine Idee.«

»Ja, darauf vertraue ich auch. Ehrlich gesagt bleibt mir in meiner Situation auch gar nichts anderes übrig.« Ihr resignierter Blick blieb an Mabel haften. »Ich sehe, ihr habt euch schon bekannt gemacht. Jacob hat mir gesagt, wer sie ist.«

Jacob stand neben ihr an den Bettpfosten gelehnt und beobachtete die gesamte Situation mit angespannter Aufmerksamkeit.

»Ich bin Mabel Mason«, stellte sie sich vor und streckte Hannah die Hand entgegen.

Hannah ignorierte die Geste und schaute sie durchdringend an. »Also«, begann sie leise, aber bestimmt, »haben wir es Ihnen zu verdanken, dass mein Mann in einem finsteren Kerker sitzt und ich nun vorzeitige Wehen habe.«

»Es tut mir leid«, flüsterte Mabel und schüttelte den Kopf.

»Haben Sie überhaupt eine Ahnung, an wen Sie Ihre Seele verkauft haben?«, fragte Hannah in einem provozierenden Ton. »General Lafour ist kein loyaler Partner Ihrer Regierung. Er hat sich schon zu aktiven Zeiten verselbstständigt und ohne das Wissen Ihres Präsidenten die Dinge in die Hand genommen, so wie er es für richtig hielt. Er und Tanner wollten das Geheimnis des Ordens für sich ergründen, um selbst das Präsidentenamt zu erlangen. Und in ihrem Vorgehen haben sie sich im Übrigen nicht sonderlich von den Machenschaften der sogenannten Heiligen Inquisition dieser Tage unterschieden. Daher habe ich wenig Neigung, Tom zu raten, Ihnen zu vertrauen.«

Tom hatte Hannah selten so wütend gesehen, außer wenn sie sich mit ihm gestritten hatte. Wenn es um Gero ging, verstand sie keinerlei Spaß und kämpfte wie eine Löwin für seine Interessen.

»Ich habe Mabel bereits hinreichend über Lafours und Tanners miese Charaktereigenschaften aufgeklärt«, versuchte er Hannah zu beschwichtigen. »Ich glaube, sie hat verstanden, worum es uns geht. Sie hat uns ihre Hilfe angeboten und ist trotz der damit verbundenen Gefahren bereit, zur Breidenburg zurückzukehren, um Kontakt zu Paul aufzunehmen, damit er uns helfen kann.«

»Helfen kann?«, ereiferte sich Hannah und bekam nun doch wieder Farbe ins Gesicht. »Wobei? Damit Lafour noch mehr Söldner in diese Zeit schicken und einen Krieg gegen den Erzbischof von Trier anzetteln kann?«

»Das wäre keine so schlechte Idee, wenn die Jungs entsprechend ausgerüstet wären«, sagte Tom nüchtern. »Da wir wegen der Explosionsgefahr keine modernen Waffen transferieren dürfen, wäre es wohl ein zu großes Risiko.«

Mabel horchte auf. »Tanner meinte, es wäre kein Problem, eine Pistole mitzunehmen. Er hatte eine Waffe für den Transfer vorgesehen«, berichtete sie nachdenklich. »Aber er wollte sie erst transferieren, nachdem er selbst den Transfer absolviert hatte.«

»Vielleicht war das der Grund, warum alles schiefgegangen ist« warf Hannah mit leicht ironischer Stimme ein. »Anscheinend hatte er noch immer nicht dazugelernt. Sonst hätte er es gelassen.«

»Aber das Pferd und ich haben es doch auch geschafft«, entgegnete Mabel kopfschüttelnd.

»Vielleicht hat Paul die Waffe hinterhergeschickt«, überlegte Tom. »Ist sie denn bei euch angekommen?«

»Nein, soweit ich sagen kann, nicht. Sonst hätten die Söldner sie sicher beim Durchsuchen unserer Sachen gefunden. Diese Typen haben sich schon total über mein Mobiltelefon aufgeregt und es an Ort und Stelle in seine Einzelteile zerlegt.«

»Wie auch immer«, schloss Tom die Diskussion, »ich halte es trotz aller Vorbehalte für die beste Idee, zur Breidenburg zurückzukehren und zu versuchen, zu Paul Kontakt aufzunehmen. Falls es uns gelingt, könnte er Gero vermutlich befreien. Aus zukünftiger Sicht ist die Festung noch existent und nur einen Steinwurf von der Breidenburg entfernt. Geros DNA ist in Pauls Quantenkartuschen gespeichert, und es wäre somit kein großes Ding, ihn von dort aus in die Zukunft zurückzuholen und ihn vor dem Zugriff jeglicher Inquisitoren zu retten.«

»Wie soll das denn gelingen, wenn Pauls Server geschrottet wurde?«

Hannah schien nicht sehr optimistisch zu sein, und in diesem Fall musste Tom ihr recht geben.

»Paul hat alles, um auf die Schnelle einen neuen Server bauen zu können«, hielt Mabel dagegen. »Er hat einen Prototyp, er hat die Quantenkartuschen, und was am aller wichtigsten ist, er hat die Ersatzsteine, die ich bei einem Antiquitätenhändler in Äthiopien gekauft habe. Also falls er tatsächlich ein Problem mit dem Server haben sollte, stehen ihm alle Möglichkeiten zur Verfügung, die Kiste wieder ans Laufen zu bringen. Und wie wir wissen ist Zeit bei dieser Geschichte relativ.«

»Und was ist mit Lafour und seinen Helfershelfern?«, fragte Hannah misstrauisch, obwohl sie bereits neue Hoffnung schöpfte.

»Lafour und Tanner haben die Aktion ohne die Mitwirkung des Präsidenten und seines Beraterstabs geplant«, erklärte Mabel mit einem Schulterzucken. »Soweit man mir gesagt hat, wollten sie erst sicherstellen, ob ihre Bemühungen Aussicht auf Erfolg haben. Ich weiß nicht, was sie ihren Vorgesetzten erzählt haben, aber da das Projekt offiziell eingestellt wurde und sie nur noch für die Nachbereitung zuständig waren, gab es niemanden, der sie kontrolliert hat und dem sie Rechenschaft hätten ablegen müssen. Und weil ich offiziell von der NSA übernommen wurde, benötigten sie weder eine gesonderte Genehmigung, mich zu beschäftigen, noch eine zusätzliche Stelle. Sie haben mich einfach auf Toms verwaisten Posten gesetzt und mir den Auftrag erteilt, die Funktionsweise des Servers zu erforschen. Ich gebe zu, ich habe nicht protestiert, weil mir der Job interessant und ziemlich lukrativ erschien. Ich dachte, ich diene meinem Land, wenn ich tue, was man von mir erwartet. Und offen gesagt, war ich viel zu wissbegierig, um den Job zu hinterfragen. Darauf, selbst mal irgendwann in einer siebenhundert Jahre entfernten Vergangenheit zu landen, war ich nicht vorbereitet.«

»Aber Paul hat Sie nicht freiwillig mit Informationen versorgt?«, stellte Hannah noch einmal klar.

»Nein«, gestand Mabel kleinlaut. »Man hat seine Familie in eine Art Geiselhaft genommen. Aber es war nicht meine Idee, und ich fand das auch überhaupt nicht in Ordnung«, rechtfertigte sie sich verzweifelt. »Im Augenblick habe ich selbst keine Ahnung, was geschieht, falls ich zurückkehre, vor allem wie ich General Lafour erklären soll, dass Tanner tot ist. Aber ich bin sicher, dass Paul versuchen wird, uns zurückzuholen, allein schon, weil er ansonsten um die Sicherheit seiner Familie fürchtet.«

»Die Frage ist doch, ob Sie unter diesem neuen Aspekt verstanden haben, was Tanners Ambitionen waren, hierher zurückzukehren«, erwiderte Hannah scharf. »Lafour und ihm war es gleichgültig, ob sie damit Existenzen zerstören.

Ich hoffe, Ihnen ist nun klar, was das bedeutet, und Sie wissen zukünftig, wem Sie ewige Treue geschworen haben und ob dieser Schwur weiterhin gilt.«

»Ich werde auf keinen Fall weiter für Lafour arbeiten«, erklärte Mabel schuldbewusst. »Falls ich jemals wieder nach Hause zurückkomme, werde ich alles ans Licht bringen und die Regierung umgehend über Lafours Machenschaften aufklären. Tom hat mir alles erzählt. Es tut mir aufrichtig leid, dass Sie vor Lafour und Tanner flüchten mussten. Und was nun mit Ihrem Mann passiert ist. Er hat mir mit dem Austausch das Leben gerettet. Allein schon deshalb fühle ich mich Ihnen aus tiefstem Herzen verpflichtet, und ich werde alles tun, um zu helfen, wenn ich kann.«

Hannah blieb gar nichts anderes übrig, als sich überzeugen zu lassen. Ihr besorgter Blick wanderte zu Tom, der mit nachdenklicher Miene zugehört hatte.

»Ihr könnt unmöglich allein zur Breidenburg reiten«, sagte sie. »Schon gar nicht mit dem Server im Gepäck. In den Wäldern wimmelt es von Straßenräubern. Ganz zu schweigen davon, was Eberhard mit euch anstellt, sobald ihr sein Land betretet. Zu welchen Gräueltaten er und sein feiner Freund fähig sind, hat man ja bei Jack Tanner gesehen.«

»Ich dachte, Jacob und Roland könnten uns begleiten«, bemerkte Tom mit Blick auf Jacob von Sassenberg.

»Ich wollte eigentlich noch heute Nacht nach Bettnach reiten«, wiegelte Jacob ab. »Um mich dort mit den übrigen Brüdern zu treffen. Wir wollen uns einer geheimen Truppe ehemaliger Templer anschließen und einen Plan ausarbeiten, wie wir Gero befreien können.«

»Und falls das nicht gelingt, benötigen wir einen Joker«, warf Tom aufgebracht ein.

Jacobs zweifelnder Blick wanderte zu Hannah. »Was denkst du?«

»Ob ich will oder nicht, ich muss Tom recht geben. Wir müssen nach jedem Strohhalm greifen, auch wenn ich nicht sicher bin, ob die Aktion mit Paul erfolgreich sein wird. Hinzu kommt, dass ich mich ungern noch einmal mit General Lafour konfrontiert sehen möchte, und schon gar nicht will ich seine Hilfe in Anspruch nehmen. Aber in einer solchen Situation bleibt uns wahrscheinlich nichts anderes übrig. Ich wäre dir dankbar, Jacob, wenn du die beiden begleiten würdest. Wobei mir wohler wäre, wenn Roland dir wenigstens ein paar seiner Söldner an die Seite stellen könnte.«

»Na gut«, beschloss Jacob und richtete sich mit einem leichten Seufzer auf, »dann gehe ich zu Roland und höre, was sich machen lässt.« Noch während er zur Tür ging, bedachte er Tom und Mabel mit einem ernsten Blick. »Falls alles klappt, sind wir morgen bei Sonnenaufgang abmarschbereit.«

KAPITEL 36

DEZEMBER 1315 –
HERZOGTUM LOTHRINGEN / MOSEL / BETTNACH WEILER

Geheime Bruderschaften

Anselm und die sieben verbliebenen Templer waren vollkommen durchnässt, als sie bei Dunkelheit die eindrucksvolle Abtei von Bettnach-Weiler erreichten, die auch noch siebenhundert Jahre später zahlreiche Touristen anziehen würde.

An der Klosterpforte gaben sie sich als Gesandte des franzischen Königs aus, was aufgrund der exzellenten Pergamente, die Anselm ihnen angefertigt hatte, nicht angezweifelt wurde. Im Gegenteil, man hatte ihnen bei den Kontrollen an den Zollstationen einen beinahe unterwürfigen Respekt entgegengebracht. Was zum einen daher rühren mochte, dass die Grenze zum franzischen Königreich nicht weit war, zum anderen, dass die Herzogtümer, die sie auf ihrem Ritt durchquert hatten, mit der franzischen Krone paktierten.

Der Pförtner der Abtei hingegen begrüßte sie misstrauisch und meinte, er müsse zuerst den Abt fragen, bevor er ihnen Einlass gewähren dürfe.

Anselm und die anderen warteten ungeduldig, auch weil die Kälte mehr und mehr in ihre Glieder kroch. Sie atmeten erleichtert auf, als der Pförtner zurückkehrte und ihnen erlaubte, die Pferde in den Stallungen unterzustellen und im Refektorium eine warme Mahlzeit einzunehmen und ihre Kleider am Kamin zu trocknen.

Abt Johannes, der das Amt nach dem Tod von Abt Gerhard übernommen hatte, begrüßte sie freundlich, wenn auch zurückhaltend, und hörte aufmerksam zu, als sie nach Simon de Cornus fragten, einem einfachen Bruder, der in der Abtei seinen Dienst als geläuterter Bruder des Tempels versah. Man hatte den Mann aus der Grafschaft von Bar nach dem großen Prozess gegen den Orden zur Strafe mit den niedrigsten Arbeiten betraut.

»Was wollt Ihr von ihm?«, fragte der Abt mit wachsamem Blick, der laut Wintrich weder eingeweiht war noch von Bruder Simons Vorleben wusste, außer, dass er ein verurteilter Templer gewesen war. Auch war er nicht über die Aktivitäten der geheimen Bruderschaft informiert, für die Bruder Simon ohne sein Wissen weiter arbeitete. Die größte Sorge des Abtes schien es ohnehin zu sein, bei irgendwelchen Obrigkeiten unangenehm aufzufallen. Sichtlich beunruhigt über die unvermittelte Störung durch vermeintlich franzische Söldner bedachte er die Templer mit einem kritischen Blick.

»Ich kenne Bruder Simon aus meiner Heimat«, versicherte ihm Stephano de Sapin glaubwürdig. »Wir sind zusammen in die Klosterschule gegangen. Ich habe von seiner Familie erfahren, dass er neuerdings hier seinen Dienst versieht, und wollte ihm Neuigkeiten aus der Heimat bringen. Seine Schwester hat geheiratet, und seine Großmutter ist leider verstorben. Ich denke doch, das wird ihn interessieren.«

Die Unverfrorenheit, mit der Stephano irgendwelche kruden Geschichten erfand, machte es den übrigen Brüdern nicht leicht, ihre Belustigung zu verbergen.

Abt Johannes schluckte die Geschichte, nachdem Stephano noch einen draufsetzte und sie alle ohne mit der Wimper zu zucken als Vertreter des königlichen Palasts vorstellte, die inkognito unterwegs waren, um Waffen in den deutschen Landen einzukaufen.

»Wir sind ein friedliches Haus«, sagte Abt Johannes sichtlich nervös, wobei sein zweifelnder Blick auf ihren Schwertern und Messern lag, die sie allzu präsent am Gürtel trugen.

»Keine Sorge«, erklärte Stephano mit einem gewinnenden Lächeln. »Wir suchen nur ein Lager für die Nacht und keinen Ärger. Und vergesst bitte nicht, Bruder Simon über unseren Besuch zu informieren.«

Anscheinend hatte der Abt wenig Lust, mit Waffenhändlern aus Paris den Abend zu verbringen, denn er verschwand bald darauf und ließ sie von Bruder Simon zu ihrer Schlafkammer führen.

Der hagere Bruder mit dem störrischen grauen Haar trug eine bei den Zisterziensern übliche Tonsur, wofür Johan und die anderen Brüder ihn bedauerten. So etwas hatte es bei den Templern nie gegeben. Anselm und die anderen hatten sich auf dem Weg hierher aus Gründen der Tarnung zumindest ihre Gesichter glattrasiert, weil es in Franzien nicht der höfischen Sitte entsprach, einen Bart zu tragen. Erst recht nicht, nachdem dies als Merkmal des Templerordens in den besseren Kreisen des Adels vollkommen aus der Mode gekommen war. Simon, der offenbar keinen Verdacht schöpfte, führte sie ohne ein Wort in die angekündigte Klause. Dort standen aneinandergereiht zehn Betten.

Bruder Simon forschte mit einem düsteren Blick in ihren arglosen Gesichtern und fragte schließlich frei heraus, wer von ihnen behauptet hatte, seine Großmutter sei gestorben.

»Ich war das«, antwortete Stephano bereitwillig und setzte ein schuldbewusstes Lächeln auf.

»Ich hatte nie eine Großmutter«, klärte Simon sie ein wenig verärgert auf. »Meine Großeltern waren bereits alle tot, bevor ich das Licht der Welt erblickt habe. Außerdem habe ich keine einzige Schwester, sondern nur Brüder, und die haben alle, bis auf einen, der bereits verheiratet ist, das Gelübde der ewigen Keuschheit abgelegt. Also, was wollt Ihr von mir?«

Johan kramte ein zusammengerolltes Stück Pergament aus seinem Brustbeutel, auf dem sich Wintrichs verschlüsselter Text befand, der über ihre Situation und ihr Anliegen berichtete. Hastig überflog der skeptisch dreinblickende Mönch die kryptischen Zeilen, wobei er ein paarmal aufschaute und mit seinen hellen Augen in ihren angespannten Gesichtern forschte.

»Dann seid ihr in Wahrheit Brüder des Tempels?«, sagte er fassungslos. »Und Bruder Gero wird von der Inquisition gefangen gehalten?«

Johan nickte beiläufig. »Vielleicht willst du uns zu deiner eigenen Legitimierung noch das Kreuz zeigen, das du um den Hals trägst?«, forderte er den verblüfften Bruder auf.

»Oh!« Simon fasste sich spontan an die Brust, wo er ein irisches Kreuz unter seinem groben Hemd zum Vorschein brachte.

»Genau das«, antwortete Johan und grinste breit.

»Wart ihr auch in Paris bei der Verhandlung dabei?«, wollte Simon wissen.

»Nein, uns ist vorher die Flucht gelungen«, antwortete Johan leise. »Wir waren in Schottland und sind nun hierher zurückgekehrt.«

»Warum seid ihr nicht dortgeblieben? Ich hörte, dort ist es sicher.«

»Für Unsereinen ist es nirgendwo sicher«, erklärte ihm Johan bitter. »Diese drei Brüder neben mir stammen aus England. Auch sie wurden gefoltert wie du und viele andere.«

»Na dann könnt ihr die Gefahr, in der ihr euch befindet, ja mühelos einschätzen«, bemerkte Simon überflüssigerweise. »Aber nun legt euch erst einmal hin und ruht euch aus. Und lasst euch morgen beim Frühessen nicht anmerken, welchem Stall ihr in Wahrheit entsprungen seid. Unser Abt braucht davon nichts zu wissen. Er macht sich ja schon ins Hemd, wenn man das Wort Inquisition nur ausspricht. Bruder Wintrich ist da aus anderem Holz geschnitzt. Soweit ich weiß, hat er früher für den Geheimdienst des Ordens gearbeitet und verschlüsselte Nachrichten durch die Lande geschickt. Erst als er älter wurde und nicht mehr so gut zu Fuß war, hat man ihn zum Buchhalter gemacht. Eine Aufgabe, von der er zwar einiges versteht, aber sein Herz hängt immer noch an seiner früheren Bestimmung.«

»Den Eindruck machte er mir auch«, bestätigte Johan den Einwand des ehemaligen Templerbruders. »Er war uns wirklich eine große Hilfe. Aber ich glaube auch, dass er sich Gero aus tiefstem Herzen verpflichtet fühlt. Er war in jungen Jahren sein Lehrmeister in der Klosterschule und spricht von ihm, als wäre er sein Sohn.«

»Eher sein Enkel«, wandte Anselm lächelnd ein. »Der Kerl ist doch bestimmt schon fast hundert.«

»Mitte November ist er neunzig geworden. Das ist wahrlich ein biblisches Alter. Männer wie er haben ihr Leben gelebt und kaum noch was zu verlieren. Das unterscheidet ihn von unserem Abt, und deshalb fällt es ihm auch leicht, gefährliche Missionen zu unterstützen«, sagte Simon.

»Und wie wird es nun weitergehen?«, fragte Ralph, nachdem er im Kamin ein Feuer geschürt hatte und seinen feuchten Kapuzenumhang ordentlich über einen der herumstehenden Stühle drapierte.

»Morgen früh nach der Laudes bringe ich euch zu einem Einsiedler, der hier in der Nähe lebt«, erklärte Simon. »Auch er gehörte einst zum Orden. Er wird für euch einen Kontakt mit Bruder Petrus und seinen Leuten herstellen, verstanden?«

»Aye«, brummte Struan stellvertretend für die anderen.

»Gut«, erwiderte Simon und begann graue Filzdecken an die Brüder zu verteilen. Dabei rutschten die Ärmel seines Habits hoch, und Struan sah die schrecklichen Brandnarben, die seine Unterarme bedeckten. Außerdem stand sein Handgelenk merkwürdig hervor, und auch seine Finger waren zum Teil versteift. Es waren typische Hinterlassenschaften von glühenden Eisen, Streckbank und Daumenschrauben.

Simon bemerkte seine Blicke und lächelte schmerzlich. »Das geht noch«, versuchte er, seine Leiden herunterzuspielen. »Ich habe Brüder gesehen, denen man bei lebendigem Leib die Haut abgezogen hat. Diese Hunde der Gens du Roi haben wirklich vor nichts haltgemacht.«

»Mir haben sie den Rücken gebrochen«, erzählte Struan und dachte an das Wunder, das anschließend von den Ärzten der Zukunft vollbracht worden war, die ihn zusammengeflickt und wieder zum Laufen gebracht hatten. »Ich hatte

Glück«, fügte er leise hinzu, »dass Gott der Allmächtige mir das Gefühl in meinen Beinen zurückgegeben hat.«

»Wo warst du eingekerkert?«, fragte Simon.

»Chinon.« Struan schaute ihm geradewegs in die Augen.

»Chinon?« Simon bedachte ihn mit einem ungläubigen Blick. »Warst du mit unserem Großmeister dort?«

»Nein«, erwiderte Struan. »Ich war früher dort. Im November 1307, kurz nach der ersten Verhaftungswelle. Aber mir und ein paar anderen ist die Flucht gelungen.«

Plötzlich schaute Simon ihn merkwürdig an und stieß einen leisen Pfiff aus, dabei schaute er abwechselnd von einem zum anderen.

»Dann seid ihr die Brüder, von denen man sich erzählt, dass sie spurlos aus dem Kerker des Donjon du Coudray verschwunden sind? Manche haben auch behauptet, ihr hättet euch in einem blauen Licht aufgelöst.«

Struan schüttelte hastig den Kopf. »Da hast du was falsch verstanden«, brummte er und ärgerte sich bereits, dass er vorgeprescht war. »Wir waren nicht alle dort. Und es ist auch nicht allen gelungen zu entkommen. Ich wurde mithilfe von Verbündeten gerettet.«

»Das ist kaum vorstellbar«, erwiderte Simon nicht weniger erstaunt. »Aber ich will nicht in Abrede stellen, dass ihr es trotzdem geschafft habt. In jedem Fall haben diese verfluchten Hunde der Inquisition unendlich viel Schuld auf sich geladen, und ihre teuflischen Machenschaften sind bis heute nicht gesühnt. Im Gegenteil, es gibt noch immer Brüder, die in irgendwelchen Katakomben unserer Feinde vor sich hinvegetieren und die wie durch ein Wunder bis heute nicht gestorben sind. Denkt nur an Hugues de Pairaud.«

»Hugues de Pairaud war ein Verräter, der Jacques de Molay in die Irre geführt hat«, knurrte Struan missmutig. »Erstens hat er schon zuvor mit Philipp IV. paktiert, und zweitens hat er unsere angeblichen Verfehlungen nur gestanden, um seinen Hintern zu retten. Für einen solchen Idioten würde ich mein Leben nicht aufs Spiel setzen.«

»Na ja«, lenkte Simon ein, und die Brüder gewannen den Eindruck, dass er nur ihre Gesinnung hatte prüfen wollen. »War vielleicht ein schlechtes Beispiel. Aber die anderen sind in jedem Fall unschuldig, und vielen von ihnen gehen langsam die Kräfte aus. Bruder Petrus hat es sich zur Aufgabe gemacht, diese Männer zu retten. Und da die meisten von ihnen im Osten von Franzien einsitzen, operieren Petrus und seine Leute aus dem hiesigen Grenzgebiet heraus.«

»Bruder Gero wird in Vianden gefangen gehalten«, sagte Struan. »Er gehört auch zu den Leuten, die sich bisher einer Verfolgung entziehen konnten. Umso mehr, fürchte ich, werden sie ihn nun in die Mangel nehmen. Wir haben wirklich keine Zeit zu verlieren. Sein Leben ist von Tag zu Tag mehr in Gefahr.«

»Petrus wird bestimmt eine Lösung finden«, versicherte ihnen Simon. »Er hat schon ganz andere Nüsse geknackt. Ihr könnt ihm getrost vertrauen.«

Als sie am nächsten Morgen in aller Frühe aufbrachen, hatte sich dichter Nebel über die Gegend gelegt, und Anselm fühlte sich an die Abenteuer von Robin Hood erinnert, als sie schließlich in einen undurchdringlich erscheinenden Wald eintauchten. Simon, der seinem Abt erzählt hatte, er werde die franzischen Gesandten auf den Weg zur Grenze nach Luxemburg führen, weil er sich in der Gegend auskannte, ritt voraus.

Trotz der ungünstigen Witterung legte er ein erstaunliches Tempo vor, und als sie schließlich tief in der Wildnis eine Holzhütte erreichten, gab er ein Zeichen zum Halt. Das Dach war mit Ästen, grau gewaschenem Stroh und Moos bedeckt. Ein einfaches Fachwerkhaus mit einem gemauerten Kamin, aus dessen Mitte eine dünne Rauchsäule aufstieg. Simon ging kurz hinein, um nach dem Mann zu suchen, der das Haus bewohnte, aber anscheinend war niemand da.

»Er wird sicher bald kommen. Wartet hier auf ihn, und wenn er da ist, gebt ihm dies.« Simon drückte Struan einen münzgroßen Anhänger aus Kupfer in die Hand, der das keltische Kreuz mit Zirkel und Kelle zeigte. »Dann weiß er, dass ihr Verbündete und keine Spione des franzischen Königs seid. Vielleicht solltet ihr noch wissen, dass Bruder Armand nicht redet. Um seinen Peinigern in Paris endgültig klar zu machen, dass er keine Antworten auf ihre Fragen weiß, hat er sich vor lauter Verzweiflung selbst die Zunge herausgeschnitten. Aber seine Zeichensprache ist leicht verständlich. Also macht euch keine Gedanken, er wird euch zuverlässig zu eurem Ziel bringen.« Er verabschiedete sich mit einem fahrigen Gruß und machte sich wieder auf den Weg zurück zum Kloster.

»Verdammt«, fluchte Ralph, nachdem Simon sie in der Einöde des Waldes zurückgelassen hatte. »Wie lange sollen wir denn hier noch unsere Zeit verschwenden? Wir haben keine Zeit zu verlieren, wenn wir Geros Leben retten wollen.«

»Ich muss mal pinkeln«, ließ Totty verlauten und glitt aus dem Sattel. Brian folgte ihm zu einem schmalen, gurgelnden Bach. Totty zuckte jäh zurück, als plötzlich ein zerlumpter Kerl sich regelrecht aus dem Gestrüpp herausschälte und ihn mit einer gespannten Armbrust bedrohte.

»Halt!«, rief er aus und zog sein Schwert. Der andere hätte ihn locker erledigen können, doch er tat es nicht und schwenkte stattdessen seine Armbrust in Richtung der anderen Brüder, die nun ebenfalls ihre Schwerter gezogen hatten. Totty und Brian brachten sich in Angriffsstellung, während Malcolm und Anselm sich hinter ihre Pferde duckten und je eine Armbrust spannten. Struan hatte seinen Reflexbogen aus dem Einschub gezogen und hielt ein Bündel Pfeile bereit, während er jede Bewegung des verlottert wirkenden Mannes aus schmalen Lidern verfolgte.

»Armand?«, rief er ihm zu. »Wir kommen in Frieden.«

Der Kerl war drahtig und nicht besonders groß, aber seine hervorstechenden Merkmale waren das weißgraue Haar, die fast durchscheinend wirkende Gesichtshaut und die rötlich schimmernden Augen. Er trug das schmutzig graue Gewand der Zisterzienser, aber im Gegensatz zu Abt Johannes war dieser Mönch schwer bewaffnet.

Was habt ihr hier zu suchen?, deuteten seine Lippen an, und er gestikulierte bedrohlich.

Struan, der sich von seinem ersten Schreck erholt hatte, ging auf ihn zu und präsentierte ihm das kupferne Amulett. Sofort nahm der Mann eine entspanntere Haltung an. Nach einem kurzen Rundumblick, wer alles zu der Truppe gehörte, forderte er sie mit einer knappen Handbewegung auf, ihm zu folgen. Er sattelte einen Muli, der in einem Verschlag hinter der Hütte gestanden hatte, und ritt ohne ein Wort voraus in den aufsteigenden Morgennebel.

Die anderen ließen kopfschüttelnd ihre Waffen verschwinden und saßen auf, dann folgten sie dem Alten, ohne ein Wort darüber zu verlieren.

Es war schon Mittag, und die Sonne stand hoch am Himmel, als sie nach einem ewig dauernden Ritt durch dichte Wälder und Auen ein abgelegenes Rittergut erreichten, das versteckt in einer schattigen Senke lag.

Das rechteckige Haupthaus aus grobem Granit war dreistöckig und hatte ein mit Schiefer gedecktes Dach. Die Mauern ringsum waren aus massiven, unverputzten Kalksandsteinblöcken gebaut. Direkt dahinter erhob sich ein quadratischer Turm, der auch aus Granit erbaut worden war. Er besaß ein flaches Dach mit einem gemauerten Wehrgang, der seinen früheren Bewohnern als Ausguck gedient hatte und es vermutlich noch immer tat. Die gesamte Anlage war von einem breiten Wassergraben umgeben, der von einem vorbeifließenden Bach gespeist wurde, der nun zum Teil zugefroren war und zusätzlich ein kleines Mühlrad antrieb, an dem dünne Eiszapfen hingen. Die Stallungen und Scheunen lagen außerhalb des Wassergrabens und waren lediglich von hohen Buchenhecken geschützt, die nur noch wenig braunes Laub trugen.

Ein paar jüngere Kinder spielten Nachlaufen, indem sie sich kreischend um ein Backhaus verfolgten, das von hohen Platanen beschattet wurde. Eine Frau, die ein weißes Gebände trug und einen leuchtend blauen, bodenlangen Wollumhang, molk auf einem dreibeinigen Schemel sitzend eine Ziege in einem Verschlag. Sie unterbrach ihre Arbeit und schaute auf, als ein paar riesige Wolfshunde anschlugen und ihnen mit einem rauen Bellen entgegenliefen.

Struan zügelte seinen Hengst und redete beruhigend auf ihn ein, während einer der Hunde argwöhnisch die Flanken des nervös tänzelndes Tieres beschnupperte.

»Fiz, Kaldo, Leu!« Eine der Frauen mit einer drallen Figur und einem hüftlangen honigblonden Zopf stieß einen schrillen Pfiff aus, worauf die Hunde sofort kehrtmachten und den Schwanz einzogen. Bruder Armand trieb seinen Muli an und machte in einigem Abstand vor der Blonden halt. Dann stieg er ab und verbeugte sich vor ihr. Anscheinend handelte es sich um die Herrin des Hauses. Er gestikulierte wild und deutete auf Struan und seine Kameraden. Die Frau nickte hier und da und gab ihm Antwort.

»Wow!«, machte Anselm und gab sich beeindruckt. »Anscheinend versteht sie tatsächlich, was er ihr sagt.«

Eine schlanke dunkelhaarige Frau mit einem hellen Schleier und einem honigfarbenen Gewand aus gewalkter Wolle kam aus dem Eingangstor des Haupthauses heraus, lief über die kleine heruntergelassene Zugbrücke und gesellte sich zu den beiden. Armand begrüßte auch sie mit einer Verbeugung.

»Sollten die Brüder von Bruder Petrus am Ende Schwestern sein?«, fragte Totty verwundert.

»Ich hoffe, nicht«, raunte Struan und hob eine seiner dunklen Brauen. »Wie sollten wir mit ihnen eine Festung stürmen?«

»Vielleicht haben sie andere geheime Qualitäten«, frotzelte Ralph, »so wie sie aussehen.«

»Mir gefällt das nicht«, murmelte Johan. »Frauen, Kinder und weit und breit kein Kerl. Was ist, wenn wir sie in etwas hineinziehen, das ihnen gefährlich werden könnte?«

Wintrich hatte ihnen noch am Tag zuvor berichtet, was nach ihrer Abreise aus Köln mit Bruder Theobald und seiner Familie geschehen war.

»Der Schock darüber sitzt mir noch immer in den Knochen«, murmelte Johan, der nicht glauben wollte, wozu Hugo d'Empures und die Vertreter der Inquisition in Köln fähig gewesen waren.

Die Frau mit dem blonden Zopf legte die Hand schützend an die Stirn, um ihre Augen zu beschatten, damit sie die Neuankömmlinge besser betrachten konnte. Gleichzeitig rief sie den Kindern etwas zu, die daraufhin gehorsam zur Brücke liefen und in der Eingangstür des Anwesens verschwanden.

»Glaubst du wirklich, wir sind hier richtig?« Johan warf Struan einen zweifelnden Blick zu. »Ein Rebellennest stelle ich mir ein wenig anders vor. Waschende Frauen und spielende Kinder gehören für mich jedenfalls nicht dazu.«

»Vielleicht ist das alles nur Tarnung«, vermutete Totty mit verhaltener Stimme, während Armand den Frauen zu erklären schien, wer sie waren und was sie wollten.

Schließlich kam er zu ihnen zurück und deutete ihnen an, dass sie in den Hof reiten und ihre Pferde in den Stallungen unterstellen sollten. Wie zuvor schon Simon, machte er sich ohne ein weiteres Wort davon und ließ sie mit den Frauen und den Kindern zurück.

Totty hob eine Braue, und Ralph raunte etwas Unverständliches, bevor er seinem Hengst zu verstehen gab, vorsichtig den vereisten Weg bergab zu den Stallungen zu nehmen. Die Pferde schienen das Heu zu wittern und trabten fast von alleine in Richtung Scheune.

Die Frau mit dem blonden Zopf begrüßte sie mit einem lothringischen Akzent. »Ich bin Jeanne de Carmac«, stellte sie sich mit einem freundlichen Lächeln vor, das eine kleine Zahnlücke zwischen den beiden Schneidezähnen zum Vorschein brachte. »Mein Mann ist noch unterwegs, aber es kann nicht mehr lange dauern, bis er nach Hause kommt. Eigentlich erwarten wir ihn zum Essen, aber bei ihm weiß man nie so genau, ob er pünktlich ist.« Beinahe entschuldigend zuckte sie mit den Schultern.

Sie war eine hübsche Frau mit blauen Augen und rosigen Wangen, und jetzt erst sahen die Männer, dass sie hochschwanger war.

»Ihr könnt eure Tiere in den Stallungen unterstellen. Eine Magd wird euch den Weg weisen. Danach seid ihr herzlich eigeladen, mit uns zu essen.«

»Leider ist sie nicht mehr zu haben«, witzelte Ralph, als er sah, wie Totty ihr hinterherstarrte, als sie eilenden Schrittes über die Brücke durchs Hoftor verschwand.

»Auf ihren Gemahl bin ich gespannt«, raunte Struan, während er sein Pferd auf Geheiß einer jungen Magd, die nicht weniger hübsch war, ins Innere eines geräumigen Heuschobers führte und ihm dort den Sattel abnahm.

Das Mädchen bot an, ihre Tiere zu einer Tränke zu führen und sie mit Heu zu versorgen. Unterdessen folgten Anselm und seine Templerfreunde der Einladung der Hausherrin und gingen über die kleine Zugbrücke zum Innenhof der Burganlage. Anselm bestaunte zusammen mit Stephano die massiven Mauern und das eiserne Tor, das den Zugang zu einem sauber gepflasterten Innenhof markierte, in dessen Mitte ein Brunnen plätscherte. Im Falle einer Belagerung bot der Graben mitsamt dem verschlossenen Tor einen zuverlässigen Schutz, und mit einer eigenen Wasserversorgung und ausreichenden Vorräten konnten sie für Wochen und Monate unabhängig von einer Versorgung von außen sein.

»Die Burg hat mein Großvater erbaut«, erklärte Jeanne de Carmac, als sie ihre Gäste in Empfang nahm und deren erstaunte Blicke verfolgte. »Ich war die einzige Erbin«, erklärte sie stolz und führte sie in eine geräumige Halle, wo bereits ein langer Tisch mit zwanzig Stühlen auf sie wartete. Anscheinend war man es hier gewohnt, Gäste zu empfangen.

»Wir wollen Euch keine Umstände machen«, wandte Johan ein, dem auffiel, dass sie sich selbst noch gar nicht vorgestellt hatten. »Wir sind acht Männer, die hier unangemeldet auftauchen. Ihr habt doch sicher nicht mit so vielen Essern gerechnet. Wir können uns auch mit unserem eigenen Proviant versorgen.«

»Macht Euch darüber keine Gedanken. Wir versorgen uns komplett selbst und haben genug Fleisch in der Rauchkammer und ausreichend Käse im Keller. Außerdem sind unsere Speicher randvoll gefüllt. Ich habe schon im letzten Jahr Getreide zugekauft, weil ich wusste, dass das Wetter in diesem Jahr katastrophal werden würde.«

»Ach ja?«, meinte Johan, der diese Information interessant fand. Wenn ihr Mann zu einer geheimen Bruderschaft innerhalb der Templer gehörte, besaß er vielleicht ähnliche Informationen wie sie selbst.

»Ich habe einen großen Topf mit Mehlspeise gekocht und dazu eine deftige Gemüsesuppe. Das Brot ist auch frisch gebacken und ausreichend vorhanden. Also greift ordentlich zu.«

»Vielleicht sollten wir uns erst einmal vorstellen?«, meinte Johan und warf einen Blick in die Runde seiner Kameraden.

»Das ist nicht nötig«, erwiderte Jeanne. »Je weniger wir über euch wissen, umso besser. Sobald ihr vom Hof reitet, werden wir vergessen haben, dass ihr je hier gewesen seid.«

Wenn Jeanne die Männer hatte überraschen wollen, so war ihr das gelungen.

Während Struan, Johan und die übrigen Kameraden zögernd an dem langen Tisch Platz nahmen, kamen immer mehr Frauen und Kinder herbei, darunter auch zwei dunkel gelockte Jungs, die in Mattes' Alter sein mochten. Wachsam beäugten sie jede Bewegung, die Johan und seine Kameraden machten.

Während zwei Mägde hölzerne Schüsseln auf den Tischen verteilten, stellten die übrigen Frauen keinerlei Fragen, bis Jeanne das Wort ergriff und wissen wollte, ob sie schon lange unterwegs gewesen seien und wo sie herkämen.

»Wir kommen ursprünglich von Waldenstein an der Mosel«, klärte Johan sie auf, der das Lothringische besser beherrschte als die anderen Kameraden. Jeanne nickte nur und wies, davon unbeeindruckt, die Mägde an, das Essen zunächst auf die Teller der Gäste zu verteilen. Eine weitere Bedienstete mit aufgesteckten rotblonden Haaren brachte zwei Karaffen mit rotem Wein und Wasser. Als alle etwas vor sich stehen hatten, sprach einer der Jungen freiwillig das Tischgebet in lateinischer Sprache.

Es herrschte eine seltsame Stille, während sie an diesem ausladenden Buchenholztisch saßen und mit den Frauen und Kindern einvernehmlich ihre Suppe löffelten. Anselm und Stephano warfen sich fragende Blicke zu, während Totty anscheinend den Mut gefunden hatte, mit der dunkel gelockten Schönheit, die ihm gegenüber saß, ein Gespräch zu beginnen und ihr eindeutige Blicke zuzuwerfen. Struan hoffte inständig, dass sie nicht auch schon vergeben war, denn das Letzte was sie in dieser Situation gebrauchen konnten, war ein eifersüchtiger Ehemann.

Sie hatten fast fertig gegessen, als draußen die Hunde anschlugen und man die Stimmen mehrerer Männer vernahm, die sich angeregt unterhielten.

»Das wird Petrus sein«, bemerkte Jeanne und stand auf. Die Templer erhoben sich ebenfalls, nicht nur aus reiner Höflichkeit. Jeder hatte seine Hand am Schwertgurt, den sie zum Essen abgelegt hatten. Auch Malcolm hatte sein Claymoreschwert im Blick, das er vorsorglich während des Essens unter seinem Stuhl verstaut hatte.

Jeanne kam wenig später mit zwei Männern herein, die Johan und seine Kameraden mit einem freundlichen Nicken begrüßten. Einer von ihnen war ein glatt rasierter, grünäugiger Mann mit kinnlangen dunkelblonden Haaren, dessen kompakte Gestalt und die dazugehörige Bewaffnung ihn eindeutig als einen Krieger auswiesen.

Das kleine Mädchen am Tisch sprang auf und lief ihm freudig entgegen. »Pere! Pere!«, rief sie aufgeregt und streckte ihm ihre kurzen Ärmchen entgegen. Sein Begleiter war ein schlanker Kerl mit kürzeren dunkelbraunen Haaren und einem kurzen struppigen Bart, der ihn trotz seiner freundlichen braunen Augen aussehen ließ wie einen Straßenräuber.

Der Blonde nahm die Kleine lachend auf den Arm und küsste ihre pausbäckigen Wangen, während sie ihn mit einem Schwall kaum verständlicher Worte beschwatzte. Die Frauen lächelten milde, als er das Kind an seinen dunkelhaarigen Begleiter weiterreichte und Jeanne de Carmac mit einem liebevollen Kuss begrüßte.

Sein hochgewachsener Begleiter lachte befreit, bevor er die Kleine in die Höhe hob und sie anschließend zu kitzeln begann, was sie vor Vergnügen quietschen ließ.

Der wahre Name des Hausherren war nicht Petrus, sondern die franzische Version, und Struan erkannte in ihm sofort Pierre de Bologne, obwohl er sein Äußeres ziemlich verändert hatte. Anstatt der kurzgeschorenen rotblonden Locken trug er nun das halblange Haar eines Edelfreien, das er offenbar dunkler gefärbt hatte. Seine Augen waren aber nach wie vor von einem geradezu stechenden Grün.

Auch Johan hatte ihn sofort wiedererkannt. Bevor die Templer ihrer Vernichtung preisgegeben worden waren, hatte er als studierter Jurist im Orden Vorträge über rechtliche Zusammenhänge gehalten. Damals war er unter anderem mehrmals in der Ordensburg von Troyes aufgetreten und hatte ihnen in einem Vortrag erklärt, auf welcher Rechtsgrundlage der Papst gegen die Katharer vorgegangen war. Die meisten von ihnen hatte sein Vortrag nicht überzeugt, weil niemand von ihnen Verständnis dafür gehabt hatte, dass die Kirche fast hundert Jahre zuvor den Templerorden in eine solch unappetitliche Geschichte hineingezogen hatte. Er hatte darüber hinaus keinen Hehl daraus gemacht, dass die Herrschenden mehr und mehr versuchten, die Templer als Söldner für ihre vielfältigen Interessen in der Heimat und anderswo einzusetzen, anstatt sie mit der Rückeroberung des Heiligen Landes zu betrauen, was ihre ursprüngliche Aufgabe gewesen wäre. Aber schon damals hatte man im Orden mit solchen Äußerungen vorsichtig sein müssen, um nicht König und Klerus zu verärgern.

»So sieht man sich wieder«, rief Petrus, wie er sich nun nannte, und lächelte breit. Jeanne hatte ihm allem Anschein nach von ihnen berichtet, und auch er schien sofort zu wissen, um wen es sich handelte.

»Ihr seid aus Bar-sur-Aube, hab ich recht? Ich habe euch beim Prozess in Paris vermisst«, spöttelte er und grinste verhalten. »So setzt euch doch wieder«, bat er Struan und die anderen, während er und sein Begleiter auf den noch freien Stühlen Platz nahmen. »Jeanne hat mir gesagt, dass ihr unsere Hilfe benötigt, und ich schlage vor, nach dem Mahl ziehen wir uns in meine Bibliothek zurück und reden darüber, um was es genau geht.«

Johan fragte sich, was Pierre dazu bewogen hatte, bei jener fruchtlosen Anhörung des Papstes und seiner Auftraggeber im Mai 1310 in Paris mit drei anderen Templeranwälten über fünfhundert angeklagte Brüder zu verteidigen. Was im Grunde eine Heldentat gewesen wäre, wenn er und seine Kollegen nicht mitten im Prozess das Weite gesucht hätten. Wobei es zunächst geheißen hatte, sie seien von der Gens du Roi ermordet worden. Umso besser, dass zumindest Pierre offenbar die Flucht gelungen war und er hier in der Provinz ein unerkanntes, völlig anderes Leben hatte beginnen können.

Wenig später führte er sie in den quadratischen Turm, dessen Eingang mit einem Eisentor verschlossen war. Nachdem er die Tür mit einem kunstvoll geschmiedeten Schlüssel geöffnet hatte, bat er sie einzutreten und ging danach auf einer hölzernen Wendeltreppe voraus, während sein Kamerad zuletzt eintrat und die Tür hinter ihnen schloss. Nicht nur Anselm war gespannt, was Pierre hier zu verbergen hatte. Zunächst einmal unzählige Bücher, wie er erstaunt feststellte, als Pierre in einer geräumigem Kammer im dritten Stock haltmachte und sie bat, auf einer der drei Bänke Platz zu nehmen, die um einen in Stein gemauerten Kamin angeordnet waren.

Staunend betrachteten Anselm und seine Brüder die zahlreichen Ledereinbände, die sauber aufgereiht in den hohen Regalen standen, die man nach oben hin nur mit einer Leiter erreichen konnte. Anselm stieß einen leisen Pfiff aus und konnte nur schwer dem Drang widerstehen, einfach eine der in Leder eingebundenen Kostbarkeiten an sich zu nehmen und darin zu blättern.

Pierres Kamerad, der sich als Adam de Brasnee vorgestellt hatte, erzählte kurz, dass er seinen Dienst als Templer in Limoges versehen hatte, bevor er als Anwalt des Ordens ebenfalls in die Mühlen der Inquisition geraten war. Während er über seine Flucht ins Laguedoc berichtete, entfachte er im Kamin ein prasselndes Feuer, und eine heimelige Gemütlichkeit verbreitete sich. Draußen hatte es zu schneien begonnen.

Petrus verteilte aus einem Fässchen in einer Nische roten Wein aus Chinon.

»Nicht alles dort ist schlecht«, kommentierte er den guten Tropfen mit einem Schulterzucken. Routiniert füllte er eine ganze Reihe von Bechern, die sauber in einer Holzkiste gestapelt auf dem Boden gestanden hatten.

»Und nun zu euch«, bemerkte er mit einem Lächeln, während er den Wein an die Brüder weiterreichte.

Struan stellte sich vor, wobei er auch Anselm als Bruder des Temples bezeichnete, obwohl er erst nach der Auflösung des Ordens von Sir Walter initiiert worden war. Erst danach erzählte er mit seiner rauen Stimme von Gero und in welcher gefahrvollen Situation er sich befand.

»Wenn ich es richtig verstehe«, versicherte sich Pierre verwundert, »seid ihr diejenigen, die im November 1307 auf der Festung von Chinon spurlos verschwunden sind?« Abwartend schaute er jeden Einzelnen von ihnen an, offenbar in der Hoffnung auf eine schlüssige Antwort.

»Woher weißt du davon?«, fragte Johan verblüfft. »Bruder Simon von den Zisterziensern in Bettnach hat uns auch darauf angesprochen.«

»Glaubt ihr ernsthaft, so etwas ließe sich verheimlichen?«, fragte ihn Pierre mit einem leutseligen Grinsen. »Immerhin hat es Guy de Gislingham bei der Geschichte erwischt. Er war von heute auf morgen verschwunden. Einfach weg. Zudem gab es Wachmänner, die ihm bei diesem Verschwinden zugesehen haben. Sie behaupten noch heute, er habe sich in einem grünblauen Licht aufgelöst. Dazu sind angeblich auch ein paar von ihren eigenen Leuten auf diese Art und Weise abhandengekommen. Und nicht zuletzt eine Handvoll Templer, alle aus Bar-sur-Aube, mit drei wunderschönen Frauen, die man allesamt danach niemals wiedergesehen hat. Umso interessanter wäre es für uns zu erfahren, wohin all diese Leute tatsächlich gegangen sind.«

Johan räusperte sich und sah ihn lange an. »Gislingham und seine Wachen sind tot. Und wir hatten Glück, unversehrt entkommen zu können. Bis auf Henri d'Our, der ebenfalls bei dieser Sache getötet wurde.«

»Sache? Was für eine Sache?«

»Wir wurden befreit. Von Verbündeten.«

»Das glaubt ihr doch selbst nicht!«, erwiderte Pierre lachend. »Ich habe gehört, der CAPUT 58 unseres Großmeisters soll dahintergesteckt haben, wobei sich mir die Frage stellte, warum Jacques de Molay sich nicht selbst mit dem Ding in Luft aufgelöst hat, als es für ihn brenzlig wurde. Also – wenn wir uns zusammentun, sollten wir mit offenen Karten spielen und uns nicht irgendwelche Märchen erzählen.«

»Eine durchaus ehrbares Ansinnen«, gab Struan im Namen aller zurück. »Aber bevor wir unsere Geheimnisse offenlegen, solltet ihr uns zeigen, was ihr uns zu bieten habt. Ein altes Rittergut mit einem Stall voller Frauen und Kinder macht mir nicht den Eindruck, als ob es der ideale Ort wäre, gegen die Teufel dieser Welt anzutreten. Hinzu kommt, dass du damals beim Prozess in Paris beinahe genauso konsequent verschwunden bist wie wir auf Chinon. Wäre interessant, zu erfahren, wie du das angestellt hast und wie es dir und deinen Mitstreitern danach ergangen ist.«

Pierre nahm einen Schluck Wein und zog einen Mundwinkel zu einem angedeuteten Lächeln hoch.

»Meine Brüder und ich sind mithilfe der Bruderschaft Salomos geflohen, einem Zusammenschluss weiser Männer, die es sich – wie ihr vielleicht wisst – zur Aufgabe gemacht haben, sämtliches verborgenes Wissen zu hüten, ganz gleich welcher religiösen Richtung es entstammt. Jacques de Molay hat nicht nur unsere weltlichen Schätze in Sicherheit bringen lassen, sondern auch die geistigen, deren Kopien er schon länger in den geheimen Depots der Bruderschaft in Sicherheit gebracht hatte. Und ich übertreibe nicht«, meinte er und schaute seinen Besuchern direkt in die Augen, »wenn ich sage, dass ihre Verstecke perfekt sind.«

»Wow«, sagte Anselm und hüstelte, als er die verwirrten Blicke seiner Gastgeber registrierte.

»Ich habe von deren Existenz gehört«, erklärte Struan, »aber da ich selbst kein begeisterter Studiosus war, habe ich mich nicht um die Herkunft unserer Schriften oder deren Verbleib gekümmert«, gab er ehrlich zu. »Und ich habe mir auch keine Gedanken über deren Depots gemacht. Wir waren hauptsächlich mit den materiellen Werttransporten beschäftigt, als sich abzeichnete, dass der König uns nicht mehr wohlgesinnt war.«

»Wo sind diese Männer, und wovon leben sie jetzt?«, fragte Johan, der wusste, dass die Bruderschaft Salomos ebenso der Verfolgung preisgegeben war wie sie selbst, nur hatte niemand darüber ein Wort verloren, weil ihre Existenz stets totgeschwiegen wurde.

»Sie leben mitten unter uns und besitzen gefälschte Identitäten wie wir. Da sie sämtliche Sprachen und Schriften beherrschen, ist es ein Leichtes für sie, Urkunden und Pergamente zu fälschen. Der König von Franzien selbst würde nicht an seiner eigenen Unterschrift zweifeln. Wenn ihr also Papiere benötigt, fragt mich.«

»Wir haben selbst einen exzellenten Urkundenfälscher unter uns«, meinte Struan und nickte Anselm zu, der ein wenig verlegen zu Boden schaute.

Johan zückte zum Beweis seiner Kunst ihre eigenen Geleitbriefe als Vertreter des franzischen Königshofes, was bei den beiden ehemaligen Templeradvokaten ehrliche Begeisterung hervorrief. »Das ist erstklassig. Wenn du zu uns wechseln willst, sag Bescheid«, meinte Pierre mit einem Augenzwinkern.

»Danke«, sagte Anselm bescheiden, »aber ich fürchte, die Brüder benötigen meine Fähigkeiten genauso sehr wie eure Bruderschaft.«

»Und wo verteilen sich diese Leute?«, wollte Johan nun wissen.

»Ihre Organisation hat mehrere Stützpfeiler. Einer ist hier. Wir leben alle ein völlig unauffälliges Leben, aber wir treffen uns regelmäßig zu geheimen Versammlungen, wo die anliegenden Aufgaben diskutiert und geplant werden. Wenn alles steht, schlagen wir zu.«

Struan verengte unmerklich seine Lider. »Und was für Aufgaben sind das?«

»Zum Beispiel der Tod des franzischen Königs«, antwortete Pierre, ohne mit der Wimper zu zucken. »Oder glaubt ihr tatsächlich, der Unfall Philipps IV. von Franzien wäre ein Zufall gewesen? Es waren unsere Leute, die den Gurt am Sattel präpariert haben, und es war unser Mann, der ihm danach die passende Medizin verabreicht hat, die zu seinem Tod führte.«

»Oh«, murmelte Totty betroffen. »Lässt sich das mit eurem Ehrenkodex vereinbaren? Ich dachte immer, die Bruderschaft Salomos schwört jeglicher Gewalt ab. Sonst hätten die Mitglieder ja gleich bei uns mitreiten können.«

»Ihr habt recht, inzwischen sind immer mehr Templer dazugekommen, und die haben das Töten im Zweifel noch im Outremer gelernt, nicht selten in der Tradition der Assassinen. Und wenn ihr glaubt, dass wir vor schlechtem Gewissen vergehen, so muss ich euch leider enttäuschen. Was wir im Mai 1310 in Paris erlebt haben, spottet jeder Beschreibung. Vierundfünfzig junge Brüder auf dem Scheiterhaufen brennen zu sehen, bei lebendigen Leib, nimmt dir jeglichen Skrupel, die Verantwortlichen für diese Gräueltaten genauso hart zu bestrafen. Es hat eine Weile gedauert, bis wir uns aufgestellt haben, aber nun sind wir in der Lage, jeden zu töten, der uns ein größeres Leid zugefügt hat, und das auf eine möglichst unauffällige Weise. Bertrand de Got, besser bekannt als Clemens der V., geht auch auf unser Konto. Nichts ist leichter, als einen Menschen zu vergiften, der dein Vertrauen besitzt.«

Anselm, der gerade noch einen Schluck Wein nehmen wollte, setzte seinen Becher ab.

Pierre lachte leise. »Nicht doch, Bruder, wir meucheln niemanden, der es nicht verdient hätte. Also genieß deinen Wein.«

»Und wer ist als Nächstes dran?« Ralph, dem diese Vorgehensweise zu gefallen schien, grinste verschlagen.

»Ludwig X.«, antwortete Adam mit erstaunlicher Kälte. »Spätestens im Sommer nächsten Jahres ist er reif. Er ist auch nicht besser als sein Vater. Wir haben es uns zur Aufgabe gemacht, alle Herrscher auszurotten, deren Machtgier ins Uferlose wächst. Deshalb haben wir uns inzwischen auch einen neuen Namen gegeben: die Bruderschaft der Rose und des Kreuzes. Die Rose steht für die Liebe der Gottesmutter und das Kreuz für den Tod ihres Sohnes, der auf die Erde gekommen ist, um für unsere Sünden zu sterben. In Wahrheit wurde er verraten wie wir selbst. Es sind unzählige Mütter, deren Söhne als Angehörige der Templer grausam getötet wurden. Für sie stehen wir ein. Und unser Orden wächst und wächst. Doch wir arbeiten im Geheimen. Das ist auch der Grund, warum wir nicht nach Spanien oder Portugal gehen oder nach Schottland. Wir wollen uns nicht unter die Knute eines neuen Herrschers stellen, wir wollen unser eigener Herr sein und damit etwas zum Guten verändern«, erklärte er leidenschaftlich. »Wir verfügen über ein exzellentes Netz an Kontakten. Fast überall haben wir Spione sitzen und Menschen, die uns bei unseren Vorhaben unterstützen. Zudem verfügen wir über beinahe unerschöpfliche Geldquellen. Täglich befreien wir Brüder aus irgendwelchen Kerkern, die sich uns anschließen. Unser Ziel ist es, dass es irgendwann keine Kriege mehr gibt und sich die Welt in ein Paradies auf Erden verwandelt. Uns ist klar, dass wir Tod und Verdammnis in Kauf nehmen müssen, bis es erst so weit ist.«

Amen, sagte Anselm im Geiste, als Adam geendet hatte, und stellte sich die Frage, wie Pierre wohl reagieren würde, wenn er erführe, dass er und seine früheren Templerbrüder es offenbar nicht geschafft hatten, ihre Pläne in Taten umzusetzen. Zugleich fragte er sich, warum er nie etwas von einem solchen Killerkommando gehört hatte. Es waren tatsächlich eine Menge verantwortlicher Leute nach der Vernichtung des Templerordens unter mysteriösen Umständen gestorben, nicht wenige davon hochgestellte Persönlichkeiten. Neben einigen Päpsten hatten auch so manche Könige und deren Hofschranzen unter nicht nachvollziehbaren Umständen ihr Leben verloren. Anselm rätselte, ob diese Bruderschaft sich bis in die Neuzeit, also über Jahrhunderte, etabliert hatte und noch mehr Leute auf deren Rechnung gingen und was wäre, wenn die Brüder von der Existenz des Timeservers erfuhren.

»Und jetzt seid ihr dran«, forderte Pierre sie auf, als ob er Anselms Gedanken erraten hätte.

»Wie ich schon sagte«, begann Struan, der Anselm einen vielsagenden Blick zuwarf, um ihm zu versichern, dass er das Thema CAPUT außen vor lassen würde, »uns ist es gelungen, Guy de Gislingham und seine tölpelhaften Wachen zu überwältigen. Wir haben sie alle getötet und sind in ihren Uniformen entkommen. Dass eine solch unrühmliche Geschichte von den Zurückgebliebenen nicht an die große Glocke gehängt wird, müsste eigentlich jedem klar sein. Wer will sich schon die Blöße geben, dass er von seinem Erzfeind, dazu noch in der Unterzahl, überwältigt und zum Narren gehalten wurde? Ich nehme an, das war der Grund, warum man eine phantasievolle Legende erfunden hat. Später sind wir nach Schottland geflüchtet und vor wenigen Tagen zurückgekehrt, weil wir kein Interesse daran hatten, für König Robert zu kämpfen. Gero von Breydenbach ist Erbe von Waldenstein und wurde bei seiner Rückkehr mit dem Titel Graf von Waldenstein zu Lichtenberg bedacht. Er hat uns als seine Ritter verpflichtet. Einen Ruf, dem wir gerne gefolgt sind, denn wir haben es gründlich satt, uns noch länger zu verstecken.«

Anselm und die anderen Brüder blieben verdächtig still,

nachdem Struan in seiner Erklärung so vage wie möglich geblieben war.

»Hm«, meinte Pierre und runzelte die Stirn, weil ihn Struans Erläuterungen allem Anschein nach nicht zufriedenstellten. Aber er drängte ihn nicht, sondern nickte nur und kippte den restlichen Rotwein hinunter.

»Ob euch das gelingen kann, halte ich für fraglich. Denn so wie es aussieht, hat euer Bruder mächtige Feinde. Zufällig habe ich von einem unserer Mittelsmänner gestern eine Brieftaube mit einer verschlüsselten Botschaft erhalten. Demnach sind zwei hochgestellte Offiziere der Gens du Roi zusammen mit einem offiziellen Vertreter von Bernard Gui, dem aktuellen Generalinquisitor von Franzien im Auftrag Louis X. unterwegs nach Vianden. Der Name des Inquisitors lautet Eugene Lacroix. Man nennt ihn auch den Schlächter von Sens, weil er dort noch im Jahr 1312 einige Brüder höchstpersönlich zu Tode gefoltert hat. Gui hat erst vor ein paar Tagen zwei volle Wagenladungen mit jüdischen Büchern in Paris verbrennen lassen und deren Besitzern gedroht, dass mit ihnen das Gleiche passieren würde, wenn er weitere Schriften bei ihnen findet. Darunter befand sich auch eine seltene Ausgabe des Talmud, deren Kopien in den Depots unserer Bruderschaft gesichert sind. Somit habt ihr eine Vorstellung davon, welches Risiko wir jedes Mal eingehen, wenn wir einem eingekerkerten Templerbruder zur Flucht verhelfen.«

»Das ist wirklich keine gute Nachricht«, entfuhr es Johan. »Vor drei Monaten hat uns Lacroix noch mit Hugo d'Empures in Schottland verfolgt. Während Struan den guten Hugo mit einem gezielten Messerwurf in die Hölle schicken konnte, ist sein Höllenhund Lacroix offenbar aller Herbststürme zum Trotz nach Franzien zurückgekehrt.«

»Hugo d'Empures?«, fragte Pierre und warf Struan einen verdutzten Blick zu. »Du hast ihn auf dem Gewissen?« Er lachte ironisch. »Und wir dachten schon, es wären unsere eigenen Leute gewesen, die ihn ins Jenseits befördert hätten. Er und sein Gesindel standen schon länger auf unserer Liste. Anscheinend weiß niemand am Königshof, dass er ein abtrünniger Templer war und sein Name Balthazar de Palestine nur eine geschickte Fälschung ist.«

»Gero, Brian und ich waren dabei, als er den Orden auf Antarados an die Mamelucken verraten hat«, erklärte Struan mit finsterer Miene. »Wir hatten noch eine persönliche Rechnung mit ihm offen. Dafür, dass er neunhundert unschuldige Seelen auf dem Gewissen hatte und wahrscheinlich noch unzählige mehr, ist er viel zu schnell gestorben.« Einen Moment lang herrschte betroffenes Schweigen, und nur das Knistern des Feuers war zu hören.

»Weiß man, wer die Offiziere der Gens du Roi sind?«, fragte Johan in die Stille hinein.

»Rufus de la Motte und Michel de Thionville, einer der Offiziere der Gens du Roi, der angeblich in Chinon dabei war, als ihr verschwunden seid«, sagte er und lächelte bitter. »Jedenfalls gehörte er zu denen, die diese Mär in die Welt gesetzt haben.«

»Wie viel Pech kann man haben?«, resümierte Johan trocken. »Die beiden waren auch in Schottland dabei. Ich hätte mir gewünscht, das Meer hätte sie auf der Rückreise nach Franzien verschlungen.«

»Euch hat das Nordmeer ja allem Anschein nach auch verschont«, stellte Pierre nüchtern fest. »Oder seid ihr geflogen?«

»Äh, ja«, sagte Johan nur und blieb damit gewissermaßen

bei der Wahrheit, obwohl Pierre es natürlich nicht so auffasste.

»Wir hätten sie alle töten sollen, bevor wir von dort geflohen sind«, meinte Struan dumpf. »Es nicht zu tun, war ein verdammter Fehler, für den wir nun bezahlen müssen.«

»Diese Hunde werden sich nicht zum dritten Mal die Blöße geben wollen«, orakelte Johan düster, »dass ihnen ein lang gesuchter Kommandeur-Leutnant der Templer entwischt. Sie werden Gero fertig machen, wenn es uns nicht gelingt, ihn zu befreien.«

»Dann sollten wir keine Zeit verlieren«, meinte Pierre entschlossen und kramte aus einem Stapel von Pergamenten eine erstaunlich genaue Karte hervor, die die Grafschaft Luxemburg und die darin enthaltene Herrschaft von Vianden zeigte. »Ich schlage vor, wir reiten noch heute Abend nach Norden und sammeln unterwegs die nötigen Brüder ein, um Michel de Thionville und seinen Kameraden eine weitere Niederlage zu bescheren.«

KAPITEL 37

DEZEMBER 1315 –
GRAFSCHAFT LUXEMBURG / FESTUNG VIANDEN

Späte Rache

Zwei Tage hatte Gero im Kerker zugebracht. Und obwohl Erec von Schorenfels alles darangesetzt hatte, es ihm so angenehm wie möglich zu machen, wurde er von Alpträumen geplagt. Schon in der ersten Nacht war ihm Hannah erschienen, allein mit einem toten Säugling auf dem Arm, und hatte ihn in stummer Anklage angestarrt. Im selben Moment, in dem er versucht hatte, die Hand nach ihr auszustrecken, waren sie und das Kind zu Staub zerfallen.

Immer wieder fragte er sich, wie er so dumm hatte sein können, auf Eberhards Einsicht zu vertrauen. Wie hatte er nur so gutgläubig sein können, zumal nachdem sein Bruder ihre Mutter so schändlich behandelt hatte. Nun würde er noch nicht einmal mehr Gelegenheit haben, sich von ihr und Hannah zu verabschieden.

In der zweiten Nacht erschienen ihm Sir Walter of Clifton und André de Montbard in einer Person im Traum und mahnten ihn, nicht den Mut zu verlieren. Er solle nur das Gute in seinen Geist eindringen lassen, damit sich sein Schicksal danach ausrichten könne. »Denn es sind allein unsere Gedanken, die unsere Welt und unser Dasein bestimmen«, hörte er mit einem Mal Godefroy Bisol in der Höhle der Templer verkünden. Er mochte ja recht haben, allerdings stand Gero in diesem Loch kein Frequenzquarz zur Verfügung, geschweige denn eine ganze Höhle davon, die ihn jederzeit in eine andere, bessere Wirklichkeit hätte katapultieren können. »Beten hilft«, hörte er die Stimme seiner Tante, die bei der ganzen Sache auch etwas zu verlieren hatte und ihm stets ein Vorbild an Kampfkraft gewesen war und ihm Mut gemacht hatte, dass er eines Tages erreichen würde, wofür Gott der Herr ihn in diese Welt gesetzt hatte. Verdammt, wenn es so sein sollte, warum war er dann hier und nicht auf Waldenstein? Doch wenn er gedacht hatte, es könnte nicht schlimmer kommen, so hatte er nicht mit der sarkastisch grinsenden Fratze des Michel de Thionville gerechnet, die unvermittelt vor den Gittern aufgetaucht war wie der Satan in der Hölle.

»Man sieht sich immer zweimal im Leben«, raunte der blonde Offizier der Gens du Roi leise und genoss offenbar Geros schockierte Miene, als zu allem Übel auch noch Rufus de la Motte hinter ihm auftauchte. Ein hagerer, verschlagen dreinblickender Kerl mit einem fast kahlgeschorenen Schädel, der es sich als Kommandeur des königlichen Geheimdienstes leisten konnte, einen Bart zu tragen, der ihm bis auf die Brust reichte.

»Tja, Breydenbach«, höhnte er und schaute sich im Halbdunkel des Kerkers um, »seine Freunde kann man sich aussuchen, seine Familie nicht. Das uns ausgerechnet dein Bruder zu dir führt, hättest du wohl nicht gedacht, nachdem du uns in Schottaland so glorreich entkommen bist. Aber so ist es natürlich einfacher, als dich für den Mord an Balthazar de Palestine durch halb Europa jagen zu müssen.«

»Wobei ich zu gerne gewusst hätte«, fügte Michel mit affektierter Stimme hinzu, »wie es dir und deinen Freunden gelungen ist, uns in Schottland zu entkommen.«

»Denk, was du willst«, knurrte Gero und wandte sich von ihm ab. Er ertrug es nicht länger, diesen gelackten blonden Schönling zu betrachten, der Philipp IV. von Franzien in Arroganz und Überheblichkeit in nichts nachstand. *Heilige Mutter Gottes*, betete er still für sich, *was hab ich so Furchtbares getan, dass Gott der Allmächtige mir eine solche Prüfung auferlegt*?

Unbewegt schaute er zum Fenster hinaus, wo die Nachmittagssonne sich langsam zum gegenüberliegenden Hügel neigte. Von hier aus konnte er die ehemalige Templerkomturei von Roth sehen, die nun den Hospitalitern gehörte. Und einmal mehr fragte er sich, warum Gott es zuließ, dass das Böse vom Guten Besitz ergriff und alles dem Untergang geweiht war.

»Du darfst dich über weiteren Besuch freuen«, versicherte ihm Michel mit schmeichelnder Stimme. »Sieh nur, wen wir mitgebracht haben.«

Gero, der keine Lust verspürte, sich umzudrehen, vernahm hinter sich weitere Männerstimmen. Eine davon gehörte Erec von Schorenfels, der etwas über die Sicherheit dieser Anlage berichtete, die auf einem massiven Fels erbaut war, und angeblich keinerlei Möglichkeiten für einen Befreiungsschlag bot.

Als Gero sich zögernd umwandte, hätte ihn beinahe der

Schlag getroffen. Völlig fassungslos blickte er in das schmale, glatt rasierte Gesicht von Eugene Lacroix, dessen herausragendes Merkmal die scharf geschnittene Nase war, die alles dominierte und ihm das Profil eines Falken gab. Die bernsteinfarbenen, fast gelblichen Augen erinnerten Gero an ein ägyptisches Krokodil, das im Halbschlaf seine Beute fixierte. Der unsympathische kleine Mund des Inquisitors kräuselte sich zu einem triumphierenden Lächeln und gab eine Reihe verschachtelter Zähne preis. Für sein fortgeschrittenes Alter wirkte er recht vital. Lediglich sein graues, kurzgelocktes Haar zeugte davon, dass er die fünfzig schon überschritten hatte.

»Was für ein Anblick«, schwärmte Lacroix in einer übertriebenen Begeisterung. Er betrachtete Gero durch die massiven Gitterstäbe mit einem seltsamen Glitzern in den Augen, als ob er ein exotisches Tier wäre, dessen Wert kaum abzuschätzen war. »Es wird mir ein Vergnügen sein, dir die Haut vom Leibe zu ziehen«, verkündete er gefährlich leise.

Gero versuchte, ruhig zu bleiben, und atmete kontrolliert durch die Nase ein und aus. Er war kurz davor, den beiden Franzmännern zu bescheinigen, dass er sie für nichts anderes als die Scheiße des Teufels hielt. Sein Blick streifte das Gesicht von Erec von Schorenfels, der mit einem Mal so bleich war wie der Schnee, der über Nacht auf die umliegenden Hügel gefallen war.

»Ich will die Folterkammer sehen«, verlangte Lacroix mit einer Unverschämtheit im Ton, die den jungen Offizier sichtlich schlucken ließ.

»Die befindet sich eine Etage tiefer«, klärte er den Inquisitor widerstrebend auf und vermied es, Gero ins Gesicht zu sehen. Dann drehte er sich um und ging voraus, um den Männern aus Franzien die Kammer zu zeigen.

»Moment!«, rief ihm Lacroix zu. »Nicht so eilig. Habt Ihr eine Streckbank und eine ausreichende Anzahl geschärfter Messer? Ich brauche das alles, um dieses Schwein auszuweiden und es anschließend zu filetieren. Bei lebendigem Leib, versteht sich.«

Schorenfels blieb wie angewurzelt stehen und drehte sich langsam zu ihm um.

»Seigneur«, begann er mit gepresster Stimme und fixierte Lacroix mit schmalen Lidern, »ich kenne die Regeln zur Folter, die bei den Verhören der Inquisition Anwendung finden, zur Genüge. Schließlich hat man mich nicht ohne Ausbildung auf diesen Posten gesetzt. Soweit ich mich erinnere, werden die Instrumente erst gezeigt, und dann wird geprüft, ob der Delinquent geständig ist. Auch ist mir nicht bekannt, dass man dabei seinen Tod billigend in Kauf nehmen würde. Sollte man zu der Überzeugung gelangen, dass der Delinquent ein Ketzer ist, muss dies in einem gesonderten Verfahren vor einem Inquisitionsgericht festgestellt werden. Ein Schuldspruch wird in der Regel öffentlich bekanntgegeben, und erst danach wird der Verurteilte vor den Augen der Allgemeinheit den Flammen eines Scheiterhaufens preisgegeben. Erst wenn der Körper nicht verbrennt, wird ein neues Urteil gefällt. Und falls dieser Umstand nicht zu einem Freispruch führt und man zu dem Schluss kommt, dass ein Dämon in seinem Inneren wohnt, der den Flammentod verhindert, wird dem Verurteilten der Kopf abgeschlagen. Von Ausschlachten bei lebendigem Leib war nirgendwo die Rede. Ihr seht, ich habe meine Lektionen gelernt. Was man von Euch offenbar nicht behaupten kann.«

»Was fällt Euch ein?«, knurrte Lacroix. »Ich bin der verantwortliche Inquisitionsrichter im Auftrag von Bernard Gui. Ich gehöre wie er zum Orden der Dominikaner und bin vom Kardinalkämmerer befugt, mir ein Urteil zu bilden und eine Strafe zu empfehlen.«

»Vom Kardinalkämmerer«, erwiderte Erec von Schorenfels beinahe triumphierend. »Aber nicht vom Papst, nehme ich an. Denn der fehlt schon seit mehr als zwei Jahren in Rom. Deshalb müsst Ihr in diesem Fall den zuständigen Erzbischof in Eure Befragungen miteinbeziehen und seid nicht bemächtigt, ohne dessen Beteiligung zu urteilen.«

»Die Grafschaft Vianden, der Graf von Luxemburg und das Erzbistum Trier sind Verbündete von Franzien«, belehrte ihn Lacroix mit einem pikierten Ton. »Ich bin sicher, dass die dort Regierenden meinem Urteil vertrauen.«

»Das heißt aber noch lange nicht, dass wir hier gegen Recht und Gesetz verstoßen, wie es vielleicht in Franzien Sitte ist«, belehrte ihn Schorenfels eine Spur schärfer.

»Lasst es gut sein, mein frommer Bruder«, beschwichtigte Michel seinen verärgerten Begleiter, während Rufus de la Motte sich geflissentlich aus der Diskussion heraushielt. Anscheinend hatte auch er kein Interesse daran, sich vor Gero mit dem Herrn des hiesigen Kerkers zu streiten.

»Ich denke ohnehin nicht, dass der Templer das Zeug hat, größere Qualen auszuhalten als eine Daumenschraube«, bemerkte Michel süffisant. »Schon beim Anblick der Folterkammer wird er uns alles bereitwillig erzählen, was wir von ihm wissen wollen. Stimmt's?«

Gero zischte einen unverständlichen Fluch und spuckte ihm vor die Füße.

»Warte nur ab, bis wir dich ficken«, erwiderte Lacroix

kalt. »Ich kann es kaum erwarten, deinen süßen Arsch zu bearbeiten«, höhnte er.

Gero biss die Zähne zusammen und stieß ein knurrendes Geräusch aus. Ihm fiel eine ganze Reihe grober Sprüche ein, aber er hielt sich zurück.

»Es reicht«, befand Erec von Schorenfels genervt und wandte sich an seine unwillkommenen Gäste. »Wollt Ihr nun die Folterkammer sehen, oder nicht?«

Nachdem die drei den Kerker inspiziert und ihre Quartiere auf der Festung bezogen hatten, kam Erec noch einmal zu Gero zurück.

»Ich bedaure, dass diese beiden Idioten offenbar das geltende Recht nicht kennen«, begann er zögernd und schaute Gero schuldbewusst an. »Ich hätte Euch deren Auftritt gerne erspart, aber mir sind die Hände gebunden.«

»Ihr müsst Euch nicht für sie entschuldigen«, sagte Gero. »Wes Geistes Kinder sie sind, weiß man spätestens seit dem Templerprozess. Nichts ist dabei mit rechten Dingen zugegangen. Das gesamte Verfahren basierte nur auf Verleumdungen, in denen man ehrbare Männer ohne Not zu Ketzern und Verbrechern degradiert hat. Ich bin unschuldig, so wie ich hier stehe. Ich schwöre es beim Tod meines Vaters und der Ehre meiner Mutter. Und wenn Ihr mir etwas Gutes tun wollt, dann sperrt diese Kerkertür auf und lasst mich laufen. Ich verrate niemandem, wer meine Zelle geöffnet hat.«

»Tut mir wirklich leid, aber das kann ich nicht«, erwiderte Erec mit bitterer Miene. »Es würde auf mich zurückfallen. Ich trage die Verantwortung für die Sicherheit dieser Burg und für diesen Kerker. Wie Ihr wisst, habe ich Familie, die nicht minder darunter zu leiden hätte. Aber ich werde

Willibert von Roth auf das Benehmen der Franzmänner ansprechen und ihn bitten, einen eigenen Inquisitor des Erzbischofs zu schicken, der den Prozess überwacht. Ich bin sicher, der hält sich wenigstens an die Vorschriften.«

»Ich fürchte, Ihr habt keine Ahnung, was hier gerade passiert«, widersprach ihm Gero aufgebracht. »Das wird kein gewöhnliches Verhör. Die wollen, dass ich zugebe, ein Mitwisser magischer Kräfte zu sein. Sie werden keine Ruhe geben, bis ich ihnen gesagt habe, was sie hören wollen.«

»Dann tut das doch einfach«, empfahl ihm Erec von Schorenfels naiv. »Dann werden sie Euch vielleicht in Ruhe lassen.«

»In Ruhe lassen?« Geros Stimme überschlug sich fast, während er sich mit beiden Händen an die Gitter klammerte, als ob er sie aus den Angeln heben wollte. »Sie werden mich brennen sehen wollen, ganz gleich, was ich sage. Oder Schlimmeres. Außerdem wirft man mir vor, Soldaten der Gens du Roi auf dem Gewissen zu haben. Das ist lächerlich. Welchem Söldner wirft man vor, in einem Krieg feindliche Soldaten getötet zu haben?« Mutlos ließ er den Kopf sinken.

»Wenn das so ist«, sagte Erec leise, »habe ich etwas für Euch.«

Er verschwand kurz und kehrte dann wieder zurück mit einem Weinschlauch in der Hand und einem farblosen Leinensäckchen.

»Ein hervorragender Roter aus dem Langue d'Oc und ein zuverlässiges Mittel, das Euch helfen wird, allem Leid zu entgehen. Es ist das Einzige, was ich noch für Euch tun kann«, erklärte er leise, ohne Gero dabei anzusehen. »Vermischt es mit dem Wein und trinkt es, wenn Ihr verzweifelt genug seid.

Es wird Euch den Atem nehmen, Ihr werdet nicht leiden. Nach außen hin wird es aussehen, als ob Ihr eines natürlichen Todes gestorben wärt. Dadurch wird Euch und Eurer Familie viel Leid erspart bleiben.«

Gero zog die Brauen zusammen und schaute ihn fassungslos an. »Was redet Ihr da?«, fragte er völlig außer sich. »Ihr wollt, dass ich mir das Leben nehme und damit auf den Einzug ins Paradies verzichte? Schickt Euch der Satan persönlich, oder ist das ein abgekartetes Spiel Eurer Vorgesetzten, um einen unbequemen Gefangenen loszuwerden?«

»Wie könnt Ihr so was nur denken?«, verteidigte sich Erec mit ehrlichem Bedauern in der Stimme. »Ich meine es nur gut. Wenn es Euch so sehr entsetzt, dann nehmt wenigstens den Wein. Was das Mittel betrifft, so könnt Ihr eine Nacht drüber schlafen. Vielleicht kommt Ihr zur Vernunft, wenn sie Euch tatsächlich das Fell über die Ohren ziehen. Ich hab gehört, dass man in den Folterkellern von Franzien nicht gerade zimperlich ist. Und ich habe keine Ahnung, ob mein Protest etwas bewirkt.«

»Verdammt noch mal, verpisst Euch«, fluchte Gero und wandte sich ab. Solange auch nur eine winzige Chance bestand, lebend aus dieser Misere herauszukommen, würde er kämpfen.

Er wandte sich erst wieder um, als Erec von Schorenfels gegangen war. Erst jetzt sah er, dass der junge Offizier den Schlauch mit dem Wein in greifbarer Nähe auf dem Boden abgestellt hatte. Gero war jeglicher Appetit vergangen, zumal er nicht wissen konnte, ob das Gebräu nicht bereits vergiftet war.

Als am nächsten Morgen sechs schwer bewaffnete Söldner der Gens du Roi vor seiner Zellentür standen, war er noch einigermaßen gefasst. Er hatte sich in der Nacht der Jungfrau Maria anvertraut, in dem festen Glauben, dass sie ihn gegen das, was nun kam, wappnen würde. Und so ließ er es ohne Widerstand zu, dass man ihm die Kleider vom Leib schnitt und ihn samt seiner Ketten in ein Büßergewand steckte, das seine Blöße nur unzureichend verhüllte. Das ungebleichte Hemd aus fadenscheinigem Leinen schützte ihn nicht vor der eisigen Kälte, die ganzjährig in den dicken Gemäuern herrschte, aber nun im Winter besonders unerbittlich war. Daher war ihm nicht klar, ob es die Kälte war oder die Angst, als man ihn ein Stockwerk tiefer in die Folterkammer führte und sein Körper unwillkürlich zu zittern begann. Die Kerkerwächter legten ihn rücklings auf eine eiskalte steinerne Pritsche und ketteten ihn dort an die in den Stein getriebenen Ringe.

»Bibberst du vor Ehrfurcht oder Angst?«, spöttelte Eugene Lacroix, als er wenig später die Folterkammer betrat und die Gänsehaut und die aufrechtstehenden blonden Härchen auf Geros Armen und Beinen bemerkte.

Gero ersparte sich eine Antwort. *Jetzt wäre ein Wunder nicht schlecht,* dachte er noch, bevor Lacroix sich umwandte und nach seinen Gehilfen Ausschau hielt.

»Du da!«, rief er und wandte sich an einen der drei Folterknechte, die mit Ledermützen, Schürzen und Handschuhen bekleidet auf ihren unappetitlichen Einsatz warteten. Es war klar, dass Lacroix eine solche Prozedur nicht selbst übernahm. Er ließ andere die Drecksarbeit machen, während er die Befehle erteilte.

»Leg die Eisen ins Feuer, bis sie schön glühen«, wies er

den grauhaarigen Foltermeister an, der von zwei jungen Gehilfen unterstützt wurde.

»Müsst ihr mich nicht erst etwas fragen?«, warf Gero mit einem sarkastischen Unterton in der Stimme ein. Er wusste selbst nicht, woher er den Mut dazu nahm.

Im selben Moment erschien Michel de Thionville in der Tür und beklagte sich, dass Lacroix beinahe ohne ihn angefangen habe. Er stellte sich neben Gero und blickte mit einem arroganten Lächeln auf ihn herab.

»Ich will wissen«, begann er, »was damals in Chinon geschehen ist. Wie Ihr aus dem Verlies entkommen konntet und was Ihr mit Guy de Gislingham angestellt habt, der seitdem verschollen ist. Aber vor allem will ich wissen, was es mit dem blauen Licht auf sich hatte, von dem die Söldner berichtet haben.«

»Sind das nicht zu viele Fragen auf einmal?«, spöttelte Gero.

»Stimmt«, sagte Lacroix. »Du solltest vor jeder Frage erst Bekanntschaft mit unseren Instrumenten machen. Also los, Joseph, zeig ihm die glühende Lanzette.«

Der alte Kerkermeister tat, wie ihm geheißen, und wedelte mit einer glühenden Lanzette vor Geros Nase herum. Der Geruch nach Holzkohle und Schwefel nahm ihm beinahe den Atem, und er musste husten.

»Ein Vorgeschmack auf die Hölle«, versicherte Lacroix ihm mit schadenfroher Miene.

»Und, wie sieht es nun mit einer Antwort aus?«, forderte Michel de Thionville forsch.

»Aus heiterem Himmel ist uns die Heilige Jungfrau erschienen und hat ihren leuchtend blauen Mantel über uns ausgebreitet«, log Gero, einer plötzlichen Eingebung folgend. »Als wir wieder zu uns kamen, waren meine Brüder und ich in einer anderen, besseren Welt. Gislingham und seine Schergen waren leider nicht bei uns. Ich weiß nicht, wo sie geblieben sind«, erklärte er, ohne mit der Wimper zu zucken.

»Ach wirklich?« Michel lächelte müde. »Und wieso seid ihr dann hierher zurückgekehrt, wenn dort alles so viel besser war?«

»Weil es auch in dieser Welt Arschlöcher wie dich gab«, erklärte Gero trocken. »Deshalb habe ich mich entschlossen, zunächst einmal diese Welt von Teufeln wie dir zu befreien.«

»Schluss mit dem Palaver«, mischte sich Lacroix ein und gab einem der Folterknechte einen Wink, endlich das Eisen heißer zu schüren. Funken sprühten, und der Geruch des Kohlefeuers erfüllte die Luft, was Gero tatsächlich den Eindruck vermittelte, im Fegefeuer gelandet zu sein.

»Was weißt du über den CAPUT 58, und wo befindet er sich?«, wollte Lacroix nun direkt von ihm wissen.

Verdammt, Gero hätte sich denken können, dass Lacroix ausgerechnet diese Frage stellen würde. »Ich habe wirklich keine Ahnung, wovon du sprichst«, log er.

Lacroix schnippte mit den Fingern, und der Folterknecht näherte sich mit dem glühenden Eisen.

»Soll ich deinem Gedächtnis nachhelfen, oder finden die Worte allein den Weg über deine Zunge?«

Gero wappnete sich innerlich gegen den bevorstehenden Schmerz, indem er die Augen schloss und die Zähne zusammenbiss. Doch das, was nun folgte, war so heftig, dass ihm trotz seines Heldenmuts ein Keuchen entwich. Der Folterknecht hatte ihn an der Wade verbrannt. Während es nach verkohlten Haaren und verbranntem Fleisch stank, zitterte Gero am ganzen Körper vor Schmerzen. Tränen traten ihm in die Augen.

»Na«, meinte Lacroix mit einem forschen Grinsen, »hilft uns das auf die Sprünge?«

»Nein«, presste Gero mit schmerzverzerrtem Gesicht hervor. »Es sei denn, du willst, dass ich dir aus der Not heraus irgendeine Lügengeschichte auftische, weil ich nichts anderes weiß.«

»Ich will die Wahrheit und nichts als die Wahrheit«, raunte Lacroix und schnippte noch einmal mit den Fingern. Es zischte kurz, als der Folterknecht die glühende Zunge auf Geros linken Oberschenkel legte, diesmal etwas länger.

Gero würgte vor Schmerz und biss die Zähne zusammen, bis sein Kiefer knackte. Während das unerträgliche Brennen auf seiner Haut ihm das Wasser aus den geschlossenen Augen trieb, atmete er hechelnd wie ein Hund, um den anhaltenden Schmerz irgendwie zu ertragen, doch ignorieren konnte er ihn nicht.

»Wir werden uns nun immer weiter nach oben vorarbeiten«, verkündete Lacroix. »Bin gespannt, was passiert, wenn wir an deinem Hoden angekommen sind.«

Gero wurde schwindlig bei der Vorstellung. »Ich sagte dir doch«, zischte er durch seine zusammengebissenen Zähne, »ich bin nur ein einfacher Templer. Ich habe keine Ahnung, was du von mir willst!«

»So einen Unsinn hat schon dein Großmeister erzählt, der meinte, er könne noch nicht einmal lesen und schreiben. Da musst du dir schon etwas Besseres einfallen lassen«, blaffte Lacroix und gab dem Folterknecht ein weiteres Zeichen. »Ich war zufällig Zeuge, wie du Walther of Clifton auf dieser mysteriösen schottischen Insel getroffen hast. Dass dein Orden dort etwas verborgen hielt, konnte selbst ein Blinder sehen.«

Gero wusste nicht, was er darauf erwidern sollte. Denn natürlich hatte Lacroix vollkommen recht. Also wappnete er sich mit einem Gebet zum Allmächtigen für das Unvermeidliche. Aus den Augenwinkeln sah er, wie der Folterknecht ein weiteres Mal das Eisen schürte. Die beiden Helfer kamen herbei und versuchten, Geros Beine zu spreizen.

Er hielt eisern dagegen und stieß in seinem Widerstand einen mörderischen Schrei aus, der vielfach von den kalten Mauern hallte. Ihm lief trotz der Kälte der Schweiß aus sämtlichen Poren. Dabei spürte er, wie ihn zusehends die Kräfte verließen. Seine Lenden schmerzten vor Anstrengung, die blutigen Brandwunden an seinem Bein pochten.

»Nein!«, brüllte er so laut er konnte, als das Eisen sich seinen Genitalien näherte. »Gott selbst soll dich verfluchen!«

»Was ist hier los?«, ertönte eine andere Stimme und er spürte, wie der Folterknecht zurückzuckte und stattdessen die Innenseite seines Oberschenkels verbrannte.

Während Gero in ein Wimmern ausbrach, während das Eisen seine Haut verschmorte, näherte sich ihnen Erec von Schorenfels, der einen zweiten Mann an seiner Seite hatte. Die Tränen hatten Geros Augen verschleiert und erst beim zweiten Blick kam ihm der Mann irgendwie bekannt vor. Aber so sehr er auch in seiner Erinnerung kramte, ihm fiel kein Name zu dem Fremden ein.

»Was soll die Störung?«, fuhr Lacroix die beiden Männer an. »Wir sind mitten in den Ermittlungen.«

»Das ist Lionel Renardi, ein lombardischer Anwalt aus Trier, der seinen Anspruch zur Verteidigung des Gerard von

Breydenbach gegenüber dem Rat der Stadt Trier und dem Erzbistum geltend gemacht hat. Ab sofort wird er die Anwendung der Gesetze überwachen und gegebenenfalls Protest einlegen.«

»Ich werde jeden Tag einmal vorbeischauen, um zu sehen, welche Fortschritte ihr macht und ob es irgendwas zu beanstanden gibt,« behauptete der junge Advokat in einer arroganten Selbstgefälligkeit.

Lacroix sah Erec von Schorenfels an, als ob er den Verstand verloren hätte. »Wo verdammt noch mal kommt dieser Mistkerl her, und wer hat ihn bezahlt?«, fragte er außer sich.

»Das, mit Verlaub, geht Euch nichts an«, konterte Renardi mit einem süffisanten Grinsen.

»Habt Ihr seine Legitimation überprüft?«, blaffte Lacroix Erec von Schorenfels an.

»Willibert von Roth hat ihn persönlich empfohlen«, antwortete Schorenfels mit Genugtuung. »Außerdem hat er einen bischöflichen Beisitzer bestimmt, der regelmäßig die Verhörprotokolle mitzeichnen wird.«

»Aber das war so nicht abgemacht!«, mischte Michel de Thionville sich nun ein. »Der König von Franzien hat das Verhör dieses Mannes unter die höchste Geheimhaltungsstufe gestellt. Es war nie die Rede davon, dass wir unsere Ergebnisse irgendwem offenlegen müssen, auch nicht unseren Verbündeten.«

»Nun«, antwortete Erec mit einer möglichst neutralen Miene, »das ist Sache des Trierer Kapitels, da müsst Ihr Euch mit Willibert von Roth und dem genannten Vertreter des Erzbischofs einigen.«

»*Merde!*«, fluchten Lacroix und Michel wie aus einem Mund.

»Es ist nicht erlaubt«, fuhr derweil Geros neuer Anwalt fort und deutete auf die hässlichen Brandwunden an Geros Beinen, »bei der Folter die heftigsten Methoden an den Anfang zu stellen. Als Erstes wäre wohl das Zeigen der Instrumente angesagt, bevor Ihr zu einer härteren Gangart greift. Wenn Ihr Euch nicht daran haltet, muss ich dem Erzbischof leider empfehlen, Euch abziehen zu lassen und eigene Leute einzusetzen, die mehr von der Rechtslage verstehen.«

»In Franzien ist es gang und gäbe, so vorzugehen«, belehrte ihn Lacroix hasserfüllt. »Als erfahrener Inquisitor kann ich einschätzen, wo ich beginnen muss, damit der Delinquent das Maul aufmacht. Und wenn ich einen Templer vor mir habe, weiß ich, dass sanftere Methoden nicht die gewünschten Erfolge erzielen. Immerhin konnten wir durch den Templerprozess genug Erfahrung sammeln.«

»Das glaube ich Euch«, sagte Renardi mit frostiger Miene. »Aber wir sind hier nicht in Franzien, sondern in der Grafschaft von Luxemburg und stehen kirchlich zudem unter dem Einfluss des Erzbischofes von Trier. Also möchte ich Euch mahnen, Euch an die hiesige Auslegung der Gesetze zu halten und mit Eurem Verhör weiter zu verfahren, wie es bei uns üblich ist.«

Gero, der den Mann ebenso ungläubig anstarrte wie seine beiden Peiniger, bemerkte, wie der Fremde zu ihm Blickkontakt aufnahm und ihm kaum merklich zuzwinkerte. Er trug die dunkle Robe eines Advokaten, aber sonst hatte er nichts an sich, woraus Gero schließen konnte, warum ihm dieser Kerl seine unerwartete Unterstützung gewährte.

»Also«, sagte er nur und verabschiedete sich lapidar, »morgen komme ich wieder.«

Trotz der anhaltenden Schmerzen atmete Gero auf, nachdem seine vorläufigen Retter gegangen waren und er mit Lacroix und Thionville alleine in der finsteren Kammer zurückbleiben musste.

»Hast du eine Ahnung, wer der Kerl ist und wer ihn beauftragt hat?«, fragte Lacroix in die eisige Stille hinein, nachdem die beiden gegangen waren.

»Nein«, entgegnete Michel knapp und warf Gero einen vernichtenden Blick zu. »Vielleicht hat sein Bruder den Mann beauftragt, weil er ein schlechtes Gewissen bekommen hat, ihn ausgeliefert zu haben.«

Gero horchte auf. Das war eine Option, an die er selbst noch nicht gedacht hatte und die ihn seltsam freudig stimmte, falls es so wäre. Vielleicht hatte Eberhard doch noch ein Herz in der Brust, obwohl er ihm das alles hier überhaupt erst eingebrockt hatte.

»Lass ihn gleich morgen früh herholen, ich will ihn in Gegenwart seines Bruders befragen«, bestimmte Lacroix mit düsterer Miene. »Und sag Rufus de la Motte bei der Gelegenheit, er soll noch heute einen Boten nach Franzien entsenden, der dem König vom ungeheuerlichen Verhalten der Trierer Justiz berichtet. Louis X. soll gleich weitere Truppen entsenden, die uns hier zur Seite stehen. Danach soll de la Motte unverzüglich mit seiner Truppe zur Breidenburg reiten und in Abwesenheit des Burgherrn noch einmal die Belegschaft befragen, ob ihnen in den vergangenen Wochen und Monaten irgendwas Seltsames aufgefallen ist. Danach soll er zurückkehren und mir Bericht erstatten.«

Zur Hölle, dachte Gero. Das hatte ihm gerade noch gefehlt.

Lacroix wandte sich missmutig an die Folterknechte. »Schafft diesen Kerl in seine Zelle. Morgen früh kommt er noch vor Sonnenaufgang auf die Streckbank. Mal sehen, was Eberhard von Breydenbach noch alles einfällt, wenn er zusehen muss, wie wir seinem Bruder sämtliche Knochen brechen.«

KAPITEL 38

DEZEMBER 1315 –

DEUTSCHE LANDE / MOSEL / BURG WALDENSTEIN

Ein zweifelhafter Plan

»Sie schläft. Sie hatte die ganze Nacht Wehen«, flüsterte Freya, als Tom am Vormittag an Hannahs Zimmertür klopfte. Er wollte sich von ihr verabschieden.

»Lass ihn rein«, meldete sich Hannahs zaghafte Stimme aus dem Hintergrund.

»Wie du meinst.« Freya, die mit ihren lodernden rostroten Haaren wie eine Wächterin der Unterwelt Wache hielt und nur einließ, wer Hannahs ausdrückliche Genehmigung dazu hatte, warf Tom einen warnenden Blick zu.

Er seufzte leise, als er an Hannahs Bett trat und bemerkte, wie bleich und verloren sie unter der grünen Seidendamastdecke aussah.

»Ich lasse dich nicht gern allein zurück«, sagte er mit rauer Stimme und griff nach ihrer Hand, die schmal und weiß auf dem Bettlaken ruhte. »Mir wäre es weitaus lieber, wenn Rona hier wäre und dich notfalls evakuieren könnte.

Vielleicht gelingt es uns ja, Paul zu kontaktieren, und er kann uns irgendwohin transferieren, wo wir sicher sind.«

»Ich bin hier sicher«, erklärte Hannah bestimmt. »Und ich werde nirgendwo anders hin gehen. Mein Platz ist hier, und ich muss auf meinen Mann warten.«

»In Ordnung«, erwiderte Tom ein wenig indigniert. »Das bedeutet, ich muss kein schlechtes Gewissen haben, wenn ich dich hier zurücklasse. Es tut mir leid, wenn ich dich damit nerve, aber ich fühle mich immer noch schuldig an allem, was dir widerfahren ist.«

»Mir ist nichts widerfahren«, widersprach sie ihm. »Ich habe es genauso gewollt. Wenn ich dir je etwas bedeutet habe, Tom, dann versprich mir, dass du alles in deiner Macht Stehende tun wirst, um mir Gero zurückzubringen.«

Er spürte, wie fest sie seine Hand drückte, und schluckte hart. »Ich verspreche es«, raunte er und zwang sich, ihr in die lindgrünen Augen zu sehen, die sich mit Tränen gefüllt hatten. »Aber ich kann für nichts garantieren. Schließlich hängt alles davon ab, ob wir Paul über den Server erreichen können und ob er uns daraufhin zurückholen kann. Und dann dürfen uns die Amerikaner nicht gleich hinter Gitter bringen, weil Tanner tot ist.« Hannah legte ihm einen Finger auf die Lippen.

»Nicht so viel nachdenken – machen. Die anderen warten schon auf dich.«

»Was ist, wenn das Kind kommt?«, fragte er ängstlich und warf Freya einen hilflosen Blick zu.

»Dann kommt es eben. Es kann sowieso nicht drinbleiben«, beantwortete sie seine Frage wie immer pragmatisch. »Hauptsache, es ist gesund und hat einen Vater, der an seiner Wiege sitzt und es im Arm hält.« Ihr Blick verriet, dass sie trotz aller Hoffnung große Angst vor einer anderen Wendung hatte.

»Ja, verstehe.« Tom erhob sich steif und drückte abschließend Hannahs Hand. »Alles wird gut. Ich tue, was ich kann, versprochen.«

Ein wenig umständlich gab er ihr einen Kuss auf die Wange. »Versprich mir, dass du keine Dummheiten machst und zusammen mit deinem Kind gesund bleibst, egal was passiert.«

»Das verspreche ich«, flüsterte sie tapfer.

Draußen auf dem Hof empfing ihn Jacob von Sassenberg mit einem flüchtigen Lächeln. Zusammen mit Roland von Briey hatte er sechs Söldner rekrutiert, die ihren Ritt zur Breidenburg begleiten würden. Die brachiale Erscheinung der Männer, die mit den schwarzen Uniformen der Waldensteiner, Kettenhemden, die bis zu den Oberschenkeln reichten, und zahllosen Hieb- und Stichwaffen ausgerüstet waren, verunsicherte Tom einerseits, beruhigte ihn aber zugleich. Während sie auf ihre schweren Pferde stiegen, fielen ihm die dicken Plattenhandschuhe und die gekrempelten Stiefel ins Auge. An ihre Rittersättel hatten sie zudem Schilde und Helme gebunden. Sie sahen aus, als ob sie in einen Krieg ziehen würden.

Aber das war es wohl auch, worauf die Geschichte hinauslaufen würde, wenn Mabel und ihm kein Wunder gelang.

Es war schneekalt, wie Hannah immer zu sagen pflegte, wenn ihnen die Kälte bei einem Spaziergang in der Eifel bis tief in die Knochen gedrungen war. Tom zog seinen Umhang enger um die Schultern und schloss ihn mit einer Klammer aus Silber, die Roland ihm zusammen mit Hosen und Überwürfen aus festgewebter Wolle überlassen hatte. Die Gräfin hatte sie mit winterfester Wollkleidung und wärmenden Decken ausgestattet, nachdem sie auf die Burg gekommen waren. Tom wunderte sich, dass sie keine Fragen zu ihrem Aufbruch gestellt hatte, obwohl sie eine ziemlich neugierige Person zu sein schien, die in ihrem kleinen Hofstaat so gut wie alles unter Kontrolle hatte.

Roland hatte ihr erklärt, dass sie Mabel nach Hause bringen wollten. In der offiziellen Version war sie die Frau eines getöteten jüdischen Händlers aus Trier, die sie zunächst auf Burg Waldenstein in Sicherheit gebracht hatten. Es musste ja niemand wissen, dass das Mabels Zuhause in einer siebenhundert Jahre entfernten Zukunft lag, hatte Roland, der inzwischen zu den Eingeweihten gehörte, wie zu seiner eigenen Rechtfertigung festgestellt.

Seltsamerweise hinterfragte die Gräfin auch nicht, warum Tom an diesem Unterfangen teilnehmen sollte, schließlich war er kein Kämpfer. Roland hatte ihr versichert, dass sie – sobald sie die junge Frau in Trier abgesetzt hatten – die anderen Ritter suchen und sich ihnen anschließen würden, um sich gemeinsam um Geros Verbleib zu kümmern.

Sollte Gero sich tatsächlich in der Gewalt des Erzbischofs befinden, würden sie im Namen der Gräfin Protest einlegen und mit einer blutigen Fehde drohen, was auch den Herzog von Lothringen auf den Plan rufen konnte. Also würde die Geschichte alles in allem ziemlich viel Ärger und Aufregung bedeuten, den sich Balduin von Trier ersparen konnte, wenn er Gero in Frieden ziehen ließ. Zugleich hatte Roland die Wachen verstärken lassen und die Männer in Alarmbereitschaft versetzt, falls es tatsächlich zu einem bewaffneten Konflikt kommen würde.

Mabel ließ sich von Jacob von Sassenberg auf ihr Pferd helfen, weil es mit all den langen Kleidern und Umhängen nicht ganz leicht war, in einen Rittersattel zu steigen. Er zwinkerte ihr lächelnd zu, während sie ihre Röcke ordnete und die prächtig verzierten Lederzügel in die Hand nahm. Der Burgvogt hatte ihr einen gutmütigen schwarzen Friesen zur Verfügung gestellt, dessen Mähne so schwarz und wellig war wie ihre eigenen Haare.

Aus dem Augenwinkel beobachtete sie, wie Tom Stevendahl den ganz in Leder eingeschlagenen Server in seine Satteltasche packte und die beiden Schnallen fest zuzog. Noch am Abend zuvor war sie bei ihm gewesen. Gemeinsam waren sie ihren Plan, Paul Colbach in einer parallelen Zeitdimension zu erreichen, noch einmal durchgegangen. Dabei war ihr aufgefallen, was Paul ihr in der Geschichte um den CAPUT alles verschwiegen hatte. Eine anschließende Diskussion mit Tom, was vor seinem Rauswurf aus dem Team alles vorgefallen war, hatte sie davon überzeugt, dass Paul richtig gehandelt hatte, wenn er ihr gegenüber misstrauisch geblieben war. Lafour und seine Leute hatten sich alles andere als fair benommen. Dabei war nicht abzusehen, wie sich der Kontakt, wenn er denn zustande käme, gestalten würde und was danach geschah.

Eins nach dem anderen, sagte sie mehr zu sich selbst und dachte an Jacob von Sassenberg, der sie – so wie er dastand – in seinem Aufzug als schwer bewaffneter und zu allem entschlossener Ritter weitaus mehr faszinierte, als sie sich eingestehen wollte. Er war so anders als alle Männer, die ihr je in ihrer Zeit begegnet waren. Und das lag nicht nur an seinem blendenden Aussehen.

Jacob fühlte sich für sie verantwortlich, denn er blieb mit

seinem Hengst ganz nah an ihrer Seite und ließ sie nicht aus den Augen, während sie im dichten Nebel zunächst die Mosel entlangritten und dann einer gepflasterten Straße hinauf auf ein Hochplateau folgten, die durch einen dichten Wald führte.

Als sie nach drei Stunden in einem idyllischen Bachtal Rast machten, um die Pferde zu tränken und sich ein wenig zu erholen, setzte Jacob sich neben sie auf einen Baumstamm und bot ihr einen Schluck Wein an.

»Was wirst du machen, wenn du eines Tages wieder nach Hause zurückkehren kannst?«, fragte er beiläufig und biss in sein Brot. Mabel vermied es, ihm in die Augen zu sehen, weil sie fürchtete, sich in ihn zu verlieben, wenn er sie weiter mit seinem klaren Blick hypnotisierte. Stattdessen schaute sie stur geradeaus, als ob dort ihre Zukunft zu finden wäre. »Ich hab keine Ahnung«, sagte sie ehrlich. »Nichts ist mehr wie vorher. Es ist nicht nur Jacks Tod, der mich verändert hat«, entfuhr es ihr leise, und nun suchte sie doch seinen sanften Blick. »Die Verantwortung, die ich mit meiner Arbeit übernommen habe, ist ihr mir dadurch überhaupt erst bewusst geworden. Ich glaube nicht, dass Politiker und Wissenschaftler wirklich darüber nachdenken, wie viele Leben sie mit ihren Entscheidungen in der Hand halten. Sie sehen nur sich selbst und ihren Erfolg. Bezahlen müssen in der Regel andere dafür. Besonders, wenn etwas schiefgeht. Und dass meine Arbeit womöglich nicht nur Auswirkungen auf die Zukunft hat, sondern auch auf die Vergangenheit, empfinde ich als besonders belastend. Alles hängt offensichtlich mit allem zusammen. Es gibt keinen Bereich mehr, der von unseren Experimenten unangetastet bleibt, falls wir sie fortführen sollten. Sogar unsere eigene Existenz setzen wir damit aufs Spiel. Ich weiß nicht, ob ich das will. Zugleich weiß ich nicht, wie ich Lafour davon überzeugen könnte, es nicht mehr zu tun. Ich bin sicher, dass er sich sofort nach Ersatz umschaut, wenn er hört, dass Jack tot ist. Er wird nicht eher Ruhe geben, bis er das Geheimnis gelöst hat und ein Ergebnis in Händen hält.«

»Dann wäre es vielleicht besser, wenn du einfach hierbliebest, anstatt zurück in die Zukunft zu gehen«, antwortete Jacob kaum hörbar und mit Blick auf Tom, der aus einem Gebüsch zurückkehrte und sich am Bach die Hände wusch. »Hier gibt es auch Menschen, die deine Gegenwart zu schätzen wissen und sich eine Zukunft mit dir vorstellen könnten.« Ohne Übergang schaute er ihr so tief in die Augen, dass sie heiße Wangen bekam. Eindeutiger konnte ein Angebot kaum sein.

»Äh«, murmelte Mabel verlegen und spürte, wie sehr sie sich zu ihm hingezogen fühlte. Wobei es ihr nicht gelang, seinem intensiven Blick auszuweichen. Es war, als ob es Klick gemacht hätte und plötzlich eine unsichtbare, äußerst starke Verbindung zwischen ihnen bestand, von der sie sich magisch angezogen fühlte. Sie war davon überzeugt, er hätte sie geküsst, wenn nicht sechs Söldner, ein Burgvogt und ein Mann aus der Zukunft um sie herumgestanden hätten und sie beobachteten. Verdammt, warum konnten sie nicht wenigstens für ein paar Minuten alleine sein? Der sehnsüchtige Ausdruck seiner Augen und sein verklärtes Lächeln versicherten ihr, dass er dasselbe dachte. Mit einem Seufzer richtete sie sich auf und schaffte Abstand zwischen ihnen, um wieder zu Sinnen zu kommen. »Woher willst du wissen, ob Tom auch ohne mich in unsere Zeit zurückkehren würde?«

»Ich muss kein Wahrsager sein, um zu sehen, wie verloren er sich in unserer Zeit fühlt. Seit er hier angekommen ist, macht er ein Gesicht, als hätte man ihn geradewegs in die Hölle geschickt. Im Gegensatz zu dir. Ich habe dich ein bisschen beobachtet«, fügte er lächelnd hinzu, »und mir ist aufgefallen, wie fasziniert du deine Umgebung wahrnimmst und wie neugierig du alles erkundest, wenn man dich lässt. Obwohl du nicht freiwillig hier bist und mit Tanners Tod eine schreckliche Erfahrung gemacht hast, verurteilst du uns nicht als seelenlose Barbaren. Das unterscheidet dich von Tom, der in allem, was er hier erlebt hat, nur das Negative sieht. Es zeugt nicht von Weisheit, wenn man von einem auf alles schließt. Das Leben hat zahlreiche Facetten, ganz gleich, in welcher Zeit man lebt.«

»Das erinnert mich an meine mexikanische Großmutter, die mir einst sagte, ich könne alles schaffen, wie widrig die Umstände auch sein mögen«, flüsterte sie und wollte ihm so nahe wie möglich sein.

»Ich mag deine Großmutter«, sagte er leise und ergriff ihre Hand. Obwohl diese Berührung nichts Großes war, ließ sie Mabels Herz schneller schlagen, auch noch nachdem Roland zum Aufbruch gemahnt hatte.

»Ich würde es mir überlegen, ob ich mich mit einem Templer einlasse«, mahnte Tom sie leise, während Jacob ihre Pferde holte, die sie an einen Ast gebunden hatten. Er war unbemerkt hinter sie getreten. »Hannahs Schicksal müsste dir eigentlich eine Lehre sein. Es vergeht kein Tag, an dem ich mich nicht verantwortliche fühle, sie mit Gero in Kontakt gebracht zu haben.«

»Wie nennt sich so was?« Mabel grinste belustigt. »Narzisstische Nächstenliebe?«

»Was meinst du damit?« Tom warf ihr einen irritierten Blick zu.

»Erzähl mir bitte nicht, dass du es nur gut mit Hannah meinst. Gib doch zu, du kommst nicht damit klar, dass sie einen anderen hat. Du hättest sie haben können, schließlich wart ihr verlobt. Aber du warst derjenige, der Schluss gemacht hat, wegen deiner geheimen Arbeit am Timeserver. Gero hat geschafft, was dir nicht gelungen ist. Er hat sie mitgenommen auf seine Mission, hat sie zu seiner Verbündeten gemacht. Du hast sie ausgeschlossen. Ich sehe, was das Problem der Geheimhaltung betrifft, keinen großen Unterschied darin, ob man mit einem Quantenphysiker verheiratet ist, der für die NSA arbeitet, oder mit einem Templer, der den Heiligen Gral hütet und von der Inquisition verfolgt wird. Beide beschäftigen sich mit Mysterien, die für Normalsterbliche nicht zugänglich sind. Und beide bezahlen einen hohen Preis dafür, wenn ihre Informationen in die falschen Hände geraten. Und wenn sie sich dabei verlieben, müssen sie einen Partner finden, dem sie vertrauen und auf dessen Loyalität sie sich verlassen können. Mit Hannah hättest du einen solchen Partner gehabt. Du hast es vermasselt, offen gesagt.«

»Ich hätte den Job für sie sausen lassen sollen«, murmelte Tom zerknirscht. »Ich war ein Trottel.«

»Deine einzige Chance, ihre Sympathie wiederzuerlangen und mit ihr befreundet zu bleiben, besteht darin, dass du Gero aus dieser Misere herausholst. Schon allein deshalb muss uns der Kontakt zu Paul gelingen.«

Tom wollte etwas erwidern, doch plötzlich stand Jacob vor ihnen und gab Mabel die Zügel in die Hand. Tom kniff die Lippen zusammen und stieg auf sein Pferd.

»Was war los?« Jacob warf Mabel einen irritierten Blick zu. »Warum sieht unser Maleficus aus, als ob ihn jemand verprügelt hätte?«

»Ich habe ihm ein paar unangenehme Wahrheiten gesagt, die muss er erst mal verdauen.«

»Hm«, brummte Jacob und hakte nicht weiter nach. Er spürte, dass sie nicht darüber reden wollte, und diese Sensibilität machte ihn für Mabel noch um einiges attraktiver.

Auf dem Weg nach Trier passierten sie dieselben Zollstationen wie auf dem Hinweg nach Waldenstein, doch diesmal hatte Roland von Briey das Kommando übernommen. Sein Respekt einflößendes Äußeres führte dazu, dass die Trierer Söldner sie zuvorkommender kontrollierten, als es bei Jacob und seinen drei Schützlingen der Fall gewesen war, und erstaunlicherweise verlangten sie kein Schmiergeld. Trotzdem ließen die meisten von ihnen ihre vorgesetzten Offiziere kommen, um die vorgezeigten Dokumente zu kontrollieren. Roland schien das nicht zu gefallen. »Irgendwas liegt in der Luft«, raunte er, als sie den letzten Posten an einer Moselfähre passiert hatten, um auf die andere Seite des Flusses zu gelangen. »Ich vermute, dass Balduin noch nicht weiß, ob er die Waldensteiner auf die Liste unerwünschter Personen setzt«, murmelte er, während sie auf das breite Floß warteten, das sich von der anderen Seite der Mosel näherte.

»Was wahrscheinlich daran liegt«, fuhr er mit gerunzelter Stirn fort, »dass Geros Ernennung zum Grafen noch nicht öffentlich gemacht wurde und es bisher noch nicht zu einem Prozess gekommen ist. Trotzdem will der Erzbischof über unsere Bewegungen informiert werden, indem er seine Zollstationen zu besonderen Kontrollen angehalten hat. Ich wette, dass sie umgehend einen Boten nach Trier schicken, um zu berichten, dass wir Trierer Grenzgebiet überschritten haben.«

»Die Gegend ist ja fast so gut überwacht wie die Grenze von Mexiko«, sagte Mabel und hob eine Braue.

»Wo liegt das?«, fragte Roland verwundert.

»Auf der anderen Seite des großen Ozeans«, klärte ihn Tom mit verhaltener Stimme auf, damit Rolands Söldner, die mit ihren Pferden ein wenig abseits standen, nicht mithören konnten.

»Ich wusste gar nicht, dass dort auch Menschen leben«, meinte Roland verblüfft.

»Überall auf der Erde wohnen Menschen«, klärte Mabel ihn behutsam auf. »Und es werden jedes Jahr mehr.«

»Dann wird es auch immer mehr Kriege geben, weil sich immer mehr um das Land streiten werden, das ihnen bleibt«, mutmaßte Roland und packte sein Pferd fester am Zügel, weil die Fähre nun fast am anderen Ufer angekommen war.

»Das ist leider wahr.« Mabel überließ ihren Friesen Jacob, der es gewohnt war, die nervösen Tiere auf die relativ schmale Plattform zu führen.

»Wir können uns glücklich schätzen, dass der Fluss noch nicht zugefroren ist«, bemerkte Jacob leise, während Roland den vier Flößern die Überfahrt bezahlte. »Sonst wäre uns nur die Brücke geblieben, und dann hätten wird direkt durch das Stadtgebiet von Trier reiten müssen, wo die Kontrollen noch schärfer sind. Dort machen sie sämtliche Satteltaschen auf, das wäre mit dem CAPUT im Gepäck gar nicht möglich gewesen.«

Mabels Vorstellung von einem chaotischen Mittelalter schien zumindest in den deutschen Landen, wie sich das Gebiet nannte, in dem sie unterwegs waren, nicht zuzutreffen. Sie war erstaunt darüber, wie akribisch sämtliche Grenzverläufe und Flüsse überwacht wurden.

Es dämmerte bereits, als das Gebiet der Breydenbacher in greifbare Nähe rückte. Roland hatte die ganze Zeit über darauf geachtet, dass sie auf den offiziellen Handelsstraßen blieben, die nicht zum Gebiet der örtlichen Feudalherren zählten, sondern unter Kontrolle der Landesfürsten standen. Was man von den umliegenden Wäldern nicht behaupten konnte. Dort hatte jeder Besitzer das Recht, Unbefugte zu kontrollieren und im Zweifel so lange festzusetzen, bis ein höheres Gericht über deren Schicksal entschied, wie ihr Jacob erklärte.

Entsprechend vorsichtig ritten sie bei hereinbrechender Dunkelheit die Lieser entlang in Richtung der Burg, wo sie bei Einbruch der Dunkelheit jenen Ort erreichten, auf dem in siebenhundert Jahren der Parkplatz zu finden sein würde, den Paul genutzt hatte, um Tanner mitsamt seinem Equipment in die Vergangenheit zu transferieren.

Ähnlich den Wachmännern der NSA, die unten auf dem Parkplatz gewartet hatten, befahl Roland seinen Söldnern, mit ihren Pferden zurückzubleiben, als er Tom und Mabel zusammen mit Jacob zu jener Stelle brachte, die noch innerhalb des Radius von dreißig Metern lag, den Pauls Server erfassen konnte. Auf der Burg selbst war es merkwürdig still. Von unten herauf sah man lediglich die flackernden Feuerkörbe auf den Mauern, die eine Anwesenheit der Wachen vermuten ließen.

Mabel und Tom näherten sich ohne Fackeln der infrage kommenden Stelle, um keine Aufmerksamkeit zu erregen. Sie führte ihn zu einem immergrünen Gebüsch, das ihr aufgefallen war, als man sie mit Tanner bei ihrer Ankunft festgesetzt hatte.

»Kommt hierher«, flüsterte sie. »Hier sieht man uns nicht.« Während Roland und Jacob in einigem Abstand mit gezückten Schwertern Aufstellung nahmen, startete Tom den Server.

Das blaue Licht erhellte spärlich die Umgebung, als der Frauenkopf auf der Oberfläche erschien und die Stimme in ihren Köpfen auf den nächsten Befehl wartete. Mabel sah aus einem Augenwinkel Roland, wie er mit einer Mischung aus Furcht und Faszination auf den Server starrte. Soweit sie wusste, war er zwar eingeweiht, hatte den Server jedoch noch nie in Aktion gesehen.

Tom schaute unvermittelt zu ihr auf. »Über welche Nummer ist der Server registriert?«

»Wir haben ihm die Registriernummer 68 verpasst«, gab sie mit einem Schulterzucken zurück. »Ich sah es als logische Weiterführung des 58ers, der uns ja auf mysteriöse Weise abhandengekommen ist.« Sie warf ihm einen schrägen Blick zu, in dem die Frage lag, ob er an dieser Aktion beteiligt gewesen war.

»Das war Rona«, bemerkte er beiläufig. »Ich hatte damit nichts zu tun.«

»Wir haben bisher nicht darüber geredet, was ich Lafour sagen soll, wenn ich zurückkehre. Er wird wissen wollen, was mit Tanner passiert ist und wo du abgeblieben bist.«

»Bevor wir darüber sprechen, sollten wir zunächst einmal versuchen, Paul zu erreichen«, schlug er leicht genervt vor und konzentrierte sich wieder auf den Server, indem er die Zahl 68 in seinen Gedanken visualisierte.

Nachdem Tom den Kontakt ins zeitlose Universum hergestellt hatte, folgte eine Wartezeit von vielleicht drei Minuten, in der erst einmal gar nichts geschah. Tom wollte gerade anfangen zu fluchen, als sich eine Stimme aus dem Server erhob und in seinem Kopf ein Chaos verursachte, weil er für einen Moment glaubte zu halluzinieren.

»Hier ist Timeprojektserver 68«, meldete sich die Stimme, die eindeutig Paul Colbach zuzuordnen war. »Wer ist da? Jack? Bist du das?«

»Ich bin's«, antwortete Mabel, die den gleichen Zugang zum Server hatte, und offenbar gelassener mit der Tatsache umgehen konnte, dass der Kontakt zu Paul tatsächlich geglückt war.

»Paul, hör zu. Ich bin direkt bei der Burg, wo du uns abgesetzt hast. Tom ist bei mir. Jack ist tot. Wir wurden von irgendwelchen Irren gefangen genommen, und einer von denen hat ihn geköpft. Tom und seine Leute haben mich gerettet. Ich weiß nun, auf welcher Seite ich stehe, und bin Tom und den Templern etwas schuldig. Gero von Breydenbach hat mich vor seinem cholerischen Bruder beschützt und ist dafür in Gefangenschaft geraten.« Am anderen Ende entstand eine Pause, weil Paul das Gesagte anscheinend erst einmal verarbeiten musste.

»Gut«, antwortete er stockend, »ich hole dich jetzt zurück. Ich bin nicht allein, wie du dir denken kannst«, meinte er kryptisch. »Der Server ist gecrasht, weil ich versucht habe, Jacks Pistole zu transferieren. Deshalb konnte ich euch nicht gleich zurückholen. Lafour hat mir die Erlaubnis erteilt, den Server zu reparieren und nach euch zu suchen, und mir den Auftrag erteilt, euch zurückzubringen, falls das möglich ist. Dann habe ich eure Koordinaten nicht mehr sauber reinbekommen. Wahrscheinlich, weil Jack gestorben ist. Zum Glück hat der General mir zwei vertrauensvolle Begleiter an die Seite gestellt«, erklärte er mit einem ironischen Unterton. »Sie bewachen mich Tag und Nacht und sind immer in der Nähe. Ich würde deinen neuen Freunden nicht dazu raten, mit dir zusammen zurückzukehren«, empfahl er Mabel, die sich denken konnte, wer damit gemeint war.

»Bevor du Lafour mitteilst, dass du uns gefunden hast, musst du noch etwas anderes für mich erledigen«, beschwor sie ihn mit eindringlicher Stimme. »Gero von Breydenbach wird in Vianden auf der Festung gefangen gehalten und von der Inquisition verhört. Er wird das nicht überleben, wenn wir ihn dort nicht rausholen. Der Einzige, der im Moment dazu in der Lage ist, bist du.«

Nun schaltete sich Tom ein. »Hallo, Paul«, begann er mit zitternder Stimme. »Tu bitte, was Mabel sagt. Versuche irgendwie zur Festung von Vianden zu kommen und begib dich dort in den ehemaligen Kerker. Die Anlage ist zwar nicht die gleiche wie heute, aber die Ausmaße des Fundaments sind noch dieselben. Das müsste für den Transfer-Radius reichen. Geros Daten solltest du noch meinen Kopien entnehmen können. Danach kommst du wieder hierher und holst Mabel zurück. Du musst Gero dort rausholen, Paul. Für Hannah und für uns alle.«

»Was ist mit Rona und ihren Kontakten?«, sagte Paul aufgeregt.

»Rona ist nicht da, sie wollte in der Vergangenheit nach ihrer Schwester suchen und ist mit Arnaud spurlos verschwunden, aber das ist eine lange Geschichte. Lass dir was einfallen, und dann holst du Mabel hier wieder ab. Verstanden? Wir warten solange.«

»Okay, ich gebe mein Bestes«, antwortete Paul gepresst und kappte die Verbindung.

Fast im gleichen Moment hörte Mabel ein ersticktes Keuchen und glaubte, es wären Nachwirkungen des Servers. Doch dann sah sie mehrere Fackeln und wie Roland und Jacob ihre Schwerter mit einem klingenden Geräusch aus der Schwertscheide zogen.

Mabel machte einen erschrockenen Satz zur Seite, als sie unweit entfernt mehrere Männerstimmen hörte und dann, wie Stahl auf Stahl klirrte. Plötzlich sauste etwas zischend an ihrem Gesicht vorbei, und als sie aufschaute, wurde sie von einer Fackel geblendet und sah, wie ein Fremder sie mit seinem Schwert bedrohte. Er trug die Uniform der Gens du Roi. Doch bevor er zuschlagen konnte, fing Jacob den Schlag mit seinem Schwert ab und rettete damit ihr Leben.

»Lauft!« brüllte er, während er sich mit seinem Gegner einen mörderischen Kampf im Zwielicht weiterer herannahender Fackeln lieferte.

»Wir müssen hier weg!«, schrie sie Tom zu, der den Server hastig unter seinem Umhang versteckt hatte, während Mabel ihn am Arm fasste und mit sich zog.

Gemeinsam rannten sie wie im Blindflug die Böschung hinunter, wobei sie kaum die Hand vor Augen sehen konnten. Am Fuß des Hügels sah sie Rolands Söldner, die auch zwei Fackeln entzündet hatten und ihnen entgegenliefen. Ihr Anführer fing sie ab, indem er ihren Umhang zu fassen bekam und sie noch im Lauf stoppte.

»Was geht da vor sich?«, herrschte er sie auf Altfranzösisch an.

»Ich glaube, wir werden angegriffen«, keuchte sie. »Beeilt Euch! Ihr müsst Roland und Jacob helfen!«

Während die Männer mit erhobenen Schwertern davoneilten, krallte Mabel sich in Toms Umhang und riss ihn mit sich. Sie hasteten weiter den Hügel hinab, bis er stolperte und der Länge nach hinfiel.

»Verdammt!«, fluchte er und rappelte sich wieder auf. »Ich hab den Server verloren.«

Mabel tastete im Dunkeln nach dem kleinen schwarzen

Kasten und fand ihn in einer gefrorenen Schneewehe. Sie hob ihn auf und reichte ihn Tom. Hinter sich hörten sie laute Stimmen und wie mehrere Leute die Böschung herunterschlitterten. Sie trugen brennende Fackeln mit sich.

»Da sind sie«, rief jemand auf Altfranzösisch. »Ich kann die Kleine sehen.«

»Das sind nicht Rolands Männer«, keuchte Mabel und konnte in der Dunkelheit lediglich Toms Umrisse erkennen. »Sie sind von der Gens du Roi.«

»Was machen wir jetzt?«

»Lauf in Richtung Lieser«, riet sie ihm, »der Bach rauscht so laut, dass du den Weg finden wirst. Du weißt doch, wo in unserer Zeit der Parkplatz ist. Versteck dich da irgendwo. Ich laufe in eine andere Richtung und lenke sie ab.«

»Bist du wahnsinnig?«, zischte Tom. »Das kannst du nicht machen! Was willst du tun, wenn sie dich erwischen?«

»Das werden sie nicht«, versicherte sie ihm. »Und selbst wenn, ist es allemal besser, als wenn du ihnen mitsamt dem Server in die Hände fällst. Nun mach schon! Wir treffen uns im Kloster der Zisterzienser.« Tom schien von ihrem Vorschlag nicht überzeugt zu sein, aber sie war sicher, das Richtige zu tun. Sie ließ ihn einfach stehen und rannte in die entgegengesetzte Richtung.

Hinter sich hörte sie laute Männerstimmen, schlug einen Haken und wechselte nochmals die Richtung. Dabei stieß sie mit der Schulter schmerzhaft gegen einen Baum und war im ersten Moment wie benommen. Sie sah, dass es eine riesige Eiche war, die mehrere Stämme in sich vereinte und unzählige dicke Äste hatte. Anstatt weiter zu laufen, raffte sie ihre Röcke und steckte sie an ihrem Gürtel fest. Tapfer hangelte sie sich an den Ästen entlang nach oben. Zitternd umklammerte sie in luftiger Höhe den letzten Ast, der sie trug und kauerte sich darauf wie eine Katze. Während der eisige Wind durch das Gelände pfiff, sah sie wie ein paar Meter unter ihr mehrere Fackeln entzündet wurden und man offenbar nach ihr suchte. Da der Boden gefroren war, gestaltete sich die Spurensuche schwierig. Offenbar gaben die Männer nach einiger Zeit auf und wandten sich ab.

»Nein!«, zischte Mabel leise, als sie bemerkte, dass sie Toms Richtung einschlugen. Wenig später vernahm sie einen markerschütternden Schrei. Tom. Seine gurgelnde Stimme hallte durch den ganzen Wald. Das Herz schlug ihr bis zum Hals bei dem Gedanken, dass ihn diese Barbaren womöglich getötet hatten. Außerdem machte sie sich Sorgen um Jacob und Roland, von denen rein gar nichts zu hören war.

Hilflos musste sie mit ansehen, wie der Zug der Fackelträger sich Richtung Burg bewegte. So wie es aussah, hatten die Soldaten Tom mitsamt seinem Server geschnappt.

Nachdem wieder Ruhe eingekehrt und nur der Schrei einer Eule zu hören war, hangelte Mabel sich zitternd hinab. Es kam ihr wie eine Ewigkeit vor, bis sie wieder festen Boden unter den Füßen hatte.

In panischer Angst hastete sie durch die völlige Dunkelheit. Das einzige Licht stammte von den brennenden Feuerkörben auf den Zinnen der Burg.

»Jacob?«, rief sie zaghaft, während sie sich durch dorniges Gestrüpp kämpfte, das ihr unvermittelt den Weg bergauf versperrte. »Roland?«

Sie bekam keine Antwort und marschierte in ihrer Verzweiflung einfach weiter. Unvermittelt stolperte sie über irgendetwas. Als sie vorsichtig mit dem Fuß dagegen stieß, stellte sie fest, dass es ein lebloser Körper war. Während sie mit klopfendem Herzen in die Knie ging und das nasse Kettenhemd ertastete, lief ihr ein Schauer über den Rücken. Die Flüssigkeit zwischen ihren Fingern fühlte sich wie Schmieröl an, und als sie daran roch, wusste sie, dass es Blut war. Sie war nicht zimperlich und weinte auch nicht schnell, aber die Vorstellung, dass es jemand sein konnte, den sie kannte, entsetzte sie.

»Jacob?«, fragte sie mit brüchiger Stimme. Aber der Mann am Boden antwortete nicht. Ihre Hände wanderten zu seinem Kopf. Mit einem erstickten Schrei wich sie zurück. Denn da war kein Kopf mehr, sondern nur noch ein Stumpf.

»Mabel, bleib ruhig«, befahl sie sich streng. Sie stand auf und irrte weiter umher, bis sie von irgendwoher ein Stöhnen hörte.

»Hallo?«, fragte sie zaghaft in die Stille hinein.

»Hier«, keuchte eine Stimme aus der Dunkelheit. »Komm her, Mädchen«, krächzte er auf Französisch.

»Wer ist da?«, fragte sie leise.

»Louis«, sagte die Stimme. »Ich gehöre zu Rolands Leuten.«

Mabel kroch auf allen vieren zu dem Mann und tastete nach seinem Arm, der ebenfalls blutverschmiert war.

»Fass an meinen Gürtel. Dort befindet sich ein Feuerschläger, ein Flintstein und Zunder in einer kleinen Beuteltasche«, sagte er mit bebender Stimme.

Mabel hatte mal einen Survival-Kurs absolviert und daher eine gewisse Vorstellung davon, was von ihr erwartet wurde. Doch moderne Romantik und mittelalterliche Realität unterschieden sich leider voneinander. Und so dauerte es eine kleine Ewigkeit, bis es ihr endlich gelungen war, mithilfe ihres Wollschals ein Feuer zu entfachen, das auf einen morschen Ast übergriff, den sie unter dem gefrorenen Laub entdeckt hatte.

Jetzt sah sie das junge Gesicht des blonden Söldners und seine vor Schmerz zusammengekniffenen blauen Augen. An der linken Schulter hatte er eine schartenartige Verletzung und eine weitere am Bein, die ihn wohl zu Fall gebracht, aber nicht getötet hatten.

Hastig sammelte sie um sich herum dürre Reisigzweige und ein paar trockene Blätter und entfachte ein kleines Feuer.

»Wo sind Roland und Jacob?« Ihre Stimme überschlug sich vor Sorge.

»Ich weiß es nicht«, stöhnte Louis, der Mühe hatte sich aufzurichten. »Es ging alles so schnell. Es waren mindestens dreißig Söldner, die über uns hergefallen sind. Die meisten trugen Uniformen der Gens du Roi. Jacob hab ich zuletzt mit vier Männern gleichzeitig kämpfen sehen. Sie waren im Vorteil.«

»Das ist jetzt auch schon egal«, flüsterte Mabel verzweifelt. Hastig bastelte sie sich eine zweite Fackel, indem sie aus ihrem Unterrock mehrere Stoffstreifen herausriss und um einen morschen Ast wickelte. Nachdem sich eine Flamme gebildet hatte, sprang sie auf und lief los, um nach Jacob und Roland zu suchen. Zu ihrem Entsetzen fand sie in direkter Nähe zwei Leichen, die eindeutig zu Rolands Truppe gehörten. Getrieben von der Angst, dass es Jacob und Roland genauso ergangen sein könnte, suchte sie weiter und stieß schließlich auf einen vierten Söldner, der bäuchlings in einem Haufen gefrorener Blätter lag.

Als sie näher trat, begann sie zu zittern. Es war Jacob, wie sie an seinen dichten dunkelbraunen Haaren erkennen konnte.

Sie lehnte die Fackel an einen Baumstamm und kniete sich neben ihn. *Bitte lieber Gott, macht, dass er nicht tot ist,* betete sie lautlos. Ihre eiskalten Hände suchten sich einen Weg zu seinem Hals. Während sie nach seinem Puls tastete, schloss sie die Augen und schluckte, um nicht in Tränen auszubrechen. Seine Haut war warm, aber der Schweiß darauf eiskalt. Als sie versuchte, ihn umzudrehen, entwich ihm ein Stöhnen.

»Nein!«, krächzte er. »Nicht umdrehen.«

»Jacob«, rief sie außer sich vor Erleichterung. »Warum nicht?«

»Weil einer der Teufel mich mit seinem Schwert aufgeschlitzt hat. Wenn ich mich umdrehe, fallen mir die Eingeweide raus«, krächzte er mit schmerzerfüllter Stimme.

»Oh Gott! Was soll ich machen?« Mabel begann unkontrolliert zu zittern und schaute sich verzweifelt um. Hätte sie doch wenigstens den Server behalten, dann hätte sie mit Paul Kontakt aufnehmen können und vielleicht hätte er Jacob zusammen mit ihr in die Zukunft transferieren können, wo man ihn mit einem Krankenwagen zur Air Base gefahren hätte. Ohne es zu wollen, begann sie zu weinen.

»Bleib ganz ruhig, Jacob«, sagte sie mit tränenerstickter Stimme, weil ihr nichts Besseres einfiel. Sie würde ihm beim Sterben zusehen müssen. Und sie würde bei ihm bleiben, bis er den letzten Atemzug getan hatte. Allein die Vorstellung brach ihr das Herz.

»Tu mir einen Gefallen«, flüsterte er heiser.

»Alles, was du willst«, versprach sie mit bebender Stimme und streichelte seinen Kopf. Sie beugte sich zu ihm hinunter und küsste ihn auf die Wange. »Ich liebe dich, Jacob von Sassenberg«, wisperte sie mit tränenerstickter Stimme. »Du bist der wunderbarste Mann, der mir je über den Weg gelaufen ist, du darfst nicht sterben, hörst du?«

»Greifst du bitte vorsichtig unter mein Wams und holst meinen Brustbeutel hervor?«, bat er mit gepresster Stimme, offenbar unbeeindruckt von ihrem Bekenntnis.

Mabel fuhr mit einer Hand in den Ausschnitt seines Kettenhemds. Sie ertastete sein silbernes Kreuz, das er immer trug. Dann zog sie einen blutverschmierten Brustbeutel unter ihm hervor.

»Mach ihn auf«, keuchte er mühsam. »Da ist eine Kapsel drin. Ganz unten, hörst du?«

Mit spitzen Fingern ertastete Mabel unter ein paar Münzen eine Kapsel von der Größe einer Erdnuss, und als sie ahnte, worum es sich bei diesem Objekt handeln könnte, schlug ihr Herz höher.

»Steck sie mir in den Mund und bete mit mir«, flüsterte er.

Mabel hielt die Kapsel fest zwischen Daumen und Zeigefinger und schob sie ihm sanft zwischen die blutverkrusteten Lippen.

Tödliche Stille breitete sich aus. Mabel dachte an ihre Großmutter, die Wunder für etwas ganz Selbstverständliches hielt. Plötzlich bewegte sich Jacob kaum merklich.

Mabel glaubte ihren Augen nicht zu trauen, als er sich schwerfällig aufrichtete und an seinem blutüberströmten Kettenhemd hinunterschaute, das in der Mitte einen beachtlichen Riss hatte.

»Es ist nicht das erste Mal, dass ich eine solche Erfahrung mache«, erklärte er atemlos.

Mabel warf alle Angst über Bord und fiel ihm schluchzend um den Hals. Er drückte sie fest an sich, murmelte beruhigende Worte und sah ihr fest in die Augen, als sie sich schließlich von ihm löste.

»Danke«, raunte er und drückte sie ein weiteres Mal an sich.

Sie hätte ihn gerne geküsst, aber stattdessen half sie ihm aus den blutgetränkten Kleidern, um zu sehen, ob die Wunde tatsächlich verheilt war.

Der Schnitt, der sich über sein ansehnliches Sixpack vom Nabel bis zum Zwerchfell zog, hatte sich wie von selbst geschlossen, selbst die Narbe war kaum noch zu sehen.

»Ich kann es nicht glauben«, flüsterte Mabel und schaute ihm fassungslos in die braunen Augen. »Wo hast du das Zeug her?«

»Rona hat sie uns aus der Zukunft mitgebracht. Ich hatte nur diese eine Kapsel. Wenn ich sie verloren hätte oder du nicht gekommen wärst und nach mir gesucht hättest, stünde ich nun vor meinem Schöpfer.«

»Wo ist Roland?«, fragte sie und hoffte, dass auch er eine solche Pille hatte.

»Ihn und zwei weitere von seinen Jungs haben sie abgeführt«, erwiderte Jacob und stand nun halbnackt und blutüberströmt vor ihr wie Adonis, der einer Schlachtbank entkommen war.

Er schlüpfte in seinen Umhang und verschloss ihn mit einer Schnalle. Das Kettenhemd und sein Schwert, dass in der Nähe lag, hob er auf.

»Was ist mit Tom?«, fragte er und schaute sich suchend um.

»Sie haben ihn erwischt«, erklärte Mabel besorgt. »Mitsamt dem Server.«

»Verdammt«, knurrte Jacob und schob sein Schwert in

die Scheide. Dann ging er zu dem jungen Söldner, der ihn wie vom Donner gerührt anstarrte.

»Du lebst«, krächzte er, während Jacob seine Verletzungen inspizierte. »Wie kann das sein?«

»Das erkläre ich dir später«, sagte Jacob. »Wir bringen dich zu den Zisterziensern. Dort wird man dich wieder zusammenflicken. Warte einen Moment, ich versuche, eines unserer Pferde zu finden.«

»Und was ist mit den Toten?«, fragte Mabel, als sie mit Jacob den Hügel hinuntereilte, um nach den Tieren zu suchen. »Wir können sie doch nicht einfach liegen lassen?«

»Es bleibt uns leider nichts anderes übrig«, antwortete er und deutete hinauf zur Burg. »Ich schätze mal, es wird nicht lange dauern, bis unsere Freunde von der Gens du Roi die Hunde von der Kette lassen. Anscheinend haben die Franzmänner hier das Kommando an sich gerissen.«

»Denkst du, Geros Bruder arbeitet mit denen zusammen?«

»Keine Ahnung. Ich hätte nicht erwartet, diese Höllenhunde hier anzutreffen. Hätten wir das gewusst, hätten wir garantiert mehr Männer mitgenommen und uns noch besser bewaffnet.«

»Es ist alles meine Schuld«, meinte sie leise. »Wenn ich nichts von Pauls Absicht gesagt hätte, uns zurückzuholen, wären wir erst gar nicht hierhergekommen.«

»Unsinn!«, sagte er. »Du hast nur getan, was du tun musstest. Was hat Paul zu euch gesagt? Kann er irgendetwas für uns tun?«

»Er wollte es versuchen. Und danach wollte er mich zurückholen. Aber ich kann unmöglich hier ausharren, bis er einen Transfer versucht.«

»Nein«, stimmte er nachdenklich zu. »Es wäre zu gefährlich für dich, hierzubleiben und zu warten. Obwohl du in der Zukunft wahrscheinlich besser aufgehoben wärst.«

»Vielleicht. Aber ich will dich nicht hier allein zurücklassen. Nicht in diesem Chaos.«

»Ich komm schon klar«, meinte er und lächelte kurz.

»Aber ich nicht«, erwiderte sie. »Ich hätte keine ruhige Minute, solange ich nicht wüsste, was mit dir und den anderen ist.«

Jacob blieb stehen und schaute ihr im Schein der Fackel tief in die Augen. »Hast du das eigentlich ernst gemeint? Was du gesagt hast, vorhin?«, fragte er leise und trat näher an sie heran. »Oder waren das nur Worte des Mitleids für einen sterbenden Mann?«

»Ich wollte dir sagen, was ich für dich empfinde, bevor es zu spät ist«, wisperte sie und schaute fast schüchtern zu ihm auf.

Jacob lächelte sanft, beugte sich zu ihr hinunter und küsste sie federleicht auf den Mund. »Ich kann gar nicht sagen, wie froh ich bin, dass du nicht nur den Mut hattest zurückzukommen sondern auch dein Herz vor mir offengelegt hast«, flüsterte er und küsste sie noch einmal.

»Mir blieb ja nichts anderes übrig«, sagte sie lächelnd.

»Ich fürchte nur, ich habe jetzt ein neues Problem«, raunte er und schaute ihr tief in die Augen.

»Und das wäre?«

»Dass du mir etwas bedeutest. Und zwar mehr, als für uns beide gut ist.«

»Was ist daran so schlimm?«, fragte sie mit zitternder Stimme.

»Du musst zurück in deine Zeit, und ich werde dich bestimmt nicht aufhalten. Das alles hier ist viel zu gefährlich für dich.«

»Du hast keine Ahnung, was mich in der Zukunft erwartet«, widersprach sie entschlossen und griff nach seiner Hand. »Dort ist es vielleicht anders, aber auch nicht frei von Gefahren.«

»Hier ist weder der richtige Ort noch die richtige Zeit, um darüber zu streiten«, meinte er schließlich und entdeckte im selben Moment Mabels schwarzen Friesen, der vertrauensvoll auf sie zumarschierte.

Während sie das Tier am Zügel hielt, fing Jacob ein weiteres Pferd ein. Es war Rolands Brauner, der nervös mit dem Kopf auf und nieder schlug. Jacob, der inzwischen eine Fackel aus den Satteltaschen genommen und entzündet hatte, fand ein weiteres Pferd, das an einem Baum angebunden war und leise wieherte, als er näher kam. Er band es los und übergab Mabel die Zügel. Dann ritt er den Hang hinauf, um den jungen Söldner zu holen.

»Wir bringen Louis zu den Zisterziensern, damit er sich dort ausruhen kann, und werden dort ebenfalls die Nacht verbringen«, sagte Jacob, als er zurückkam, »und morgen früh bringe ich dich nach Waldenstein und alarmiere die Gräfin.«

»Und was wird aus Tom und Roland?« Mabel schaute ihn fragend an. »Du kannst sie doch nicht einfach im Stich lassen.«

»Ich bin sicher, die Gens du Roi wird die beiden ebenfalls nach Vianden bringen, wie Gero.«

»Wenn sie den Server dorthin bringen, muss ich auch dorthin«, erklärte Mabel fest. »Paul wird versuchen, Gero mit einem Transfer dort rauszuholen. Wir müssen herausfinden, ob ihm das gelingt. Nur so haben wir eine Chance, erneut zu Paul Kontakt aufzunehmen.«

Jacob stieß einen undefinierbaren Seufzer aus. »Na gut«, sagte er resigniert. »Wer weiß, vielleicht treffen wir dort auch auf Johan und die anderen.«

KAPITEL 39

DEZEMBER 1315 –
GRAFSCHAFT LUXEMBURG / FESTUNG VIANDEN

Späte Reue

Eberhard beschlich ein ungutes Gefühl, als er nach dem Frühessen von einem Pagen aus seiner Kammer geholt wurde, die der Graf von Vianden ihm zur Verfügung gestellt hatte. Schließlich war er kein Gefangener, wie Willibert von Roth ihm mit treuem Blick versichert hatte. Er sollte lediglich gegen seinen Bruder aussagen. Willibert hatte ihn ohne weitere Erklärung Rufus de la Motte, dem Kommandeur der Gens du Roi überlassen, nachdem man ihn hierhergebracht hatte. Enno von Waldenstein hätte ihn gerne begleitet, doch das war ihm – wusste der Himmel, warum – vom Anführer der Gens du Roi verwehrt worden.

Eberhard hatte nicht die geringste Ahnung, was der Geheimdienst des franzischen Königs von ihm wollte. Aber ihm war nicht wohl bei der Sache. Schließlich wäre er selbst vor nicht allzu langer Zeit beinahe von diesen Kerlen getötet worden. Wenn ihn nicht dieser merkwürdige Maleficus – angeblich in Geros Auftrag – mit dieser seltsamen Medizin ins Leben zurückgeholt hätte. Verdammt nochmal, warum hatte er sich bloß dazu verleiten lassen, seinen Bruder an den Erzbischof zu verraten? Er hätte sich doch denken können, dass das nicht gut ausgehen würde. Am liebsten hätte er seinen Bruder mit seinen teuflischen Templern gleich ganz aus dem Gedächtnis gestrichen. Und nun musste er womöglich mit ansehen, wie dieser Schwachkopf gefoltert wurde. Was, wenn Gero ihn aus Wut über seinen Verrat in die Sache mit reinzog? Je mehr er darüber nachdachte, umso übler fühlte er sich.

»Wo geht's denn hin?«, fragte er den sommersprossigen Jungen, der in seiner engen Pagenuniform vorauseilte.

»In den Kerker, mein Herr«, nuschelte der Kleine, ohne sich zu ihm umzudrehen.

Eberhards Bedenken nahmen zu, als der Junge ihn über den nebligen Hof und eine Treppe hinab in die langen Gänge der schaurig anmutenden Katakomben führte. Der hiesige Kerker war um einiges weitläufiger als der auf der Breidenburg. Der Gestank hielt sich glücklicherweise in Grenzen. Zudem hatte Eberhard noch nichts gegessen, er würde sich also hoffentlich nicht übergeben müssen.

Während der Junge noch an Tempo zulegte, warf Eberhard einen zaghaften Blick in die Zellen, an denen sie schnellen Schrittes vorbeimarschierten. Hier und da saßen zerlumpt aussehende Gefangene, die mit Sicherheit dem einfachen Volk entstammten und die wahrscheinlich gestohlen oder betrogen hatten. Sie warfen ihm aus schmutzigen Gesichtern irre Blicke zu, die ihn allenfalls gruselten, aber nicht wirklich verschreckten.

Das änderte sich schlagartig, als der Junge ihn in eine größere Kammer mit hohen Decken führte, in der allerlei Folterwerkzeug aufgebaut war, das er zwar schon mal gesehen hatte, dem er aber nie so nahe gekommen war. Bei ihm zu Hause wurde nur Gesindel eingesperrt, das gestohlen hatte oder vagabundierte und die Leute belästigte. Aber meist nicht für lange. Je nach Schwere der Tat musste er die Delinquenten schon nach kurzer Zeit der Justiz des Erzbischofs übergeben. Dort übernahm der Rat der Stadt mit seinem Schöffengericht die Verurteilung und damit auch die Folter.

»Ah, da kommt ja auch schon unser erster Zeuge«, verkündete eine ihm bekannte Stimme. Eberhard stockte der Atem, als er Eugene Lacroix wiedererkannte, der ihn mit einem unsympathischen Grinsen erwartete. Balthazar de Palestine hatte ihn vor knapp drei Monaten als seinen Adjutanten vorgestellt. Er war dabei gewesen, als Balthazar dem Boten aus Köln mitten auf dem Burghof die Kehle durchschnitten hatte und auch, als er seinen Schergen später im Wald befohlen hatte, Eberhard die Eier abzuschneiden. Danach waren de Palestine und Lacroix davongeritten und hatten sich nicht mehr darum gekümmert, was ihre Söldner mit ihm trieben. Einen von ihnen hatte Geros Gesandter mit der Armbrust getötet, der zweite war daraufhin geflüchtet. Eberhard war beinahe sicher, dass Lacroix um den Tod des Mannes wusste und auch, dass Eberhard anschließend entkommen war. Nur wie es geschehen war, konnte er eigentlich nicht wissen.

Der grauhaarige Kerl mit der Falkennase war ein Priester der Dominikaner und machte gemeinsame Sache mit Bernhard Gui, der als Inquisitor längst über die Landesgrenzen von Franzien hinaus zu zweifelhaftem Ruhm gelangt war. Allein die Anwesenheit dieses Mannes und seine prominenten Verbindungen ließen Eberhard frösteln und ein Gefühl dafür bekommen, welcher Dimension die Verhaftung seines Bruders entsprang.

»Ihr lebt also noch«, bemerkte Lacroix spitz, als er mit ihm in Richtung Folterkammer marschierte. »Als wir uns das letzte Mal sahen, wart Ihr in keiner besonders guten Verfassung. Wie kommt es, dass Ihr wieder laufen könnt? Ich dachte, Eure Beine wären gelähmt? Oder hattet Ihr übernatürliche Hilfe wie Euer Bruder? Man munkelt, dass an der Stelle, wo Ihr verschwunden seid, ein blaues Licht zu sehen war.« Lacroix' zynisches Grinsen ließ nichts Gutes vermuten. Und dass er sich an ihn erinnerte, erst recht nicht.

»Ich habe keine Ahnung, wovon Ihr sprecht«, stotterte Eberhard nicht besonders überzeugend. »Ich habe mit den Machenschaften meines Bruders nicht das Geringste zu tun.«

»Das werden wir noch sehen«, sagte ein gelackter blonder Kerl, den Eberhard noch nicht kannte und der sich als Hauptmann Michel de Thionville vorstellte. Gesa hatte diesen Namen bei ihrem Verhör auf der Burg erwähnt. Angeblich war ein blonder Offizier der Gens du Roi im Gefolge des Balthazar de Palestine mitgereist, als der Inquisitor Gero und seine Begleiter bis nach Schottland verfolgt hatte. De Palestine war dort laut Gesas Aussage von Geros schottischem Ordensbruder getötet worden. Was mit den anderen geschehen war, wusste er nicht. Allem Anschein nach hatten sie Gero nicht aufgespürt, denn nach Gesas Erzählungen war sie mit seinem Bruder und seinen Verbündeten ins Land der Wikinger entkommen, aber nicht mit dem Schiff, sondern in einem riesigen metallischen Vogel, wie Gesa bei der unsterblichen Seele ihrer Mutter beteuert hatte. Das würde bedeuten, dass sein Bruder eindeutig eine Verbindung zu satanischen Kräften besaß. Eberhard war sich nicht sicher, ob er dieses Wissen gegenüber Lacroix und de Thionville erwähnen sollte, weil man ihm dann mit Sicherheit die Frage gestellt hätte, warum er nicht schon vorher davon berichtet hatte.

Zu seinem Entsetzen sah er, dass man seinen Bruder bereits auf die Streckbank gekettet hatte. Er trug nur ein härenes Hemd, das gerade mal bis zu den Oberschenkeln reichte und nur notdürftig seine Blöße bedeckte. Seine muskulösen Beine waren von offenen Brandwunden gezeichnet. Trotzdem klagte er nicht, sondern blickte stur an die Decke. Erst als er Eberhard bemerkte, schaute er auf und durchbohrte ihn mit einem eindeutigen Blick, der keine Fragen zwischen ihnen offenließ. Eberhard schaute betreten zu Boden, weil er die Anklage und auch den Spott in Geros auffallend blauen Augen nicht ertragen konnte, die denen ihres Vaters so ähnlich waren. Ganz so, als ob der Alte selbst ihn für den Verrat am eigenen Bruder verurteilen würde.

»Wir werden Eurem Bruder nun ein paar Fragen stellen«, verkündete Lacroix mit näselnder Stimme. »Wenn er sie nicht beantwortet, werden wir das Rad weiterdrehen und ihn in die Länge ziehen. Ihr könnt seine Qualen verringern, wenn Ihr uns stattdessen die Antwort gebt.«

»Ich?«, fragte Eberhard blöde. »Was sollte ich denn antworten? Ich sagte doch, ich weiß nichts!«

»Ich will Euch nicht der Lüge bezichtigen«, begann Lacroix mit einem falschen Lächeln. »Aber ich wurde zufällig selbst Zeuge, dass Ihr wie auch immer in der Sache mit drinhängt. Aber auch darüber werden wir nun mehr herausfinden.«

Eberhard spürte, wie sich sein Herzschlag beschleunigte und ihm übel wurde. »Ich habe schon damals gesagt, dass ich nichts weiß, und daran hat sich bis heute nichts geändert«, sagte er mit bebender Stimme.

»Und schon damals habt Ihr uns angelogen, was die Anwesenheit Eures Bruders auf der Burg betraf, und Ihr tut es auch jetzt.«

»Ich bin unschuldig«, stellte Eberhard atemlos klar. »Wo soll dieses Verhör überhaupt hinführen?«

»Im Zweifel auf den Scheiterhaufen«, blaffte Michel de Thionville ihn an. »Und nun setzt Euch gefälligst!« Missmutig schob er ihm einen Stuhl hin. Eberhard war froh, dass er sich setzen durfte, denn seine Knie waren mit einem Mal so weich wie Hafergrütze.

»Habt Ihr je Kontakt zum CAPUT 58 gehabt und wisst, welche Eigenschaften der magische Kopf der Templer besitzt?«, wollte Lacroix nun von Gero wissen.

Doch der schwieg mit zusammengekniffenen Lippen und tat, als ob der Inquisitor überhaupt nicht existierte.

Lacroix wandte sich an Eberhard, der lediglich dumm aus der Wäsche schaute, denn nicht einmal der Begriff, den Lacroix genannt hatte, war ihm bekannt.

»Ich habe keine Ahnung, wovon Ihr redet«, antwortete er irritiert.

Lacroix gab ihm keine Antwort, stattdessen befahl er dem Folterknecht, das Rad um zwei Zähne weiterzudrehen.

Gero, den man mit zwei dicken Seilen an Armen und Beinen fixiert hatte, stieß einen erstickten Laut aus, als der Folterknecht seinen gesamten Körper brutal unter Spannung setzte.

»Ich weiß es wirklich nicht!«, erklärte Eberhard flehentlich, denn er wollte nicht zusehen, wie man seinen Bruder am Ende in Stücke riss.

»Und weiter geht's«, verkündete Lacroix dumpf. »Was geschah im Oktober 1307 im Saalholzforst, als Ihr mit Euren Kameraden von Franzien zurückgekehrt seid? Es gibt Zeugen, die behaupten, dort sei über Nacht ein riesiges Loch entstanden, in dem heute zehn Fuß hoch das Wasser steht. Rufus de la Motte hat sich die Stelle näher angesehen. Dort existiert tatsächlich ein Weiher, der bei der Bevölkerung mitsamt dem umliegenden Waldgebiet als vom Teufel verflucht gilt.«

Während Gero weiterhin schwieg, lief es Eberhard eiskalt den Rücken hinunter. Er musste wissen, ob der Kommandeur der Gens du Roi bei seiner Visite die Leichen seiner Leute entdeckt hatte, die er und Gero vor drei Monaten in eben jenem Weiher versenkt hatten. Doch Lacroix erwähnte nichts davon.

»Ja, Ihr habt recht«, sagte Eberhard und trat damit die Flucht nach vorn an. »Es wurden dort merkwürdige Lichter gesehen, und über Nacht war ein Krater entstanden, den sich niemand erklären konnte. Aber es wurde nie aufgeklärt, was es damit auf sich hatte. Jedenfalls hatte es nichts mit meinem Bruder zu tun. Soweit ich weiß.«

»Soweit Ihr wisst«, raunte Lacroix gefährlich leise und verengte seine Augen wie ein lauernder Drache. »Ich dachte, Ihr wisst nichts? Soweit mir Willibert von Roth berichtet hat, habt Ihr ihn selbst im Herbst 1307 über die Anwesenheit Eures Bruders unterrichtet. Die Vollstreckung eines Haftbefehls der franzischen Krone scheiterte anschließend am Widerstand Eures Vaters. Bei einem zweiten Versuch war Euer Bruder nicht mehr zugegen. Wisst Ihr, wohin er damals verschwunden ist?«

»Nach Franzien, denke ich«, murmelte Eberhard und

wäre am liebsten im Erdboden versunken, als Gero ihm einen verächtlichen Blick zuwarf.

»Ich hab schon immer gewusst, dass du ein elender Idiot bist«, keuchte sein Bruder. »Aber ich hätte nie gedacht, dass du auch ein feiger Verräter bist.«

»Also stimmt es?«, fragte Lacroix nun an Gero gerichtet. »Ihr wart im Herbst 1307 auf der Burg Eures Vaters?«

Gero kniff die Lippen zusammen, weil es nichts mehr zu sagen gab, das ihm hätte helfen können.

Lacroix ließ das Rad weiterdrehen, indem er mit den Fingern schnippte. Eberhard sah das schmerzverzerrte Gesicht seines Bruders, und wie er dabei die Zähne zusammenbiss, um ja keinen Laut von sich zu geben.

»Wer war alles bei Euch, als Ihr vor knapp drei Monaten auf die Burg Eures Vaters zurückgekehrt seid?«, bohrte Lacroix weiter.

Gero dachte nicht einmal daran zu antworten. Also ging die Frage weiter an Eberhard. Der sah keinerlei Möglichkeit, der Frage des Inquisitors auszuweichen, allein schon, weil er sich nicht noch einmal von ihm vorführen lassen wollte.

»Mein Bruder tauchte mit seiner Frau Ende September 1315 wie aus dem Nichts auf unserer Burg auf«, gestand er kleinlaut, um wenigstens seine eigene Haut zu retten. »Niemand wusste, wo die beiden herkamen und wo sie die ganzen Jahre gewesen waren. Sie trugen orientalische Kleidung. Angeblich kehrten sie von einer Pilgerreise aus dem Heiligen Land zurück«, berichtete er mit gesenkter Stimme. »Seine Frau war damals guter Hoffnung. Sein Knappe war auch dabei. Und später tauchte auch noch ein Kerl auf, den meine Männer als Maleficus bezeichneten. Ich habe ihn erst zu Gesicht bekommen, als mein Bruder und seine Frau von heute auf morgen mit ihm abgereist sind. Sie waren nicht lange genug auf der Burg, als dass ich eine Meldung an unseren Lehensherrn hätte machen können«, sagte er zu seiner Rechtfertigung.

»Maleficus, sagt Ihr«, begann Lacroix hinterlistig. »Warum wurde er so genannt?«

»Ich weiß es nicht«, erwiderte Eberhard mit gesenktem Blick. »Meine Männer berichteten mir, er habe etwas bei sich gehabt, das ein blaugrünes Licht entsandt hätte. Ich habe es selbst nicht gesehen. Wir hatten zu dieser Zeit einen Gefangenen auf der Burg, einen Mädchenschänder, vielleicht erinnert Ihr Euch. Balthazar de Palestine hat ihn verhören lassen. Er behauptete, gesehen zu haben, wie der Maleficus aus dem Nichts in einem blaugrünen Lichtblitz in unserem Kerker aufgetaucht ist. Aber niemand sonst hat es gesehen. Später habe ich herausgefunden, dass der Maleficus und die Frau meines Bruders sich bereits vor ihrem Zusammentreffen auf unserer Burg gekannt und offenbar eine Liebschaft miteinander geführt hatten. Vielleicht war das Kind, das sie unter dem Herzen trug, gar nicht von meinem Bruder, sondern eine Teufelsbrut von diesem Maleficus. Man hat schon öfter davon gehört, dass der Teufel unschuldige Frauen verführt und zu seinen willenlosen Geschöpfen macht.«

»Das wird herauszufinden sein«, murmelte Lacroix mit Blick auf Michel de Thionville. »Wir sollten unsere Spitzel nach Waldenstein schicken und versuchen, die Frau hierherzubringen. Ich bin sicher, sie weiß, wo sich dieser Maleficus versteckt, und dann wird auch unser Templer das Maul aufmachen.«

»Eberhard«, zischte Gero mit geblähten Nüstern. »Du redest eine solche Scheiße, dass es kaum auszuhalten ist.

Hast du auch nur die leiseste Ahnung, was du damit anrichtest?«

»Ich finde Eure Einlassungen außerordentlich interessant«, bemerkte Lacroix an Eberhard gerichtet und schnippte mit den Fingern. »Ich frage mich nur, warum Ihr davon nicht schon früher berichtet habt, als wir mit Balthazar de Palestine Eurer Burg einen Besuch abgestattet haben? Damals sagtet Ihr, niemand wisse, wo sich Euer Bruder befindet, und Ihr hättet ihn ewig nicht gesehen. Eine ziemlich dreiste Lüge, die in jedem Fall einer umfangreichen Bestrafung bedarf.«

Eberhard überlegte fieberhaft, was er dem Inquisitor erwidern sollte. »Vielleicht habe ich das alles ja auch falsch verstanden. Als Ihr auf die Burg gekommen seid, hatte ich meinen Bruder tatsächlich längere Zeit nicht gesehen. Geschweige denn, dass er mich in seine Reisepläne eingeweiht hätte.«

»Sagtet Ihr damals nicht, dass Ihr ihn seit acht Jahren nicht mehr gesehen hättet? Und nun bestätigt Ihr, sogar seiner Frau und diesem Maleficus begegnet zu sein?« Lacroix hob fragend eine Braue.

»Eberhard!«, beschwor Gero seinen Bruder von der Streckbank aus auf Moselfränkisch, seiner Heimatsprache, die Kerlen wie Lacroix nicht unbedingt geläufig war. »Du redest dich um Kopf und Kragen!«

»Habt Ihr bei den Templern je einen Götzen mit drei Köpfen angebetet?«, wollte Lacroix nun von Gero wissen.

»Verdammt nochmal, nein!«, presste er hervor.

»Ich weiß es nicht«, entgegnete Eberhard vollkommen verstört, als die Frage an ihn weitergereicht wurde.

»Dreh das Rad«, befahl Lacroix dem Folterknecht. Gero versuchte verzweifelt, gegenzuhalten, doch mit der nächsten Drehung gab es einen peitschenartigen Knall, und ein fürchterlicher Schmerz durchzuckte sein rechtes Bein. Irgendwas darin war gerissen. Gero wurde vor lauter Schmerz schwarz vor Augen. Kein einziger Klagelaut kam über seine Lippen, aber sein gesamter Körper begann haltlos zu zittern.

»Das ist erst der Anfang«, zischte Lacroix mit einem eigentümlichen Glanz in den Augen. »Und wenn ihr beide mir nun nicht augenblicklich die ganze Wahrheit erzählt, wird es für euch hier noch um einiges ungemütlicher.«

Eberhard spürte, wie eine elende Angst in ihm hochkroch, als Thionville zwei seiner Schergen befahl, nun auch ihn an die mitten im Raum stehende Staubsäule zu ketten, weil man ihn angeblich der Lüge gegenüber eines Inquisitors überführt hatte.

»Das könnt Ihr nicht machen!«, brüllte er, als die beiden Folterknechte den Befehl ausführten und ihm unbeeindruckt das Wams herunterrissen, bis er mit nacktem Oberkörper dastand. Doch Lacroix kannte kein Erbarmen und wählte eine biegsame Weidenrute, mit der er Eberhards Rücken so heftig bearbeiten ließ, dass die Haut nach kurzer Zeit aufplatzte.

Während Eberhard noch nicht mal mehr Luft zum Schreien blieb, keuchte Gero entsetzt. Ihm war klar, worauf die ganze Geschichte hinauslaufen würde und dass sie seinen Bruder in kürzester Zeit totschlagen könnten. »Ihr verdammten Hunde! Ihr bringt ihn um!«, rief er entsetzt.

»Und?«, zischte Lacroix, als der Folterknecht auf seinen Befehl hin abrupt innehielt. »Habt Ihr etwas zu sagen, um es zu verhindern?«

»Selbst, wenn Ihr ihn tötet, wird er Euch nichts preisgeben können, das Euch von Nutzen wäre«, krächzte Gero heiser. »Er ist kein Templer und somit nicht eingeweiht. Alles, was er unter Schmerzen gesteht, ist reine Phantasie.«

»Deshalb frage ich Euch und nicht ihn«, schoss Lacroix zurück.

Eberhard wimmerte vor Qual, während ihm das Blut über den Rücken lief.

»Also?«, fragte Lacroix kalt und wandte sich von Neuem Gero zu. »Was hattet Ihr in Schottland zu suchen und was habt Ihr dort gefunden?«

»Wir wollten uns lediglich vor der Inquisition in Sicherheit bringen«, gestand Gero leidenschaftlich. »Das ist alles.« Das war gelogen, aber er konnte einfach nicht preisgeben, welches unfassbare Geheimnis sie dort tatsächlich gefunden und in Sicherheit gebracht hatten.

Lacroix reichte das natürlich nicht, also ließ er weiter auf Eberhard eindreschen, bis er ohnmächtig zusammensackte. Es stank nach Blut und Urin.

Gero krampfte das Herz, als er seinen älteren Bruder völlig apathisch in den Ketten hängen sah. »Er ist unschuldig«, versuchte er es erneut, obwohl er selbst mit starken Schmerzen zu kämpfen hatte. »Lasst ihn gehen. Er hat mit all dem nichts zu tun. Warum hätte er mich an Euch verraten sollen, wenn er nicht ein loyaler Vasall des Erzbischofs wäre?«

»Dann sagt, was ich hören will, und ich lasse ihn am Leben. Tut Ihr es nicht, hat er leider Pech und wir holen uns als Nächstes, das verspreche ich Euch, Eure Frau.«

Gero hatte eine solche Entwicklung befürchtet und betete lautlos zum Heiligen Georg um ein Wunder.

Unvermittelt stand Erec von Schorenfels im Eingang des Kerkers. »Was tut Ihr da?«, rief er entsetzt. »Warum legt Ihr einen freien Mann in Ketten und schlagt ihn beinahe tot? Nach den Gesetzen der Inquisition darf kein Blut fließen, das müsstet Ihr eigentlich wissen! Und den anderen habt Ihr auf die Streckbank gebunden, obwohl es weit weniger drastische Methoden gibt, die zuvor Anwendung finden müssen. Was Ihr hier praktiziert, ist eindeutig gegen das Gesetz!«

»Werft endlich diesen Schreihals hinaus!«, beschwerte sich Lacroix und gab zwei Söldnern, die den Eingang zur Folterkammer bewachten, einen Wink. Während Erec von Schorenfels lautstark Protest einlegte, packten ihn zwei Schergen der Gens du Roi an den Armen und zerrten ihn nach draußen.

»Ich werde mich über Euch beschweren!«, hallten seine Drohungen in den langen Gängen nach.

Lacroix wirkte wenig beeindruckt von diesem Auftritt, ebenso wenig wie Michel de Thionville, der mit einem abfälligen Grinsen den Kopf schüttelte. Mit fünfzig Recken, die inzwischen aus Franzien eingetroffen waren, hatte die Gens du Roi hier auf der Festung eindeutig das Sagen. Ohne großes Aufsehen und unter den Augen des Erzbischofs und des Grafen von Luxemburg hatten sie Zug um Zug die Befehlsgewalt über die Burg übernommen.

Kurze Zeit später kehrte Rufus de la Motte von seinen erneuten Ermittlungen auf der Breidenburg zurück und verkündete Lacroix mit einem siegessicheren Lächeln, dass er mit Gottes Hilfe zwei überaus interessante Gefangene gemacht hatte.

»Einer davon ist der uns bereits bestens bekannte Maleficus, der uns in Stirling entwischt ist«, erklärte er triumphierend. »Der andere ist der Burgvogt der Gräfin Lichtenberg zu Waldenstein. Wir haben beide festgesetzt, als sie ihre teuflische Magie direkt unterhalb der Burg betrieben haben. Leider ist uns die Frau entkommen, gegen die sich unser Templer hat austauschen lassen. Eine teuflisch schöne Hexe mit nachtschwarzem Haar, wie mir der Anführer der Burgwachen erzählte. Angeblich haben seine Männer bei ihrer vorherigen Gefangennahme ein merkwürdiges Ding gefunden, auf dem bewegliche bunte Bilder zu sehen waren. Leider hat es einer dieser Idioten zertreten, aber ich konnte die Einzelteile sicherstellen. Es ist voller merkwürdiger winziger Platten, hauchdünnem Glas und unzähliger Drähte. Ich bin sicher, diese Frau gehört ebenfalls zu den Templern. Der Maleficus hatte darüber hinaus eine seltsame Kiste dabei, die den Beschreibungen ähnelt, die Guy de Gislingham vor seinem Verschwinden auf der Festung Chinon gegenüber Michel erwähnt hat.«

»Gott sei gepriesen«, sagte Lacroix und reckte seine dürren Arme zur Decke. »Bringt alles her, sofort! Und sorgt dafür, dass wir bei unserem Verhör von niemandem mehr gestört werden. Ganz gleich, wer hier noch auftaucht.«

KAPITEL 40

DEZEMBER 2015 –
GRAFSCHAFT LUXEMBURG / FESTUNG VIANDEN

Unverhoffte Freuden

Nachdem sie die Nacht in Hemmenrode verbracht hatten, beobachtete Mabel angespannt, wie Jacob am nächsten Morgen mit dem uralten Zisterziensermönch auf dem kahlen Hof der Abtei redete und die beiden sich offenbar über irgendwas einig wurden.

Der Alte hatte ihnen am Abend zuvor zwei einfache Mönchsklausen zur Verfügung gestellt und sich um den verletzten Waldensteiner gekümmert.

»Geht's dir gut?« Sie war versucht, Jacob um dem Hals zu fallen und ihn an sich zu drücken, als er sie vor ihrer Klause abholte.

»Ja, warum fragst du?«, gab er erstaunt zurück.

»Ich muss immerzu an gestern Abend denken und daran, dass du beinahe gestorben wärst. Es geht mir einfach nicht aus dem Kopf.«

»Mach dir keine Sorgen«, erwiderte er mit einem Augenzwinkern. »Ich lebe noch und befinde mich in Begleitung einer wunderschönen und mutigen Frau. Was könnte man sonst vom Schicksal verlangen?« Bemüht um ein Lächeln, sah er aus, als ob er eine Umarmung gebrauchen könnte. Und natürlich hatte sie nicht vergessen, wie er sie nach seiner Rettung geküsst hatte.

»Was hat der Alte gesagt?«, fragte Mabel. Jacob hatte von den Zisterziensern neue Kleidung bekommen und trug nun eine dicke schwarze Wollhose und ein helles Untergewand und darüber sein Kettenhemd und seine Waffen. Dazu hatte man ihm einen schwarzen, gewachsten Umhang und einen grauen Kapuzenschal überlassen.

Draußen auf dem Hof warf Jacob einen kurzen Blick in den bedeckten Himmel. Dann schaute er sie mit seinen unglaublich sanften Augen ernst an. »Wintrich schickt einen Boten nach Waldenstein und wird der Gräfin Meldung machen, was geschehen ist. Natürlich habe ich ihm nichts vom CAPUT erzählt, lediglich, dass Roland und Tom von Schergen der Gens du Roi festgesetzt und vermutlich nach Vianden gebracht wurden.«

»Und was machen wir jetzt?«

»Wir reiten nach Vianden und versuchen, Kontakt zu unseren Kameraden aufzunehmen und Gero aus den Klauen dieser Teufel zu befreien. Bruder Wintrich meinte, sie werden sich bestimmt in unmittelbarer Nähe der Festung aufhalten, um seiner habhaft zu werden. Er geht fest davon aus, dass sie alles tun werden, um Gero aus der Festung herauszuholen.«

Jacob führte sie zu den Pferden, die vom Pferdeknecht der Mönche bereits gesattelt worden waren und abgebunden an einem Gatter standen. Er half ihr in den Sattel ihres Friesen und hielt ihre Taille einen Moment länger fest als nötig. Jedenfalls kam ihr das so vor. Ansonsten erschien er ihr seltsam reserviert, was wahrscheinlich seiner Sorge um Gero und die anderen geschuldet war. Als auch er auf Rolands Pferd saß und sie gemeinsam das Kloster hinter sich ließen und über die Hauptstraße Richtung Trier ritten, wirkte er bereits lockerer. Das änderte sich auch nicht, als sie die Hauptstraßen verlassen hatten, auf denen ihnen nicht nur zu viele Fuhrwerke entgegen kamen, auch die Gefahr, der Gens du Roi zu begegnen, die sich mit ihren Gefangenen auf dem Weg zurück nach Vianden aufgemacht hatten, war zu groß.

»Wie kommt es, dass du dich hier so gut auskennst?«, fragte Mabel, als sie in einen dichten Buchenwald abbogen, der ihr wie der reinste Urwald erschien, und Jacob zielstrebig eine Route zwischen den mächtigen Bäumen verfolgte.

»Wir sind als Templer früher des Öfteren von Mainz aus zu den einzelnen Komtureien im Westen geritten und waren einige Male in der Champagne zu offiziellen Zusammenkünften des Ordens«, erklärte er. »Ich habe ein ziemlich gutes Gedächtnis. Wenn ich einmal einen Weg entlanggeritten bin, finde ich ihn immer wieder.«

»Ohne ein GPS wäre ich hier vollkommen verloren«, gestand sie ihm kleinlaut, während ihr Pferd mühelos über das am Boden vor sich hin modernde Geäst marschierte.

»GP... was?« Jacob, der vorausritt, drehte sich mit einem fragenden Blick nach ihr um.

»GPS. Global Positioning System. Es wurde ehemals durch das amerikanische Militär erfunden. Ein ausgefeiltes Informationssystem mit einem ballförmigen Satelliten, der in einer bestimmten Höhe um die Erde fliegt, und einem Gerät am Boden, das man mit sich trägt. Zwischen beiden findet ein unsichtbarer Austausch statt, über den man jederzeit feststellen kann, wo genau man sich auf der Erde befindet.«

Jacob lächelte leicht verunsichert. »Gero hat mir erzählt, dass es in der Zukunft Menschen gibt, die über den Himmel hinausfliegen und die Erde von oben sehen können. Sie soll rund wie eine Kugel sein und in unglaublichem Blau leuchten. Ist das wahr?«

»Ja. Ich war selbst noch nicht dort oben, aber ich habe Bilder gesehen. Die Erde sieht wirklich phantastisch aus, wie ein leuchtend blaues Juwel auf schwarzem Samt.«

Jacob hatte sein Pferd gestoppt. »Wie du«, sagte er leise und schaute ihr tief in die Augen. »Ich gäbe viel dafür, wenn ich die Erde zusammen mit dir von oben anschauen könnte.«

Mabel lächelte verliebt. »Als Kind hat meine Großmutter mir immer erzählt, dass der liebe Gott im Himmel wohnt. Als ich älter wurde und erkannte, dass das nicht sein kann, habe ich sie zur Rede gestellt. Ich war ganz schön sauer auf sie. Aber sie meinte nur, solange man lebt, kann man ihn nicht sehen. Inzwischen ist sie verstorben, und ich hoffe, dass sie recht behalten hat und ihm begegnet ist.«

»Sie hat recht. Gott wohnt in allem«, erklärte er ernst. »Jesus sprach: ›Ich bin das Licht, das über allen ist. Ich bin das All; das All ist aus mir gekommen. Und das All ist zu mir gelangt. Spaltet ein Holz, und ich bin da. Hebt den Stein und ihr werdet mich finden.‹«

»Du glaubst wirklich an ihn, nicht wahr?«

»Wen?«

»Gott.«

»Sicher. Ich glaube nicht nur an ihn, ich weiß, dass er in allem wohnt, was existiert. Sogar in uns. Er ist in und um uns herum. Bei allem, was wir tun.«

»Mir fällt es schwer, an etwas Übersinnliches zu glauben. Meine Eltern sind bei einem Verkehrsunfall ums Leben gekommen, und ich bin bei meiner Großmutter aufgewachsen, die katholisch war. Ich habe ihr immer gesagt, wenn es einen guten Gott gäbe, hätte er meine Eltern beschützt. Ich war wütend, und vielleicht bin ich es immer noch.«

»Darin sehe ich keinen Widerspruch«, sagte Jacob und lenkte sein Pferd auf eine Lichtung. Die Wolkendecke war aufgebrochen, und ein paar Sonnenstrahlen drangen wie Speerspitzen hindurch und tauchten die Umgebung in ein unwirkliches goldenes Licht. »Ich weiß, dass nichts umsonst geschieht«, fuhr er mit ernster Stimme fort. »Dass Gott uns Prüfungen auferlegt, an denen wir wachsen sollen.«

»Und warum hat er dann zugelassen, dass die Templer vernichtet wurden?«

»Vielleicht wurde der Orden ja zerstört, damit wir erfahren, dass es keines Ordens bedarf, um das Gute zu fördern und das Böse zu bekämpfen. Ganz gleich, wo wir uns befinden und mit welchen Wundern er uns segnet.«

Oder der Orden wurde verflucht, weil er hinter Gottes Geheimnisse gekommen ist, lag es Mabel auf der Zunge, aber sie sagte es nicht. Je mehr sie sich mit dem Thema beschäftigte, umso sicherer war sie, dass der Orden etwas vermeintlich Metaphysischem auf der Spur gewesen war, dessen Hintergründe sich mit moderner Quantenphysik zumindest teilweise entschlüsseln ließen.

Schweigend überquerten sie die Lichtung und ritten in ein Bachtal, als sie plötzlich Rauch in der Nase hatte.

»Hier brennt es irgendwo«, bemerkte sie beunruhigt und sah, wie Jacob den Kopf hob und wachsam die Umgebung inspizierte. Er verlangsamte die Schritte seines Pferdes und legte eine Hand an den Knauf seines Anderthalbhänders.

Der Gestank nach verbranntem Holz wurde nun intensiver, und Jacob gab ihr ein Zeichen, dass sie zurückbleiben sollte. Der Qualm erhob sich direkt aus einer vor ihnen stehenden Baumgruppe.

»Wohnt dort jemand?«, flüsterte Mabel beunruhigt.

»Vielleicht ein Köhler, von denen gibt es hier etliche. Aber ich sehe lieber nach. Warte hier auf mich«, antwortete Jacob mit verhaltener Stimme.

Mabel sah, wie er den Hügel hinauftrabte und schließlich dahinter verschwand.

Sie wartete ein paar Minuten, und als er nicht wieder auftauchte, spürte sie, wie ihr Herz schneller zu schlagen begann. Instinktiv wanderte ihre Hand zu der Satteltasche mit der Armbrust, die Jacob von Louis übernommen und an ihren Sattel geschnallt hatte, um die Lasten zwischen an Tieren ein wenig zu verteilen.

Einer inneren Eingebung folgend schnallte sie die Tasche auf und zog die Armbrust heraus. Es war ein relativ handliches Modell, aber doch komplex in der Anwendung. Auf ihrem Ritt von Waldenstein hatte sie gesehen, wie die Söldner das Teil vom Pferd aus gespannt hatten und auch, wie man einen sogenannten Zain einlegte, einen hölzernen Pfeil mit einer geschliffenen Metallspitze. Sie konnte mit Pfeil und Bogen umgehen, weil sie ausgebildete Sportschützin war. Aber eine Armbrust zu spannen, erforderte erheblich mehr Kraft. Ungeachtet dessen näherte sie sich mit ihrem Pferd der Hügelkuppe und stieg schließlich ab. Sie band die Zügel an eine junge Fichte und machte sich in gebückter Haltung auf, um nachzusehen, was hinter der Hügelkuppe vor sich ging.

Kurz vor dem Kamm spannte sie die Armbrust. In gebückter Haltung schlich sie nach vorne, mit der Armbrust im Anschlag wie ein modernes Gewehr.

Als sie endlich freie Sicht auf die dahinterliegende Senke hatte, traute sie ihren Augen nicht. Jacob stand inmitten einer Truppe von vier Söldnern, die alle die Uniformen der Gens du Roi trugen. Anscheinend ein Spähtrupp, der zu irgendeiner Mission unterwegs gewesen war und dort unten Rast gemacht hatte. Zwei der Männer hatte Jacob allem Anschein nach außer Gefecht gesetzt. Sie lagen bäuchlings am Boden und rührten sich nicht. Die anderen bedrohten ihn mit gezogenen Schwertern und umrundeten ihn mit tödlicher Entschlossenheit. Keiner sagte ein Wort, und Jacob war die Anspannung anzusehen. Mit erhobenem Schwert und lauerndem Blick verfolgte er sie. Sein Brauner graste wenige Meter entfernt, als ob ihn das alles nichts anginge, während Jacob nicht nur um sein Leben, sondern auch um ihres kämpfte.

Mabel überlegte nicht lange, sondern zielte auf den größten Gegner. Als sie seine Brust sicher im Visier hatte, löste sie mit einem Hebel die Sehne. Der Zain durchschlug nur Sekundenbruchteile später das Kettenhemd des Mannes. Mit einem überraschten Gesichtsausdruck ging er zu Boden und bewegte sich nicht mehr. Anscheinend hatte Mabel ihn mitten ins Herz getroffen. Unter den anderen Söldnern entstand augenblicklich ein Tumult, den Jacob nutzte, um mit gezielten Schlägen einen weiteren Gegner ins Jenseits zu schicken. Er war unglaublich reaktionsschnell und seine Bewegungen waren so fließend und gezielt, als ob das Schwert mit seinem Arm verwachsen wäre. Aber auch die Schläge seiner Gegner waren kraftvoll und von unglaublicher Brutalität. Mabels

Puls raste, als sie noch einmal mit der Kraft einer Verzweifelten die Armbrust spannte und sich zur absoluten Ruhe mahnte, als sie erneut zielte.

Der Mann, dessen Rumpf sie im Visier hatte, bewegte sich abrupt nach vorn, was das Zielen umso schwerer machte. Anstatt in die Brust traf sie seinen Hals. Seine Hand schnellte reflexartig zu seiner Verwundung und bevor er den Zain herausziehen konnte, brach er zusammen. Vielleicht hatte sie seine Halsschlagader oder seine Luftröhre verletzt. Hauptsache, er konnte Jacob nicht mehr gefährlich werden. Den anderen erledigte Jacob mit einem gezielten Hieb in die Körpermitte, der das Kettenhemd des Mannes sprengte. Was Mabel Beweis genug war, dass eine solche Ausrüstung im Kampf nur bedingt schützte, falls der Aufprall kräftig genug und der Winkel ungünstig war.

Jacob verharrte einen Moment mit erhobenem Schwert, als ob er auf weitere Gegner wartete. Dann schaute er überrascht zum Hügel hinauf, wo er Mabel wie einen gefallenen Engel mit der Armbrust in der Hand im gleißenden Mittagslicht stehen sah.

Er schwang sich auf seinen Braunen und galoppierte den Hügel hinauf, wo er sein Pferd mit einem Schenkeldruck unmittelbar vor ihr zum Stehen brachte.

Mabel schlug das Herz immer noch bis zum Hals. Doch nun hatte es andere Gründe. Sie bewunderte diesen Mann nicht nur, sie hatte sich in ihn verliebt. Und nun war er ein weiteres Mal ihr Held. »Bist du verletzt?«, rief sie ihm zu, als er vor ihr verharrte.

»Nein«, keuchte er. »Los, steig auf dein Pferd und lass uns von hier verschwinden, bevor noch mehr von diesen Kerlen auftauchen.«

Mabel verstaute die Armbrust in der Tasche und stieg in den Sattel. Gemeinsam ritten sie durch das Bachbett, bis das Lager der Angreifer außer Sicht war. Sie erreichten eine grasbewachsene Ebene, auf der weit und breit keine Menschenseele zu sehen war, und überquerten sie im gestreckten Galopp.

»Was hatten die dort zu suchen?«, fragte Mabel außer Atem, als sie nach gut zwei Meilen an einem verlassenen Viehunterstand endlich hielten und den Tieren eine kurze Pause gönnten.

»Vermutlich uns«, sagte er und nahm ihr die Zügel aus der Hand. »Ein Zeichen, dass sie mit dem, was sie haben, noch immer nicht zufrieden sind. Gut, dass wir sie unschädlich machen konnten. Aber wahrscheinlich lungern noch mehr von ihnen hier herum.«

Er lockerte den Pferden die Trense und ließ sie grasen. Als er zu Mabel zurückkehrte, blieb er dicht vor ihr stehen und schaute ihr mit einem verklärten Blick in die Augen. Mabel war ein wenig verlegen, weil sie sich so sehr von ihm angezogen fühlte, dass sie ihn am liebsten geküsst hätte. Ihm schien es nicht viel anders zu ergehen, denn er trat noch näher an sie heran und fixierte sie mit seinen beeindruckenden Augen, als ob er sie hypnotisieren wollte.

»Du hast mir schon wieder das Leben gerettet«, raunte er und beugte sich unvermittelt zu ihr herab. Dann küsste er sie ohne Vorwarnung. So süß und sanft, dass ihr die Tränen in die Augen schossen. Mabel öffnete ihre Lippen und empfing seine Zunge, die sich forschend mit ihrer vereinte und einen Hitzestoß durch ihren Körper jagte, obwohl es eiskalt war. Als er sie mit seinen starken Armen umschloss und sie an sich drückte, legte sie ihm ihre Arme um den Hals und schmiegte sich mit einem kleinen zufriedenen Geräusch, das wie ein Schnurren klang, an ihn. Sie spürte seine harte Erregung und die Leidenschaft, die zwischen ihnen aufflammte wie ein plötzlich um sich greifendes Feuer. Ihre Küsse wurden intensiver, und Mabel vergaß alle Vorsicht, als sie ihm unter seinem Kettenhemd die Verschnürung der Hose öffnete und ihm zu verstehen gab, dass sie ihn wollte, und zwar auf der Stelle. Er stieß einen überraschten Laut aus, aber ließ sie gewähren. Mabel überkam ein Gefühl, dass jeder Moment in ihrem Leben der letzte sein konnte und dass sie keinen dieser Momente mehr verschwenden wollte. Sie wollte diesen Mann, jetzt und hier, bevor es möglicherwiese zu spät dafür war.

»Moment«, keuchte er und zog sich mit einer kraftvollen Bewegung das Kettenhemd über den Kopf, bevor er mit ihr auf die Knie ging. Er war groß, drahtig und hatte einen phantastischen Körper. Aber sein wahrer Reiz lag in seinen sanften Augen und in diesem unnachahmlichen Lächeln, mit dem er sie nun bedachte. Mabel lehnte sich zurück auf einen Heuhaufen und konnte es kaum erwarten, von Jacobs weichen Lippen geküsst zu werden. Und noch einiges mehr, was sie schon allein bei dem Gedanken daran ganz schwindlig werden ließ. Ein Gefühl, als ob sie mitten in einen Tornado aus Emotionen gelandet war. Wie in Trance hob sie ihre Röcke, unter denen sie – wie in dieser Zeit üblich – keinerlei Unterwäsche trug. Jacobs Mundwinkel zuckten bei ihrem Anblick, und seine Augen leuchteten voller Verlangen. Aber anstatt sie auf der Stelle zu nehmen, wie sie es erwartet hätte, senkte er seinen Kopf zwischen ihre Beine und verwöhnte ohne jede Hemmung ihre empfindlichste Stelle mit seiner Zunge. Er ließ sich Zeit, die sie nicht hatten, aber es schien ihm wichtig zu sein, sie mit der gebührenden Andacht zu erobern. Sie war es ihm wert, dass er sich intensiv um sie kümmerte. Mabel war nicht nur von seiner Kenntnis der weiblichen Anatomie völlig überwältigt, die sie bei einem Tempelritter unter keinen Umständen erwartet hätte, sondern auch von seiner Zärtlichkeit und der Art, wie er mit ihr umging, als ob sie ein rohes Ei wäre, das man mit einer falschen Bewegung zerdrücken konnte.

Dabei hätte es Mabel durchaus gerne wilder und rücksichtsloser gehabt. Sie hatte beide Hände in seinen schwarzbraunen lockigen Haaren vergraben und keuchte schluchzend auf, als er ihr einen bis dahin nicht gekannten Orgasmus bescherte. Doch sie wollte mehr.

»Ich will dich in mir«, stieß sie heiser hervor. »Und ich will dich bis zum Schluss.«

»Wie Ihr wünscht, Mylady«, flüsterte Jacob ein bisschen atemlos. Als er sich mit heruntergelassener Hose aufrichtete, sah sie, wie gut er ausgestattet war und dass er sein Schamhaar rasierte. Was sie ein wenig erstaunte, obwohl sie bereits wusste, wie wichtig ihm seine Körperpflege war. Er hatte sogar sein eigenes Stück Seife dabei, deren leichter Duft ihn umso unwiderstehlicher machte.

Mabel betrachtete ihn mit einem Lächeln und streckte die Arme nach ihm aus. Sie wollte ihn spüren, tief in sich, und sie wollte, dass er ihr alles gab. Jacob reagierte, als ob er ihre Gedanken gelesen hätte, indem er hart in sie eindrang und sie voller Leidenschaft küsste. Während sein Mund den ihren beherrschte, stieß er fest und zugleich umsichtig in sie hinein. Mabel genoss den gemächlichen Takt seiner Lust und die unmittelbare Nähe zu seinem geschmeidigen Körper. Gierig sog sie seinen ganz eigenen Duft in sich hinein, völlig berauscht von dem, was hier gerade passierte. Wie ein wildes, schönes Tier verfiel er in einen animalischen Rhythmus. Mabel legte ihre Schenkel eng an seine schmalen Hüften und zerwühlte mit ihren Händen sein dichtes Haar. »Jesus!«, stöhnte sie, als sie zu einem heftigen gemeinsamen Höhepunkt fanden, bei dem sich ihr gesamter Unterkörper in Wellen um ihn zusammenzog. Zugleich stieß Jacob einen kehligen Laut tiefster Befriedigung aus. Sie spürte deutlich, wie er seiner Lust freien Lauf ließ und für einen kurzen Moment erschauerte, woraufhin sich eine Gänsehaut auf seinem muskulösen Körper bildete, die jedoch sogleich wieder verschwand, als er sich mit einem glücklichen Seufzer entspannte.

Schwer atmend blieben sie noch eine ganze Weile eng miteinander verbunden liegen, während Jacob sie zärtlich küsste, bevor er sich mit einem sanften Lächeln von ihr löste.

»Heilige Jungfrau Maria«, murmelte er mit heiserer Stimme und schaute grinsend auf sie herab. »Denk ja nicht, dass ich so etwas andauernd mache.«

»Dafür bist du aber ganz schön geübt«, witzelte sie und lachte befreit. »Das war wirklich unglaublich.«

»So unglaublich, dass du mich beim Namen unseres Herrn genannt hast«, bemerkte er grinsend. »Und das, obwohl du nicht an den Allmächtigen glaubst. Ich fühle mich geehrt.« Er küsste sie noch einmal, lange und so intensiv, dass ein ganzer Schwall von Glückshormonen durch Mabels Adern rauschte.

Mit einem Mal erschien ihr all das ziemlich unwirklich. Hätte ihr jemand vor ein paar Wochen prophezeit, dass sie zusammen mit einem Templer im Winter des Jahres 1315 sechs fremde Männer ins Jenseits schicken und sich danach hemmungslos mit ihm in einem heruntergekommenen

Verschlag lieben würde, sie hätte ihn für vollkommen verrückt erklärt.

Etwas verlegen rappelte auch sie sich hoch, nachdem Jacob aufgestanden war, sich angezogen hatte und ihr lächelnd zuzwinkerte. Dass sie dabei nicht an Verhütung gedacht hatte, war ihr selbst jetzt, da sie wieder klar denken konnte, nicht wichtig. Wenn sie schwanger würde ... nein, daran glaubte sie nicht. Ihr Herz schlug wie wild bei dem Gedanken, wie es wohl wäre, wenn sie mit Jacob mehr haben würde als nur diesen Augenblick.

Während sie ihre Röcke ordnete, kam Jacob auf sie zu und nahm sie noch einmal in den Arm. Er küsste sie lange und süß, und Mabel war zum Heulen zumute, weil sie überwältigt war von nie gekannter Zuneigung, die dieser Mann in ihr auslöste.

»Das war schön«, sagte er schlicht. »An ein Mädchen wie dich könnte ich mich glatt gewöhnen.«

»Ja, ich fürchte, mir geht es bei dir nicht viel anders«, erwiderte sie, kaum fähig zu atmen, und warf ihm einen verträumten Blick zu. Für viel mehr war es noch zu früh, dachte sie wehmütig. Obwohl Mabel hätte wetten können, dass Jacob niemand war, dem eine Liebeserklärung leicht über die Lippen kam, war seine Äußerung wahrscheinlich als solche zu verstehen.

»Wo hast du so gut mit der Armbrust umgehen gelernt?«, wollte er von ihr wissen, während er ihr die Zügel ihres Friesen übergab.

»Ich habe bei der NSA schießen gelernt«, erklärte sie ihm. »Und seit meiner Kindheit war ich Bogenschützin in einem Sportclub. Dort lernt man zu zielen. Trotzdem ist es ein Unterschied, wenn man eine Armbrust spannt. Mir tun jetzt noch die Finger weh. Außerdem habe ich noch nie auf einen Menschen geschossen, geschweige denn jemanden getötet.« Sie kniff für einen Moment die Lippen zusammen, weil ihr klar wurde, dass das alles kein Film, sondern Realität gewesen war.

»Du bist meine Heldin«, raunte er und bückte sich zu ihr herunter, um sie noch mal zu küssen, bevor er ihr in den Sattel half und dann selbst aufsaß, damit sie ihren Weg fortsetzen konnten.

Am frühen Nachmittag erreichten sie Roth an der Our. Im einundzwanzigsten Jahrhundert ein idyllischer Ort für Touristen mit einer Kirche aus dem zwölften Jahrhundert und einer umgebauten ehemaligen Templerkomturei.

Die Version des beginnenden vierzehnten Jahrhunderts war eine Ansammlung von strohgedeckten Bauernkaten und einem heruntergekommenen Gebäude, das aus Bruchsteinen gemauert war. Es hatte zu schneien begonnen, und alles sah aus, als hätte man Puderzucker darüber gestreut, was dem Ganzen einen pittoresken Anstrich verlieh.

»Das ist das frühere Templerhaus von Roth«, erklärte ihr Jacob mit einem bitteren Zug um den Mund und betrachtete nachdenklich die ehemalige Komturei, einen quadratischen Bau mit einem runden Aussichtsturm. Draußen auf dem Hof patrouillierten ein paar Männer in rotweißen Wappenröcken.

»Hospitaliter«, zischte Jacob verächtlich, während sein Hengst passend dazu schnaubte und ein paar Dampfwölkchen ausstieß.

Mabel schaute ihn fragend an. »Was ist mit denen? Sind sie nicht auch Kreuzritter?«

»Ja, aber wir standen immer in Konkurrenz zu ihnen. Ihre Ordensobere haben an sich gerissen, was sie konnten, nachdem man unseren Orden vernichtet hatte. Anstatt den Templern zur Seite zu stehen und mit uns den franzischen König zu stürzen, sind sie dem Papst dankbar in den Hintern gekrochen. So viel zur Nächstenliebe unter Brüdern.«

Er stieß einen verdrossenen Seufzer aus und gab das Zeichen, dass Mabel ihm einen schmalen Pfad hinunter zu einer Ansammlung von strohbedeckten Häusern folgen sollte. Auf dem Weg dorthin konnte sie durch die kahlen Bäume einen Blick auf die beeindruckende Festung der Grafen von Vianden erhaschen. Ein massiver Bau, der zwar nicht mit dem zukünftigen Schloss zu vergleichen war, der aber mit seinen hohen Wachtürmen und den in Fels gemauerten Fundamenten kaum weniger beeindruckend aussah.

»Ist das der Ort, an dem Gero von Breydenbach festgehalten wird?« Mabel blinzelte in den fallenden Schnee und kräuselte die Stirn.

»Zumindest behauptet das Wintrich von Achenbach«, murmelte Jacob und umfasste unwillkürlich seinen Schwertknauf.

»Sieht nicht gerade einladend aus.«

»Soweit ich weiß, haben die Grafen von Vianden den sichersten Kerker weit und breit. Es ist schwierig, sich anzupirschen, weil die Burg auf einem Felssockel thront und die Zugänge alle strengstens bewacht sind. Ich bin gespannt, welche Ideen unsere geheimnisvollen Templerbrüder haben, um Gero zu befreien.« Jacob schaute sich suchend um, als ob er seine Kameraden ganz in der Nähe vermutete.

Mabels zweifelnder Blick lag auf dem gut einsehbaren Zufahrtsweg zur Festung, auf dem reger Verkehr herrschte.

»Trotz aller Sicherheit scheinen dort ständig Leute ein- und auszugehen«, bemerkte sie mit Blick auf die Karawane von Menschen, Tieren und Karren.

»Das sind Händler«, erklärte ihr Jacob. »Sie kommen regelmäßig aus der Umgebung, um die Burgen mit allem zu versorgen, was dort oder in den umliegenden Höfen nicht selbst erwirtschaftet werden kann. Oder es sind Lehensnehmer, die ihren Herrn mit ihren Abgaben beliefern.«

»Und woher weiß man auf der Festung, ob die Leute keine Gefahr für die Burg und ihre Bewohner sind?«

»Entweder kennt man ihre Gesichter, oder sie führen die passenden Dokumente mit.«

»Und wenn beides nicht zutrifft?«

»Dann werden sie im Zweifel durchsucht, bevor man sie einlässt.«

Mabel hob eine Braue. »Ich würde so was eine Sicherheitslücke nennen. Meinst du nicht, auf diese Weise könnte man mit falschen Dokumenten dort hineinkommen?«

»Gut möglich«, meinte er nachdenklich. »Aber nicht du«, schob er entschlossen hinterher, als er sah, wie es in ihr arbeitete. »Und außerdem benötigt man trotzdem einen richtig guten Plan, wenn man erst mal drin ist. Und einen zweiten, wenn man mit dem ersten Plan Erfolg hatte und mit den Gefangenen auf dem Burghof steht. Die Gens du Roi sitzen dort zurzeit mit etlichen Soldaten. Von den Wachmännern der Festung, die unter dem Kommando des Grafen von Vianden stehen, gar nicht zu reden. So was ist kein Kinderspiel.«

»Ja, natürlich«, gab sie kleinlaut zu. »Aber wir müssen doch irgendwas machen.«

»Erst mal müssen wir herausfinden, wo Gero und die anderen genau untergebracht sind. Außerdem weiß keiner, in welchen Zustand sie sich befinden. Ich schlage vor, wir suchen erst einmal nach den anderen Brüdern. Ich möchte wetten, dass sie nicht weit weg sind und bereits einen Plan schmieden.«

Jacob ritt mit Mabel hinunter ins Dorf, wo es außer einer Reihe von strohgedeckten Bauernkaten zwei gutbesuchte Wirtshäuser gab. Aus den Kaminen stieg weißer Rauch auf. Über allem waberte der Geruch von verbranntem Holz und gekochtem Essen. Jacob steuerte seinen Hengst auf ein dreistöckiges Gasthaus zu, in dem Pferde gewechselt und Nachrichten umgeschlagen wurden, wie er Mabel erklärte. Es gab einen langen Stall, der sich unmittelbar an das Haupthaus anschloss. Trotzdem standen etliche Pferde vor dem Haupteingang, denen man Futterbeutel aus Leinen gefüllt mit getrocknetem Gras um den Hals gebunden hatte.

»Da«, meinte Jacob und deutete auf einen weiteren Friesen, der einen weißen Stern auf der Stirn hatte. »Das ist Struans Pferd, da bin ich mir ziemlich sicher. Und der Graue gehört Johan. Ich geh mal nachsehen, ob ich sie dort unten finde. Aber da wir nicht wissen, wer sich sonst noch dort tummelt, möchte ich, dass du hier auf mich wartest, bis ich zurückkehre. Verstanden?«

Mabel nickte gehorsam. Was blieb ihr auch anderes übrig? Angespannt sog sie die rauchgeschwängerte eiskalte Luft ein, während über den Hügeln die Wolkendecke aufgerissen war und die Sonne unterging. Zum ersten Mal seit ihrer Zeitreise fiel ihr auf, dass es keine Kondensstreifen am Himmel gab. Dort oben gab es nichts außer den Weiten des Weltalls. Und obwohl sie mit Jacob einen wunderbaren Menschen kennengelernt hatte, fühlte sie sich plötzlich verloren.

Zudem spürte sie einmal mehr die Nachwirkungen von Jacks Tod und den Erlebnissen vom Vorabend. Der Umstand, dass sie nun selbst zwei Menschen getötet hatte, ging ihr nicht aus dem Kopf. Und Jacob … Während sie ihm hinterherschaute, wie er hinter der Hauswand verschwand, fragte sie sich, wie es mit ihnen weitergehen sollte. Falls die Stürmung dieser verdammten Festung dem Ganzen nicht ohnehin ein jähes Ende bereiten würde.

Jacob betrat mit gesenktem Haupt die niedrige Schankstube, deren Deckenbalken schwarz vom Ruß waren. Dafür sorgte der hohe Kamin, in dem ein stattliches Feuer prasselte, das eine schon fast unangenehme Hitze verbreitete. Zu dieser Tageszeit ging es in der Schankstube hoch her. Die meisten Fremden, die hier auf dem Weg nach Franzien entlangkamen, berechneten bereits im Voraus, wie weit es bis zum nächsten Gasthaus war, und beeilten sich besonders bei der kalten Witterung, sich rechtzeitig einen Schlafplatz für die Nacht zu sichern.

Jacob behielt trotz der stickigen Luft und der kaum erträglichen Hitze seinen Umhang samt Kapuze an und beobachtete aus den Augenwinkeln, ob ihm irgendwelche Gesichter bekannt erschienen. Wobei er sich nicht nur auf seine Brüder konzentrierte, sondern auch auf Angehörige der Gens du Roi oder gar Söldner des trierischen Erzbischofs, die ihn ebenso hätten erkennen können. Nachdem ihm niemand aufgefallen war, von dem eine unmittelbare Gefahr ausging, wandte er sich an eine dralle Bedienung mit rotem Haar, die bereits auf ihn aufmerksam geworden war und ihm schöne Augen machte.

»Womit kann ich Euch dienen, junger Herr«, säuselte sie

und reckte ihm ihren sündigen Ausschnitt mit zwei nicht weniger sündigen Brüsten entgegen. »Falls ihr noch ein ungestörtes Lager für die Nacht sucht, ich wüsste was.« Sie zwinkerte ihm ungeniert zu, und Jacob spürte, wie ihre Hand sich einen Weg zu seinem Schritt suchte.

Mit einem gezielten Griff schnappte er nach ihrem Handgelenk und hielt sie mit einem festen Griff davon ab, noch weiter zu gehen.

»Ich liebe starke Männer«, schnurrte sie. »Wenn Ihr Gefallen daran findet, mich heute Nacht zu züchtigen, nur zu, es kostet euch auch nicht viel.«

»Seh ich etwa aus wie ein Arschloch?«, knurrte er düster und stieß einen ungeduldigen Seufzer aus. »Ich suche nach einer Truppe gestandener Kerle, die unter sich bleiben wollen. Aber ich sehe sie nicht unter den Gästen. Habt Ihr eine Idee, wo ich sie finden könnte?«

»Ja«, hauchte sie zuckersüß. »Die Herren haben es vorgezogen, in einem Hinterzimmer zu tagen, wo sie ungestört sind. Wenn Ihr mir bitte folgen wollt.«

Jacob marschierte, ohne sich weiter umzuschauen, mit großen Schritten durch einen dunklen, angenehm kühlen Flur hinter ihr her, bis sie schließlich vor einer schwach beleuchteten Eichentür stehen blieb und beinahe zaghaft klopfte. Niemand sagte »Herein«, stattdessen drehte jemand von innen einen Schlüssel im Schloss herum und öffnete die Tür einen Spalt. »Wer da?«, fragte eine raue Stimme.

Jacob kniff die Lider zusammen und versuchte, das Gesicht zu erkennen, doch er sah nur den Schatten einer scharf geschnittenen Nase und ein paar funkelnde grüne Augen, in denen sich das Licht der Fackel widerspiegelte. »Ich suche nach Struan und Johan, sind sie zufällig hier?«

»Wer ist da?«, tönte die raue Reibeisenstimme des Schotten aus dem Hintergrund.

»Ich bin's, Jacob«, antwortete er und hoffte endlich eingelassen zu werden, schon wegen Mabel, die ganz alleine draußen in der Kälte stand. Doch die Tür ging wieder zu.

»Merde!«, fluchte er auf Franzisch und hämmerte nun mit der Faust an das schwere Eichenportal.

Plötzlich öffnete sich die Tür erneut, und er wurde vor den Augen der neugierigen Schankmagd mit einer groben Bewegung ins Zimmer gezogen. Als die Tür nach ihm sofort wieder geschlossen wurde, trafen ihn die nervösen Blicke seiner Kameraden. Ralph, Totty, Malcolm, Johan, Struan und noch eine ganze Menge mehr, deren Gesichter ihm zum Teil bekannt vorkamen, von denen er jedoch nicht wusste, wo er sie einordnen sollte. Allen voran das Gesicht des offensichtlichen Advokaten, der ihm die Tür geöffnet hatte.

»Willkommen in unserer illustren Runde«, bemerkte der Fremde ernst. »Wir freuen uns über jeden Bruder, der unsere Truppe verstärken wird.«

Jacob drehte sich einmal im Kreis und starrte seine Brüder begriffsstutzig an. »Könnt ihr mir mal erklären, was hier los ist und wer diese Männer sind?«

Sein verwirrter Blick lag auf dem hochgewachsenen Kerl, der ihn begrüßt hatte und dessen rötliches Haar den Eindruck machte, als ob es mit Eichelgalle gefärbt worden wäre.

»Oh«, sagte der. »Mein Name ist Petrus de Carmac – oder auch Pierre de Bologne. Aber diesen Namen verwende ich aus nachvollziehbaren Gründen nicht mehr.«

»Der Advokat von Paris?«, fragte Jacob ungläubig und warf einen fassungslosen Blick in die Runde, bevor er zu Pierre zurückkehrte. »Ich dachte, die Gens du Roi hätte dich getötet?« Jacob kratzte sich hinter dem Ohr. »Hieß es nicht, du seist plötzlich verschwunden?«

Ein wenig konfus blickte er abwechselnd in die stummen Gesichter.

»Ich bin nicht verschwunden, ich bin untergetaucht«, verbesserte Pierre ihn ungehalten. »Oder was würdest du tun, wenn ein Trupp blutrünstiger Mörder der Gens du Roi auf deinen Fersen ist?«

»Heißt das etwa, du bist abgehauen und hast über fünfhundert angeklagte Templer im Stich gelassen?«

»Er hat niemanden im Stich gelassen«, erhob sich die Stimme eines Mannes mit kurzgeschnittenen schwarzen Haaren und einem kurzen struppigen Bart, dessen braune Augen angriffslustig leuchteten.

»Und wer bist du, wenn ich fragen darf?«

»Adam de Brasnee«, antwortete er mit schmalen Lidern. »In früheren Zeiten Ymbert Comborn aus Limoges. Auch ich sollte als Anwalt den Orden im Jahre des Herrn 1310 im Angesicht des Papstes verteidigen. Als mir klar wurde, dass in Wahrheit niemand Interesse an unserer Verteidigung hatte und wir ohne Gnade dem sicheren Tod entgegengehen, bin ich geflohen. Wir sind keine Feiglinge«, stellte er entschlossen klar. »Wir haben überlebt, um die Ehre des Ordens zu verteidigen und denen, die bis hierher mit uns überlebt haben, sich aber noch immer in Gefangenschaft befinden, zur Flucht zu verhelfen, um dem Orden eine neue, bessere Zukunft zu geben.«

Amen, hätte Jacob am liebsten gesagt. Tat es aber nicht.

Stattdessen wandte er sich an Struan und Johan. »Ich muss mal kurz raus«, kündigte er den beiden an. »Bin gleich wieder da.«

»Wo willst du denn hin?«, fragte ihn Struan und zog seine buschigen Brauen zusammen. »Du kannst später pinkeln gehen. Die Besprechung hat gerade erst angefangen.«

»Ich muss Mabel holen, sonst ist sie erfroren, bevor ich zur ihr zurückgekehrt bin.«

»Sie ist hier?« Struans Stimme gipfelte in Unverständnis. »Warum hast du sie nicht nach Waldenstein geschafft und dort in eine geheizte Kemenate zum Sticken gesetzt?«

»Erstens ist sie keine Frau, der man vorschreiben kann, was sie zu tun und zu lassen hat«, erwiderte Jacob und verdrehte die Augen. »Und zweitens wollten wir zusammen mit ihrer Hilfe und Tom Kontakt zu Paul aufnehmen. Was gründlich in die Hose gegangen ist.«

Jacob erzählte im guten Glauben, dass Johan und die anderen alle anwesenden Brüder über den CAPUT, seine Funktion und die damit verbundenen Probleme aufgeklärt hatten, die ganze Geschichte und schloss damit, dass man nicht wisse, ob Tom und Roland von Briey sich nun auch auf der Festung befanden, es vor allem aber gelte, den Timeserver unbedingt zu finden und zurückzuholen.«

Danach herrschte für einen Moment gespenstische Stille.

Jacob sah, wie Johans vernarbtes Gesicht einen merkwürdigen Ausdruck annahm, und auch Struan versah ihn mit einem gequälten Blick.

»Verdammt!«, fluchte Pierre de Bologne und schlug mit der Faust auf den Tisch, bevor er Struan und Johan ein paar giftige Blicke zuwarf. »Warum habt ihr uns verschwiegen, dass ihr den CAPUT besitzt? Wir reißen uns die Ärsche auf, unseren guten Ruf wiederherzustellen, und die Herrn ziehen es vor, ihr Geheimnis für sich zu behalten. Was zum Teufel soll dieses Ding denn sein, wegen dem allem Anschein nach

Hunderte Brüder gestorben und Tausende heimatlos geworden sind? Ich verlange eine sofortige Aufklärung, ansonsten könnt ihr sehen, wie ihr euren Bruder lebend aus dem Kerker bekommt!«

»Die Frau, die draußen in der Kälte auf mich wartet, kann es euch genaustens erklären«, verkündete Jacob trocken und machte sich, ohne die Erlaubnis seiner Brüder abzuwarten, auf den Weg, Mabel ins Warme zu holen.

KAPITEL 41

DEZEMBER 1315 –

GRAFSCHAFT LUXEMBURG / FESTUNG VIANDEN

Brüder im Herzen

Gero traute seinen Augen nicht, als er Tom und Roland von Briey in Ketten erblickte. Verdammt, welcher Teufel hatte hier seine Hände im Spiel? Seine größte Angst bestand darin, dass Lacroix möglicherweise Waldenstein erobert und Hannah entführt hatte.

Roland schien seine Gedanken zu erraten und schüttelte unmerklich den Kopf. Dann stieß er einen derben Fluch aus, als er sah, was Lacroix und Michel de Thionville Gero und Eberhard angetan hatten.

»Dafür wird euch der Teufel in der Hölle schmoren lassen«, versprach er den beiden und musste seinen Unmut sofort büßen, indem ihm de la Motte höchstpersönlich eine Schelle verpasste, die Roland mit einem Stöhnen in die Knie gehen ließ. Der Burgvogt verharrte einen Moment am Boden, bevor er sich mit blutender Nase und stolzem Blick wieder aufrichtete.

Tom versuchte erst gar nicht zu protestieren, zumal ihm speiübel war vor Angst, aber auch, weil er den Anblick von Eberhard von Breydenbach, der sterbend in Ketten hing wie ein abgezogenes Tier, nicht ertragen konnte.

De la Motte ließ Tom und Roland an zwei in die Wand eingelassene Ringe anketten und schickte seine übrigen Schergen zusammen mit den beiden festgenommenen Söldnern der Waldensteiner hinaus. Sie sollten woanders untergebracht und nicht Zeuge eventueller Verhöre werden. Als sie draußen waren, verschloss er die eisenbeschlagene Eichentür und wandte sich Eugene Lacroix und Michel de Thionville zu. Vor den Augen seiner überraschten Vorgesetzten stellte er eine unscheinbare Holzkiste auf den Tisch und öffnete sie umständlich.

Gero entwich ein leises Keuchen, als er den Timeserver erblickte.

»Was ist das?«, fragte Lacroix nervös.

»Ich vermute, der CAPUT«, beantwortete Michel de Thionville die Frage. »Obwohl es nicht aussieht wie ein Kopf, sondern eher wie eine harmlose Kiste. Jedenfalls haben Guy de Gislinghams Söldner das Ding genauso beschrieben.«

»Aber ist Gislingham nicht zusammen mit dem Ding verschwunden?«, bemerkte Lacroix mit einem unsicheren Blick.

»Nicht nur Gislingham«, sagte Michel. »Auch Gero von Breydenbach und seine Brüder waren mit einem Mal wie vom Erdboden verschluckt«, erinnerte er Lacroix. »Ich weiß noch ziemlich gut, welche Aufregung damals auf der Festung herrschte, man hat tagelang nach ihnen gesucht und sich schließlich damit zufriedengeben müssen, dass sie offenbar der Teufel geholt hatte. Mittlerweile bin ich mir sicher, dass sie mit diesem Ding verschwinden und wieder auftauchen können, ganz wie es ihnen beliebt. Auch in Schottland haben sie uns damit zum Narren gehalten. Dieses Ding hat geheime Kräfte, die den Templern helfen, den Ort zu wechseln«, erklärte er mit eifriger Überzeugung.

»Und warum hat es dann nicht Jacques de Molay geholfen?«, wollte Lacroix wissen.

»Keine Ahnung. Vielleicht war der Kerl zu stolz, sich vom Teufel helfen zu lassen. Möglicherweise wusste er tatsächlich nichts von den Machenschaften eines inneren Kreises, der mit dämonischen Kräften paktiert. Aber nun haben wir die einmalige Gelegenheit, es herauszufinden«, zischte Thionville.

»Was ist, wenn es gefährlich ist?«, gab Lacroix mit sichtlichem Unbehagen zu bedenken. »Wenn es uns auch verschwinden lässt?«

»Dem werde ich vorbeugen«, knurrte Michel und zückte seinen Dolch, dann ging er mit einem satanischen Lächeln zu Eberhard und hielt ihm die Schneide an die Kehle.

»Ihr könnt euch jetzt entscheiden«, krakeelte er heiser. »Entweder einer von euch erklärt uns, wie das Ding funktioniert und was es bewirkt, oder der Erste von euch wird sterben. Danach ist der Burgvogt dran und dann der Maleficus. Zuletzt werden wir uns unseren tapferen Templerkommandanten noch einmal vornehmen. Und wenn das nicht hilft, werden wir seine schwangere Frau hierherschaffen und ihr den Satansbraten aus dem Leib herausreißen. Also überlegt euch genau, was ihr tut.«

Gero schluckte nervös, aber er konnte beim besten Willen nicht preisgeben, was es mit dem Server auf sich hatte.

Thionville und Lacroix eine solche Macht an die Hand zu geben, war durch nichts gerechtfertigt. Dabei wusste er ganz genau, dass er Hannah und das Kind nicht dafür opfern würde.

»Wenn Ihr meinen Bruder ziehen lasst«, versuchte er zu verhandeln, »könnte ich es mir überlegen, Euch die Natur dieses Dings zu erklären. Aber Ihr müsst ihn laufen lassen.«

»Gar nichts müssen wir«, erklärte Michel und schnitt Eberhard unvermittelt vor aller Augen die Kehle durch. So schnell, dass alle Anwesenden einen Moment benötigten, um zu begreifen, was soeben passiert war.

»Nein!«, brüllte Gero und schnappte verzweifelt nach Luft.

Tom verlor angesichts all des Blutes die Kontrolle über seinen Magen und übergab sich geräuschvoll. Roland verfluchte Thionville und Lacroix mit Tränen in den Augen und zerrte wie wild an den Ketten.

Doch das alles half nichts, weil Thionville unbeeindruckt zu Roland ging und ihm als Nächsten den Dolch an die Kehle setzte.

Während Gero mit sich kämpfte, wie er Roland vor diesem grausamen Schicksal bewahren konnte, ohne das Ende der Welt heraufzubeschwören, nahm ihm Tom die Entscheidung ab.

»Ich werde euch sagen, wie das Ding funktioniert«, erklärte er in holprigem Französisch. »Ihr müsst mir den Kasten nur vor die Füße stellen, damit ich Kontakt zu dem Haupt aufnehmen kann«, erklärte er den drei misstrauisch dreinblickenden Schergen.

»Wer sagt uns, dass du uns nicht reinlegst und mit dem Ding einfach verschwindest?« Lacroix schaute ihn argwöhnisch an.

»Ohne ein bisschen Vertrauen geht es nicht«, sagte er, als sie noch einen Moment zögerten. »Entweder ihr habt den Arsch in der Hose, es auszuprobieren, oder ihr lasst es. Aber dann könnt ihr nicht uns dafür verantwortlich machen, wenn ihr nie erfahrt, was es mit dem sprechenden Kopf auf sich hat.«

»Tom, du weißt nicht, was du tust«, mahnte ihn Gero heiser.

»Aber du schon?« Tom warf ihm einen zweifelnden Blick zu. »Ich nehme nicht an, dass du nach deinem Bruder auch noch deinen Burgvogt opfern willst, oder?«

»Gott steh uns bei, nein. Natürlich nicht«, stieß Gero schmerzerfüllt hervor.

Thionville gab dem Anführer der Gens du Roi einen Wink, dass er die ominöse Kiste vor Toms Füße stellen sollte, was de la Motte mit spitzen Fingern ausführte. Man sah dem Anführer der Gens du Roi an, dass er sich vor der eigentlich harmlos aussehenden kleinen Metallkiste fürchtete.

Tom konzentrierte sich auf den Server, dessen Deckel unvermittelt aufsprang und den Inquisitor und seine Komplizen schon alleine dadurch sichtlich in Panik versetzte. Mit aufgerissenen Augen wichen sie erschrocken zurück und beobachteten, wie sich aus der Oberfläche des Gerätes ein blaugrün leuchtender Nebel erhob.

De la Motte zückte sein Schwert und war drauf und dran, auf die Kiste einzuschlagen, aber Lacroix hielt ihn voller Faszination mit einem entschiedenen Wink zurück.

»Warte!«, zischte er und beobachtete wie gebannt die langsam aufsteigenden tanzenden Lichtpartikel, die sich zu einem weiblichen Kopf mit kinnlangen schwarzen Haaren verdichteten.

»Baphomet«, flüsterte er mit einem wahnsinnigen Blick und meinte damit wohl die Tatsache, dass man das Gesicht der Frau immer frontal sah, ganz gleich aus welcher Position man es auch betrachtete. »Er existiert also wirklich.« Sein Gesichtsausdruck wurde noch irrer, als er wie alle im Raum die weibliche Stimme im Kopf vernahm, die den Probelauf des Timeprojectserver 48 ankündigte und den Initiator aufforderte, die entsprechende Funktionsweise auszuwählen.

»Kontaktaufnahme zum Timeserver«, befahl Tom der Maschine mit regungsloser Miene.

»Kontakt hergestellt«, verkündete die Stimme tonlos.

»Tom!«, krächzte jemand aufgeregt am anderen Ende.

»Paul! Wir sind in Vianden«, rief Tom mit erstickter Stimme. »Wenn du mich transferieren kannst, dann tu es jetzt. Hol meinen Server und Gero gleich mit. Mabel ist nicht bei mir. Verstanden?«

»Ja«, bestätigte die Stimme am anderen Ende.

Tom spürte sofort, wie er sich aufzulösen begann und in eine andere Wirklichkeit eintauchte.

»Teufelswerk!«, keuchte Lacroix und war für einen Moment wie geblendet, nachdem nicht nur Tom, sondern auch Gero mitsamt dem Kasten verschwunden waren. Auch die beiden anderen waren nicht fähig, sich zu rühren, während sie wie paralysiert auf die leere Streckbank starrten.

»Wo sind sie hin?«, brüllte Michel de Thionville nun Roland an, der mit nicht weniger aufgerissenen Augen auf jene Stelle schaute, wo Gero wenige Momente zuvor noch schwer verletzt gelegen hatte.

»Ich … ich weiß nicht«, stotterte er atemlos und schüttelte ungläubig den Kopf.

»Wenn du uns nicht sofort sagst, wo sie sind, wirst du sterben!«, brüllte de la Motte, der sich als Erster von dem Schreck erholt hatte.

»Selbst wenn ich es wüsste, würde ich es euch nicht sagen!«, schrie Roland mit hochrotem Kopf. »Aber bei der Heiligen Mutter, ich weiß es wirklich nicht.«

»Lasst ihn«, befahl Lacroix. »Er ist kein Templer, da bin ich mir sicher. Er war genauso erstaunt wie wir. Wir behalten ihn hier als Geisel. Ruft sofort unsere Truppen zusammen und schickt einen Boten nach Trier und einen zum Grafen von Luxemburg. Sagt ihnen, sie sollen uns Verstärkung nach Waldenstein schicken. Wir reiten unverzüglich dorthin und holen uns die Frau des Templers. Und wenn wir die Burg belagern müssen, bis sie alle ausgehungert sind. Wenn wir sie erst in unseren Händen haben, wird sie uns gewiss sagen können, wohin ihr Mann verschwunden ist.«

»Da bist du ja endlich«, rief Mabel mit heiserer Stimme, als Jacob im Hinterhof der Gastwirtschaft auftauchte und sie aus der eisigen Kälte holte. »Ich dachte schon, du würdest mich hier festfrieren lassen.«

»Tut mir leid, ich musste erst mal die Lage überblicken«, murmelte er und nahm ihr die Pferde ab, um sie in einem Unterstand anzubinden.

»Hast du die anderen gefunden?«, fragte sie hoffnungsvoll.

»Ja, die sitzen da drin mit zwanzig weiteren Templern. Sie gehören alle einer Rebellenorganisation an, die im Untergrund arbeitet und es sich zur Aufgabe gemacht hat, gefangene Templer zu befreien, die noch immer in irgendwelchen Verliesen hocken.«

»Aber das ist doch gut«, bemerkte Mabel, als sie zum Haupteingang gingen. Bevor Jacob ihr antworten konnte, erhob sich in der abendlichen Stille ein unheimliches Geräusch. Es hörte sich an wie unzählige Pferdehufe, die über das Pflaster der Straße donnerten. Als sie aufschauten, sahen Mabel und Jacob mindestens fünfzig Reiter, die alle mit brennenden Fackeln ausgestattet waren und, die Straße von der Festung herabkommend, in ihre Richtung galoppierten.

Jacob zog Mabel geistesgegenwärtig in den Schatten einer Mauer, als die Meute an ihnen vorbeigaloppierte. Trotz der Dämmerung erkannte er an der Spitze die Gesichter von de la Motte, Thionville und Lacroix.

»Zum Teufel!«, entfuhr es Jacob.

»Wer war das?«, fragte Mabel verwirrt, als sie dem gespenstischen Tross hinterherschaute.

»Unsere übelsten Feinde«, flüsterte er, als ob sie ihn immer noch hören könnten. »Gero war nicht dabei, glaube ich.«

»Was hat das zu bedeuten?«

»Das weiß ich nicht. Aber ganz egal, wir müssen unverzüglich zur Festung, um herauszufinden, was dort geschehen ist, bevor diese Kerle zurückkehren.«

Tom benötigte einen Moment der Orientierung, bis er begriff, dass er in einem Museum stand. Genaugenommen in der touristischen Variation der Folterkammer der Festung von Vianden. Also an der gleichen Stelle wie zuvor, nur siebenhundert Jahre später. Es war Nacht, und das spärliche Licht eines aufstellbaren Scheinwerfers spiegelte sich im Glas von einigen auf Hochglanz polierten Schaukästen, die nicht nur mittelalterliche Waffen und Rüstungen enthielten, sondern auch schaurige Szenen von gequälten Menschen zeigten.

»Tom?«, rief eine aufgeregte Stimme aus dem Hintergrund, während direkt neben ihm jemand unüberhörbar aufstöhnte. Es war Gero, der vergeblich versuchte, sich aufzurichten.

»Um Himmels willen«, rief Paul, der nun hinzugekommen war und sich im Zwielicht besorgt neben Gero niederkniete. »Wer hat dir das angetan? Wo sind die anderen?«

Tom berichtete ihm, was passiert war und dass er nicht wusste, wo Mabel und die anderen abgeblieben waren.

»Ich muss zurück«, stöhnte Gero, der schlagartig realisierte, wo er sich befand. »Sie werden Roland töten, wenn ich nicht zurückkehre.«

»Du bist schwer verletzt«, stellte Paul trocken fest und beleuchtete Geros Brandwunden an den Beinen.

»Das ist nicht so schlimm«, widersprach Gero und stemmte sich auf die Knie, doch er schaffte es nicht, sich aufzurichten. »Irgendwas ist mit meinen Beinen«, bemerkte er stöhnend. »Ich kann nicht laufen. Hätte ich doch nur noch eine von Ronas Kapseln«, stieß er gequält hervor.

»Ich kann dir helfen.« Zu Geros Überraschung beförderte Tom eine Nanokapsel aus seinem Mund, die er die ganze Zeit eisern in einer Wangentasche verborgen hatte. »Ich habe sie aufgehoben für den Fall, dass man mich zu Tode gefoltert hätte.«

»Bist du sicher?« Gero zögerte einen Moment. »Dann hast du ja keine mehr.«

»Verdammt noch mal, nimm sie endlich und zerbeiß sie gefälligst, bevor ich es mir anders überlege«, herrschte Tom ihn an. »Schließlich können wir nicht zulassen, dass diese Idioten sich an Hannah vergreifen.«

Gero steckte die Kapsel in den Mund und biss sie entzwei. Es dauerte nur wenige Minuten, bis ein kribbelndes Gefühl seinen Körper erfüllte, als wären tausend Ameisen am Werk, die seine Verletzungen heilten, und er wieder schmerzfrei aufstehen konnte.

»Gott im Himmel, ich danke dir!«, entfuhr es ihm, während er einen Blick voller Inbrunst zur Decke schickte.

»Und wo sind deine amerikanischen Bewacher?«, fragte Tom und schaute sich angespannt um.« Er hatte Sorge, dass anstatt der Gens du Roi jederzeit Lafours Leute auftauchen konnten.

»Es gibt keine Bewacher«, erklärte Paul zu Toms Überraschung. »Seit unserer letzten Unterredung sind hier drei Monate vergangen. Lafour hatte einen Herzinfarkt, nachdem er erfahren hat, dass Tanner geköpft wurde und Mabel allem Anschein nach nicht mehr zurückkehren würde. Er ist nicht mehr aus dem Koma erwacht. Danach war ich erst mal auf mich gestellt und habe dafür gesorgt, dass Karen und die Kleine aus Lafours Fängen befreit wurden. Wie von uns angenommen haben Lafour und Tanner ohne Wissen der Regierung ihr eigenes Geheimprojekt durchgezogen und sich dabei unbemerkt militärischer Ressourcen bedient. Mabel war nur deren Schachfigur. Sie gehörte zwar zur NSA und wurde aus deren Töpfen bezahlt, aber Tanner und Lafour haben niemandem gesagt, welche Aufgaben sie genau übernimmt. Offiziell hat man sie in einer Truppe zur Nachbearbeitung der Geschehnisse von 2005 zugeordnet. Dort arbeiten ein paar Quantenphysiker daran, zu verstehen, was damals geschehen ist, aber mit mäßigem Erfolg. Keinem von denen ist es bisher gelungen, einen CAPUT-Server nachzubauen, geschweige denn einen Quantenprozessor auf so hohem Niveau, dass man die Experimente von damals hätte wiederholen können. Es wird also Zeit, dass du zurückkehrst oder – was besser wäre – ein eigenes, unabhängiges Institut eröffnest.«

»Und wo sind die Steine, von denen Mabel erzählt hat?«

»Die habe ich hier«, erklärte Paul mit einem breiten Grinsen. »Lafour hat sie mir noch vor seinem Tod überlassen, in der Hoffnung, dass ich ihm damit einen Superserver bauen könnte. Zunächst habe ich ihn in dem Glauben gelassen, doch nun interessiert es keinen mehr, wer die Steine besitzt.«

»Es ist ja schön, dass ihr euch einig seid«, erklärte Gero gereizt. »Aber unsere Probleme sind mitnichten gelöst. Ich muss zurück, und zwar sofort, weil ich Hannah und Roland beschützen muss.«

»Du brauchst erst mal was Gescheites zum Anziehen«, erklärte ihm Tom mit Blick auf sein zerschlissenes Hemd.

Geros gehetzter Blick fiel bereits auf die Vitrinen, die überall um sie herumstanden. Dort war einiges an Waffen und Kleidung zu finden, die man in seiner Zeit getragen hatte. »Wem gehören die?«, fragte er knapp.

»Dem Museum, denke ich«, sagte Paul, während er von Neuem den Server hochfuhr.

Gero überlegte nicht lange und schnappte sich eine alte Kanonenkugel aus Basaltstein, die irgendwer anschaulich neben den Vitrinen aufgeschichtet hatte. Dann zertrümmerte er mit Brachialgewalt die Scheiben der Schaukästen, was nicht nur einen ohrenbetäubenden Lärm machte, sondern sofort ein Alarmsignal auslöste.

»Du solltest dich beeilen, wenn du was davon anziehen willst«, riet ihm Paul mit einem gehetzten Blick auf die Eingangstür.

Tom, der im Gegensatz zu Gero Stiefel trug, trat mit großen Schritten über die Scherben und holte die Sachen aus den Vitrinen heraus. Mit langem Arm reichte er Gero ein paar Schlupfstiefel, eine Hirschlederhose, ein Unterwams und ein kunstvoll geschmiedetes Kettenhemd. Darüber folgte ein Wappenrock mit dem roten steigenden Löwen auf blau gestreiftem Grund, der laut Beschreibung im ausgehenden dreizehnten Jahrhundert vom Grafen von Luxemburg getragen worden war. Danach folgte ein Schwertgurt samt Schwertscheide, beides mit runden Schmucknieten kunstvoll verziert. Die Sachen passten Gero wie angegossen. Er schnappte sich aus einer anderen Vitrine einen Anderthalbhänder und einen Morgenstern.

Inzwischen hatte Paul das Programm soweit gestartet, dass Gero seine Hand in den blaugrünen Energienebel legen konnte und die anvisierte Zeit in einem Countdown bestätigt wurde.

»Danke«, sagte Gero und schaute Tom und Paul fest in die Augen.

Und schon im nächsten Moment hatte er sich vollkommen aufgelöst.

Pierre de Bologne war der Erste, der in der Gestalt eines Advokaten am Burgtor der Festung von Vianden auftauchte und nach Erec von Schorenfels verlangte.

Der Herr über die Burgwachen erschien wenig später sichtlich aufgewühlt und bat Pierre zu sich herein.

»Lacroix und seine Schergen von der Gens du Roi sind

von einem Moment auf den anderen und ohne Erklärung mit ihrer gesamten Mannschaft aufgebrochen«, erklärte er Pierre atemlos.

Pierres Templerkameraden warteten derweil kampfbereit unweit des Hügels mit ihren Pferden, um auf ein Zeichen von ihm die Burg zu stürmen. Das hatte Pierre mit ihnen abgemacht, weil die hauseigenen Festungswachen im Vergleich zu den Söldnern der Gens du Roi keine ernstzunehmenden Gegner waren.

Doch in Anbetracht der Lage, dass Erec ihn ohne jeden Argwohn in den Kerker führte, um mit ihm gemeinsam nach den Gefangenen zu schauen, wollte er mit einem Angriff noch warten.

Zu ihrer Verblüffung trafen sie in den düsteren Katakomben auf einen hochgewachsenen Mann, der den Wappenrock der Grafen von Luxemburg trug und feindselig zu ihnen herumfuhr. Ein wenig verwirrt erkannte Erec in ihm Gero von Breydenbach, der seinen blutüberströmten Bruder von der Staupsäule gebunden und auf dem Boden abgelegt hatte. Neben ihm stand kampfbereit der Burgvogt von Waldenstein, dessen Ketten gelöst waren und der nun einen Morgenstern in Händen trug.

»In Gottes Namen«, flüsterte Erec von Schorenfels fassungslos. »Was ist hier geschehen? Und wo sind Lacroix und seine Männer hin?«

»Michel de Thionville hat meinen Bruder getötet. Danach haben sie sich davongemacht, um Waldenstein zu überfallen«, murmelte Gero grimmig. »Deshalb fordere ich euch auf, uns unverzüglich ziehen zu lassen.«

»Wie Ihr wünscht«, stotterte Erec mit einem Seitenblick auf Pierre de Bologne.

»Sorgt bitte dafür, dass mein Bruder in einen Sarg gelegt wird, und lasst ihn nach Waldenstein bringen, damit er dort ein christliches Begräbnis erhält«, bat ihn Gero.

Erec von Schorenfels nickte nur. Allem Anschein nach dachte er nicht einmal daran, Gero und Roland zu fragen, warum sie unversehrt waren und warum Gero nun das Wams des Grafen von Luxemburg trug. Er war so verdattert, dass er sie nicht aufhielt, als sie gemeinsam mit Pierre über den Burghof eilten. Stattdessen bot er ihnen sogar zwei gesattelte Pferde an, damit sie sich auf dem schnellsten Weg davonmachen konnten. Die Söldner der Burg salutierten ehrerbietig vor Gero, weil sie ihn offenbar für einen Offizier der Grafen von Luxemburg hielten.

Kaum waren sie unterhalb der Festung angekommen, wurden sie mit verhaltenen Rufen der übrigen Templer begrüßt. Gero schloss seine Kameraden stumm in die Arme. Anschließend stellte Pierre de Bologne sich selbst und seine verbündeten Kameraden vor.

Zum Schluss ging Gero auf Mabel zu, die neben ihrem Pferd stand und mit großen Augen zu ihm aufschaute.

»Ich habe mich noch gar nicht richtig für den Austausch bedankt«, sagte sie fest und reichte ihm die Hand.

»Schöne Grüße von Tom und Paul«, antwortete er mit freundlicher Stimme. »Sie wollen sich um deine Rückkehr kümmern, sobald wir unsere Probleme hier gelöst haben.«

»Das heißt, du warst …?« Mabel vollendete den Satz nicht, weil sie zu viele nicht eingeweihte Zuhörer vermutete.

»Vor einer halben Stunde, dort oben«, erklärte Gero und nickte hinauf zur Festung. »Nur ein paar Jahre später.« Er schaute lächelnd an sich herunter. »Die Kleider habe ich von dort.«

»Steht dir gut«, meinte Anselm und grinste erleichtert.

»Man muss Leuten wie dir wirklich dankbar sein«, fügte Gero mit einem Seufzer hinzu, »dass sie unsere Traditionen auch nach so langer Zeit noch aufrechterhalten.«

»Wo ist dein Bruder?« Jacob warf ihm einen fragenden Blick zu. »Ist er mit Lacroix und den anderen geritten?«

»Nein«, erwiderte Gero mit versteinerter Miene. »Lacroix hat ihn foltern lassen, um an unser Geheimnis zu kommen, und Michel de Thionville hat ihm die Kehle durchgeschnitten.«

Mabel sog scharf die Luft ein. »Das tut mir leid«, murmelte sie.

»Diese satanischen Hunde«, zischte Struan und bekam Bestätigung von Pierre de Bologne und seinen übrigen Templern. »Wenn Lacroix und seine Höllenhunde sich auf den Weg gemacht haben, um Waldenstein anzugreifen, sollten wir keine Zeit verlieren, ihnen zu folgen«, mahnte er voller Zorn.

»Wollt ihr tatsächlich mitkommen und uns zur Seite stehen?« Gero schaute ihn überrascht an.

»Selbstverständlich«, versicherte ihm der ehemalige Advokat des Ordens. »Auch wenn du mir noch nicht verraten hast, warum Lacroix von dir abgelassen hat und wie du dieser Hölle völlig unversehrt entkommen konntest.«

»Das erzähle ich dir, sobald wir den Inquisitor und seine Bande erledigt haben«, erklärte Gero und schwang sich in den Sattel. »Im Moment habe ich andere Sorgen.«

Ohne sich noch einmal umzudrehen, trieb er seinem braunen Bretonen an, so rasch wie möglich nach Hause zu reiten.

KAPITEL 42

DEZEMBER 1315 –

DEUTSCHE LANDE / MOSEL / BURG WALDENSTEIN

Leute des Königs

Hannah hatte die ganze Nacht über kein Auge zugetan. Im spärlichen Schein einer Kerze und dem Glimmen des wärmenden Kaminfeuers starrte sie an die Decke des Baldachins, der mit zahlreichen goldenen Ornamenten bestickt war. Es waren keine Sternzeichen wie auf der Breidenburg, sondern orientalische Muster, die sie an ihren Aufenthalt auf der Festung des Wesirs von Askalon erinnerten. Wahrscheinlich war der Stoff ein Mitbringsel von Geros Onkel gewesen, der sich bis zu seinem grausamen Tod im Jahr 1291 mehrmals im Heiligen Land aufgehalten hatte. Hannah versuchte, den Gedanken daran zu verdrängen, dass Gero sich in ähnlich großer Gefahr befand, mit dem Unterschied, dass es nun Franzosen waren, die nicht weniger grausam agierten als ihre muslimischen Feinde.

Hannah atmete tief durch und versuchte, die Schmerzen zu ignorieren, die sie seit zwei Tagen in fortlaufender Regelmäßigkeit in ihrem Unterleib verspürte, wenn er sich ganz leicht um das Kind in ihrem Inneren zusammenzog.

Es waren eindeutig Wehen, obwohl sie gut vier Wochen zu früh dran war. Auch wenn sie am liebsten aus dem Bett gesprungen wäre und eigenständig nach Gero und seinen Männern gesucht hätte, blieb ihr nichts anderes übrig, als Ruhe zu bewahren und dem Hündchen an ihrer Seite den Kopf zu kraulen, wenn sie ihr Kind nicht auf eine ähnlich brutale Weise verlieren wollte wie Lissy.

»Du musst strengste Bettruhe wahren«, hatte Freya sie noch am Morgen beschworen. »Jeden Tag, den das Kind länger in dir drin ist, steigen seine Überlebenschancen.«

»Ja, ich weiß«, hatte Hannah geantwortet und sich in ihr Schicksal gefügt. Im Gegensatz zu Geros erster Tochter lag das Kind bereits in der richtigen Position, was Freya als großes Glück ansah. Trotzdem war nicht sicher, dass die Geburt reibungslos verlaufen würde. Schon gar nicht, wenn das Kind zu früh käme.

Freya, die über sie wachte wie ein menschgewordener Schutzengel und sie keine Sekunde aus den Augen ließ, war vor Erschöpfung neben ihr auf dem breiten Baldachinbett eingeschlafen. Parzival schnarchte auf der anderen Seite und wärmte ihr mit seinem kuscheligen weißen Fell die Seite.

Ihre Gedanken wanderten zu Gero, für dessen unversehrte Rückkehr sie unaufhörlich betete. Etwas, das sie erst durch ihn gelernt hatte und worauf sie seitdem vertraute, und sie betete auch für Tom, von dem sie nun seit drei Tagen nichts mehr gehört hatte. Ob es ihnen gelungen war, Paul zu kontaktieren? Warum hatte er sich noch nicht bei ihr gemeldet? Er hätte ihr doch eine Nachricht zukommen lassen können.

Draußen dämmerte es bereits. Schneeregen prasselte unaufhörlich an die in Blei gefassten Glasfenster. Ein unerhörter Luxus, der zeigte, wie vermögend Geros Tante tatsächlich war.

Hannah stellte sich die Frage, wie lange sie noch hier liegen würde, bis das Kind endgültig nach draußen drängte, und ob es seinen Vater jemals zu sehen bekäme. Ein schrecklicher Gedanke, der ihr mit jeder Minute, da sie nichts von Gero hörte, heftiger zusetzte.

Sie schrak regelrecht zusammen, als auf dem massiven Rundturm direkt nebenan eine Fanfare erscholl. Gero! Ohne Rücksicht auf ihren Zustand schwang sie die Beine aus dem Bett und hangelte sich im Zwielicht zum Fenster. Freya stöhnte leise, weil sie von der Unruhe wach geworden war. Nur der Hund blieb liegen und gähnte. Fanfarenklänge gehörten für ihn zur Tagesordnung.

Trotzdem ließ Hannah sich nicht aufhalten und öffnete eines der schmalen Turmfenster, um einen Blick hinauszuwerfen. Die Männer unten im Hof, die in ihren pragmatischen Wachuniformen den Nachtdienst versehen hatten, ließen das schwere Haupttor von einem Ochsen hochfahren, der tagein, tagaus in einem kleinen Unterstand neben dem Tor im Kreis marschierte und mit seiner bulligen Statur ein riesiges Zahnrad bediente.

Aufgeregt fixierte sie die hohe Durchfahrt, in der normalerweise zwei Fuhrwerke nebeneinander Platz hatten. Doch diesmal war es nur ein einzelner Reiter, der nervös von seinem braunen Hengst absprang. Hannah sah, dass es einer von Rolands Männern war, die ihn und Tom zur Breidenburg begleitet hatten. Doch nun war er allein zurückgekehrt, was Hannahs düsterste Ahnungen nur noch steigerte.

»Was ist da los?«, murmelte Freya, die sich blinzelnd erhob und sich zu Hannah gesellte.

Während Freya sich auf Zehenspitzen stellte, um in den Burghof hinunterschauen zu können, drehte Hannah sich um und schnappte sich im Vorbeigehen ihren Morgenmantel, den sie sich in einer fließenden Bewegung überzog. Noch bevor Freya protestieren konnte, huschte sie hinaus auf den Flur. Parzival, der nun doch neugierig geworden war, folgte ihr kläffend.

»Wo willst du hin? Um Gottes willen, du musst im Bett bleiben!«, rief Freya ihr hinterher.

Aber ihre Nervosität war zu groß, um noch auf irgendetwas Rücksicht zu nehmen. Dass sie nicht die Einzige war, die das Anliegen des Boten interessierte, stellte sie im Eingang zum Palas fest, wo die Gräfin, ebenfalls in ihrem Hausmantel, stand.

»Was machst du hier?«, herrschte sie Hannah an und kräuselte ihre fast faltenfreie Stirn. »Du sollst im Bett liegen und dich schonen!«

»Ich habe gesehen, dass ein Bote eingetroffen ist. Ich will wissen, ob es Neuigkeiten von Gero gibt«, sagte sie stur.

Bevor die Gräfin etwas erwidern konnte, wurde der junge Söldner von Rolands Erstem Offizier, der ihn zurzeit vertrat, in den Rittersaal eskortiert, wo er der Gräfin höchstselbst Auskunft erteilen sollte.

Auf Hannah wirkte der schlaksige junge Mann mit den kurzgeschnittenen rotblonden Haaren ziemlich mitgenommen und nervös, was vielleicht daran lag, dass er die ganze Nacht durch die Kälte geritten war. Er hustete unentwegt, ob aus Verlegenheit oder weil er erkältet war, konnte sie nicht sagen. Dabei schaute er weder der Gräfin noch ihr in die Augen, als er in Rolands Namen nach weiterer Verstärkung verlangte. Mindestens dreißig Soldaten sollte die Gräfin entsenden, um ihre Forderungen an Balduin von Trier, Gero unverzüglich freizulassen, zu unterstützen. Von Tom und Mabel war gar nicht die Rede. Hannah fragte sich, ob die beiden Paul überhaupt hatten erreichen können oder ob die Aktion vielleicht ins Leere gelaufen war.

Obwohl sie ein ungutes Gefühl beschlich, weil der junge Kerl keine Einzelheiten preisgab, zögerte Margaretha von Lichtenberg keine Sekunde, dem Ansinnen des Söldners nachzugeben. Offenbar kannte sie ihn persönlich und schien ihm zu vertrauen, als sie Rolands Vertreter mit der Aufstellung einer entsprechenden Truppe beauftragte. Sie sollten sofort aufbrechen, da keine Zeit zu verlieren war.

»Und du gehst wieder nach oben«, befahl ihr die Gräfin streng.

Hannah stieß einen undefinierbaren Seufzer aus und begab sich in ihre Kemenate, wo sie noch eine Weile am Fenster stehen blieb und den abrückenden Truppen hinterherschaute. Dreißig Männer, die in lange Kapuzenmäntel gehüllt im Schneeregen zum Burgtor hinausritten.

Hannah spürte, wie die Anspannung ein wenig von ihr abfiel und die Wehen zurückkehrten. Gleichzeitig bemerkte sie, wie ihr erneut Flüssigkeit die Beine hinunterlief. Beinahe panisch hob sie die Röcke, um zu sehen, ob es Blut war. Doch es war klar und roch eisenhaltig.

»Was ist?« Freya schaute sie besorgt an.

»Was hat das zu bedeuten?« Ein wenig ängstlich zeigte ihr Hannah die bloßen Beine.

»Himmel«, entfuhr es Freya, die sie sogleich zurück ins Bett zurückverfrachtete. »Die Fruchtblase ist geplatzt. Das hast du jetzt davon, dass du nicht auf mich hörst und hier herumlaufen musst. Nun muss das Kind in spätestens zwei Tagen kommen, sonst könnte es sterben.«

»Aber das ist doch zu früh«, protestierte Hannah und scheuchte in ihrer Nervosität den Hund aus dem Bett, der es sich gerade wieder neben ihr gemütlich machen wollte. Beleidigt trollte er sich davon und ließ sich neben dem Kaminfeuer nieder.

»Daran können wir nun nichts mehr ändern«, beschied Freya mit einem resignierten Seufzer. »Ich gehe in die Küche und besorge heißes Wasser und einen Mörser und Flaschen, um aus meinem Vorrat an Eisenkraut, Brombeerblättern, Schafgarbe, Wermut und Frauenmantel eine frische Tinktur zuzubereiten, die die Wehen vorantreibt und dein Gemüt beruhigt.«

Während Freya kurz verschwand, kam Amelie herein, gefolgt von Jutta von Breydenbach, die wegen Gero mindestens so besorgt war wie Hannah selbst.

»Du musst jetzt an das Kind denken«, riet Jutta ihr überflüssigerweise, nachdem sie erfahren hatte, was passiert war. Sie rückte Hannah, die sich sofort wieder ins Bett gelegt hatte, die Kissen zurecht und strich ihr eine verirrte Strähne aus der Stirn. Eine liebevolle Geste, die Hannah dankbar zur Kenntnis nahm.

»Meine älteste Tochter kam auch drei Wochen zu früh«, erklärte sie Hannah. »Und sie hat es trotzdem geschafft.«

Dafür ist sie mit acht einem Fieber erlegen, dachte Hannah, sagte es aber nicht. Gero hatte ihr erzählt, dass Jutta vor Gero und Eberhard zwei Töchter geboren hatte, die alle an Kinderkrankheiten gestorben waren.

»Was hat der Bote gesagt?«, wollte Amelie nun wissen.

»Dass Roland beim Erzbischof von Trier massiven Protest einlegen will und dazu ein repräsentatives Kontingent von Soldaten benötigt, damit der Erzbischof Gero endlich wieder auf freien Fuß setzt.«

»Regelt man so was nicht eher mit Geld?«, fragte Amelie in ihrer naiven Art und schürzte die Lippen, wobei ihr rosiger Schmollmund ihre ganze Missbilligung ausdrückte. »Die Gräfin hätte doch sicher genug Vermögen, um Gero freikaufen zu können.« Ihr fragender Blick lag auf Geros Mutter, der plötzlich ebenso Zweifel zu kommen schienen wie Hannah, die aber im selben Moment von der nächsten Wehe überrollt wurde.

Während Hannah aufstöhnte, wandte sich Amelie zum Fenster und schaute hinaus.

»Merkwürdig«, murmelte sie. »Die Wachen haben schon wieder das Gitter des Burgtors hochgezogen. Hieß es nicht, es solle unten bleiben, solange Roland und seine Leute nicht zurückgekehrt sind?«

Nun stand auch Geros Mutter auf, um einen Blick aus dem Fenster zu werfen. »Sieht aus, als ob man ein paar fahrende Händler mit Töpfen und Geschirr hereingelassen hätte«, bemerkte sie beiläufig. »Vielleicht will man den Leuten wegen des schlechten Wetters Unterschlupf bieten«, fuhr sie mit zweifelnder Stimme fort. »Die Händler da unten sehen aus, als ob sie aus Franzien kämen.«

Während sie so vor sich hinplapperte, kam Freya zurück und baute ihre Hexenküche, wie Hannah es insgeheim nannte, auf einem niedrigen Eichenholztischchen auf. Sie wies Amalie an, ihr zur Hand zu gehen. Sie zerstieß einige frische und getrocknete Kräuter in einem Mörser und setzte sie mit Wasser in einem Kessel über dem Kaminfeuer auf. Geros

Mutter wurde mit dem Auslegen von blütenweißen Leinentüchern auf der anderen Hälfte des Bettes beauftragt. Und zwei junge Mägde, nach denen sie läutete, erhielten den Auftrag, einen Sitzbottich und vier Eimer heißes Wasser herbeizuschaffen.

»Soll ich vielleicht den Priester rufen, damit er die Gebärende segnet?«, schlug Jutta von Breydenbach unvermittelt vor.

»Tut mir leid, Schwiegermutter«, mischte Hannah sich ein, deren Wehen bereits zugenommen hatten, »aber Bruder Hilarius will ich hier auf keinen Fall sehen. Das hier ist Frauensache, wenn du verstehst, was ich meine. Und für den geistigen Beistand ist im Zweifel Freya zuständig. Schließlich ist sie als Begine so etwas wie eine Nonne. Nicht wahr?«

Hannah warf Freya einen eindringlichen Blick zu, den diese mit einem herzlichen Lächeln erwiderte, bevor sie sich weiterhin dem Mischen ihrer Tinkturen widmete.

Jutta ergab sich in ihr Schicksal, aber verzichtete nicht darauf, den Mägden aufzutragen, dass man bitte die Gräfin über die beginnende Geburt informieren möge. Eines der Mädchen nickte gehorsam und verschwand durch die Tür, während die anderen den Bottich herbeischleppten und ihn mit heißem Wasser füllten. Eine weitere Magd heizte den Kamin ein.

In der kleinen Kammer war es inzwischen noch heißer geworden, und Hannah riss sich die Daunendecken vom Leib, während ihr Unterleib immer heftiger krampfte. Jutta deckte sie wieder zu, obwohl sie vor Schmerzen stöhnend protestierte.

»Du musst dich warmhalten«, bestimmte sie, »sonst holt dich und das Kind am Ende der Tod.«

Hannah verdrehte die Augen. Das allgegenwärtige Gerede von Tod ging ihr gehörig auf die Nerven. Für einen Moment schloss sie die Augen und atmete tief durch. Dann schlürfte sie gehorsam den Sud, den Freya ihr reichte und der so scheußlich schmeckte, dass sie würgen musste. Amelie brachte sofort eine Schüssel. Zu allem Übel klopfte es plötzlich an der Tür, und die Gräfin stand im Zimmer.

»Ist der Erbe von Waldenstein schon auf dem Weg?«, fragte sie forsch und um gute Laune bemüht. Schließlich hatte sie schon erlebt, wie tragisch eine solche Geburt enden konnte.

»Was werdet Ihr sagen, wenn es eine Erbin wird?«, krächzte Hannah und fühlte keuchend die nächste Wehe kommen.

»Ich nehme, was kommt«, scherzte die Gräfin. »Nicht wahr, Jutta?«, rief sie ihrer Schwester zu. »Uns alte Mädchen kann so leicht nichts aus der Ruhe bringen.«

Jutta versuchte sich an einem Lächeln und streichelte Hannah über die erhitzte Wange. »Ja, sicher« sagte sie matt. »Was die Männer auf dem Feld leisten, das meistern wir im Kindbett. Wie so vieles andere auch, das wir auch ohne männlichen Beistand bewältigen mussten.«

Doch niemand konnte ihnen die unausgesprochene Sorge über den Verbleib der Männer nehmen, weil keiner wusste, wann sie nach Hause zurückkehren würden.

Hannah quälte sich Stunde um Stunde die ganze Nacht über mit stärker werdenden Wehen, bei denen ihr vor lauter Schmerzen das Atmen schwerfiel. Die Frauen blieben die ganze Zeit über an ihrer Seite, und Freya erhöhte die Dosis an Kräutern, was bewirkt hatte, dass Hannahs Muttermund sich weiter öffnete und sie auf baldige Presswehen hoffen ließ.

Am frühen Morgen erscholl der langgezogene Schrei einer Frau.

Freya, die gerade dabei gewesen war, einen neuen Sud anzumischen, schnellte erschrocken zu Hannah herum, und auch die anderen Frauen schauten entsetzt auf und starrten auf Hannah.

»Das war ich nicht!«, keuchte sie. »Obwohl mir durchaus danach zumute ist.«

Die Gräfin erhob sich entschlossen, ging zur Tür und öffnete sie. Draußen in den Gängen herrschte ein rätselhafter Tumult. Stimmengewirr hallte durch die Gänge, und mit einem Mal kamen Mattes und Gesa die Treppe hochgerannt. Der Junge fiel vor der Gräfin auf die Knie und bat um Vergebung, während Gesa neben ihm stehen blieb, in Tränen aufgelöst, und mit panischem Gesicht die Treppe hinab deutete.

»Was geht hier vor sich?« Margaretha von Lichtenberg packte den Jungen bei den Schultern und zwang ihn, ihr ins Gesicht zu schauen.

»Ihr müsst Euch in Sicherheit bringen, Herrin!«, rief er völlig außer sich. »Die Händler sind keine Händler. Es sind Agenten der Gens du Roi. Mindestens zehn von ihnen sind bereits in die Burg eingedrungen. Draußen vor den Toren stehen weitere vierzig Mann. Auch der Bote war eine Falle. Sie haben auf diese Weise versucht, die Söldner von der Burg wegzulocken. Ich habe zwei von den Kerlen unten im Hof belauscht, weil mir einer von denen bekannt vorkam. Ich habe ihn schon mal gesehen, damals in Chinon, als wir mit Gero und den anderen in einer Herberge übernachtet haben. Er gehörte zu den Söldnern der Gens du Roi, die gefangene Templer gefoltert haben. Irgendwas geht hier vor sich. Sie haben den Wachmann an der Tür zum Palas erstochen und sind bereits im Haus. Ich flehe Euch an, geht zurück in die Kemenate und verbarrikadiert Euch.«

»Und was ist mit euch beiden?«, herrschte die Gräfin ihn an.

»Ich komme schon klar«, zischte Mattes. »Ich kenne einen geheimen Gang, den Gero mir gezeigt hat, und weiß, wie ich unbemerkt nach draußen komme. Ich werde unseren Söldnern hinterherreiten und sie zurückholen. Ich habe nur eine Bitte: Nehmt Gesa in Schutz!«

»Heilige Mutter Gottes! Der Gang! Ja natürlich, dort war schon ewig keiner mehr. Sei bloß vorsichtig«, flüsterte die Gräfin matt und zog Gesa mit sich zurück in die Kemenate.

Kaum waren sie drinnen, ließ sie gerade noch den kläffenden Hund in die Kammer und schlug auch schon die Tür hinter sich zu. Entschlossen verbarrikadierte sie den Eingang mit dem dafür vorgesehenen Querträger aus Eiche, den jede Kammer für den Fall eines feindlichen Angriffs besaß.

»Du meine Güte, was ist denn da draußen los?«, rief Hannah erschrocken, als sie in das angsterfüllte Gesicht der Gräfin schaute und Parzivals aufgeregtes Bellen hörte, der zu ihr aufs Bett sprang, aber von Freya sofort wieder verscheucht wurde.

»Wir werden angegriffen«, brach es aus der Gräfin heraus. »Mitglieder der Gens du Roi sind laut Mattes in die Burg eingedrungen. Es gab bereits Tote, und es ist damit zu rechnen, dass noch mehr Söldner kommen werden.«

»*Mon Dieu!*«, rief Amelie in Panik. »Wir sind verloren!«

»Was ist mit deinen Wachen?«, fragte Jutta von Breydenbach einigermaßen gefasst. »Können sie diese Hunde nicht erfolgreich bekämpfen?«

»Die meisten von ihnen sind mit dem Boten abgerückt,

um Roland zu unterstützen. Uns ist nur ein kläglicher Rest geblieben. Mattes sagte, das sei eine Falle gewesen.«

»Wo ist Mattes?«, stieß Hannah mit gepresster Stimme hervor, die sich nun mehr Sorgen um Gero und den Jungen machte als um sich selbst und das Kind.

»Er versucht, unsere Truppen zurückzuholen«, sagte die Gräfin und zuckte hilflos mit den Schultern.

»O nein«, entfuhr es Hannah, und nicht nur die nächste Wehe war schuld an ihrem gequälten Gesicht. »Ich wünschte, Gero wäre hier, dann wäre das alles nicht passiert.«

»Ich frage mich, wo unsere Männer sind«, jammerte Amelie und warf einen ängstlichen Blick in den Burghof hinaus. »Da unten ist die Hölle los«, flüsterte sie, »die Burgwachen liefern sich ein Gefecht mit mehreren Söldnern. Anscheinend haben diese Finsterlinge Nachschub bekommen. Aber wenigstens haben sie das Burgtor wieder herabgelassen.«

»Was ist, wenn sie Mattes erwischen?«, stöhnte Hannah und spürte, wie ihr Körper unter einer massiven Wehe erbebte.

»Der Junge ist schlau«, versuchte Freya sie zu beruhigen. »Er weiß, was er tut. Er wird Rolands Soldaten zurückholen, und dann erleben diese franzischen Unholde ihr blaues Wunder.«

»Dein Wort in Gottes Ohr«, stöhnte Hannah und spürte, wie sie allmählich die Kontrolle über ihren Körper zu verlieren drohte. »Mit diesen Kerlen ist nicht zu spaßen. Schließlich haben wir sie schon auf Chinon erlebt.«

Mattes rannte den langen Flur entlang und schnappte sich eine der brennenden Fackeln, die überall an den Wänden hingen und für spärliches Licht sorgten. Und obwohl er von den unteren Stockwerken Geschrei und hastige Schritte vernahm, ließ er sich nicht beirren und öffnete eine unscheinbare Seitentür, die offiziell zu einem Abstellraum führte, in dem die Mägde frische Bettwäsche für die Etage aufbewahrten. Unter einem abgewetzten Teppich aus den Outremer verbarg sich ein Abstieg, der mit einer Klappe aus Eichenholz verschlossen war. Mattes öffnete sie und kletterte eine steinerne Wendeltreppe hinab, deren Ausgang unterhalb der Burg in einem Gebüsch endete. Die Erbauer dieser Burg hatten diesen Weg als letzten Notausgang für Frauen und Kinder bei einer Belagerung konzipiert. Es gehörte zum Standard auf fast allen Festungen, die den Namen verdienten. Mattes war recht schmächtig und passte glücklicherweise problemlos hindurch. Ein Kerl wie Gero wäre wohl darin stecken geblieben. Er hatte ihm diesen Fluchtweg erst vor Kurzem gezeigt, wusste der Teufel, warum. Der Weg über die enge Wendeltreppe hinunter war stockfinster und feucht und nichts für Angsthasen. Man musste schon ziemlich verzweifelt sein, um sich freiwillig dort hinabzubegeben.

Mit rasendem Herzen schlüpfte Mattes am unteren Ende aus einem unscheinbaren Schacht heraus. Über ihm ragte die gewaltige Festung empor, auf deren Vorderseite ein heftiger Kampf entbrannt war. Die wenigen Burgwachen versuchten, die anstürmenden Truppen von einer Invasion abzuhalten und die bereits eingedrungenen Feinde ausfindig und unschädlich zu machen.

Mattes huschte in der nasskalten frühmorgendlichen Dämmerung zu einer steinernen Treppe, die zu den steilen Weinbergen führte. In geduckter Haltung lief er zwischen den kahlen Weinstöcken hindurch. Als er den oberen Kamm des Berges entlangschlich, um den Weg hinab zum Dorf zu nehmen, sah er eine weitere Truppe von Reitern, mindestens fünfzig Mann, die alle die Uniformen der Gens du Roi trugen.

Mattes' Herz raste vor Angst, und er betete zur Heiligen Mutter Gottes, als er den ersten Bauernhof unterhalb der Burg erreichte. Mit entschlossener Miene ging er auf die Stallungen zu und verlangte vom erstbesten Knecht ein Pferd. Da er den Wappenrock eines Waldensteiners trug, zögerte der Mann nicht und überließ Mattes sein Ackerpferd, einen jungen, ungestümen Apfelschimmel. Mattes krallte seine Hand in die dichte Mähne, schwang sich wortlos auf den Rücken des Tieres und galoppierte ohne Sattel davon. Er wusste, wo er Rolands Truppen ungefähr antreffen würde und auch, dass er keine Minute verlieren durfte.

KAPITEL 43

DEZEMBER 1315 –
DEUTSCHE LANDE / MOSEL / BURG WALDENSTEIN

Kriegsberichterstatter

Gero und seine Brüder waren fast die ganze Nacht hindurch geritten, und obwohl sie nur wenige Pausen eingelegt hatten, um neue Fackeln zu entzünden oder die Pferde zu tränken, war es ihnen nicht gelungen, die Schergen der Gens du Roi einzuholen. Während der Morgen dämmerte, sahen sie schon von Weitem, dass über der Festung Rauch aufstieg und Rufus de la Motte und seine Verbündeten damit begonnen hatten, die Burg mit Brandgeschossen zu attackieren. In sicherem Abstand vor dem Burgtor hatten etwa fünfzig Söldner Stellung bezogen und bereiteten sich mit Strickleitern und Enterhaken auf eine Erstürmung der Festung vor.

»Verdammt, wo sind denn unsere Soldaten?«, fluchte Roland von Briey, als sie im Schutz eines Eichenwäldchens haltmachten und er mit Anselms Fernglas aus sicherer Entfernung die verwaisten Zinnen der Burg inspizierte.

»Ich habe mehr als fünfzig Männer zum Schutz der Festung zurückgelassen, von denen nur ein kläglicher Rest auf den Wehrgängen steht. Ich frage mich, wo die Kerle geblieben sind?«

»Was hat das zu bedeuten?«, wollte Pierre de Bologne wissen. Er hatte sein schweißnasses Pferd neben Gero zum Stehen gebracht und schaute ihn fragend an.

»Kommt mir so vor, als ob sämtliche Söldner von Waldenstein ausgeflogen wären«, raunte Struan mit unheilschwangerer Stimme.

»Wir müssen die Gens du Roi attackieren, bevor sie die Burg angreifen«, bestimmte Gero mit grimmiger Miene. »Uns bleibt gar nichts anderes übrig, wenn wir unsere Frauen beschützen wollen. Wenn es Lacroix und seinen Leuten gelingt, dort einzudringen, und sie die Frauen gefangen nehmen, kann ich für nichts garantieren.«

»Das wäre ein Alptraum«, stimmte ihm Pierre zu. Er ließ seinen Blick über die übrigen Brüder schweifen, mit denen er Geros Truppe verstärkte. »Mit Roland sind wir fast dreißig Ritter gegen fünfzig Agenten der Gens du Roi. Das müsste zu schaffen sein.« Sein fragender Blick lag auf Gero und seinen Templern, die gemeinschaftlich nickten.

»Also, worauf warten wir noch?«, fragte Pierre und zückte sein Schwert.

»Moment!«, wandte Jacob von Sassenberg ein. »Was geschieht mit Mabel? Sie kann bei dem Angriff nicht dabei sein. Und sollten wir nicht zuerst die Armbrust einsetzen? Ehre hin oder her. Jeden dieser Kerle, den wir vorher aus dem Sattel schießen, bedeutet einen Gegner weniger.«

»Jacob hat recht«, pflichtete Johan ihm bei und holte seine Jagdarmbrust aus einer der Satteltaschen. Jacob machte sich an Mabels Satteltaschen zu schaffen und holte jene Armbrust hervor, die sie bereits so geschickt zum Einsatz gebracht hatte.

»Kann ich euch nicht helfen?«, fragte Mabel, die sicher war, dass sie auch auf eine gewisse Entfernung hin treffen würde. »Ich habe doch schon bewiesen, dass ich mit dem Ding umgehen kann.«

»Das ist zu gefährlich«, fand Jacob und schüttelte unwillig den Kopf. Er nahm sie beim Arm und führte sie von den anderen Templern weg, damit er allein mit ihr sprechen konnte. »Nimm dein Pferd und reite hinunter zur Mosel, gleich hinter diesem Hügel. Dort befinden sich ein paar Bauernhöfe und ein Fährhäuschen. Die Leute werden dir Zuflucht gewähren, wenn du sie darum bittest und sagst, du gehört zum Gefolge von Gerard von Lichtenberg.«

»Aber ich spreche kein Lothringisch«, gab sie zu bedenken.

Doch Jacob bestand darauf, dass sie sich aus der Schusslinie begab. »Du sprichst Franzisch, wenn auch etwas merkwürdig. Aber die Leute werden dich verstehen. Ich komme dich dort abholen, wenn wir hier fertig sind.«

»Der Gedanke, dich hier zurückzulassen, ängstigt mich mehr, als von einem Pfeil getroffen zu werden. Was mache ich, wenn diese Kerle dich umbringen?«

»Du hast ja kein großes Vertrauen in unsere Kampfkraft, oder?« Jacob kniff die Lippen zusammen und lächelte resigniert. »Woher auch?«, murmelte er verständnisvoll, als sie nicht antwortete. »Bisher ist ja so ziemlich alles schiefgegangen, was schiefgehen konnte. Tu mir trotzdem den Gefallen und mach, was ich gesagt habe.«

»Also gut«, erwiderte Mabel mit einem flauen Gefühl im Magen und beobachtete angespannt, wie die übrigen Brüder ihre Kettenhemden fest verschnürten und ihre Schilde vom Sattel lösten. Einige nahmen eine Armbrust in die Hand und spannten sie ohne jegliche Mühe. Dann legten sie sich am Rande des Waldes auf die Lauer und visierten ihre Ziele aus gut zweihundert Metern an.

»Sieh zu, dass du losreitest, verdammt noch mal!«, schimpfte Jacob und half ihr aufs Pferd. »Hier wird jeden Augenblick die Hölle losbrechen.«

Mabel tat, was er sagte, aber sie drehte sich noch einmal zu ihm um, als sie am anderen Ende des Wäldchens ins freie Feld ritt, wo der Weg hinunter zur Mosel führte. Sie hatte das Gefühl, nicht mehr atmen zu können, als sie sah, wie die ersten Pfeile ihre Ziele erreichten und einige der Söldner der Gens du Roi von ihren Pferden stürzten. Gero, Johan, Jacob und einige von Pierres Leuten luden nach und zielten erneut. Wieder trafen die Geschosse.

Doch der Anführer der französischen Söldner hatte seinerseits Bogenschützen beauftragt. Und wenig später ergoss sich ein regelrechter Pfeilhagel in Richtung Wald.

Mabel trat ihrem Pferd in die Flanken, das augenblicklich davoneilte, und preschte auf einen Abhang zu. Das kehlige Gebrüll kämpfender Männer saß ihr im Nacken. Die Angst um Jacob machte sie halb wahnsinnig. Anstatt, wie er verlangt hatte, den Hang hinunterzureiten, lenkte sie ihren Friesen entlang einer Allee von dicken Platanen, die den Bergkamm säumten. Sie ritt ein Stück weit den Hang hinab und band das Pferd an einen Rebstock. Danach eilte sie den vereisten Hügel hinauf, rutschte immer wieder aus und fiel zu Boden. Am Ende rappelte sie sich auf und suchte Schutz hinter einem Gebüsch. Von dort aus konnte sie beobachten, was auf dem Plateau vor der gewaltigen Festung geschah. Die

Templer waren inzwischen auf ihre Pferde gestiegen und zum Angriff übergegangen.

Fassungslos beobachtete sie, wie die beiden Parteien ohne Rücksicht auf Verluste aufeinander losgingen. Sie bemühte sich, Jacob im Blick zu behalten, der sich gleich zwei Reiter vornahm und in atemberaubender Geschwindigkeit mit seinem Schwert nach zwei Seiten austeilte und die Gegner mit einem vernichtenden Schlag aus dem Sattel hob. Einmal mehr wurde ihr bewusst, wie sehr sich seine Leistung von irgendwelchen Rittern in Kinofilmen unterschied. Er kämpfte mit aller ihm zur Verfügung stehenden Kraft und Konzentration um sein Leben und das seiner Kameraden, und dabei war es ihm egal, wie viele seiner Gegner dran glauben mussten.

Aber die Gegenseite kämpfte nicht weniger hart. Je länger Mabel diesem Gemetzel zuschaute, umso mehr verschwamm es vor ihren Augen, und sie war nicht mehr fähig, die einzelnen Kämpfer voneinander zu unterscheiden. Sie sah, wie Männer von ihren Pferden stürzten und zu Boden gingen und wie sie blutüberströmt wieder aufstanden, um trotz ihrer Verletzungen weiterzukämpfen. Über allem lag animalisches Gebrüll und lautes Stöhnen und Schreien. Und irgendwann verlor Mabel vollends den Überblick und begann zu beten, dass Jacob nicht unter denen war, die am Boden liegen blieben.

Gero spürte, wie die Hufe seines Pferdes unter ihm davonflogen und er mit der Brachialgewalt eines Berserkers auf Rufus de la Mottes Schimmel prallte. Geros Hengst taumelte kurz und fing sich dann wieder. Der Schimmel dagegen brach aus, und während der Anführer der Gens du Roi Probleme hatte, sein Pferd zurück in die Spur zu führen, hatte Gero ihn bereits mit einem seitlichen Hieb attackiert. Die Ringe des Kettenhemdes zersprangen unter der auftreffenden Schwertschneide, und de la Motte stieß einen unfeinen Fluch aus, als die Klinge nicht nur sein feines Wams zerschnitt, sondern auch seine Haut bis auf die Rippen. Blut floss, und Gero fühlte sich angespornt, dem franzischen Söldner einen weiteren Hieb zu verpassen.

»Und ihr seid doch mit dem Teufel im Bunde«, zischte de la Motte und bekreuzigte sich, als er sah, dass Gero trotz der schweren Folter offenbar keinerlei Verletzung davongetragen hatte und dazu noch die Uniform des Grafen von Luxemburg trug. Doch der Anführer der franzischen Söldner war kein Anfänger, und so erholte er sich rasch von Geros Angriff und parierte entsprechend. Dabei traf er Gero mit der flachen Seite seines Schwertes am Oberschenkel.

Der scharfe brennende Schmerz ließ Gero zusammenzucken. Er biss die Zähne zusammen und lenkte seinen unerschrockenen Hengst geschickt zur Seite, um einem weiteren Schlag, der beinahe sein Knie getroffen hätte, auszuweichen. Zugleich hob er sein Schwert und wehrte de la Mottes nächsten Schlag so hart ab, dass Funken sprühten.

Um sie herum war Chaos ausgebrochen, weil die übrigen Templer sich genauso schonungslos mit den anderen Söldnern der Gens du Roi schlugen. Es war, als ob sie sich für all das erlittene Leid rächen wollten. Gero und Rufus de la Motte lieferten sich einen mörderischen Schlagabtausch, bei dem immer wieder Stahl auf Stahl prallte. Gero war so voller Wut, während er daran dachte, was de la Motte ihm und seiner Familie angetan hatte, dass er jegliche Besonnenheit vergaß. Und so kam er dem Anführer der Gens du Roi nahe genug, um selbst einen Hieb mit dem Schwertknauf gegen seine Brust zu kassieren, was ihm für einen Moment den Atem nahm. Er ignorierte den Schmerz und reagierte, indem er de la Motte seinen eigenen Schwertknauf unter die Kinnlade stieß, was den Anführer der Gens du Roi aus dem Sattel hob. Während er zu Boden ging, stieg sein Hengst und galoppierte davon.

Gero wendete sein Pferd und trieb es an, um de la Motte einen tödlichen Hieb zu verpassen. Doch der hatte sich wieder aufgerappelt und bedrohte nun Geros Pferd mit seinem ausgestreckten Schwert. Gero, der den wertvollen Bretonen auf keinen Fall aufs Spiel setzen wollte, lenkte ihn zur Seite und sprang ab. Voller Entschlossenheit stellte er sich de la Motte, der durch den Schwertstreich und den Fall von seinem Pferd sichtlich geschwächt war. Trotzdem war er kein hilfloser Gegner, zumal ihm einer seiner Untergebenen zu Hilfe eilte. Gero, der während seiner Templerausbildung gelernt hatte, einen Kampf mit drei Gegnern gleichzeitig zu bestreiten, verliehen sein Zorn und die Sorge um Hannah Flügel. Er drosch mit einer solchen Gewalt und vor allem Schnelligkeit auf die beiden ein, dass er de la Motte am Hals erwischte und den anderen mit einem gezielten Stoß durch die offene Flanke mitten ins Herz ins Jenseits schickte.

Rufus de la Motte lag röchelnd am Boden und presste eine Hand auf die Wunde, Blut quoll zwischen seinen Fingern hervor. Gero hätte ihn töten können, aber trotz aller Rachegelüste war er kein Mörder, der einen wehrlosen Gegner erstach. Also entwaffnete er ihn nur und ließ ihn liegen. Danach pfiff er seinen gehorsamen Hengst heran, sprang in den Sattel und attackierte die übrigen Gegner, die sich inzwischen bereits merklich verringert hatten. Soweit er sehen konnte, waren seine eigenen Leute wie durch ein Wunder kaum verletzt.

Doch der Kampf war noch nicht vorüber. Anselm, der noch immer Probleme damit hatte, erbarmungslos zuzuschlagen, erhielt Unterstützung von Stephano de Sapin, der ihm ein guter Lehrmeister war und die Drecksarbeit übernahm, nachdem Anselm die Vorarbeit geleistet hatte. Die Söldner der Gens du Roi waren keine leichte Beute. Sie waren mindestens so gut ausgebildet wie die Templer und um einiges gottloser dazu. Allerdings hätte Gero sich viel lieber Michel de Thionville vorgenommen als die noch vorhandenen Kämpfer, doch der war weit und breit nicht zu sehen, ebenso Eugene Lacroix. Das warf die Frage auf, wo die beiden geblieben waren.

Pierre, dem das auch schon aufgefallen war, ritt suchend an der äußeren Flanke der Kämpfenden entlang, während seine Kameraden sich weiterhin Gefechte mit ihren franzischen Gegnern lieferten.

Aus einem Augenwinkel sah Gero, wie Roland von Briey sich hoch zu Ross mit einem Söldner der Gens du Roi eine brutale Auseinandersetzung lieferte. Er gab seinem Bretonen einen leichten Tritt und preschte zu den Kämpfenden hin. Gero atmete erleichtert auf, als Roland seinen Gegner mit einem glücklichen Hieb aus dem Sattel hob und der Mann regungslos am Boden liegen blieb.

»Wir müssen zusehen, dass wir in die Burg kommen«, schrie Roland mit hochrotem Kopf, nachdem er wieder zu Atem gekommen war. »Mir gefällt nicht, dass Lacroix und Thionville nicht unter den Kämpfenden sind. Auch haben mir meine Männer von den Zinnen herunter signalisiert, dass sie unsere Hilfe benötigen, aber das Tor nicht öffnen wollen, um den anderen keine Möglichkeit zu geben, in die Burg einzudringen.«

»Und wie sollen wir dann hineinkommen?« Gero spürte, wie ihm das Herz in die Magengrube rutschte. »Was ist, wenn sich Lacroix und Thionville bereits im Innern der Burg befinden und Hannah und die Frauen bedrängen?«

»Wir müssen einen anderen Weg finden«, rief Roland ihm zu und gab ihm ein Zeichen, ihm zu folgen. »Wir versuchen, einen Weg ins Innere der Burg zu finden«, rief Gero Pierre zu, der ihm mit einem Wink signalisierte, dass sie entschuldigt waren.

Hannah war kurz vor einem Nervenzusammenbruch. Nicht nur wegen der unsäglichen Schmerzen, die eine Geburt nun mal mit sich brachte, sondern auch, weil die Gräfin und Jutta von Breydenbach jeweils zur Rechten und Linken an ihrem Bett saßen und sich damit übertrumpften, wer zuerst einen Sud reichen oder das Schweißtuch wechseln durfte. Freya kniete vor Hannah auf dem Bett und war mit ihrem Muttermund beschäftigt, während Amelie am Fenster stand und die unselige Aufgabe einer Kriegsberichterstatterin übernahm.

»Ich kann sie sehen!«, rief sie atemlos. »Ich kann unsere Männer sehen! Struan kämpft zusammen mit Gero, Johan und etlichen anderen gegen die Gens du Roi. Draußen auf dem Feld direkt vor dem Turnierplatz.«

»Oh, mein Gott!«, brach es aus Hannah heraus, die mit den Presswehen kämpfte.

»Du musst flacher atmen!«, herrschte Freya sie an und packte ihr beherzt zwischen die Beine, um das Köpfchen des Kindes noch im Innern zu halten, weil der Muttermund noch nicht weit genug geöffnet war, um jetzt schon eine Geburt zuzulassen. »Wenn es jetzt kommt, reißt es dir alles entzwei«, mahnte sie Hannah.

»Ich halte das nicht aus«, schrie Hannah, schweißgebadet und mit hochrotem Kopf. »Das tut so verdammt weh!«

»Ich habe vier Kinder geboren«, versucht Jutta, sie zu ermutigen, »und ich habe es auch überlebt. Du wirst das schaffen, ich verspreche es dir.«

Hannah war hin- und hergerissen, ob ihr Amelies Beobachtungen gefielen oder nicht. Einerseits musste sie sich voll und ganz auf die Geburt konzentrieren, andererseits war sie erleichtert, dass Gero wieder aufgetaucht war. Aber sie hasste es, wenn er sich mit ihren ärgsten Feinden dort draußen eine Schlacht lieferte, während sie ihn so dringend an ihrer Seite gebraucht hätte.

»Du musst hecheln wie eine Hündin«, befahl ihr Freya unbeeindruckt von dem, was dort draußen passierte, als Hannahs gesamter Körper verkrampfte und sie vergeblich versuchte, dem Pressen entgegenzuwirken. Während der Druck einen winzigen Moment nachließ, donnerte jemand gegen die Tür.

»Sofort aufmachen!«, brüllte eine männliche Stimme. Für einen Moment hielten die Frauen erschrocken inne. Gesa versteckte sich vor Angst zitternd hinter dem Bett. Zugleich erhob sich ein wütendes Kläffen, das in ein bösartiges Knurren überging. Parzival hatte direkt vor der Tür Position bezogen und fletschte die Zähne.

»O Gott«, flüsterte Gesa, »was machen wir, wenn es ihnen gelingt, hier reinzukommen?«

»Gesa!«, schalt Geros Mutter sie. »Hör auf, solch dumme Gedanken zu äußern, das schadet Mutter und Kind.«

Wieder polterte jemand gegen das Holz. »Macht sofort die Tür auf«, schrie der Mann auf Franzisch, »oder wir schlagen sie ein!«

»O nein«, stöhnte Hannah und warf Freya einen entsetzten Blick zu. »Weißt du, wer das ist? Ich erkenne ihn an der Stimme«, zischte sie leise.

»Nein«, gab Freya zurück und schaute nur kurz auf.

»Michel de Thionville!«, wisperte Hannah außer sich. »Ich bin mir ganz sicher.«

»Verdammt«, schnaubte Freya. »Wie ist dieser Teufel denn hier reingekommen?«

»Wer ist das?«, krächzte die Gräfin ungehalten.

»Ein Offizier der Gens du Roi«, flüsterte Freya und konzentrierte sich mit gerunzelter Stirn weiter auf das, was sich zwischen Hannahs Schenkeln abspielte. »Ganz übler Bursche«, fügte sie unnötigerweise hinzu. Weiter ins Detail ging sie nicht, weil sie der Gräfin und Geros Mutter ansonsten hätte verraten müssen, was vor acht Jahren in Chinon geschehen war. Und das wollte sie nicht.

»Gesa, Amelie!«, befahl die Gräfin. »Packt mit an, wir müssen die Truhen und den Tisch vor die Tür schieben!«

Rasch räumte sie mit Gesa sie Tischplatte frei und stemmte mithilfe von Amelie und Jutta von Breydenbach den schweren Eichenholztisch hochkant gegen die Tür. Zusätzlich schoben sie zwei schwere Kleidertruhen dagegen.

»Panic Room«, murmelte Hannah und ließ den Kopf zurück in die Kissen sinken, erstaunt darüber, wie stark die zierliche Gräfin und ihre nicht mehr ganz junge Schwester waren. Und während die nächste Wehe sie schüttelte und sie sich die Seele aus dem Leib schrie, polterten ihre Angreifer draußen gegen die Tür.

»Aufmachen! Ihr verdammten Weibsleute, was bildet ihr euch eigentlich ein? Glaubt ja nicht, dass ihr uns entwischen könnt!«

Plötzlich splitterte Glas, und ein brennender Pfeil landete mitten im Zimmer.

»Geh vom Fenster weg, Amelie!«, rief Freya. »Wir müssen Hannah in Sicherheit bringen! Packt mit an, sie muss hinter das Bett auf den Boden.«

Die Gräfin riss sich geistesgegenwärtig ihren Morgenrock vom Leib und warf ihn auf das auflodernde Feuer, bevor es den Teppich in Flammen setzte. Da es sich um ein in Pech getränktes Geschoss handelte, war das Feuer hartnäckig. Ohne lange zu überlegen, nahm sie den brennenden Zain in die Hand und schleuderte ihn in hohem Bogen zurück aus dem Fenster.

Die Gräfin löste den Haken der inneren Fensterlade, die im Winter gegen die Kälte geschlossen wurde und warf sie zu. Im Nu war es dunkel im Zimmer. Von draußen prallten weitere Geschosse an die Lade aus Eichenholz, und es war nur eine Frage der Zeit, bis alles zu brennen anfangen würde.

»Wenn ihr euch nicht auf der Stelle ergebt, werden wir den ganzen Turm abfackeln, lasst euch das gesagt sein!«, brüllte die Stimme von draußen.

»Ich kann schon den Kopf sehen«, vermeldete Freya im Schein einer dicken Stundenkerze, während Hannah nun auf dem Teppich lag.

Ein gewaltiger Schlag ließ die Frauen zusammenfahren. Holz splitterte.

»Heilige Maria Mutter Gottes!«, jammerte Amelie. »Da versucht jemand, mit einer Streitaxt die Tür einzuschlagen.«

Hannah vergaß alles um sich herum. Die Schmerzen in ihrem Unterleib nahmen gigantische Ausmaße an. Ihr ganzer Körper verkrampfte sich unter den stärker werdenden Presswehen. An Atmen war beim besten Willen nicht mehr zu denken. Alle Videokurse, die sie sich vor ihrer Abreise angeschaut hatte, waren nur noch graue Theorie. Schwarze Punkte tanzten vor ihren Augen, und sie spürte, wie sie das Bewusstsein verlor.

Irgendjemand schlug ihr einen eiskalten Lappen ins Gesicht. Hannah rappelte sich hoch und sah Freya, die sie anschrie.

»Verdammt noch mal, du musst wach bleiben, Hannah! Es kommt jetzt nur auf dich an.«

»Ich halt das nicht mehr aus«, wimmerte sie und riss verzweifelt die Augen auf. Kurz flackerte der Gedanke in ihr auf, dass sie genauso hier sterben würde wie Geros erste Frau. Doch dann kam ihr Kampfeswille zurück, und sie atmete tief durch.

»Ich brauche kalte Umschläge und mehr von dem Sud!«, befahl Freya den entsetzt dreinblickenden Frauen. Jutta begann hektisch die Leinenstreifen in kaltes Wasser zu tunken und auszuwringen, während die Gräfin den Becher mit neuem Sud füllte und ihn Hannah an die Lippen setzte.

Die Mischung aus heißem, bitterem Tee und kalten Lappen, die ihr Jutta auf die Stirn presste, ließ Hannah gar keine andere Wahl, als zurück ins Leben zu kommen, aber auch die Schmerzen nahmen wieder zu. Dazu kläffte Parzival wie verrückt und knurrte zwischendurch immer wieder bösartig die Tür an. Die Streitaxt wurde noch einmal von außen splitternd ins Holz gerammt.

»Heilige Maria und Josef, hilf!«, betete Jutta.

»Mir wären ein paar handfeste Ritter, die dem Treiben ein Ende setzen, lieber«, murmelte Freya nervös.

Gero und Roland hatten sich unbemerkt vom Kampfgeschehen entfernt und waren mit ihren Pferden einen schmalen Pfad entlang hinter die Burg geritten. Zunächst hatten sie versucht, den Eingang unterhalb der Kapelle zu öffnen, doch der war von innen mit einem gewaltigen Eichenbalken versperrt.

Aber es gab einen zweiten Gang, dreißig Meter weiter an der unteren Burgmauer entlang. Von dort aus kletterten Gero und Roland mit gezückten Schwertern über einen Felsvorsprung zu einem Busch, hinter dem ein weiterer Geheimgang endete, der in einem schmalen Schacht aus der Burg herausführte.

»Der ist zu eng für uns«, machte ihm Roland unmissverständlich klar. »Er ist dafür gedacht, Frauen und Kinder zu retten.«

»*Merde!*«, schnaubte Gero und sah sich hilflos um. »Wir brauchen einen Enterhaken und ein Seil«, meinte er, »dann könnten wir von außen an der Festungsmauer hochklettern.«

»Verdammt noch mal, warum haben wir daran nicht gedacht?«, murmelte Roland verärgert. »Vielleicht haben Pierre und seine Leute Enterhaken in den Satteltaschen. Sie hatten ursprünglich vor, die Festung von Vianden zu erklimmen, um dich dort rauszuholen.«

»Gut, ich reite zum Schlachtfeld zurück und versuche, Pierre zu finden. Bleib du solange hier und pass auf, ob nicht doch jemand herauskommt.«

»Kann ich irgendwie helfen?«, erklang plötzlich eine liebliche Kleinmädchenstimme, die so gar nicht zu ihrer entschlossen klingenden Besitzerin passte. Beide Männer fuhren mit gezückten Schwertern herum und starrten ungläubig in das anmutige Gesicht von Mabel Mason. In ihren langen Kleidern und ihrem blauen Umhang stand sie dort wie ein gefallener Engel.

»Verdammt, was machst du hier?«, fuhr Gero sie aufgebracht an. »Jacob hat doch gesagt, du sollst zur Mosel hinunterreiten, um dich in Sicherheit zu bringen.«

»Sagen wir mal, ich bin eine neugierige Person, und ich arbeite gerne an Lösungen, anstatt die Hände in den Schoß zu legen und den Dingen ihren Lauf zu lassen.«

»Das ist kein Spiel, Madame«, klärte Roland sie aufgebracht auf, »schon gar nicht für Frauen.«

»Nein, natürlich nicht«, erwiderte sie spitz. »Wir haben uns gefälligst in die Opferrolle zu fügen.«

Während Roland ihr mit einem verwirrten Blick begegnete, überlegte Gero, wie er auf diese Heimsuchung aus der Zukunft reagieren sollte.

»Roland hat recht«, erklärte er düster. »Das hier ist ziemlich gefährlich. Die Leute von der Gens du Roi sind keine Tölpel, sondern brutale Hunde, die alles zerreißen, was ihnen zwischen die Zähne kommt.«

»Das kann ich mir denken«, erwiderte Mabel wenig beeindruckt. »Schließlich habe ich euch dort draußen kämpfen sehen. Aber was habt ihr jetzt vor? Ihr könnt eure Frauen ja schlecht diesen Wölfen überlassen. Und ich muss nicht lange nachdenken, um zu sehen, dass irgendwas im Innern der Festung nicht stimmt.«

»Kluges Mädchen«, erwiderte Gero mit einem süffisanten Unterton in der Stimme. »So weit waren wir auch schon.«

»Fürchtet Ihr euch vor dunklen Gängen, Madame?«, fragte Roland plötzlich. »Allem Anschein nach seid Ihr ein unerschrockenes Weib.«

»Das bin ich«, erwiderte Mabel mit festem Blick.

»Dann schlage ich vor«, erwiderte Roland und deutete auf eine unscheinbare Tür im Mauerwerk, die hinter einem Strauch verborgen lag, »Ihr begebt Euch in diesen schmalen Aufstieg und klettert die steinernen Wendeltreppen bis in den zweiten Stock hinauf. Am Ende müsst Ihr den hölzernen Deckel anheben und landet in einer Kammer, in der unsere Mägde das Bettzeug aufbewahren. Dort findet Ihr unter anderem auch Seile und Enterhaken. Packt sie zusammen und bringt sie uns.«

»Das ist zu gefährlich, Roland«, wandte Gero unvermittelt ein. »Was ist, wenn sie Thionville oder einem seiner Schergen in die Arme läuft? Sie kann sich nicht wehren, und die beiden haben eine weitere Geisel, mit der sie uns erpressen können.«

»Und was willst du sonst tun? Hast du eine bessere Idee?«, blaffte Roland ihn an. »Hier sitzen und warten, bis das Wetter besser wird?«

Gero schnaubte und kniff die Lippen zusammen.

»Ich mache es«, erklärte Mabel, ohne zu zögern. Dabei sah sie Gero herausfordernd an. »Du hast mich aus dem Kerker deines Bruders befreit und bist durch deinen Austausch für mich ein hohes Risiko eingegangen. Wenn ich das durch meinen Einsatz wiedergutmachen kann, werde ich es tun.«

»Das habe ich in erster Linie für Mattes getan«, widersprach Gero ihr. »Es war reiner Zufall, dass ich dir auf diesem Weg in die Freiheit verhelfen konnte.«

»Wenn du nichts gesagt hättest, säße ich jetzt noch dort fest, oder die Gens du Roi hätten mich entführt.«

Gero war unentschlossen. Schließlich hatte sie keine Ahnung, wozu Thionville und Lacroix im Zweifel fähig waren.

»Wir haben keine andere Wahl«, drängte Roland ihn mit einem Blick auf die vor ihnen aufragenden zwanzig Meter hohen Burgzinnen. »Wenn wir noch länger warten und die beiden tatsächlich dort drin sind, kann weiß Gott was passieren.«

»Von mir aus, soll sie gehen«, ergab sich Gero mit einem Seufzer und warf Mabel einen verbindlichen Blick zu. »Aber du musst mir versprechen, dass du dich von niemandem erwischen lässt, hast du verstanden?«

»Es ehrt dich, dass du Angst um mein Leben hast«, erwiderte sie mit einem zweideutigen Grinsen. »Aber ich werde mich schon zu wehren wissen.«

»Ich hab's nicht gerne, wenn sich eine Frau für mich opfert«, konterte Gero mit düsterem Blick.

Mabel nickte grinsend. »Schon klar. Aber schließlich geht es hier auch um deine Frau und dein Kind.«

»Also gut. Worauf wartest du noch?«, raunte Gero und warf ihr einen resignierten Blick zu.

»Ihr müsst einfach immer weiter über die Stufen nach oben klettern«, riet ihr Roland. »Bis Ihr zu der Kammer gelangt. Aber geht nicht hinaus auf die Flure. Habt Ihr das verstanden?«

»Ich bin nicht naiv«, gab Mabel mit einem angedeuteten Lächeln zurück.

»Gottes Segen sei mit dir« sagte Gero und wies ihr den Weg zum Eingang, der hinter einer niedrigen Mauer verborgen lag.

»Gottes Segen brauche ich nicht«, erwiderte Mabel forsch. »Ich verlasse mich lieber auf meine Instinkte.«

»Ganz gleich, wie du es anstellst, ich danke dir schon jetzt«, murmelte Gero und schaute sie mit seinen himmelblauen Augen verbindlich an.

»You're welcome«, erwiderte sie mit einem Zwinkern und verschwand todesmutig in dem finsteren Aufstieg.

KAPITEL 44

DEZEMBER 1315 –
DEUTSCHE LANDE / MOSEL / BURG WALDENSTEIN

Der Name der Weisheit

Auf allen vieren kletterte Mabel die schmale gemauerte Wendeltreppe nach oben. Es war ein idealer Fluchtweg für Frauen und Kinder. Sie konzentrierte sich darauf, nirgendwo hängen zu bleiben, und tastete sich Stufe für Stufe weiter.

Cool bleiben, Mabel, befahl sie sich selbst. Immerhin hatte sie bei der NSA auch so etwas wie ein Überlebenstraining absolviert und war sportlich. Sie verdrängte die Vorstellung von Ratten und Spinnen, die möglicherweise genauso über diesen Gang versuchten, die Burg zu kapern.

Mit einem satten Plong stieß ihr Kopf nach einer halben Ewigkeit an den Eichenholzdeckel, der in den Boden eingelassen worden war. Während Mabel sich mit der einen Hand den Kopf rieb, stieß sie den Deckel mit der anderen vorsichtig auf.

Durch ein winziges Fenster drang Tageslicht in die Kammer und beleuchtete spärlich ein paar hölzerne Putzeimer und polierte Holzstöcke, an deren Ende lange lappige Lederstreifen befestigt waren. In einer Kiste fand sie schließlich die Seile und Enterhaken aus Eisen, von denen Roland gesprochen hatte. Doch sie entschied sich entgegen seiner und Geros Anweisung dafür, nachzusehen, was im Innern der Burg passierte.

Mabel öffnete vorsichtig die Tür, die auf einen langen Flur hinausführte, möglichst ohne ein Geräusch zu machen. Doch das war gar nicht nötig, weil der Lärm vom Gang her bis zu ihr herüberschallte. Krachen und Splittern von Holz und dazu das ohrenbetäubende Gebrüll eines Mannes.

Mabel schlich auf Zehenspitzen Richtung Treppenabgang. Auf dem Weg dorthin erschrak sie zu Tode, als sie beinahe über die erste Leiche gestolpert wäre. Ein älterer Wachsoldat, drahtig und ohne Bart, den sie noch Tage zuvor beim Essen in der Halle gesehen hatte. Irgendwer hatte ihm mit einem Schwert einen tödlichen Hieb in die Brust verpasst. Am Treppenaufgang lag ein weiterer Leichnam. Ebenfalls ein Soldat der Waldensteiner, dem man die Kehle durchgeschnitten hatte.

Mabel schluckte nervös. Eigentlich hatte sie schon genug gesehen, aber sie wollte wissen, wie es Hannah und den anderen Frauen ging, ob sie sich in der Gewalt der Gens du Roi befanden, denn niemand anderes konnte für dieses Blutbad verantwortlich sein. Also schlich sie weiter bis zu einer steinernen Säule, deren oberer Kranz mit den Gesichtern hässlicher Dämonenfratzen versehen war, die wohl das Böse abhalten sollten, was hier jedoch offensichtlich nicht gelungen war.

Mabel blickte lauernd an der Säule vorbei hinüber zum Westflügel und erkannte einen Mann, der auf einem der

Pferde gesessen hatte, die am Abend zuvor in Vianden an ihr vorbeigaloppiert waren. Ein blonder Kerl mit eng zusammenstehenden Augen, der die Uniform der Gens du Roi trug, wie sie inzwischen wusste. Sein Alter schätzte sie auf knapp vierzig. Er war nicht besonders breitschultrig, sondern wirkte eher durchtrainiert und zäh. Aber die Kraft, mit der er die beidseitige Streitaxt schwang und gegen die Tür hämmerte, war beängstigend brutal. Mabel musste keine Hellseherin sein, um sich ausrechnen zu können, wie lange es dauern würde, bis er die Kammer würde stürmen können.

»Wann bist du endlich soweit?«, erscholl eine aggressive Stimme vom Treppenhaus hoch. Sie gehörte einem hageren Mann mit kurzen grauen Haaren und einem scharf geschnittenen, bartlosen Gesicht, der leichtfüßig die Treppe heraufhastete. Er trug ein schwarzes längeres Gewand wie ein Mönch und darunter schwarze enge Hosen und kniehohe Stiefel. Allein seinem Auftreten nach zu urteilen musste es sich bei ihm um den Inquisitor handeln. Genau genommen erinnerte er sie an die üblichen Bösewichte, die durch diverse Hollywoodfilme geisterten. *Warum eigentlich steht solchen Leuten ihr mieser Charakter meist ins Gesicht geschrieben?*, fragte sie sich.

Der andere hieb mit seiner Streitaxt weiter auf die Eichenholztür ein.

»Soll ich Verstärkung holen?«, fragte der Inquisitor ungeduldig, als der andere einen Moment innehielt.

»Was ist denn mit unseren Leuten?«, fragte der Blonde und schaute ihn ungehalten an.

»Zehn Mann kämpfen noch unten im Hof. Die meisten Burgwachen sind erledigt. Und die, die noch am Leben sind, haben sich beim Burgtor verschanzt und verteidigen die Kette, damit wir die Brücke nicht herunterlassen können. Wir müssen uns beeilen, wenn wir die Burgherrin entführen wollen. Gero von Breydenbach ist wie aus dem Nichts aufgetaucht und führt eine unselige Truppe an, von der ich wetten möchte, dass es sich um entflohene Templer handelt. Sie müssen mit dem Teufel im Bunde sein. Er scheint völlig unversehrt zu sein und trägt den Wappenrock des Grafen von Luxemburg. De la Motte und seine Leute mussten bereits einige Verluste hinnehmen.«

»Wie kann das sein?«, schrie der Blonde außer sich und begann von Neuem damit, auf die Holztür einzudreschen. »Wir haben ihm Muskeln und Sehnen gestreckt. Dass er überhaupt auf einem Pferd sitzen kann, ist ein Ding der Unmöglichkeit!«

»Ich sagte es doch, er ist mit dem Teufel im Bunde und gehört auf den Scheiterhaufen! Deshalb streng dich an und sieh zu, dass wir an die Weiber herankommen«, empfahl ihm der andere und schaute sich nervös um. »Die Damen da drin sind unsere Lebensversicherung.«

Oder auch nicht, dachte Mabel und zog sich vorsichtig zurück. Dabei übersah sie einen Blumenkübel und geriet ins Stolpern. Während sie sich gerade noch so fangen konnte, polterte das schwere Gefäß aus Ton mitsamt einer immergrünen Stechpalme auf den Steinboden. Das Geräusch war laut genug, um die volle Aufmerksamkeit der beiden Männer auf sich zu ziehen.

»Wer ist da?«, riefen beide fast gleichzeitig.

Mabel antwortete nicht.

»Das ist eine Frau!«, rief der Blonde schockiert.

»Wie kann das sein?«, sagte der Grauhaarige. »Deine

Söldner haben doch alle Bediensteten in den Kerker gesperrt?«

»Du musst sie dir schnappen!«, brüllte der andere. »Sie darf uns nicht entkommen!«

Mabel raffte ihre Röcke und rannte zurück zur Kammer. Als sie einen Blick über die Schulter warf, sah sie, wie der Grauhaarige sein Schwert zückte und die Verfolgung aufnahm.

Mabel war eine gute Läuferin und erreichte die Putzkammer vor dem Kerl, der ihr jedoch dicht auf den Fersen war. Sie verrammelte die Tür von innen mit einem Balken und atmete hastig ein und aus, bevor sie noch eine schwere Eichenholzkiste davor rückte. Der Mann musste ziemlich schnell gewesen sein, denn schon warf er sich mit wütendem Gezeter gegen die Tür und forderte sie auf, sofort herauszukommen. Mabel schnappte sich den Enterhaken und die Seile, hob die Klappe über der engen Wendeltreppe hoch und schwang ihre Füße in das dunkle Nichts. Sie kletterte nach unten, ohne den Deckel über sich zuzuziehen. Was eine Art Einladung in die Hölle sein sollte. Wenn der Kerl ihr folgte, würden ihn Gero von Breydenbach und sein Burgvogt auf der Stelle erledigen. Falls der Kerl nicht schon vorher in dem engen Schacht stecken blieb. In diesem Moment gelang es ihrem Verfolger, die Tür aufzubrechen. Sein Gezeter im Nacken kletterte Mabel so schnell wie möglich nach unten. Zunächst machte es noch den Anschein, als ob der Kerl ihr folgen würde, doch dann hörte sie sein Fluchen, weil er einsehen musste, dass er zu groß für die Luke war. Die restlichen Stufen rutschte Mabel auf dem Hintern hinunter, was ihr ein paar hübsche blaue Flecken einbringen würde.

Gero schnappte vor Erleichterung nach Luft, als zuerst Mabels Stiefel auftauchten und dann die ganze Frau. Sie hatte ein paar Schmutzstreifen im Gesicht, aber ansonsten war sie unversehrt. In ihren Händen trug sie die gewünschten Seile und die Enterhaken, von denen Roland gesprochen hatte.

»Gott dem Allmächtigen sei Dank, ich dachte schon, du kommst nicht zurück«, stieß er atemlos hervor.

»Ihr müsst euch beeilen«, berichtete sie atemlos. »Ein Typ, der aussieht wie ein Inquisitor, und ein blonder Angehöriger der Gens du Roi versuchen, mit einer Streitaxt in Hannahs Kammer einzubrechen.«

»Wie kannst du das wissen?« Gero schaute sie aufgebracht an.

»Ich bin ein Stück in den Flur gegangen, weil ich den Lärm von Axtschlägen und splitterndem Holz gehört habe. Da habe ich die beiden gesehen. Einer sagte, dass zehn ihrer Männer im Burghof kämpfen und die Burgwachen noch immer die Kette verteidigen.«

»Gut gemacht, Mädchen.« Roland bekreuzigte sich und nahm ihr die Seile und Haken ab.

»Haben sie dich gesehen?«, fragte Gero atemlos.

»Der Inquisitor ist mir mit dem Schwert gefolgt, aber er hat mich nicht erwischt. Auf meinem Weg zu den Kammern habe ich zwei Leichen gesehen. Es waren Burgwachen, glaube ich.«

»Heilige Jungfrau«, stieß Gero hervor, der sich denken konnte, dass es sich bei den beiden Angreifern um Michel de Thionville und Eugene Lacroix handeln musste. Ihm wurde übel bei der Vorstellung, in welcher Gefahr Hannah und die Frauen schwebten.

Roland murmelte hasserfüllt: »Diese Hunde werde ich vierteilen, sobald ich sie erwische.«

»Wir dürfen keine Zeit verlieren«, sagte Gero und machte einen der Enterhaken wurfbereit. »Geh ein bisschen zur Seite«, bat er Mabel und schleuderte mit geübtem Griff das lange Seil samt dem eisernen Haken nach oben. Der Haken blieb zwischen den Zinnen hängen, und die erwartete Gegenreaktion ihrer Feinde blieb aus. Gero band sich das Ende des Seils um die Hüften, zog seine ledernen Plattenhandschuhe vom Gürtel, streifte sie über und ergriff das Seil. Dann stemmte er seine Stiefelsohlen gegen die Mauer und zog sich hoch. Erst in diesem Moment wurde Mabel klar, wie stark dieser Mann sein musste. Mit einer unglaublichen Geschwindigkeit und ohne zu zögern, arbeitete er sich Meter um Meter die Mauer nach oben.

»Er kann das weitaus besser als ich«, meinte Roland beinahe entschuldigend. »Wenn er oben ist, wird er mir helfen, hinaufzuklettern.«

Mabel starrte den alternden Burgvogt mit offenem Mund an. Ihr war gar nicht klar gewesen, dass er ebenfalls dort hinaufwollte. Verblüfft blickte sie die beeindruckende Wehrmauer hinauf und sah gerade noch, wie Gero über die Zinnen kletterte und Roland das Seil herunterwarf. Er ließ sich nun halb von Gero hochziehen, halb hangelte er sich an der Mauer entlang.

Mabel sah atemlos zu, wie er auch den Rest des steilen Walls bezwang. Sobald Roland auf dem Wehrgang gelandet war, zog Gero das Seil nach oben. Vielleicht hatte er ihr angesehen, dass sie darüber nachgedacht hatte, ihnen zu folgen. Nun blieb ihr nichts anderes übrig, als an Ort und Stelle darauf zu warten, was geschehen würde. Die beiden waren nun ganz auf sich gestellt, gegen mindestens zehn französische Söldner. *Vielleicht sollte ich doch beten*, dachte Mabel und machte sich auf den Weg zum Burgtor, von wo aus sie zu sehen hoffte, wie es Jacob und den anderen inzwischen ergangen war.

Hannah spürte, wie ihr Körper ihr allmählich die Kontrolle entzog. So sehr Freya sie auch anfuhr, richtig zu atmen, so wenig Erfolg hatten ihre Bemühungen. Das Kind drängte mit Macht auf die Welt, während vor der Tür offenbar jemand mit Gewalt zu ihnen hereinwollte. Wie durch einen Nebel hörte Hannah erneut das Holz splittern.

»Oje!«, rief Amelie und rannte nervös auf und ab. »Wir haben nichts mehr, was wir noch vor die Tür schieben könnten.«

»Das Bett«, entgegnete die Gräfin trocken. »Los, holt die Matratzen und Decken runter und schafft Hannah in die Nähe des Kamins. Dann fassen alle mit an.«

Hannah spürte, wie die Frauen sie nach einigem Hin und Her an Armen und Knien packten und auf die restliche Strohmatratze vor den Kamin hievten. Alles andere bekam sie nicht mehr mit, weil sie sich nur noch auf ihren Bauch und das halb herausdrängende Kind konzentrierte, dessen Köpfchen Freya fest im Griff hatte.

»Jetzt pressen!«, befahl sie ihr, und ihre Hand fasste in den Geburtskanal, um die Schultern des Kindes in die rechte Position zu schieben. Mit ihrem Ellbogen drückte sie von oben gegen Hannahs Bauch und schob den kleinen Körper nach unten.

Hannah kniff die Lider zusammen und spannte mit aller Kraft ihre Bauchmuskeln an.

»Pressen! Pressen! Pressen!«, brüllte Freya von Neuem,

während Hannah die Luft anhielt und mit aller Kraft, die ihr geblieben war, ihre Muskulatur anspannte und nach unten drückte.

»Noch mal!«, herrschte Freya sie an, nachdem sie einen Augenblick zu Atem gekommen war.

Die nächste Wehe erfasste Hannah wie eine Sintflut, in der sie unterzugehen drohte, und sie presste so fest sie konnte.

»Ja, du machst das gut!«, feuerte Freya sie an. »Weiter so!«

Hannah rang verzweifelt nach Atem und hatte das Gefühl zu ersticken. Schwarze Punkte tanzten vor ihren Augen, und sie fürchtete, erneut ohnmächtig zu werden.

»Luft holen und pressen, verdammt noch mal!«, herrschte Freya sie an.

Hannah schnappte nach Luft und ergab sich in die nächste Wehe, die den Kopf des Kindes fast wie von selbst aus ihrem Körper drückte.

»Pressen, pressen, pressen!«, rief Freya, und Hannah spürte, wie der Widerstand, der sich in ihrem Körper aufgebaut hatte, mit einem Mal nachgab.

»Ich hab sie!«, keuchte Freya und zog das Baby in einem Schwall von Blut und Wasser aus ihr heraus. »Es ist ein Mädchen!«

Sie hob das Kind an den Füßen hoch und gab ihm einen leichten Klaps auf den Po. Die Kleine begann aus Leibeskräften zu schreien.

Die anderen Frauen, die das Bett vor die Tür geschoben hatten, jubelten erleichtert, und jede von ihnen eilte herbei, um das Kind möglichst als Erste zu sehen.

»Sie sieht aus wie du«, rief Jutta lachend der Gräfin zu. »Und sie hat auch eine ähnlich laute Stimme!«

Hannah spürte einen Moment lang gar nichts mehr. »Ist sie gesund?« Das war ihre einzige Sorge.

»Ja«, ermunterte sie Freya. »Sie wiegt bestimmt mehr als sieben Pfund. Ein ganz schöner Brocken dafür, dass sie vier Wochen zu früh dran ist.«

»Ich will sie haben«, keuchte Hannah überglücklich und verdrängte für einen Moment die Sorge wegen des Angreifers, der ihnen draußen vor der Tür nach dem Leben trachtete. Freya wickelte das Kind rasch in ein Tuch und legte es ihr auf die Brust. Dann machte sie sich daran, mit einem sauberen Messer die Nabelschnur zu kappen.

Jutta standen vor Rührung die Tränen in den Augen, während sie neben Hannah kniete und mit ihr den Säugling betrachtete.

»Sie hat rotes Haar«, bemerkte sie sanft.

»Wie ich als Baby«, sagte Hannah liebevoll. »Mit den Jahren wurde es immer dunkler. Meine Mutter und meine Großmutter hatten auch rote Haare.«

»Du musst mir bei Gelegenheit von den beiden erzählen«, bat Jutta sie lächelnd.

»Ich finde, sie kommt eher nach Gero«, mischte sich Amelie ein. »Ihre Augen sind ja jetzt schon ganz blau.«

»Fast alle Neugeborenen haben blaue Augen«, belehrte Freya sie.

Plötzlich gab es einen fürchterlichen Knall, und die Klinge einer Streitaxt durchschlug den obersten Abschnitt der Tür. Gesa stieß einen gellenden Schrei aus, alle anderen waren still. Sogar das Baby, das nun vertrauensvoll in Hannahs Armen lag und an ihrer Brustwarze nuckelte.

»Heilige Mutter«, flüsterte Jutta. »Ist denn niemand mehr da, der diesen Teufeln Einhalt gebieten kann?«

Nachdem Gero Roland über die Zinnen geholfen hatte, richtete er sein Kettenhemd und überprüfte sein Schwert. Dann rannten sie in geduckter Haltung über die Wehrmauer zum Treppenabgang zu den Wachstuben. Dort trafen sie auf einen jungen Wachmann, der schwer verletzt in einer Ecke lag und leise stöhnte.

Roland kniete neben ihm nieder und inspizierte die Wunde an seiner Hüfte, die schmerzhaft, aber nicht tödlich war.

»Was ist passiert?«, wollte er wissen, als dieser die Augen aufschlug und ihn ungläubig anstarrte.

»Die Franzmänner haben uns überlistet«, keuchte er matt. »Nur noch eine Handvoll Männer ist unten am Tor und bewacht den Kettenzug für die Brücke.«

»Verdammte Hunde«, zischte Gero und zückte sein Schwert. »Komm, Roland.«

»Bleib hier liegen und rühr dich nicht«, befahl Roland dem Jungen. »Wenn franzische Söldner kommen, stellst du dich tot, verstanden?«

»Verstanden«, murmelte der Junge schwach.

Gemeinsam setzten Gero und Roland ihren Weg in den dritten Stock fort. Dort fanden sie die getöteten Wachleute, von denen Mabel berichtet hatte.

Gero hatte nur ein Ziel: die Kammer, in der seine Frau und die anderen Frauen sich gegen seine Gegner verschanzt hatten. Er musste nur seinem Gehör nachgehen. Das Gezeter von Michel de Thionville war nicht zu überhören.

»Bleib hinter mir«, sagte er zu Roland, als er sah, dass Michel ganz allein auf die Tür einhackte. Zu seinem Entsetzen hatte er sie in der Mitte bereits gespalten, und es war nur eine Frage der Zeit, bis sie auseinanderfiel und er zu den Frauen gelangen konnte.

Gero schnappte sich einen der Schilde von der Wand und marschierte entschlossen auf Michel zu.

»Komm her, du Hund!«, brüllte er und bedrohte mit seinem Schwert den völlig überraschten Offizier der Gens du Roi wie ein Vollstrecker.

Doch Michel war schnell wieder gefasst und fing Geros gewaltigen Hieb mit seiner Streitaxt ab. Funken flogen, und Michel erwiderte den Schlag seinerseits mit der Axt. Die breite Schneide bohrte sich in das harte Eichenholz von Geros Schild und blieb stecken. Gero riss den Schild mit Gewalt hoch und brachte Michel ins Straucheln. Dann warf er den Schild mitsamt der Axt über die Brüstung der Balustrade.

Mit Roland in seiner Deckung marschierte Gero entschlossen auf Michel zu, in der Absicht, ihn zu töten. Doch der reagierte mit einem geschickten Ausweichmanöver und zückte nun seinerseits sein Schwert. Aufgeladen mit dem Zorn und der Sorge um das Leben seiner Familie lieferte sich Gero mit dem Offizier der Gens du Roi einen tödlichen Schlagabtausch, während er hinter sich ebenfalls aufeinandertreffende Klingen hörte. Offenbar war jemand hinzugekommen, der Roland angegriffen hatte. Gero schaffte es, Michel so weit in die Enge zu treiben, dass dieser in Richtung Treppenabgang ausbrach, was Gero ganz recht war, weil er das Terrain besser überblicken konnte und er dem Söldner den Weg zur zerstörten Tür der Frauenkammer versperrte. Von drinnen hörte er den Hund kläffen und noch etwas anderes, das sich wie das Schreien eines Säuglings anhörte. Für einen Moment blieb ihm das Herz stehen. Er wusste, dass es nur die Stimme seiner neugeborenen Tochter sein konnte. Die Erkenntnis verlieh ihm regelrecht Flügel und ließ ihn umso härter auf Michel einschlagen. Er machte einen Ausfallschritt und verletzte ihn am Arm. Aber auch Michel war nicht bereit aufzugeben und riss ihm mit der Spitze seines Schwertes das Kettenhemd an der linken Schulter auf.

Gero lieferte sich mit Michel einen gnadenlosen Kampf. Auch Roland gab nicht nach und hielt Lacroix und seine Schergen in Schach. Das Keuchen und Ächzen der Kämpfer hallte von den hohen Deckengewölben wider.

Gero drängte Michel weiter zur Treppe, und als er den Rand erreicht hatte, zwang er ihn mit seinen gezielten Schwerthieben die Stufen hinunter.

Rücken an Rücken kämpfte er mit Roland gegen seine ärgsten Feinde. »Das Kind ist da!«, zischte Gero ihm zu. »Es scheint gesund zu sein.«

Ein freudiges Lächeln huschte über Rolands Gesicht, und auch ihm schien diese Nachricht zusätzliche Kräfte zu verleihen. Er erwischte einen Schergen der Gens du Roi, der Lacroix zur Hilfe geeilt war, am Knie. Der Mann stolperte abwärts, Roland setzte gnadenlos nach und tötete den Mann mit einem Stich in die Seite. Doch im gleichen Moment sauste das Schwert des Inquisitors auf Rolands Nacken herab. Gero fing den Schlag geistesgegenwärtig ab und erhielt dafür von Thionville einen Stoß in die ungeschützte Seite. Der Schmerz, der ihm das Gefühl gab, sämtliche Rippen wären gebrochen, nahm Gero den Atem. Trotzdem schlug er in einer geradezu eleganten Gegenbewegung zu und erwischte Michel mit der flachen Klinge am Rücken, was ihn zu Fall brachte und mehr zufällig rückwärts über das Treppengeländer beförderte. Er stürzte kopfüber nach unten aus dem zweiten Stock und blieb leblos mit verdrehtem Körper im Erdgeschoss auf dem Pflaster liegen.

Als Lacroix sah, dass der Offizier der Gens du Roi sich das Genick gebrochen hatte und ihm nicht mehr beistehen konnte, forderte er seinen einzigen noch verbliebenen Begleiter zum Rückzug auf und rannte zum Ausgang, der zur inneren Wehrmauer führte.

»Wir müssen sie erwischen!«, schrie Gero und nahm die Verfolgung auf. Lacroix und sein Begleiter rannten zunächst ungehindert die Treppen zum Burghof hinunter. Und während sich ihnen ein Söldner von Waldenstein in den Weg stellte und seinen Bewacher beschäftigte, flüchtete der Inquisitor weiter auf den Burghof in Richtung Kapelle.

Gero und Roland kamen dem Wachmann der Waldensteiner zur Hilfe, nachdem der Söldner der Gens du Roi ihm das Schwert aus der Hand geschlagen hatte und ihn fertigmachen wollte. Die beiden lieferten sich mit ihrem Gegner ein kurzes ungleiches Gefecht, bevor sie ihn mit zwei überkreuzten Schlägen ins Jenseits beförderten. Danach lief Roland rasch zurück in sein Arbeitszimmer, wo er unter einem Eichenholzpult eine gespannte Armbrust aufbewahrte. Doch als er zu Gero zurückkehrte, hatte der schon den gesamten Burghof inspiziert, und von Lacroix war weit und breit nichts mehr zu sehen. Die restlichen Söldner der Gens du Roi belagerten mit Brandpfeilen bewaffnet das Kettenhaus der Zugbrücke.

Roland erschoss fünf Männer aus einer Entfernung von dreißig Fuß und machte damit den Weg frei zum Burgtor. Dort gab er sich den übriggebliebenen Söldnern als der zu erkennen, der er war. Sofort machten sie die Tür auf.

»Ein Wunder ist geschehen«, rief einer von ihnen, nachdem er Meldung von oben bekommen hatte. »Die Franzmänner vor der Burg suchen das Weite!«

Es war natürlich kein Wunder, sondern der Tatsache zu verdanken, dass die verbliebenden Templer so tapfer gekämpft hatten. Und dass Mattes inzwischen mit den dreißig Waldensteiner Soldaten zurückgekehrt war, die zusätzlich in den Kampf eingegriffen hatten.

»Man muss auch mal Glück haben«, raunte Roland und zwinkerte Gero zu.

»Sag deinen Männern, sie sollen das Burggelände nach Lacroix absuchen«, forderte Gero seinen ehemaligen Schwertmeister auf. »Ich habe keine Ruhe, solange er noch hier rumschleicht. Ich gehe nach oben und sehe nach, wie es den Frauen geht.«

»Mach das.« Roland lächelte breit.

Oben angekommen, schob Gero die zersplitterten Reste der Eichenholztür beiseite. Dahinter waren etliche Kisten gestapelt, und das schwere Bett versperrte den Weg. Während der Hund weiter knurrte und kläffte, versuchte Gero, ihn zu übertönen.

»Ich bin es, Gero, lasst mich rein« Als er daraufhin noch mal sein Kind schreien hörte, kamen ihm die Tränen. »Geht es Hannah gut?«, rief er mit bebender Stimme.

»Es ist alles in Ordnung«, antwortete sie schwach. Gero zog sich den blutbespritzten Wappenrock und das Kettenhemd aus und ließ beides zu Boden fallen, bevor er den Frauen dabei half, die Hindernisse aus dem Weg zu räumen. Durch einen ersten Spalt, der sich auftat, sprang ihm Parzival knurrend entgegen.

»Ein echter Wachhund!« Gero schob das Hündchen lächelnd beiseite, als er den Zugang zur Kammer soweit frei geräumt hatte, dass er mühelos hindurchschlüpfen konnte.

»Gero, Gott sei Dank!«, riefen die Gräfin und seine Mutter wie aus einem Mund. Aber Gero hatte nur Augen für Hannah und das kleine rosige Bündel, das neben ihr auf einer provisorischen Bettstatt vor dem Kaminfeuer lag. Sein Herz krampfte sich vor Liebe zusammen, als er neben den beiden niederkniete und Hannah einen zärtlichen Kuss auf die Lippen drückte. »Ihr seid die tapfersten Frauen, die ich kenne«, murmelte er an ihre Lippen. »Aber du bist meine ganz persönliche Heldin.«

»Ist sie nicht umwerfend?«, fragte Hannah und streckte ihm mit glänzenden Augen das strampelnde Bündel entgegen.

Gero nahm das Kind, das in seinen Armen noch winziger wirkte, behutsam an sich. Eine halbe Ewigkeit betrachtete er ihr engelsgleiches Gesichtchen mit den langen dunklen Wimpern, dem süßen kleinen Schmollmund und dem winzigen Näschen.

»Sie ist noch ein bisschen rot von den Anstrengungen der Geburt«, erklärte ihm Hannah.

»Sie ist wunderschön«, flüsterte er andächtig. »Wie ihre Mutter.«

Seine Finger, die er sich zuvor rasch gewaschen hatte, glitten geradezu verträumt über die winzigen Hände und Füße. Fasziniert berührte er Finger und Zehen, ganz ergriffen von der Perfektion seiner Tochter.

»Deine Mutter sagt, sie sieht aus wie die Gräfin«, fügte Hannah grinsend hinzu.

Gero warf seiner Tante einen prüfenden Blick zu und lächelte sanft. »Eine gewisse Ähnlichkeit ist nicht zu verkennen.«

Margaretha von Lichtenberg zu Waldenstein strahlte stolz

übers ganze Gesicht. »Sobald wieder Ordnung in dieses Haus eingekehrt ist, werden wir die zukünftige Gräfin gebührend feiern. Wo ist Roland?«, fragte sie besorgt. »Sonst ist er immer der Erste, um mir Bericht zu erstatten. Er wurde doch nicht ernsthaft verletzt? Oder?«

»Nein, alles in Ordnung. Er ist draußen bei den anderen«, erklärte Gero, und sein Gesicht war mit einem Mal wieder ernst. »Wie haben einige von unseren Söldnern verloren, als die Söldner der Gens du Roi sich Zugang zur Burg verschafft haben. Sie haben unsere Mägde und Knechte in den Kerker gesteckt und einige unserer Wachen, die sich ihnen in den Weg gestellt haben, getötet. Außerdem hat es drei Soldaten erwischt, als Roland und Tom auf der Breidenburg überfallen wurden. Meine Templerbrüder und ich sind mit Gottes Gnade soweit ich weiß unverletzt geblieben.«

»Und wo ist euer Maleficus?«, fragte die Gräfin. »Er war doch auch dabei, als Roland sich mit dieser schwarzhaarigen Frau aufgemacht hat, um sie nach Trier zu bringen und dich zu retten.«

Gero warf Hannah einen warnenden Blick zu.

»Tom hat sich entschlossen, einen alten Freund zu besuchen, nachdem wir außer Gefahr waren«, sagte er ausweichend, aber mit festem Blick. Das war nicht gelogen, und zumindest Hannah konnte sich denken, was damit gemeint war.

»Tatsächlich«, sagte sie nur. »Hat er Mabel auch mitgenommen?«

»Nein,« Gero stockte. »Bei allen Heiligen, Mabel hätte ich ja fast vergessen. Sie hat sich dazu entschlossen, bei uns zu bleiben, und Roland und mir geholfen, über den östlichen Wall in die Burg zu gelangen. Moment«, sagte er, reichte Hannah das Kind. »Ich bin gleich wieder da.« Ohne eine weitere Erklärung verschwand er nach draußen. Als er zurückkam, lächelte er zerknirscht. »Ich habe einen Pagen nach unten geschickt, der sie heraufholen soll.«

»Und was ist mit den Leuten von der Gens du Roi?«, fragte die Gräfin aufgebracht. »Sind die alle tot, oder müssen wir mit einem erneuten Angriff rechnen?«

»Mach dir keine Sorgen, Tante, bis auf den Inquisitor haben wir hier auf der Burg alle erledigt und den Rest draußen auf dem Feld in die Flucht geschlagen. Und diesen Hund von Inquisitor finden wir auch noch, glaub mir. Oder denkst du ernsthaft, wir würden das, was uns diese Teufel angetan haben, ungesühnt lassen?«

»Wie geht es Struan und Malcolm und den anderen?«, meldete sich nun Amelie zu Wort.

»Soweit ich weiß, sind alle unsere Brüder wohlauf«, versuchte Gero sie zu beruhigen.

»Und was ist mit Eberhard?«, wollte seine Mutter wissen.

Gero schluckte nervös und streichelte seiner Tochter mit dem Finger über die Wange. Dann stand er auf und ging zu seiner Mutter, die ängstlich zu ihm aufschaute. Gero nahm sie wortlos in seine Arme, um sie zu halten. »Eberhard ist tot, Mutter. Ein Offizier der Gens du Roi hat ihn umgebracht, nachdem er mich an die Inquisition verraten hat. Ich konnte nichts für ihn tun.«

Als Jutta in Tränen ausbrach, verzichtete er auf weitere Einzelheiten.

»Diese Hunde!«, zischte die Gräfin, und auch den anderen Frauen war das Entsetzen anzusehen.

»O mein Gott«, flüsterte Hannah. »Wie konnte das passieren?«

»Er hatte offenbar keine Ahnung, mit wem er sich eingelassen hat«, antwortete Gero leise. »Und Thionville dachte wohl, er steckt mit mir unter einer Decke. Ich habe ihn gerächt, indem ich Thionville eigenhändig ins Jenseits geschickt habe. Eugene Lacroix ist leider auf der Flucht. Wir werden seine Verfolgung aufnehmen, sobald wir wieder zu Atem gekommen sind.«

»Es sollte nicht noch mehr Blutvergießen geben«, mischte sich Jutta von Breydenbach überraschend ein. »Du trägst nun Verantwortung für Frau und Kind, mein Junge, und solltest so wenig wie möglich in Kriege ziehen.«

»Da magst du recht haben«, entgegnete Gero und entließ sie aus seiner Umarmung. »Aber du weißt auch, dass man es sich nicht immer aussuchen kann. Trotzdem möchte ich mich nun etwas Erfreulicherem widmen.« Er gab seiner Mutter einen Kuss auf die Wange, bevor er sich wieder Hannah und dem Neugeborenen zuwandte. »Den Rest erzähle ich euch, wenn ich wieder zu Atem gekommen bin.«

»Dann schlage ich vor«, verkündete die Gräfin mit gehobener Stimme, »wir lassen Vater, Mutter und Kind allein und kümmern uns um die Verletzten, bevor wir zur Vesper läuten.«

Gero und Hannah genossen die Ruhe, nachdem die anderen alle gegangen waren. Nur das Knistern des Feuers war zu hören und die kleinen, zaghaften Laute des Säuglings.

»Ich hatte solche Angst um euch«, gestand Gero und küsste Hannah zart auf die Stirn, während sie das Kind zum zweiten Mal an die Brust legte. Freya hatte ihr gezeigt, wie sie ihre Tochter halten musste. Gero beobachtete fasziniert, wie die Kleine sofort zu trinken begann.

»Und ich um dich. Ich will gar nicht wissen, was du alles durchgemacht hast.«

»Bestimmt nicht so viel wie du«, flüsterte er und streichelte der Kleinen ganz sacht über die roten Härchen. Ihre glückliche Geburt entschädigte ihn für alle Leiden, die er je erlebt hatte.

»Den kräftigen Zug hat sie definitiv von ihrem Vater«, scherzte Hannah lächelnd und schaute zufrieden zu, wie das Kind trank. Auch Gero lächelte und sagte kein Wort.

»Was ist mit Tom?«, wollte sie unvermittelt wissen. »Warum ist Mabel zurückgekommen, und was ist dort draußen wirklich passiert?«

»Das ist eine längere Geschichte«, sagte er leise und hob eine Braue. »Nur so viel: Paul hat Tom zurückgeholt, und Tom hat mich gerettet, indem er mir seine Nanokapsel überlassen hat. Lafour ist tot. Er hatte einen Herzinfarkt und hat zusammen mit Tanner anscheinend die amerikanische Regierung über ihre Alleingänge im Unklaren gelassen. Deshalb gibt es niemanden mehr in der Zukunft, der nach uns sucht oder in der Lage wäre, einen neuen Caput zu konstruieren. Wenn man von Tom und Paul einmal absieht. Mabel wollte nicht mit zurück. Ich glaube, sie hat sich in Jacob verliebt.«

»Das sind doch mal gute Nachrichten«, flüsterte Hannah und beobachtete ihre kleine Tochter, wie sie selig nuckelte. »Wir haben noch gar keinen Namen für sie.«

»Was hältst du von Sophia?« Gero schaute sie mit verdächtig glänzenden Augen an. »Das ist ein Name, der den Templern viel bedeutet. Er symbolisiert die schöpferische Weisheit Gottes. Und was passt besser zu einem Kind, dessen Eltern siebenhundert Jahre voneinander entfernt geboren wurden?«

»Sophia ist perfekt«, murmelte Hannah glücklich. »Gräfin Sophia von Lichtenberg zu Waldenstein. Das klingt wirklich nobel.«

Gero beugte den Kopf zu ihnen hinunter und küsste Mutter und Tochter abwechselnd auf die Stirn. »Ich möchte dir danken«, wisperte er voller Rührung, »dafür, dass du mir eine eigene Familie geschenkt hast und mich zum glücklichsten Mann der Welt machst. Ganz gleich, in welchem Jahrhundert.«

KAPITEL 45

DEZEMBER 1315 –
DEUTSCHE LANDE / MOSEL / BURG WALDENSTEIN

Freud und Leid

Mabel befürchtete, dass man sie in der ganzen Aufregung hier draußen vergessen hatte. Also beschloss sie, im heraufziehenden Nebel herauszufinden, ob die Kämpfe endlich beendet waren. Sie dachte die ganze Zeit über an Jacob und hoffte, dass er bei diesem fürchterlichen Gemetzel nicht verletzt worden war oder Schlimmeres.

Während sie unterhalb der Kapelle an der Mauer entlangschlich, sah sie sich unvermittelt dem grauhaarigen Mann gegenüber, der sie auf der oberen Etage des Palas verfolgt hatte. Jetzt wusste sie auch, an wen er sie erinnerte. Girolamo Savonarola, ein Dominikanermönch im fünfzehnten Jahrhundert, der sich ebenfalls wie ein Inquisitor aufgeführt hatte und von dem es etliche Gemälde und Büsten gab. Komisch, dass diese Typen irgendwie alle gleich hässlich aussahen. Er war größer als Mabel und wirkte in seinem schwarzem Outfit von Weitem wie eine zu groß geratene Krähe. Mabel duckte sich, damit er sie nicht sah, doch es war zu spät. Er hatte sie erkannt und kam mit gezücktem Schwert auf sie zu.

»Dich habe ich doch da oben schon gesehen, du verruchtes kleines Luder«, zischte er mit gebleckten Zähnen auf Französisch. »Sag, wo willst du denn so schnell hin?« Er kam ihr gefährlich nahe und bedrohte sie mit seiner scharfen Klinge.

Mabel machte einen Schritt nach hinten und geriet beinahe ins Stolpern. Hastig schaute sie sich um, ob es eine Möglichkeit gab, ihm zu entkommen, doch an den meisten Stellen ging es steil und felsig bergab, und die Treppe zu den Weinbergen wurde von diesem Scheusal versperrt. Vielleicht konnte sie in den Schacht hineinklettern, aus dem sie gekommen war? Aber auch der war zu weit entfernt, als dass sie dorthin auf die Schnelle entkommen konnte.

Sie biss die Zähne zusammen, während der Mann mit lauerndem Blick immer näher kam. Falls er versuchen sollte, sie zu vergewaltigen, würde sie Mittel und Wege finden, sich zu wehren.

»Nicht so schüchtern. Ich tu dir schon nichts«, sagte er.

»Warum glaube ich das nicht?«, erwiderte sie spöttisch.

Als er eine Armlänge vor ihr stand, riss er sie regelrecht an sich und setzte ihr die Klinge seines Schwertes an den Hals.

»Wo ist dein Pferd?«, fragte er hart.

»Ich habe keins«, erwiderte sie dreist.

»Du lügst«, behauptete er unbeeindruckt. »Also, wo steht der Gaul?«

Mabel hatte ihren Friesen hinter der Abbruchkante zum Weinberg an einem Strauch festgebunden. Plötzlich kam ihr der Gedanke, dass sich auf dem Weg dorthin vielleicht eine Chance ergeben könnte, diesem Scheusal zu entkommen.

»Wir müssen da lang«, sagte sie nur und deutete in die entgegengesetzte Richtung, aus der er gekommen war.

Der Mann packte sie am Arm und gab ihr einen schmerzhaften Stoß in die Rippen. Einen Moment lang dachte sie darüber nach, ihn mit einem gezielten Wurf zu Boden zu bringen. Aber was kam danach? Er würde sich an ihr rächen, indem er sie verfolgte und aufspießte. Also ließ sie sich von ihm vor sich her schieben, während sie eng an der Burgmauer entlang Richtung Weinberge balancierten.

Mabel hielt vergeblich Ausschau nach Jacob oder den anderen Templern, als das Schlachtfeld in Sichtweite kam. Es wirkte wie leergefegt. Verdammt, wo waren die anderen nur abgeblieben?

Der schwarze Friese schnaubte kurz, als er Mabel erkannte, und zuckte mit dem Kopf.

»Nicht schlecht!« Der Inquisitor befahl ihr, die Zügel vom Baum zu lösen, was sie mit zitternden Fingern tat. Dann ließ er sie los und saß schneller im Sattel, als sie ihm zugetraut hätte. Anschließend steckte er sein Schwert in die Scheide und befahl ihr, sich vor ihn in den Sattel zu setzen. Mabel wandte sich ab, um wegzulaufen, doch der Kerl hatte sie sofort eingeholt und packte ihre Haare. Sie schrie auf, als er sie daran hochziehen wollte, und blieb abrupt stehen.

Der Fiesling hatte erstaunliche Kräfte und zog sie mit einer Hand auf den Sattel. Kaum saß sie vor ihm, hielt er ihr einen Dolch an die Rippen. Sie spürte, wie die Spitze ihre Kleider durchdrang und unangenehm die Haut unterhalb ihres Zwerchfells ritzte.

»Eine falsche Bewegung, und du bist tot«, raunte er bösartig und nahm die Zügel auf. Dann trieb er das Pferd nach Westen in Richtung Turnierplatz. Es hatte wieder zu regnen begonnen, als sie an der Burg vorbeigaloppierten, und Mabel war lausig kalt. Vielleicht war es aber auch die Angst, die sie zittern ließ, davor, dass dieser Mann sie weiß Gott wohin entführte und es niemand bemerkte.

»Wo ist Mabel?« Jacob warf Roland einen fragenden Blick zu, nachdem ihn der Burgvogt über die Geschehnisse innerhalb der Burg aufgeklärt hatte.

»Ich fürchte, das Mädchen steht noch auf der anderen Seite der Burgmauern und wartet auf uns«, stellte Roland peinlich berührt fest. »Ich hätte sofort nach ihr sehen sollen, nachdem das Burgtor unten war«, fügte er schuldbewusst hinzu. »Aber ich habe es in der Aufregung leider vergessen.«

»Ich erledige das«, sagte Jacob und stieg auf sein Pferd. Dann ritt er zum Burgtor aus, um nach Mabel zu suchen.

Kaum war er hinter dem Burggraben in Richtung der Weinberge abgebogen, sah er, wie ein schwarzes Pferd mit zwei Reitern in Richtung Mosel preschte. Jacob gab seinem Pferd die Sporen und verfolgte die beiden. Als er nahe genug herangekommen war, erkannte er Mabels schwarzes Haar, das sich aus dem Zopf gelöst hatte und im Wind flatterte.

Während der Reiter das Pferd weiter antrieb, schaute sie sich ängstlich um. Jacob holte das Letzte aus seinem Hengst raus und griff nach seiner Armbrust, die er an seinem Sattel befestigt hatte.

Während sein Brauner in den gestreckten Galopp überging, spannte Jacob die Armbrust.

Mabel saß vor Lacroix im Sattel, und er konnte sich denken, dass der Inquisitor sie mit einem Dolch bedrohte, sonst wäre sie längst abgesprungen.

Mit sicherer Hand zielte er auf den Rücken des Inquisitors. Er durfte ihn keinesfalls verfehlen und versehentlich Mabel treffen. Auch durfte der Zain nicht durch seinen Körper durchschlagen und Mabel durchbohren. Also musste er Brustkorb und Rippen treffen, die den Aufprall des Zains bremsten.

Jacob dachte an nichts anderes als daran, Mabel retten zu müssen, während er sich konzentrierte und den Hebel drückte, der den Zain auf seine tödliche Reise schickte.

Mabel spürte den gehetzten Atem ihres Entführers im Nacken und wie der Dolch ihr weiter die Haut aufritzte.

»Es tut mir leid«, krächzte er. »Ich werde dich nun leider töten müssen. Wir werden verfolgt, und ohne dich kann ich leichter entkommen.«

Sie spürte, wie er ein wenig ausholte, und dann nahm sie allen Mut zusammen und packte seine Hand, mit der er den Dolch hielt. Es gab ein kurzes Gerangel, bei dem sie sicher war, den Kürzeren zu ziehen. Doch dann kippte er unvermittelt aus dem Sattel.

Mabel hielt sich krampfhaft am Vorderzwiesel des Sattels fest und schnappte nach den Zügeln. Als sie das Pferd endlich zum Stehen brachte, versicherte sie sich ängstlich, dass der Mann, der sie eiskalt umbringen wollte, wirklich nicht mehr hinter ihr saß.

Sie wendete den Hengst und sah einen weiteren Reiter auf sich zugaloppieren. Ihr Herz überschlug sich vor Angst. Erst als sie sah, dass es Jacob war, hätte sie am liebsten geschrien vor Glück.

»Geht's dir gut?«, rief er atemlos, noch bevor er sie erreicht hatte.

»Ja«, wisperte sie und brach vor Erleichterung in Tränen aus.

Jacob ritt an ihre Seite und fasste die Zügel ihres Hengstes. Dann sprang er aus dem Sattel und hob sie vom Pferd. Er zog sie in seine Arme und drückte sie so fest, dass sie fast keine Luft mehr bekam.

»Du musst keine Angst mehr haben«, versicherte er ihr. »Ich habe ihn mit der Armbrust erwischt, er ist tot.«

»Er wollte mir im gleichen Moment einen Dolch ins Herz rammen«, stammelte sie. »Du hast schon wieder mein Leben gerettet!«

»Und mein eigenes dazu«, flüsterte er und küsste sie fest. »Denn was hätte ich getan, wenn er mit seinem Vorhaben Erfolg gehabt hätte?«

Er schaute ihr tief in die Augen und küsste sie noch einmal, so zärtlich, dass Mabel weiche Knie bekam.

»Komm, die anderen warten auf uns«, sagte er und hob sie aufs Pferd.

»Was ist mit der Leiche?« Mabel sah ihn fragend an, als ihr Blick auf den leblosen Mann fiel, der regungslos im Gras lag und aus dessen Rücken ein Armbrustpfeil ragte.

»Den lassen wir liegen. Die Burgwachen können ihn später einsammeln und seinen Kadaver verbrennen«, erklärte er mit einem finsteren Blick. »Ein solcher Teufel hat kein christliches Begräbnis verdient.«

»Ich bin so froh, dass du nach mir gesucht hast«, entfuhr es Mabel. »Ich will mir nicht vorstellen, was passiert wäre, wenn der Kerl mich entführt hätte. Denn das hatte er wohl ursprünglich vor.«

»Wenn ich mich nicht bei Roland nach deinem Verbleib erkundigt hätte, wärst du nun wahrscheinlich auf dem Weg nach Paris«, antwortete Jacob mit ernstem Blick. »Du gehörst wohl eher nicht zu den Frauen, die den Weisungen eines Mannes gehorchen, oder?«, neckte er sie scherzhaft.

»Wenn ich getan hätte, was du gesagt hast, hätte ich Gero nicht helfen können, ins Innere der Burg zu gelangen«, klärte sie ihn nüchtern auf, während sie die Brücke zum Burgtor erreichten. Dort wimmelte es nur so von Soldaten der Waldensteiner, die damit beschäftig waren, mehr als zwanzig Leichen von Söldnern der Gens du Roi in Jutesäcke zu stecken und auf einem Karren aufzuschichten. Dem Rest war allem Anschein nach die Flucht gelungen.

Roland, der noch nicht wusste, was Mabel wiederfahren war, kam ihnen mit einem erlösten Lächeln entgegen. »Hannah hat einer neuen Gräfin das Leben geschenkt«, informierte er Mabel. »Mutter und Kind geht es gut.«

Mabel spürte die Erleichterung bei Roland, der dafür sorgte, dass man ihnen die Pferde abnahm, und sie aufforderte, ins Haus zu gehen, sich aufzuwärmen und etwas zu essen, bevor sie Hannah und dem Kind einen Besuch abstatteten.

Aber zuvor lud er sie ein, sich mit den Templern zu einer Nachbesprechung in der großen Halle zu versammeln.

Die Waldensteiner hatten insgesamt neun Tote zu beklagen. Die drei Männer, die beim Angriff unterhalb der Breidenburg getötet worden waren, nicht mitgerechnet.

»Wir werden sie vom Erzbischof von Trier zurückfordern müssen«, erklärte Roland düster, während er allen eine Stärkung servieren ließ und ihnen medizinische Betreuung durch seine Kräutermägde anbot.

»Ich gehe fest davon aus, dass der Erzbischof Balduin den Breydenbachern das Lehen entzieht, wenn er erfährt, was geschehen ist«, klärte Roland die verbliebenen Templer um Pierre de Bologne auf, die in der Ritterhalle an langen Tischen saßen und heißen Gewürzwein oder gewärmtes Bier und Brot, Wurst und Käse vor sich stehen hatten.

»Wenigstens ist es uns gelungen, dem franzischen König zu zeigen, dass man sich vor verfolgten Templern in Acht nehmen muss«, triumphierte Pierre.

Obwohl es einige Leben gekostet hatte und die Stimmung auf der Burg unter den Wachleuten und deren Angehörigen nicht gerade berauschend war, konnte Mabel den Templern die Erleichterung ansehen, einen gefährlichen Feind bezwungen zu haben. Während sie noch lebhaft über den Verlauf der Schlacht debattierten, zog es Mabel auf ihr Zimmer. Sie musste sich ein wenig ausruhen und frisch machen, bevor sie Hannah einen Besuch abstatten wollte.

»Willst du mich begleiten?«, fragte sie Jacob. Nach allem, was passiert war, hätte sie gerne ein paar Minuten mit ihm allein verbracht.

»Gerne«, sagte er und geleitete sie in ihre Kammer.

Dort angekommen entzündete er gekonnt ein Feuer im Kamin und anschließend ein paar Kerzen, damit sie es warm und gemütlich hatte. Mabel entledigte sich ihrer Kleider, und erst jetzt sah sie, dass ihr Unterkleid voller Blut war.

»O Gott, was ist das denn?«, stieß Jacob besorgt hervor, als er den handtellergroßen Blutfleck auf dem weißen Leinen sah.

»Dort hat dieser Inquisitor mich mit seinem Dolch geritzt, um mir zu beweisen, dass er im Zweifel zustechen würde.«

»Dieser elende Hund«, raunte Jacob. »Ich bin so froh, dass er endlich tot ist.«

Sie ließ es zu, dass er ihr aus dem Unterkleid half und die Wunde unterhalb ihrer Brust inspizierte.

»Es ist nur eine oberflächliche Verletzung, aber sie droht sich zu entzünden, wenn man sie nicht reinigt und sie sauber verbindet.«

Die Art, wie routiniert er den Zustand der Verletzung beurteilte und anschließend davoneilte, um sauberes Verbandmaterial zu holen, imponierte ihr aufs Neue. Besonders als er sich kurze Zeit später, während sie vor ihm auf den Baldachinbett saß, mit aller gebotenen Aufmerksamkeit um ihre Verletzung kümmerte, indem er sie mit Essig und klarem Wasser desinfizierte und anschließend einen Lebermooswickel darauf drückte, bevor er ihr einen Verband anlegte.

»Im Übrigen wollte ich schon immer mal nach Paris«, erklärte Mabel halb im Scherz, als Jacob die Enden des Verbands fachmännisch verknotete und sein Kunstwerk noch einmal kritisch betrachtete. Wobei sein Kennerblick fast unbemerkt ihre nackten Brüste streifte. »Aber natürlich nicht mit so einem hässlichen Vogel wie diesem Inquisitor«, fügte sie trocken hinzu, »sondern mit einem attraktiven Kerl wie dir. Bei uns nennt man Paris auch die Stadt der Liebe. Nicht wenige reisen dorthin, um zu heiraten.«

»Tut mir leid, dich enttäuschen zu müssen«, erwiderte er und lächelte schwach. »Bei uns heißt es: Paris, das größte Scheißhaus des Abendlandes. Nirgendwo liegen mehr stinkende Abfälle auf der Straße als dort, und die Seine ist ein einziger übelriechender Abwassergraben. Außerdem hat der franzische König mit uns noch ein paar Rechnungen offen. Und nach dieser Geschichte ist noch eine weitere hinzugekommen, fürchte ich. Paris ist also im Moment kein guter Ort, um sich ewige Treue zu schwören. Aber was hältst du davon, wenn wir trotzdem Mann und Frau werden?«

»Wie bitte? Meinst du das ernst?« Mabel schaute ungläubig zu ihm auf. Während sich ihre Blicke trafen, ging Jacob unvermittelt vor ihr auf die Knie und fasste nach ihrer rechten Hand.

»Du bist genau die Frau, die ich mir immer gewünscht habe«, erklärte er ihr im Brustton der Überzeugung. »Ich weiß ja nicht, ob du dir ein Leben mit einem verfolgten Templer vorstellen kannst, aber hier wären wir sicher, und Gero hat uns allen angeboten, an seinem Hof zu leben, was hältst du davon? Du und ich hier in dieser Zeit?«

Mabel sah ihm an, wie nervös es ihn machte, nicht zu wissen, was sie antworten würde. Wahrscheinlich fragte er sich, ob sie ihn für würdig befand, ihr Leben mit ihm zu teilen, was sie irgendwie süß fand. Dazu sein treuer Blick, der ihr Herz höherschlagen ließ.

»Ich mit einem echten Gralshüter auf Munsalvaesche?«, stammelte sie schließlich und lachte befreit, als sie sah, dass er die Geschichte von Wolfram von Eschenbach genauso gut kannte wie sie.

»Um ehrlich zu sein, so was in der Art habe ich mir schon als kleines Mädchen gewünscht, als meine Großmutter mir Märchen von Prinzen und Prinzessinnen vorgelesen hat.«

»Ist das ein ›Ja‹?« Sein strahlendes Lächeln bewies ihr, wie sehr er auf eine ehrliche Antwort hoffte.

»Natürlich ist das ein ›Ja‹. Was könnte es Aufregenderes geben, als mein Leben mit dir zu verbringen?«, stieß sie atemlos hervor.

Jacob standen die Tränen in den Augen vor Glück, und dann küsste er sie lange und leidenschaftlich.

Gero war auf dem schnellsten Weg zu Hannah zurückgekehrt, nachdem er mit den anderen an der Versammlung teilgenommen hatte, und beschäftigte sich voller Freude mit seiner neugeborenen Tochter. Hannah war mit dem Säugling in ein frisch bezogenes Baldachinbett im Nebenzimmer umgezogen, wo sie von Amelie und Freya aufs Beste versorgt wurde.

Jacob und Mabel hatten sich gewaschen und frische Kleider angezogen, bevor sie sich auf den Weg zu Hannah und Gero machten, um das Kind zu begrüßen. Jacob hielt Mabel bei der Hand, als sie anklopften. Hannah und Gero empfingen sie mit einem Lächeln. Während ein munteres Feuer im Kamin prasselte, hatte eine Magd auf Geheiß der Gräfin heißen Wein und Gewürzkuchen aus der Küche gebracht, damit sich die Wöchnerin und ihre Gäste stärken konnten.

»O verdammt, ist die Kleine süß«, brach es aus Mabel hervor, als sie das kleine rosige Gesicht des Säuglings betrachtete.

»Was wird nun aus dir?«, wollte Hannah ohne Übergang wissen. Inzwischen wusste sie, dass Tom in der Zukunft geblieben war, nachdem Paul ihm von Lafours Tod berichtet hatte und das Unternehmen C. A. P. U. T. damit führungslos war. »Wird Tom dich zurückholen?«

»Ich habe keinen Kontakt zu Tom«, beeilte sich Mabel zu sagen und warf Jacob einen hastigen Blick zu. »Aber ich habe auch schon gehört, dass Lafour eines natürlichen Todes gestorben ist und Tom beschlossen hat, bei Paul zu bleiben und die Dinge mit ihm möglichst in Ordnung zu bringen. Immerhin hatte Lafour dessen Familie gekidnappt. Mich würde schon interessieren, wie das alles weitergehen soll. Aber ehrlich gesagt, würde ich lieber bei euch und bei Jacob bleiben.«

»Wir werden heiraten«, fügte Jacob mit sanfter Stimme hinzu. »Tom soll bloß nicht auf die Idee kommen, einen von uns in seine Zeit zu transferieren«, fügte er warnend hinzu.

»Ihr wollt heiraten? Das ist doch wunderbar!«, bemerkte Gero und gratulierte seinem Templerbruder mit einer herzlichen Umarmung. »Auf dass sich unser Hofstaat vergrößert«, meinte er lächelnd und prostete Mabel und Jacob zu.

»Wir werden ohnehin abwarten müssen, ob Tom sich bei uns meldet«, sagte Hannah mit Blick auf ihr schlafendes Kind, das eingerollt wie ein Kätzchen in ihren Armen lag. »Schließlich besitzen wir keinen Server, und von Rona und Arnaud haben wir bisher auch nichts gehört. Die beiden sollten von Tom aus dem zwölften Jahrhundert zurücktransferiert werden. Hoffentlich vergisst er sie nicht. Ich mache mir Sorgen um die beiden.«

»Ich hätte Rona und Lyn zu gerne kennengelernt«, gab Mabel ohne Weiteres zu. »Jack hat mir einiges von ihnen erzählt. Es wäre sicher interessant, mehr über ihr Leben in der Zukunft zu erfahren.«

»Es wäre vor allem interessant, zu erfahren, ob die amerikanische Regierung irgendetwas zu ändern gedenkt, um jegliche Katastrophen abzuwenden«, wandte Hannah ein. »Sei es, was die Umwelt betrifft oder die Überbevölkerung – aber vor allem das Verhältnis zum Nahen Osten. Immerhin wissen die Eingeweihten um das, was passieren könnte, wenn die Weichen in die falsche Richtung gestellt werden.«

Bevor Mabel darauf antworten konnte, steckten Anselm und Stephano ihre Köpfe zur Tür rein. Auch sie hatten sich erst frisch gemacht, um der zukünftigen Erbin von Waldenstein ihre erste Aufwartung zu machen.

»Ich bin so glücklich, euch heil und gesund zu sehen«,

wisperte Hannah. »Wir haben uns hier oben die größten Sorgen gemacht, als wir hörten, ihr kämpft gegen Söldner der Gens du Roi.«

»Ich muss zugeben, ich habe mir auch Sorgen gemacht«, gab Anselm mit einem Augenzwinkern zurück und warf einen Blick auf Stephano. »Aber anscheinend hatte ich in den vergangenen Jahren einen exzellenten Lehrmeister, um meine erste Feuertaufe als Ritter im Kampf ohne Probleme bestehen zu können. Um ehrlich zu sein, hätte ich nicht mit dir tauschen wollen. Eine Geburt stelle ich mir mindestens so schlimm vor wie einen Kampf.«

»Ich hatte eine ebenso gute Lehrmeisterin.« Hannah warf Freya einen dankbaren Blick zu, die soeben mit Johan zur Tür hereingekommen war. Mit Struan und Amelie wurde die kleine Kammer langsam voll.

»Ich glaube, wir alle sind froh, dass ihr beide wohlauf seid«, meinte Stephano mit einem sanften Lächeln.

»Das habe ich Freya zu verdanken«, sagte Hannah und streckte die Hand nach ihr aus. »Sie hat die Kleine im wahrsten Sinne des Wortes auf die Welt geholt.«

»Eure Tochter ist so hübsch wie ihre Mutter«, meinte Johan lächelnd und streichelte dem Kind mit seiner großen Hand fasziniert über die winzigen Finger und das flaumige rötliche Haar.

»Und sie ist rothaarig«, fügte Hannah lachend hinzu, »wie ihr Patenonkel und die Patentante.«

»Patenonkel?« Johan schaute sie fragend an.

»Hat Gero es euch noch nicht gesagt?« Hannah grinste breit in die Runde. »Wir haben alle unsere engsten Freunde als Paten vorgesehen. Wir gehören doch zusammen wie eine große Familie. Wer könnte besser ein Auge auf die Kleine werfen als ihr, auf die wir uns über siebenhundert Jahre und mehr verlassen konnten. Mit niemandem sonst teilen wir so viele Geheimnisse.«

»Das ist sehr großzügig«, brummte Struan mit seiner rauen Stimme und schaute Hannah und Gero an. »Ich kann mir keine bessere Verwandtschaft vorstellen als euch alle, glaubt mir. Wir sind wahrlich von Gott gesegnet, uns Brüder und Schwestern nennen zu dürfen.«

»Ihr seid uns alle herzlich willkommen«, bemerkte Gero, um noch einmal klarzustellen, dass jeder von ihnen so lange auf dieser Burg bleiben durfte wie es ihm oder ihr gefiel. Er gab Hannah und dem Kind einen Kuss, dann stand er mit einem entschuldigenden Blick auf.

»Ich muss mal nach unten gehen«, verkündete er mit einem Seufzer, »und mit unserem Hauskaplan über die anstehende Messe reden. Bevor wir Sophia taufen lassen, müssen wir der Toten gedenken. Außerdem will ich den Angehörigen der verstorbenen Soldaten mein Beileid aussprechen und mit der Gräfin über deren Versorgung reden.«

Hannah streichelte Gero wortlos über die Hand. Sie konnte spüren, wie nah ihm all das ging und dass er sich schuldig fühlte. Am Tod seines Bruders und auch am Tod der Waldensteiner, die letztendlich für seine Befreiung und den Kampf gegen die Gens du Roi ihr Leben gelassen hatten. Seine Mutter hatte ihm mehrmals versichert, dass es allein Eberhards Entscheidung gewesen sei, ihn zu verraten und damit die ganze Misere heraufzubeschwören, aber trotz allem gab er sich eine Mitschuld.

»Außerdem muss ich mit Pierre und seinen Leuten reden, wie es nun mit uns weitergehen soll. Er würde es gutheißen, wenn wir uns seiner Bruderschaft anschließen.«

»Wer sind diese Männer?« Hannah war nicht sicher, was sie von diesen rebellischen Templern halten sollte. Gero hatte nur kurz angedeutet, dass sie ihm im Kampf gegen die Gens du Roi und diesen skrupellosen Inquisitor unterstützt hatten.

»Sie sind Brüder des Tempels, die darum bemüht sind, unser Erbe zu retten. Sie haben es sich zur Aufgabe gemacht, inhaftierte Templer aus den Kerkern zu befreien und entflohene Brüder vor einer weiteren Verfolgung zu schützen. Wir haben beschlossen, ihrer Verbindung beizutreten und sie zu unterstützen, so gut es geht.«

»Ich will gar nicht wissen, wie die Mitglieder dieser Bruderschaft vorgehen«, murmelte Hannah und schaute besorgt zu ihm auf. »Aber wenn du ihnen vertraust, dann soll es so sein.«

Gero beugte sich zu ihr herab und küsste sie auf die Stirn. »Mach die keine Sorgen, mein Herz. Du weißt doch, ich mache nichts, was ich nicht mit meinem Gewissen vereinbaren kann.«

Ja, das ist es ja gerade, dachte sie, nachdem er mit den anderen hinausgegangen war. Lediglich Freya war bei ihr geblieben. Sie hatte darauf bestanden zu bleiben, ihren Gesundheitszustand und den des Säuglings auch noch die folgende Nacht zu überwachen.

»Was hältst du von der Sache mit dieser neuen Bruderschaft?«, fragte Hannah.

»Ich weiß nicht«, murmelte Freya und lächelte zufrieden, als sie sah, wie gierig das Kind an der Brust trank. »Ich denke, es ist richtig, dass unsere Männer und diese Brüder sich gegen ihre Widersacher organisieren und, wenn es nötig wird, sich gegen ihre Feinde zur Wehr setzen. Sonst wird die

Verfolgung der Templer niemals aufhören. Wir wissen ja inzwischen, zu welchen Gräueltaten diese verdammten Inquisitoren fähig sind. Wenn sie damit rechnen müssen, für ihre Verbrechen in die Hölle befördert zu werden, lassen sie vielleicht davon ab. Ich werde Johan nicht ermuntern, sich an solchen Leuten zu rächen, aber ich werde ihn auch nicht davon abhalten, sich gegen deren teuflischen Einfluss zu wehren. Wir müssen in erster Linie an uns und unsere Familien denken. Die Inquisition ist das Einzige, was uns wirklich gefährlich werden kann.«

»Ja, das ist wahr«, stimmte Hannah ihr zu und betrachtete nachdenklich das schmatzende Neugeborene, das von alldem nichts ahnte.

»Autsch«, stöhnte sie schließlich. »Du zieht ganz schön fest, kleine Lady, weißt du das?«

»Das zeigt nur, dass sie ein gesundes, starkes Mädchen wird, das sich später ebenso zu wehren weiß wie ihr Vater«, flüsterte Freya und streichelte ihr Köpfchen.

Hannah atmete entspannt durch, während die Kleine zufrieden gluckste. »Wenn es einen Gradmesser für Glück gäbe«, flüsterte sie, »wäre er bei mir gerade am Anschlag. Ich hätte nie gedacht, dass ein so kleines Wesen die Wahrnehmung verschieben und alles Unglück der Welt in nur einem Moment verdrängen kann.«

»Du hast recht«, flüsterte Freya versonnen. »Für jeden Regentag gibt uns Gott einen Tag mit Sonnenschein. Und mit der Geburt eines Kindes gibt er uns tausend dazu.«

KAPITEL 46

DEZEMBER 1315 –

DEUTSCHE LANDE / MOSEL / BURG WALDENSTEIN

Gralshüter

»Bleibt doch bis morgen«, bat Gero Pierre de Bologne, während die Gräfin ihn und seine fast zwanzig Templer trotz der Fastenzeit mit heißgekochten Würsten und Schmalzbroten versorgen ließ. Dazu gab es den besten Rotwein, den sie seit Langem getrunken hatten. »Wir könnten heute Nacht nicht nur eine gemeinsame Dankesmesse abhalten, sondern danach eine Kapitelversammlung einberufen und uns mit eurer neu gegründeten Bruderschaft verbinden. Die Christnacht ist erst übermorgen, bis dahin seid ihr alle wieder zu Hause.«

»Das ist eine hervorragende Idee«, stimmte Pierre ihm zu und zwinkerte hintergründig. »Gemeinsam sind wir nicht nur um einiges stärker, es wäre auch eine gute Gelegenheit, uns gegenseitig unsere Geheimnisse zu offenbaren.«

Gero schluckte, weil er nicht sicher war, ob es klug wäre, Pierre und seine Leute noch weiter in das Geheimnis des

Timeservers einzuweihen. Mabel hatte den Männern auf dem Weg von Vianden nach Waldenstein versucht, zu erklären, um was für ein Gerät es sich beim CAPUT 58 handelte. Doch wirklich verstanden hatte Pierre das dahinter liegende System offenbar nicht.

»Du und die anderen, ihr müsst einen Schwur leisten bei eurer Ehre als Templer und der Heiligen Mutter Gottes, mit niemandem außerhalb der Bruderschaft darüber zu sprechen«, forderte Gero.

»Für wen hältst du uns?«, entgegnete Pierre fast schon beleidigt. »Wir sind Templer wie ihr, und ich versichere dir, was euer Geheimnis auch sein mag, unseres ist größer.« Er lächelte amüsiert, als er Geros ungläubigen Blick bemerkte.

»Warten wir es ab«, erwiderte der mit einem undurchsichtigen Blick und stellte sich die Frage, was wohl bedeutender sein könnte als ein CAPUT und das Mysterium der Höhle auf dem Sinai.

Nach der Vesper hatte es zu schneien begonnen, und es lag mindestens einen Fuß hoch Schnee auf dem Burghof und den Dächern der Türme und Stallungen, als alle Bewohner und die Gäste gemeinsam zu der kleinen, aber prunkvoll ausgestatteten Kapelle von Waldenstein pilgerten, um der Toten zu gedenken, die ihr Leben im Kampf gegen die Gens du Roi verloren hatten.

Bruder Hilarius, der die Messe auf Lateinisch las, gab sich besondere Mühe, wusste er doch inzwischen, dass die meisten der Anwesenden jedes Wort verstanden. Nicht wie die Tagelöhner und Bauern, denen er einmal in der Woche die Messe las und im Grunde erzählen konnte, was er wollte, weil sie kein Latein beherrschten.

Hier und da war ein Schluchzen zu hören, als Hilarius auf Moselfränkisch die Verdienste der Toten würdigte und welche Rolle sie im Burgalltag gespielt hatten. Auch die Gräfin hielt eine kleine Ansprache, in der sie den Mut der Gefallenen lobte, ihnen einen Platz im Paradies zubilligte und den Hinterbliebenen eine angemessene Absicherung versprach.

Nach der Messe gingen Gero und seine Kameraden zusammen mit Pierre de Bologne und den übrigen Templerbrüdern hinunter in die Katakomben unterhalb der Kapelle, die Gero erst kürzlich als Ort für ihre geheimen Versammlungen auserkoren hatte.

Jacob wandte sich an Mabel. »Tut mir leid.« Er zuckte entschuldigend mit den Schultern. »Wir haben noch eine Kapitelversammlung. Ich hoffe, es dauert nicht allzu lange. Geh schon mal mit Amelie nach oben und warte in meiner Kammer. Sag den Mägden, sie sollen das Feuer im Kamin schüren und dir einen heißen Gewürzwein bringen. Du musst ja vollkommen erschöpft sein, nach dem, was du die letzten Tage durchmachen musstest.«

»Und warum kann ich nicht an der Kapitelversammlung teilnehmen?« Sie bedachte ihn mit einem unschuldigen Augenaufschlag. »Immerhin habe ich Bruder Pierre den CAPUT erklärt und Gero von Breydenbach geholfen, seine Familie zu retten.«

»Weil zu dieser Kapitelversammlung nur initiierte Templer zugelassen sind«, erwiderte Jacob und atmete gut hörbar aus, wobei sein Atem im Schein einer Fackel dampfende Nebelwölkchen erzeugte. »Wenn wir eine Versammlung unter uns abhalten, gehören auch unsere Frauen dazu. Aber mit Pierre und seinen Brüdern hat es einen offiziellen Charakter. Außerdem ist es dort unten sowieso zu kalt«, fügte er augenzwinkernd hinzu. »Nachher holst du dir noch den Tod. Und wer will das schon?«

Mabel verzog ihr schönes Gesicht zu einer missbilligenden Miene.

»Bitte, Mabel«, murmelte Jacob und zog sie an sich. »Mach keinen Aufstand, so sind nun mal unsere Regeln. Ich erzähle dir hinterher, worum es ging, in Ordnung?«

»Schon gut«, erwiderte sie leise. »Ich will dich nicht in Verlegenheit bringen.«

Jacob tätschelte ihr vertraulich den Hintern.

»Macho!« Mabel funkelte ihn an, doch dann küsste sie ihn.

Gero, der nach der Messe hinunter in die Katakomben gehen wollte, stieß auf dem Weg dorthin mit Mattes zusammen, der auch eingeladen war, ihn aber bisher keines Blickes gewürdigt hatte. Er wirkte immer noch völlig verstört. Der Junge hatte ganz hinten in der Kapelle gestanden und einen mehr als unglücklichen Eindruck vermittelt. Gero hielt ihn am Arm fest, als er ohne ein Wort nach draußen schlüpfen wollte, und deutete mit einem Nicken an, dass er neben dem Beichtstuhl mit ihm reden wollte. Für Gero der passende Ort für eine gründliche Aussprache, zumal die meisten Besucher der Messe bereits nach draußen gegangen waren.

Mattes stand regelrecht stramm, als Gero ihm im Schein eines Feuerkorbes einen prüfenden Blick zuwarf, aber der Junge konnte ihm nicht in die Augen schauen.

»Mattes«, begann Gero mit seiner tiefen Stimme, die bei den meisten Menschen sofort Vertrauen erweckte, »mach doch nicht so ein Gesicht. Heute ist uns ein Kind geboren. Wenn das kein Grund zur Freude ist. Warst du schon bei

Hannah und hast dir unsere Tochter angesehen? Die Kleine ist wunderhübsch, sie wird dir gefallen.«

»Nein, hab ich nicht«, stotterte Mattes, den Tränen nah. »Es tut mir leid«, brach es schließlich aus ihm heraus, und dann musste er doch weinen, was ihm sichtlich unangenehm war.

»Ich fühle mich zu schuldig, um dir und Hannah je wieder unter die Augen zu treten. Wenn ich Gesa nicht unerlaubt gefolgt wäre, hätte das alles nicht stattgefunden. Du wärst nicht im Kerker der Inquisition gelandet und Eberhard vielleicht noch am Leben. Und die getöteten Söldner von Waldenstein säßen am Weihnachtsabend bei ihren Familien am Tisch, anstatt in einem kalten Grab zu liegen.« Nun begann er ungehemmt zu schluchzen und hielt schützend die Hände vors Gesicht, damit ihn niemand so sah. Gero bemerkte vor der Kapellentür Gesa, die auf Mattes zu warten schien und deren Blick nicht weniger unglücklich wirkte. Doch sie traute sich allem Anschein nach nicht hereinzukommen, um Mattes zu trösten. Stattdessen zog sie sich zurück, um nicht auch noch Teil dieses Dramas zu werden.

»Dich trifft überhaupt keine Schuld«, erklärte Gero dem Jungen mit Nachdruck. »Und Gesa erst recht nicht. Ihre Mutter ist tot, und ich fühle mich mitschuldig, weil Hugo d'Empures Leute ihr die Kehle durchgeschnitten haben. Ich habe keine Ahnung, ob sie das weiß. Wenn sich überhaupt irgendjemand von uns schuldig fühlen müsste, dann ich, weil ich den Lauf der Dinge und auch meinen Bruder vollkommen unterschätzt habe. Aber am Ende ist alles Gottes Wille. Und wer weiß, vielleicht will er, dass wir daraus lernen und bessere Menschen werden. Was meinst du?« Gero nahm den elend dreinblickenden Jungen in den Arm und drückte ihn an sich wie einen Sohn. Mattes nickte nur und beruhigte sich ein klein wenig.

»Gesa war bei der Geburt des Kindes dabei«, flüsterte er. »Sie hat Todesängste ausgestanden, als Lacroix und Michel de Thionville versucht haben, in Hannahs Kammer einzudringen. Aber sie hat auch gesagt, wie tapfer Hannah war und dass sie sich kein bisschen um diese elenden Hunde gekümmert hat. Wir wollten eigentlich nach der Messe gemeinsam hinaufgehen und euch gratulieren«, brachte er stockend hervor. »Aber ich hatte schreckliche Angst, dass ihr beide uns die Schuld an allem geben würdet.«

»Vergiss das mit der Schuld, Mattes. Ihr beide seid reinen Herzens. Ihr habt nur getan, was jeder andere auch getan hätte. Verstanden?«

»Verstanden«, murmelte Mattes und seufzte tief vor Erleichterung.

»Hannah und ich freuen uns auf euren Besuch«, versicherte ihm Gero. »Du bist im Übrigen als Taufpate vorgesehen. Du wirst der kleinen Gräfin ein würdiger Oheim sein.« Er klopfte dem Jungen aufmunternd auf die Schulter. »Außerdem muss ich mich bei dir bedanken. Du warst es, der die Söldner von Waldenstein zurückgeholt hat. Ohne diese Männer hätten wir die Gens du Roi nicht so schnell in die Flucht schlagen können.«

Mattes lächelte verlegen. »Was ist mit den Templern, die uns zur Seite gestanden haben? Was sind das für Männer?«

»Das sind Pierre de Bologne und seine Männer. Wir treffen uns gleich im Kapitelsaal unterhalb der Kapelle. Ich hoffe doch, du bist dabei?«

»Bin ich denn noch immer ein Templer? Obwohl ich so kläglich versagt habe?«

»Wir machen alle mal Fehler«, murmelte Gero und dachte daran, wie oft er Hannah schon im Stich gelassen hatte, gerade wenn es brenzlig wurde, nur um seine Pflicht im Auftrag des Ordens zu erfüllen. »Natürlich gehörst du zu uns, und daran wird sich nichts ändern.«

Wenig später schloss Gero persönlich die eiserne Tür zu den Katakomben, nachdem auch der letzte Templer seinen Platz eingenommen hatte. Nachdenklich schaute er in die neu aufgestellte Runde aus seinen eigenen Brüdern und den Templern unter Pierre de Bologne, der zurzeit mit neunzehn weiteren Brüdern vertreten war, die zu seinem Geheimbund gehörten, aber über weitaus mehr Angehörige verfügte. Pierres Truppe, die sich aus Templern verschiedenen Alters zusammensetzte, bestand ausschließlich aus Brüdern, die von der Inquisition verhört und dabei zum Teil schwer gefoltert worden waren. Manchen von ihnen hatte man mit Auflagen in die Freiheit entlassen, anderen war mithilfe von Pierres neuer Bruderschaft die Flucht gelungen. Alle trugen neue Namen und lebten nun im Untergrund. Nicht wenige von ihnen hatten inzwischen Familien, die es zusätzlich vor einer Verfolgung durch die Inquisition zu schützen galt.

»Ich habe mit meinen Männern gesprochen«, verkündete Pierre, der entspannt an einer Säule lehnte, und hatte dabei Gero im Blick, der ganz vorne stand und als Hausherr die Leitung der Versammlung übernommen hatte. »Sie würden es begrüßen, wenn du und deine Kameraden unserem Geheimbund beitreten würdet. Aber zuerst müsst ihr uns mehr über den CAPUT verraten. Denn es liegt auf der Hand, dass deine Verletzungen niemals in einer solchen Geschwindigkeit hätten verheilen können, und auch deine Befreiung aus dem Kerker von Vianden wirft einige Fragen auf.«

Einen Moment lang schien Gero zu zweifeln, ob er Pierre und seinen Männern reinen Wein einschenken sollte.

»Nun gut«, sagte er schließlich und atmete hörbar ein. »Vertrauen gegen Vertrauen.«

Dann begann er so verständlich wie möglich von seiner Mission in den Deutschen Landen zu erzählen, auf die Henri d'Our ihn geschickt hatte, um mithilfe des CAPUT 58 das Schicksal des Ordens zu verändern und seine Vernichtung ungeschehen zu machen. Als er zu Ende gesprochen hatte, schaute er in die Gesichter seiner neuen Kameraden, die weniger verwundert wirkten als erwartet. Einige von ihnen grinsten sogar, allen voran Bruder Pierre.

»Was gibt es da zu lachen?«, fragte Struan mit finsterem Blick. »Wir haben mehrfach unser Leben aufs Spiel gesetzt, um dieses Geheimnis zu wahren, und wir wissen bis heute nicht, was der Hohe Rat sich dabei gedacht hat, uns zwar einzuweihen, aber nicht zu erklären, warum man dieses Wissen nicht genutzt hat, um die Welt vor dem Abgrund zu bewahren.«

»Weil die Welt sich nur selbst retten kann«, gab ihm Pierre nüchtern zur Antwort. »Das wussten auch Jacques de Molay und seine Mitstreiter.«

»Was wusste er denn?«, fragte Ralph of Bulford provokativ. »Welcher Idiot lässt sich denn auf dem Scheiterhaufen verbrennen und Hunderte Mitbrüder in Kerkern den sicheren Tod finden, wenn er es vorher verhindern kann?«

»Ich bin sicher, dass Molay davon wusste«, überraschte sie Pierre. »Und er hatte seine Gründe, nicht darüber zu sprechen. Jeder Geheimbund tut gut daran, nicht alles, was ihn ausmacht, an seine Mitglieder weiterzugeben. Jeder erfährt nur so viel, wie es für seine Aufgabe vonnöten ist. Das dürfte euch eigentlich nicht neu sein. Und so war es auch bei Molay. Das ging so weit, dass er noch nicht einmal gegenüber seinen engsten Vertrauten preisgegeben hat, in was er alles eingeweiht war. Aber ihr könnt getrost davon ausgehen, dass er mehr wusste als wir alle zusammen. Er war zweifellos der Kopf unseres Ordens und ein überaus weiser Mann, der sich mit allen zur Verfügung stehenden Weisheiten dieser Erde vertraut gemacht hat. Ich habe ihn im Sommer 1308 im Donjon de Coudray aufgesucht, als es um die Verteidigung von Hugues de Pairaud gegenüber den königlichen und päpstlichen Anklägern ging. Wir hatten ungefähr eine Stunde allein, bevor die beiden der Delegation des Papstes zum Verhör vorgeführt wurden. Anstatt eine Verteidigungsstrategie mit mir durchzugehen, hat Bruder Jacques mir die Bedeutung einiger Gravüren aufgezeigt, die er und Geoffroy de Charnay im nachgiebigen Kalksandstein des Gemäuers hinterlassen hatten. Geheime Zeichen, die nur Eingeweihte kennen und die auf jeden Nichteingeweihten wie das Gekritzel gelangweilter Novizen wirken musste. Doch jedes ihrer Zeichen hatte eine Bedeutung, die er für die Nachwelt des Ordens hinterlassen wollte. Darunter das Rad der Zeit. Und das Gitter der Dreifaltigkeit, das nicht nur den Vater, den Sohn und den Heiligen Geist repräsentiert, sondern zuallererst die Struktur unseres göttlichen Alls. Es ist genau das, was du gesehen hast, als du mit deinem Knappen von diesem Netz erfasst wurdest. Und auch das Licht ist uns nicht neu. Doch dazu kommen wir später.« Pierre nahm einen Schluck Wein und fuhr fort, während er in die angespannten Gesichter seiner Brüder schaute. »Molay und die Brüder des Hohen Rates wussten um die Bedeutung von Zeit und Raum und um die Wahrscheinlichkeit, dass man darin eintauchen und beides verändern kann. Aber dazu gehörte auch die Erkenntnis, dass sich eine zerstörerische Kraft dahinter verbirgt. Eine Erfahrung, die andere Brüder in früheren Jahren bereits gemacht hatten. Und dazu die Erkenntnis, dass Gott sich nicht einfach die Regie aus der Hand nehmen lässt. Trotz all der Erkenntnisse, die man im Laufe der Zeit gewonnen hatte, war es nicht gelungen, das Schicksal des Ordens zum Guten zu wenden. Aber Molay und seine Vertrauten haben die Hoffnung selbst dann nicht aufgegeben, als man sie auf dem Scheiterhaufen verbrannte. Er wusste, dass dieser Tod sich ins Gedächtnis der Hinterbliebenen einbrennen würde, wie auch seine Zeichnungen in Chinon, die nicht nur seinen Tod, sondern die Jahrhunderte überdauern würden. Sie sind eine Aufforderung an alle Eingeweihten, weiterhin nach einer Möglichkeit zu suchen, das Böse in der Welt mit allen zur Verfügung stehenden Mitteln zu besiegen.«

Für einen Moment war es absolut still. Nur das Knistern des Feuers war zu hören.

»Dann wusste Molay also auch von der Höhle auf dem Sinai?«, fragte Gero, bemüht darum, seine Fassung wiederzuerlangen.

»Diese Höhle ist nicht das einzige Wunder, das der Orden entdeckt hat«, erwiderte Pierre mit verschwörerischer Stimme. »Es gibt Dutzende dieser Orte. Wenn ihre Lage und das, was sie verbergen, an die falschen Leute gerät, ist das Chaos perfekt. Daher müssen sie streng geheim gehalten werden, und Zugang hat nur, wer eingeweiht ist. Die größte und bedeutendste dieser Höhlen liegt nicht auf dem Sinai, sondern im Languedoc, am Pech de Bugarach. Dieser Berg ist rein äußerlich der Zwillingsbruder des Berg Horeb auf dem Sinai. Bertrand de Blanchefort ist im Jahre 1156 diesem Geheimnis auf den Grund gegangen, nachdem er – angeblich im Besitz des CAPUT – aus dem Heiligen Land zurückgekehrt ist. Einer uralten Schrift zufolge, die von den Brüdern Salomos gehütet wird, steht geschrieben, dass, als Gott die Welt erschaffen hat, brennendes Felsgestein auf die Erde fiel und damit Portale geschaffen wurden, die eingeweihten Menschen nicht nur eine Brücke durch Raum und Zeit ermöglichen, sondern ihnen zugleich die Möglichkeit geben, Gottes Werk direkt mitzugestalten und das Schicksal zu beeinflussen. Was aber nicht bedeutet, dass es sich unbedingt zum Besseren wendet«, fügte Pierre mit ernster Miene hinzu. »Man muss schon sehr weise sein und überaus selbstbeherrscht, um mit diesem Werkzeug des Teufels etwas Außerordentliches erschaffen zu können. Ihr habt selbst gehört, was Walter of Clifton und seinen Brüdern um John de Husflete widerfahren ist. Und auch Bertrand de Blanchefort hat nach einer Weile seine Grabungen unter dem Pech de Bugarach beenden müssen, weil immer mehr seiner angeheuerten Bergleute krank geworden und sogar verstorben sind.«

»Und ich dachte immer«, meldete Anselm sich zu Wort, »das Geheimnis der Templer bestünde darin, dass Maria Magdalena und Jesus verheiratet waren und ein gemeinsames Kind hatten und somit die Blutlinie erhalten bleibt.«

»Was sollte daran so Besonderes sein?«, erwiderte Pierre mit einem verwunderten Blick. »Schließlich war Jesus ein Rabbi, bevor er zu Christus wurde. Und die müssen verheiratet sein und im besten Fall Familie haben, um einen solchen Posten zu bekleiden. Warum also sollte man das geheim halten müssen? Nur um der biblischen Geschichte Genüge zu tun? Jesus bestand nachweislich aus Fleisch und Blut. Und mit Blutlinien ist das so eine Sache. In die kann sich jeder daher gelaufene Knecht einmischen und schon ist sie verwässert. Ich wüsste nicht, weshalb das den Orden interessieren sollte. Geschweige denn den Hohen Rat.«

»Hast du diesen Ort, an dem Bertrand de Blanchefort hat graben lassen, schon gesehen oder ihn gar betreten?«, wollte Gero von Pierre wissen.

»Ja, ich war dort«, bekannte Piere und senkte bescheiden den Blick. »Ein magischer Ort, den man erst erreicht, wenn man sich gemäß einem geheimen Plan durch unzählige Labyrinthe gekämpft hat. Je tiefer man in das Höhlensystem eindringt, umso lauter hört man ein Hämmern, ähnlich dem, das du bei deiner Reise in die Zukunft beschrieben hast, und sobald es dunkel wird, sieht man dazu ein blaugrünes Glühen. Ich bin nie bis zum Ende gegangen, aber wir haben von der Inquisition gefolterte und verfolgte Brüder in diesem Labyrinth versteckt, bis wir ihnen eine neue Identität geben konnten. Nicht wenige von ihnen sind spurlos verschwunden. Einige sind nach Jahren wieder aufgetaucht und haben von einem Paradies erzählt, in das sie unvermittelt katapultiert wurden, aber das sie nach einer Weile wieder verlassen mussten. Andere sind an ferne Orte gereist und haben Dinge erlebt, ähnlich denen, von denen ihr aus der Zukunft berichtet habt. Aber niemandem, der dort hineingegangen ist, ist es gelungen, die Zeit zurückzudrehen und Geschehnisse, die er einmal erlebt hat, ungeschehen zu machen. Genauso wie ihr wüsste auch ich nur zu gern, was hinter alldem steckt und wo es eine Verbindung zum CAPUT gibt. Denn es ist unzweifelhaft, dass es sich bei dem Gestein, das in der Bundeslade transportiert wurde, um ein und dasselbe Material handelt. Es wäre wünschenswert, wenn es uns eines Tages gelingen könnte, mithilfe dieses Gesteins die Zeit zurückzudrehen und die Vernichtung des Ordens ungeschehen zu machen. Wir sollten gemeinsam zur Höhle reiten und sie erkunden«, schlug er mit leiser, eindringlicher Stimme vor. Er schaute Gero lange an, ohne dass ein weiteres Wort fiel. Alle waren fasziniert davon, was sie in der letzten Stunde an ungeheuerlichen Wahrheiten erfahren hatten.

»Wo habt ihr diesen CAPUT?«, fragte Pierre und schaute sich dabei unauffällig um, als ob es sich um einen Gegenstand handelte, der vielleicht ganz in der Nähe war.

»Er ist nicht hier«, erklärte Gero mit einem gewissen Bedauern in der Stimme. »Eines der Geräte befindet sich in der Zukunft, das andere wurde von Rona, einer der weisen Frauen, auf eine Reise in die Vergangenheit mitgenommen, aber sie und Arnaud de Mirepaux, der sie begleitet hat, sind bisher nicht wieder aufgetaucht. Wir können nur hoffen, dass sie unversehrt zu uns zurückkehren. Bis dahin werdet ihr meinem Wort glauben müssen, was den CAPUT und seine Wirkungsweise betrifft.«

»Ich habe keinen Zweifel an deinen Worten, Bruder«, versicherte ihm Pierre de Bologne. »Ich hätte das sagenumwobene Haupt der Weisheit, weshalb wir Verfolgung und Folter auf uns nehmen mussten, nur gerne mal in natura gesehen. Und so, wie du es beschreibst, scheint es in seiner Wirkungsweise berechenbarer zu sein als die Höhle am Pech de Bugarach.«

»Uns bleibt nichts weiter, als abzuwarten«, erklärte Gero mit gedämpfter Stimme. »Sobald sich unsere Freunde zurückmelden, übersende ich dir eine Nachricht.«

Nach der Kapitelversammlung gingen sie ziemlich erschöpft auseinander. Pierre und seine Männer bezogen Quartier in den Mannschaftsunterkünften, und Gero und seine Leute gingen zurück in den Palas.

»Bei Gott dem Allmächtigen«, murmelte Roland, als er neben Gero und Mattes im Schneeregen über den Burghof marschierte. »Wer hätte je geglaubt, dass aus Waldenstein einmal die Heimat der Gralshüter wird? Ich frage mich, ob Wolfram von Eschenbach um den CAPUT gewusst hat, als er sein Epos schrieb. Für mich hört es sich beinahe so an.«

»Ja, du hast recht«, erwiderte Gero und warf ihm einen nachdenklichen Blick zu. »Aber das hier ist kein Epos, Roland, das ist die Wirklichkeit, deren mystische Hintergründe wir allenfalls erahnen können. Himmel und Hölle liegen dabei sehr nahe beieinander. Und wir wissen immer noch nicht, auf welcher Seite wir stehen.«

»Nun«, bemerkte Roland mit einem undurchsichtigen Blick, »bleibt zu hoffen, dass Pierre und seine Leute die richtigen Verbündeten sind, um gemeinsam mit ihnen die letzten Geheimnisse des Ordens zu ergründen.«

KAPITEL 47

DEZEMBER 1315 –

DEUTSCHE LANDE / MOSEL / BURG WALDENSTEIN

Ohne Netz und doppelten Boden

»Da bist du ja«, flüsterte Mabel, als Jacob versuchte, so sacht wie möglich die Tür zu ihrer gemeinsamen Kammer zu schließen.

»Du schläfst ja noch gar nicht«, sagte er leise und schob den Riegel von innen vor die Tür, damit sie ungestört blieben. Im Vorbeigehen legte er noch ein Stück Buchenholz auf das heruntergebrannte Kaminfeuer. Während es aufloderte und Mabels schönes Gesicht mit einem sanften Schein belegte, richtete sie sich in ihrem fürstlich anmutenden Baldachinbett auf und beobachtete, wie er zügig seine Kleider ablegte und sich in der Waschschüssel Hände und Gesicht wusch. Als er sich ihr wieder zuwandte, blieb er einen Moment lang stehen, sodass sie ihn in voller Pracht bewundern konnte. Mabel hielt den Atem an.

»Willst du mich überhaupt?«, fragte er in seinem hart klingenden Altfranzösisch und mit einem treuen Blick, der sie beinahe zum Lachen brachte. In seinen braunen Augen war dieses erwartungsvolle Leuchten, das ihr wertvoller war als jedes Kompliment, das sie je von einem Mann erhalten hatte.

»Natürlich will ich dich, mehr als ich je einen Mann gewollt habe«, wisperte sie und betrachtete seinen muskulösen Körper, den ein paar Blutergüsse zierten, die er sich in den vorangegangenen Kämpfen eingefangen hatte. Jacob schien sie gar nicht zu bemerken, ebenso wenig ihre bewundernden Blicke. Sie dankte dem Schicksal, dass er nicht schwerer verletzt worden war.

Mit einem genüsslichen Brummen schlüpfte er zu ihr unter die weiche Daunendecke, die einen leichten Duft nach Rosenöl verströmte, mit dem hier alles parfümiert zu sein schien. Mabel trug nur ein dünnes Nachtkleid aus Seide und weicher Wolle, das ihr die Gräfin zusammen mit anderer Kleidung in ihrer unendlichen Großzügigkeit überlassen hatte.

»Was macht unser Verband?«, fragte er, als er ihr das Nachthemd über den Kopf zog, und prüfte den Sitz der fest verzurrten Leinenbänder.

»Alles bestens«, flüsterte sie. »Bei einem solchen Krankenpfleger.«

Mit ihren weiblichen Rundungen schmiegte sie sich an Jacobs harte Muskeln. Er konnte an nichts anderes mehr denken, als daran, Mabel zu küssen, und suchte ihren weichen Mund. Sie öffnete sich ihm ohne Zögern und empfing seine forschende Zunge mit einem tiefen, kehligen Stöhnen. Jacob hatte sich fest vorgenommen, es langsam angehen zu lassen, doch als sie sich vollends öffnete und ihn zwischen ihre Schenkel zog, war jegliche Zurückhaltung dahin. Mit einem erlösten Seufzer drang er in sie ein und wurde eins mit ihr.

Für einen Moment hielt er inne und genoss reglos das Gefühl der göttlich anmutenden Einheit, während ihr heftiger Atem seine Erregung noch steigerte. Jacob hob seine Hüften ein wenig an, um sie zusätzlich mit einer Hand zu verwöhnen, was ihr ein glückliches Seufzen entlockte.

»Das ist gut«, stöhnte sie an seine halb geöffneten Lippen und verführte ihn damit zu einem weiteren leidenschaftlichen Kuss, der ihn beinahe die Beherrschung verlieren ließ. Jacob bedachte ihre Brüste mit zärtlichen Küssen und steigerte langsam den Rhythmus seiner Stöße, bis sie ein helles, unkontrolliertes Keuchen von sich gab, und hielt inne, bevor er langsam von Neuem begann. Als er ihren Höhepunkt spürte, vergaß er jegliche Zurückhaltung und nahm sie mit einer Heftigkeit, die ihr kleine spitze Schreie entlockte, die seine eigene Erlösung versüßten.

Als er schließlich schwer atmend neben ihr lag und seinem hämmernden Herzschlag lauschte, beugte sie sich mit gerötetem Gesicht über ihn und küsste ihn.

»Du bist ein gnadenlos guter Liebhaber«, flüsterte sie und kuschelte sich an ihn. »Ich frage jetzt nicht, wo du das her hast. Zumal Jack mir erzählt hat, dass Templer gewöhnlich ein ewiges Keuschheitsgelübde ablegen.«

»Nun ja«, gab er mit ernster Miene zurück. »Manche haben ein Vorleben, und für nicht wenige ist es der Grund, überhaupt zu den Templern zu gehen. Ich hatte eine längere Liebschaft mit der Dame meines Lehnsherrn. Und da ich einsehen musste, dass es nicht besonders gesund für uns sein würde, wenn ihr Ehemann uns erwischt, habe ich mich entschieden, dem Orden beizutreten.«

»Das bedeutet, du nimmst es mit der Treue nicht so genau?« Mabel warf ihm einen herausfordernden Blick zu.

Er lächelte sie an. »Du solltest wissen, dass es für einen Templer nichts Heiligeres gibt als die Treue, wenn nötig sogar bis in den Tod.«

»Ach übrigens ...«, murmelte Mabel und rekelte sich neben ihm. »Wie war es auf eurer Kapitelversammlung? Gibt es irgendwelche neuen Erkenntnisse?«

»Tut mir leid, Mabel«, antwortete Jacob zögernd, »ich kann und darf dir nicht allzu viel dazu sagen. Nur so viel: Pierre und seine Männer waren erstaunt, zu erfahren, was wir bisher alles mit dem Timeserver erlebt haben. Leider konnten wir ihn nicht vorführen. Nur Gott weiß, wann Tom und Rona zusammen mit Arnaud wieder auftauchen.«

»Ohne Tom wird das kaum zu bewerkstelligen sein«, erwiderte sie skeptisch und kniff die Lippen zusammen. »Schließlich braucht es einen Timeserver, um Rona und ihren Mann hierher zurückzuholen. Ich bin mir nicht sicher, ob es Tom gelingt, sie zu finden.«

»Ich weiß nicht, ob ich Tom je wiedersehen möchte«, murmelte Jacob und zog sie in seine Arme. »Der Gedanke, dass du vielleicht mit ihm zurückkehren möchtest, behagt mir nicht. Ich habe nun ein Gefühl dafür, was Gero empfunden hat, als Tom ständig davon geredet hat, Hannah in seine Zeit zurückholen zu wollen. Ich will mir nicht vorstellen, dich auf diese Weise zu verlieren. Am liebsten wäre es mir, ich könnte die Zeit anhalten und mit dir auf ewig in diesem Bett liegen.« Er kräuselte die Stirn und schaute sie nachdenklich an. »Ist das verrückt?«

»Nein«, flüsterte sie und küsste ihn auf den Mund. »Das ist nicht verrückt. Das ist Liebe. Mir geht es nicht anders.«

Wenig später war sie in seinen Armen eingeschlafen. Und Jacob fragte sich, ob er sich kneifen sollte, weil er nicht glauben wollte, dass das Schicksal ihm in alldem Chaos einen solchen Menschen beschert hatte.

Gero genoss den Anblick seiner beiden Frauen, als er von der Versammlung zu Hannah und Sophia zurückkehrte, die umgeben von einer weichen Daunendecke im Bett lagen und selig schlummerten. Im Kamin flackerte ein wärmendes Feuer, und draußen vor dem Burgfenster rieselte leise der Schnee. Ein Bild perfekten Friedens. Der Heilige Abend stand kurz bevor und Sophias Taufe, was hoffentlich ein bisschen Glück auf die Burg zurückbringen würde.

Nachdem Gero sich entkleidet und gewaschen hatte, schlüpfte er zu seiner kleinen Familie unter die wärmende Decke und streckte sich neben ihnen aus. Der betörende Duft seiner kleinen Tochter stieg ihm in die Nase und ließ ihm vor Liebe das Herz überlaufen. Während er verzückt das Gesichtchen des schlafenden Mädchens betrachtete, schickte er ein Ave Maria zum Himmel, um sich bei der Gottesmutter für ihren Segen zu bedanken. Denn das war er. Ein Gesegneter, der alldem Unglück zum Trotz, das ihn durch die Zeiten verfolgte, mit dem Schönsten belohnt wurde, was es auf Erden gab. Der Liebe zweier Menschen, die zu ihm gehörten.

Hannah schien gespürt zu haben, wie er sie beobachtete, denn sie schlug die Augen auf und schaute ihn liebevoll an.

»Schon zurück?«, wisperte sie und gähnte verschlafen. »Wie war's?«

»Wir haben eine neue Allianz mit Pierre und den übrigen Brüdern geschlossen«, erzählte er leise. »Ich habe Pierre und seinen Männern von unseren Erlebnissen mit dem Timeserver berichtet.«

»Und? Wie haben sie reagiert?«, fragte sie überrascht. »Wussten sie davon?«

»Sie hatten davon gehört, wie fast alle Brüder, aber keine Ahnung, wie das Haupt funktioniert, geschweige denn, wie es in den Orden gelangt ist oder welche Verbindung zu dem geheimnisvollen Quarzgestein besteht. Leider konnte ich ihnen den CAPUT nicht präsentieren. Wir müssen abwarten, was geschieht.«

»Und sonst?«, fragte sie und runzelte leicht ihre ansonsten faltenfreie Stirn. »Du willst mir doch nicht erzählen, dass ihr mit diesem Pierre und seinen Leuten lediglich auf euren Sieg angestoßen habt?«

Gero versuchte, dem katzenhaften Blick ihrer lindgrünen Augen zu widerstehen, die im Schein des Kaminfeuers unnatürlich leuchteten.

»Nein«, gab er zu und senkte den Blick. »Wir haben einen Pakt geschlossen, dass wir uns künftig gegenseitig unterstützen und gemeinsam Brüder des Tempels vor Tod und Verfolgung retten. Eine neue Bruderschaft, die auch uns zur Seite stehen wird, falls es zu weiteren Angriffen auf uns und die Burg kommen sollte, von woher auch immer.«

»Das bedeutet aber, ihr seid genauso verpflichtet, diesen neuen Brüdern zu helfen, wenn eure Kampfkraft benötigt wird. Das heißt, es hört nie auf«, erwiderte Hannah gereizt. »Du wirst weiterhin irgendwo kämpfen, und du wirst weiterhin dein Leben als Templer aufs Spiel setzen.«

Gero ergriff ihre Hand und schaute sie ernst an. »Du wusstest von Anfang an, wen du geheiratet hast. Und nun schmieden wir eben Allianzen, um Vorsorge zu treffen, falls uns jemand angreifen will. Dabei geht es nicht nur um dich und um mich oder Sophia. Es geht um die Festung und alle, die darin leben und für unser Auskommen sorgen. Als Burgherr und Lehensherr bin ich verpflichtet, all diese Leute zu schützen. Rufus de la Motte und einigen seiner Männer ist offenbar die Flucht gelungen. Das heißt, wir müssen damit rechnen, dass sie irgendwann wieder vor unserer Burg stehen, und zwar mit Verstärkung. Und schon vor unserer Rückkehr ist der Wind rauer geworden. Wir kämpfen nicht nur mit der Gens du Roi oder dem Trierer Erzbischof. Wir kämpfen mit Ernteausfällen und Krankheiten. Also eine Menge Probleme, denen wir mit unserem Wissen aus der Zukunft entgegenwirken können. Das war der Grund, warum ich hierher zurückwollte. Das ist auch der Grund, warum ich diese Verbündeten so dringend benötige. Ich wünsche mir so sehr, dass du das verstehst.«

»Natürlich verstehe ich das«, sagte sie leise. »Und ich will dich dabei, so gut ich kann, unterstützen. Ich will nur nicht, dass du dich unnötig in Gefahr begibst, das ist alles.«

»Mach dir keine Sorgen, mein Herz«, murmelte er und küsste sie auf die Stirn und dann auf den Mund. »Ich bin glücklich, und ich weiß, wo meine Zukunft liegt. Das alles werde ich bestimmt nicht leichtfertig aufs Spiel setzen. Dafür liebe ich dich und unser Kind viel zu sehr.«

Während Hannah sich in seine Arme schmiegte, dachte Gero darüber nach, dass er sein Versprechen wahrscheinlich nicht würde halten können. Zumal Pierre ihnen in Aussicht gestellt hatte, das Geheimnis der Höhle im provenzalischen Süden erforschen zu wollen, um deren geheimnisvolle Kräfte zum Wohle des Ordens zu nutzen. Gero würde sich einem solchen Ansinnen nicht entziehen können. Er war ein Templer, der sich nicht nur seiner Familie, sondern auch dem Orden, seinen verfolgten Brüdern und seinem Geheimnis verpflichtet fühlte. Aber er wollte diesen Moment lang ersehnter Glückseligkeit nicht zerstören. Er hatte sich immer eine Frau und Kinder gewünscht, und Gott hatte seine Bitten erhört.

Wie hoch der Preis sein würde, den er ihn dafür zu zahlen hatte, blieb abzuwarten.

EPILOG

»Selig ist, wer war, ehe er wurde. Wenn ihr mir zu Jüngern werdet und meine Worte hört, werden diese Steine euch dienen.«

(Thomasevangelium, 19)

NEUJAHR 1316 –
DEUTSCHE LANDE / MOSEL / BURG WALDENSTEIN

Gottes Wege

Draußen war es bitterkalt, als die Festgesellschaft in die üppig geschmückte Kapelle von Waldenstein einzog und die kunstvoll geschnitzten Eichenholzbänke besetzte. Erst am Morgen hatte man die aufgebahrten Toten in Särge gelegt und in der Gruft der Burg beigesetzt, und Pierre de Bologne war mit seinen Männern zu ihren Familien zurückgekehrt. Die Überlebenden auf Waldenstein versuchten, die vorangegangenen Ereignisse mit aller Macht zu verdrängen.

In der Kapelle hatten fleißige Helferinnen alles mit immergrünen Zweigen und roten Beeren geschmückt. Über dem

Eingangsportal hatte man Mistelzweige aufgehängt, und neben dem Altar stand ein mit Strohsternen und roten Äpfeln geschmückter Weihnachtsbaum, der einen intensiven Duft verbreitete. Überall brannten Dutzende Kerzen aus Bienenwachs, deren heimeliger Duft sich mit dem von Weihrauch vermischte.

Bruder Hilarius hatte sein festlichstes Gewand angelegt, das aus heller Seide und goldenen Fäden gesponnen war. Ein Chor aus den frommen Schwestern des benachbarten Benediktinerklosters sang das Ave Maria, womit sie der Gräfin und Geros Mutter, die vorne beim Altar saßen, die Tränen in die Augen trieben.

Auch Hannah musste schlucken, während sie in hellem Blau gekleidet ihre warm eingepackte Tochter in den Armen hielt, die, von weißer Genter Spitze eingehüllt, friedlich schlafend auf ihr Taufgelübde wartete. Gero und seine Brüder trugen die Festtagsuniform der Waldensteiner, doch in ihrer Haltung wirkten sie noch immer wie Templer, die voller Stolz das rote Kreuz des Ordens trugen. Sie hatten schon vor ihrer Rückkehr von Vianden und der Kapitelversammlung mit Pierre und den übrigen Templern ihre Bärte nicht mehr rasiert. Gemeinsam hatten sie beschlossen, sich nicht mehr von der Angst beherrschen zu lassen, als Templer verdächtigt zu werden, sondern fortan selbstbewusst für ihr Erbe, das ihnen der Orden hinterlassen hatte, zu kämpfen.

Mit dem gleichen Selbstbewusstsein stimmten sie nach dem Chorgesang der frommen Frauen einen gregorianischen Choral an, der immer zur Weihnachtszeit der Templer gehört hatte und nicht nur Hannah eine Gänsehaut bescherte.

Auch Mabel, die neben ihr stand, in ein rotes Seidengewand mit bunten Bändern und einen kostbaren, gleichfarbigen Wollsurcot gekleidet war, zitterte leicht. Nicht vor Kälte, sondern vor Aufregung. Nach der Taufe der kleinen Sophia trat sie mit Jacob von Sassenberg vor den Traualtar.

Sie würde an Jacobs Seite bleiben, um mit ihm auf dieser Burg ein alternatives Leben zu führen, das diesen Namen tatsächlich verdiente.

Entsprechend nervös beobachtete sie die anwesenden Gäste in ihren prächtigen historischen Gewändern, die ihr zusammen mit dieser pittoresken Burgkapelle mit einem Mal wie ein unwirkliches Fantasy-Szenario erschienen. Während der Rauch eines schwingenden Weihwasserkessels ihr beinahe den Atem nahm und den gesamten Innenraum der Kapelle in einen mystischen Nebel hüllte, klang der Gesang der Templer leise aus, und Bruder Hilarius bat die Taufeltern mitsamt ihren Paten nach vorn zum Altar, wo ein aus Stein gehauenes Taufbecken stand, dessen schwerer Bronzedeckel mit stilisierten Delphinen versehen war. Hilarius verlas einen ganzen Schwall lateinischer Worte und fuhr dann fort in der Zeremonie, indem er dem Kind einen ellenlangen Namen gab und die Eltern und die Paten segnete. Da Gero und Hannah für diese Aufgabe sämtliche Templer und deren Frauen dazu auserkoren hatten, waren auch Jacob und Mabel dabei. Mabels Blick lag auf Struan, dem schwarzhaarigen Schotten, der im Vergleich zu seiner zierlichen blonden Frau geradezu riesig wirkte. Sie war auch schwanger und würde in wenigen Monaten entbinden. Sein Bruder Malcolm stand andächtig daneben und hatte nur Augen für den Täufling. Neben ihm verharrten Mattes und seine kleine Freundin in einer andächtigen Haltung. Auch Johan und Freya hatten sich eingereiht. Dazu Anselm und Stephano, die dem Kind sicher unterhaltsame Onkel sein würden.

Sophia Margareta Jutta Elisabeth Maria Magdalena von Lichtenberg zu Waldenstein weinte nicht. Sie schaute unentwegt ihren Vater, der mit stolzgeschwellter Brust neben ihr stand, mit ihren blauen Augen an und rümpfte lediglich das Näschen, als der Kaplan ihren Kopf mit eiskaltem Weihwasser besprengte.

»Sie kommt nach ihrer Mutter«, bemerkte Gero leise mit einem Seitenblick zu Hannah, die das Kind sanft in ihrem Armen wiegte. »Sie lässt sich durch nichts aus der Ruhe bringen.«

Hannah wunderte sich tatsächlich über sich selbst. In dieser Zeit war sie weit weniger aufgeregt und panisch als in der Zeit, aus der sie gekommen war. Sie hatte relativ rasch gelernt, die Dinge so zu nehmen, wie sie waren.

Die bedauernswerten Bediensteten, denen der Schreck der vorangegangenen Tage noch in den Gliedern steckte, hatten Nachtschichten eingelegt, um die Gäste, die trotz der schlechten Witterung hierhergefunden hatten, zu verköstigen und unterzubringen.

Nachdem Sophia also nun offizielles Familienmitglied der Waldensteiner war, traten Mabel und Jacob vor den Altar.

Mabel hatte eiskalte Finger, die Jacob ihr in seinen großen Händen wärmte. In seine zimtfarbenen Augen trat ein Leuchten, und er lächelte sie verliebt an, als Bruder Hilarius sie anwies, vor ihm niederzuknien, um vor Gott dem Allmächtigen in den Bund der Ehe zu treten.

Mabel zitterte noch mehr, als Gero, ihr Trauzeuge, Jacob einen goldenen Ring überreichte. Er war mit einem glitzernden Rubin versehen, den der Bräutigam ihr mit einem breiten Lächeln an den Finger steckte. Für Mabel verschwamm die Frage des Kaplans, ob sie Jacob lieben und ehren wolle bis zum Tod, in einem endlos erscheinenden Gemurmel, dem sie mit einem entschlossenen »Ja« ein Ende setzte.

Ihr Ring, der wie eine Weihnachtskugel funkelte, passte wie angegossen. »Der hat doch sicher ein Vermögen gekostet«, wisperte sie und schaute Jacob ein wenig verzweifelt an. »Ich habe keinen für dich.« Tränen stiegen ihr in die Augen.

»Das ist auch nicht nötig«, versicherte Jacob ihr leise und grinste. »Ich bekomme dich ja zur Frau. Das ist mehr wert als jeder Ring.«

In der Ritterhalle herrschte Hochbetrieb, als sie zusammen mit den Taufgästen dorthin zurückkehrten. Margaretha hatte Musikanten eingeladen, die während des Taufmahls aufspielten und die Gäste zum Tanz aufforderten. Hannah glaubte zu verstehen, warum sie das tat, obwohl ihre Söldner gestorben waren und Jutta und Gero noch immer um Eberhard trauerten. Sie wollte mit dem ganzen Aufwand darüber hinwegtäuschen, was hier vor ein paar Tagen vorgefallen war. Niemand sollte wissen, dass der neue Herr von Waldenstein von den Gens du Roi angegriffen worden war. Den eigenen Bediensteten hatte sie offenbar ein Schweigegebot auferlegt.

»Deine Tante ist nicht so ahnungslos, wie du glaubst«, warnte Hannah Gero, nachdem sie gemeinsam die greinende Sophia in ihre Kammer gebracht hatten, die Hunger hatte und sofort ruhig war, als Hannah ihr die Brust gab.

»Was willst du damit andeuten?« Gero schaute sie fragend an, während er sich zu ihr aufs Bett setzte und den beiden gerührt zuschaute.

»Margaretha versucht, mit dem ganzen Theater zu vertuschen, dass du Probleme mit dem Erzbischof von Trier und den Gens du Roi hattest«, erwiderte Hannah und legte das Kind an. »Wahrscheinlich will sie verhindern, dass irgendwer erfährt, dass du ein entflohener Templer bist. Sie hat Angst, Gero, sie sagt es nur nicht. Ich frage mich, wie du es vor ihr verantworten willst, hier ein Zentrum des Widerstands aufzubauen.«

Gero hatte ihr ruhig zugehört und setzte sich nun auf einen Scherenstuhl neben dem Bett, den Blick auf die zufrieden schmatzende Sophia gerichtet.

»Ich weiß, dass du recht hast«, sagte er leise, »aber wir können nicht zurück. Und ich wüsste auch nicht, wo wir sonst hingehen sollten. Uns bleibt nur die Flucht nach vorn.«

»Vielleicht können wir zurück, wenn Lafour und Tanner tot sind«, sagte Hannah und sah ihn nicht an.

»Wohin zurück?«, fragte er ein wenig gereizt. »Zurück in die Zukunft? Tom hat es ja noch nicht einmal für nötig gehalten, sich bei uns zu melden. Wer weiß, was ihm und Paul widerfahren ist, nachdem sie mich zurück nach Vianden transferiert haben? Zudem können wir Margaretha und Roland nicht einfach hier zurücklassen, schon gar nicht meine Mutter, die niemanden mehr hat außer uns. Oder denkst du, ich sollte sie, für den Fall, dass Tom sich an uns erinnert, einfach mitnehmen?«

Sein Blick war resigniert, und Hannah musste ihm recht geben. Es gab keine andere Lösung als hierzubleiben. Und vielleicht war das ja auch so vom Schicksal gewollt. Plötzlich erscholl vom Hof eine Fanfare, die die Ankunft von Fremden ankündigte.

»Wer kann das sein?« Hannah schaute ihn aufgeschreckt an. »Erwartet Margaretha weitere Gäste?«

»Ich weiß nicht«, sagte er und ging zum Fenster, von wo aus er das Burgtor einsehen konnte. Die Wolkendecke war aufgebrochen, und Roland marschierte im fahlen Sonnenlicht zum Tor und veranlasste höchstpersönlich, dass die Brücke über den Burggraben hinuntergefahren wurde. Was seit dem Angriff der Gens du Roi keine Selbstverständlichkeit mehr war, zumal man durchaus mit einem Angriff der Trierer im Verbund mit den Luxemburgern rechnete.

Gero traute seinen Augen nicht, als er die vier schlanken Gestalten sah, die plötzlich aufrechten Schrittes die Brücke überquerten und den verschneiten Burghof betraten.

»Was ist? Du siehst aus, als hättest du ein Gespenst gesehen«, bemerkte Hannah beunruhigt, als sie seine überraschte Miene sah.

»Da kommen Rona und Arnaud, zusammen mit Lyn und Khaled«, stammelte er ungläubig. »Die vier sehen aus, als wären sie soeben vor der Burg abgesetzt worden und nie weggewesen.«

»Wie sind sie gekleidet?«, fragte Hannah und hob neugierig den Kopf. »Kommen sie direkt aus dem Orient wie wir damals?«

»Nein«, meinte Gero und wandte sich zur Tür. »Die Kleider der beiden Schwestern passen zur Zeit. Khaled und Arnaud tragen neutrale Wappenröcke und Kettenhemden. Seltsam. Ich gehe hinunter, um sie zu begrüßen.«

Gero hastete die Treppe hinunter und informierte auf dem Weg durch die überfüllte Halle die anderen, die ihm sofort folgten.

»Was ist passiert?«, rief seine Mutter ihm hinterher, doch Gero nahm sich keine Zeit für eine Antwort.

Draußen sahen sie, wie Roland die beiden Vermissten herzlich begrüßte, während er bei Khaled und Lyn Zurückhaltung walten ließ. Er kannte sie nicht, konnte sich aber denken, wer sie waren, weil Gero ihm reinen Wein über die Mission von Rona und Arnaud eingeschenkt hatte.

Als die vier Gero und seine Brüder bemerkten, erhellten sich ihre Gesichter. Arnaud kam ihm freudestrahlend entgegen, begrüßte ihn mit dem typischen Templerhandschlag und umarmte ihn fest. Gero konnte die Tränen nicht zurückhalten, während er Arnaud in die Arme nahm. »Gott dem Allmächtigen sei Dank«, flüsterte er mit erstickter Stimme. »Ihr seid wieder da.«

»Ich habe gehört, Hannah hat dir eine Tochter geschenkt«, sagte er.

»Ja, euch ist so einiges entgangen«, meinte Gero und lächelte schwach.

»Ich muss sie sofort sehen«, verlangte der quirlige Südfranzose.

»Wir hätten euch gut hier gebrauchen können«, fiel ihm Ralph of Bulford ins Wort. »Die Söldner der Gens du Roi haben versucht, die Burg zu erobern und wollten Hannah entführen, aber wir haben sie in die Flucht schlagen können.«

Gero wandte sich Khaled zu und umarmte ihn nicht weniger herzlich als die anderen. »Konntest du deinen Vater retten?«, fragte er.

»Ja, mir ist es gelungen, ihn zu warnen«, sagte Khaled, »aber ich weiß nicht, ob er es beherzigt hat. Rona hat uns aufgespürt, kurz bevor meine Mutter mich empfangen hat, und dann wurden wir von einem Mann aus der Zukunft evakuiert und hierhergebracht.«

»Von einem Mann aus der Zukunft?«, fragte Gero verwundert und ging auf die beiden Schwestern zu. Er begrüßte sie mit einer herzlichen Umarmung. »Ich freue mich, euch gesund und munter zu sehen. Wir haben uns Sorgen gemacht, euch könnte etwas zugestoßen sein, aber nun seid ihr hier, und das erscheint mir wie ein Wunder.«

»Bleibt die Frage, wie ihr hierhergekommen seid?«, warf Anselm ein, während er die drei begrüßte wie nahe Verwandte.

»Tom hat uns hierher transferiert«, erklärte Rona zur Überraschung aller. »Nachdem ich zunächst keinen Kontakt mehr zu ihm herstellen konnte, war es wie ein Geschenk des Universums, seine Stimme aus dem Server zu hören.«

»Hast du eine Ahnung, warum sich dein Meister nicht mehr gemeldet hat?«, fragte Anselm. »Ich dachte, er wäre mit der neuen Technik immer erreichbar. Oder hattest du Probleme mit eurem Server?«

»Nein, den Server habe ich stets bei mir getragen«, antwortete Rona und klopfte auf eine lederne Umhängetasche, die sie dicht am Körper trug. »Das Signal war auf einmal weg, und ich konnte ihn nicht mehr anwählen. Es war wie damals in Jerusalem. Der Kanal war tot. Und als wir schon dachten, wir wären verloren, empfing ich plötzlich ein Signal von Tom. Aber aus dem Jahr 2020. Er hat uns dorthin zurückgeholt und schließlich hierher transferiert, nachdem er uns mit neuer Kleidung und neuem Equipment ausgestattet hat.«

»2020?« Anselm war verwirrt. »Paul hat ihn doch erst vor ein paar Tagen ins Jahr 2015 zurückgeholt. Seitdem haben wir nichts mehr von ihm gehört.«

»So lange hat es gedauert, bis sie sich eine neue Existenz aufgebaut haben, deren Ursprung niemand von offizieller Stelle nachverfolgen konnte.«

»Kommt erst mal rein«, empfahl ihnen Gero mit Blick

auf die dunklen Wolken, die von Westen herannahten und neuen Schneefall mit sich brachten.

Gräfin Margaretha kam ihnen irritiert aus dem Rittersaal entgegen, wo das Fest noch immer in vollem Gange war. Beim Anblick der Neuankömmlinge reagierte sie verhalten, vor allem, als sie Khaled und Lyn entdeckte. »Wer ist das?«, flüsterte sie Gero angespannt zu. »Der Kerl sieht aus wie ein Sarazene. Und die Frau sieht genauso aus wie Rona. Wie kann das sein?«

»Ihr Begleiter heißt Khaled«, klärte Gero sie leise auf. »Und er ist kein Sarazene, sondern ein Assassine.«

»Ein was?«, krächzte seine Tante und riss panisch die Augen auf. »Das waren doch die Kerle, die deinem Oheim den Kopf abgeschlagen haben! Wie kannst du zulassen, dass so einer unsere Burg betritt?«

»Nein«, widersprach ihr Gero, »Onkel Gerhard wurde nicht von Assassinen geköpft, sondern von Mamelucken. Mit denen hat Khaled rein gar nichts zu tun. Im Gegenteil, sie gehörten zu seinen ärgsten Feinden.«

Margaretha seufzte genervt. »Wer soll hier noch den Durchblick behalten?«

»Ich, Tante«, erwiderte er geduldig. »Alles ist gut, von Khaled geht keine Gefahr aus. Und Lyn ist Ronas Schwester, wie man unschwer erkennen kann. Aber ich nehme sie jetzt mit nach oben und lasse ihnen in der Bibliothek Speise und Trank servieren.«

Gero gab seinen Freunden einen Wink, dass sie ihm in die oberen Stockwerke folgen sollten, während die Bediensteten ein Mahl vorbereiteten und in Geros neuem Arbeitszimmer servieren würden.

Doch zunächst statteten sie Hannah einen Besuch ab, um der kleinen Sophia ihre Aufwartung zu machen.

»O mein Gott«, flüsterte Hannah, als sie das braungebrannte Gesicht des gutaussehenden Assassinen erblickte, aus dem die bernsteinfarbenen Augen regelrecht leuchteten. »Khaled, Lyn und du, ihr seht phantastisch aus.« Ihr nächster Blick fiel auf Rona und Arnaud, die sie nicht weniger herzlich begrüßte. Mit seinem hellen Wollumhang und dem gleichfarbigen Turban sah Khaled aus wie ein Prinz aus *Tausendundeiner Nacht*. »Wie ist das möglich? Wie habt ihr es geschafft, hierher zurückzukommen?«

»Tom hat es geschafft, nicht wir«, erklärte ihr Lyn, die um einiges emotionaler reagierte als ihre Schwester, als sie Sophia betrachtete. Sie hatte Tränen in den Augen und warf Khaled einen sehnsüchtigen Blick zu.

»Irgendwann wird Allah uns auch die Gnade gewähren«, sagte er leise und legte seine feingliederige Hand auf ihren Unterarm.

Arnaud begrüßte Hannah mit einem Kuss auf jede Wange und einem befreiten Lachen. »Ich bin so glücklich, dass mit euch alles in Ordnung ist«, brach es aus ihm heraus. »Nach allem, was ich bisher gehört habe, ist das ja keine Selbstverständlichkeit. Und ich freue mich, dass wir wieder vereint sind. Das ist ein weiterer Grund zum Feiern«, verkündete er voller Enthusiasmus und hob seinen Becher mit Rotwein, den ein Bediensteter gebracht hatte.

»Wir haben noch einen weiteren Grund zu feiern«, verriet Gero mit einem Zwinkern und deutete auf Jacob und Mabel, die wortlos an der Tür gestanden hatten und das Spektakel beobachteten. Mabel, die keinen der vier Neuankömmlinge kannte, wirkte ein wenig verloren.

»Jacob ist heute unerwartet rasch unter die Haube gekommen. Mabel hat mit uns gekämpft, auch wenn sie aus der Zukunft stammt und Tanner erst auf unsere Spur gebracht hat. Aber nachdem sie unfreiwillig mit ihm in unserer Zeit gelandet ist und er getötet wurde, konnten wir sie über seine wahren Absichten aufklären. Sie ist nun eine von uns.«

»Tom hat uns von ihr erzählt«, berichtete Rona und betrachtete Mabel mit einem merkwürdigen Blick.

»Was hat er denn erzählt?«, wollte Mabel neugierig wissen.

»Dass du für Lafour gearbeitet hast und dass du unfreiwillig hier gelandet bist und in der Zwischenzeit genug erlebt hast, um deine Meinung zum Unternehmen C. A. P. U. T. zu überdenken.«

»Ja, das stimmt«, bestätigte Mabel und warf Jacob einen bedeutungsvollen Blick zu, während er sie fest bei der Hand hielt. »Ich will nicht mehr zurück, ganz gleich, was noch kommt. Ich habe mich in Jacob verliebt und will mit ihm in dieser Zeit leben.«

Rona antwortete nicht sofort, was Mabel nervös machte.

»Was ist?«, fragte sie. »Stimmt was nicht? Ist Tom etwas zugestoßen?«

»Nein«, versicherte ihr Rona, während sie in die angespannten Gesichter aller Anwesenden blickte.

»Tom geht's gut. Er hat nun sein eigenes Labor zusammen mit Paul. Nachdem er durch dessen Hilfe ins Jahr 2015 zurückgekehrt ist, konnten sie Tanners und Lafours Aktivitäten aus sämtlichen Systemen löschen. Nach Lafours plötzlichem Tod durch einen Herzinfarkt gab es keine direkten Mitwisser mehr, die in deren Machenschaften eingeweiht waren. Nachdem sämtliche Spuren in den Datenbanken beseitigt waren, haben sich Tom und Paul mit einem geheimen Projekt in Norwegen selbstständig gemacht. Ihr dürft dreimal raten, wessen Immobilien sie dafür übernommen haben.«

»Nein«, sagte Anselm erstaunt, »das glaub ich nicht.«

»Doch, sie haben deine Ranch offiziell von dir gekauft. Paul hat das alles übers Internet organisiert. Keine feindliche, sondern eine freundliche Übernahme. Die beiden waren der Ansicht, dass es nicht in deinem Interesse sein konnte, die Ranch und alles, was Stephano und du euch geschaffen habt, dem norwegischen Staat zu überlassen. Paul hat sogar eure Konten klar gemacht. Das Geld wurde bestens angelegt und dient einem höheren Ziel. Damit hat sich im Übrigen auch die Frage geklärt, wer die Server gebaut hat, die Lion damals gefunden hat. Es waren Tom und Paul, die Mabels Steine benutzt haben, um die Geräte zu bauen und zum Laufen zu bringen, die Lion später in der Area 51 gefunden hat. Somit sind beinahe alle Rätsel gelöst. Bis auf die Tatsache, dass wir nicht wissen, was mit Lion geschehen ist.«

»Und was ist mit mir?«, fragte Mabel beinahe empört. »Hat mich niemand vermisst? Ich bin auch einfach verschwunden. Nicht, dass mir das etwas ausmachen würde – aber ...«

Rona atmete tief durch, bevor sie zu einer Antwort ansetzte. »Alles hat seinen Preis.« Sie schaute Mabel direkt in die Augen. »Tom muss dich zurückholen, ins Jahr 2020. Er und Paul werden dir dabei helfen, dich als neue amerikanische Präsidentschaftskandidatin aufzubauen, die im Jahr 2032 die Wahlen gewinnen und damit den Dritten Weltkrieg verhindern wird. Es könnte der Grund sein, warum Lion sich nicht mehr meldet.«

Während Jacob erbleichte, schüttelte Mabel heftig den Kopf.

»Was soll das heißen? Ich habe nicht darum gebeten, zurückgeholt zu werden, geschweige denn, Amerika zu retten, das ist doch absurd! Und woher kann Tom das überhaupt wissen, wenn er selbst nicht ins Jahr 2032 gereist ist? Denn davon gehe ich aus, wer sollte ihn denn da abgeholt haben?«

»Tom hatte mit seinem Server Kontakt in die Zukunft. Du hast ihm die Nachricht selbst von dort übermittelt. Du wirst die erste weibliche Präsidentin der Vereinigten Staaten sein, und dazu mit mexikanischen Vorfahren. Was wohl eine ziemliche Sensation ist: eine noch junge Quantenphysikerin im wichtigsten Amt der Welt. Eine Frau, die erstaunliches Wissen besitzt und um die Gefahren eines Dritten Weltkrieges weiß und sich daher intensiv auf diese Rolle vorbereitet und mithilfe verlässlicher Freunde bis ins Weiße Haus hochgearbeitet hat.«

»Selbst wenn es so wäre«, erwiderte Mabel immer noch ungläubig, »woher soll ich das Geld haben, das man für einen solchen Posten benötigt? Allein der Wahlkampf wäre für jemanden wie mich unbezahlbar.«

»Das Geld für den Wahlkampf hat die neue Frau an der Spitze der USA mit dem Handel von Bitcoins erwirtschaftet und clever angelegt und damit ein Milliardenvermögen angesammelt, das ihre Kosten spielend abfedern wird.«

Rona zwinkerte Anselm zu, dem plötzlich aufging, was mit seinem Vermögen unter Pauls Verwaltung geschehen war.

Mabel kniff die Lippen zusammen. »Ich brauche ein wenig Bedenkzeit. Ich muss das erst mit Jacob besprechen.«

»Gut, das kann ich verstehen«, sagte Rona. »Aber eins solltest du wissen: Es ist nicht meine Entscheidung, sondern deine, die du in der Zukunft getroffen hast. Du hast diese Aufgabe selbst gewählt, du weißt es nur noch nicht.«

»Das hört sich ziemlich schräg an«, murmelte Mabel und warf Rona einen verstörten Blick zu.

»Vertrau mir«, sagte Rona mit ernster Miene. »Du bist Quantenphysikerin, so was sollte dich nicht schockieren. Zumal du über die Hintergründe mehr weißt als die meisten anderen Menschen.«.

Mabel schluckte bestürzt. »Aber ...«, stammelte sie und schaute Jacob mit großen Augen an. »Was wird dann aus uns? Ich will mit Jacob eine Familie gründen.«

»Wenn du zurückmusst, musst du zurück«, sagte Jacob mit belegter Stimme. »Manchmal muss man sich eben einem höheren Ziel unterordnen. Niemand kann das besser nachvollziehen als ich.« Er senkte den Kopf und sah sie nicht an.

»Ich kann das nicht«, flüsterte Mabel. »Ich kann Jacob nicht hier zurücklassen. Unmöglich.«

»Wer sagt denn, dass du das musst?« Rona zeigte den Hauch eines Lächelns. »So wie ich es verstanden habe, nimmst du ihn mit. Er wird der Mann an deiner Seite. Der First Husband, sozusagen.«

»First Husband?« Jacob schaute begriffsstutzig in die Runde.

»Mensch, Jacob«, rief Ralph und fasste sich an den Kopf. »Das kapiere ja sogar ich. Du wirst der Gemahl der Königin und regierst an ihrer Stelle das Land.«

»Nun ja«, räusperte sich Hannah und lächelte fein. »Ein bisschen anders läuft das zukünftig schon. Er darf allenfalls caritative Aufgaben übernehmen und beim Damenprogramm den Womanizer spielen. Wobei ich mir gut vorstellen kann, dass er dieser Rolle mehr als gerecht wird.«

»Wie dem auch sei«, beendete Rona die Diskussion und nickte den beiden zu. »Wenn ihr die Welt retten wollt, wäre das jetzt eure Chance.«

»Also gut, dann soll es wohl so sein.« Mabel schaute immer noch zweifelnd zu Jacob auf.

»Falls du also deiner eigenen Anweisung folgen willst und Jacob nichts dagegen hat, dich zu begleiten«, riet ihr Rona, »packt ein paar Sachen zusammen, auf die ihr in der Zukunft nicht verzichten wollt, und haltet euch bereit. Der Transfer ist für heute um Mitternacht geplant.« Rona schaute auf ihr Armband, das einen winzigen Quantencomputer mit holografischer Anzeige enthielt. »Wir treffen uns zu gegebener Zeit in den Katakomben unterhalb der Kapelle. Bis dahin sind die meisten eurer Gäste sicher schon auf dem Weg ins Bett.«

»Oder so betrunken, dass sie nicht mitbekommen, was dort unten passiert«, pflichtete Hannah ihr seufzend bei.

Plötzlich war ein leises Jammern zu hören, das sich rasch in handfestes Geschrei verwandelte.

»Was ist mit dem Baby?«, wollte Lyn wissen. »Hat es Schmerzen?«

»Nein«, erwiderte Hannah und schaukelte die Kleine in ihren Armen. »Ich fürchte, die Lady stört sich nicht daran, dass wir hier gerade die Weltgeschichte verändern. Sie hat schlicht Hunger. Ich muss euch leider bitten, uns für eine kleine Weile zu entschuldigen, damit ich die Raubtierfütterung vornehmen kann.«

»Gut, ich schlage vor, die anderen wechseln mit mir in mein Arbeitszimmer«, sagte Gero und nickte zur Tür.

»Ich bleibe bei Hannah, wenn du erlaubst«, bat Freya.

Und auch Amelie hatte anscheinend keinen Bedarf, mit

dem Rest der Mannschaft über Quantenphysik und deren weitreichende Konsequenzen zu debattieren, und wollte ebenfalls bleiben.

»Darf ich auch hierblieben?«, erkundigte sich Lyn beinahe zaghaft. »Ich habe noch nie gesehen, wie ein Säugling gestillt wird.«

»Selbstverständlich«, sagte Hannah mit einem Lächeln. »Bleib ruhig da. Ein paar Frauen stören uns nicht.«

Nachdem Mabel und Jacob sich entschuldigt hatten, um die Nachricht ihrer baldigen Abreise erst noch zu verdauen, führte Gero die anderen in die ehemalige Bibliothek, wo er die Abgeschiedenheit nutzen wollte, um Rona und Khaled von ihrer Begegnung mit Pierre de Bologne und dessen Offenbarung über den Pech de Bugarach zu berichten.

»Tom, Mabel und unsere Frauen wissen nichts von diesem Geheimnis«, erzählte er. »Aber Bruder Pierre hat uns nicht umsonst eingeweiht. Er hat um unsere Unterstützung gebeten, das Geheimnis des Berges zu schützen und ihm zugleich auf den Grund zu gehen. Angeblich soll Bertrand de Blanchefort diesen Ort entdeckt und erforscht haben.« Gero schaute Arnaud an, der aufmerksam zugehört hatte.

»Du kommst doch von dort. Weißt du etwas darüber?«

»Ja, vielleicht …«, gab Arnaud zögernd zu. »Der Pech de Bugarach liegt ungefähr drei Tagesritte von unserer Grafschaft entfernt. Es ranken sich schon immer Legenden darum. Aber ich habe ihn nie mit dem Geheimnis unseres Ordens in Verbindung gebracht. Obwohl es hieß, Blanchefort habe als Großmeister in der Gegend nach Silber graben lassen, um die Kassen des Ordens zu füllen. Aber angeblich war er nicht sehr erfolgreich, und danach hat niemand mehr darüber gesprochen. Wenn Pierre nun behauptet, es stecke mehr dahinter, wird es wohl so sein.« Er warf Gero einen fragenden Blick zu. »Hat dein Vater nicht behauptet, die Tasche, die er und seine Männer damals für die Templer aus Akko gerettet haben, hätte geheime Aufzeichnungen von Blanchefort enthalten?«

»Ja, du hast recht. Aber mein Vater sagte, er habe die Pergamente nie zu Gesicht bekommen. Schade, dass wir ihn nicht mehr fragen können«, bemerkte Gero mit betrübter Miene.

»Das hört sich interessant an«, sagte Rona. »Eine Erforschung des Berges würde uns vielleicht auch eine Antwort liefern, woraus dieses Gestein besteht und wie es auf das Bewusstsein der Menschen wirkt. Wir haben bisher nicht herausfinden können, ob die möglichen Veränderungen tatsächlich in einer existierenden, materiellen Realität stattfinden oder nur eine Illusion sind, der die Beteiligten erliegen. Eine Expedition zu diesem Ort würde uns sicher einen großen Schritt weiterbringen. Aber wir müssen mit äußerster Vorsicht vorgehen. Nicht auszudenken, wenn die falschen Leute etwas davon mitbekommen. Und wenn es tatsächlich noch weitere dieser Orte gibt, wie die Höhle auf dem Sinai, müssen wir dafür sorgen, dass sie auf ewig unentdeckt bleiben. Das wird eine ziemliche Herausforderung sein, der wir uns genauso stellen müssen wie die Templer. Lyn und ich werden auf alle Fälle hierbleiben und dich und deine Brüder bei dieser neuen Aufgabe unterstützen«, sagte Rona mit ernstem Blick. »Zumal Veränderungen der historischen Abläufe nun doch möglich erscheinen. Mabel hat mit ihrem Auftritt hier vielleicht die Zukunft gerettet. Doch selbst, wenn es so sein sollte, heißt das noch lange nicht, dass wir die physikalischen Mechanismen verstehen, die dahinterstecken, und sie für uns nutzen können.«

Anselm warf einen Blick in die Runde. »Wieso existiert der CAPUT überhaupt noch, und warum seid ihr noch hier? Wäre mit Lions Verschwinden nicht auch unsere Geschichte verändert worden?«

»Das ist eine interessante Frage, die ich mir auch schon gestellt habe«, stimmte Rona zu. »Aber so wie es aussieht, leben wir in unserer eigenen Simulation, in der wir unsere Zukunft verändern können, aber nicht unsere Vergangenheit. Was bedeuten würde, dass wir das Überleben des Ordens nach 1307 nicht erreichen können, weil er in unserer Vorstellung bereits vernichtet wurde. Wir hatten eine solche Diskussion schon mal, als es um die Wiederbelebung von Toten ging, die in unserer Vorstellung bereits verstorben sind. Es scheint nicht möglich zu sein. Aber vielleicht gibt uns der Pech de Bugarach ja Antworten, die uns der Berg Horeb verweigert hat?« Für einen Moment herrschte absolute Stille, weil sich jeder vergeblich die Zusammenhänge vorzustellen versuchte, die dem letzten Geheimnis des Ordens zugrunde liegen mussten.

»Wir sollten uns so bald wie möglich mit diesem Pierre de Bologne in Verbindung setzen«, schlug Rona vor, »und versuchen, unter seiner Führung unbehelligt ins Languedoc zu gelangen.«

»Meine Familie wird uns mit offenen Armen empfangen, wenn wir auf unserer Burg unterkommen wollen«, sagte Arnaud aufgeregt. Wobei längst nicht alle von dieser Idee begeistert schienen.

»Und was willst du Hannah sagen, wenn wir mal eben nach Franzien aufbrechen?« Struan schaute Gero fragend an. »Amelie wird mich zum Teufel jagen, wenn ich schon wieder einfach verschwinde, dazu noch in ihre alte Heimat, und sie nicht mitnehme. Was nicht möglich sein wird, weil sie schwanger ist.«

»Darüber sprechen wir in Ruhe, wenn übermorgen die letzten Gäste abgereist sind und hier wieder Normalität einkehrt«, schlug Gero vor, dem der Gedanke ebenfalls nicht behagte, auf eine solche Mission zu gehen und Hannah und seine Tochter ungeschützt auf der Burg zurückzulassen. »Dennoch halte ich es auch für wichtig, dieses Geheimnis aufzuklären, schon allein, um es vor dem Zugriff unserer Feinde zu schützen.«

Ein wenig hilflos stand Mabel in ihrer Kammer und hatte nicht die geringste Ahnung, was sie einpacken sollte. Nichts gehörte ihr in dieser Umgebung, und es gab auch nichts, was ihr bei einer Rückkehr in die Zukunft nützlich sein würde. Bis auf einen. Jacob von Sassenberg.

So wie er vor ihr stand, erschien er ihr wie ein menschgewordener Schutzengel mit unsichtbaren Schwingen, und zu allem Überfluss war er so attraktiv wie die Sünde selbst. Wenn sie ganz genau hinsah, besaß er am Ende sogar so etwas wie einen Heiligenschein.

Trotz all seiner Vorzüge, oder vielleicht gerade deshalb, war sie nicht sicher, ob sie ihn mit gutem Gewissen in eine Welt entführen durfte, in die er ebenso wenig hineinpasste wie sie in seine. Was wäre, wenn sie ihn damit unglücklich machte oder gar sein Leben aufs Spiel setzte?

Mit Tränen sah sie ihm in die schönen braunen Augen, mit denen er sie nicht weniger verunsichert anschaute.

»Ich habe gerade erst begonnen, mich an diese neue Umgebung zu gewöhnen«, erklärte sie ihm mit tränenerstickter Stimme. »Und nun soll ich wieder weg. Dazu Ronas Nachricht, dass ich selbst entschieden habe, Präsidentin der Vereinigten Staaten zu werden. Das ist doch absurd. Ich habe mich nie für Politik interessiert und kann mir das gar nicht vorstellen.«

»Und dennoch ist es verlockend«, gab er ihr zu bedenken. »Wenn es dir dadurch tatsächlich gelingen könnte, diesen verheerenden Krieg zu verhindern.«

Mabel blickte zweifelnd zu Jacob auf. »Was meinst du, was würdest du an meiner Stelle tun?«

»Wenn ich den Orden auf diese Weise retten könnte und damit all die Menschen, die wegen seiner Vernichtung auf so grausame Weise gestorben sind, würde ich keinen Moment zögern«, antwortete er entschlossen. »Wenn ich dazu dich an meiner Seite wüsste, wäre es wie das Paradies auf Erden.«

»Und du hättest keine Probleme, all das hier zurückzulassen?«

»Nein, wenn ich der Menschheit damit einen wertvollen Dienst erweisen könnte, würde ich darauf keine Rücksicht nehmen.«

»Auch wenn du deine Freunde verlassen müsstest? Deine Familie und alles, was dir je etwas bedeutet hat?«

Jacob ahnte, dass es Mabel nicht darum ging, ihr eigenes Gewissen zu prüfen, sondern seines.

»Solange ich dich nicht zurücklassen müsste, Mabel, wäre alles gut«, murmelte er und schaute ihr fest in die Augen. »Ich habe dir ewige Treue versprochen und dass ich alles tun will, um dich glücklich zu machen. Ich bin ein Mann, der zu seinem Wort steht. Ich würde niemals leichtfertig ein solches Versprechen geben, ohne es auch so zu meinen. Denkst du ernsthaft, Zeit und Ort spielen dabei eine Rolle? Ich habe kein Problem damit, dir in die Zukunft zu folgen. Als Templer bin ich es gewöhnt, neue Ufer zu erkunden. Und ich weiß, dass meine Brüder dafür Verständnis haben. Ganz gleich, wo du hinwillst, ich gehe mit dir«, versprach er ihr mit sanfter Stimme. »Ich liebe dich viel zu sehr, um auch nur einen Tag ohne dich zu verbringen, geschweige denn ein ganzes Leben. Du weißt, wie sehr mich deine Welt interessiert und wie neugierig ich bin. Deshalb mach dir keine Sorgen um mich. Ich werde da glücklich sein, wo du glücklich bist.«

Mabel umarmte ihn fest und lächelte zärtlich. Sie hob den Kopf, um ihn zu küssen. Er kam ihr entgegen, und als ihre Lippen sich trafen, war es, als ob ein Funke überspringen und sie eins werden würden.

»Ich liebe dich, Jacob von Sassenberg«, hauchte sie an seine weichen Lippen. »Auf immer und ewig.«

Nachdem Mabel und Jacob nur wenige Stunden später in den Katakomben unterhalb der Kapelle in einem grünblauen Lichtnebel verschwunden waren, blieben Gero und seine Gefährten für eine Weile wortlos zurück.

»Ich werde Jacob vermissen«, platzte Arnaud in die Stille. »Aber ich gönne ihm sein Glück.«

»Er ist ja nicht wirklich verschwunden, oder?«, pflichtete Totty ihm mit einem verunsicherten Lächeln bei. »Sondern nur nebenan, wenn ich es richtig verstanden habe.«

»Und was machen wir jetzt?«, wollte Ralph of Bulford wissen.

»Wie wäre es mit Beten?«, schlug Struan in seiner stoischen Art vor. »Auf dass Tom endlich sein Handwerk versteht und die beiden gesund und munter dorthin bringt, wo er sie haben will.«

»Wusstet ihr übrigens, dass Lyn und Khaled im August

1119 nach ihrer Ankunft in Nablus auf Hugues de Payens und André de Montbard getroffen sind?«

Ronas Blick wechselte zwischen den Templern, die ihre Überraschung nicht verbergen konnten.

Gero warf Khaled einen erstaunten Blick zu. »Konntet ihr mit den Gründern des Ordens reden?«

»Wir haben ihnen den Standort der Höhle verraten und das Geheimnis der Templer in ihre Hände gelegt«, antwortete Lyn.

»Also war André de Montbard bei unserer ersten Begegnung im Jahr 1153 darüber im Bilde, wer wir waren und woher wir gekommen sind. Und dieser Schuft hat keinen Ton gesagt.«

»Dan ist es wahr«, überlegte Arnaud laut. »Wir waren am Schicksalsverlauf des Ordens beteiligt, ohne uns darüber im Klaren zu sein.«

»Was wir hier erleben, scheint eine göttliche Fügung zu sein«, brummte Struan wenig beeindruckt. »Die Frage ist nur, was Gott der Herr weiter mit uns vorhat.«

»Ich schlage vor, wir machen uns Gedanken darüber, wie es nun mit uns weitergeht und was wir mit unserem Wissen anfangen können«, meldete sich Gero zu Wort. »Denn so viel ist sicher: Das allmächtige Erbe der Templer wird auch in Zukunft unser Schicksal bestimmen.«

ENDE

Namensliste
Erfundene Persönlichkeiten *
Historische Persönlichkeiten **

Templer:
Gero (Gerard) von Breydenbach* (28) – bis 1307
Kommandeur-Leutnant der Templer Commanderie von Bar-sur-Aube
Jacob von Sassenberg* (28) – Templer in Mainz bis 1307
Anselm Stein* (36) – Mittelalterexperte in der Neuzeit und imitierter Templer durch Sir Walter of Clifton 1315
Matthäus von Bruch* (14) – Geros Knappe und Templer, initiiert 1315
Arnaud de Mirepaux* (28) – Templer bis 1307 in Bar-sur-Aube
Stephano de Sapin* (29) – Templer bis 1307 in Bar-sur-Aube
Johan van Elk* (27) – Templer bis 1307 in Bar-sur-Aube
Struan MacDhughaill nan t-Eilan Ileach* (27) – Templer bis 1307 in Bar-sur-Aube
Malcolm MacDhughaill nan t-Eilan Ileach* (19) – Struans jüngerer Bruder
Brian of Locton* (28) – Templer bis 1307 in Bar-sur-Aube

Folgende Templer, die in dieser Serie auftreten, haben tatsächlich existiert und sind nach ihrer Verhaftung durch die Inquisition und nach der anschließenden Freilassung entweder spurlos verschwunden oder konnten mit unbekanntem Aufenthalt fliehen – ihr Handeln ist in diesem Roman jedoch frei erfunden.
(Quelle: Helen Nicholson, The Knights Templar on Trial 1308–1311)

Thomas of Thoraldby, genannt Totty** (36) – (lebte um 1315 – genaue Daten unbekannt)
Ralph of Bulford** (34) – (lebte um 1315 – genaue Daten unbekannt)
Sir Walter of Clifton** – ehemaliger Kommandeur von Balantrodoch/Schottland lebte um 1315, genaue Daten unbekannt
Pierre de Bologne alias Petrus de Carmac** – 1310 Jurist/Verteidiger im Auftrag des Templerordens
Ymbert Comborn** alias Adam de Brasnee aus Limoges – war 1310 beim Prozess in Paris anwesend

Personal in der Zukunft:
Rona* (28) – Rebellin, Wissenschaftlerin aus dem Jahr 2151
Lion Ho Chang, Rebell – Wissenschaftler, Anführer von Rona und Lyn im Jahr 2151
Lyn* (28) – Rebellin, Wissenschaftlerin aus dem Jahr 2151

Personal in der Gegenwart:
Hannah Schreyber* (33) – verh. Hannah von Breydenbach – Geros Ehefrau
Dr. Tom Stevendahl* (35) – Quantenphysiker und ehemaliger Mitarbeiter im Unternehmen C. A. P. U. T.
Dr. Mabel Mason* (26) – Quantenphysikerin und Mitglied der NSA
Jack Tanner* (44) – NSA-Agent und Mitarbeiter von General Lafour
Paul Colbach* (46) – IT-Spezialist und ehemaliger Mitarbeiter im Unternehmen C. A. P. U. T.
General Alexander Lafour* – ehemaliger Chef einer NSA-Sektion Deutschland
Dr. Karen Baxter* (53) – Molekularbiologin und Geophysikerin im Unternehmen C. A. P. U. T.

Personal in der Vergangenheit:
Eberhard von Breydenbach* (39) – Geros Bruder und Burgherr der Breidenburg
Wintrich von Achenbach* (88) – Zisterziensermönch in der Abtei Hemmenrode
Enno von Waldeck* (36) – Eberhards Freund und Liebhaber
Jutta von Breydenbach* (55) – Geros Mutter
Gräfin Margaretha von Lichtenberg zu Waldenstein* (56) – Geros Tante
Roland von Briey* (51) – Geros Schwertmeister und Burgvogt auf Waldenstein
Gesa* (13) – Freundin von Matthäus von Bruch
Freya von Bogenhausen* (22) – ehemalige Begine, Johan van Elks Ehefrau, Hebamme
Amelie Bratac* (21) – Ehefrau von Struan MacDhughaill
Inquisitor Eugene Lacroix* (50) – Adjudant von Hugo d'Empures
Michel de Thionville* (38) – Offizier der Gens du Roi. Er kennt Hannah

von ihrem Aufenthalt im Herbst 1307 auf Chinon und hat mit ihr noch eine Rechnung offen.
Erec von Schorenfels* – Burgvogt der Festung Vianden
Rufus de la Motte* (39) – Erster Offizier der Gens du Roi
Hugo d'Empures** alias Balthazar de Palestine* (gest. 47) – Geros ehemaliger Templerbruder und neuer Inquisitor von Frankreich

Nebenfiguren:
Lieutenant C. R. Cobbler – Navy Seals
Sergeant Yaeger – Navy Seals
Fran Manneti – Navy Seals
Geoffrey Henderson – Informatiker und Mitarbeiter der NSA
Malin* (22) – Amelies dänische Gesellschafterin und Struans ehemalige Leibeigene
Charlotte Colbach (8) – Tochter von Paul Colbach und Karen Baxer
Simon de Cornus – Templer im Dienst der Zisterzienser von Bettnach-Weiler und Mittelsmann von Pierre de Bologne
Bruder Armand – Templer, Einsiedler und Mittelsmann von Pierre de Bologne
Bruder Hilarius – Hauskaplan auf Burg Waldenstein
Ansgar* – Wachmann auf der Breidenburg
Louis* – Söldner von Waldenstein
Gertrudis – alte Magd auf der Breidenburg
Abt II. Theoderich von Bruch
Willibert von Roth – Amtsmann des Erzbischofs von Trier
Khaled* (26) – Assassine aus dem Jahr 1153
Jeanne de Carmac – Ehefrau von Pierre de Bologne
Johannes – Abt der Zisterzienserabtei Bettnach-Weiler
Lupus – Söldner der Gens du Roi
Hilda – Magd auf Waldenstein
Prof. Dr. Dietmar Hagen* – verstorbener Leiter des Unternehmens C. A. P. U. T.
Mike Tapleton* – NSA-Agent (gest. 34)

Namentlich erwähnte Figuren:
Prof. Dr. Dietmar Hagen* – verstorbener Leiter des Unternehmens C. A. P. U. T.
Mike Tapleton* (gest. 34) – NSA-Agent
Richard von Breydenbach* (gest. 61) – Geros Vater
Elisabeth »Lissy« von Breydenbach* (1284–1301) – Geros erste Ehefrau und Stiefschwester
Henri d'Our* (gest. 54) – Komtur von Bar-sur-Aube
Theobald von Thors* (gest. 42) – ehemaliger Templer
Guy of Gislingham* (gest. 25)
Jacques de Molay** (gest. 65) – letzter Großmeister der Templer, wurde 1314 auf dem Scheiterhaufen verbrannt
André de Montbard** – 1153 Großmeister der Templer
Godefroy Bisol** – Ordensmitbegründer der Templer um 1119
Ruttger* (gest. 33) – Wachmann der Breidenburg

Bedeutende Zeitgenossen aus der Zeit des Templerprozesses:
König Philipp IV. von Frankreich** (1268–1314)
Ludwig X. von Frankreich ** (1289–1316) – Sohn und Nachfolger Philipp IV.
Guillaume Imbert** (gest. 1314) – Inquisitor des Königs von Frankreich
Papst Clemens V. ** (gest. 1314) – Papst
Balduin von Luxemburg** (1285–1354) – Erzbischof von Trier

Glossar:

Anderthalbhänder – Schwert, das ein- oder zweihändig geführt werden kann

Bruche – Mittelalterliche Unterhose

C. A. P. U. T. – Center of **A**ccelerated **P**articles in **U**niverse an **T**ime, Forschungszentrum der Vereinigten Staaten für Quanten- und Plasmaphysik sowie Zeitreisen

Cotte – Mittelalterliches Unterkleid

Elle – ca. fünfzig Zentimeter

Fuß – ca. dreißig Zentimeter

Gens du Roi – Mittelalterlicher Geheimdienst des französischen Königs

Inquisitor – Im Mittelalter Vorsitzender eines kirchlichen Verfahrens mit dem vorrangigen Ziel der Verfolgung von Abweichlern der kirchlichen Lehre

Miliz Christi – Kurzbezeichnung für den Orden der Templer

Mittelalterliche Meile – Zwölf Kilometer oder eine Stunde Ritt zu Pferd

NSA – National Security Agency, Auslandsgeheimdienst der USA

Palas – Repräsentativer Saalbau einer mittelalterlichen Burg

Percheron – Pferderasse

Surcot – Mittelalterliches Überkleid

Timeserver – Im Templerorden auch »Haupt der Weisheit« oder »CAPUT 58« genannt. Futuristischer Laptop mit integriertem Zeitreisemechanismus von der Größe einer Zigarrenkiste, ermöglicht mithilfe eines eingebauten Quantencomputers und eines speziellen Frequenzquarz Reisen in die Vergangenheit und zurück in die Zukunft. Jedoch sind keine separaten Reisen in die Zukunft durchführbar ohne ein dort befindliches Gerät.

Wams – Mittelalterliches Bekleidungsstück

Zain – Armbrustpfeil

NACHWORT UND DANKSAGUNG

Handlung und Personen in diesem Roman sind bis auf einige historische Persönlichkeiten, deren Handeln ebenfalls der Phantasie der Autorin entsprungen ist, frei erfunden. Eventuelle Ähnlichkeiten mit noch lebenden Personen und deren Handlungsweise sind rein zufällig. Orte und Institutionen in Deutschland, Frankreich, Israel, Schottland und den USA wurden von der Autorin im Sinne der schriftstellerischen Freiheit verändert.

Ich danke meinem Agenten Nicolas Schmoll, Michael Meller Agency, für die Vermittlung des Manuskripts an den Aufbau Verlag. Dem Verlag und seinen Mitarbeitern danke ich für die Veröffentlichung des fünften Templerromans. Besonders möchte ich in diesem Zusammenhang meiner Lektorin Constanze Bichlmaier für das konstruktive Lektorat und unseren regen Austausch danken.

Zudem danke ich dem SAGA Verlag und meiner Lektorin Signe Hohwü Olesen in Kopenhagen/Dänemark für die Veröffentlichung des Hörbuchs und die hervorragende Zusammenarbeit.

Mein größter Dank gilt jedoch meiner Familie, die mich in vielfältiger Weise unterstützt.

Last but not least danke ich meinen Lesern und Hörern, deren Begeisterung mir die schönste Bestätigung für meine Arbeit ist.